Οδηγός της Θάσου

SITES ET MONUMENTS

3

Οδηγός της Θάσου

των

Yves GRANDJEAN και François SALVIAT

Με τη συνεργασία των:

Francine BLONDÉ, Anne COULIÉ, Bernard HOLTZMANN, Χάιδως ΚΟΥΚΟΥΛΗ-ΧΡΥΣΑΝΘΑΚΗ, Jean-Yves MARC, Arthur MULLER, Jacques PERREAULT, Olivier PICARD, Jean-Michel SAULNIER

Σχέδια και κατόψεις:
Manuela WURCH-KOZELJ
με τη συνδρομή του Tony KOZELJ

Μετάφραση από τα γαλλικά:
Γιώργος Μ. ΣΑΝΙΔΑΣ
Επιμέλεια: Άρτεμις ΑΡΓΥΡΗ

Δεύτερη έκδοση ανανεωμένη και επαυξημένη

ΓΑΛΛΙΚΗ ΣΧΟΛΗ ΑΘΗΝΩΝ

Διευθυντής δημοσιευμάτων: Dominique MULLIEZ, και ύστερα Alexandre FARNOUX
Υπεύθυνη δημοσιευμάτων: Catherine AUBERT

Μετάφραση: Γιώργος ΣΑΝΙΔΑΣ

Επιμέλεια: Άρτεμις ΑΡΓΥΡΗ· ΓΣΑ, Béatrice DETOURNAY

Ψηφιοποίηση: ΓΣΑ, Παναγιώτα ΠΑΤΙΡΗ

Εξώφυλλο: ΓΣΑ, Guillaume FUCHS

Παραγωγή n.v. PEETERS s.a.

Διανομή: De Boccard Édition-Diffusion – 11, rue de Médicis, F – 75006 Paris, www.deboccard.com

ISBN 978-2-86958-251-4

ΠΕΡΙΕΧΟΜΕΝΑ

ΠΡΟΛΟΓΟΣ ΤΗΣ ΕΛΛΗΝΙΚΗΣ ΕΚΔΟΣΗΣ

Η μετάφραση της νέας έκδοσης του *Οδηγού της Θάσου* που δημοσιεύθηκε το 2000, είχε προγραμματιστεί να γίνει άμεσα. Διάφορες περιστάσεις, ανεξάρτητες από τη θέλησή μας, καθυστέρησαν αισθητά το εγχείρημα αυτό. Στη διάρκεια των ένδεκα χρόνων που πέρασαν από την έκδοση του γαλλικού κειμένου, νέες ανακαλύψεις πραγματοποιήθηκαν στο χώρο της αρχαίας πόλης και σε διάφορα μέρη του νησιού· η βιβλιογραφία επίσης εμπλουτίστηκε με διάφορες εργασίες που βελτίωσαν τη γνώση μας πάνω σε αρκετά θέματα. Χρειάστηκε λοιπόν να γίνει επεξεργασία του γαλλικού κειμένου του 2000 σε πολλά σημεία, προκειμένου να ληφθούν υπ' όψιν τα νέα δεδομένα. Το ελληνικό κείμενο που ακολουθεί μπορεί επομένως να εκληφθεί ως μια πραγματικά επαυξημένη έκδοση εκείνης του 2000.

Θα θέλαμε να υπογραμμίσουμε σε αυτό το σημείο την πρωτότυπη συμβολή της Χάϊδως Κουκούλη-Χρυσανθάκη για την προϊστορική και πρωτοϊστορική εποχή. Κανείς δε θα ήταν καταλληλότερος να συνάψει τον απολογισμό των πρώιμων αυτών περιόδων. Δέχτηκε με γενναιοδωρία να συμμετάσχει στην εκπόνηση του *Οδηγού*· της εκφράζουμε εδώ τη βαθύτατη ευγνωμοσύνη μας. Η μετάφραση είναι έργο του Γιώργου Σανίδα. Η εργασία αυτή δεν ήταν εύκολη, διότι έπρεπε να προσεγγιστούν ποικίλες θεματικές, με ειδικές ορολογίες, που απαιτούν ταυτόχρονα την καλή γνώση του αρχαίου κόσμου και την υψηλή κατοχή της γαλλικής γλώσσας. Καθ' όλη τη διάρκεια της μεταφραστικής προσπάθειας, ο Yves Grandjean ήταν σε επαφή με τον Γ. Σανίδα· μπορεί να μεταφέρει τη φροντίδα την οποία αυτός επέδειξε προς το μεγαλύτερο δυνατό σεβασμό του γαλλικού κειμένου, αναζητώντας πάντοτε να αποδώσει όλες τις αποχρώσεις τόσο στην ουσία όσο και στη διατύπωση του λόγου. Τον ευχαριστούμε θερμά για την προθυμία και για τη γνώση και την επίγνωση που επέδειξε στο εγχείρημα αυτό. Απευθύνουμε επίσης τις ευχαριστίες μας στο Τμήμα Δημοσιευμάτων της Γαλλικής Σχολής Αθηνών και στη Béatrice Detournay που επέβλεψε με ιδιαίτερη προσοχή και αποτελεσματικότητα τα τελευταία στάδια της έκδοσης. Η φιλική της βοήθεια υπήρξε πολύτιμη για μας.

Η Γαλλική Σχολή Αθηνών είχε δημοσιεύσει ήδη το 1974 έναν πρώτο ελληνικό *Οδηγό*, που γνώρισε αναμφισβήτητη επιτυχία. Ελπίζουμε ότι αυτός ο νέος ελληνικός *Οδηγός*, που μας ζητηθήκε συχνά από τους κατοίκους της Θάσου αλλά και από πολλούς επισκέπτες, θα επιτρέψει την καλύτερη προσέγγιση και κατανόηση των αρχαιοτήτων που συναντώνται σε τόσο μεγάλο πλούτο και ποικιλία στο νησί. Αλλά το βιβλίο αυτό το αισθανόμαστε επίσης ως ένα μέσο για να ανταποδώσουμε στους Έλληνες φίλους μας ένα μέρος του χρέους μας προς τη χώρα τους, σε ένδειξη βαθιάς ευγνωμοσύνης.

Yves GRANDJEAN - François SALVIAT (Ιανουάριος 2011)

ΠΡΟΛΟΓΟΣ ΤΗΣ ΓΑΛΛΙΚΗΣ ΕΚΔΟΣΗΣ

Πριν από τριάντα χρόνια κυκλοφόρησε η πρώτη έκδοση του *Οδηγού* αυτού. Παρουσίαζε τα αποτελέσματα που επιτεύχθηκαν από την απαρχή των ανασκαφών που εγκαινίασε η Γαλλική Αρχαιολογική Σχολή και φώτιζε με χρήσιμο τρόπο μία από τις σπάνιες πόλεις του βορείου Αιγαίου, στην οποία είχαν διεξαχθεί ως τότε έρευνες μεγάλης κλίμακας. Ο *Οδηγός*, που μεταφράστηκε στα ελληνικά το 1974, πέτυχε το στόχο του, καθώς χρησίμευσε ως αναφορά σε κάθε περίπτωση. Στη διάρκεια των τριών τελευταίων δεκαετιών, ωστόσο, η έρευνα διαφοροποιήθηκε, οι ανακαλύψεις πολλαπλασιάστηκαν, η γνώση μας σχετικά με το νησί εμπλουτίστηκε. Μια αναπροσαρμογή κατέστη απαραίτητη.

Αν και το πνεύμα του πρώτου *Οδηγού* παραμένει σεβαστό, το σύνολο του κειμένου αναθεωρήθηκε και ανανεώθηκε. Σε ορισμένες περιπτώσεις άρκεσαν κάποιες επιμέρους διορθώσεις ή ορισμένες συμπληρωματικές διευκρινίσεις· αλλά, πιο συχνά, χρειάστηκε να επαναδιατυπωθούν εξ ολοκλήρου τα τοπογραφικά λήμματα ή οι γενικότερες απόψεις που δεν αντιστοιχούσαν πλέον στο σημερινό επίπεδο τεκμηρίωσης. Νέα κεφάλαια προστέθηκαν σχετικά με την οργάνωση της πόλης-κράτους της Θάσου καθώς και με την αστική πολεοδομική εξέλιξη του αρχαίου οικισμού. Η εικονογράφηση βελτιώθηκε. Η προσπάθεια επικεντρώθηκε κυρίως στις αρχιτεκτονικές κατόψεις και στα σχέδια. Δοκιμές αποκατάστασης των ανωδομών και των όγκων προορίζονται να διευκολύνουν την προσέγγιση των αρχιτεκτονικών λειψάνων.

Αυτή η νέα έκδοση απευθύνεται όπως και η προηγούμενη σε ένα ευρύ κοινό. Θελήσαμε να δώσουμε έναν πραγματικό *Οδηγό*, που να πληροφορεί τον επισκέπτη σχετικά με τα κυριότερα αξιοθέατα του νησιού και να του επιτρέπει να τα προσεγγίσει άρα και να τα καταλάβει καλύτερα, είτε πρόκειται για μνημεία είτε για τοπία, απόηχους και μαρτυρίες, περισσότερο ή λιγότερο ακριβείς, των κοινωνιών που διαδέχτηκαν η μια την άλλη στη θασίτικη γη. Δίπλα στα περιγραφικά κεφάλαια, που αφιερώνονται αφενός μεν στα κτήρια που είναι ακόμη ορατά στην πόλη ή στο υπόλοιπο νησί και αφετέρου στα ευρήματα στο Μουσείο της Θάσου (Λιμένας), άλλα κεφάλαια προσφέρουν μια συνολική θέαση σχετικά με τις πιο σημαντικές πλευρές της αρχαίας πραγματικότητας, συχνά σε συνδυασμό με τα μνημεία που μπορεί κανείς να δει επί τόπου ή στο μουσείο. Αυτά τα δύο επίπεδα ανάγνωσης αλληλοσυμπληρώνονται, αλλά ο καθένας μπορεί να επιλέξει ανάλογα με τα ενδιαφέροντά του και το χρόνο που διαθέτει. Οι βιβλιογραφικές αναφορές που συνοδεύουν το κείμενο θα επιτρέψουν στους ειδικούς να εμβαθύνουν στην πρώτη αυτή επαφή με τα θασίτικα πράγματα. Οι πιο πρόσφατες εργασίες, οι πλέον καινοτόμες, ευνοήθηκαν, χωρίς πάντως να αγνοηθούν τα παλαιότερα πονήματα· μερικά παραμένουν χρήσιμα ή και θεμελιώδη.

Φροντίσαμε να λάβουμε υπ' όψιν όλες τις έρευνες που διεξάγονται στο νησί και παρουσιάσαμε το επίπεδο των γνώσεων, υπογραμμίζοντας τα νέα κεκτημένα. Στις σπάνιες περιπτώσεις που έπρεπε να πάρουμε θέση ανάμεσα σε δύο δυνητικές ερμηνείες, σημειώσαμε κάθε φορά στη βιβλιογραφία την προσέγγιση που δεν επιλέξαμε. Οι υποθέσεις που δεν είναι δυνατόν να επαληθευθούν σήμερα και οι οποίες δεν μπορούσαν παρά να επιφέρουν σύγχυση στην παρουσίαση, αφέθηκαν στην άκρη.

Για την πραγματοποίηση του *Οδηγού* επωφεληθήκαμε διαφόρων συνεισφορών. Στους «Θασίους» που αναφέρονται στον πρόλογο της πρώτης έκδοσης (P. Bernard, Fr. Croissant, G. Daux, Ch. Delvoye, P. Devambez, Chr. Dunant, Y. Garlan, L. Kahil, G. Le Rider, R. Martin, J. Pouilloux, Cl. Rolley, G. Roux, J. Servais, N. Weill), επιβάλλεται να προσθέσουμε όλους όσοι ασχολούνται έκτοτε με την έρευνα του νησιού και μας εμπιστεύθηκαν τις γνώσεις τους. Οι μεν συνέγραψαν ορισμένες σελίδες ή και κεφάλαια: η Fr. Blondé (ανασκαφή στο Φαρί, κεραμική 4ου αι.), η A. Coulié (μελανόμορφη κεραμική της Θάσου), ο B. Holtzmann (μαρμαρογλυπτική), ο J.-Y. Marc (ιστορία των ανασκαφών, αψίδα του Καρακάλλα), ο A. Muller (κοροπλαστική), ο J.-Y. Perreault (ανασκαφή στο Φαρί), ο O. Picard (ελληνικά και ρωμαϊκά νομίσματα), ο J.-M. Saulnier (παλαιοχριστιανικά και βυζαντινά νομίσματα). Οι δε, των οποίων τα ονόματα αναγράφονται στα βιβλιογραφικά λήμματα, ανέγνωσαν τα χωρία που αντιστοιχούν στις έρευνές τους: Fr. Blondé, M. Brunet, J. des Courtils, M. Debidour, Y. Garlan, Chr. Giros, J.-J. Maffre, J.-Y. Marc, A. Muller, J.-P. Sodini. Ολόκληρο το κείμενο έτυχε της ιδιαίτερα προσεκτικής επιμέλειας του B. Holtzmann. Η M. Wurch-Kozelj, με τη βοήθεια του T. Kozelj, πραγματοποίησε επί τόπου το μεγαλύτερο μέρος των κατόψεων και σχεδίων, από τα οποία πολλά είναι πρωτότυπα. Ο M. Borély (CNRS, Aix-en-Provence) και ο A. Olivier (CNRS, Dijon) συνεισέφεραν στις γραφικές αποκαταστάσεις. Η Fr. Grandjean δακτυλογράφησε το κείμενο. Σε όλους εκφράζουμε τη βαθιά ευγνωμοσύνη μας.

Θα θέλαμε να τονίσουμε την αναγνώρισή μας για τη θερμή φιλοξενία που μας προσφέρθηκε· για τη φιλία των Ελλήνων συναδέλφων μας στην Εφορία Προϊστορικών και Κλασικών Αρχαιοτήτων της Καβάλας, ιδιαίτερα της Χάιδως Κουκούλη-Χρυσανθάκη και όσων την πλαισιώνουν· αλλά και για τη βοήθεια των Θασίων, και πρώτων από όλους των εργατών και των διαδοχικών επιστατών Ν. Χαριτόπουλου και Γ. Συνοδιά. Οι σελίδες που ακολουθούν είναι η μαρτυρία του δεσμού μας με το νησί τους, με τη χώρα αυτή που τόσα μας έδωσε και που μας αγκάλιασε σαν δεύτερη πατρίδα.

Yves GRANDJEAN και **François SALVIAT**

ΓΕΝΙΚΟ ΥΠΟΜΝΗΜΑ

Βιβλιογραφία

Μεταξύ των δημοσιεύσεων της Γαλλικής Αρχαιολογικής Σχολής, υπάρχει μια σειρά αφιερωμένη στις ανασκαφές της Θάσου με τον τίτλο *Études Thasiennes* (εδώ με τη συντομογραφία *ÉtThas*), στην οποία έχουν κυκλοφορήσει είκοσι δύο τεύχη:

I. M. Launey, *Le sanctuaire et le culte d'Héraclès à Thasos* (1944).

II. A. E. Bakalopoulos, *Thasos, son histoire, son administration de 1453 à 1912* (1953).

III. J. Pouilloux, *Recherches sur l'histoire et les cultes de Thasos, I. De la fondation de la cité à 196 avant J.-C.* (1954).

IV. A.-M. Bon, A. Bon, *Les timbres amphoriques de Thasos* (1957).

V. Chr. Dunant, J. Pouilloux, *Recherches sur l'histoire et les cultes de Thasos, II. De 196 avant J.-C. jusqu'à la fin de l'Antiquité* (1958).

VI. R. Martin, *L'agora, I* (1959).

VII. L. Ghali-Kahil, *La céramique grecque (fouilles 1911-1956)* (1960).

VIII. Ch. Picard, *Les murailles, I. Les portes sculptées à images divines* (1962).

IX. J. Servais, *Aliki, I, les deux sanctuaires.* – J.-P. Sodini, A. Lambraki, T. Kozelj, *Les carrières de marbre à l'époque paléochrétienne* (1980).

X. J.-P. Sodini, K. Kolokotsas, *Aliki, II. La basilique double* (1984).

XI. N. Weill, *La plastique archaïque de Thasos. Figurines et statues de terre cuite de l'Artémision, I. Le haut archaïsme* (1985).

XII. Y. Grandjean, *Recherches sur l'habitat thasien à l'époque grecque* (1988).

XIII. C. Abadie-Reynal, J.-P. Sodini, *La céramique paléochrétienne de Thasos. Aliki, Delkos, fouilles anciennes* (1992).

XIV. H. Duchêne, *La stèle du port. Fouilles du port, I. Recherches sur une nouvelle inscription thasienne* (1992).

XV. B. Holtzmann, *La sculpture de Thasos. Corpus des reliefs, I: reliefs à thème divin* (1994).

XVI. V. François, *La céramique byzantine à Thasos* (1995).

XVII. A. Muller, *Les terres cuites votives du Thesmophorion. De l'atelier au sanctuaire* (1996).

XVIII. Y. Garlan, *Les timbres amphoriques de Thasos, I. Timbres protothasiens et thasiens anciens* (1999).

XIX. A. Coulié, *La céramique thasienne à figures noires* (2002).

XX. Fr. Blondé, *Les céramiques d'usage quotidien à Thasos au IVe s. av. J.-C.* (2007).

XXI. St. Huysecom-Haxhi, *Les figurines en terre cuite archaïques de l'Artémision de Thasos : artisanat et piété populaire à l'époque de l'archaïsme mûr et récent* (2009).

XXII. Y. Grandjean, *Le rempart de Thasos* (2011).

Στα τεύχη της σειράς πρέπει να προστεθεί ένας τόμος που συγκεντρώνει κείμενα διαφόρων συγγραφέων πάνω σε θέματα σχετικά με την ιστορία και την αρχαιολογία της Θάσου: *Thasiaca, Bulletin de correspondance hellénique, Suppl.* V (1979).

Ένας άλλος τόμος, που δημοσιεύθηκε το 1999, συγκεντρώνει ένα σύνολο ανακοινώσεων που παρουσιάστηκαν σε ένα διεθνές συνέδριο που οργανώθηκε το 1995 και αφορά στις χειροτεχνικές και βιοτεχνικές δραστηριότητες που σημάδεψαν την ιστορία του νησιού από την αρχαιότητα μέχρι τη σύγχρονη εποχή: Χ. Κουκούλη-Χρυσανθάκη, A. Muller, Σ. Παπαδόπουλος (επιμ.), *Θάσος, πρώτες ύλες και τεχνολογία από τους προϊστορικούς χρόνους ως σήμερα, πρακτικά του Διεθνούς Συνεδρίου, Λιμενάρια 26-29 Σεπτεμβρίου 1995* (Αθήνα - Παρίσι 1999).

Τα αποτελέσματα των ανασκαφών παρουσιάζονται μετά από κάθε περίοδο σε πρώτες ανασκαφικές εκθέσεις στο *Bulletin de correspondance hellénique* (Chronique des fouilles). Στο ίδιο περιοδικό έχουν δημοσιευθεί πολυάριθμες μελέτες και άρθρα σχετικά με τη Θάσο.

Συντομογραφίες

Στα βιβλιογραφικά λήμματα χρησιμοποιούνται τα παρακάτω αρκτικόλεξα:

ABSA	*Annual of British School at Athens*
ΑΕΜΘ	*Το Αρχαιολογικό Έργο στη Μακεδονία και Θράκη*
AJA	*American Journal of Archaeology*
AntK	*Antike Kunst*
ΑΔ	*Ἀρχαιολογικόν Δελτίον*
AE	*Ἀρχαιολογική Ἐφημερίς*
BCH	*Bulletin de correspondance hellénique*
BEFAR	*Bibliothèque des Écoles françaises d'Athènes et de Rome*
CRAI	*Comptes rendus de l'Académie des inscriptions et belles-lettres*
ÉtThas	*Études thasiennes*
IG XII 8	*Inscriptiones Graecae,* vol. XII, fasc. VIII (1909)
IG XII Suppl.	*Inscriptiones Graecae,* vol. XII, *Supplementum* (1939)
JdI	*Jahrbuch des deutschen archäologischen Instituts*
JHS	*Journal of Hellenic Studies*
ML	R. Meiggs, D. Lewis, *A Selection of Greek Historical Inscriptions (1969)*

MonPiot	*Monuments et Mémoires de la Fondation Eugène Piot*
Öjh	*Jahreshefte des österreichischen archäologischen Instituts in Wien*
RA	*Revue archéologique*
REA	*Revue des études anciennes*
RNum	*Revue numismatique*

Οι παραπομπές στο *BCH* στις οποίες προηγείται άμεσα το όνομα του συγγραφέα, αναφέρονται στις ανασκαφικές εκθέσεις. Οι μελέτες και τα άρθρα σημειώνονται με τους τίτλους τους.

Υπόμνημα για τις έγχρωμες κατόψεις

- τοίχοι 7ου - 6ου αι. π.Χ
- τοίχοι 5ου - 4ου αι. π.Χ
- τοίχοι 3ου - 1ου αι. π.Χ
- τοίχοι αυτοκρατορικής εποχής
- τοίχοι παλαιοχριστιανικής εποχής
- τοίχοι μεσαιωνικής εποχής
- τοίχοι 7ου - 6ου αι. π.Χ. ανακατασκευασμένοι στους 5ο - 4ο αι. π.Χ.
- τοίχοι 7ου - 6ου αι. π.Χ. ανακατασκευασμένοι στους 3ο - 1ο αι. π.Χ.
- τοίχοι 7ου - 6ου αι. π.Χ. ανακατασκευασμένοι στην αυτοκρατορική εποχή
- τοίχοι 7ου - 6ου αι. π.Χ. ανακατασκευασμένοι στην παλαιοχριστιανική εποχή
- τοίχοι 5ου - 4ου αι. π.Χ. ανακατασκευασμένοι στην αυτοκρατορική εποχή
- τοίχοι 5ου - 4ου αι. π.Χ. ανακατασκευασμένοι στην παλαιοχριστιανική εποχή
- τοίχοι 5ου - 4ου αι. π.Χ. ανακατασκευασμένοι στη μεσαιωνική εποχή
- τοίχοι απροσδιόριστης χρονολογίας
- τοίχοι εντοπισμένοι κατά την ανασκαφή που εξαφανίστηκαν στη συνέχεια
- τοίχοι αποκατεστημένοι
- αρχαίες οδοί
- σύγχρονες οδοί
- ισοϋψείς καμπύλες

Όταν σε έναν τοίχο αποδίδονται δύο χρώματα, το πρώτο παραπέμπει στην πρώτη οικοδομική φάση και το δεύτερο στην τελευταία επέμβαση που παρατηρείται σ' αυτόν.

ΓΕΝΙΚΗ ΠΑΡΟΥΣΙΑΣΗ

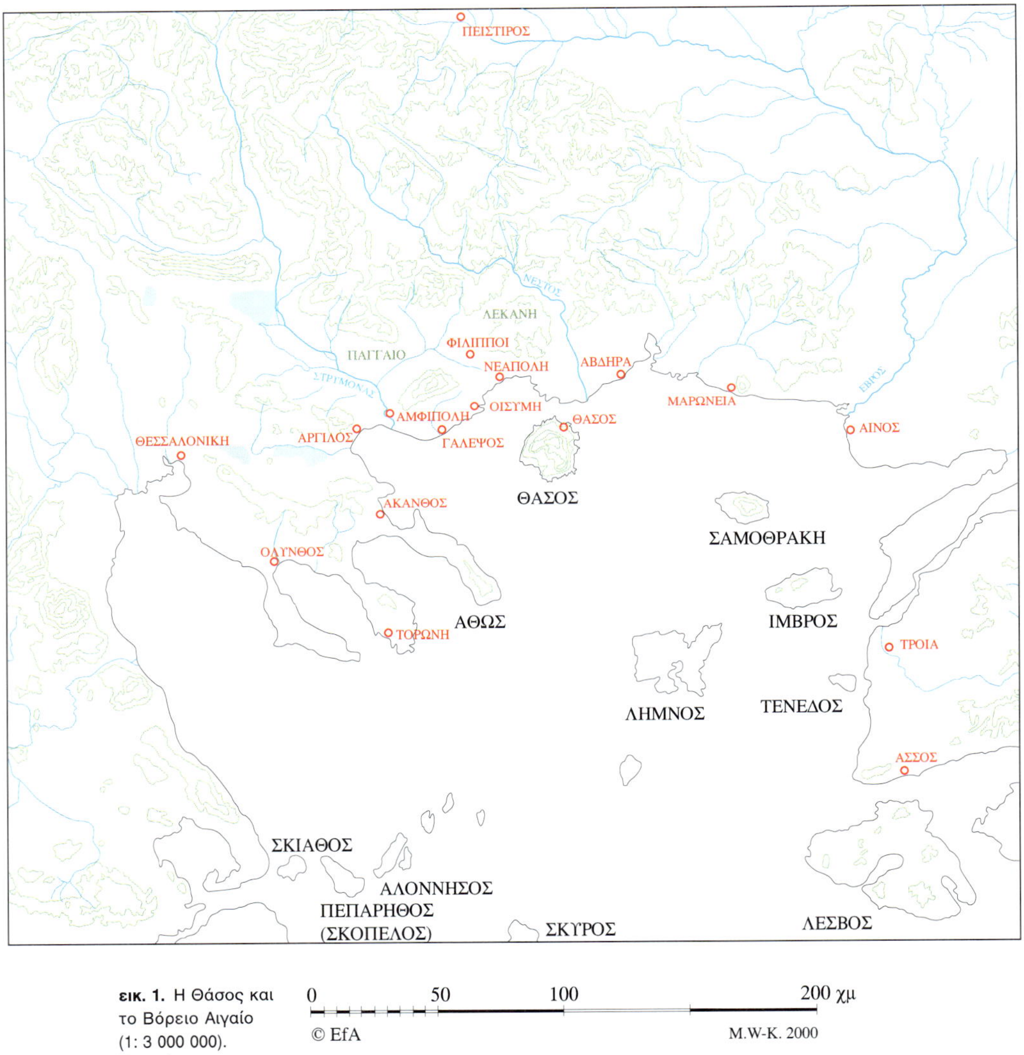

εικ. 1. Η Θάσος και το Βόρειο Αιγαίο (1: 3 000 000). Τα ονόματα των αρχαίων θέσεων σημειώνονται με κόκκινο.

Αν την αντικρίσει κανείς από το αεροπλάνο, η Θάσος προβάλλει μέσα στο Αιγαίο πέλαγος σαν ένας σκοτεινός όγκος πλάι στη θρακική ήπειρο, από την οποία τη χωρίζει μόνο ένας στενός πορθμός 8χλμ. (χάρτης, **εικ. 1**). Μικρότερη από τη Ρόδο (1.400χλμ^2.) ή τη Λέσβο (1.614χλμ^2.), μεγαλύτερη από τη γειτονική της Σαμοθράκη (180χλμ^2.), με εμβαδόν 398χλμ^2., είναι ένα από τα πιο σημαντικά σε έκταση νησιά στην κλίμακα του ελληνικού αρχιπελάγους, ικανό να καλύψει τις ανάγκες ενός αυξημένου πληθυσμού.

Μια οροσειρά, της οποίας οι πέντε βασικές κορυφές υψώνονται σε υψόμετρο άνω των χιλίων μέτρων, διαιρεί το νησί από τα νοτιοανατολικά προς τα βορειοδυτικά σε δύο ανισομερείς ζώνες. Τραχιά, σκαμμένη από βαθιά φαράγγια, εκτεθειμένη στους ισχυρούς ανέμους, η βορειοανατολική πλαγιά κατεβαίνει απότομα προς τους κολπίσκους της βραχώδους και διακεκομμένης ακτής, συνθέτοντας μαζί με το βουνό και τη θάλασσα τοπία σπάνιας ομορφιάς. Η νοτιοδυτική πλαγιά, λιγότερο ανώμαλη και απόκρημνη, ξεδιπλώνεται κλιμακωτά από τα 1.208 μέτρα του όρους Υψαρίου, της ψηλότερης κορυφής, μέχρι τη θάλασσα, που τον ορίζοντά της κλείνουν τα υψώματα της ανατολικής Χαλκιδικής που καταλήγουν στον πυραμιδόσχημο όγκο του Άθω.

Το υπέδαφος του νησιού αποτελείται κυρίως από έναν γκριζοπράσινο γνεύσιο, διάτρητο σε μερικά σημεία από διακλαδώσεις με μαρμαρυγία, και από ένα ωραίο λευκό μάρμαρο που χάρισε ήδη από την αρχαιότητα στους Θασίτες καλλιτέχνες, γλύπτες κι αρχιτέκτονες, ένα πρώτης τάξης υλικό· κρύβει επίσης πλούσια μεταλλεύματα τα οποία δε διέφυγαν της όσφρησης των Φοινίκων, δαιμόνιων εμπόρων. Ο Ηρόδοτος επισκέφθηκε κατά τον 5ο αι. π.Χ. τα μεταλλεία που είχαν ανακαλύψει και που λειτουργούσαν ακόμα στην εποχή του. *Εἶδον δὲ καὶ αὐτὸς τὰ μέταλλα ταῦτα, καὶ μακρῷ ἦν αὐτῶν θωμασιώτατα τὰ οἱ Φοίνικες ἀνεῦρον οἱ μετὰ Θάσου κτίσαντες τὴν νῆσον ταύτην, ἥτις νῦν ἐπὶ τοῦ Θάσου τούτου τοῦ Φοίνικος τὸ οὔνομα ἔσχηκε. Τὰ δὲ μέταλλα τὰ Φοινικικὰ ταῦτά ἐστι τῆς Θάσου μεταξὺ Αἰνύρων τε χώρου καλεομένου καὶ Κοινύρων, ἀντίον δὲ Σαμοθρηίκης, ὄρος μέγα ἀνεστραμμένον ἐν τῇ ζητήσι. Τοῦτο μὲν νῦν ἐστι τοιοῦτο* (Ηρόδοτος ΣΤ′ – *Ερατώ* 47, 1-8). Είδα και ο ίδιος τα μεταλλεία αυτά· και τα πιο αξιοθαύμαστα είναι μακράν εκείνα που ανακάλυψαν οι Φοίνικες, οι οποίοι μαζί με τον Θάσο αποίκισαν το νησί αυτό, που άλλωστε απέκτησε το σημερινό του όνομα χάρη σε αυτόν τον Θάσο, τον γιο του Φοίνικα. Αυτά λοιπόν τα φοινικικά μεταλλεία βρίσκονται στη Θάσο μεταξύ της περιοχής που ονομάζεται

εικ. 2. Η Θάσος· μερική άποψη από τα βόρεια.

Αίνυρα και των Κοινύρων, απέναντι από τη Σαμοθράκη· ένα ολόκληρο βουνό ήρθε τα πάνω κάτω στην αναζήτηση χρυσού. Έτσι είναι και σήμερα.

Στον ορυκτό πλούτο προστίθεται κι αυτός της βλάστησης, της οποίας την αφθονία και την ποικιλία σημείωσαν όλοι οι περιηγητές. Διαθέτοντας άφθονο νερό και ευνοημένο από ένα σχετικά ήπιο κλίμα, το νησί καλύπτεται από όμορφα δάση, σπάνια στην Ελλάδα, τα οποία αποτέλεσαν ήδη από την αρχαιότητα μία από τις πλουτοπαραγωγικές πηγές του. Διάφορες πυρκαγιές, κυρίως αυτές του 1985 και του 1989, ρήμαξαν το νότιο μισό του νησιού και περιοχές του βορειοδυτικού τομέα, καταστρέφοντας μεγάλο μέρος της δασικής κάλυψης. Στις ζώνες που δεν επλήγησαν από τη φωτιά αναμειγνύονται τα ρητινοφόρα και οι βελανιδιές, που σε κάθε εποχή παρείχαν στα ναυπηγεία και στους αρχιτέκτονες περιζήτητο ξύλο. Τα πλατάνια αφθονούν, ανάμικτα με πεύκα, καθώς επίσης οι καστανιές, οι κουτσουπιές (δέντρα του Ιούδα) με τα φωτεινά φύλλα, και όλη η ευωδιαστή θαμνώδης βλάστηση: πουρναριές, κουμαριές, κίσθοι, αγριοπιπεριές, μυρτιές, δεντρολίβανα, άρκευθοι, ρίγανη, φασκομηλιές, θυμαριές. Στα παράκτια ισιώματα καλλιεργείται το ελαιόδεντρο. Το αμπέλι, που το κρασί του εξαγόταν άλλοτε ευρέως, σήμερα έχει ουσιαστικά εκλείψει.

Το νησί κατέχει ευνοϊκή θέση στο βόρειο Αιγαίο. Ενώ βρίσκεται πάνω στους πολυσύχναστους ναυτικούς δρόμους της αρχαιότητας, είτε από βορρά προς νότο, είτε από ανατολή προς δύση, είναι ταυτόχρονα τόσο κοντά στην ήπειρο, που στην εποχή της ιστιοπλοΐας, με ευνοϊκό άνεμο, έφθανε κανείς σε τέσσερεις ή πέντε ώρες από τον Λιμένα στην Καβάλα, και μετά από δύο ώρες κωπηλασίας από τον Λιμένα στην Κεραμωτή. Παρ' όλες τις αλλαγές που επήλθαν στη νεότερη εποχή (πρόοδος ναυσιπλοΐας, εμπορικές οδοί), το νησί συνεχίζει να επωφελείται των πλεονεκτημάτων της γεωγραφικής του θέσης, προσελκύοντας ακόμη περισσότερους τουρίστες, από τους οποίους πολλοί μεταβαίνουν σ' αυτό μέσω του αεροδρομίου της Καβάλας, που βρίσκεται ακριβώς απέναντι, στην άλλη πλευρά του πορθμού.

Στο βόρειο κομμάτι του νησιού, που κυριαρχείται από τον όγκο του Προφήτη Ηλία του οποίου η γυμνή κορυφή ορθώνεται στα 1.108μ. ο όρμος του Λιμένα (**εικ. 2**) παρέχει στους ναυτικούς σήμερα όπως και άλλοτε, ένα απάγκειο από τους φοβερούς εποχιακούς ανέμους, όπως επίσης και από το βόρειο και το βορειοανατολικό άνεμο – το βοριά και το μελτέμι. Από την κορυφή της ακρόπολης, σε υψόμετρο 155μ., η θέα προς τη θάλασσα είναι ολάνοιχτη, από τη Σαμοθράκη που εμφανίζεται πότε πότε σαν κώνος μακριά προς στην Ανατολή, όταν ο ορίζοντας είναι καθαρός, μέχρι το περίγραμμα του Παγγαίου στα δυτικά. Στη θέση ακριβώς της αρχαίας πόλης εγκαταστάθηκαν και τα σπίτια του νεότερου οικισμού, ο οποίος έχει ευτυχώς αναπτυχθεί κυρίως προς τα νοτιοδυτικά, ενώ ο τομέας της αγοράς και του λιμανιού έχει κάπως προστατευθεί.

Μια μαρτυρία: ο Ιπποκράτης και το κλίμα της Θάσου

Στο τέλος του 5ου αι. π.Χ., ο μεγάλος γιατρός Ιπποκράτης, που μόλις είχε παρασταθεί στον Περδίκκα Β' της Μακεδονίας, ο οποίος πέθανε το 413, διέμεινε για λίγο περισσότερο από τέσσερα χρόνια στη Θάσο, ως δημόσιος γιατρός, προσκεκλημένος της πόλης. Δεχόταν τους ασθενείς σε ένα ιατρείο που τέθηκε στη διάθεσή του, αλλά επισκεπτόταν επίσης τους αρρώστους στις διάφορες συνοικίες της πόλης. Προσπάθησε κυρίως να θεραπεύσει μια ενδημική ελονοσία, συχνά θανατηφόρα. Οι παρατηρήσεις και οι σκέψεις του καταγράφηκαν στο πρώτο και στο τρίτο βιβλίο του *Περί ἐπιδημιῶν* (στα αρχαία η λέξη σημαίνει «παραμονή σε άλλο μέρος»).

Για κάθε εποχή του έτους, από φθινόπωρο σε φθινόπωρο, ο Ιπποκράτης σημείωνε τις κλιματικές συνθήκες και το καθεστώς των ανέμων, διευκρινίσεις χρήσιμες στην ιατρική της εποχής, που προέκρινε τη θεωρία των επιδράσεων του περιβάλλοντος στην υγεία. Τα παρακάτω χωρία αφορούν καθεμία από τις τέσσερεις χρονιές στη Θάσο. Οι διαφορές μεταξύ τους απεικονίζουν τις διακυμάνσεις στο κλίμα του νησιού, γενικά ήπιο, μερικές φορές πιο ακραίο, χαρακτηρισμένο από αρκετά βαρείς χειμώνες και άφθονες βροχοπτώσεις, τουλάχιστον στα τέλη του καλοκαιριού και καθ' όλη τη διάρκεια του φθινοπώρου.

- Χρονιά πρώτη (*Περί ἐπιδημιῶν* Α', 1)

Ἐν Θάσῳ, φθινοπώρου περὶ ἰσημερίην καὶ ὑπὸ πληϊάδα ὕδατα πουλλὰ, ξυνεχέα μαλθακῶς, ἐν νοτίοισι, χειμὼν νότιος, σμικρὰ πνεύματα βόρεια, αὐχμοὶ, τὸ ξύνολον, ἔς γε χειμῶνα ὁκοῖον ἦρ γίγνεται. Ἦρ δὲ νότιον, ψυχινὸν, σμικρὰ ὕσματα. θέρος ὡς τὸ πουλὺ ἐπινέφελον, ἀνυδρίαι, ἐτήσιαι ὀλίγα, σμικρὰ, διεσπαρμένως ἔπνευσαν. Στη Θάσο, το φθινόπωρο, προς την ισημερία και τη δύση των Πλειάδων (= 8 Νοεμβρίου), πολλές βροχές, συνεχείς αλλά ασθενείς, με νοτιάδες. Τον χειμώνα νοτιάδες, ασθενείς βοριάδες, ξηροί. Γενικά ο χειμώνας μοιάζει με άνοιξη. Άνοιξη με νοτιάδες, ψύχρα, ελαφρές βροχοπτώσεις. Το καλοκαίρι αρκετά νεφελώδες, ανομβρία· οι καλοκαιρινοί άνεμοι έπνευσαν διακεκομμένα, μικροί και ασθενείς.

- Χρονιά δεύτερη (*Περί ἐπιδημιῶν* Α', 4)

Ἐν Θάσῳ πρωὶ τοῦ φθινοπώρου, χειμῶνες οὐ κατὰ καιρὸν, ἀλλ' ἐξαίφνης ἐν βορείοισι καὶ νοτίοισι πουλλοῖσιν, ὑγροὶ καὶ προεκρηγνυόμενοι. Ταῦτα δὴ ἐγένετο τοιαῦτα, μέχρι πληϊάδος δύσιος, καὶ ὑπὸ πληϊάδα. χειμὼν δὲ βόρειος· ὕδατα πουλλὰ, λαύρα, μεγάλα, χιόνες, μιξαίθρια τὰ πλεῖστα· ταῦτα δὲ ἐγένετο μὲν πάντα, οὐ λίην δὲ ἀκαίρως τὰ τῶν ψυχέων. Ἤδη δὲ μεθ' ἡλίου τροπὰς χειμερινὰς, καὶ ἡνίκα ζέφυρος πνέειν ἄρχεται, ὀπισθοχειμῶνες μεγάλοι, βόρεια πουλλὰ· χιὼν, καὶ ὕδατα ξυνεχέως πουλλὰ, καὶ οὐρανὸς λαιλαπώδης, καὶ ἐπινέφελος· ταῦτα δὲ ξυνέτεινε καὶ οὐκ ἀνίει μέχρις ἰσημερίης. Ἦρ δὲ ψυχρὸν, βόρειον, ὑδατῶδες, ἐπινέφελον· θέρος οὐ λίην καυματῶδες ἐγένετο· ἐτησίαι ξυνεχέες ἔπνευσαν· ταχὺ δὲ περὶ ἀρκτοῦρον, ἐν βορείοισι πουλλὰ πάλιν ὕδατα. Στη Θάσο, στις αρχές του φθινοπώρου, απρόσμενες θύελλες, ξαφνικές, με ισχυρούς βοριάδες και νοτιάδες, βροχερές και εκρηκτικές. Έτσι συνέβαινε μέχρι τη δύση των Πλειάδων και κατά τη διάρκειά τους. Χειμώνας με βοριάδες. Πολλές βροχές, μεγάλες και δυνατές. Χιόνια· καιρός ως επί το πλείστον άστατος. Όλα αυτά συνέβησαν, χωρίς το κρύο να είναι αταίριαστο. Με το χειμερινό ηλιοστάσιο κιόλας, κι αφότου έπιασε να φυσάει ο Ζέφυρος, βίαιη επιστροφή του χειμώνα, με πολλούς βοριάδες· χιόνι και πολλές συνεχόμενες βροχές· ουρανός βαρύς και νεφελώδης. Αυτά συνεχίστηκαν χωρίς ύφεση μέχρι την ισημερία. Άνοιξη με κρύο, βοριάδες, βροχερή, νεφελώδης. Καλοκαίρι όχι ιδιαίτερα καυτό· οι καλοκαιρινοί άνεμοι έπνεαν συνεχώς. Γρήγορα όμως, με τον Αρκτούρο (= 14 Σεπτεμβρίου), πάλι πολλές βροχές με βοριάδες.

- Χρονιά τρίτη (*Περί ἐπιδημιῶν* Α', 7)

Ἐν Θάσῳ, πρὸ ἀρκτούρου ὀλίγον, καὶ ἐπ' ἀρκτούρου, ὕδατα πουλλὰ, μεγάλα ἐν βορείοισιν. Περὶ δὲ ἰσημερίην καὶ μέχρι πληϊάδος, νότια ὕσματα ὀλίγα· χειμὼν βόρειος· αὐχμοὶ· ψύχεα· πνεύματα μεγάλα· χιόνες. Περὶ δὲ ἰσημερίην, χειμῶνες μέγιστοι· ἦρ βόρειον· ὕσματα ὀλίγα· ψύχεα. περὶ δὲ ἡλίου τροπὰς θερινὰς, ὕδατα ὀλίγα, μεγάλα ψύχεα μέχρι κυνὸς ἐπλησίασεν· μετὰ δὲ κύνα, μέχρις ἀρκτούρου θέρος θερμὸν, καύματα μεγάλα, καὶ οὐκ ἐκ προσαγωγῆς, ἀλλὰ ξυνεχέα, καὶ βίαια· ὕδωρ οὐκ ἐγένετο· ἐτησίαι ἔπνευσαν· περὶ ἀρκτοῦρον, ὕσματα νότια μέχρις ἰσημερίης. Στη Θάσο, λίγο πριν και κατά τον Αρκτούρο, πολλές μεγάλες βροχές, με βοριάδες. Προς την ισημερία και μέχρι τις Πλειάδες, λίγες βροχές με νοτιάδες. Χειμώνας με βοριάδες, ξηρός. Κρύο, μεγάλοι αέρηδες, χιόνια. Προς την ισημερία, ισχυρότατες θύελλες. Άνοιξη με βοριάδες· λίγες βροχές, κρύο. Με το θερινό ηλιοστάσιο λίγες βροχές, μεγάλα κρύα, μέχρι την ανατολή του Σείριου· έπειτα, μέχρι τον Αρκτούρο, καλοκαίρι ζεστό, μεγάλοι καύσωνες, όχι σταδιακοί, αλλά διαρκείς και βίαιοι. Δεν έβρεξε· οι καλοκαιρινοί άνεμοι φύσηξαν. Προς τον Αρκτούρο, βροχές με νοτιάδες μέχρι την ισημερία.

- Χρονιά τέταρτη (*Περί ἐπιδημιῶν* Γ', 2)

Ἔτος νότιον, ἔπομβρον· ἄπνοια διὰ τέλεος. Αὐχμῶν δὲ γενομένων τοὺς ὑπόπροσθεν χρόνους ἐπ' ἐνιαυτὸν, ἐν νοτίοισι περὶ ἀρκτοῦρον ὕδατα πουλλά. φθινόπωρον σκιῶδες, ἐπινέφελον· ὑδάτων πλήθεα. χειμὼν νότιος, ὑγρὸς, μαλακός. μετὰ δὲ ἡλίου τροπὰς ὕστερον πολλῷ, πλησίον ἰσιμερίης, ὀπισθοχειμῶνες· καὶ ἤδη περὶ ἰσιμερίην, βόρεια, χιονώδεα, οὐ πουλὺν χρόνον. Ἦρ πάλιν νότιον, ἄπνοον· ὕδατα πουλλὰ διὰ τέλεος μέχρι κυνὸς. θέρος αἴθριον, θερμὸν· πνίγεα μεγάλα· ἐτησίαι σμικρὰ διεσπασμένως ἔπνευσαν· πάλιν δὲ περὶ ἀρκτοῦρον ἐν βορείοισιν ὕδατα πουλλὰ. Χρονιά με νοτιάδες, βροχερή. Συνεχής άπνοια. Ενώ πρωτύτερα ο καιρός ήταν ξηρός, τώρα, κατά τον Αρκτούρο, νοτιάδες και πολλές βροχές. Φθινόπωρο σκοτεινό, νεφελώδες. Πλήθος βροχοπτώσεων. Χειμώνας με νοτιάδες, υγρός, μαλακός. Πολύ αργότερα από το ηλιοστάσιο, κοντά στην ισημερία, ξαναχειμώνιασε. Ήδη κατά την ισημερία, βοριάδες, χιονάκια, αλλά όχι για πολύ. Άνοιξη και πάλι με νοτιάδες, άπνοια· πολλές βροχές, συνέχεια μέχρι τον Σείριο. Καλοκαίρι αίθριο, ζεστό. Αποπνικτικά. Μικροί καλοκαιρινοί άνεμοι φύσηξαν διακεκομμένα. Και πάλι με τον Αρκτούρο, πολλές βροχές με βοριάδες.

Στο *Περί ἐπιδημιῶν*, η περιγραφή των *καταστάσεων*, δηλαδή των ετήσιων κλιματικών συνθηκών, παρουσιάζεται σε ένα εποχικό πλαίσιο που καθορίζεται από τον ηλιακό κύκλο. Η διαίρεση του έτους σε εποχές στην αρχαία Ελλάδα δεν ήταν ίδια με τη δική μας. Μπορούμε να θεωρήσουμε ότι η πιο συνήθης σύμβαση είναι αυτή που αναφέρει γύρω στο 400 π.Χ. ο ανώνυμος συγγραφέας της ιπποκρατικής πραγματείας *Περί διαίτης* (Γ', 68, 2): *τὸν μὲν ἐνιαυτὸν ἐς τέσσαρα μέρεα διαιρέουσιν, ἅπερ μάλιστα γιγνώσκουσιν οἱ πολλοὶ, χειμῶνα, ἦρ, θέρος, φθινόπωρον· καὶ χειμῶνα μὲν ἀπὸ πλειάδων δύσιος ἄχρι ἰσημερίης ἠαρινῆς, ἦρ δὲ ἀπὸ ἰσημερίης μέχρι πλειάδων ἐπιτολῆς, θέρος δὲ ἀπὸ πλειάδων μέχρι ἀρκτούρου ἐπιτολῆς, φθινόπωρον δὲ ἀπὸ ἀρκτούρου μέχρι πλειάδων δύσιος.* Όσο για τη χρονιά, διαιρείται σε τέσσερα μέρη, όπως είναι γνωστό στους περισσότερους: χειμώνα, άνοιξη, καλοκαίρι, φθινόπωρο. Ο χειμώνας από τη δύση των Πλειάδων μέχρι την εαρινή ισημερία· άνοιξη από την ισημερία μέχρι τις Πλειάδες· καλοκαίρι από τις Πλειάδες μέχρι τον Αρκτούρο· φθινόπωρο από τον Αρκτούρο μέχρι τη δύση των Πλειάδων.

Έτσι, για τα τέλη του 5ου αι. π.Χ., έχουμε το παρακάτω ημερολόγιο:

- Φθινόπωρο: 14 Σεπτεμβρίου (ανατολή του Αρκτούρου) – 8 Νοεμβρίου (δύση των Πλειάδων)· φθινοπωρινή ισημερία: 25 Σεπτεμβρίου.

• Χειμώνας: 8 Νοεμβρίου – 25 Μαρτίου (εαρινή ισημερία)· χειμερινό ηλιοστάσιο: 24 Δεκεμβρίου.
• Άνοιξη: 25 Μαρτίου – 13 Μαΐου (εμφάνιση των Πλειάδων).
• Καλοκαίρι: 13 Μαΐου – 14 Σεπτεμβρίου· θερινό ηλιοστάσιο: 27 Ιουνίου.

Σε αυτό εδώ το ημερολόγιο αναφέρεται ο Ιπποκράτης στις *Επιδημίες* του.

Παραθέτουμε μια «καρτέλα ασθενούς» ως παράδειγμα των σημειώσεων που κρατούσε ο διάσημος γιατρός κατά τη διάρκεια της παραμονής του στη Θάσο (*Περί ἐπιδημιῶν* Γ', 1, 4η περίπτωση):

Ἄρρωστος τέταρτος

Ἐν Θάσῳ, Φιλίστης κεφαλὴν ἐπόνεε χρόνον πολύν καὶ πότε καὶ ὑποκαρωθεὶς κατεκλίθη· ἐκ δὲ πότων πυρετῶν ξυνεχέων γενομένων, ὁ πόνος παροξύνθη· νυκτὸς ἐπεθερμάνθη τὸ πρῶτον. Τῇ πρώτῃ, ἤμεσε χολώδεα, ὀλίγα, ξανθὰ τὸ πρῶτον, μετὰ δὲ ἰώδεα πλείω· ἀπὸ δὲ κοιλίης κόπρανα διῆλθεν· νύκτα δυσφόρως. Δευτέρῃ, κώφωσις· πυρετὸς ὀξύς· ὑποχόνδριον δεξιὸν ξυνετάθη· ἔρρεπεν ἐς τὰ ἔσω· οὖρα λεπτά, διαφανέα, εἶχεν ἐναιώρημα γονοειδές, σμικρόν· ἐξεμάνη περὶ μέσον ἡμέρης. Τρίτῃ, δυσφόρως. Τετάρτῃ, σπασμοί – παρωξύνθη πάντα. Πέμπτῃ, πρωὶ ἀπέθανεν. Στη Θάσο, ο Φιλίστης είχε πονοκεφάλους για πολύ καιρό και καθώς του συνέβαινε πότε πότε να αποχαυνώνεται, έπεσε στο κρεβάτι. Κι ενώ ανέβασε πυρετό από την υπερβολική κατανάλωση υγρών, ο πόνος οξύνθηκε. Πρώτη φορά ανέβασε υπερβολικό πυρετό τη νύχτα. Την πρώτη μέρα, έκανε λίγο εμετό, χολώδη, κιτρινωπό· έπειτα περισσότερο, ιώδη. Τα κόπρανα όμως βγήκαν από την κοιλιά του. Νύχτα με δυσφορία. Τη δεύτερη ημέρα, κώφωση· οξύς πυρετός· το δεξιό του υποχόνδριο πρήστηκε· αναστράφηκε προς τα μέσα· ούρα λίγα, ανοιχτόχρωμα, που περιείχαν λίγη κατακράτηση σπερμώδους ουσίας. Παραληρούσε κατά το μεσημέρι. Την τρίτη ημέρα, είχε δυσφορία. Την τέταρτη, σπασμοί, όλα τα συμπτώματα οξύνθηκαν. Την πέμπτη το πρωί, πέθανε.

Ο ασθενής αυτός υπέκυψε σε οξεία νευρο-ελονοσία, με συμπτώματα εγκεφαλοπάθειας και σπασμούς.

ΙΣΤΟΡΙΚΗ ΕΠΙΣΚΟΠΗΣΗ

Προϊστορική και πρωτοϊστορική Θάσος
(Χ. Κουκούλη-Χρυσανθάκη)

Παλαιολιθική εποχή

Τα αρχαιότερα δείγματα ανθρώπινης παρουσίας στη Θάσο εντοπίζονται στα νότια του νησιού και συνδέονται με την εξόρυξη ώχρας κατά τη Νεότερη Παλαιολιθική Εποχή. Οξείδιο του σιδήρου, η ώχρα με το έντονο χρώμα της προσείλκυσε πολύ νωρίς το ενδιαφέρον του ανθρώπου, ο οποίος από την παλαιολιθική εποχή χρησιμοποίησε το υλικό αυτό για να διακοσμήσει το σώμα του, αντικείμενα της καθημερινής του ζωής και τους νεκρούς του. Με δεδομένη την πλούσια μεταλλοφορία, η οποία επισφράγισε την οικονομική ανάπτυξη της Θάσου στην αρχαιότητα αλλά και στους νεότερους χρόνους, δεν είναι ασφαλώς τυχαία η σύνδεση του παλαιολιθικού ανθρώπου στη νήσο Θάσο με την εξορυκτική δραστηριότητα.

Στην περιοχή των Λιμεναρίων, στην πλούσια σε κοιτάσματα σιδήρου ορεινή θέση Τζίνες (**εικ. 3**), οι αρχαιολογικές έρευνες εντόπισαν επιφανειακές αλλά και υπόγειες εξορύξεις ώχρας, η αρχαιότερη από τις οποίες τοποθετήθηκε στη Νεότερη Παλαιολιθική Εποχή (20.300 χρόνια από σήμερα σύμφωνα με ραδιοχρονολόγηση C14 οστού ζώου).

Ανάμεσα στους πρώτους μεταλλωρύχους της Ευρώπης συγκαταλέγονται και οι παλαιολιθικοί κυνηγοί της Θάσου, οι οποίοι παρακολουθώντας τις επιφανειακές εμφανίσεις της ώχρας προχώρησαν στην εξόρυξή της με υπόγειες στοές (**εικ. 4α**). Τα βασικά εργαλεία εξόρυξης στα παλαιολιθικά ορυχεία στη θέση Τζίνες ήταν σφήνες από κέρατα ελαφιού και κρουστήρες από κροκάλες πέτρες (**εικ. 4γ-δ**). Μικρές λεπίδες πυριτόλιθου (**εικ. 4β**) χρησίμευαν πιθανότατα για την απόξεση της ώχρας, η οποία αποθηκευόταν στο εσωτερικό ειδικά επεξεργασμένων κεράτων ελαφιού. Την εποχή αυτή η Θάσος ήταν ακόμα ενωμένη με την απέναντι στεριά και, όπως προέκυψε από τα οστά ζώων που βρέθηκαν στο εσωτερικό των ορυχείων ως εργαλεία ή κατάλοιπα τροφής, στο νησί κυκλοφορούσαν ιπποειδή (equus hydruntius), αντιλόπες (saiga antilope tatarica), άγριοι ταύροι (bos primigenius), κόκκινα ελάφια (cervus elaphus), πλατόνια (dama-dama), ζαρκάδια (carpeolus carpeolus).

Τα κατάλοιπα της εξορυκτικής δραστηριότητας στη θέση Τζίνες ασφαλώς και δεν είναι τα μόνα ίχνη του παλαιολιθικού ανθρώπου στη Θάσο.

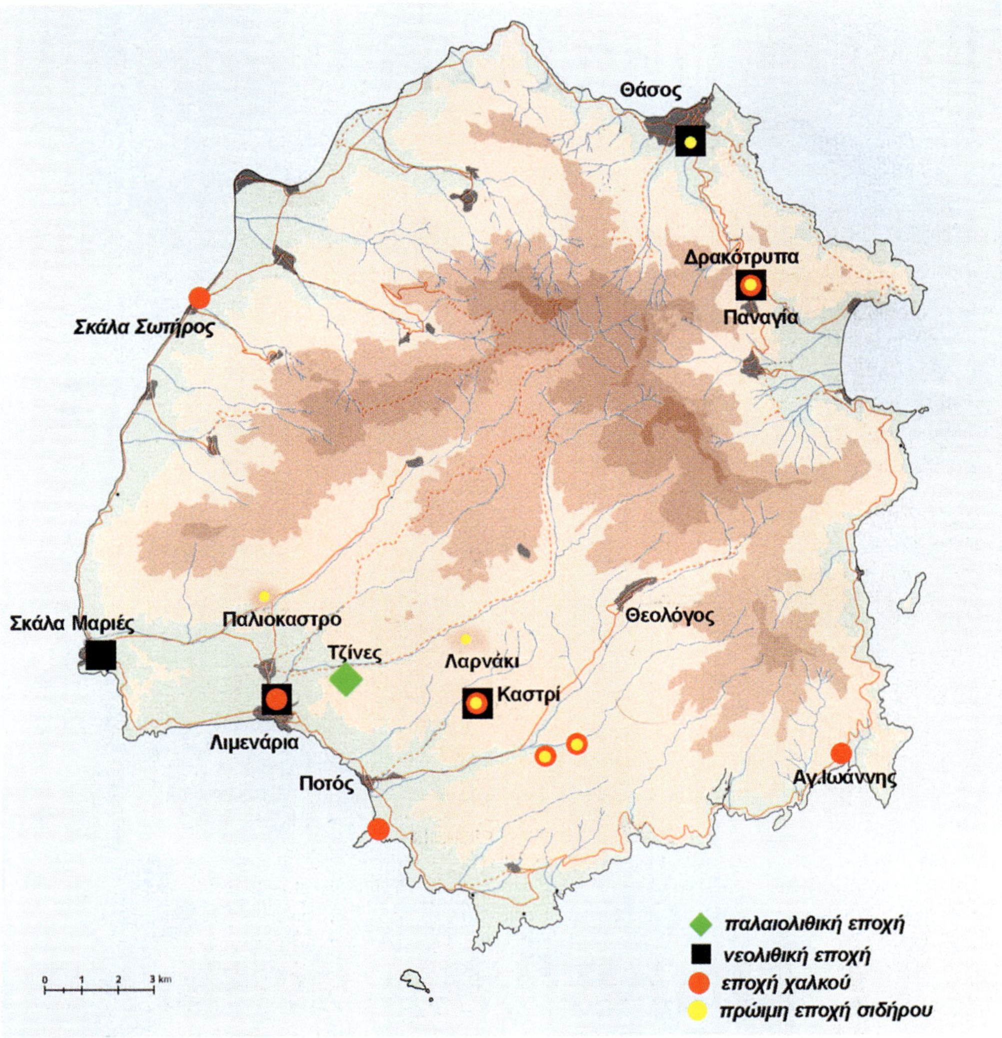

εικ. 3. Ταυτισμένες θέσεις, της προϊστορικής και πρωτοϊστορικής Θάσου.

Η αρχαιολογική έρευνα, η οποία συμπεριέλαβε τα τελευταία χρόνια και τη συστηματική μελέτη της παλαιογεωγραφίας της Θάσου, εντοπίζει αποθέσεις που υπόσχονται παλαιολιθικά ευρήματα και αναμένεται να μελετήσει το κενό που μεσολαβεί σήμερα ανάμεσα στις εξορύξεις ώχρας των μετακινούμενων κυνηγών της Νεότερης Παλαιολιθικής, στα 20.300 χρόνια από σήμερα, και στις πρώτες μόνιμες εγκαταστάσεις γεωργών και κτηνοτρόφων στη Θάσο, από τις οποίες η αρχαιότερη, με βάση τα σημερινά δεδομένα, χρονολογείται στο δεύτερο μισό της 6ης χιλιετίας π.Χ.

(α)

(β)

(δ)

(γ)

εικ. 4. Τζίνες: **(α)** ορυχείο ώχρας· **(β)** λεπίδες πυριτόλιθου· **(γ)** σφήνες από κέρατα ελαφιού· **(δ)** κρουστήρες από κροκάλες πέτρες.

Νεολιθική εποχή

Οι νεολιθικοί κάτοικοι της Θάσου είναι γεωργοί και κτηνοτρόφοι που συμπληρώνουν την τροφή τους με το κυνήγι και το ψάρεμα. Κατοικούν σε λόφους κοντά στη θάλασσα (Λιμενάρια, ακρόπολη αρχαίας Θάσου στον Λιμένα) ή στο εσωτερικό του νησιού σε θέσεις που επικοινωνούν με τις ακτές, όπως ο οικισμός της θέσης Καστρί στην περιοχή του Θεολόγου. Η παρουσία του νεολιθικού ανθρώπου σημειώνεται επίσης σε σπήλαια, τόσο στη νότια Θάσο (σπήλαια Μαριών) όσο και στη βόρεια (σπήλαιο Δρακότρυπα Παναγιάς) (**εικ. 3**).

Την αρχαιότερη μέχρι στιγμής νεολιθική κοινότητα στο νησί αντιπροσωπεύει ο οικισμός, ο οποίος εντοπίστηκε στη σύγχρονη κωμόπολη των Λιμεναρίων σε χαμηλό λόφο δίπλα στη θάλασσα. Ραδιοχρονολογήσεις C14 τοποθετούν το αρχαιότερο στρώμα κατοίκησής του στο δεύτερο μισό της 6ης χιλιετίας π.Χ. (5569-5255 π.Χ.), στα τέλη δηλαδή της Μέσης και στην αρχή της Νεότερης Νεολιθικής Περιόδου. Η ανασκαφική έρευνα, η οποία πραγματοποιείται σταδιακά στο πλαίσιο σωστικών ανασκαφών στο σύγχρονο οικισμό, έχει αποκαλύψει επάλληλες κτηριακές φάσεις, οι οποίες βεβαιώνουν την κατοίκησή του στις νεότερες φάσεις της Νεότερης Νεολιθικής και στην Πρώιμη Εποχή του Χαλκού.

Τα νεολιθικά σπίτια είναι πασσαλόπηκτα με πήλινες εστίες και αποθηκευτικούς λάκκους στο εσωτερικό ή σε υπαίθριες αυλές και άνδηρα. Χαρακτηριστική για τη συλλογική δράση των κατοίκων του οικισμού είναι η εμφάνιση λιθόκτιστου αναλημματικού τοίχου μεγάλου μήκους και ενός πηγαδιού σημαντικού βάθους λαξευμένου στο φυσικό βράχο.

Νεότερος από τον οικισμό των Λιμεναρίων φαίνεται ότι είναι ο νεολιθικός οικισμός στην οχυρή κορυφή Καστρί της κοινότητας Θεολόγου (**εικ. 5**). Οι πρώτες αρχαιολογικές έρευνες στη θέση αυτή, η οποία διατηρεί άθικτη τη σχέση της με το φυσικό περιβάλλον, έχουν εντοπίσει δύο περιόδους κατοίκησης. Η αρχαιότερη καλύπτει τη χρονική περίοδο που μεσολαβεί ανάμεσα στο τέλος της αρχαιότερης φάσης της Νεότερης Νεολιθικής και στη λεγόμενη Τελική Νεολιθική, στην οποία πιθανόν ανήκει και ο αποσπασματικά σωζόμενος λιθόκτιστος περίβολος. Η δεύτερη περίοδος κατοίκησης, η οποία ακολουθεί πιθανότατα μετά από μακρόχρονη περίοδο εγκατάλειψης, χρονολογείται στην Ύστερη Εποχή του Χαλκού και στην Πρώιμη Εποχή του Σιδήρου.

εικ. 5. Ακρόπολη στη θέση Καστρί.

Στη νεότερη φάση της Νεότερης Νεολιθικής πρέπει να χρονολογηθούν και τα ελάχιστα ακόμα δείγματα νεολιθικής κατοίκησης που έχουν εντοπιστεί στον Λιμένα, στην ακρόπολη της αρχαίας Θάσου, καθώς και στα σπήλαια της Δρακότρυπας και των

Μαριών. Η μικρή έκταση των αρχαιολογικών ερευνών που έχει πραγματοποιηθεί ως τώρα δε μας επιτρέπει ακόμα να προσδιορίσουμε αν τα σπήλαια αυτά ήταν χώροι μόνιμης κατοίκησης ή χρησιμοποιούνταν και για ειδικούς σκοπούς.

Η εμφάνιση λιθοδομής στη βάση των τοίχων στα κτίσματα του οικισμού Καστρί, όπως ο λιθόκτιστος αναλημματικός τοίχος στο νεολιθικό οικισμό των Λιμεναρίων, παραπέμπει στην αιγαιακή παράδοση και διαφοροποιεί την αρχιτεκτονική της νεολιθικής Θάσου από την αρχιτεκτονική των ξύλινων πασσαλόπηκτων κτισμάτων που επικρατεί στους νεολιθικούς οικισμούς της Μακεδονίας και της Θράκης. Η παράλληλη ωστόσο εμφάνιση στη νεολιθική Θάσο πασσαλόπηκτων και λιθόκτιστων κτισμάτων, όπως επίσης και η τεχνοτροπία των αγγείων, των εργαλείων, των ειδωλίων και των αντικειμένων κύρους και συμβολισμού, βεβαιώνουν την ένταξη της Θάσου στη νεολιθική πολιτιστική κοινή της Ανατολικής Μακεδονίας και της Θράκης, η οποία διαμορφώνεται κάτω από τις παράλληλες επιδράσεις του αιγαιακού κόσμου και της ηπειρωτικής νοτιοανατολικής Ευρώπης (**εικ. 6α-β**).

Από το παλαιοζωολογικό και παλαιοβοτανικό υλικό που συγκέντρωσαν οι ανασκαφικές έρευνες προκύπτει μια πρώτη, αποσπασματική ακόμα, εικόνα της γεωργίας και της κτηνοτροφίας. Στη Θάσο της Νεολιθικής Εποχής καλλιεργούνταν δημητριακά και όσπρια, εκτρέφονταν αιγοπρόβατα, χοίροι και βοοειδή, ενώ η περισυλλογή άγριων καρπών, το κυνήγι, το ψάρεμα, η συλλογή όστρεων αποτελούσαν σημαντικά συμπληρώματα της διατροφής. Τα υψηλότερα οπωσδήποτε ποσοστά μεταξύ των εκτρεφόμενων ζώων εμφανίζουν τα αιγοπρόβατα και μεταξύ των θηραμάτων τα ελάφια.

εικ. 6. (α), (β) Αγγεία της νεολιθικής εποχής.

Φυσικοχημικές αναλύσεις σε λίθινα αντικείμενα βεβαιώνουν δίκτυο ανταλλαγών με τα νησιά των Κυκλάδων, τη Μήλο (λεπίδες οψιανού) και πιθανόν με τη Νάξο (μικρά μαρμάρινα αγγεία;), ενώ αναλύσεις ισοτόπων μολύβδου σε χάλκινα αντικείμενα του οικισμού στο Καστρί χρονολογημένα στην Τελική Νεολιθική εντοπίζουν παράλληλα με την άφιξη στην Θάσο χάλκινων αντικειμένων από άλλες περιοχές, και την πρώτη χρήση των τοπικών κοιτασμάτων χαλκού για την κατασκευή εργαλείων.

Πρώιμη και Μέση Εποχή του Χαλκού

Το χρονολογικό κενό που μεσολαβεί στη Θάσο ανάμεσα στην εγκατάλειψη των νεολιθικών οικισμών και στην εμφάνιση των οικισμών της Πρώιμης Εποχής του Χαλκού γεφυρώνεται από μια νέα θέση, η οποία εντοπίστηκε πρόσφατα και άρχισε να ανασκάπτεται στη νότια Θάσο στην παραλιακή θέση Άγιος Ιωάννης Θεολόγος. Ραδιοχρονολογήσεις τοποθετούν τον οικισμό στην 4η χιλιετία π.Χ. (3600-3400 π.Χ.) και τα ανασκαφικά ευρήματα παραπέμπουν στην αρχαιότερη φάση της Πρώιμης Εποχής του Χαλκού, όπως αυτή είναι γνωστή στα νησιά του Αιγαίου και στην Ανατολική Μακεδονία.

Καλύτερα γνωστή είναι η Θάσος των προχωρημένων φάσεων της Εποχής του Χαλκού. Η προτίμηση για τις παραλιακές θέσεις είναι πιο σαφής σε οικισμούς της 3ης χιλιετίας π.Χ., οι οποίοι εμφανίζονται είτε σε νέες θέσεις (Σκάλα Σωτήρος, Άγιος Αντώνιος στον Ποτό) είτε σε θέσεις νεολιθικών εγκαταστάσεων, όπως π.χ. στον οικισμό των Λιμεναρίων ή στο σπήλαιο της Δρακότρυπας.

Στην 3η χιλιετία π.Χ. χρονολογείται ο οικισμός της Σκάλας Σωτήρος, στον οποίο η ζωή φαίνεται ότι συνεχίστηκε και στις αρχές της 2ης χιλιετίας π.Χ., στη λεγόμενη Μέση Εποχή του Χαλκού. Σε χαμηλό λόφο, στην κορυφή του οποίου έχει ανεγερθεί ο ναός του Προφήτη Ηλία, ανασκαφικές έρευνες έχουν αποκαλύψει λιθόκτιστο περίβολο με λιθόκτιστα κτίσματα στο εσωτερικό του, με διαδοχικές κτηριακές φάσεις, εκ των οποίων τις νεότερες οι ραδιοχρονολογήσεις C14 τοποθετούν μεταξύ του 2590 και του 1750 π.Χ. (**εικ. 7**). Η χρήση της λιθοδομής παραπέμπει σε ανάλογου τύπου οχυρωμένες ακροπόλεις των νησιών του Αιγαίου και των δυτικών παραλίων της Μικράς Ασίας. Τα αγγεία, τα εργαλεία και τα κοσμήματα τεκμηριώνουν ωστόσο την άσκηση πολιτιστικών επιδράσεων όχι μόνο από τα νησιά του Αιγαίου και τα βορειοδυτικά παράλια της Μικράς Ασίας, αλλά και από τους οικισμούς της Μακεδονίας και Θράκης. Ο χαρακτήρας αυτής της μικρής σε έκταση τειχισμένης θέσης, η οποία πιθανότατα αποτελεί κεντρική ακρόπολη ευρύτερου οικισμού, δεν έχει ακόμα διευκρινιστεί, ωστόσο η μικρή έκταση του τειχισμένου χώρου και η μορφή των κτισμάτων που έχουν αποκαλυφθεί αποσπασματικά στο εσωτερικό, προσδιορίζουν πιθανότατα ένα χώρο με ειδική διοικητική ή λατρευτική χρήση.

εικ. 7. Άποψη του οικισμού στη Σκάλα Σωτήρος.

Σημαντικό ανασκαφικό εύρημα αποτελούν οι λαξευμένες σε μάρμαρο ή σχιστόλιθο στήλες, ανεικονικές και ανθρωπόμορφες, ο μεγαλύτερος αριθμός των οποίων έχει χρησιμοποιηθεί ως οικοδομικό υλικό στον περίβολο και στα κτίσματα των αρχαιότερων φάσεων. Ορισμένες από αυτές αποτελούν εκθέματα του νέου αρχαιολογικού Μουσείου της Θάσου, ενώ αντίγραφα των πιο σημαντικών εκτίθενται σε αντίγραφα στον αρχαιολογικό χώρο που έχει διαμορφωθεί κάτω από ειδικό στέγαστρο στην είσοδο του ναού του Προφήτη Ηλία στη Σκάλα Σωτήρος.

Ιδιαίτερη θέση ανάμεσά τους κατέχει μια ανθρωπόμορφη στήλη από τοπικό σχιστόλιθο, στην οποία απεικονίζεται σε χαμηλό ανάγλυφο γενειοφόρος πολεμιστής με τα όπλα του, δόρυ ή ακόντιο, μαχαίρι και διπλό πέλεκυ. Άλλα θραύσματα ανθρωπόμορφων στηλών απεικονίζουν αγένειες μορφές (**εικ. 8**). Τυχαία ευρήματα από άλλες θέσεις του νησιού όπως π.χ. η στήλη με παράσταση γενειοφόρου πολεμιστή-κυνηγού, από ορεινή περιοχή μεταξύ του Ποτού και του προϊστορικού οικισμού στο Καστρί (**εικ. 9**) μαρτυρούν πως η ανθρωπόμορφη στήλη ήταν διαδεδομένη σε όλο το νησί, όπου πιθανόν είχε επιβιώσει και κατά τις προχωρημένες φάσεις της Εποχής του Χαλκού όπως και στην Πρώιμη Εποχή του Σιδήρου. Αρχαιομετρικές έρευνες αρχαιολογικών ευρημάτων της

εικ. 8. Θραύσμα ανθρωπόμορφης στήλης με αγένεια μορφή.

εικ. 9. Ανθρωπόμορφη στήλη. Τυχαίο εύρημα.

Πρώιμης Εποχής του Χαλκού τεκμηριώνουν την εμφάνιση του θασιακού χρυσού σε κοσμήματα, την εξαγωγή αργύρου από τα τοπικά κοιτάσματα μολύβδου, καθώς και τη συνέχιση της διακίνησης στη Θάσο οψιανού από τη Μήλο.

Ύστερη Εποχή του Χαλκού - Πρώιμη Εποχή του Σιδήρου

Στα τέλη της 2ης χιλιετίας π.Χ., στην Ύστερη Εποχή του Χαλκού, σημειώνεται μετακίνηση του πληθυσμού από τα παράλια στην ενδοχώρα με αντιπροσωπευτικό παράδειγμα την επανακατοίκηση του νεολιθικού οικισμού στην οχυρή θέση Καστρί. Η κίνηση αυτή προς τις ορεινές θέσεις στο εσωτερικό του νησιού ολοκληρώνεται στην Πρώιμη Εποχή του Σιδήρου (**εικ. 3**). Οι οχυρωμένες ακροπόλεις της Θάσου στην Πρώιμη Εποχή του Σιδήρου μαρτυρούν την αναζήτηση ασφάλειας στις ορεινές περιοχές, οι οποίες ελέγχουν οροπέδια με καλλιεργήσιμη γη, βοσκοτόπια και μεταλλοφόρες θέσεις.

Κεντρικός οικισμός στην Ύστερη Εποχή του Χαλκού και στην Πρώιμη Εποχή του Σιδήρου αναδεικνύεται ο οικισμός στην οχυρή θέση Καστρί, την πληθυσμιακή άνθηση του οποίου μαρτυρούν οι εκτεταμένες νεκροπόλεις του και οι μικροί δορυφόροι οικισμοί γύρω του.

Στα τέσσερα εντοπισμένα νεκροταφεία γύρω από τον οικισμό Καστρί (στις θέσεις Κεντριά, Τσιγανάδικα, Βρυσούδες και Λαρνάκι) οι σωζόμενες

εικ. 10. Νεκροταφείο στα Τσιγανάδικα· αεροφωτογραφία ταφικής συστάδας Τ35.

εικ. 11. Νεκροταφείο στο Λαρνάκι· δύο τάφοι.

μνημειακού μεγέθους συστάδες των κτιστών οικογενειακών τάφων (**εικ. 10-11**) με την εκφορική κάλυψη και τις πολλαπλές ταφές στο εσωτερικό τους αντικατοπτρίζουν την κατά γένη οργάνωση μιας κοινωνίας, η οποία πρέπει να είχε αναπτύξει δομές εξουσίας που της παρείχαν ασφάλεια σε τειχισμένες ακροπόλεις και πύργους.

Για τη μελέτη της γεωργίας λείπει ακόμα το παλαιοβοτανολογικό υλικό, αλλά από τα οστά των ζώων προκύπτει η κυρίαρχη θέση των αιγοπροβάτων στην κτηνοτροφία.

Οι φυσικοχημικές εξάλλου αναλύσεις μετάλλινων αντικειμένων και σκωριών εξαγωγικής μεταλλουργίας χαλκού και σιδήρου που βρέθηκαν κατά την ανασκαφή του οικισμού και των νεκροταφείων της θέσης Καστρί τεκμηριώνουν πως παράλληλα με την εισαγωγή και τη διακίνηση μετάλλινων αντικειμένων από άλλες περιοχές, οι κάτοικοι της Θάσου στην Ύστερη Εποχή του Χαλκού και στην Πρώιμη Εποχή του Σιδήρου είχαν αναπτύξει αξιόλογη τοπική μεταλλουργία με την εκμετάλλευση των τοπικών κοιτασμάτων χρυσού, χαλκού, μολύβδου και σιδήρου (**εικ. 12α-β**).

Στην Ύστερη Εποχή του Χαλκού και στην Πρώιμη Εποχή του Σιδήρου η Θάσος είναι ενταγμένη στην πολιτιστική κοινή που έχει διαμορφωθεί στην ανατολικά του Αξιού Μακεδονία και στην αιγαιακή Θράκη, περιοχές στις οποίες κυκλοφορούν πληθυσμιακές ομάδες και πολιτιστικά ρεύματα με αμφίδρομη κατεύθυνση από τα παράλια προς τη θρακική ενδοχώρα και από τους παραδουνάβιους πολιτισμούς προς τα νότια. Στην πολιτιστική φυσιογνωμία του νησιού, όπως αυτή περιγράφεται από τα ανασκαφικά ευρήματα στον οικισμό και στα νεκροταφεία της θέσης Καστρί Θεολόγου είναι φανεροί δύο άξονες πολιτιστικών επιρροών που προέρχονται αντίστοιχα από τον ηπειρωτικό Βορρά και το νησιωτικό Νότο: τα ξύλινα πασσαλόπηκτα κτήρια που εμφανίζονται στην Ύστερη Εποχή του Χαλκού στον οικισμό Καστρί, όπως επίσης τα σχήματα και η διακόσμηση των αγγείων της τοπικής χειροποίητης κεραμικής στη Θάσο της Ύστερης Εποχής του Χαλκού και της Πρώιμης Εποχής του Σιδήρου αντιπροσωπεύουν επικοινωνία και πολιτιστικές ανταλλαγές με τις αντικρινές ακτές της Μακεδονίας και της Θράκης, καθώς και με τη βαλκανική ενδοχώρα (**εικ. 12γ-δ**).

Χάνδρες από ήλεκτρο και από υαλόμαζα, της οποίας η τεχνική παραγωγής παραπέμπει στη Β. Ιταλία, μαρτυρούν την ένταξη της Θάσου σε ένα δίκτυο διακίνησης ειδικών προϊόντων που προέρχονται από τον ευρωπαϊκό χώρο.

Τα ομηρικά έπη δεν αναφέρουν τη Θάσο, τα αρχαιολογικά ευρήματα ωστόσο μαρτυρούν ότι το νησί δεν ήταν αποκομμένο από τον αιγαιακό κόσμο. Στα τέλη της Ύστερης Εποχής του Χαλκού κυκλοφορούν στον οικισμό Καστρί μυκηναϊκά αγγεία περιφερειακών εργαστηρίων (**εικ. 12ε**), των οποίων οι τοπικές χειροποίητες μιμήσεις εξακολουθούν να κυκλοφορούν και πιθανόν να παράγονται στη Θάσο και κατά την Πρώιμη Εποχή του Σιδήρου. Η εμφάνιση εξάλλου τοπικών χειροποίητων αγγείων με σχήματα που παραπέμπουν σε τροχήλατα αγγεία του νοτιοελλαδικού πρωτογεωμετρικού ρυθμού και χάλκινων πορπών αιγαιακού τύπου βεβαιώνει τις πολιτιστικές και οικονομικές σχέσεις της Θάσου με τον αιγαιακό κόσμο.

Στα τέλη της Πρώιμης Εποχής του Σιδήρου αρχίζει μια νέα περίοδος οικονομικών ανταλλαγών και πολιτιστικών επαφών της Θάσου, η οποία αντιπροσωπεύεται με την εμφάνιση στον οικισμό και στα νεκροταφεία της

(α)

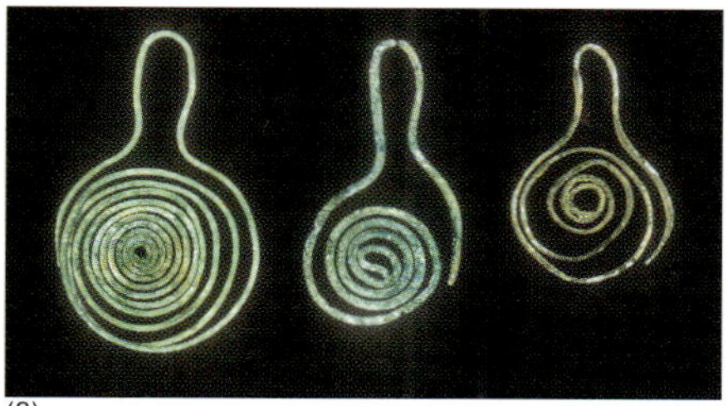

(β)

(γ)

(δ)

(ε)

(στ)

εικ. 12. α-στ. Κοσμήματα και αγγεία από τάφους.

θέσης Καστρί τροχήλατων αγγείων που παράγονται στα παράλια της Μακεδονίας, στα νησιά του βορειοανατολικού Αιγαίου και στην Αιολίδα (**εικ. 12στ**). Την εποχή αυτή – στα τέλη του 8ου αι. π.Χ. – πρέπει να εμφανίζεται, σύμφωνα με τα μέχρι στιγμής αρχαιολογικά δεδομένα, ένας παράλιος οικισμός στο βόρειο άκρο του νησιού, στη θέση της μετέπειτα αποικίας των Παρίων. Είναι ο οικισμός που είχαν εντοπίσει οι ανασκαφές της Γαλλικής Αρχαιολογικής Σχολής στην αρχαία πόλη της Θάσου, στην περιοχή του ιερού της Αρτέμιδος σε μια βαθιά στρωματογραφική τομή κάτω από τα αρχαιότερα στρώματα κατοίκησης της αποικίας των Παρίων. Η καταστροφή αυτού του προελληνικού οικισμού, η οποία πρέπει να είναι σύγχρονη με την εγκατάλειψη του οικισμού στο Καστρί, ορίζει το τέλος της προϊστορικής περιόδου στο νησί.

Στην καμπή των προϊστορικών προς τους ιστορικούς χρόνους, οι ιστορικές πηγές αναφέρουν δύο πληθυσμιακές ομάδες στη Θάσο: τους Φοίνικες και τους Θράκες. Η αναφερόμενη από τη φιλολογική παράδοση άφιξη στη Θάσο Φοινίκων αποίκων, στους οποίους αποδόθηκε η εντατική εκμετάλλευση των κοιτασμάτων χρυσού δεν έχει ακόμη αποδειχθεί από τα αρχαιολογικά δεδομένα. Η άφιξη των Φοινίκων και η αναφερόμενη από τον Ηρόδοτο εντατική εκμετάλλευση των κοιτασμάτων χρυσού στην περιοχή των Κοινύρων και στα Αίνυρα δεν αποκλείεται, ύστερα μάλιστα από τον εντοπισμό στην περιοχή Παλαιόκαστρο των Κοινύρων των αρχαίων μεταλλείων χρυσού και του ανεστραμμένου *ἐν τῇ ζητήσι* όρους που περιέγραψε ο Ηρόδοτος. Εξίσου πιθανή είναι ως υπόθεση εργασίας η περίπτωση να είχαν επιλέξει οι Πάριοι άποικοι τη θέση της αποικίας τους με στόχο την εκμετάλλευση χρυσού. Η ανακάλυψη ενός μεγάλου μεταλλείου χρυσού στην ακρόπολη της αρχαίας Θάσου και ο εντοπισμός ενός στρώματος εκκαμινευτικών σκωριών στα αρχαιότερα στρώματα της πόλης της Θάσου θα μπορούσε να συνηγορήσει προς τη σύνδεση και της αποικίας των Παρίων με την αναζήτηση χρυσού ή ακόμα και με την ύπαρξη μιας προγενέστερης αποικίας στην ίδια θέση.

Τα αρχαιολογικά ευρήματα, ωστόσο, σε συνδυασμό με τις φυσικοχημικές αναλύσεις που έχουμε ήδη αναφέρει τείνουν να τεκμηριώσουν μια προγενέστερη των Φοινίκων εκμετάλλευση του χρυσού της Θάσου και να τη συνδέσουν με τη λοιπή μεταλλουργική δραστηριότητα των προϊστορικών κατοίκων του νησιού (**εικ. 12α**).

Αυτούς τους τοπικούς πληθυσμούς της Πρώιμης Εποχής του Σιδήρου που οι φιλολογικές πηγές ονομάζουν Θράκες ή Βαρβάρους συναντούν οι Πάριοι όταν φθάνουν στο νησί.

Η αρχαϊκή εποχή

Στις αρχές του 7ου αι., γύρω στα 680-670, άποικοι καταγόμενοι από την κυκλαδική Πάρο ήρθαν να εγκατασταθούν στη Θάσο. Αρχηγός της επιχείρησης ήταν ο Τελεσικλής· τον είχε ενθαρρύνει ένας δελφικός χρησμός:

ἄγγειλον Παρίοις, Τελεσίκλεες, ὥς σε κελεύω νήσῳ ἐν Ἠερίῃ κτίζειν εὐδείελον ἄστυ. Ανάγγειλε, Τελεσικλή, στους Παρίους πως σε προστάζω στη νήσο της Αερίας να χτίσεις πόλη που να φαίνεται από μακριά.

Ο Τελεσικλής ήταν ο πατέρας του Αρχιλόχου, πολεμιστή και ποιητή, του παλαιότερου από τους αρχαίους λυρικούς, ο οποίος συμμετείχε στο δεύτερο αποικιστικό κύμα. Από το έργο του σώζονται μόνο διάσπαρτα αποσπάσματα. Βρίσκουμε ωστόσο σε αυτά κάποιους απόηχους της εποποιίας που βίωσε, εξιστορώντας την σε οικείους τόνους.

Ο Αρχίλοχος ήρθε στη Θάσο όταν ήταν σε ηλικία που μπορούσε να πολεμήσει. Το νησί είχε ήδη κατακτηθεί· δεν το βρήκε και πολύ φιλόξενο, αλλά ήταν ελκυστικό για τους πεινασμένους τυχοδιώκτες: *Πανελλήνων ὀϊζὺς ἐς Θάσον συνέδραμεν.* Η φτώχεια όλων των Ελλήνων στη Θάσο μαζεύτηκε (απόσπ. 97, εκδ. Lasserre, Bonnard). Το απόσπασμα L.B. 17 περιγράφει τη Θάσο σαν ένα δασόφυτο χερσότοπο: *ἥδε δ᾽ ὥστ᾽ ὄνου ῥάχις - ἕστηκεν ὕλης ἀγρίης ἐπιστεφής.* Και τούτο 'δω το νησί σα ράχη γαϊδάρου – στέκει, μ' άγρια δάση σκεπασμένο. Σε αντίθεση με την άξενη Θάσο, ο ποιητής μιλάει για ένα άλλο γοητευτικό τοπίο (L.B. 18): *οὐ γάρ τι καλὸς χῶρος οὐδ᾽ ἐφίμερος οὐδ᾽ ἐρατός, οἷος ἀμφὶ Σίριος ῥοάς.* Γιατί δεν είναι ωραίος τόπος ούτε ελκυστικός ούτε επιθυμητός σαν τη Σίριτιδα με τα τρεχούμενα νερά. Πρόκειται για τη σημερινή περιοχή των Σερρών, την αρχαία Σίριτιδα και το ρεύμα του κάτω Στρυμόνα. Αφού κατέκτησαν την ακρόπολη της Θάσου και το νησί, οι Πάριοι στόχευαν λοιπόν σε μια παραλιακή εγκατάσταση στη Θράκη από τον Στρυμόνα στα δυτικά μέχρι την Ίσμαρο στα ανατολικά. Η φιλοδοξία αυτή υποστηρίχτηκε, περί τα μέσα του 7ου αι., με την αποστολή χιλίων νέων αποίκων.

Κατά τη διαμονή του στη Θάσο, ο Αρχίλοχος πολέμησε λοιπόν στην ήπειρο, αντιμετωπίζοντας τους Θράκες: με σκοπιές στα γρήγορα πλοία· με αποβάσεις και επιθέσεις· μέσα στη φάλαγγα των οπλιτών· κάτω από τα βέλη· με κίνδυνο της ζωής του. Νικητής κάποιες φορές, με τις χαρές της λείας και της νυχτερινής κατασκήνωσης: *ἐν δορί μὲν μοι μᾶζα μεμαγμένη, ἐν δορὶ δ᾽ οἶνος Ἰσμαρικός, πίνω δ᾽ ἐν δορὶ κεκλιμένος* (L.B. 7). Με το κοντάρι μου το κριθαρόψωμο το ζυμωτό, με το κοντάρι μου και το κρασί το ισμαρικό, πίνω ακουμπισμένος στο κοντάρι επάνω. Μερικές φορές όμως χρειαζόταν να υποχωρήσει· πρόκειται για το επεισόδιο το οποίο διηγείται διασκεδαστικά, για την ασπίδα που εγκατέλειψε στα χέρια των Σαΐων στη διάρκεια μιας εσπευσμένης τρεχάλας: *᾽Ασπίδι μὲν Σαΐων τις ἀγάλλεται, ἣν παρὰ θάμνωι ἔντος ἀμώμητον κάλλιπον οὐκ ἐθέλων· ψυχὴν δ᾽ ἐξεσάωσα. Τί μοι μέλει ἀσπὶς ἐκείνη; Ἐρρέτω· ἐξαῦτις κτήσομαι οὐ κακίω* (L.B. 13). Για την ασπίδα μου περηφανεύεται ένας Σάϊος, αυτήν που άφησα δίπλα σε ένα θάμνο – όπλο αψεγάδιαστο – χωρίς τη θέλησή μου· έσωσα όμως την πνοή μου. Τι με μέλει εκείνη η ασπίδα; Ας πάει στα κομμάτια! Άλλη, όχι κατώτερη, θ' αποκτήσω.

Ο Αρχίλοχος βρισκόταν τότε στο πλευρό ενός αρχηγού, του «στρατηγού» Γλαύκου, γιου του Λεπτίνη. Είναι πιθανό η δράση του Γλαύκου, ισχυρού

εικ. 13. Το μνήμα του Γλαύκου στην αγορά.

άνδρα, επικεφαλής του στρατού της πόλης κατά τη δεύτερη γενιά, να καθόρισε πραγματικά την επιτυχία της αποικιστικής επιχείρησης· για τον Τελεσικλή δε γίνεται πλέον λόγος. Πέρα από τα πεδία της μάχης, η στάση του Αρχιλόχου απέναντι στο Γλαύκο, που είναι μεγαλύτερός του, εκφράζει εμπιστοσύνη, εκτίμηση και θαυμασμό, κάτι που δεν αποκλείει πάντως τα φιλικά πειράγματα: ο «στρατηγός» χτενίζει τα μαλλιά του σε σχήμα κεράτου· *τὸν κεροπλάστην ἄειδε Γλαῦκον* (L.B. 92).

Ο Αρχίλοχος επέστρεψε στην Πάρο, για να αντιμετωπίσει τους γείτονες Ναξίους που τη λεηλατούσαν, αρκετά νωρίς ώστε να είναι παρών στην ολική έκλειψη ηλίου τον Απρίλιο του 648 π.Χ. Όσο για τον Γλαύκο, αυτός δεν άφησε ποτέ τη Θάσο όπου ήταν απαραίτητος· εκεί του έστησαν στο τέλος ένα *μνῆμα* στο κέντρο της πόλης, το οποίο αποκάλυψαν οι ανασκαφές στην αγορά, γεγονός που τον έφερε στην πρώτη θέση των ηρώων-προστατών που εξέφραζαν τη συνοχή της κοινότητας. Το μνημείο αυτό ταυτίστηκε χάρη σε μια επιγραφή με πολύ αρχαϊκούς χαρακτήρες (γύρω στο 600), η οποία πιστοποιεί ότι ανεγέρθηκε από τους Βρεντίδες που ανήκαν στο γένος του (**εικ. 13**, σ. 92).

εικ. 14. Πινάκιο με μορφή ιππέα.

Κατά τη διάρκεια της επέκτασης στην ήπειρο ιδρύθηκαν οι παράλιες πόλεις: Γαληψός, Οισύμη (όχι πολύ μακριά από το Παγγαίο) και Νεάπολη, η σημερινή Καβάλα (στα νοτιο-δυτικά του όρους Λεκάνη)· η Στρύμη κτίστηκε ανατολικότερα, παρά την αντίσταση των Χίων αποίκων που ήταν εγκατεστημένοι στη Μαρώνεια, στους πρόποδες του όρους Ισμάρου.

Η νεοϊδρυμένη πόλη γνώρισε σύντομα ευημερία. Τα ιερά γέμισαν αναθήματα. Τότε είναι που η ιστορία των τεχνών γίνεται πιο ελκυστική: γραπτή κεραμική, μικροπλαστική, γλυπτική και επίσης, από τον 6ο αι., αρχιτεκτονική, παράγουν έργα εξαιρετικής ποιότητας. Στις τελευταίες δεκαετίες του ίδιου αιώνα εμφανίζονται οι πρώτες κοπές νομισμάτων (σ. 357).

Η **Θάσος** εμφανίζεται ιδιαίτερα ανοιχτή στις εξωτερικές επιδράσεις. Τα ευρήματα της κεραμικής (**εικ. 14**), τα χάλκινα και τα ελεφάντινα, αντικατοπτρίζουν τις σχέσεις της με τις Κυκλάδες, τη Ρόδο και την Ιωνία, την Κόρινθο και, τον 6ο αι., με την Αθήνα (σ. 335). Οι δεσμοί με την Πάρο παραμένουν ιδιαίτερα στενοί: το ημερολόγιο, οι λατρείες, οι θεσμοί αντανακλούν εκείνους της μητρόπολης. Το ίδιο πρόσωπο, ο Ακήρατος, γιος του Φρασιηρίδη, πλοιοκτήτης (σ. 192), παινεύεται σε ένα ανάθημα στον Ηρακλή ότι διετέλεσε άρχοντας και στις δύο πόλεις (γύρω στο 520): *Ἡρακλεῖ μ᾽ ἀνέθηκεν Ἀκήρατος, ὃς Θασίοισιν καὶ Π[αρίο]ις ἦρχσεν μόνος ἐν ἀνφοτέροις, πολλὰς δ᾽ ἀνγελίας πρὸ πόλεος κατὰ φῦλα διῆλθεν ἀν[θρόπ]ον, ἀρετῆς ἕνεκεν ἀιδίης*

(*IG* XII Suppl., 412). Στον Ηρακλή με ανέθεσε ο Ακήρατος, ο μόνος που διατέλεσε άρχοντας και στους Θασίους και στους Παρίους, και που σε πολλές αντιπροσωπίες για λογαριασμό της πόλης πέρασε από φυλές ανθρώπων· μνημείο της αιώνιας αρετής του.

Η Θάσος, όπως και άλλες ελληνικές πόλεις, υπέστη στη διάρκεια του 6ου αι. την επιβολή τυραννικού καθεστώτος: ο τύραννος Σύμμαχος, σύμφωνα με τον Πλούταρχο, ανατράπηκε από τους Σπαρτιάτες. Στο τρίτο τέταρτο του 6ου αι., πιθανώς γύρω στο 540, εμφανίζεται ένα κυρίαρχο σώμα 360 μελών *(βουλή)* που εγκαθιδρύει καθεστώς μετριοπαθούς ολιγαρχίας.

Γύρω στο 500, η πόλη είναι ισχυρή και πλούσια και την εποφθαλμιούν. Το 494 οι Θάσιοι αντιστέκονται στην επίθεση του τυχοδιώκτη Ιστιαίου του Μιλήσιου: *ἐνθεῦτεν δὲ ὁ Ἱστιαῖος ἐστρατεύετο ἐπί Θάσον ἄγων Ἰώνων καὶ Αἰολέων συχνούς* (Ηρόδοτος ΣΤ′ - *Ερατώ* 28, 1-2). Από εκεί ο Ιστιαίος εκστράτευσε κατά της Θάσου, φέρνοντας μεγάλο αριθμό Ιώνων και Αιολών. Ως συνέπεια αυτής της επίθεσης, η πόλη εξοπλίζει πολεμικό στόλο· κατασκευάζει ένα τείχος πιο ισχυρό και πιο ασφαλές από το περιορισμένο αμυντικό σύστημα που προστάτευε ως τότε μόνο ένα μέρος της πόλης. Ο νέος περίβολος, του οποίου ορισμένες πύλες διακοσμήθηκαν εξαρχής με ανάγλυφα, περικλείει σε μια περιφέρεια λίγο κάτω των τεσσάρων χιλιομέτρων το σύνολο του αστικού χώρου και οχυρώνει επίσης τον κλειστό λιμένα όπου φυλάσσονταν οι τριήρεις.

Οι Περσικοί Πόλεμοι

Το 492 οι Θάσιοι υποτάσσονται στον βασιλιά της Περσίας Δαρείο, ήδη κύριο της Ιωνίας, απλώς και μόνο μπροστά στην άφιξη του στόλου του (Ηρόδοτος ΣΤ′ - *Ερατώ*, 44). Το 491, όταν ο Δαρείος και ο στρατηγός του Μαρδόνιος εισβάλλουν στη Θράκη, επιβάλλουν στους Θασίους να γκρεμίσουν το τείχος τους και να καταβάλουν φόρο. Η πόλη δεν προβάλλει και πάλι καμία αντίσταση: ... *ὁ Δαρεῖος πρῶτα μὲν Θασίους διαβληθέντας ὑπὸ τῶν ἀστυγειτόνων ὡς ἀπόστασιν μηχανῴατο, πέμψας ἄγγελον ἐκέλευέ σφεας τὸ τεῖχος περιαιρέειν καὶ τὰς νέας ἐς Ἄβδηρα κομίζειν. Οἱ γὰρ δὴ Θάσιοι, οἷα ὑπὸ Ἱστιαίου τε τοῦ Μιλησίου πολιορκηθέντες καὶ προσόδων ἐουσέων μεγαλέων ἐχρέωντο τοῖσι χρήμασι νέας τε ναυπηγεόμενοι μακρὰς καὶ τεῖχος ἰσχυρότερον περιβαλλόμενοι. Ἡ δὲ πρόσοδός σφι ἐγίνετο ἔκ τε τῆς ἠπείρου καὶ ἀπὸ τῶν μετάλλων. Ἐκ μέν γε τῶν ἐκ Σκαπτῆς Ὕλης τῶν χρυσέων μετάλλων τὸ ἐπίπαν ὀγδώκοντα τάλαντα προσήιε, ἐκ δὲ τῶν ἐν αὐτῇ Θάσῳ ἐλάσσω μὲν τούτων, συχνὰ δὲ οὕτω ὥστε τὸ ἐπίπαν Θασίοισι ἐοῦσι καρπῶν ἀτελέσι προσήιε ἀπό τε τῆς ἠπείρου καὶ τῶν μετάλλων ἔτεος ἑκάστου διηκόσια τάλαντα, ὅτε δὲ τὸ πλεῖστον προσῆλθε, τριηκόσια... Οἱ δὲ Θάσιοι τῷ βασιλεῖ κελεύσαντι καὶ τὸ τεῖχος τὸ σφέτερον κατεῖλον καὶ τὰς νέας πάσας ἐκόμισαν ἐς Ἄβδηρα* (Ηρόδοτος ΣΤ′ - *Ερατώ* 46-47). Ο Δαρείος, μια και οι Θάσιοι είχαν κατηγορηθεί από τους γείτονές τους ότι μηχανεύονταν αποστασία, έστειλε αγγελιοφόρο και τους πρόσταξε να χαλάσουν τα τείχη και να μεταφέρουν τα πλοία στα Άβδηρα. Γιατί οι Θάσιοι, που είχαν επίσης πολιορκηθεί από τον Ιστιαίο τον Μιλήσιο και διέθεταν μεγάλα έσοδα, χρησιμοποιούσαν τα εισοδήματά τους για να κατασκευάζουν μεγάλα πλοία και για να οχυρωθούν σε ισχυρότερο περίβολο. Τα έσοδά τους προέρχονταν από την ήπειρο και από τα μεταλλεία. Αφενός, από τα μεταλλεία χρυσού της Σκαπτής Ύλης η σταθερή απόδοση ήταν ογδόντα τάλαντα· αφετέρου, από αυτά στην ίδια τη Θάσο η απόδοση ήταν μικρότερη, αλλά επαρκής σε σημείο ώστε μιας και δεν πλήρωναν φόρους για τις σοδειές, οι Θάσιοι να κερδίζουν σταθερά από την ήπειρο και τα μεταλλεία διακόσια τάλαντα, αλλά το μέγιστο έφτανε μέχρι τριακόσια... Με διαταγή του βασιλιά, οι Θάσιοι γκρέμισαν και το τείχος τους και όλα τα πλοία τα μετέφεραν στα Άβδηρα.

Το 480, όταν ο Ξέρξης και ο στρατός του, μετά από τη διέλευση του Ελλήσποντου, έπλευσαν κατά μήκος της θρακικής ακτής για να φθάσουν στην Ελλάδα, οι Θάσιοι παρέθεσαν προς τιμήν τους γεύμα που στοίχισε στην πόλη περισσότερα από τα έσοδα μιας χρονιάς: *ὅκου γε Θασίοισι ὑπὲρ τῶν ἐν τῇ ἠπείρῳ πολίων τῶν σφετέρων δεξαμένοισι τὴν Ξέρξεω στρατιὴν καὶ δειπνίσασι Ἀντίπατρος ὁ Ὀργέος, ἀραιρημένος, τῶν ἀστῶν ἀνὴρ δόκιμος ὅμοια τῷ μάλιστα, ἀπέδεξε ἐς τὸ δεῖπνον τετρακόσια τάλαντα ἀργυρίου τετελεσμένα* (Ηρόδοτος Ζ' - *Πολύμνια* 118). Όσο για τους Θασίους, αφού υποδέχτηκαν για λογαριασμό των πόλεών τους στην ήπειρο τη στρατιά του Ξέρξη και τους πρόσφεραν γεύμα, ο Αντίπατρος, γιος του Οργέα, καθώς επιλέχθηκε ως άνδρας από τους πιο διακεκριμένους μεταξύ των πολιτών, υπολόγισε ότι για το δείπνο καταβλήθηκαν τετρακόσια ασημένια τάλαντα.

Οι διαδοχικές νίκες που από τη Σαλαμίνα (480) μέχρι τη Σηστό (478) απομακρύνουν τους Πέρσες από το Αιγαίο, επαναφέρουν άρδην τους Θασίους με το μέρος των ελληνικών πόλεων. Ο περίβολος της πόλης ανοικοδομείται τότε.

Η Θάσος στη Συμμαχία της Δήλου

Την άνοιξη του 477, οι Θάσιοι προσχωρούν στη Συμμαχία της Δήλου: συνεισφέρουν με το στόλο τους. Αυτό αποτελεί εγγύηση κατά τυχόν επιστροφής των Περσών. Πρέπει όμως να συνυπάρξουν με την Αθήνα, στο εξής κυρίαρχη δύναμη στο Αιγαίο. Τα επόμενα χρόνια παρατείνουν την ευημερία της αρχαϊκής εποχής. Σημαδεύονται από τις δύο ολυμπιακές νίκες του Θεογένη, γιου του Τιμοξένου, στην πυγμαχία (480) και στο παγκράτιο (476), χαρίζοντας φήμη και δόξα σε μία από τις αριστοκρατικές οικογένειες που διοικούν τη Θάσο. Ο Θάσιος ζωγράφος Πολύγνωτος διακοσμεί την Ποικίλη Στοά της Αθήνας και τη Λέσχη των Κνιδίων στους Δελφούς (δεύτερο τέταρτο του 5ου αι.), πριν επιστρέψει στο νησί, όπου ασκεί το

εικ. 15. Κατώτερο τμήμα (το πιο ευανάγνωστο) της 'στήλης του λιμανιού'.

αξίωμα του θεωρού, περί το 444, λίγα χρόνια πριν από τον αδελφό του. Στα χρόνια ανάμεσα στο 470 και στο 460 χρονολογείται μάλλον η επιγραφή γνωστή ως «στήλη του λιμανιού» (**εικ. 15**), που περιέχει ένα νόμο για τους δημόσιους χώρους, αποκαλύπτοντας μια πόλη που φροντίζει για την καθαριότητα και την τάξη, με κύριους οδικούς άξονες και δημόσια κτήρια: *ἱστιητόριον, ἀργυραμοιβήιον, πρυτανήιον*.

Στην Αθηναϊκή Ηγεμονία

Η ανεξαρτησία δεν μπορούσε να επιβιώσει, αφού προσέκρουε στον πολιτικό και οικονομικό επεκτατισμό της Αθήνας. Οι θησαυροί αργυρών νομισμάτων στην Αίγυπτο και στη Σικελία δείχνουν παντού την αντικατάσταση των νομισμάτων της Θάσου από τα αθηναϊκά. Η πρωτοκαθεδρία της Θάσου στην περιοχή γύρω από το Παγγαίο απειλείται από την εγκατάσταση Αθηναίων κληρούχων στις Εννέα Οδούς, δίπλα στην εκβολή του Στρυμόνα. Οι εμπορικοί σταθμοί (*εμπόρια*) της Θάσου και τα κοιτάσματα της Σκαπτής Ύλης γίνονται αντικείμενο διενέξεων. Οι Θάσιοι αντιδρούν αποστατώντας από τη συμμαχία (465). Ο Κίμων τους νικά στη θάλασσα, αιχμαλωτίζοντας τριάντα τρία σκάφη, και αποβιβάζεται στο νησί. Οι Θάσιοι αντιστέκονται επί δύο χρόνια ελπίζοντας, μάταια όμως, στη βοήθεια της Σπάρτης: ...*Θάσιοι δὲ τρίτῳ ἔτει πολιορκούμενοι ὡμολόγησαν Ἀθηναίοις τειχός τε καθελόντες καὶ ναῦς παραδόντες, χρήματά τε ὅσα ἔδει ἀποδοῦναι αὐτίκα ταξάμενοι καὶ τὸ λοιπὸν φέρειν, τήν τε ἤπειρον καὶ τὸ μέταλλον ἀφέντες* (Θουκυδίδης Α', 101, 3). Στον τρίτο χρόνο της πολιορκίας τους, οι Θάσιοι συνθηκολόγησαν με τους Αθηναίους, γκρεμίζοντας τα τείχη και παραδίδοντας τα πλοία, με τη δέσμευση να καταβάλουν άμεσα όσα χρήματα έπρεπε και να πληρώσουν ως φόρο τα υπόλοιπα, και να εγκαταλείψουν την ήπειρο και τα μεταλλεία.

Έχοντας στερηθεί των βασικών της εσόδων, χωρίς ναυτική δύναμη και εξαναγκασμένη να αφήσει ανοίγματα στα τείχη της (οι ανασκαφές αποκαλύπτουν πως η κατεδάφιση εφαρμόσθηκε μόνο σε ορισμένα μέρη, όπως και στην εποχή του Δαρείου), η Θάσος βρίσκεται στο εξής υπό τη δριμεία εξάρτηση της Αθήνας. Κράτος-υπήκοος της συμμαχίας που η Αθήνα μετέτρεψε σε ηγεμονία, η πόλη υποχρεώθηκε να καταβάλει βαριές αποζημιώσεις. Αρχικά πληρώνει μόνο τρία τάλαντα ως ετήσιο φόρο, δεδομένου του ύψους των αποζημιώσεων, επίσης ετήσιων. Ωστόσο από το 444-443, ή ένα ή δύο χρόνια νωρίτερα, έχοντας καταβάλει την εξόφληση του πολεμικού της χρέους, εμφανίζεται μεταξύ των πιο σημαντικών συμβαλλομένων: οφείλει να καταβάλλει τριάντα τάλαντα. Οι παλιές της αποικίες, Γαληψός και Νεάπολη, πληρώνουν χωριστή εισφορά.

Για πάνω από μισό αιώνα, η πόλη της Θάσου υφίσταται την αθηναϊκή «προστασία» και οι προύχοντές της ακολουθούν πολιτική συνεργασίας. Οι θεσμοί τροποποιήθηκαν από τα μέσα του αιώνα: οι τρεις ετήσιοι επώνυμοι άρχοντες αντικαταστάθηκαν σύμφωνα με το αθηναϊκό πρότυπο από έναν και μοναδικό άρχοντα. Πλούσιοι Αθηναίοι αποκτούν αμπελώνες στο νησί: ο Αδείμαντος, συνεργάτης του Αλκιβιάδη, κατείχε δύο κτήματα περίπου 400 στρεμμάτων συνολικά (40 εκτάρια), τα οποία δημεύθηκαν και πουλήθηκαν στην Αθήνα το 414. Ο κλειστός λιμένας στεγάζει κατά τη χειμερινή περίοδο τα πλοία της Αθήνας: έτσι το χειμώνα του 424-423 ξεκίνησαν (μάταια) από τη Θάσο οι επτά τριήρεις, όσες ήταν διαθέσιμες, προς ενίσχυση της Αμφίπολης, υπό τον Αθηναίο στρατηγό και μέλλοντα ιστορικό Θουκυδίδη. Το 411-410 βρίσκουμε επίσης στο νησί είκοσι τριήρεις να ξεχειμωνιάζουν υπό τον Θρασύβουλο.

Το τέλος του 5ου αιώνα και οι επαναστάσεις

Όταν το 411 ξεσπά στην Αθήνα το ολιγαρχικό πραξικόπημα των Τετρακοσίων, ο Αθηναίος στρατηγός Διειτρέφης έρχεται στη Θάσο και καταλύει το δημοκρατικό πολίτευμα. Η πόλη ξαναβρίσκει τους παλιούς της θεσμούς και επαναφέρει τους τρεις άρχοντες. Την ίδια περίοδο, επισκευάζει τα τείχη της και ανασυντάσσει το στόλο της. Την άνοιξη του 410, με τη συνδρομή του Τιμολάου, Κορίνθιου μισθοφόρου στην υπηρεσία της Σπάρτης που κατέφθασε από την Αμφίπολη με καμιά δεκαριά πλοία (*Ελληνικά Οξυρύγχια* Β′, 3-5), η Θάσος αποστατεί από την αθηναϊκή συμμαχία.

Κύριοι πλέον της πόλης, οι φίλοι της Σπάρτης υπόσχονται ανταμοιβές στους καταδότες που θα καταγγείλουν συνωμοσίες εναντίον της εξουσίας και κατάσχουν τις περιουσίες των αντιπάλων τους δημοκρατικών, φίλων της Αθήνας. Τέτοιοι είναι οι όροι ενός νόμου χαραγμένου σε μαρμάρινη στήλη, που βρέθηκε κατά την ανασκαφή της αγοράς: *ὃς ἂν ἐπανάστασιν βολευομένην ἐπὶ Θάσωι κατείπηι καὶ φανῆι ἀληθέα, χιλίος στατῆρας ἐκ τῆς πόλεως ἰσχέτω· ἢν δὲ δõλος κατείπηι, καὶ ἐλεύθερος ἔστω· ἢμ πλέος ἢ εἷς κατείπωσι, τριηκόσιοι κρινόντων δίκην δικάσαντες· ἢν δέ τις τῶν μετεχόντων κατείπηι, τό τε ἀργύριον ἰσχέτω καὶ κατώμοτος κατ᾽ αὐτõ μὴ ἔστω μηδὲ δίκη μηδεμία μήτε ἱρὴ μήτε βεβήλη περὶ τότων μηδὲ ἐν τῆι ἐπαρῆι ἔστω πλὴν ἑνός, τõ πρώτο βολεύσαντος· ἄρχει εἰνάτη ἀπιόντος Ἀπατοριῶνος· ἐπὶ Ἀκρύπτο, Ἀλεξιμάχο, Δεξιάδεω ἀρχόντων* (*ÉtThas* III, 18 = *ML* 83). Όποιος καταγγείλει επανάσταση που επιβουλεύεται τη Θάσο και επαληθευτεί, να λάβει από την πόλη χίλιους στατήρες. Αν δούλος κάνει την καταγγελία, επιπλέον να απελευθερωθεί. Αν οι καταδότες είναι πάνω από ένας, τότε οι τριακόσιοι θα κρίνουν αφού γίνει δίκη. Αν καταδώσει κάποιος από τους συνωμότες, να λάβει τα χρήματα και να μη διεξαχθεί εναντίον του καμία δίκη που θα αξίωνε όρκο, ούτε ιερή ούτε βέβηλη, για όλα αυτά και να μην υποστεί καμία κατάρα· εκτός από έναν: τον πρωτεργάτη. Ισχύει από την ενάτη πριν το τέλος του Απατουρίωνος· επί αρχόντων Ακρύπτου, Αλεξιμάχου και Δεξιάδη. Είμαστε στον Δεκέμβριο του 410 π.Χ. Την άνοιξη του 408, ένας άλλος νόμος, χαραγμένος πάνω στο ίδιο μάρμαρο, που επαναλαμβάνει κατά μεγάλο μέρος τους ίδιους όρους, επιβεβαιώνει τα μέτρα αυτά οργανώνοντας καταδόσεις στις ηπειρωτικές αποικίες της Θάσου.

Οι αποικίες που επανήλθαν στην τροχιά της Θάσου είναι αυτές της δύσης, η Οισύμη και η Γαληψός. Όσο για τη Νεάπολη (τη σημερινή Καβάλα), κοντά στη Σκαπτή Ύλη, παρέμεινε πιστή στην Αθήνα. Αντιστέκεται σε μια πολιορκία που επιχειρούν οι Θάσιοι το 410, παρέχει ενισχύσεις στα αθηναϊκά στρατεύματα και δέχεται ευχαριστίες γι᾽ αυτό με ψήφισμα (*ML* 89). Από την άνοιξη του 407, η Θάσος υποκύπτει εκ νέου, μετά από πολύ σκληρή πολιορκία που διεξήγαγε ο Αθηναίος Θρασύβουλος με τη βοήθεια των εξόριστων αττικιζόντων και των Νεαπολιτών. Το δημοκρατικό πολίτευμα αποκαθίσταται και οργανώνεται η επιστροφή των εκδιωγμένων (*IG* XII 8, 262 και *BCH* 112 [1988], με νέο απόσπασμα του κειμένου).

Η συμφιλίωση ανάμεσα στη Θάσο και στη Νεάπολη, ύστερα από τρία και πλέον χρόνια εχθροπραξιών, ρυθμίστηκε με ειδικές συμβάσεις: αντίγραφο βρέθηκε στην Πάρο, την πάλαι ποτέ μητρόπολη (*IG* XII 5, 109). Οι ανασκαφές των Δελφών διέσωσαν το πάνω μέρος της στήλης, που έφερε το ίδιο κείμενο, με την εικόνα των θεών-μαρτύρων: του Δία, του Απόλλωνα, της Αρτέμιδος, της Παρθένου, του Ηρακλή.

Το 405 ο αθηναϊκός στόλος συντρίβεται στους Αιγός Ποταμούς και η αθηναϊκή ισχύς καταρρέει. Ο Λύσανδρος, ο Σπαρτιάτης θριαμβευτής, επιβάλλει τον αποτρόπαιο νόμο του στη Θάσο: το 404 συγκεντρώνει τους πολίτες στο ιερό του Ηρακλή, υπόσχεται αμνηστία, αλλά επωφελείται της ευκαιρίας για να προκαλέσει τη σφαγή των οπαδών της Αθήνας (Πολύαινος, *Στρατηγήματα* Α', 45, 4). Σε όσους κατάφεραν να διαφύγουν η Αθήνα προσέφερε άσυλο.

4ος και 3ος αιώνας

Ο ζυγός που επέβαλε ο Λύσανδρος ήταν σκληρός. Οι Σπαρτιάτες μαλάκωσαν, αλλά παρέμειναν δεσποτικοί. Το 397 ένα υψηλό πρόσωπο της Σπάρτης, ο Λίχας, γιος του Αρκεσιλάου, λαμβάνει τιμητικά το αξίωμα του άρχοντα. Και το καλοκαίρι του 394, όταν ο βασιλιάς της Σπάρτης Αγησίλαος περνά με το στρατό του, οι Θάσιοι προτείνουν να του προσφέρουν θεϊκές τιμές, όμως εκείνος αρνείται.

Το 389 ωστόσο ο Θρασύβουλος επαναφέρει τη Θάσο στην τροχιά της Αθήνας με τη βοήθεια μιας ομάδας Θασίων φιλο-Αθηναίων: ...*καὶ τὴν Λακεδαιμονίων φρουρὰν μεθ᾽ ὅπλων ἐκβάλοντες καὶ Θρασύβουλον εἰσαγαγόντες καὶ παράσχοντες φίλην ὑμῖν τὴν αὐτῶν πατρίδα* (Δημοσθένης, *Πρὸς Λεπτίνην* 59). ... αφού εκδίωξαν τη φρουρά των Λακεδαιμονίων με τα όπλα, έβαλαν μέσα τον Θρασύβουλο και κατέστησαν φιλική προς εμάς την πατρίδα τους. Το 388 η Θάσος χρησιμοποιείται ως βάση μιας αθηναϊκής μοίρας (Ξενοφών, *Ελληνικά* Ε', 1, 7). Η πόλη γνωρίζει μια νέα λακωνίζουσα φάση στα χρόνια που ακολούθησαν. Εντούτοις, το 375, οι Θάσιοι προσχωρούν στη δεύτερη αθηναϊκή συμμαχία. Χρησιμοποιούν τη στήριξη της Αθήνας για να στερεώσουν την επιρροή τους στην ήπειρο: το 361 ζητούν από τον αθηναίο στρατηγό Τιμόμαχο να τους βοηθήσει να απομακρύνουν τους κατοίκους της Μαρώνειας από τη Στρύμη: η υπόθεση θα κλείσει με διαιτησία ανάμεσα στις δύο αντίπαλες πόλεις. Το 360 ο ρήτορας Καλλίστρατος, εκδιωγμένος από την Αθήνα, ιδρύει μαζί τους τις Κρηνίδες κοντά στο Παγγαίο. Γρήγορα όμως επιβάλλεται στην ήπειρο η κηδεμονία της Μακεδονίας που εγκαθίσταται στις Κρηνίδες, οι οποίες μετονομάζονται σε Φιλίππους (356). Μετά τη νίκη του Φιλίππου Β' στη Χαιρώνεια το 338 και τη διάλυση της αθηναϊκής συμμαχίας, οι Θάσιοι συντάσσονται στο πλευρό της νέας εξουσίας· θα αποδώσουν λατρεία στον Αλέξανδρο. Παρ' όλα αυτά η Θάσος δεν φαίνεται να υπήρξε υποτελής του μακεδονικού βασιλείου: η νομισματοκοπία συνεχίζεται και ορισμένα ψηφίσματα, που χρονολογούνται στις αρχές του 3ου αι., απονέμουν πολιτικά δικαιώματα σε ξένους.

Από το πρώτο μισό του 4ου αι. και κατά το μεγαλύτερο μέρος του 3ου αι., η πόλη αναδιαμορφώνει την αγορά και αναδιοργανώνει τα αρχεία. Στην περιφέρεια της δημόσιας πλατείας, κοντά στο ιερό του Διός Αγοραίου Θασίου, κατασκευάζονται κτήρια εξ ολοκλήρου από μάρμαρο: η στοά με τα παρασκήνια, η μεγάλη βορειοδυτική στοά. Χαράζονται οι κατάλογοι των πιο σημαντικών αξιωματούχων (αρχόντων και θεωρών) ξεκινώντας από τις απαρχές της πόλης. Οι κατάλογοι αυτοί καθώς και άλλες επιγραφές που βρέθηκαν (αναθήματα, δημόσιες αποφάσεις) επιτρέπουν να συνθέσουμε την εικόνα των θεσμών περί το 300 π.Χ. (σ. 269). Το σύστημα στο σύνολό του, η παρουσία γυναικονόμων (αξιωματούχοι για την επίβλεψη των γυναικών) και πολεμάρχων (παλαιό στρατιωτικό αξίωμα) αντανακλούν μια μετριοπαθή δημοκρατία, η οποία γνώρισε ίσως την επίδραση του Πλάτωνα.

Η καλλιτεχνική και πολιτιστική ζωή είναι λαμπρή. Στο ιερό του Διονύσου, κάποια αγάλματα απαθανατίζουν την ανάμνηση εξαιρετικών παραστάσεων, στις οποίες συμμετείχαν προς τα μέσα ή στο τρίτο τέταρτο του 4ου αι. διάσημοι υποκριτές, όπως ο μεγάλος τραγωδός Θεόδωρος (σ. 120). Στο θέατρο, ο Λυσίστρατος, γιος του Κόδιδος, ανέθεσε στον ίδιο θεό ένα σκηνικό οικοδόμημα (σ. 136). Παραγγέλνεται στον Αθηναίο γλύπτη Πραξία ένα έργο για να τιμηθεί η νίκη στην αρματοδρομία με δύο ίππους στα Πύθια. Όπως είχε συμβεί και με τον Ιπποκράτη στα τέλη του 5ου αι., η πόλη υποδέχεται κατά το δεύτερο μισό του 4ου αι. ή στις αρχές του 3ου αι. τον φιλόσοφο Θεόφραστο, που μελετά τις ποικιλίες αμυγδαλιάς και σχολιάζει τη γεύση του μελιτίτη οίνου που προσφερόταν στο πρυτανείο.

Η παραγωγή και το εμπόριο του κρασιού, δραστηριότητες στις οποίες η πόλη ασκεί έλεγχο, μαρτυρούν σε καιρό ειρήνης μια διαρκή ευημερία. Οι αμφορείς και κυρίως οι ημιαμφορείς (χωρητικότητας 10 με 12 λίτρων) αυτού του πολύτιμου κρασιού, του πλέον περιζήτητου μετά το χιώτικο, είναι παρόντες στις διεθνείς αγορές, κυρίως στη Θράκη και στις ακτές του Εύξεινου Πόντου κατά τον 4ο αι. και το πρώτο μισό του 3ου αι. Στον εμπορικό σταθμό *(εμπόριο)* της Πιστίρου, στην καρδιά του θρακικού βασιλείου, οι Θάσιοι έμποροι συνυπάρχουν, τον 4ο αι., με τους ντόπιους, καθώς και με τους εμπόρους από τη Μαρώνεια και την Απολλωνία, καλλιεργώντας με την παρουσία τους σε μη ελληνικές περιοχές τις εμπορικές σχέσεις ανάμεσα στην ακτή του Αιγαίου και στη (βαλκανική) ενδοχώρα. Τα εμπορεύματα μεταφέρονταν σε άμαξες και σε ορισμένες διαδρομές ήταν απαλλαγμένα από φόρους: *τέλεα κατὰ τὰς ὁδοὺς μὴ πρήσσειν, ὅσα εἰς Μαρώνεια[ν] [εἰσ]άγεται ἐκ Πιστίρου ἢ ἐκ τῶν ἐ[μ]πορίων ἢ 'γ Μαρωνείης εἰς Πίστ[ιρ]ον ἢ τὰ ἐμπόρια Βελανα Πρασε[.ω]ν· τοὺς ἐμπορίτας τὰς ἄ‹μ›αξ [-2-3-] κ̣αὶ ἀνοίγειν καὶ κλείειν· (...).* να μην εισπραχθούν φόροι στους δρόμους για όσα εισάγονται είτε στη Μαρώνεια από την Πίστιρο ή τα εμπόρια, είτε από τη Μαρώνεια στην Πίστιρο ή στα εμπόρια των Βελαναπρασέων. Οι εμπορευόμενοι να ανοίγουν και κλείνουν τις άμαξες (...): απόσπασμα όρκου των αρχών της βασιλείας του Κερσοβλέπτη, γιου και διαδόχου του Κότυος Α', λίγο μετά το 359 π.Χ. Η συναλλακτική δραστηριότητα μαρτυρείται επίσης από το συνωστισμό στο λιμάνι της Θάσου, στο οποίο, τον

3ο αι., πρέπει να ρυθμίζεται η ανέλκυση των εμπορικών πλοίων στην ξηρά (σ. 73).

Η ασφάλεια της πόλης επιτυγχάνεται με την ενίσχυση του τείχους. Στο δεύτερο μισό του 4ου αι. και κυρίως προς τα μέσα του 3ου, το τείχος επισκευάζεται και σιγά σιγά προσαρμόζεται στις νέες πολεμικές τεχνικές. Την ίδια εποχή, επιδιώκεται η καλύτερη προστασία του νησιού με την κατασκευή αρκετών πύργων.

Το 202 ο Φίλιππος Ε′ της Μακεδονίας κατόρθωσε να καταλάβει με δόλο την πόλη, αλλά η επιτυχία του δε διήρκεσε πολύ: μετά την ήττα του στις Κυνός Κεφαλές (197) από τα στρατεύματα του Φλαμινίνου, η ρωμαϊκή Σύγκλητος ανακηρύσσει την επόμενη χρονιά την ελευθερία των Ελλήνων. Η Θάσος ξαναβρίσκει έτσι την ανεξαρτησία της (Πολύβιος ΙΗ′, 44-45).

Θάσος και Ρωμαϊκή Δημοκρατία

Με το τέλος του μακεδονικού βασίλειου, η Θάσος γίνεται τον 2ο αι. π.Χ. σύμμαχος της Ρώμης. Οι μαρτυρίες είναι σπάνιες, αλλά την περίοδο αυτή βλέπουμε να επανεμφανίζονται οι κοπές αργύρου σε μεγάλα πλατιά τετράδραχμα, ευρέως διαδεδομένα στα Βαλκάνια και στη λεκάνη του μέσου και κάτω Δούναβη (σ. 366). Μια τιμητική βάση για κάποιον απόγονο (εγγονό ή δισέγγονο) του Σέξτου Πομπήιου, διοικητή της Μακεδονίας που πέθανε το 118 π.Χ., μαρτυρεί ότι ήταν ήδη πάτρωνας της Θάσου. Άρα το νησί πρέπει να κατείχε θέση συμμάχου πόλης και φίλης της Ρώμης. Όταν ο Μιθριδάτης, ο βασιλιάς του Πόντου, κλόνισε τόσο δυνατά τη ρωμαϊκή τάξη πραγμάτων, σε σημείο να πιστέψουν όλοι ότι αυτή εκμηδενίστηκε, η Θάσος παρέμεινε πιστή σύμμαχος. Για την αφοσίωσή της ανταμείφθηκε το 80 π.Χ. με απόφαση της Συγκλήτου. Οι αρετές των Θασίων εξαίρονται με τα παρακάτω λόγια: *συνομό[σασ]θαι ἑαυτοὺς τέκνα συνβίους ἀνελεῖν καὶ ταῖς τῶν πολεμίω[ν] δυνάμεσιν παρατάξασθαι καὶ τὰ πνεύματα ὑπὲρ τῶν δημοσίων πραγμάτων τῶν ἡμετέρων ἐν τῆι χρείαι ἀποβαλεῖν μᾶλλον ἢ ἔν τινι καιρῶι ἀπὸ τῆς τοῦ δήμου τοῦ Ῥωμαίων φιλίας ἀπεστατηκέναι δόξωσι · vac. ταύτην τε αὐτοῖς σωτηρίαν δρῶντες τῆς πολιορκίας γεγονέναι, διά τε ταύτην τὴν αἰτίαν πικρότερον αὐτοῖς τῶν πολεμίων χρησαμένων μεγίσταις συμφοραῖς καὶ βλάβαις περιπεσεῖν vac. πολλούς τε κινδύνους ἀναδεδέχθαι…* (*ÉtThas* V, 174, Γ′, ελλιπές κείμενο). [Αποφάσισαν οι Θάσιοι] να δεσμευθούν με όρκο μέχρι θανάτου οι ίδιοι, τα παιδιά και οι γυναίκες τους και να αντιταχθούν στις δυνάμεις των εχθρών και να δώσουν και την τελευταία τους πνοή, αν χρειαστεί, για τα δημόσια συμφέροντά μας, παρά να σκεφτούν να εγκαταλείψουν σε μια τέτοια συγκυρία τη φιλία του δήμου των Ρωμαίων… Βλέποντας ότι η απόφαση αυτή τους οδήγησε να σωθούν από την πολιορκία και ότι οι εχθροί, για αυτόν το λόγο, ήταν πιο σκληροί εναντίον τους, περιήλθαν σε μεγάλες συμφορές και καταστροφές… και υπέστησαν πολλούς κινδύνους.

Η Σύγκλητος αποφασίζει λοιπόν να επιστρέψει στη Θάσο τις ηπειρωτικές κτήσεις. Της παραχωρεί εξάλλου και τον έλεγχο των νησιών Σκιάθου και Πεπάρηθου (Σκοπέλου).

Οι Θάσιοι προύχοντες μεταβαίνουν ως πρεσβεία στη Ρώμη. Εμφανίζονται ως μεσολαβητές με επιρροή μεταξύ των Ρωμαίων αξιωματούχων που εδρεύουν στη Θεσσαλονίκη και των ελληνικών πόλεων του Αιγαίου: έτσι ο Διονυσόδωρος, γιος του Πεμπίδη, προσφέρει τις υπηρεσίες του στους Ροδίους προκειμένου να υποβάλουν τα αιτήματά τους στον πραίτωρα L. Aurelius Cotta.

Οι αναταραχές που σήμαναν το τέλος της Ρωμαϊκής Δημοκρατίας είχαν πάντως κάποιον αντίκτυπο στο νησί. Η τελική σύγκρουση των δημοκρατικών του Βρούτου και του Κάσσιου με τους συνασπισμένους Αντώνιο και Οκτάβιο διαδραματίστηκε εκεί κοντά, στους Φιλίππους. Είτε με τη θέλησή της είτε όχι, η Θάσος χρησιμοποιήθηκε από τους δημοκρατικούς ως βάση και ως κέντρο ανεφοδιασμού. Νικητής το φθινόπωρο του 42, ο Αντώνιος επέβαλε αντίποινα: η Θάσος χάνει κυρίως τα νησιά Σκιάθο και Πεπάρηθο, προς όφελος της Αθήνας.

Σημειώνονται κοινωνικές εξελίξεις: όπως και αλλού στον ελληνικό κόσμο, η διευθέτηση των υποθέσεων και ο πλούτος συγκεντρώνονται στα χέρια λίγων οικογενειών. Οι γυναίκες παίζουν όλο και πιο σημαντικό ρόλο, αναλαμβάνοντας ιερατεία, ανακαινίζοντας με έξοδά τους τα ιερά (σ. 117).

Η Θάσος στη Ρωμαϊκή Αυτοκρατορία

Η δυσμένεια που γνώρισε η Θάσος προς τα τέλη της Δημοκρατίας δεν επρόκειτο να διαρκέσει: ο Αύγουστος και η οικογένειά του (**εικ. 16**) της απέδωσαν τα παλιά της προνόμια. Ωστόσο, δεν ήταν πλέον παρά μια πόλη μέσα στην Αυτοκρατορία. Η πολιτική της ιστορία δεν είναι στο εξής παρά οι σχέσεις της με τη Ρώμη και τους αυτοκράτορές της.

Στη διάρκεια αυτής της περιόδου, τα αξιώματα και οι αρχαίες λατρείες παραμένουν σε ισχύ. Συνεχίζεται η χάραξη των ονομάτων των αρχόντων και των θεωρών, παρ' όλο που οι κατάλογοι δεν είναι πλέον τόσο τακτικοί όσο άλλοτε. Αλλά και η αυτοκρατορική τάξη γίνεται αισθητή: η λατρεία του αυτοκράτορα και της οικογένειάς του εγκαθίσταται και αναπτύσσεται στη Θάσο, όπως και στο σύνολο του ελληνικού κόσμου. Η εξουσία της Ρώμης προσπαθεί να ανανεώσει την αριστοκρατία δημιουργώντας μια νέα τάξη με το όνομα «φιλοκαίσαρες καὶ φιλοπάτριδες», τίτλο που στον 1ο αι. μ.Χ. φέρουν οι περισσότεροι δημόσιοι αξιωματούχοι. Στα τέλη του 2ου αι., οι θεσμοί περιλαμβάνουν και μια *γερουσία*, κλειστό αριστοκρατικό σώμα, στο οποίο μπορούν να συμμετέχουν και γυναίκες.

Οι μεγάλοι ιερείς των Αυγούστων επιδίδονται σε ανοικοδομήσεις, αναθήματα, παραστάσεις, όπου επιδεικνύουν τον πλούτο τους. Εισάγουν από τον 1ο αι. μ.Χ. μονομαχίες και κυνηγέσια. Στη διάρκεια του 2ου αι., το θέατρο υφίσταται μετατροπές προκειμένου να υποδεχτεί αυτες τις νέες διασκεδάσεις (σ. 137).

Οι κτήσεις της Θάσου στην ήπειρο συνεισέφεραν στην ευημερία της πόλης. Το 56 μ.Χ. η πόλη δέχεται, κατόπιν της διαθήκης του Caninius Rebilus, κατόχου του υπατικού αξιώματος, τη δωρεά σιτοβολώνων στην περιοχή των Φιλίππων (*ÉtThas* V, 185). Κατά τη βασιλεία του Βεσπασιανού (60-70 μ.Χ.), η Θάσος επωφελείται της ευνοϊκής διαιτησίας σε μια αντιδικία της με τη ρωμαϊκή αποικία των Φιλίππων και απαλλάσεται από την υποχρέωση του αυτοκρατορικού ταχυδρομείου πέραν της επικράτειας που της αναγνωρίζεται και την οποίαν διασχίζει η *via Egnatia*: *[Λ.]. Οὐεινούλειος Παταίκιος ἐπίτροπος αὐτοκράτο[ρος] Καίσαρος Οὐεσπασιανοῦ Σεβαστοῦ, Θασίων ἄρχουσ[ι], βουλῇ, δήμωι χαίρειν vac. καὶ πρὸς τὴν κολωνείαν ἐδικα=[ι]οδότησα ὑμᾶς καὶ ἀπειλήφατε τὸ ὀφειλόμενον ἀργύριον καὶ τῆς ἀνγαρεῖας ὑμᾶς τὸ λοιπὸν ἀπολύω παρὲξ ὧν ἂν διὰ τῆς ὑμετέρας χώρας· vac. ἃ δὲ Λούκιος Αντώνιος, ἀνὴρ ἐπισημότατος, κέκρινε περὶ τοῦ παρῳχηκότος, οὐκ ἐδυν[άμην ἀ]νασκευασθῆναι· στρατιώτην ἔδωκα ὑμεῖν περὶ τῶν ὅρων, ὅταν αὐτὸς γένομαι (sic) κατὰ τόπον στήσσω καὶ ἐν οὐδενὶ μέμψε[σ]θε· προθυμίαν γὰρ ἐκτενεστάτην ἔχω τοῦ ποιεῖν εὖ πάντας ἐπὶ Θ[ράκ]ην, ὑμᾶς δὲ δὴ καὶ σφόδρα* (*ÉtThas* V, 186). Ο Λ. Ουεινούλειος Παταίκιος, επίτροπος του αυτοκράτορα Καίσαρα Βεσπασιανού Σεβαστού, χαιρετά τους άρχοντες, τη βουλή και το δήμο των Θασίων. Σας απέδωσα δικαιοσύνη σε σχέση με την αποικία: και εισπράξατε το οφειλόμενο ποσό, και σας απαλλάσσω στο μέλλον από την υποχρέωση του ταχυδρομείου εκτός από εκείνη εντός της επικράτειάς σας. Όσα ο υψηλότατος Λούκιος Αντώνιος είχε αποφασίσει στο παρελθόν δε θα μπορούσα να τα ανασκευάσω. Σας παραχώρησα έναν στρατιώτη για τα ορόσημα· όταν έρθω ο ίδιος, θα τα εγκαταστήσω και δε θα αδικηθείτε σε τίποτε. Διότι επιθυμώ πολύ να κάνω καλό σε όλους τους Θράκες, και ιδιαίτερα σε εσάς.

εικ. 16. Πορτρέτο του Λεύκιου Καίσαρα, θετού γιου του Αυγούστου.

Υπό τον Τραϊανό, το 101 μ.Χ., η ηπειρωτική επικράτεια σηματοδοτείται με νέα ορόσημα. Ένα από αυτά που βρέθηκε στα βορειοανατολικά της Καβάλας σε μια αρχαία μεταλλευτική ζώνη, φέρει στα λατινικά τη μνεία των συνόρων μεταξύ των Θασίων και των Θρακών.

Η Θάσος, που ανθεί την εποχή του Αδριανού, του οποίου ήρθε στο φως θωρακοφόρος ανδριάντας (σ. 317), παραμένει ιδιαίτερα ζωντανή μέχρι τον 3ο αι., όπως μαρτυρούν τα γλυπτά και τα πολυάριθμα κτήρια, μεταξύ των οποίων η αψίδα της πόλης που ανατέθηκε αργότερα στον Καρακάλλα.

Η παλαιοχριστιανική εποχή

Βίαιες καταστροφές επέρχονται τον 3ο αι., ίσως ως συνέπεια της εισβολής των Ερούλων γύρω στα 267-270. Στη συνέχεια η πόλη γνωρίζει αναγέννηση. Με την άνοδο του χριστιανισμού, οι βασιλικές πολλαπλασιάζονται σε αυτή την περιοχή, κοντινή στους Φιλίππους από όπου ο Απόστολος Παύλος άρχισε το κήρυγμά του στην Ευρώπη. Στη θέση της αρχαίας πόλης, η βασιλική του μάρτυρα Ακακίου κτίστηκε πάνω στα λείψανα διαφόρων οικοδομημάτων της αγοράς. Επίσης σπίτια, μερικές φορές πλούσια, χρησιμοποιούν υλικά από κτήρια που ερειπώθηκαν ή εγκαταλείφθηκαν. Το παλιό πολεμικό λιμάνι, που μετατράπηκε σε εμπορικό, γνωρίζει αθρόα διαμετακόμιση αμφορέων. Το μάρμαρο, οι τιμές του οποίου περιλαμβάνονται στις διατιμήσεις (ταρίφες) του διατάγματος (edictum) του Διοκλητιανού, εξάγεται ευρέως: μαζική εξόρυξη γίνεται στην Αλυκή, όπου οικοδομείται μια διπλή βασιλική.

Στις αρχές του 7ου αι. μ.Χ. (γύρω στο 620), σημειώνεται ολοκληρωτική καταστροφή, αποτέλεσμα του πρώτου κύματος των σλαβικών εισβολών που λεηλατούν τη Βυζαντινή Αυτοκρατορία από τον 6ο μέχρι τον 9ο αι.

Η Θάσος από τον 7ο έως τον 13ο αιώνα

Η ιστορία της Θάσου στους αιώνες που ακολουθούν μας διαφεύγει σχεδόν εντελώς. Το νησί χρησιμοποιείται για εκτοπισμούς στην περίοδο της εικονομαχίας. Ο Ευθύμιος, επίσκοπος Σάρδεων, εξορίζεται εδώ από το 814 ως το 820, προφανώς σε κάποιο μοναστήρι. Ο Θεόδωρος Στουδίτης του γράφει το 816 μια επιστολή στην οποία αναφέρει την αιχμαλωσία του επισκόπου στην άκρη του κόσμου, κοντά σε μια βαρβαρική χώρα (Θεόδωρος Στουδίτης, *Επιστολές* 74, 1. 9-11, επιμέλεια έκδοσης Γ. Φατούρος, 1992). Τον Οκτώβριο του 829, οι Άραβες της Κρήτης, οι οποίοι λίγο νωρίτερα είχαν λεηλατήσει τις ακτές της Μικράς Ασίας, κατατροπώνουν το βυζαντινό στόλο στα ανοιχτά της Θάσου, πριν εξαπολύσουν επιδρομές στις Κυκλάδες. Τον Ιούλιο του 904, ο Λέων Τριπολίτης σταθμεύει στο νησί ερχόμενος από τον Ελλήσποντο με κατεύθυνση τη Θεσσαλονίκη, την οποία εποφθαλμιούσε. Εκμεταλλεύτηκε το δασικό πλούτο, προετοιμάζοντας με την άνεσή του πολιορκητικές μηχανές που του επέτρεψαν να ανακαταλάβει την πρωτεύουσα της Μακεδονίας.

Δε γνωρίζουμε τίποτε για την κατάσταση της Θάσου μετά από τα γεγονότα της Δ΄ Σταυροφορίας. Πιθανότατα προσαρτήθηκε στο βασίλειο της Θεσσαλονίκης που έλαχε στον Βονιφάτιο Μομφερατικό (1204). Το νησί ήταν πάντως κάτω από βυζαντινή κυριαρχία υπό τον Μιχαήλ Η΄ Παλαιολόγο. Αυτός είχε δημιουργήσει, μετά το 1261, στόλο περίπου εκατό πλοίων, με μοίρες που έδρευαν σε διάφορα νησιά του Αιγαίου, τα οποία απειλούνταν τότε από την πειρατεία και τις αντιπαλότητες ανάμεσα σε Έλληνες, Γενουάτες και Ενετούς. Μία από αυτές τις μοίρες είχε ως λιμάνι νηολόγησης το λιμάνι της

Θάσου. Ενετικές πηγές αναφέρουν την παρουσία, το 1278, ενός δούκα του στόλου. Το φρούριο της ακρόπολης εξυπηρετούσε πιθανώς ως κατοικία του αξιωματούχου αυτού (σ. 142).

Ο 14ος αιώνας: Αλέξιος και Ιωάννης

Το Χρονικό του Ramon Muntaner, που συντάχθηκε μεταξύ του 1325 και του 1328, μεταφέρει ότι το 1307 ένας Γενουάτης τυχοδιώκτης, ο Tedisio Zaccaria, βοηθούμενος από τους Καταλανούς, καταλαμβάνει τη Θάσο, την οποία χρησιμοποιεί προφανώς ως βάση των επιδρομών του. Την ίδια χρονιά, αντιστέκεται νικηφόρα σε μια βυζαντινή έφοδο περίπου δέκα πλοίων. Αγνοούμε πότε οι Βυζαντινοί επανακτούν τον έλεγχο του νησιού.

Η ασφάλεια του Αιγαίου αποδεικνύοταν όλο και περισσότερο εύθραυστη. Λίγο αργότερα, προς το 1350, ο Αλέξιος εκ Βελικώμης, που καταγόταν από τη Βιθυνία, λεηλατεί τη Θάσο με τη βοήθεια Τούρκων πειρατών και ρημάζει τις ακτές του βόρειου Αιγαίου. Οι Τούρκοι εκδιώχθηκαν από την περιοχή από δύο Βυζαντινούς στρατιωτικούς, τον Αλέξιο (Μέγας Πριμικήριος τότε) και τον αδελφό του Ιωάννη. Το 1357 ο αυτοκράτορας Ιωάννης Ε΄ Παλαιολόγος παραχώρησε στα δύο αδέλφια με κληρονομικό δικαίωμα τα οχυρά της Χρυσούπολης, της Ανακτορούπολης (στην ήπειρο) και το νησί της Θάσου. Απέκτησαν εξάλλου και τη διακυβέρνηση της Χριστούπολης (Καβάλας) και είχαν ως αποστολή την ανάκτηση της κοιλάδας του Στρυμόνα και του Αγγίτη από τους Σέρβους καθώς και τον έλεγχο του βόρειου Αιγαίου. Την ίδια χρονιά, το 1357, ο Αλέξιος προήχθη σε Μέγα Στρατοπεδάρχη (δέκατο αξίωμα στην ιεραρχία της βυζαντινής αυλής) και ο Ιωάννης σε Μέγα Πριμικήριο (ενδέκατο αξίωμα).

Μεταξύ του 1371 και του 1373, λίγα χρόνια μετά το θάνατο του Αλέξιου, που επήλθε ανάμεσα στον Μάρτιο του 1368 και στον Φεβρουάριο του 1369, βυζαντινά πλοία προερχόμενα από τη Θάσο εκδιώκουν με τη βοήθεια μιας ενετικής μοίρας Τούρκους πειρατές που πραγματοποιούσαν επιθέσεις στα μοναστήρια του Αγίου Όρους. Εντούτοις, ο Ιωάννης, που δε στηρίχθηκε επαρκώς από το Βυζάντιο, αναζητά την υποστήριξη της Βενετίας, η οποία του παραχωρεί πολιτικά δικαιώματα στις 10 Ιανουαρίου 1374. Δεν αποφεύγει όμως την απώλεια των ηπειρωτικών του κτήσεων. Όταν, δέκα χρόνια αργότερα, συντάσσει τη διαθήκη του στο μοναστήρι του Παντοκράτορα στο Άγιο Όρος, οι κληροδοτήσεις του δεν αφορούν παρά μόνο τη Θάσο. Το έγγραφο μας πληροφορεί ότι είχε περιβάλει το μαρμάρινο λιμάνι (*μαρμαρολιμήν*) με οχυρωτικά έργα πάνω από τα οποία ορθωνόταν ένας πύργος· πρόκειται για τον τετράγωνο πύργο που κατεδαφίστηκε το 1931, του οποίου η θεμελίωση υφίσταται ακόμη στην πλατεία μπροστά από το μουσείο. Λείψανα της οχύρωσης είναι και σήμερα ορατά κοντά στη δυτική γωνία της αγοράς (σ. 80). Ο Ιωάννης οικοδόμησε επίσης στη Θάσο την εκκλησία του Προδρόμου, η οποία δεν έχει ακόμη εντοπιστεί.

Οι Gattilusi και ο Κυριακός ο Αγκωνίτης

Το 1414, ο Μανουήλ Β' Παλαιολόγος πολιορκεί το φρούριο της Θάσου από τον Ιούλιο έως τον Σεπτέμβριο. Για την εκστρατεία αυτή θεσπίστηκε ειδικός φόρος. Έγγραφο του Βατοπεδίου με ημερομηνία τον Αύγουστο του 1414 αναφέρει ότι το μοναστήρι όφειλε να καταβάλει φόρο για την εκστρατεία και τον εξοπλισμό των πλοίων. Από τα γράμματα που ο αυτοκράτορας απηύθυνε στους πολιορκημένους, βλέπουμε ότι στη Θάσο είχε εγκαθιδρυθεί η εξουσία των Gattilusi, την οποία έκρινε ως υπερβολικά ανεξάρτητη. Οι Γενουάτες αυτοί, εγκατεστημένοι στη Λέσβο από το 1355, ήταν συγγενείς στην Ιταλία με τους Doria και τους Grimaldi, πρίγκιπες του Μονακό. Αυτή η ισχυρή γενιά είχε εξελληνιστεί· ο ιδρυτής της ανατολικής δυναστείας, Francesco Α', παντρεύτηκε την αδελφή του αυτοκράτορα Ιωάννη Ε' Παλαιολόγου, τον οποίο εγκατέστησε στο θρόνο. Οι Gattilusi είχαν επεκτείνει την επιρροή τους στη Λέσβο, στη Φώκαια, στη Σαμοθράκη, στον Αίνο, καθώς και στη Θάσο από τα τέλη του 14ου αι. Έπαιζαν το ρόλο μεσαζόντων ανάμεσα στο Βυζάντιο και στις δυτικές δυνάμεις. Κατά την πολιορκία του 1414, ο Μανουήλ Β' κατόρθωσε, τον Σεπτέμβριο, να εκπορθήσει το φρούριο της ακρόπολης. Παρά το επεισόδιο αυτό, οι Gattilusi παρέμειναν στη Θάσο για περίπου σαράντα χρόνια που στάθηκαν λαμπρά για το νησί. Η Θάσος εμπορεύεται τότε με τους Γενουάτες και τη Δυτική Μεσόγειο, μέχρι και την Μπρυζ (Bruges).

Το 1428, ο Dorino Α' Gattilusi διαδέχεται τον αδελφό του Jacopo, που πέθανε άτεκνος. Ο Umberto Grimaldi, πιστός υπηρέτης των Gattilusi, επενέβη το 1434 στις οχυρώσεις του Κάστρου στο κέντρο του νησιού (**εικ. 17**). Το 1444, ο Dorino παραχωρεί τη Θάσο στον μικρό γιο του, Francesco Γ', που καταφθάνει στην καινούργια του κατοικία συνοδευόμενος από τον παιδαγωγό του. Από τις 11 μέχρι τις 19 Νοεμβρίου της ίδιας χρονιάς, και κατόπιν από

εικ. 17. Κάστρο: γενουατικά οικόσημα σε δεύτερη χρήση μέσα στους τοίχους της εκκλησίας.

τις 2 Δεκεμβρίου μέχρι τις αρχές του 1445, ο Francesco φιλοξενεί τον διπλωμάτη και πολυμαθή Κυριακό τον Αγκωνίτη, ο οποίος έχει ήδη επισκεφθεί τον Αίνο και τη Μαρώνεια. Υπό τους Gattilusi, η Θάσος γνώρισε ευημερία. Οι οχυρώσεις της ακρόπολης απέκτησαν πιο ισχυρούς πύργους (**εικ. 18**). Ο νεαρός ηγεμόνας, για να εξωραΐσει το λιμάνι, τοποθέτησε στην είσοδο αρχαία αγάλματα, που έφτασαν ως εμάς χάρη στα σχέδια του Κυριακού του Αγκωνίτη. Συγκέντρωσε στην αυλή του διανοούμενους. Ο θάνατος του επενέβη το 1449, διακόπτοντας αυτή την αναγέννηση. Ο αδελφός του, Dorino Β', άρρωστος, εμπιστεύθηκε την εξουσία στον πρωτότοκο γιο του, Domenico. Τον Σεπτέμβριο του 1455, για να προστατεύσει τα δικαιώματά του στη Λέσβο, υποχρεώθηκε να παραχωρήσει τη Θάσο στον σουλτάνο.

Η Θάσος και η Οθωμανική Αυτοκρατορία (1455-1813)

Με το κάλεσμα του πάπα Καλλίστου Γ', ξεκίνησε μια σταυροφορία για την επανάκτηση των νησιών που είχαν πέσει στην κυριαρχία του σουλτάνου. Ωστόσο οι Ενετοί και οι Γενουάτες βρίσκονταν σε ανταγωνισμό. Πάνω από την απελευθέρωση των χριστιανών, ο στόχος των Ενετών, που διοικούσαν το στόλο, ήταν να καταλάβουν τις κτήσεις των Gattilusi στο Αιγαίο. Τα πλοία τους κατέπλευσαν στη Θάσο. Η τουρκική φρουρά, που κρατούσε το οχυρό του λιμανιού, προέβαλε σθεναρή αντίσταση που δεν μπορούσε να καμφθεί παρά μόνο με πολιορκία. Το φρούριο καταλήφθηκε με νυχτερινή αιφνιδιαστική έφοδο και το νησί υποτάχθηκε στους Ενετούς (αρχές 1457).

εικ. 18. Οχυρό της ακρόπολης, δυτική κλιτύς: μεταπύργιο και πύργος από τα βόρεια.

Ο στόλος όμως των Δυτικών δεν μπορούσε να αντέξει για πολύ μπροστά στις ναυτικές δυνάμεις του σουλτάνου που βρίσκονταν πλησιέστερα στις βάσεις τους. Τον Οκτώβριο του 1459, ο *καπουδάν πασάς* (ναύαρχος) Ζαγκάν ανακατέλαβε τη Θάσο και τη Σαμοθράκη. Εκτελώντας τις διαταγές του Μωάμεθ Β' του Πορθητή, εκτόπισε την πλειοψηφία των κατοίκων στην Κωνσταντινούπολη. Το νησί ερήμωσε σχεδόν εντελώς.

Εντούτοις, η τύχη της Θάσου δεν είχε ακόμα κριθεί. Αν και το 1460 παραχωρήθηκε στον Δημήτριο Παλαιολόγο ως αντίτιμο κάποιας προδοσίας, η Θάσος διέφυγε από την επιρροή του στα τέλη του καλοκαιριού του 1466. Ο Ενετός ναύαρχος Capello την καταλαμβάνει ταυτόχρονα με τη Σαμοθράκη και την Ίμβρο. Δεν ξέρουμε αν κατά τη διάρκεια αυτού του πολέμου, που τερματίζεται με τη συνθήκη της Κωνσταντινούπολης τον Ιανουάριο του 1479, η ενετική κατοχή υπήρξε συνεχής. Πάντως, από το 1479 ως το 1770, το νησί παραμένει τουρκική κτήση.

Ως προσωπικό *τιμάριο (χαράτσι)* του ναυάρχου του στόλου, που καταβάλλει για τον τίτλο του εισφορά ύψους 450.000 *άσπρων* στο αυτοκρατορικό ταμείο και διοικητικά υπαγόμενη στο μπεηλίκι της Καβάλας, η Θάσος διοικείται από έναν *βοεβόδα* εξαρτημένο από τον *μπέη*. Το νησί επανακατοικείται· οι Τούρκοι εγκαθίστανται στον Θεολόγο και στο Μεγάλο Καζαβήτι. Τον 17ο αι., ο Francesco Piacenza παραθέτει έκθαμβος μια περιγραφή του πλούτου της Θάσου· χρυσάφι, ασήμι, μάρμαρο, ξυλεία, αμπέλια συνέθεταν κατά τα λεγόμενα του την τύχη του νησιού αυτού, στο οποίο δε μοιάζει πάντως να πήγε ποτέ· προπαγάνδα για να τραβήξει την προσοχή των Ενετών σε μια περιοχή που είχαν άλλοτε κυριαρχήσει. Πιο αξιόπιστος, ο Père Braconnier, που επισκέφθηκε τη Θάσο το 1707, εκτιμά τον πληθυσμό της σε επτά ή οχτώ χιλιάδες ψυχές· κάθε χρόνο, το νησί απέφερε 30.000 λίρες στον καπουδάν πασά, χάρη στην εκμετάλλευση της ξυλείας, του λαδιού και του κεριού.

Οι πιο δύσκολοι καιροί δεν είχαν φανεί ακόμη. Το τέλος του 17ου και ο 18ος αιώνας σημαίνουν την έξαρση της πειρατείας στο Αιγαίο. Αποφεύγοντας τις ακτές, τα χωριά αποτραβήχθηκαν στο εσωτερικό, σε προστατευμένες τοποθεσίες, ενώ στην ακτή έμειναν μόνο βίγλες *(βιγλαριά)* για να επιτηρούν και να σημαίνουν συναγερμό. Στα δεινά των καιρών προστέθηκε και νέο πλήγμα. Από το 1760, η Θάσος αφού παραχωρήθηκε έναντι ενοικίου στον πρώτο μιραχόρη (σταυλάρχη), όφειλε να καταβάλλει κεφαλικό και άλλους φόρους με τη μεσολάβηση ενός *κοτζαμπάση* Έλληνα, που ξεζούμιζε τους συμπατριώτες του και τους έβαζε να πληρώνουν πολλές φορές το ποσό που όφειλε ο ίδιος στο ταμείο του σουλτάνου.

Ο ελληνικός ξεσηκωμός του 1770 βρήκε τους Θασίους έτοιμους να εξεγερθούν. Όταν ο ρωσικός στόλος νίκησε τον καπουδάν πασά στον Τσεσμέ, μια θασίτικη αντιπροσωπία ενώθηκε με τους άλλους νησιώτες για να συγχαρεί τους νικητές. Στις 20 Αυγούστου 1770, ένα ρωσικό απόσπασμα προσάραζε στη Θάσο, που τα δάση της επρόκειτο να προμηθεύσουν την απαιτούμενη ξυλεία για την κατασκευή στόλου. Μαζική υλοτόμηση εξαφάνισε τις πιο προσιτές δασικές εκτάσεις. Το 1774, με την αποχώρηση των Ρώσων, η Θάσος ξαναβρέθηκε στην κυριαρχία του σουλτάνου. Πειρατεία, καταπίεση των κοτζαμπάσηδων, αγγαρείες για ξύλευση επέφεραν εξαθλίωση. Όταν στα τέλη του 18ου αι., πέρασε από τη Θάσο ο Cousinéry, δε βρήκε παρά 2.500 κατοίκους που ζούσαν με το βραχνά των πειρατών.

Η Θάσος αιγυπτιακή κτήση (1813-1902)

Τον Μάρτιο του 1813 ο σουλτάνος, για να ανταμείψει τον Μεχμέτ Αλή, αντιβασιλιά (βεζίρη) της Αιγύπτου, του παραχώρησε ως προσωπική κτήση τη Θάσο και τα έσοδά της, εκτός από τον κεφαλικό φόρο. Γεννημένος στην Καβάλα, ο Μεχμέτ Αλής είχε ανατραφεί σε ένα χωριό του νησιού. Αργότερα, όταν κατηγορήθηκε για φόνο, εκεί βρήκε καταφύγιο. Γι' αυτό ήταν ευνοϊκά διακείμενος απέναντι στους Θασίους κι επέτρεψε ν' αναπτυχθεί στο νησί ένα καθεστώς κοινοτικών ελευθεριών που κράτησε ως το 1874. Επικεφαλής κάθε κοινότητας, ο πρόεδρος των δημογερόντων, ή *τζορμπατζής*, αναλάμβανε τις ευθύνες απέναντι στις αιγυπτιακές αρχές. Οι τζορμπατζήδες όλων των χωριών συνέρχονταν για να εκλέξουν έναν *μπαχτζορμπατζή*, πρόεδρο ολόκληρου του νησιού. Επιλεγμένος μεταξύ των οικογενειών των προκρίτων, πρόεδρος εκλεγόταν ως το 1839 ή 1840 ο πρόεδρος του Θεολόγου και στη συνέχεια αυτός της Παναγιάς, που έγινε τότε πρωτεύουσα του νησιού.

Η Επανάσταση του 1821 υπήρξε για τη Θάσο ένα σύντομο διάλειμμα. Οι Έλληνες επαναστάτες αποβιβάστηκαν στη Θάσο στη διάρκεια του καλοκαιριού του 1821. Ο πρόεδρος του νησιού τέθηκε επικεφαλής του επαναστατικού κινήματος. Οι Τούρκοι που απέμειναν στο νησί, αφού ηττήθηκαν στον Ποτό, κατέφυγαν στο Καζαβήτι και στη συνέχεια πέρασαν στην Καβάλα. Οι Θάσιοι όμως σύντομα τρομοκρατήθηκαν από τη δράση των Ελλήνων πειρατών. Στα τέλη του 1821, κλείνουν συμφωνία με τον πασά της Θεσσαλονίκης· οι Έλληνες του Αγίου Όρους και της Θάσου θα κατέθεταν τα όπλα. Οι Τούρκοι δεν θα εισέβαλαν με όπλα στην επικράτειά τους. Αυτή η εθελουσία υποταγή τράβηξε την προσοχή των Ψαριανών ναυτικών προς το νησί, οι οποίοι βλέποντας τον ξεσηκωμό τους να αποτυγχάνει, σφυροκοπούσαν ακατάπαυστα τα παράλια της Θεσσαλίας και της Μακεδονίας.

Παρά το προνομιακό καθεστώς που απολάμβανε μεταξύ του 1813 και του 1874, η Θάσος παρέμενε σε μια μέτρια οικονομική κατάσταση. Η αποδάσωση εντεινόταν. Ο φόβος, η αδυναμία υποχρέωναν τους κατοίκους σε παθητικότητα. Τη στιγμή ακριβώς που η αιγυπτιακή διοίκηση επιχειρούσε να σώσει τα δάση, ξέσπασαν ταραχές στο νησί με αφορμή την ανάδειξη του προέδρου και η Αίγυπτος κατέληξε να αφαιρέσει τις ελευθερίες που είχε σιωπηρά παραχωρήσει (1874). Η ένταση μεγάλωσε το 1895, όταν η κυβέρνηση του Καΐρου εκχώρησε σε μια αγγλική εταιρεία το δικαίωμα να εκμεταλλεύεται τα δάση. Οι Θάσιοι εξεγέρθηκαν, εμποδίζοντας τους αντιπροσώπους της εταιρείας να αποβιβαστούν, πετώντας τις αποσκευές τους στη θάλασσα. Ο *χεδίβης* (ηγεμόνας) της Αιγύπτου κατάργησε όλα τα προνόμια. Αιματηρές ταραχές ξέσπασαν και ο σουλτάνος βρήκε πρόσχημα σε αυτό προκειμένου να ανακαλέσει την παραχώρηση που είχε δωριστεί άλλοτε στον Μεχμέτ Αλή (1902).

Η Θάσος και οι Τούρκοι (1902-1912)

Υπαγμένη και πάλι στη διοίκηση της Καβάλας, η Θάσος εξέπεσε στο κοινό καθεστώς της Οθωμανικής Αυτοκρατορίας. Στις 17 Ιουλίου του 1912, ο ναύαρχος Παύλος Κουντουριώτης απελευθέρωσε το νησί και το παρέδωσε εντέλει στην ελληνική πολιτεία. Στις 10 Αυγούστου 1913, η συνθήκη του Βουκουρεστίου επικύρωσε την ένωση.

Η Θάσος από το 1912

Στις 16 Μαΐου του 1916, ένα απόσπασμα του γαλλικού στόλου της Στρατιάς της Ανατολής εγκαθιστούσε βάση στη Θάσο. Με την ανακωχή, το νησί παραδόθηκε στην προσωρινή κυβέρνηση της Εθνικής Άμυνας του Ελευθέριου Βενιζέλου, που έδρευε στη Θεσσαλονίκη.

Τα πιο σημαντικά γεγονότα του Μεσοπολέμου ήταν η άφιξη των προσφύγων από τη Μικρά Ασία και την Ανατολική Θράκη μετά την καταστροφή του 1922 και η απαλλοτρίωση, με πρωτοβουλία του βουλευτή Αύγουστου Θεολογίτη, της ακίνητης περιουσίας των μοναστηριών του Αγίου Όρους που μοιράστηκε στους χωρικούς του νησιού. Οι πρόσφυγες εγκαταστάθηκαν επίσημα στα δύο παράκτια κέντρα, στον Λιμένα και στα Λιμενάρια, τα οποία χάρη στη συρροή πληθυσμού και στις νέες συνθήκες ζωής δεν έπαψαν να αναπτύσσονται σε βάρος των παλιών διοικητικών κέντρων, του Θεολόγου και της Παναγιάς.

Σήμερα, η κατασκευή ξενοδοχείων και δρόμων, η χρησιμοποίηση γρηγορότερων πλοίων και σκαφών, που εξασφαλίζουν τη μετάβαση οχημάτων Ι.Χ. και φορτηγών, μεταβάλλουν από χρονιά σε χρονιά την όψη του νησιού· η εκμετάλλευση του μαρμάρου ξανάρχισε, ο τουρισμός ανθεί.

Οι περιηγητές

Πολλοί περιηγητές πέρασαν από τη Θάσο, από τον Μεσαίωνα ως τα τέλη του 19ου αι., και μας άφησαν τις εντυπώσεις από τις επισκέψεις τους. Ο πρώτος ήταν ο Κυριακός ο Αγκωνίτης, που τον υποδέχτηκαν οι Gatillusi (1444-1445, βλ. σ. 54-55). Τον 16ο αι., ο Γάλλος P. Belon διέμεινε για τρεις μέρες· ενθουσιάστηκε με τα αρχαία και τη βλάστηση. Για τις αρχές του 16ου αι., βρίσκουμε επίσης πληροφορίες στους Benedetto Bordone και Thomaso Porcacchi. Στον 17ο αι. τοποθετείται το ταξίδι του Francesco Piacenza (σ. 56· το έργο του *L'Egeo redivivo* γράφτηκε το 1688). Το 1707, ο Père Braconnier κάνει στάση στο νησί.

Τον 19ο αι. οι περιηγητές αρχίζουν να ενδιαφέρονται πιο άμεσα για τις αρχαιότητες· το 1828, ο A. Prokesch von Osten· το 1856 ο G. Perrot (*Mémoire sur l'île de Thasos*)· το 1858 ο A. Conze· και κυρίως από το 1863, ο E. Miller, Γάλλος λόγιος που ήρθε στο νησί για να ξεκουράσει τα μάτια του από την αποκρυπτογράφηση των χειρογράφων του Αγίου Όρους και πραγματοποίησε τις πρώτες τομές στον Λιμένα και στην Αλυκή (1863-1864). Πριν από την έναρξη της γαλλικής έρευνας, πρέπει να σημειωθούν οι επισκέψεις των S. Reinach (1882), G. Mendel (1883), C. Fredrich (1904), W. Deonna (1907), J. Baker-Penoyre (1907), καθώς και οι ανασκαφές των Th. Bent (1886, Λιμένας και Αλυκή) και **Θ.** Μακρίδη-Μπέη (1910, Λιμένας). Πρέπει προπάντων να θυμίσουμε το πεφωτισμένο ενδιαφέρον που επέδειξε για τις αρχαιότητες του νησιού στα τέλη του 19ου αι. ο γιατρός Γ. Χρηστίδης από την Παναγιά, συλλέκτης που αλληλογραφούσε με τους E. Miller και S. Reinach. Πολλά σημαντικά στοιχεία, χαμένα σήμερα, είναι γνωστά χάρη σε αυτόν. Δεχόταν τους επισκέπτες του καλοπροαίρετα «μέσα σε ένα ιδιόρρυθμο εσωτερικό περιβάλλον, σαν αλχημιστής του Walter Scott, ανάμεσα σε στοίβες βιβλίων, μπουκαλάκια, λαμπίκους, αποστακτήρες, θραύσματα από μαρμάρινα γλυπτά, κομμάτια από αρχαία σωριασμένα σε κάθε γωνιά, κάτω από όλα τα έπιπλα» (DE LAUNAY, *Chez les Grecs de Turquie* [1897], σ. 138).

Οι ανασκαφές (J.-Y. Marc)

Οι ανασκαφές της Γαλλικής Αρχαιολογικής Σχολής άρχισαν το 1911 (Ch. Avezou, Ch. Picard, A. Reinach), όσο το νησί ανήκε ακόμη στην Οθωμανική Αυτοκρατορία. Μέχρι τη δεκαετία του 1930, επιδιώκεται η αναγνώριση της γενικότερης τοπογραφίας της πόλης καθώς και των κυριότερων μνημειακών συνόλων. Ορισμένα ανασκάπτονται, όπως τα ιερά του Ηρακλή και του Ποσειδώνα. Οι έρευνες αυτές διευκολύνονται από την τότε μικρή έκταση του νεότερου οικισμού (**εικ. 19**). Μετά τον Β΄ Παγκόσμιο Πόλεμο, επιχειρείται, επί σειρά ετών, η αποκάλυψη της αγοράς (1948-1955), έπειτα του Αρτεμισίου (1957-1960 και 1965). Πιο πρόσφατα, ενώ ξανάρχιζαν οι έρευνες στο Αρτεμίσιο (1975-1983), αναπτύχθηκαν και άλλα κέντρα ενδιαφέροντος: ανασκαφές οικιστικών χώρων, εργαστηρίων κεραμικής και αμφορέων, εξερεύνηση του νησιού. Την ίδια περίοδο, ο πολλαπλασιασμός των σύγχρονων οικοδομών, που προκλήθηκε κυρίως χάρη στην ανάπτυξη του τουρισμού, επέβαλε να διεξαχθούν σε όλους τους τομείς της αρχαίας πόλης πολλές σωστικές ανασκαφές. Σήμερα, αν και υφίστανται πολλά κενά, όλα σχεδόν τα πεδία έχουν έστω εν μέρει ερευνηθεί και μελετηθεί: ιστορία πολιτική και οικονομική, ιστορία των θεσμών, αρχαία και νεότερη τοπογραφία, πολεοδομία, αρχιτεκτονική, γλυπτική και κεραμική διαφόρων περιόδων. Από την προαποικιακή περίοδο ως τη βυζαντινή αλλά και τη σύγχρονη, η Θάσος είναι

εικ. 19. Άποψη του κλειστού λιμένα και του όρμου μέχρι το ακρωτήριο Παχύς. Φωτογράφηση 20 Ιουνίου 1914.

μία από τις καλύτερα γνωστές πόλεις του αρχαίου ελληνικού κόσμου. Οι έρευνες συνεχίζονται σήμερα, όλο και πιο συχνά στο πλαίσιο των συνεργασιών της Γαλλικής Αρχαιολογικής Σχολής με την Εφορία Αρχαιοτήτων της Καβάλας, η οποία δραστηριοποιείται εξίσου στο εσωτερικό της αρχαίας πόλης και στο σύνολο της θασιακής επικράτειας, μέσα στο νησί *(χώρα)* αλλά και στις ηπειρωτικές κτήσεις *(περαία)*.

Βιβλιογραφία: Χ. Κουκουλη-Χρυσανθακη, *Πρωτοϊστορική Θάσος* (1992)· J. Pouilloux, *Recherches sur l'histoire et les cultes de Thasos, I. De la fondation de la cité à 196 avant J.-C., ÉtThas* III (1954)· Chr. Dunant, J. Pouilloux, *Recherches sur l'histoire et les cultes de Thasos, II. De 196 avant J.-C. jusqu'à la fin de l'Antiquité, ÉtThas* V (1957)· A. Bakalopoulos, *Thasos, son histoire, son administration de 1453 à 1912, ÉtThas* II (1953).

Δίπλα σε αυτά τα συνολικά έργα, άλλες εργασίες εξετάζουν ειδικότερα ζητήματα:

– Προϊστορική Θάσος: Χ. Κουκουλη-Χρυσανθακη, G. Weisgerber, «Προϊστορικά ορυχεία ώχρας στη Θάσο» *ΑΕΜΘ* 7 (1993) [1997], 541-588· Σ. Παπαδοπουλος, Δ. Μαλαμιδου, «Οι πρώιμες φάσεις κατοίκησης του νεολιθικού οικισμού των Λιμεναρίων», *ΑΕΜΘ* 14 (2000) [2002], 25-32 (όπου και η προγενέστερη βιβλιογραφία)· Δ. Μαλαμιδου, Σ. Παπαδοπουλος, «Προϊστορικός οικισμός Λιμεναρίων· η Πρώιμη Εποχή του Χαλκού», *ΑΕΜΘ* 11 (1997) [1999], 585-596 (όπου και η προγενέστερη βιβλιογραφία)· Χ. Κουκουλη-Χρυσανθακη, «Οικισμός της Πρώιμης Εποχής του Χαλκού στη Σκάλα Σωτήρος», *ΑΕΜΘ* 4 (1990) [1993], 531-545 (όπου και η προγενέστερη βιβλιογραφία)· Σ. Παπαδοπουλος, Γ. Αριστοδημου, Δ. Κουγιουμτζογλου, Φ. Μεγαλουδη, «Η Τελική Νεολιθική και η Πρώιμη Εποχή του Χαλκού στη Θάσο· η ανασκαφική έρευνα στις θέσεις Άγιος Ιωάννης και Σκάλα Σωτήρος», *ΑΕΜΘ* 15 (2001) [2003], 55-65.

– Ίδρυση της Θάσου: A. J. GRAHAM, «The Foundation of Thasos», *ABSA* 73 (1978), 61-98 (περί το 650)· J. POUILLOUX, «La fondation de Thasos: archéologie, littérature et critique historique», *Hommages à Ch. Delvoye* (1982), 91-101 (περί το 680· βλ. και Y. GRANDJEAN, *ÉtThas* XII [1988], 436-441 και 465-468)· M. KOHL, A. MULLER, Γ. ΣΑΝΙΔΑΣ, Μ. ΣΓΟΥΡΟΥ, «Ο αποικισμός της Θάσου· η επανεξέταση των αρχαιολογικών δεδομένων», *ΑΕΜΘ* 16 (2002) [2004], 57-71· Σ. ΓΙΜΑΤΖΙΔΗΣ, «Ο αποικισμός της Θάσου· η επανεξέταση της κεραμικής πρώιμων φάσεων της αρχαίας πόλης», *ΑΕΜΘ* 16 (2002) [2004], 73-81· Fr. BLONDÉ, A. MULLER, D. MULLIEZ, M. KOHL, G. SANIDAS, M. SGOUROU, «Thasos in the Age of Archilochos. Recent Archaeological Investigations», στο D. KATSONOPOULOU, I. PETROPOULOS, St. KATSAROU (επιμ.), *Archilochos and his Age. Second International Conference on the Archaeology of Paros and the Cyclades, Paroikia, Paros, 7-9 oct. 2005* (2008), 409-425· A. COULIÉ, «Archiloque et la colonisation de Thasos: l'apport de la céramique», στο ίδιο, 427-447.

– Καταβολή αποζημίωσης από τη Θάσο στην Αθήνα μετά την ήττα εναντίον του Κίμωνα: S. HORNBLOWER, *A Commentary on Thucydides*, I (1991· 2η εκδ. 1997), 158 (20 ετήσιες καταβολές των 50 ταλάντων)· O. PICARD, «Thucydide I, 101 et le tribut de Thasos», *REA* 100 (1998), 591-598 (20 ετήσιες καταβολές των 75 ταλάντων το λιγότερο).

– Κατάλογος των θεωρών: Fr. SALVIAT, «Les colonnes initiales du Catalogue des théores et les institutions thasiennes archaïques», στο *Thasiaca, BCH* Suppl. V (1979), 107-127· A. J. GRAHAM, «On the Great List of Theores at Thasos», *The Ancient World* 5 (1982), 103-121· και η απάντηση του Fr. SALVIAT, *BCH* 107 (1983), 181-187.

– Πολιτικές ταραχές στα τέλη του 5ου αι. π.Χ. και στις αρχές του 4ου αι. π.Χ.: Y. GRANDJEAN, Fr. SALVIAT, «Décret d'Athènes, restaurant la démocratie à Thasos en 407 av. J.-C.: *IG* XII 8, 262 complété», *BCH* 112 (1988), 249-278· contra: O. PICARD, «Le retour des émigrés et le monnayage de Thasos (390)», *CRAI* (2000), 1057-1084 (χρονολογία της *IG* XII 8, 262: αρχές 4ου αι.). Σχετικά με τις αττικές επιγραφές των αρχών του 4ου αι. που αφορούν στη Θάσο και στην πολιτική κατάσταση στο νησί αυτή την εποχή: M. J. OSBORNE, *Naturalization in Athens* II (1982), 48-57.

– Σχέσεις μεταξύ Θάσου, Πάρου και της ηπείρου: βλ. κυρίως Δ. ΛΑΖΑΡΙΔΗΣ, «Επίγραμμα των Παρίων από την Αμφίπολη», *ΑΕ* (1977), 164-181.

– Περαία της Θάσου: Χ. ΚΟΥΚΟΥΛΗ-ΧΡΥΣΑΝΘΑΚΗ, «Οι αποικίες της Θάσου στο βόρειο Αιγαίο: νέα δεδομένα», *Η Καβάλα και η περιοχή της, Συμπόσιο, Καβάλα 1977* (1980), 309-325· της ίδιας, «Τα μεταλλεία της Περαίας της Θάσου», στο *Μνήμη Δ. Λαζαρίδη* (1990), 493-515· M. BRUNET, «Thasos et son épire à la fin du Vᵉ et au début du IVᵉ s. av. J.-C.», *Esclavage, guerre, économie en Grèce ancienne: hommages à Yvon Garlan* (1997), 229-242.

– Πίστιρος: V. VELKOV, L. DOMARADZKA, «Kotys I (383/2-359) et l'*emporion* de Pistiros en Thrace», *BCH* 118 (1994), 1-15· J. BOUZEK, M. DOMARADZKI, Z. H. ARCHIBALD (éds), *Pistiros, I. Excavations and Studies* (1996)· βλ. επίσης τον τόμο, στον οποίο συνέβαλαν αρκετοί συγγραφείς, με τον τίτλο «Nouvelles perspectives pour l'étude de l'inscription de Pistiros», *BCH* 123 (1999), 245-371, και ιδιαίτερα V. CHANKOWSKI, L. DOMARADZKA, «Réédition de l'inscription de Pistiros et problèmes d'interprétation», 246-258.

– Η Θάσος στην παλαιοχριστιανική και βυζαντινή εποχή: J.-P. SODINI, «La ville de Thasos à l'époque protobyzantine: les lacunes de la topographie», *Διεθνές Συμπόσιο:*

Βυζαντινή Μακεδονία, 324-1430 μ.Χ., Θεσσαλονίκη, 29-31 Οκτ. 1992 (1995), 279-294· Σ. Δαδακη, Chr. Giros, «Αρχαιολογικός χάρτης Θάσου. Βυζαντινοί χρόνοι», *ΑΕΜΘ* 5 (1991) [1994], 383-397 (παλαιοχριστιανικές και βυζαντινές θέσεις)· Σ. Δαδακη, «Πληροφορίες για την παλαιοχριστιανική και βυζαντινή Θάσο», *ΑΕΜΘ* 8 (1994) [1998], 335-342 · V. François, *La céramique byzantine à Thasos, ÉtThas* XVI (1995), 131-138 (η Θάσος του 13ου αι.)· Χ. Μπακιρτζησ, «Trois inscriptions de Kastro (Thasos)», *Thasiaca, BCH Suppl.* V (1979), 455-466 (η Θάσος στο πρώτο μισό του 15ου αι.).

– Η «στήλη του λιμανιού» δημοσιεύτηκε από τον H. Duchêne, *ÉtThas* XIV (1992)· βλ. επίσης, A. J. Graham, «The Woman at the Window. Observations on the "Stele from the Harbour" of Thasos», *JHS* 118 (1998) 22-40 (οι γυναίκες που δεν επιτρέπεται να εμφανιστούν στο παράθυρο είναι ιερόδουλες)· του ίδιου, «Thasos: the Topography of the Ancient City», *ABSA* 95 (2000), 301-318 (παρατηρήσεις στην τοπογραφία της πόλης βάσει των ενδείξεων της επιγραφής).

ΤΟ ΝΗΣΙ ΤΗΣ ΘΑΣΟΥ ΣΤΗΝ ΑΡΧΑΙΟΤΗΤΑ: ΠΟΛΙΣ ΚΑΙ ΧΩΡΑ

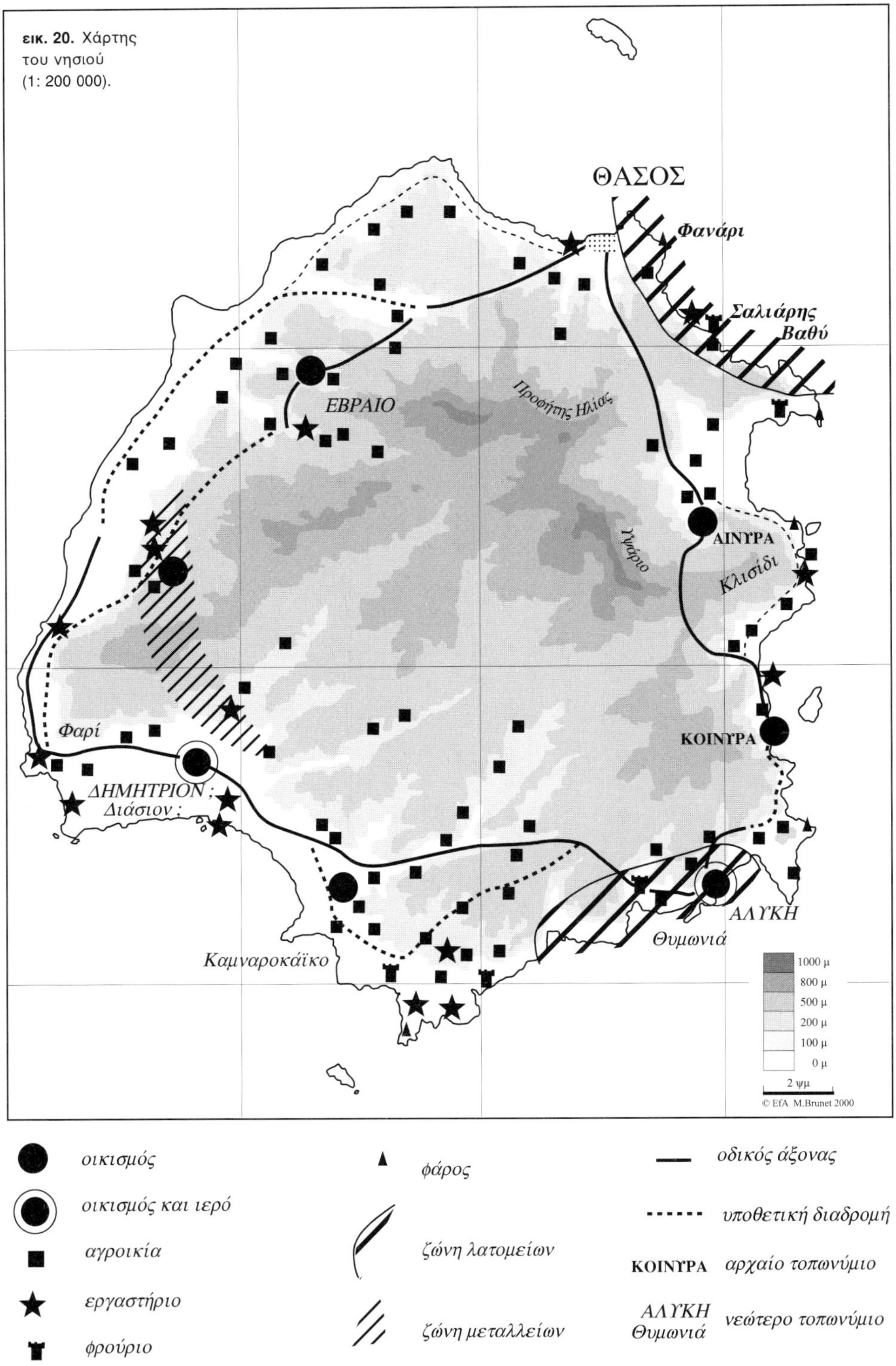

εικ. 20. Χάρτης του νησιού (1: 200 000).

Στην αρχαιότητα, όλες οι ελληνικές πόλεις-κράτη περιελάμβαναν ένα αστικό κέντρο (άστυ ή πόλις), όπου συγκεντρώνονταν μεταξύ άλλων οι πολιτικές, θρησκευτικές και εμπορικές λειτουργίες, και μια επικράτεια (χώρα) από όπου η κοινότητα εξασφάλιζε τη διαβίωσή της.

Όποια και να ήταν η έκταση της επικράτειας και το μέγεθος του κυριότερου οικισμού, μια και σε αυτό το θέμα υπήρχαν σημαντικές αποκλίσεις, το σχήμα αυτό που εγκαθιδρύθηκε σταδιακά κατά τους 8ο και 7ο αι., όταν διαμορφώθηκαν οι πόλεις-κράτη στην Ελλάδα, διατηρήθηκε ως την αυτοκρατορική εποχή, παρ' όλους τους πολιτικούς μετασχηματισμούς που επήλθαν υπό τις μεγάλες ελληνιστικές μοναρχίες και κατά τη ρωμαϊκή κατάκτηση. Η **Θάσος** δεν αποτελεί στο σημείο αυτό εξαίρεση σε σχέση με τις άλλες πόλεις-κράτη (**εικ. 20**).

Εγκατεστημένος στη θέση της κωμόπολης του Λιμένα, ο βασικός οικισμός φιλοξενούσε στις διάφορες συνοικίες του ένα σημαντικό τμήμα του πληθυσμού και στέγαζε το ουσιαστικό μέρος των πολιτικών (στην αγορά και στις παρυφές της), θρησκευτικών (στα πολυάριθμα ιερά που ήταν διασκορπισμένα στον αστικό χώρο) και εμπορικών (στη ζώνη του λιμανιού και σε ορισμένα κτήρια κοντά στην αγορά) δραστηριοτήτων. Αν προσθέσουμε κτήρια όπως το θέατρο ή αργότερα και το ωδείο, και κατασκευές όπως το τείχος, διαπιστώνουμε ότι ο οικισμός αυτός, που ήδη από τα πρώτα χρόνια του αποικισμού είχε εκληφθεί ως το βασικό σημείο εδραίωσης του ελληνικού πληθυσμού, επωμίστηκε καθ' όλη την αρχαιότητα το ρόλο της πρωτεύουσας.

Η πόλη όμως αυτή δε θα είχε γνωρίσει τέτοια ανάπτυξη (σ. 237-247) χωρίς την ύπαρξη μιας επικράτειας με ποικίλες πλουτοπαραγωγικές πηγές. Μέσα στις δύο ή τρεις δεκαετίες που ακολουθούν την ίδρυση της πόλης (γύρω στο 680-670), οι άποικοι από την Πάρο ασχολήθηκαν με την επιβολή της κυριαρχίας τους στο νησί. Από τα μέσα του 7ου αι. είχαν εγκαταστήσει στην Αλυκή, στο νότιο τμήμα του νησιού (σ. 196) ένα ιερό προορισμένο να σηματοδοτήσει με συμβολικό τρόπο την ιδιοποίηση της *χώρας*. Ήδη όμως από την εποχή αυτή, επιζητούσαν να διευρύνουν τις κτήσεις τους ιδρύοντας στην άμεσα γειτονική ήπειρο εγκαταστάσεις, ορισμένες από τις οποίες θα αποτελούσαν αργότερα με τη σειρά τους τα αστικά κέντρα νέων πόλεων-κρατών, όπως π.χ. η Νεάπολη (η σημερινή Καβάλα). Χάρη στη συστηματική εκμετάλλευση των δυνατοτήτων που προσέφερε η νησιωτική επικράτεια και η περαία, η **Θάσος** κατάφερε να αναδειχθεί στη σημαντικότερη πόλη του βόρειου Αιγαίου.

Οι μεθοδικές έρευνες στο νησί εδώ και τρεις δεκαετίες – που ευνοήθηκαν από την κατασκευή στις αρχές της δεκαετίας του '70 του περιμετρικού δρόμου και στη συνέχεια των εσωτερικών, προσφέροντας εύκολη και γρήγορη πρόσβαση στις κοιλάδες και στις ορεινές ζώνες του κέντρου του νησιού – συνεισέφεραν στο να γίνουν περισσότερο γνωστές οι διεργασίες κατοίκησης και εκμετάλλευσης της επικράτειας. Εντοπίστηκαν πάρα πολλές θέσεις. Αν και η επιφανειακή έρευνα δεν επιτρέπει πάντοτε να προταθεί μια συγκεκριμένη χρονολογία ή να καταστούν προφανείς οι διαδοχικές φάσεις κατοίκησης – μόνο η ανασκαφή παρέχει τέτοιου είδους πληροφορίες –, είναι εντούτοις δυνατό να συλλάβουμε τον τρόπο με τον οποίο γινόταν η εκμετάλλευση των διάφορων πλουτοπαραγωγικών πηγών του νησιού στην αρχαιότητα.

Τα λατομεία μαρμάρου (στα ανατολικά και νότια), τα μεταλλεία χρυσού (μες στην ίδια την πόλη και ανατολικά), αργυρούχου μολύβδου, χαλκού, σιδήρου (δυτικά και νοτιοδυτικά) εξασφάλισαν στη Θάσο ένα μέρος των εσόδων της, ευνοώντας την ακμή και την ευημερία της (σ. 217-219). Άλλωστε, η σταδιακή αξιοποίηση των ωφέλιμων γαιών εκφράστηκε με μια πύκνωση της κατοίκησης στη *χώρα*, ιδιαίτερα αισθητή από τον 4ο αι. π.Χ. Η επικράτεια σημάνθηκε τότε με οικισμούς και χωριά εγκατεστημένα στα παράκτια ισιώματα και στις κοιλάδες, ενώ οι αγροικίες ήταν διασκορπισμένες στα περίχωρα. Οι αγροικίες, χτισμένες συχνά σε τεχνητά άνδηρα, περιελάμβαναν ένα ή περισσότερα κτήρια γύρω από μια αυλή και τις περισσότερες φορές διέθεταν κι έναν πύργο. Πολύ κοντά συναντάται σχεδόν πάντα κι ένα μικρό λατομείο, από όπου εξορύχθηκε το αναγκαίο για την κατασκευή τους μάρμαρο. Ωστόσο η πυκνότητα και οι τρόποι της ανθρώπινης κατοίκησης, ήδη διαφορετικοί από το ένα μέρος στο άλλο λόγω της γεωμορφολογίας του νησιού, ποίκιλαν επίσης ανάλογα με την εποχή και τις ιστορικές μεταβολές.

Για να εξασφαλίσουν τη διαβίωσή τους, οι Πάριοι άποικοι κατόρθωσαν πολύ γρήγορα να επωφεληθούν από την ποικιλία των γαιών με τα υψίπεδα, τα περιφερειακά ισιώματα, τις πολυάριθμες κοιλάδες, που σκάβουν τις πλευρές των οροσειρών και ανεβαίνουν μερικές φορές βαθιά στο εσωτερικό. Κυρίως όμως ανέπτυξαν την καλλιέργεια του αμπελιού, η οποία από την αρχαϊκή εποχή μέχρι τουλάχιστον τους πρώτους αιώνες μ.Χ., αποτέλεσε αντικείμενο συνεχούς φροντίδας και συνέβαλε στην οργάνωση και στη μορφοποίηση της *χώρας*.

Το κρασί της Θάσου στην αρχαιότητα ήταν ένα προϊόν που τύγχανε ιδιαίτερης εκτίμησης (σ. 221-223). Εξαγόταν αδιαλείπτως με σημαντικό κέρδος. Δεν αποτελεί λοιπόν έκπληξη που βρέθηκαν πολλά εργαστήρια αμφορέων κατανεμημένα σε όλη την περιφέρεια του νησιού (**εικ. 136**). Τα εργαστήρια αυτά – σήμερα είναι γνωστά πάνω από τριάντα – σχετίζονται τοπογραφικά με τους αμπελώνες και τα κελλάρια όπου παραγόταν το κρασί, βασική πηγή εσόδων όχι μόνο για τους ιδιοκτήτες ή τους ενοικιαστές των κτημάτων, τους μισθωτές της σοδειάς ή ακόμη και τους εργοδότες των εργαστηρίων αμφορέων, αλλά εξίσου για ολόκληρη την πόλη, χάρη στους φόρους που εισέπραττε επί της σοδειάς και των συναλλαγών (βλ. επίσης, σ. 223-228).

Κατανοούμε λοιπόν ότι το νησί, λόγω όλου αυτού του πλούτου, γεωργικού και ορυκτού, έγινε αντικείμενο εξωτερικών βλέψεων. Η άμυνα της επικράτειας που διαπιστώνεται ξεκάθαρα από τον 4ο αι. π.Χ., μπορούσε να είναι ιδιωτικής φύσης (οχυρωμένες αγροικίες για την επιτήρηση ενός κτήματος). Η ύπαρξη όμως ενός αριθμού πύργων που συνοδεύονται από παρακείμενα κτήρια, παρατηρητήρια ή φυλάκια εγκατεστημένα κατά μήκος της θάλασσας ή κοντά στην ακτογραμμή, δείχνει ότι η πόλη νοιαζόταν από την πλευρά της για την προστασία του συνόλου της *χώρας*.

Η πολιτεία της **Θάσου** ενδιαφερόταν επίσης και για το πρόβλημα των συγκοινωνιών. Η παρουσία φάρων σε ορισμένα ακρωτήρια από τον 6ο αι. π.Χ. μαρτυρά κατ' αρχάς τη θέληση να διευκολυνθούν οι θαλάσσιες μεταφορές μεγάλων αποστάσεων και ιδιαίτερα η προσέγγιση της πόλης· αλλά οι εγκαταστάσεις αυτές διασφάλιζαν περισσότερο και τις μετακινήσεις από το ένα μέρος του νησιού στο άλλο. Η πλειοψηφία των φάρων που είναι σήμερα γνωστοί βρίσκονται στην ανατολική και βορειοανατολική ακτή, βαθιά διαβρωμένη και εκτεθειμένη στους ισχυρούς ανέμους. Ωστόσο η μετάβαση στα διάφορα σημεία της επικράτειας γινόταν επίσης και από ξηράς. Σε αυτό το ορεινό νησί, με τα ισιώματα και τις κοιλάδες που χωρίζονται από όγκους με έντονο ανάγλυφο και συχνά δύσκολα προσπελάσιμους, υπήρχε ένα ολόκληρο οδικό δίκτυο που συνέδεε τα γειτονικά χωριά, από κοιλάδα σε κοιλάδα, αποφεύγοντας τις κύριες κορυφές του εσωτερικού. Ένα ορόσημο του 5ου αι. π.Χ. (γύρω στο 450-440), που βρέθηκε στο ιερό της Αλυκής, στα νότια του νησιού, αναγράφει τους σταθμούς και το διάστημα της οδού, που ξεκινώντας από την πόλη, επανέφερε μέσω κυκλικής διαδρομής πίσω σε αυτήν (**εικ. 21**). *[Ἐκ π]όλεως ὀ̣[ργυ]αὶ ἐνθάδ[ε] δι Ἀἰνύρων μύριαι τρ[ι]σχίλιαι ἑχσακόσιαι ἑχσήκοντα. Ἐνθένδε ἐς τὸ Διάσιον τὸ ἐν Δημητρίω[ι] μυρίαι ἐνακόσιαι πεντήκοντα. Ἐκ τõ Διασίο ἐς πόλιν ὀργυαὶ περὶ θάλασσαν μυρίαι ἐνακισχ[ίλι]αι πεν[τ]...* Από την πόλη μέχρι εδώ, διαμέσου των Αινύρων, οργυιές 13.660 (= 24,5 με 27 χλμ). Από εδώ μέχρι το Διάσιο του Δημητρίου 10.950 (= 19,5 με 21,5 χλμ). Από το Διάσιο μέχρι την πόλη, παραλιακά, οργυιές 19.500 ή 19.050 (και οι δύο αναγνώσεις είναι δυνατές = 34 με 38,5χλμ.).

εικ. 21. Ορόσημο Αλυκής.

Η περιοχή των Αινύρων είναι αυτή του όρμου της Ποταμιάς, αλλά αγνοούμε τη θέση του αρχαίου οικισμού. Το Διάσιον, δηλαδή το ιερό του Δία, δεν έχει εντοπιστεί ακόμη, όπως ούτε και το πόλισμα Δημήτριον, του οποίου το όνομα σχηματίζεται από εκείνο της θεάς Δήμητρας. Και οι δύο θέσεις πρέπει να βρίσκονταν στην περιοχή των Λιμεναρίων, ίσως κοντά στα Καλύβια. Μέσα από το κείμενο αυτό, που πιστοποιεί την ελληνική κατοχή του νησιού, εμφανίζονται η ενότητα της πόλης-κράτους, η αλληλοσυμπλήρωση ανάμεσα στην πόλη και στην επικράτειά της, αλλά και η συνεκτικότητα του συλλογικού βίου, η συνοχή του πολιτικού συνόλου, συμβολισμένες με την παρουσία στα νοτιοανατολικά και στα νοτιοδυτικά του νησιού δύο ιερών που αντιστοιχούν, εντός της *χώρας*, στα ιερά της πόλης.

Η αλληλεγγύη των διάφορων χωριών της νησιωτικής *χώρας* μεταξύ τους και με την πόλη υπογραμμιζόταν ακόμη από έναν ιδιαίτερο θρησκευτικό δεσμό. Στη Θάσο τελούνταν, στην κλασική εποχή, τα Μεγάλα Κωμαία (σ. 276). Προστάτης ήταν ο Απόλλωνας Κωμαίος (το επίθετο μαρτυρείται στους Φιλίππους), θεός των *κωμών*, όπως ήταν τα Αίνυρα, τα Κοίνυρα, το Δημήτριον και άλλες κώμες, για την ώρα ανώνυμες. Σε καθεμιά από αυτές δεχόταν θυσίες και μπροστά στο βωμό του δίνονταν οι όρκοι για τις αγοραπωλησίες αγρών (Θεόφραστος, απόσπ. 92). Οι πανηγύρεις εξέφραζαν την ενότητα του πολιτικού χώρου (ομοίως στη Ναύκρατη, αρχαϊκή ιωνική εγκατάσταση στην Αίγυπτο, ο Απόλλωνας των κωμών τιμόταν κάθε χρόνο στην κοινή εστία, κοντά στο ιερό της ομώνυμης θεάς· Αθήναιος, Δ΄ 149δ).

Αρκετές επιγραφές που βρέθηκαν στο ιερό της Αλυκής αναφέρουν ότι κατά τον 2ο και 3ο αι. μ.Χ., οι Θάσιοι άρχοντες, ξεκινώντας από την πόλη, έκαναν κατά παράδοση το γύρο του νησιού με πλοίο, σταματώντας στην Αλυκή για να θυσιάσουν στις εκεί θεότητες και δείχνοντας με αυτό το επίσημο ταξίδι και με το σταθμό αυτόν πως οι δομές που διείπαν από την αρχαϊκή εποχή την κατοίκηση και την οργάνωση του νησιού ήταν ακόμη σε ισχύ στην αυτοκρατορική εποχή.

Βιβλιογραφία: A. Bon, «Les ruines dans l'île de Thasos et en particulier les tours helléniques», *BCH* 54 (1930), 146-194. – Z. Bonias, M. Brunet, G. Sintès, «Organisation des espaces et cheminements antiques à Thasos», *Archéologie et espaces, Xes Rencontres internationales d'archéologie et d'histoire, Antibes, octobre 1989* (1990), 71-86. – M. Brunet, «Le territoire de Thasos», *L'espace grec, 150 ans de fouilles de l'École française d'Athènes* (1996), 51-58. – Fr. Salviat, J. Servais, «Stèle indicatrice thasienne trouvée au sanctuaire d'Aliki», *BCH* 88 (1964), 267-287 (αρχαίες διαδρομές, σχέσεις της πόλης με τη *χώρα* του νησιού, γιορτή των Κωμαίων). – P. Bernard, Fr. Salviat, «Inscriptions de Thasos», *BCH* 91 (1967), 585-587 (αναθήματα Θασίων αρχόντων). – G. Sintès, «Géographie historique: itinéraires et organisation spatiale de la Thasos antique», *BCH* 132 (2008) [2010], p. 639-665.

ΑΡΧΑΙΟΛΟΓΙΚΟΣ ΠΕΡΙΠΑΤΟΣ ΣΤΗΝ ΑΡΧΑΙΑ ΠΟΛΗ

Περιήγηση

βλ. γενικό τοπογραφικό ***(εικ. 22)***

Από το μουσείο, μπορεί κανείς να φτάσει στον αρχαίο κλειστό λιμένα (**2**) και, παραπέρα, στο εμπορικό λιμάνι (**1**). Από εκεί, επιστροφή στην παραθαλάσσια πύλη (**4**), έπειτα στην αγορά και στις παρυφές της: ρωμαϊκή συνοικία και ωδείο στα νότια (**42**), Δίοδος των θεωρών στα βορειοανατολικά (**46**). Μια μικρή παρέκβαση, ανεβαίνοντας προς τα ανατολικά, οδηγεί στα λείψανα του Αρτεμισίου (**52-55**). Στη συνέχεια χρειάζεται και πάλι μια μικρή κατάβαση προς το Διονύσιο (**56**). Από εκεί, δύο πιθανές διαδρομές προσφέρονται: ο επισκέπτης μπορεί να ανηφορίσει την πλαγιά στα βορειοανατολικά και να μεταβεί στο θέατρο (**62**)· ή να επισκεφθεί το Ποσειδώνιο (**58**) και ακολουθώντας το δρόμο προς τα βόρεια, να κατευθυνθεί προς το βράχο του Εβραιόκαστρου (**61**), που είναι και ο πιο βολικός περίπατος για όποιον επιθυμεί να κάνει το γύρο του τείχους.

Ο σύγχρονος δρόμος περνάει δίπλα ακριβώς από το αρχαίο τείχος: στα αριστερά συναντάμε την πύλη της θεάς με το άρμα (**57**) και την πύλη του Ερμή και των Χαρίτων (**59**). Πίσω από την τελευταία, εκτείνεται μια αρχαία οικιστική συνοικία (**60**). Ξαναπαίρνοντας το μονοπάτι, η θάλασσα και τα λείψανα του εμπορικού λιμανιού (**1**) απλώνονται στο βλέμμα στα αριστερά, πριν φθάσουμε στο Εβραιόκαστρο.

Αρκεί να ακολουθήσουμε το τείχος για να καταλήξουμε απο εκεί στο θέατρο (**62**), στο μεσαιωνικό κάστρο (**64**), στο ιερό της Αθηνάς (**65**), από όπου ατενίζουμε την πόλη και τον κόλπο, έπειτα στην κόγχη του Πάνα (**67**). Ακολουθώντας πάντοτε το τείχος, κατεβαίνουμε προς το ίσιωμα: περνώντας από την πύλη του Παρμένονα (**69**), φθάνουμε στην πύλη του Σιληνού (**70**) και στην παρακείμενη οικιστική συνοικία (**71**), ύστερα στην πύλη του Ηρακλή και του Διονύσου (**73**) και τέλος σε αυτήν του Δία και της Ήρας (**74**). Εκεί κοντά, έξω από το τείχος, εκτεινόταν μια αρχαία νεκρόπολη: μπορούμε ακόμη να δούμε τη σαρκοφάγο του Πολιάδη.

Επανερχόμενοι στην πύλη του Δία και της Ήρας, ακολουθούμε το δρόμο που με βορειοανατολική κατεύθυνση, οδηγεί στο Ηράκλειο (**76-80**) και στην αψίδα του Καρακάλλα (**81**). Κατερχόμενοι την οδό Γαλλικής Αρχαιολογικής Σχολής προς τη θάλασσα, φθάνουμε στην κεντρική πλατεία της κωμόπολης, στην οποία ορθωνόταν μια τεράστια βυζαντινή βασιλική (**82**). Από εκεί μπορούμε να καταλήξουμε στο μουσείο και στη γειτονική παραθαλάσσια πύλη (**4**) (**εικ. 23**).

εικ. 23. Η θέση του αρχαίου οικισμού και η ακρόπολή του.

Τα αρχαία λιμάνια

Εμπορικά λιμάνια και κλειστός λιμένας (εικ. **22** και **24**)

Η ζωή της αρχαίας πόλης εξαρτιόταν εν μέρει από τα λιμάνια της. **Στα βορειοδυτικά, ένα εμπορικό λιμάνι** ήταν εγκατεστημένο στην αμμουδιά, στη βάση του τείχους, στην περιοχή της σύγχρονης προκυμαίας και της μαρίνας· δεν είναι ορατό σήμερα. Στα βόρεια το περίγραμμα δύο ναυλόχων διακρίνεται ακόμη: ο ανοιχτός στο εμπορικό λιμάνι, ο κλειστός στο πολεμικό.

Το βόρειο εμπορικό λιμάνι προστατευόταν καλύτερα από τους ισχυρούς ανέμους σε σχέση με το βορειοδυτικό. Αν κατευθυνθούμε προς το βράχο του Εβραιόκαστρου, στο παλαιό καρνάγιο για τις βάρκες και τα καΐκια, και ακόμη καλύτερα, αν ανηφορίσουμε στην πλαγιά που δεσπόζει, διαφαίνεται στη θάλασσα, όταν έχει ηλιοφάνεια, μια θεμελίωση (**1**) που ξεπροβάλλει στην επιφάνεια του νερού. Διαγράφει την κάτοψη ένος είδους μόλου που εισχωρεί προς τα δυτικά για πάνω από 110μ. Η κατασκευή αυτή, πλάτους περίπου 18μ., διαμορφώνει στο άκρο της μία πλάτυνση όπου θα πρέπει να ορθωνόταν ένας κυκλικός πύργος, διαμέτρου περίπου 20μ. Ο μόλος που συνέδεε τον πύργο με την ακτή (και πιθανώς με τον περίβολο της πόλης) περιλαμβάνει ένα φράγμα ανάμεσα σε δύο τοίχους: ο βόρειος, ισχυρότερος, όμοιου πάχους με το τείχος της πόλης, υψωνόταν μάλλον στο επίπεδο της κανονικής οχύρωσης και προστάτευε αναμφίβολα μια προβλήτα στα νότια. Στην πρώτη του φάση, το επιβλητικό αυτό σύνολο είναι σύγχρονο του περιβόλου, γύρω στο 500 π.Χ. Διατηρήθηκε μέχρι την τελική καταστροφή της πόλης, τον 7ο αι. μ.Χ. Προστατευμένο με αυτόν τον τεχνητό όγκο που διεισδύει στη θάλασσα, το εμπορικό λιμάνι δεχόταν τα πλοία στη βάση του τείχους, εκεί που δύο πύλες παρείχαν πρόσβαση στην περιοχή του ιερού του Ποσειδώνα, προστάτη των ναυτικών.

Η δραστηριότητα των εμπορικών λιμανιών ήταν τόσο έντονη, που χρειάστηκε να ρυθμιστεί η χρήση τους. Μια επιγραφή του 3ου αι. π.Χ. (*IG* XII *Suppl.* 348) καταγράφει αυτήν τη δημόσια απόφαση: *[πλ]οῖον μὴ [ἀ]νέλκειν ἐν τοῖς τῶν… τοῦ μὲν ̣π̣ϱώ̣τ̣ου ἐλά̣[σσω φόϱτον ἄγον τϱ]ισχι[λ]ίων* (*ἢ δ]ισχιλιων*) *ταλάντων, τοῦ ‹δὲ› δευτέϱο[υ] ἄγο[ν] πεντα[κ]ισχ[ιλίων] ̣τ̣α[λάντω]ν. ὃς δ᾽ ἂν παϱὰ ταῦτα ἀνειϱύσηι, ἀποτεισάτω πέντε [στατῆϱας] τῇ πόλει…* (1-4). Να μη γίνεται ανέλκυση πλοίου (εντός των ορίων): του πρώτου (λιμανιού) αν φέρει φορτίο λιγότερο από τρεις (ή δύο) χιλιάδες τάλαντα, και του δεύτερου (λιμανιού) αν φέρει φορτίο λιγότερο από πέντε χιλιάδες τάλαντα· όποιος παρ' όλα αυτά ανελκύσει, να πληρώσει πέντε στατήρες στην πόλη.

Δύο χιλιάδες τάλαντα αντιστοιχούν σε φορτίο περίπου πενήντα δύο τόνων· πέντε χιλιάδες τάλαντα σε φορτίο εκατόν τριάντα ενός (τα μεγαλύτερα πλοία έφεραν φορτίο δέκα χιλιάδων ταλάντων). Φαίνεται ότι εδώ γίνεται λόγος για τις όχθες του βορειοδυτικού και του βόρειου λιμενοβραχίονα. Για την ανέλκυση, την επισκευή και το ξεχειμώνιασμα, τα μικρότερα σκάφη στέλνονταν προφανώς πιο μακριά στην αμμουδιά στα δυτικά της πόλης.

Ο αρχαίος κλειστός λιμένας (**2**) *(κλειστὸς λιμήν)*, στρατιωτικό λιμάνι που στέγαζε μακρόστενα πολεμικά-καταδρομικά πλοία ταυτίστηκε από τον 19ο αι.: μπορούμε να αναφέρουμε π.χ. το σχολιασμένο σχέδιο του G. Perrot (*Mémoire sur l'île de Thasos* [1864], πίν. II).

Το σχήμα των μόλων, στους οποίους ο επισκέπτης μπορεί να περπατήσει και οι οποίοι περικλείουν στα νότια, στα δυτικά και στα βόρεια το λιμάνι όπου δένουν τα καΐκια, οι μαούνες, οι ψαρόβαρκες και τα σκάφη αναψυχής, είναι σχεδόν αυτός της παλαιοχριστιανικής εποχής (**εικ. 22**). Θα μείνει περίπου ίδιο υπό τους Γενουάτες και μέχρι τη σύγχρονη εποχή. Η είσοδος ήταν στο μέρος που τη βλέπουμε και σήμερα, πλαισιωμένη από τους σημερινούς φάρους, κόκκινο και πράσινο – E και F στην κάτοψη της **εικ. 24**, όπου τα γράμματα χρησιμεύουν ως ενδείξεις.

Το αρχαίο λιμάνι, όταν δημιουργήθηκε, ήταν ίσης έκτασης· η λειτουργία του ωστόσο ήταν συγκεκριμένη: πολεμικό λιμάνι. Ένα τέτοιο λιμάνι, συνδεδεμένο με το τείχος της πόλης, έπρεπε να είναι οχυρωμένο και κλειστό, με στενή, καλά προστατευμένη πρόσβαση. Γνωρίζουμε από μια αρχαία πηγή, τον Ψευδο-Σκύλακα (*Περίπλους* 67· κείμενο της εποχής του Φιλίππου Β', πατέρα του Μεγάλου Αλεξάνδρου) ότι η Θάσος διέθετε έναν τέτοιον κλειστό λιμένα.

Ανάμεσα στα σημεία D και F, οι υποβρύχιες ανασκαφές – δύσκολες – περιορίστηκαν σε ορισμένες τομές στο εσωτερικό του λιμενοβραχίονα. Η φάση κάτω από τις νεότερες λιθοστρώσεις είναι παλαιοχριστιανική. Μόνο ένα τμήμα αρχαιότερης κατασκευής με μάρμαρα τοποθετημένα οριζόντια εντοπίστηκε κάτω από το παλαιοχριστιανικό επίπεδο στο σημείο E.

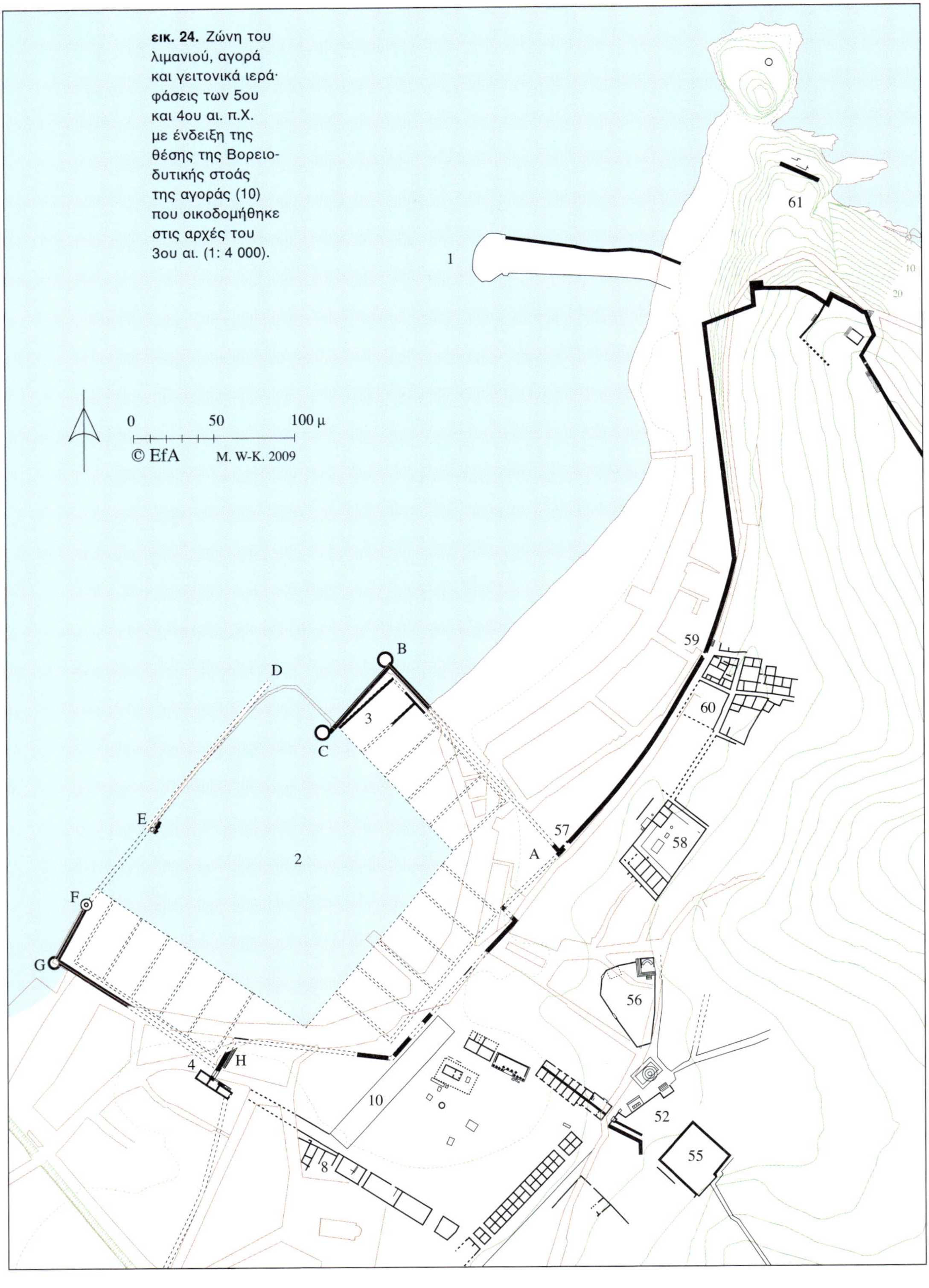

εικ. 24. Ζώνη του λιμανιού, αγορά και γειτονικά ιερά· φάσεις των 5ου και 4ου αι. π.Χ. με ένδειξη της θέσης της Βορειοδυτικής στοάς της αγοράς (10) που οικοδομήθηκε στις αρχές του 3ου αι. (1: 4 000).

εικ. 25. Λείψανα των νεωρίων.

Στην ελληνική αρχαιότητα, η είσοδος δεν ήταν όπως την ξέρουμε σήμερα. Η πρόσβαση γινόταν από τη βόρεια γωνία. Σε αυτή την πρώτη φάση του λιμανιού, το τμήμα CD ήταν το μόνο ανοιχτό, με ένα στενό πέρασμα όπου γλιστρούσαν οι τριήρεις και έκλεινε με μια αλυσίδα. Μια συνεχής οχύρωση DEFG καταλάμβανε την πρόσοψη προς την ανοιχτή θάλασσα. Η πρόσβαση υπό γωνία είναι συχνή στα αρχαία πολεμικά λιμάνια: στη Σάμο, στο αρχαϊκό λιμάνι του Πολυκράτη· αργότερα, στη Φαλάσαρνα της Κρήτης και στην Αμαθούντα της Κύπρου. Στην περίπτωση της Θάσου, το άνοιγμα CD είχε το πλεονέκτημα ότι προστατευόταν σε μικρή απόσταση από το μόλο (**1**), στα βόρεια του εμπορικού λιμανιού.

Ο περίβολος αυτού του λιμανιού, ένα ισχυρό τείχισμα συνδεδεμένο με τον αστικό περίβολο, χρονολογείται στις αρχές του 5ου αι. Οι δύο βραχίονές του είναι χτισμένοι με μεγάλες μαρμαρόπλινθους παρόμοιες με αυτές του τείχους της πόλης – ορατές στα ABC και FGH – με τοιχοποιία από μεγάλες μαρμαρόπλινθους με κύφωση όμοια με αυτήν του περιβόλου της πόλης, που οικοδομήθηκε γύρω στο 500 π.Χ. Η ισχυρή σύνδεση, ορατή στο Α, ανάμεσα στο θαλάσσιο τείχος και στον ηπειρωτικό περίβολο βεβαιώνει πως πρόκειται για ενιαίο οικοδομικό πρόγραμμα.

Τα *νεώρια* είναι απαραίτητα στα αρχαία πολεμικά λιμάνια. Οι πολεμικοί στόλοι, η ισχύς των πόλεων, απαρτίζονταν στα τέλη του 6ου αι. από τριήρεις που έφεραν διακόσιους επιβάτες. Τα μακρόστενα αυτά πλοία, φτιαγμένα από πευκόξυλο, είναι ευαίσθητα και δεν μπορούν να αντέχουν για καιρό σε κακοκαιρία ή και στο ίδιο το νερό: βαραίνουν και χάνουν σε ταχύτητα και ικανότητα ελιγμών. Απαλλαγμένα από τα κουπιά, τα βοηθητικά κατάρτια και τα άρμενα, έπρεπε να καθελκύονται στην ξηρά και να ξεχειμωνιάζουν καλυμμένα.

Στη γωνία ABC, κοντά στο BC, εντοπίστηκαν λείψανα τέτοιων υποστέγων (**3**), με διαστάσεις που ταιριάζουν σε τριήρεις (μήκος περί τα 36μ.). Τα θεμέλια που βρέθηκαν (**εικ. 25**), χρονολογούνται στο πρώτο μισό του 5ου αι. (με δύο διαδοχικές φάσεις)· σύμφωνα με την αποκατάσταση (**εικ. 26**), είχαν δίριχτες στέγες και χωρητικότητα τριών κυτών το καθένα.

Οι αρχαίοι ιστορικοί (Ηρόδοτος, Θουκυδίδης) μαρτυρούν την ύπαρξη πολεμικού στόλου στις αρχές του 5ου αι. Κατά τον Πλίνιο (7, 209), οι Θάσιοι ήταν οι πρώτοι που διέθεταν τριήρεις με γέφυρα. Η Θάσος είχε το περιθώριο, το 465 π.Χ., να χάσει τριάντα τρεις τριήρεις (Πλούταρχος, *Βίος Κίμωνος* 14, 2) και όμως να παραμείνει αρκετά ισχυρή, ώστε να αντέξει σε μακρά πολιορκία. Μπορούμε να υποθέσουμε ότι ο αριθμός των πλοίων που στέγαζε τότε ο κλειστός λιμένας ήταν ακόμη μεγαλύτερος, της τάξης των σαράντα πέντε με πενήντα. Αυτό σημαίνει ότι πρέπει να του αποδώσουμε τουλάχιστον δεκαπέντε

εικ. 26. Πρόταση αποκατάστασης των νεωρίων (1: 600).

υπόστεγα, σχεδιασμένα για τρεις τριήρεις το καθένα. Σύμφωνα με την αποκατάσταση της κάτοψης στην **εικ. 24** θα ήταν δυνατό να τις χωρέσει.

Τα εν λόγω υπόστεγα μπορούν να συγκριθούν με αυτά άλλων πόλεων, ωστόσο τα γνωστά μέχρι τώρα νεώρια, με εξαίρεση αυτά του Πειραιά, είναι μεταγενέστερης εποχής· η Θάσος παρέχει μία από τις αρχαιότερες μαρτυρίες.

Στα τέλη του 4ου αι. π.Χ., η οχύρωση του κλειστού λιμένα ενισχύθηκε με την προσθήκη κυκλικών πύργων στα ευπρόσβλητα σημεία. Σε μικρό βάθος (B και C), βλέπουμε τα θεμέλια των πύργων. Η παρουσία τους, ειδικά του C, δεν εξηγείται παρά μόνο αν η είσοδος ήταν σ' αυτήν την πλευρά. Στο G, η βάση ενός κυκλικού πύργου διατηρείται καλύτερα. Η κατασκευή που περιβάλλει τη γωνία της οχύρωσης απαίτησε ενισχυτικές εργασίες, ιδιαίτερα ορατές στην εσωτερική πλευρά του τείχους, αποτελούμενη εδώ από βαθμιδωτούς δόμους. Μια επιγραφή (στο μουσείο) μαρτυρά πως την κατασκευή ανέλαβε ένας ξένος σε αναγνώριση των υπηρεσιών που του προσέφεραν οι Θάσιοι, ως προς τη φύλαξη των χρημάτων του: *Ἡρακλεόδωρος Ἀριστονίκου Ὀλύνθιος, ὁ πρόξενος, τὸν πύργον καὶ τὴν ἐξέδραν καὶ τὸν ἀνδριάντα Θεοῖς Πᾶσιν ἐκ τῆς παραθήκ[ης] ἧς κατέλιπε παρὰ Ἀρχεδήμῳ τῷ Ἱστιαίο[υ]* (*ÉtThas* V, 376). Ο Ηρακλεόδωρος, γιος του Αριστόνικου, Ολύνθιος, πρόξενος, ανέθεσε τον πύργο, την εξέδρα και τον ανδριάντα σε όλους τους θεούς, με χρήματα από αυτά που κατέθεσε για φύλαξη στον Αρχέδημο, γιο του Ιστιαίου.

Βιβλιογραφία: J.-Y. Empereur, A. Archontidou (1987) και A. Simossi (1988-1993), *Chroniques du BCH* από το 1987 ως το 1993: υποστηρίζουν ότι ο κλειστός λιμένας ήταν ευρέως ανοιχτός ανάμεσα στα σημεία C και F μέχρι την παλαιοχριστιανική εποχή και περιοριζόταν στο βορειοανατολικό μισό της σημερινής λεκάνης· δεν ταυτίστηκαν νεώρια, αλλά τα λείψανά τους χρονολογούνται στο πρώτο μισό του 5ου αι. π.Χ. Οικοδόμηση των βραχιόνων ABC και FGH και των πύργων στα τέλη του 4ου αι. (τα νεώρια, απαραίτητα για ένα πολεμικό λιμάνι, θα έμεναν σύμφωνα με αυτή την πρόταση χωρίς προστασία για σχεδόν ενάμιση αιώνα και ο Ψευδο-Σκύλακας θα είχε αναφέρει έναν κλειστό λιμένα που δεν υπήρχε ακόμη)· τοιχοδομία με κύφωση του επίγειου τείχους που χρονολογείται συστηματικά στον 4ο αι. – J.-Y. Empereur, A. Simossi, «Inscriptions du port de Thasos», *BCH* 118 (1994), 407-415. – N. Lianos, «The Area of the Ancient Closed Port of Thasos», *5th International Symposium of Ship Construction in Antiquity, Nauplia, 1993, Tropis* V (1999), 261-272: λιμάνι με δύο εισόδους, εκατέρωθεν του E. — A. Simossi, *Le port de guerre de Thasos* (αδημ. μεταπτ. εργασία, DEA, Aix-Marseille, 1993), επαναδιατυπωμένο στο «Les *Néôria* du port de Thasos: une découverte récente», *Mélanges Cl. Vatin* (1995), 163-178 και στο «Το αρχαίο πολεμικό λιμάνι της Θάσου», *ΑΔ* 49-50 (1994-1995) [1998], 133-160: ταύτιση (μαζί με τους Y. G. και Fr. S.) των νεωρίων· κλειστός λιμένας με άνοιγμα μόνο ανάμεσα στο C και στο D, κατασκευασμένος από τις αρχές του 5ου αι. π.Χ. Νέα ερμηνεία από τους T. Kozelj, M. Wurch-Kozelj, «L'évolution des ports de Thasos», *Topoi* 10,1 (2000), 33-36 και εικ. 19-20 (κύρια είσοδος ανάμεσα σε E και F· δευτερεύον άνοιγμα στα C και D). Η κάτοψη του λιμένα στην **εικ. 24** ακολουθεί την πρόταση της Α. Σίμωση, που απαντά καλύτερα στα έως σήμερα διαθέσιμα δεδομένα.

Χρονολόγηση, στις αρχές του 5ου αι., της τοιχοδομίας με κύφωση ενσωματωμένης στον αστικό περίβολο: Y. GARLAN, «Contribution à une étude stratigraphique de l'enceinte thasienne», *BCH* 90 (1966), 596-609 (τομέας της πύλης του Ερμή)' — Y. GRANDJEAN, *ÉtThas* XII (1988), 44-45 και 53-54 (τομέας της πύλης του Σιληνού) και 289, σημ. 3 (πύλη του Ερμή).

Οι δυτικές παρυφές της αγοράς

Η παραθαλάσσια πύλη (4) (εικ. 27)

Αφήνοντας το πολεμικό λιμάνι, φθάνουμε στην περιοχή του μουσείου, για να επισκεφτούμε στο Η την ανασκαφή μιας πύλης που καλείται **παραθαλάσσια πύλη** και η οποία είναι συμμετρική στα νότια ως προς την πύλη του άρματος (**57**). Το άνοιγμα καθαυτό είναι θαμμένο κάτω από το σύγχρονο οδόστρωμα. Στις δύο πλευρές μπορούμε να δούμε:

εικ. 27. Παραθαλάσσια πύλη, οχυρό του λιμανιού και δυτικές παρυφές της αγοράς (1: 1000)· βλ. έγχρωμο υπόμνημα, σ. 15.

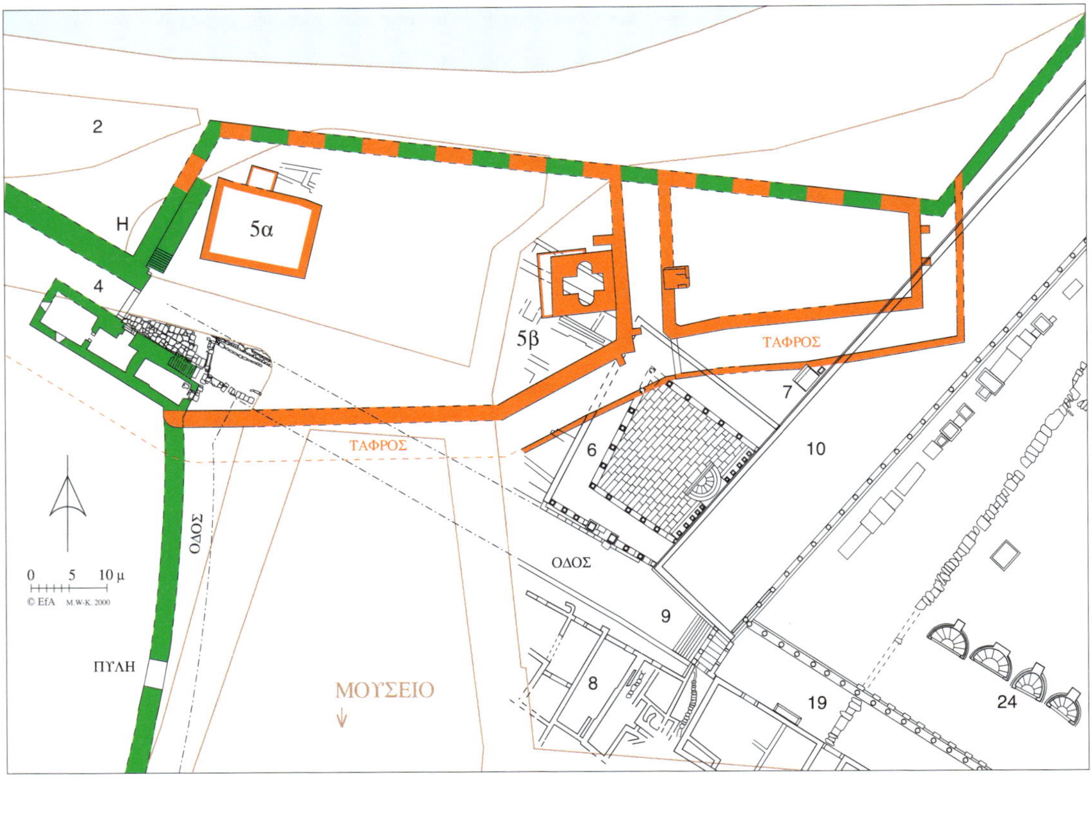

εικ. 28. Οι οχυρωτικές δομές της παραθαλάσσιας πύλης (η οποία βρίσκεται σήμερα κάτω από τη σύγχρονη οδό)· σε πρώτο πλάνο η πλακόστρωτη οδός.

1) *Στα βόρεια*, τη ζεύξη σε ορθή γωνία του θαλάσσιου τείχους (GH) με το επίγειο τείχος, μαζί με τη βάση της σκάλας του μεταπυργίου προς το μέρος της πόλης. Η παλαιότερη φάση, που αντιπροσωπεύεται από τις μεγάλες μαρμάρινες λιθοπλίνθους με κύφωση χρονολογείται στις αρχές του 5ου αι. Το λιμάνι, στον τομέα αυτόν, είχε ακανόνιστο σχήμα εξαιτίας μιας προέκτασης του αστικού χώρου προς το εσωτερικό του κλειστού ναυλόχου.

2) *Στα νότια*, μια νεότερη λιθοδομή (δεύτερο μισό του 4ου αι.) με τοίχους από μικρότερους διατόνους, καθώς και μια άλλη σκάλα μεταπυργίου και τρεις αίθουσες ενταγμένες στο πλαίσιο του οχυρωτικού όγκου (**εικ. 28**).

Η πρώτη, που βλέπει προς την αγορά, είναι η μεγαλύτερη (7,5 x 3μ.), με δάπεδο από λευκό κονίαμα και τοίχους καλυμμένους με αδιακόσμητο επίχρισμα: θα μπορούσε να ήταν ένα φυλάκιο για την επίβλεψη της σκάλας που οδηγούσε στον περίπατο. Δεξιά της εισόδου, ένας μεγάλος υπόνομος περνούσε διαγωνίως κάτω από το τείχος: ύψους 1,42μ., διαθέτοντας βαρύ σιδερένιο κιγκλίδωμα, εμπόδιζε οποιαδήποτε παράνομη παρείσφρυση στην πόλη.

Η δεύτερη αίθουσα (6 x 3μ.), με είσοδο από το δρόμο, εξασφάλιζε τον έλεγχο του κύριου ανοίγματος. Η παραθαλάσσια πύλη κάτω από το σύγχρονο δρόμο δεν αποκαλύφθηκε εντελώς, αλλά μια επιμέρους τομή την εντόπισε το 1922· παρείχε πρόσβαση στην ακτή και στο ένα από τα εμπορικά λιμάνια της πόλης.

Στο δυτικό τοίχο της αίθουσας 2, ένα θυραίο άνοιγμα οδηγεί στην τρίτη αίθουσα (6,30 x 4,40μ.). Πρόκειται για έναν προεξέχοντα πύργο πλαγιοφύλαξης που προστάτευε τις παρυφές της πύλης και το εφαπτόμενο μεταπύργιο στα νότια. Στο κέντρο της νότιας και δυτικής παρειάς ανοίγονται στενές θυρίδες με εσωτερικό κούφωμα, κατάλληλες για παρατήρηση και τόξευση. Στον όροφο υπήρχε μια αίθουσα για καταπέλτες, αν κρίνει κανείς από τα πλαίσια των ανοιγμάτων που βρέθηκαν στο σωρό με τις πεσμένες λιθοπλίνθους αυτού του πύργου.

Η εξαιρετική διατήρηση του τείχους στο σημείο αυτό εξηγείται από την παρουσία **ενός μεσαιωνικού φρουρίου** (**5**) που θεμελιώθηκε πάνω στο αρχαίο τείχος. Μπορούμε να το διακρίνουμε ακόμη στα νότια στο σημείο που ο μεσαιωνικός τοίχος, ο οποίος συνιστά το όριο της ανασκαφής, γωνιάζει για να συναντήσει τον αρχαίο περίβολο.

Κοντά στην παραθαλάσσια πύλη βρισκόταν ένα ιερό *extra muros* αφιερωμένο στη Σώτειρα. Θα μπορούσε να ανέρχεται στον 5ο αι. π.Χ. Σήμερα είναι θαμμένο κάτω από το δρόμο και τα γειτονικά σπίτια. Από την παραθαλάσσια πύλη ξεκινούσε μια πλατιά πλακόστρωτη οδός που οδηγούσε κατευθείαν στη δυτική γωνία της αγοράς. Το πλακόστρωτο, που βρίσκεται στο επίπεδο της θάλασσας, καταχώσθηκε.

Στη συνέχεια θα μεταβούμε στην **αγορά**. Η είσοδος του περιφραγμένου αρχαιολογικού χώρου βρίσκεται κοντά στο μουσείο από την πλευρά της εκκλησίας του Αγίου Νικολάου.

Βιβλιογραφία: B. Holtzmann, *BCH* 100 (1976), 785-793· *BCH* 102 (1978), 814-821· *BCH* 103 (1979), 635-640 (παραθαλάσσια πύλη) · — R. Martin, «Fouilles de Thasos, campagne de 1939», *BCH* 68-69 (1944-1945), 147-150 (ιερό της Σώτειρας).

Το μεσαιωνικό φρούριο του λιμανιού (5)

Ο επισκέπτης που φθάνει στο πλατύσκαλο για να κατεβεί στο χώρο, μπορεί να δει κάτω από τα πόδια του και στα αριστερά του τα λείψανα του οχυρού που φύλασσε το λιμάνι στον Μεσαίωνα (**εικ. 27**). Το έργο αυτό, που αποτελείται από δύο περιβόλους, οικοδομήθηκε από τον Βυζαντινό αξιωματούχο Ιωάννη τον 14ο αι. (σ. 53). Ο δυτικός περίβολος, ο πιο ευρύχωρος, εκτεινόταν στα δυτικά και συμπεριλάμβανε την αρχαία παραθαλάσσια πύλη (**4**). Ένας τετραπλευρικός πύργος που γκρεμίστηκε το 1931 (**5α**) ορθωνόταν στην περιοχή αυτή. Στα βορειοδυτικά της αγοράς αποκαλύφθηκε η ανατολική πλευρά αυτού του περιβόλου, κτισμένη με αρχαίες λιθοπλίνθους σε δεύτερη χρήση και ακανόνιστους λίθους· τον περιέτρεχαν τάφροι στα νότια και στα ανατολικά. Στο **5β** παρατηρείται μια κατασκευή τετράγωνης κάτοψης, που περικλείει μια κρύπτη σταυροειδούς σχήματος με διπλή αψίδα: είναι το κάτω τμήμα ενός πύργου που τον διαπερνά πύλη, του οποίου η κρύπτη στέγαζε μια κυλιόμενη γέφυρα που επέτρεπε τη διάβαση της τάφρου και την προσπέλαση σε ένα δεύτερο, μικρότερο περιτείχισμα, επίσης περιβαλλόμενο από τάφρο στα νότια και στα ανατολικά. Ο βόρειος τοίχος των δύο περιβόλων πατούσε στα λείψανα του τείχους που χώριζε κατά την αρχαιότητα την πόλη από τον κλειστό λιμένα. Ένα τμήμα του αρχαίου τείχους είναι ορατό ανάμεσα στο εστιατόριο «Η Ωραία Σύμη» και στο γειτονικό καφέ.

Αυτός ο οχυρωμένος χώρος, όμορος του λιμανιού, είναι σύγχρονος με την άνω οχύρωση (**64**) και το χωριό, που ήταν εγκατεστημένα στην ακρόπολη και γνώρισαν τη μεγαλύτερη άνθηση στα τέλη της Βυζαντινής Αυτοκρατορίας.

Τα βαθύτερα στρώματα κάτω από το μεσαιωνικό φρούριο έχουν ανασκαφεί μόνο εν μέρει: το μόνο που μπορούμε να πούμε είναι ότι η περιοχή αυτή κατά την ελληνιστική, ρωμαϊκή και παλαιοχριστιανική εποχή καταλαμβανόταν από χρηστικούς χώρους.

Βιβλιογραφία: J.-M. Spieser, *BCH* 96 (1972), 919-922· *BCH* 97 (1973), 541-548· *BCH* 98 (1974), 793-796. Η λειτουργία της κρύπτης ταυτίστηκε από τους T. Kozelj, M. Wurch-Kozelj, «The Reconstruction of the Drawbridge of the Gattilusi's Fortress on Thasos», στο *ASMOSIA VI. Proceedings of the Sixth International Conference, Venice, June 15-18 2000* (2002), 41-45. – Y. Grandjean, Fr. Salviat, *BCH* 124 (2000), 506-515 (αρχαίο τείχος· μεσαιωνικό φρούριο· επίπεδο της θάλασσας στις αρχές του 5ου αι. π.Χ.).

Η οδός της αγοράς

Μετά τη στάση αυτή, θα κατεβούμε την πλατιά οδό που συνέδεε την παραθαλάσσια πύλη (**4**) με την αγορά. Επρόκειτο για σημαντική αρτηρία, αν και δε φέρει πλακόστρωση στο σημείο που τη συναντά ο επισκέπτης.

Η αυλή με την εξέδρα (6) (εικ. 27)

Στα αριστερά της οδού, προχωρούμε δίπλα στην πρόσοψη με κίονες και πεσσούς **ενός αρχιτεκτονικού συνόλου** (**6**) της αυτοκρατορικής εποχής, όμορου με τη βορειοδυτική στοά της αγοράς. Τραπεζιόσχημης κάτοψης αρχικά, σήμερα η εικόνα είναι ελλιπής εξαιτίας καταστροφών στον Μεσαίωνα.

Η ανωδομή της πρόσοψης αυτής θεμελιώνεται σε δύο βαθμίδες με ελαφρώς αποκλίνοντα προσανατολισμό. Είναι κτισμένοι με μαρμαρόπλινθους που φέρουν οπές για πελεκίνους συνδέσμους. Αυτή η τεχνική σύνδεσης μπορεί να είναι αρχαϊκή, αλλά οι λίθοι είναι σε δεύτερη χρήση, όπως φαίνεται από την έλλειψη σύμπτωσης των οπών σε ορισμένες εφαπτόμενες λιθοπλίνθους.

Από πάνω η ρωμαϊκή κατασκευή περιλάμβανε στην κύρια πρόσοψη πεσσούς και ιωνικούς κίονες με σπειρωτές βάσεις, αρράβδωτους κορμούς και κορινθιακό κιονόκρανο. Στο κέντρο διακρίνεται μια μνημειακή είσοδος ανάμεσα σε δύο πεσσούς τετράγωνης διατομής, των οποίων τα ίχνη είναι ορατά.

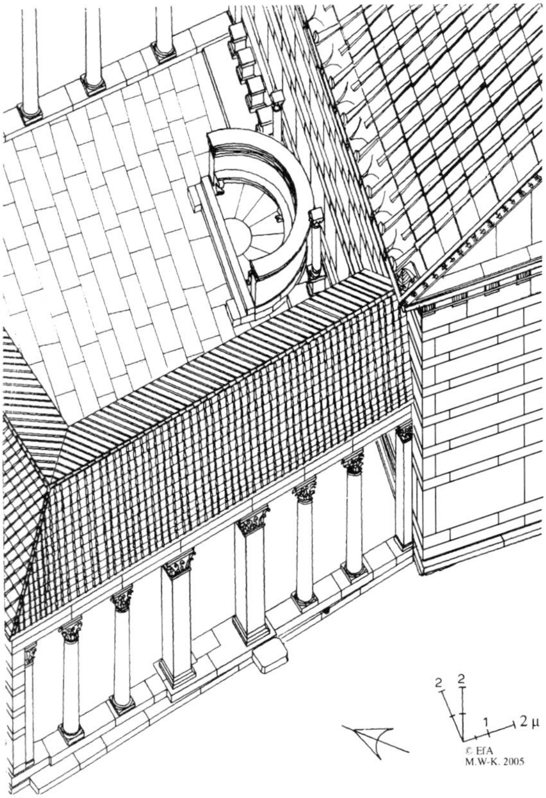

εικ. 29. Μερική αξονομετρική αποκατάσταση της αυλής με την εξέδρα (1: 340).

Μπροστά από το νοτιοανατολικό πεσσό, υφίσταται η βάση ενός μεγάλου μαρμάρινου τιμητικού αγάλματος το οποίο στήθηκε στο δρόμο τον 2ο αι. μ.Χ.

Η είσοδος οδηγεί σε περιστύλιο, στρωμένο με μαρμάρινες πλάκες, με κιονοστοιχίες στις τρεις πλευρές (**εικ. 29**). Στο μέσον περίπου της τέταρτης πλευράς σώζεται τμήμα **μιας ημικυκλικής εξέδρας**, κοντά στον πίσω τοίχο της βορειοδυτικής στοάς. Η εξέδρα αυτή είναι όμοιας κατασκευής και σύγχρονη με εκείνη του Λιμένδα (**44** και σ. 105, 1ος αι. μ.Χ.). Έφερε μάλλον αγάλματα. Μπροστά από τον τοίχο, που χρησίμευε και ως βάση τους, ήταν τοποθετημένο λίθινο θρανίο του οποίου όσα τμήματα έχουν βρεθεί, αποκαταστάθηκαν στη θέση τους. Δεξιά και αριστερά της εξέδρας, μια υπερυψωμένη βαθμίδα έφερε βάσεις τιμητικών αγαλμάτων (πέντε ανεπίγραφες βάσεις είναι ακόμη στη θέση τους, στα δεξιά). Σε μία μαρμαρόπλινθο, που βρέθηκε τεμαχισμένη εκεί κοντά, ήταν χαραγμένη μια αναθηματική επιγραφή: μνημονεύει την ανάθεση μιας Θασίας, της Κώμιδος, ιέρειας της Λιβίας, της συζύγου του Αυγούστου που λατρεύτηκε μετά θάνατον. Η Κώμις τιμά την αυτοκρατορική οικογένεια. Πρόκειται πιθανόν για την ανάθεση της εξέδρας που θα κοσμούσαν γλυπτά πορτρέτα. Το αρχιτεκτονικό αυτό σύνολο ίσως να ήταν αφιερωμένο στην αυτοκρατορική λατρεία (**εικ. 30**).

Στα βορειοανατολικά της αυλής με την εξέδρα, μπορούμε να διακρίνουμε μια άλλη βάση (**7**) στημένη μπροστά στον τοίχο της βορειοδυτικής στοάς, αποτελούμενη από τρεις μαρμάρινες βαθμίδες πάνω σε θεμελίωση γνευσίου. Σύμφωνα με τα ίχνη που διακρίνονται στην επιφάνεια της ανώτερης βαθμίδας και αυτή η βάση πιθανόν έφερε εξέδρα.

Στοά και καταστήματα (8)

Στα δεξιά της οδού που ξεκινά από την παραθαλάσσια πύλη (**4**), εγκαταστάθηκε στην ύστερη αυτοκρατορική εποχή (τελευταίο τέταρτο του 3ου αι. το νωρίτερο) στοά με κιονοστοιχία, με επικλινή στέγη, μπροστά από την πρόσοψη σειράς δωματίων, προφανώς καταστημάτων, των οποίων η παρουσία ανέρχεται στον 4ο αι. π.Χ.

εικ. 30. Η αυλή με την εξέδρα και η αγορά· στο βάθος, η ακρόπολη (από τα βορειοδυτικά).

Στις αρχές του 5ου αι. μ.Χ., ο χώρος του συνόλου αυτού καταλαμβάνεται τελικά από παλαιοχριστιανικές κατοικίες, μέχρι την καταστροφή των αρχών του 7ου αι. μ.Χ.

Προπύλαια (9)

Ο δρόμος της παραθαλάσσιας πύλης καταλήγει σε έξι μαρμάρινες βαθμίδες που ανεβαίνουν στην αγορά: οι τρεις κατώτερες που θάφτηκαν σταδιακά λόγω της συνεχούς ανύψωσης του εδάφους, είναι οι λιγότερο φθαρμένες. Στο ανώτερο επίπεδο ορθωνόταν ένα στεγασμένο προστώο, εξ ολοκλήρου πλακοστρωμένο. Η δυτική πρόσοψη, με δύο αρράβδωτους κίονες, ήταν ανοιχτή προς το δρόμο, ενώ η ανατολική, προς το εσωτερικό της πλατείας, έκλεινε με μια δίφυλλη πόρτα, της οποίας το κατώφλι και μία από τις παραστάδες είναι ακόμη στη θέση τους.

Το πρόπυλο αυτό έδινε επίσης πρόσβαση, μέσω ενός ανοίγματος με κατώφλι που διακρίνεται στη νότια στενή πλευρά, σε μια στενωπό που μάλλον οδηγούσε στην οικιστική συνοικία που βρισκόταν κάτω από το σημερινό μουσείο. Είναι η πιο μνημειακή είσοδος της αγοράς. Λόγω της θέσης της πάνω στο μεγάλο άξονα που οδηγούσε στην παραθαλάσσια πύλη, συνδεόταν με το ανατολικό τμήμα του βορειοδυτικού εμπορικού λιμανιού. Το πέρασμα είναι παλιό, αλλά η διαμόρφωση του προστώου είναι πιθανόν σύγχρονη της νοτιοδυτικής στοάς (**19**). Η αίθουσα της στοάς αυτής κατάργησε μια παλιότερη οδό, την οποίαν προέκτεινε ο δρόμος που διέτρεχε την αυλή της εξέδρας (**6**) και τα καταστήματα (**8**).

Βιβλιογραφία (6-9): R. Martin, *ÉtThas* VI (1959), 55-58· — B. Holtzmann, O. Picard, *BCH* 95 (1971), 777-780· *BCH* 96 (1972), 914-918· *BCH* 97 (1973), 536-541· *BCH* 98 (1974), 789-793: εξέδρα και περιστύλιο (6) εντάσσονται σε κοινό οικοδομικό πρόγραμμα· – O. Picard, *BCH* 102 (1978), 829-831· – J.-Y. Marc, *La ville de Thasos de la basse époque hellénistique à l'époque impériale* (αδημ. διδ. διατρ., Παρίσι, 1994): εξέδρα προγενέστερη των στοών που την περιβάλλουν (**6**), σύμφωνα με την τεχνοτροπία των κορινθιακών κιονοκράνων· – J. Fournier, «La société thasienne et l'Empire sous les Julio-Claudiens: deux inscriptions inédites», *BCH* 130 (2006), 499-518: αναθηματική επιγραφή της Κώμιδος.

Η αγορά

Γενική κάτοψη ***(εικ. 31)***

Η μεγάλη δημόσια πλατεία, γνωστή ως αγορά από τον 4ο αι. (Ψευδο-Δημοσθένης, *Κατά Πολυκλέους* 29 και 51), κέντρο πολιτικό, θρησκευτικό και εμπορικό, συνιστά την καρδιά της πόλης. Τα κατάλοιπα διαμορφώνουν μια σχετικά κανονική τραπεζιόσχημη αυλή (**εικ. 32**): ανήκουν σε κτήρια διαφόρων εποχών. Από τις αρχές του 1ου αι. μ. Χ., οι πλευρές στα βορειοδυτικά, στα νοτιοδυτικά και στα νοτιοανατολικά κλείστηκαν εντελώς με επιμήκεις στοές με κιονοστοιχίες, ενώ μια σειρά διοικητικών κτηρίων καταλάμβαναν εξ ολοκλήρου τη νοτιοανατολική πτέρυγα.

Στο πρώτο μισό του 5ου αι., η αστυνομική ρύθμιση που χαράχθηκε στη «στήλη του λιμανιού» καθορίζει στην περιοχή αυτή μια ζώνη της οποίας η καθαριότητα πρέπει να διασφαλιστεί: ορίζεται από το ιερό των Χαρίτων, από τα δημόσια οικοδομήματα που περιλαμβάνουν το αργυραμοιβείο και το εστιατόριο, και τέλος από την οδό που περνά μπροστά από το πρυτανείο. Το ιερό των Χαρίτων ήταν στην ανατολική γωνία (δίοδος **46**)· τα δημόσια κτήρια δεν έχουν εντοπιστεί, αλλά ο τομέας είναι αναμφίβολα αυτός της κλασικής αγοράς.

Σε ορισμένα σημεία, κυρίως στο βόρειο μισό αλλά προπάντων στη δυτική γωνία, έχουν βρεθεί θεμέλια που χρονολογούνται στον 6ο και 5ο αι.

εικ. 32. Άποψη της αγοράς από αέρος.

Ωστόσο, τα λείψανα της αγοράς που απολαμβάνει ο επισκέπτης, ξεκινούν από τον 4ο αι. π.Χ. και οι κιονοστοιχίες που περιβάλλουν τις τέσσερεις πτέρυγες εγκαταστάθηκαν σταδιακά στους επόμενους αιώνες. Μια επιγραφή του 1ου αι. μ.Χ., που βρέθηκε στη νότια γωνία της δημόσιας πλατείας, αναφέρει μια στοά που οικοδομήθηκε χάρη στη γενναιοδωρία δύο αριστοκρατών, των Ευφρίλλου και Μικά, γιων του Σατύρου: αγνοούμε για ποιο κτήριο πρόκειται.

Η αγορά βρισκόταν πίσω από το πολεμικό λιμάνι, τον κλειστό λιμένα (**2**), στο εστιακό σημείο της πόλης (**εικ. 22**). Εδώ έφθανε κανείς από την πύλη της παραθαλάσσιας οδού. Προπάντων, παραλληλα προς τη νοτιοανατολική πλευρά της πλατείας, διερχόταν η μεγάλη οδός (**43**), ο κύριος άξονας που συνέδεε τη Δίοδο των θεωρών (**46**) (και το ιερό των Χαρίτων) με το ιερό του Ηρακλή (**76-80**). Μέχρι το τέλος της ελληνιστικής περιόδου, η πρόσβαση από την αγορά στο δρόμο αυτόν που στον 5ο αι. π.Χ. μάλλον την πλαισίωνε άμεσα, ήταν άνετη. Είναι απόλυτα βέβαιο πως αυτή η κύρια οδός είναι εκείνη που αναφέρεται στην επιγραφή της «στήλης του λιμανιού» ως «η οδός του ιερού των Χαρίτων». Άλλες δίοδοι οδηγούσαν σε δημόσιους τομείς ή γειτονικές συνοικίες: στα βορειοανατολικά, προς το Διονύσιο (**56**) ή το Ποσειδώνιο (**58**)· στα βορειοδυτικά προς τον περίπατο του τείχους· στα νοτιοδυτικά, στους τομείς **38-39**. Τα διάφορα αυτά περάσματα έκλειναν όλα με πόρτες (των οποίων διακρίνονται τα κατώφλια) κατά την αυτοκρατορική εποχή.

Η διαμόρφωση της πλατείας συμπεριέλαβε από τον 4ο αι. π.Χ. ένα δίκτυο υπονόμων για την εκκένωση των λημμάτων, αλλά και από τον 3ο αι., τουλάχιστον, ένα πρωτότυπο υπέργειο υδροδοτικό σύστημα με μαρμάρινους αγωγούς και φρέατα για άντληση και φιλτράρισμα, ανάλογο με εκείνο της αθηναϊκής Αγοράς του 2ου αι. π.Χ. κατά μήκος της Παναθηναϊκής οδού.

Βιβλιογραφία: Η διερεύνηση της δημόσιας πλατείας άρχισε το 1914 και συνεχίστηκε κατά τα έτη 1921 και 1923 κι έπειτα το 1939 και το 1945· το μεγαλύτερο μέρος της αποκάλυψης πραγματοποιήθηκε μεταξύ των ετών 1948 και 1955· στα *Χρονικά* των αντίστοιχων *BCH* βρίσκουμε τα πρώτα αποτελέσματα των ανασκαφών αυτών.
Η Στήλη του λιμανιού: H. Duchêne, *ÉtThas* XIV (1992)· – πρόσβαση στην αγορά και διάφοροι αγωγοί: Y. Grandjean, *ÉtThas* XII (1988), 292-301 (όπου η προγενέστερη βιβλιογραφία)· του ίδιου, «L'eau dans la ville de Thasos», *BCH Suppl.* 28 (1994), 288-289· – μεταμορφώσεις της δημόσιας πλατείας, J.-Y. Marc, «L'agora de Thasos», *L'espace grec, 150 ans de fouilles de l'École française d'Athènes* (1996), 104-113.

Τα μνημεία της αγοράς γύρω από την κεντρική πλατεία

Η βορειοδυτική στοά (10) (εικ. 33 και 34)

Κτισμένη στις αρχές του 3ου αι. π.Χ., αυτή η μνημειακή δωρική στοά, μήκους 97,59μ. και πλάτους 13,98μ., έκλεινε τη βορειοδυτική πλευρά της αγοράς σε όλο της το μήκος. Πίσω, μια οδός πλάτους 4,5μ., που προοδευτικά στενεύει προς τα νότια, τη χώριζε από το ελαφρώς λοξό τείχος, πάχους 2μ., το οποίο αρχικά απομόνωνε τον κλειστό λιμένα. Φαίνεται πως στον τομέα

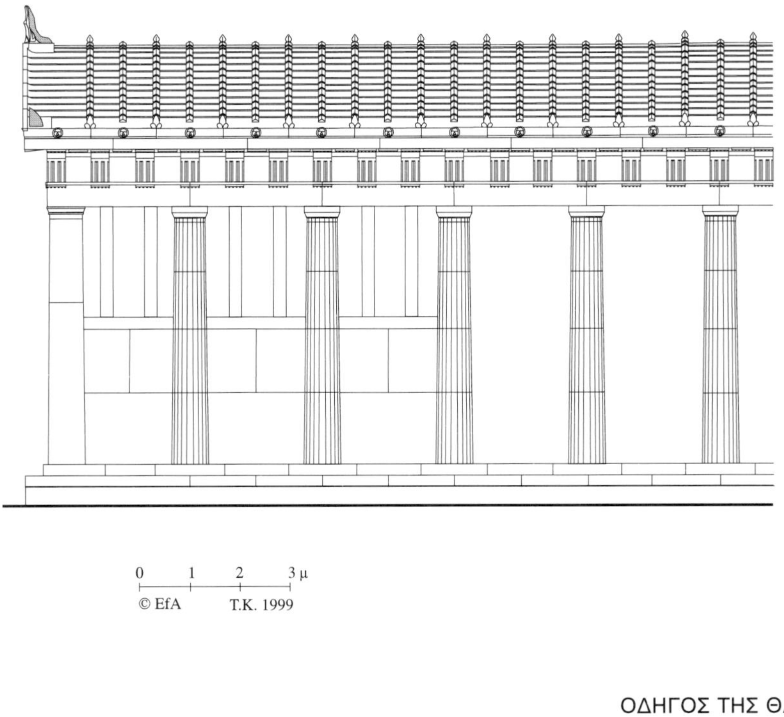

εικ. 33. Βορειοδυτική στοά, νοτιοδυτικό άκρο· σχεδιαστική αποκατάσταση της πρόσοψης (1: 150).

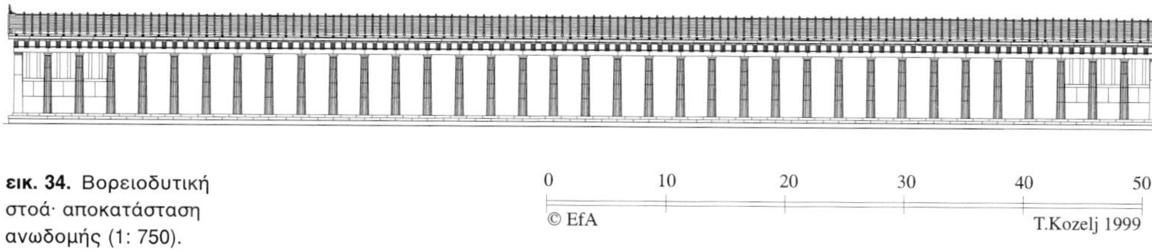

εικ. 34. Βορειοδυτική στοά· αποκατάσταση ανωδομής (1: 750).

αυτόν το τείχος κατεδαφίστηκε όταν κατασκευάστηκε η στοά, ταυτόχρονα με το γκρέμισμα μιας αποθήκης με μεγάλα πιθάρια μπροστά από το εσωτερικό μέτωπο του περιβόλου.

Η στοά, εξ ολοκλήρου μαρμάρινη και εξαιρετικά φροντισμένης κατασκευής, ήταν κτιστή στις τρεις πλευρές με ψηλές και χαμηλές στρώσεις δρομικών και μπατικών εναλλάξ. Η κιονοστοιχία, που έβλεπε στην αγορά, περιελάμβανε 35 κίονες εν παραστάσι. Δύο από αυτούς έχουν αποκατασταθεί στο στυλοβάτη (συνολικό ύψος 5,181μ., διάμετρος βάσης 0,73μ.). Η ζωφόρος, με λείες μετόπες, έφερε επίστεψη ανάγλυφης μαρμάρινης σίμης που συνδύαζε το σιγμόσχημο προφίλ, σύνηθες στη Μικρά Ασία, και τα λεπτά «επιδαύρια» κλαδιά άκανθας, κάπως εμπλουτισμένα, διαδεδομένα στην αρχιτεκτονική της Πελοποννήσου και της ηπειρωτικής Ελλάδας τον 4ο αι. (**εικ. 35**). Υδρορρόες με λεοντοκεφαλές εξασφάλιζαν την παροχέτευση των βρόχινων νερών. Πάνω από τα γυμνά αετώματα, η καταέτιος σίμη ήταν διακοσμημένη με ανθέμια και άνθη λωτού εναλλάξ. Η δίριχτη στέγη καλυπτόταν με μαρμάρινα «κεραμίδια» κορινθιακού τύπου.

Το πιο εντυπωσιακό στοιχείο της στοάς είναι η απουσία εσωτερικής υποστύλωσης για τη στήριξη της στέγης. Το προς κάλυψη άνοιγμα ήταν περίπου 12μ. και χρειάστηκε να χρησιμοποιηθούν πιο ισχυρά, άρα και πιο δαπανηρά δοκάρια· αυτή η πολυτέλεια δε θα ήταν καθόλου δυνατή, αν δεν αφθονούσαν μεγάλα δάση στο νησί.

Η ξύλωση, της οποίας η κατασκευή προϋποθέτει άριστη τεχνική κατάρτιση, μπορεί να αποκατασταθεί με τρόπο ιδιαίτερα ακριβή, μελετώντας τα ίχνη που άφησαν τα ξύλινα στοιχεία στην πίσω όψη των μελών της ζωφόρου, των αετωμάτων και των γείσων. Τα οριζόντια εγκάρσια δοκάρια συνδέονταν μεταξύ τους με τραβέρσες αντίστοιχης διατομής· το σύνολο συνέθετε ένα

εικ. 35. Βορειοδυτική στοά· ανάγλυφη μαρμάρινη σίμη.

σκελετό οροφής με φατνώματα για την αίθουσα, συνιστώντας ταυτόχρονα μια ισχυρή βάση για τη βαριά μαρμάρινη στέγη.

Στην πρόσοψη, η στοά ήταν αρχικά κλειστή στις άκρες με μαρμάρινα θωράκια, στα τρία πρώτα μετακιόνια κάθε πλευράς. Αυτή η διαμόρφωση της πρόσοψης δε φαίνεται να αντιστοιχεί σε εσωτερικά χωρίσματα. Αργότερα ολόκληρη η πρόσοψη έκλεισε.

Μπροστά από την κιονοστοιχία και προς το κέντρο της, παρατάσσονταν δεκατρείς βάσεις αγαλμάτων ή βωμών (**27**), αλλά η συστοιχία αυτών των δεκατριών θεμελιώσεων δεν είναι παράλληλη με την πρόσοψη της στοάς.

Βιβλιογραφία: αποθήκη και κατεδάφιση του τείχους, B. Holtzmann, *BCH* 104 (1980), 736-739· – νοτιοδυτική στοά, R. Martin, *ÉtThas* VI (1959)· πλήρης μελέτη του T. Kozelj (δημιουργού των σχεδίων στις εικ. 33 και 34), *La stoa Nord-Ouest de Thasos* (αδημ. διδ. διατρ., Λυών II 1999)· T. Kozelj, M. Wurch-Kozelj, «Das Holztragwerk der nordwestlichen Stoa der Agora von Thasos», στο A. von Kienlin (επιμ.), *Holztragwerke der Antike, Byzas* 11 (2011), 157-170.

Πώρινο οικοδόμημα (11)

Η βόρεια γωνία της αγοράς καταλαμβάνεται από ένα ορθογώνιο οικοδόμημα μεγάλων διαστάσεων, κτισμένο με πώρινους λίθους (μαζί με μερικές παρεμβολές μαρμάρου και γνευσίου) στις τρεις πλευρές · η τέταρτη πλευρά, προς την αυλή της αγοράς, διαμόρφωνε πρόσοψη από την οποία σώζεται ένας μαρμάρινος δόμος. Σε αυτόν εδραζόταν εξωτερικά μια συνεχής συστοιχία από μεγάλους ορθοστάτες, κάτι που προδικάζει ότι δεν υπήρχε ούτε κιονοστοιχία ούτε πόρτα σε αυτήν την πλευρά. Η τεχνική της κατασκευής είναι ελληνιστική (3ος αι. π.Χ.). Στο εσωτερικό του κτηρίου, στο νοτιοανατολικό τμήμα, μπορούμε να δούμε λιθοπλίνθους σε δεύτερη χρήση, προερχόμενες από το τείχος, οι οποίες διαγράφουν αψίδα στην οποία αρθρώνονται δύο λοξοί βραχίονες.

Πρόκειται για ένα σημαντικότατο οικοδόμημα της αγοράς, του οποίου όμως η χρήση παραμένει προβληματική. Η αψίδα και οι δύο λοξοί τοίχοι που σχετίζονται άμεσα θα μπορούσαν να είναι τα κατώτερα θεμέλια μιας ημικυκλικής κατασκευής. Σύμφωνα με μια πρόσφατη υπόθεση, θα μπορούσε στο χώρο αυτόν να αναζητηθεί το βουλευτήριο της πόλης, στο οποίο η πρόσβαση θα ήταν δυνατή από τη στενή νοτιοανατολική πλευρά. Σε βαθύτερο επίπεδο, παρατηρούμε τα ίχνη θεμελίωσης ενός παλαιότερου κτηρίου, του οποίου η πρόσοψη είναι ένα μέτρο πίσω σε σχέση με εκείνη του πώρινου οικοδομήματος.

Βιβλιογραφία: *BCH* 74 (1950), 342-346· – J.-Y. Marc, *La ville de Thasos de la basse époque hellénistique à l'époque impériale* (αδημ. διδ. διατρ., Παρίσι, 1994)· η υπόθεση για το βουλευτήριο διατυπώθηκε από τον J.-Y. Marc, «L'agora de Thasos», *L'espace grec, 150 ans de fouilles de l'École française d'Athènes* (1996), 109.

Κτήριο με παρασκήνια (12) (εικ. **36**, **37** και **38**)

Πρόκειται για μια στοά (21,535 x 9,33μ.) με προεξέχουσες πλάγιες πτέρυγες (7,85μ. στην πρόσοψη και 2,80μ. στις εσωτερικές στενές πλευρές) ενώ ο κύριος όγκος είναι σε εσοχή (πρόσοψη 5,635μ.), διαμορφώνοντας μια κάτοψη σε **Π** ανάλογη με εκείνη της στοάς του Ελευθερίου Διός στην Αγορά της Αθήνας, τύπος που συναντάται εξάλλου στην Καλαυρία (Πόρος), στη Δήλο ή στη Μεγαλόπολη. Τα παλαιοχριστιανικά κτίσματα κατέστρεψαν τον πίσω τοίχο μέχρι τα θεμέλια, εκτός από την ανατολική γωνία όπου υφίστανται η στρώση που έφερε την πλίνθο του τοιχοβάτη και ένα τμήμα της εσωτερικής πλακόστρωσης. Το κτήριο είναι εξ ολοκλήρου κτισμένο με μάρμαρο. Η πρόσοψη έφερε τέσσερεις δωρικούς κίονες σε καθεμιά από τις προεξέχουσες πτέρυγες, δύο σε καθεμία από τις εσωτερικές στενές πλευρές και τέσσερεις στην κεντρική πρόσοψη. Πάνω από το κεντρικό μετακιόνιο, στο επιστύλιο ήταν χαραγμένη η αναθηματική επιγραφή· σώζονται μόνο τα δύο πρώτα γράμματα του ονόματος του αναθέτη (ΤΙ...). Μέλη του επιστυλίου έχουν στηθεί στη νοτιοδυτική γωνία της στοάς.

Το μνημείο αυτό, που ανεγέρθηκε στο δεύτερο μισό του 4ου αι., πάνω στα θεμέλια ενός παλαιότερου κτηρίου, ήταν ένα από τα βασικότερα οικοδομήματα της δημόσιας αγοράς. Μπροστά από την πρόσοψη ήταν εγκατεστημένες βάσεις τιμητικών αγαλμάτων. Στην εσωτερική παρειά του

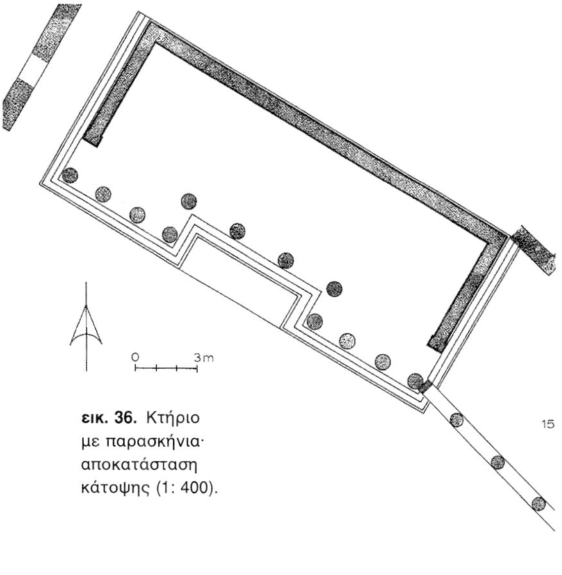

εικ. 36. Κτήριο με παρασκήνια· αποκατάσταση κάτοψης (1: 400).

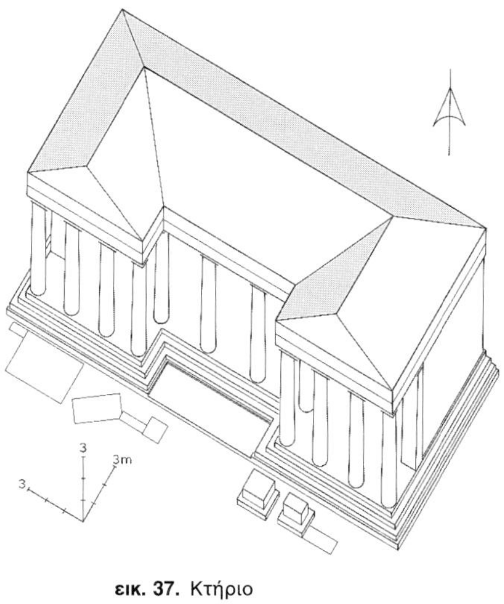

εικ. 37. Κτήριο με παρασκήνια· σχηματική αξονομετρική αποκατάσταση (1: 400).

εικ. 38. Κτήριο με παρασκήνια· αποκατάσταση ανωδομής (1: 200).

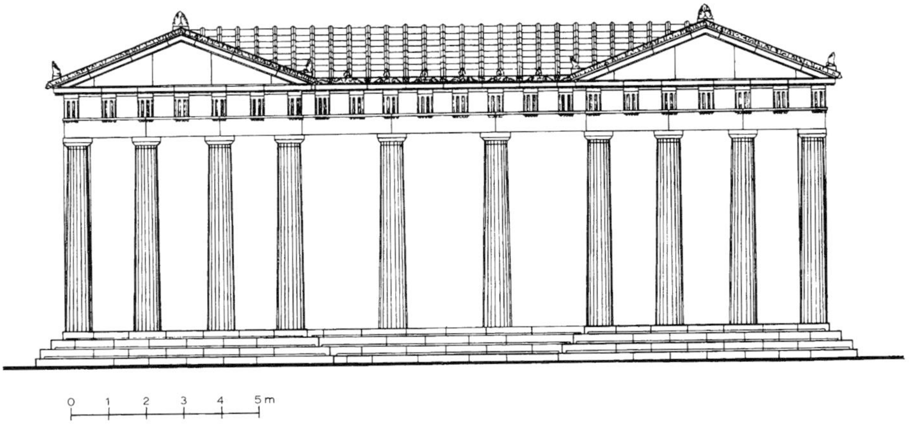

πίσω τοίχου, χαράχθηκε στα τέλη του 4ου αι. ο κατάλογος των αρχόντων, των πρώτων αξιωματούχων της πόλης. Ο κατάλογος αυτός, διατεταγμένος σε ομοιόμορφες στήλες και σε ετήσιες τριπλές συναρχίες, ανακεφαλαιώθηκε από τις απαρχές της πόλης της **Θάσου** και έκτοτε ενημερωνόταν μέχρι τον 3ο αι. μ.Χ. Αναρτήθηκαν επίσης εκεί κείμενα από την επίσημη αλληλογραφία με τη Ρώμη του 1ου αι. π.Χ. και του 1ου αι. μ.Χ.: ψήφισμα της Συγκλήτου με πρόταση του Λ. Σύλλα (σ. 49), επιστολές του Cn. Cornelius Dolabella και του L. Sestius Quirinalis, επιστολές των αυτοκρατόρων Κλαύδιου και Νέρωνα. Το κτήριο δεν υπέστη καταστροφή, όπως φαίνεται, παρά μόνο στον 5ο αι. μ.Χ. Τα υλικά που λιθολογήθηκαν χρησίμευσαν τότε για την κατασκευή, πίσω ακριβώς από τη στοά, της παλαιοχριστιανικής βασιλικής της αγοράς (**13**) (σ. 102).

Βιβλιογραφία: R. Martin, *ÉtThas* VI (1959)· – P. Bernard, Fr. Salviat, «Inscriptions de Thasos», *BCH* 86 (1962), 578-583: κατάλογος αρχόντων· – Chr. Dunant, J. Pouilloux, *ÉtThas* V (1958), 37-76: αλληλογραφία με τη Ρώμη.

Διοικητικά κτήρια στα βορειοανατολικά (14)

Στα νοτιοανατολικά της στοάς με τα παρασκήνια (**12**), ήδη από το τέλος του 4ου αι. π.Χ., άνοιγε προς την αγορά η πρόσοψη ενός κτηρίου επιμελημένης κατασκευής που προεκτείνεται (με τη μεσολάβηση μιας εσοχής) μέχρι τη δίοδο **46**. Το εσωτερικό διαιρείται κατά μήκος σε δύο πτέρυγες: η πρώτη, στο πίσω μέρος, περιλάμβανε επτά αίθουσες προς τη μεριά του δρόμου που περιβάλλει τη βορειοανατολική πρόσοψη του κτηρίου· η δεύτερη διέθετε εννιά δωμάτια, από τα οποία τα οχτώ έβλεπαν προς την αγορά. Τρεις από αυτές τις αίθουσες ήταν χώροι εστίασης: οι πόρτες τους είναι έκκεντρες – αρχιτεκτονική ιδιαιτερότητα που επιβάλλεται από τη συνήθη παράταξη των κλινών (εδώ οχτώ ή εννιά κλίνες, ανάλογα με τις διαστάσεις του χώρου). Το δωμάτιο στο βορειοδυτικό άκρο αυτής της πτέρυγας διακρίνεται για το ιδιαίτερα ευρύ θυραίο άνοιγμα (1,54μ. μεταξύ των παραστάδων αντί για 1,01 με 1,10μ. στα υπόλοιπα ανοίγματα) καθώς και για την παρουσία δύο κιόνων των οποίων οι βάσεις βρέθηκαν *in situ* και συσχετίζονται με τα λείψανα μιας εστίας.

Οι υπόλοιπες αίθουσες του κτηρίου **14** πρέπει να θεωρηθούν ως διοικητικοί χώροι προς χρήση των αρχόντων (ιδιαίτερα των επιστατών, αγορανόμων, γυναικονόμων), των οποίων τα αναθήματα προς την Αφροδίτη, την Εστία και τον Ερμή βρέθηκαν κοντά. Εκεί φυλάσσονταν τα αρχεία. Σε μία από αυτές τις αίθουσες θα ήταν κατατεθειμένα και τα επίσημα μέτρα για τη χωρητικότητα των αγγείων (*ÉtThas* III, 19 και 20, και ανέκδοτο θραύσμα· επίσης *ÉtThas* III, 153 και *ÉtThas* V, 194).

Οι κατασκευαστές του κτηρίου, το οποίο ήταν σε χρήση έως την ύστερη αυτοκρατορική περίοδο, ενέταξαν σε αυτό αρχαιότερες δομές (κάτι που εξηγεί και την εσοχή στην πρόσοψη προς την αγορά). Πρόκειται για τους χώρους στο νοτιοανατολικό άκρο και κυρίως για το μεγάλο εγκάρσιο μεσότοιχο, ο οποίος τουλάχιστον στο νοτιοανατολικό του τμήμα (το μόνο που ερευνήθηκε μέχρι τα θεμέλια), λειτουργούσε αρχικά – από τον 6ο αι. π.Χ. – ως ανάλημμα αλλά και ως οχύρωση για το βόρειο κομμάτι της πόλης (σ. 113).

Βιβλιογραφία: ερμηνεία του κτηρίου ως δημόσιου οικοδομήματος με χώρους εστίασης: Y. Grandjean, *ÉtThas* XII (1988), 293-297 (όπου και η προγενέστερη βιβλιογραφία)· – αρχαιότερα κτίσματα, στο ίδιο, 311-312 (αναφορά σε αδημοσίευτη έκθεση του G. Roux)· – Fr. Blondé, A. Muller, D. Mulliez, *BCH* 118 (1994), 455-460· *BCH* 119 (1995), 683-686· *ΑΕΜΘ* 10 (1996) [1998], 813-823.

Βορειοανατολική στοά (15)

Η στοά **15**, που πατάει πάνω στη νοτιοανατολική γωνία του κτηρίου με τα παρασκήνια (**12**) κλείνει σε συνδυασμό με τη νοτιοανατολική στοά (**17α**) (που θα έρθει αργότερα να στηθεί δίπλα της) τη γωνία της αγοράς. Απλό στέγαστρο που εγκαταστάθηκε μπροστά από το αρχαιότερό του σύμπλεγμα **14**, η στοά αυτή οφείλεται στη γενναιοδωρία ενός πολίτη του οποίου το όνομα δε σώζεται (διατηρήθηκαν χαραγμένα στο επιστύλιο μόνο τα τελευταία γράμματα της ανάθεσης προς το δήμο των Θασίων, *ÉtThas* V, 191· η γραφή δε φαίνεται προγενέστερη του 1ου αι. π.Χ.). Η πρόσοψη περιελάμβανε ένδεκα δωρικούς μονολιθικούς κίονες (ο ένας έχει αποκατασταθεί στο στυλοβάτη) και προεκτεινόταν με έναν τοίχο στα νοτιοανατολικά. Στην αυτοκρατορική εποχή, η αίθουσα της στοάς επικοινωνούσε από την πλευρά αυτή με την πλατεία που γειτνίαζε με τη Δίοδο των θεωρών (**46**) διαμέσου μιας πλατιάς πόρτας με ημισφαιρικό τόξο. Στον πυθμένα ενός λάκκου που ανοίχθηκε τον 4ο αι. π.Χ. βρέθηκαν τα λείψανα ενός βοδιού, ενός κριού και ενός χοίρου τεμαχισμένων στα δύο, μοναδική αρχαιολογική μαρτυρία μιας τελετουργικής θυσίας γνωστής συνήθως υπό το όνομα *τρίττοια* (σ. 282).

Βιβλιογραφία: J.-Y. Marc, *BCH* 119 (1995), 690-693 (όπου η προγενέστερη βιβλιογραφία): ο συγγραφέας διατυπώνει την υπόθεση ότι το **15** και οι έξι χώροι πίσω του (με εξαίρεση τις υπόλοιπες αίθουσες του **14**) ανήκουν στην ίδια οικοδομική φάση. Για τους συγγραφείς του παρόντος *Οδηγού*, οι έξι αίθουσες που βλέπουν στη στοά **15** οικοδομήθηκαν ταυτόχρονα με τις αντίστοιχες αίθουσες της πίσω όψης του συμπλέγματος **14**: η τοιχοδομία της στενής βορειοδυτικής πλευράς του συμπλέγματος αυτού είναι τελείως ομοιογενής σε όλο της το μήκος και συνεχίζει, χωρίς διακοπή, και στις δύο προσόψεις, μπροστά και πίσω.
Fr. Blondé, A. Muller, D. Mulliez, Fr. Poplin, «Un rituel d'engagement à Thasos: archéologie et textes», *Kernos* 18 (2005), 476-479· των ίδιων, «Οστά και ιεροτελεστίες. Μια τρίττοια στη Θάσο, ΒΑ παρυφές της αγοράς», *ΑΕΜΘ* 15 (2001) [2003], 67-73.

Το μνήμα του Γλαύκου (16)

Στην ανατολική γωνία της αγοράς βρίσκεται το πιο αξιοσέβαστο μνημείο της δημόσιας πλατείας (**εικ. 13**). Αρχικά υπαίθριο και ορατό από όλες τις πλευρές, εντάχθηκε μέσα στην υπόστυλη στοά, στο βορειοανατολικό της άκρο (**17β**). Στο σημείο αυτό μπορεί κανείς να δει μια επιμήκη βάση με δύο βαθμίδες, όπου ο γνεύσιος συνυπάρχει με το μάρμαρο κι έναν κίτρινο πωρόλιθο (διαστάσεις: 4,53 × 1,785μ.): πρόκειται για το μνήμα του Γλαύκου, ενός από τους Παρίους που κατέφθασαν τον 7ο αι. μαζί με τον Αρχίλοχο. Ταυτίστηκε από την επιγραφή *in situ*, σήμερα στο μουσείο (**εικ. 39**): *Γλαύϙō εἰμὶ μνῆμα τō Λεπτίνεω· ἔθεσαν δέ με οἱ Βρέντεω παῖδες* (*BCH* 79 [1955], 76). Είμαι το μνήμα του Γλαύκου, του γιου του Λεπτίνη· με ανέθεσαν οι γιοι του Βρέντη. Το κείμενο μπορεί να χρονολογηθεί σύμφωνα με τη γραφή γύρω στο 600 π.Χ.

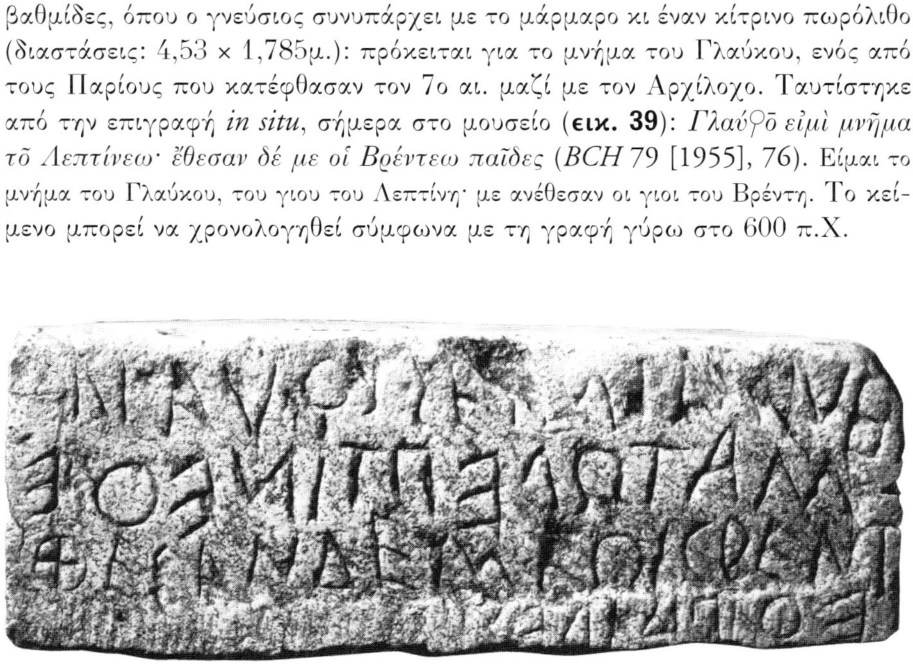

εικ. 39. Η επιγραφή του μνήματος του Γλαύκου.

Το μνημείο αυτό ίσως είχε μετατοπιστεί, μετά βεβαιότητος πάντως είχε ανυψωθεί, στο τρίτο τέταρτο του 6ου αι. Βρισκόταν στη διασταύρωση δύο σημαντικών οδών: της μεγάλης αρτηρίας που οδηγούσε από την περιοχή του Ηρακλείου (**76-80**) στη Δίοδο των θεωρών (**46**) και μιας οδού που κατέβαινε από την πλατεία μπροστά στη δίοδο μέχρι τη θάλασσα· η παρουσία της καθόρισε την εγκατάσταση και τον προσανατολισμό του πώρινου οικοδομήματος (**11**), του κτηρίου με τα παρασκήνια (**12**) και του ιερού του Δία (**34**). Η επιγραφή, ενταγμένη στον όγκο της βάσης, είχε πλέον θαφτεί κατά την αυτοκρατορική περίοδο. Δεν είναι όμως δυνατόν να χάθηκε η ανάμνηση ενός τόσο αξιοσέβαστου μνημείου: μια ψηλότερη δομή, ίσως μια στήλη, επεσήμαινε την αφιέρωση του χώρου στον ήρωα οικιστή.

Βιβλιογραφία: J. Pouilloux, «Glaucos, fils de Leptine, Parien», *BCH* 79 (1955), 75-86· – G. Roux, στο ίδιο, 348-351· – Fr. Blondé, A. Muller, D. Mulliez, *BCH* 119 (1995), 687-688· *ΑΕΜΘ* 10 (1996) [1998], 817· – Σχετικά με τη θέση και τη σημασία του μνημείου, βλ. R. Martin, *CRAI* 1978, 189 και J. Pouilloux, *Thasiaca, BCH Suppl.* V (1979), 135-138, που θεωρούν ότι το μνημείο αυτό ήταν εκτός της αρχαϊκής πόλης· – Y. Grandjean, *ÉtThas* XII (1988), 468-470 και 483: το μνημείο σχετίζεται ήδη από την εποχή της επιγραφής με την αγορά και με ένα σημαντικό σταυροδρόμι.

Στοά σε Γ και υπόστυλη αίθουσα (17) (εικ. 40)

Η νοτιοανατολική πλευρά της αγοράς περιβάλλεται από μια επιμήκη **στοά** (**17α**) η οποία ξεκινώντας από την ανατολική γωνία της αυλής, όπου εφάπτεται στην πρόσοψη της βορειοανατολικής στοάς (**15**), συνεχίζει μέχρι τη νότια γωνία της πλατείας όπου στρέφεται στα βορειοδυτικά. Στην πρόσοψη, η σε σχήμα Γ στοά περιελάμβανε τριάντα τρεις δωρικούς μονολιθικούς κίονες στη νοτιοανατολική πλευρά και έξι στο γύρισμα. Τρεις κίονες, ο ένας ολόκληρος, έχουν αναστηλωθεί στο βορειοανατολικό άκρο του στυλοβάτη. Πολλά μέλη του θριγκού έχουν τοποθετηθεί μπροστά από την κιονοστοιχία.

Ο πίσω τοίχος της στοάς ήταν επενδεδυμένος με μαρμαροθέτηση. Πίσω από αυτόν τον τοίχο, που διαθέτει πέντε θυραία ανοίγματα και ενδιάμεσα παράθυρα, ανοίγεται μια επιμήκης **αίθουσα** (**17β**), πλάτους 9,10μ., που χωρίζεται σε δύο κλίτη από μια αξονική πεσσοστοιχία, με δεκαέξι πώρινους πεσσούς τετράγωνης διατομής, πάνω σε μαρμάρινες πλίνθους και με μαρμάρινα πεσσόκρανα. Είναι πιθανόν αυτή η επιμήκης αίθουσα να διέθετε όροφο που δέσποζε της στέγης της στοάς. Η φιλόδοξη αυτή κατασκευή ακολουθούσε τον προσανατολισμό ενός αρχαιότερου οικοδομήματος (**18**), κτισμένου στα τέλη του 4ου αι. π.Χ. που παρέμεινε σε χρήση μέχρι την αυτοκρατορική εποχή. Ο νοτιοανατολικός τοίχος της υπόστυλης αίθουσας πατάει πάνω στον πίσω τοίχο του οικοδομήματος και τον προεκτείνει. Όσο για το τελευταίο, αυτό

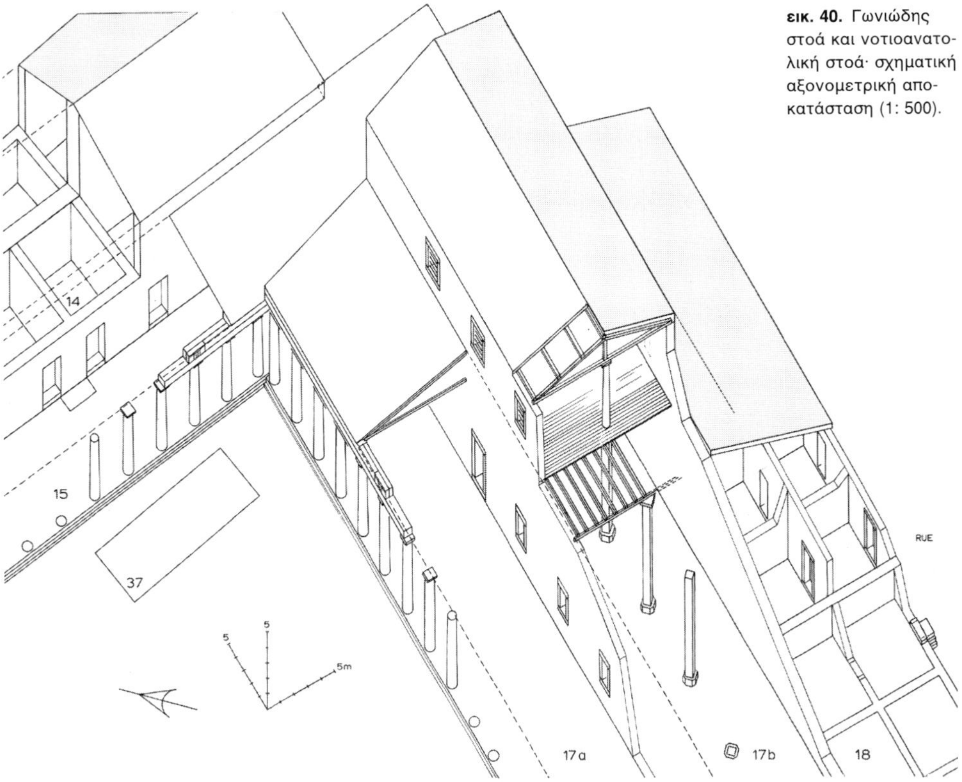

εικ. 40. Γωνιώδης στοά και νοτιοανατολική στοά· σχηματική αξονομετρική αποκατάσταση (1: 500).

έβλεπε στα νοτιοανατολικά προς το μεγάλο δρόμο που συνδέει την περιοχή του Ηρακλείου (**76-80**) με τη Δίοδο των θεωρών (**46**) και στέγαζε καταστήματα και εργαστήρια, που θα μπορούσαν να αποτελούν και μικρές κατοικίες, όπως μαρτυρούν η παρουσία αρκετών πηγαδιών και η αποκάλυψη πάνω στα εσωτερικά δάπεδα νεροχυτών και αγωγών για την αποχέτευση των βρόμικων νερών. Στο βορειοανατολικό άκρο της αίθουσας, ένας διάδρομος συνέδεε την αγορά με την πλατεία στα ανατολικά. Ο νότιος τοίχος του διαδρόμου αυτού καταπατά την πρώτη βαθμίδα του μνήματος του Γλαύκου (**16**). Στο άλλο άκρο, μια δίοδος παρείχε πρόσβαση στον κεντρικό δρόμο.

Η επιμήκης υπόστυλη αίθουσα και η στοά που προηγείται συνθέτουν ένα αξιοσημείωτο σύνολο, που κτίστηκε πιθανώς τον 1ο αι. π.Χ. ή στα πρώτα χρόνια του 1ου αι. μ.Χ. Αποτελεί μια τοπική και πρωτότυπη προσαρμογή ενός κτηριακού τύπου ιδιαίτερα γνωστού στην πολιτική αρχιτεκτονική της Ρώμης: της βασιλικής.

Πίσω από τη μικρή νοτιοδυτική αίθουσα, συναντάμε αρχικά μια **αψιδωτή αίθουσα** (**20**), κτισμένη πάνω σε παλαιότερους τοίχους που ανέρχονται τουλάχιστον στην ελληνιστική εποχή. Στις αρχές του 2ου αι. μ.Χ., η αίθουσα αυτή, με εσωτερικούς μαρμαροθετημένους τοίχους, έβλεπε στην αίθουσα της στοάς μέσω μιας πρόσοψης με τρία ανοίγματα ανάμεσα σε δύο ενδιάμεσα παραστάματα. Εδώ βρέθηκε το άγαλμα του αυτοκράτορα Αδριανού (σ. 317). Είναι προφανές ότι την εποχή αυτή, ο χώρος ήταν αφιερωμένος στην αυτοκρατορική λατρεία. Επισκευάστηκε πρόχειρα σε μεταγενέστερη φάση.

Ανάμεσα στην αίθουσα αυτή και στο άκρο της νοτιοδυτικής στοάς, ανοιγόταν, απέναντι από το μεγάλο βωμό (**23**), μια **μνημειακή δίοδος** (**21**) που διέθετε άνοιγμα με δύο ιωνικούς κίονες εν παραστάσι προς τη μεριά της πλατείας. Στο άλλο άκρο, προς τα νοτιοδυτικά, μια πλατιά πόρτα πλαισιωμένη από βάσεις έδινε πρόσβαση σε ένα μνημειακό χώρο (**38**) που αναδιαμορφώθηκε κατά την αυτοκρατορική εποχή (σ. 107).

Βιβλιογραφία (αρ. **18**): Fr. Salviat, *BCH* 80 (1956), 416-418. Για τα αρ. **17**, **20** και **21**, βλ. βιβλιογραφικά λήμματα μετά το αρ. **19**.

Η νοτιοδυτική στοά (19)

Στη νοτιοδυτική πλευρά της αγοράς εκτείνεται μια επιμήκης δωρική στοά, σε άμεση προέκταση του άκρου της βορειοδυτικής στοάς (**10**), με την οποία διαμορφώνει γωνία 78°, ακολουθώντας την κατεύθυνση της προγενέστερης οδού που οδηγούσε από την παραθαλάσσια πύλη (**4**) στην αγορά και, πιο πέρα, στη μεγάλη οδό που συνδέει το Ηράκλειο (**76-80**) με τη Δίοδο των θεωρών (**46**). Το ακριβές μήκος της νοτιοδυτικής στοάς δεν έχει για την ώρα καθοριστεί με βεβαιότητα (νέες έρευνες στη νοτιοανατολική και στη νοτιοδυτική πλευρά της αγοράς είναι σε εξέλιξη), αλλά είναι πιθανό να κατέληγε στη δυτική γωνία του μεγάλου βωμού (**23**). Διέθετε είκοσι επτά κίονες στην πρόσοψη που πατούσαν σε μια κρηπίδα με δύο βαθμίδες. Πίσω από τη στοά, βρίσκουμε τρεις επιμήκεις αίθουσες, από τις οποίες η μία (**22**) έχει αποκαλυφθεί εντελώς και είναι σίγουρα δημόσιο κτήριο, όπως επίσης και μία δίοδο που συνέδεε την αγορά με ένα χώρο (**39**) που δεν έχει ερευνηθεί στο σύνολό του. Η στενή βορειοδυτική πλευρά της στοάς τονιζόταν από πρόπυλο (**9**) που συνιστούσε την είσοδο της αγοράς απέναντι από την παραθαλάσσια πύλη. Η χρονολόγηση της κατασκευής της στοάς και του προπύλου δεν είναι για την ώρα βέβαιη. Διστάζουμε ανάμεσα στον 1ο αι. μ.Χ. και στον 1ο αι. π.Χ. Διάφορες λεπτομέρειες του αρχιτεκτονικού διάκοσμου και ορισμένες κατασκευαστικές τεχνικές συνηγορούν υπέρ μιας υψηλής χρονολόγησης (στα τέλη της ελληνιστικής εποχής).

Βιβλιογραφία: Cl. Rolley, Fr. Salviat, «Une statue d'Hadrien sur l'agora de Thasos», *BCH* 87 (1963), 548-578 (αρ. **20**)· – J.-Y. Marc, *BCH* 119 (1995), 693-696 (αρ. **17** και **19** ως **22** όπου και η προγενέστερη βιβλιογραφία)· του ίδιου, *La ville de Thasos de la basse époque hellénistique à l'époque impériale* (αδημ. διδ. διατρ., Παρίσι, 1994).

Τα μνημεία της αγοράς στο εσωτερικό της πλατείας

Στο εσωτερικό της αυλής της αγοράς ήταν εγκατεστημένα πολλά δημόσια και ιδιωτικά αναθήματα, λατρευτικά οικοδομήματα, βωμοί, αναμνηστικά μνημεία, τιμητικά αγάλματα. Αρκετές διασκορπισμένες λιθόπλινθοι δεν είναι δυνατόν να συσχετιστούν με κάποιο συγκεκριμένο βάθρο: μπορούμε να παραθέσουμε ως παράδειγμα τη βάση με την υπογραφή του Αθηναίου γλύπτη Πραξία, δημιουργού ενός αγάλματος που μνημονεύει τη νίκη του Θεοπόμπου, γιου του Μελησιδήμου, σε αρματοδρομία, στα Πύθια (μέσα 4ου αι. π.Χ.) ή εκείνη του γιατρού Νείκα, γιου του Παραμόνου (1ος αι. μ.Χ.).

Ο βωμός (23) και οι εξέδρες (24)

Στη νότια γωνία της αγοράς υπήρχε, ίσως από τον 3ο αι. π.Χ., ένας **μνημειακός βωμός** (**23**) (διαστάσεις τράπεζας: 2,74 × 1,30μ.). Στην ευθεία του βωμού, προς τα βορειοδυτικά, ένας ευρύς ακάλυπτος χώρος πρέπει να διαμόρφωνε το πεδίο πρόσβασης. Κατά μήκος του υπήρχαν πέντε **εξέδρες** (**24**), ημικυκλικά θρανία, που από πίσω τους δέσποζε, τοποθετημένος σε ψηλό προεξέχον βάθρο, ο ορειχάλκινος ανδριάντας του ευεργέτη που ανέλαβε τα έξοδα κατασκευής. Τουλάχιστον δύο από αυτά τα μνημεία ανεγέρθηκαν τον 1ο αι. π.Χ. από δύο αδελφούς, τους Διονυσόδωρο και Εστιαίο, εύπορους Θασίους, που διατηρούσαν σχέσεις με τη Σαμοθράκη, την Άσσο, τη Λάμψακο, τη Ρόδο και διέθεταν πολύτιμη επιρροή απέναντι στους Ρωμαίους κυβερνήτες της Μακεδονίας στη Θεσσαλονίκη.

Το ψήφισμα της Άσσου υπέρ του Διονυσόδωρου (*ÉtThas* V, 170) παραθέτει ότι ο πρέσβης της Άσσου παρότρυνε τους Θασίους *ἀναγράψαντας εἰς στήλην λευκοῦ λίθου τὸ ψήφισμα τόδε καὶ θεῖναι εἰς τὸν ἐπιφανέστατον παρ᾽ αὐτοῖς ὑπάρχοντα τόπον.* ...να αναγράψουν σε στήλη λευκού μαρμάρου αυτό το ψήφισμα και να το εκθέσουν στο πιο περίοπτο μέρος που υπάρχει στην πόλη τους. Η στήλη αυτή (βρίσκεται στο μουσείο) βρέθηκε μπροστά από την πλησιέστερη στο βωμό (**23**) εξέδρα. Το ψήφισμα της Ρόδου προς τιμήν του ίδιου προσώπου (*ÉtThas* V, 172) μνημονεύει τα γεγονότα της χρονιάς 69 ή 68 π.Χ.

Στα βόρεια των εξεδρών, αρκετά θεμέλια παραμένουν αταύτιστα: δύο πλακόστρωτοι περίβολοι σχετίζονται με διάφορες βάσεις (**25** και **26**)· προς το κέντρο της πλατείας, δύο θεμέλια (**28** και **29**) αντιστοιχούν είτε σε βωμούς είτε σε βάσεις τιμητικών μνημείων.

Βιβλιογραφία: Chr. Dunant, G. Roux, *BCH* 77 (1953), 272-276· G. Roux, *BCH* 79 (1955), 351-352.

Μνημείο αφιερωμένο στην οικογένεια του Αυγούστου (30)

Αυτό το ορθογώνιο βαθμιδωτό μαρμάρινο βάθρο (7,95 x 4,66μ.) είναι λείψανο ενός μνημείου αφιερωμένου στον Αύγουστο και στην οικογένειά του. Ένας ενεπίγραφος ορθοστάτης, που ανήκει στην ανωδομή, φέρει πράγματι ανάθεση στον Λεύκιο Καίσαρα, εγγονό του Αυγούστου (*ÉtThas* V, 178): *Λεύκιῳ Καίσαρι αὐτοκράτορος Καίσαρος θεοῦ υἱοῦ Σεβαστοῦ υἱῷ· ἡ πόλις* (βρίσκεται στο μουσείο). Η μνεία «ἥρῳ» προστέθηκε μετά το θάνατο του Λευκίου, στις 20 Αυγούστου του έτους 2 μ.Χ. Προφανώς υπήρχαν επίσης και άλλα αγάλματα (με άλλες επιγραφές στο σώμα της βάσης): αυτό του Γαΐου, αδελφού και συνδιαδόχου του Λευκίου, αλλά και του ίδιου του Αυγούστου και άλλων μελών της αυτοκρατορικής οικογένειας. Η κεφαλή γλυπτού πορτρέτου ενός από τους δύο *principes juventutis* βρέθηκε εκεί κοντά (**εικ. 16** και σ. 318). Η έξοχη διατήρησή της δείχνει ότι το μνημείο καλυπτόταν από ένα επιστέγασμα. Αμέσως στα ανατολικά και σχεδόν εφαπτόμενες στο μνημείο βρέθηκαν δύο βάσεις: ίσως φιλοξενούσαν επίσης απεικονίσεις προσώπων της αυτοκρατορικής οικογένειας.

Βιβλιογραφία: R. Martin, E. Will, *BCH* 63 (1939), 319-320· Fr. Chamoux, «Un portrait de Thasos: Lucius César», *MonPiot* 44 (1950), 83-96· Chr. Dunant, J. Pouilloux, *ÉtThas* V (1958), 61-62.

Το ιερό του Θεογένη (31-32) (εικ. 41)

Στα βορειοδυτικά αναστηλώθηκε η κυκλική βάση ενός βαθμιδωτού μαρμάρινου βωμού (**31**). Ένας σιδερένιος δακτύλιος είναι σφραγισμένος σε ένα λίθο του θεμελίου: εκεί έδεναν μάλλον τα ζώα για τη θυσία. Πράγματι, στην περιοχή αυτή βρέθηκαν κατά την ανασκαφή άφθονη στάχτη και θυσιαστικά κατάλοιπα. Εδώ τιμούσαν έναν από τους πιο δοξασμένους Θασίους όλων των εποχών, τον Θεογένη (ή Θεαγένη σε ορισμένα κείμενα), γιο του Τιμοξένου, πυγμάχο και παγκρατιστή, που του έστησαν αγάλματα στους Δελφούς αλλά και στην Ολυμπία, όπου κέρδισε το στεφάνι στην πυγμαχία το 480 π.Χ. και στο παγκράτιο το 476 π.Χ. Ο Παυσανίας αφηγείται την ιστορία του ως εξής:

[Θάσιοι δὲ...] ἔνατόν τε δὴ ἔτος εἶναι τῷ παιδὶ καὶ αὐτὸν ἀπὸ τῶν διδασκάλων φασὶν ἐς τὴν οἰκίαν ἐρχόμενον ἄγαλμα ὅτου δὴ θεῶν ἀνακείμενον ἐν τῇ ἀγορᾷ χαλκοῦν – χαίρειν γὰρ τῷ ἀγάλματι αὐτὸν –, ἀνασπάσαι τε δὴ τὸ ἄγαλμα καὶ ἐπὶ τὸν ἕτερον τῶν ὤμων ἀναθέμενον ἐνεγκεῖν παρ' αὐτόν. ἐχόντων δὲ ὀργὴν ἐς αὐτὸν ἐπὶ τῷ πεποιημένῳ τῶν πολιτῶν, ἀνήρ τις αὐτῶν δόκιμος καὶ ἡλικίᾳ προήκων ἀποκτεῖναι μὲν σφᾶς τὸν παῖδα οὐκ ἐᾷ, ἐκεῖνον δὲ ἐκέλευσεν ἐκ τῆς οἰκίας αὖθις κομίσαι τὸ ἄγαλμα ἐς τὴν ἀγοράν· ὡς δὲ ἤνεγκε, μέγα αὐτίκα ἦν κλέος τοῦ παιδὸς ἐπὶ ἰσχύι, καὶ τὸ ἔργον ἀνὰ πᾶσαν ἐβεβόητο

εικ. 41. Βόρεια γωνία της αγοράς· αποκατάσταση κάτοψης (1: 600).

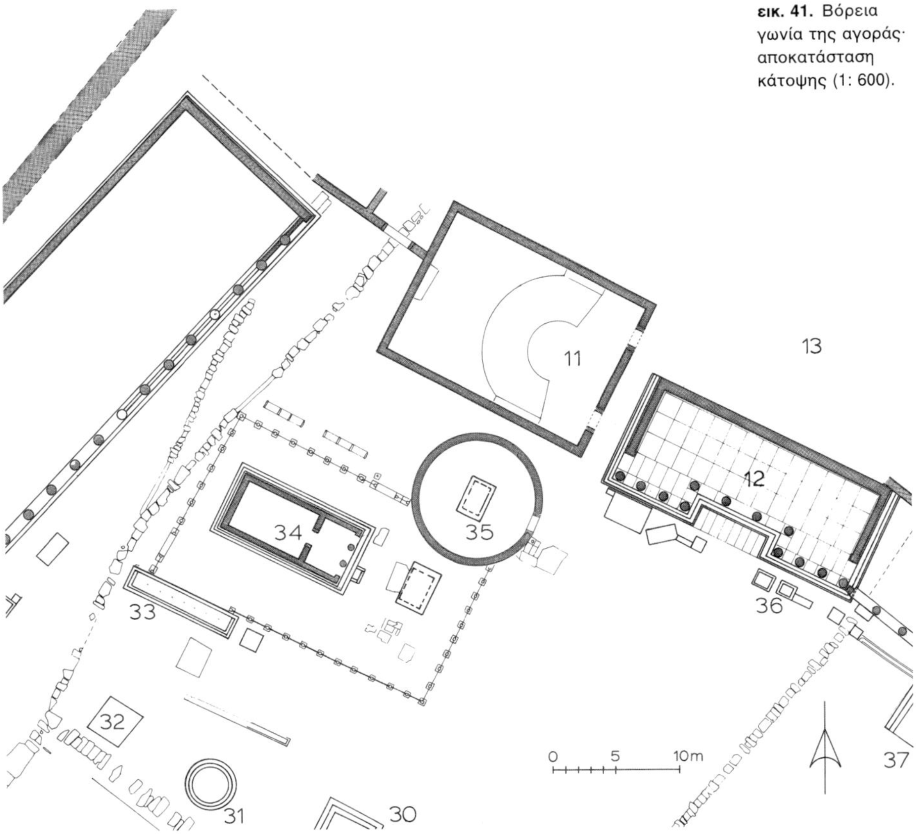

τὴν Ἑλλάδα. ὅσα μὲν δὴ ἔργων τοῦ Θεαγένους ἐς τὸν ἀγῶνα ἥκει τὸν Ὀλυμπικόν, προεδήλωσεν ὁ λόγος ἤδη μοι τὰ δοκιμώτατα ἐξ αὐτῶν (...)· γεγόνασι δὲ αὐτῷ καὶ Πυθοῖ νῖκαι τρεῖς, αὗται μὲν ἐπὶ πυγμῇ, Νεμείων δὲ ἐννέα καὶ Ἰσθμίων δέκα παγκρατίου τε ἀναμὶξ καὶ πυγμῆς. ἐν Φθίᾳ δὲ τῇ Θεσσαλῶν πυγμῆς μὲν ἢ παγκρατίου παρῆκε τὴν σπουδήν, ἐφρόντιζε δὲ ὅπως καὶ ἐπὶ δρόμῳ ἐμφανὴς ἐν Ἕλλησιν εἴη, καὶ τοὺς ἐσελθόντας ἐς τὸν δόλιχον ἐκράτησεν· ἦν δέ οἱ πρὸς Ἀχιλλέα ἐμοὶ δοκεῖν τὸ φιλοτίμημα, ἐν πατρίδι τοῦ ὠκίστου τῶν καλουμένων ἡρώων ἀνελέσθαι δρόμου νίκην. τοὺς δὲ σύμπαντας στεφάνους τετρακοσίους τε ἔσχε καὶ χιλίους. ὡς δὲ ἀπῆλθεν ἐξ ἀνθρώπων, ἀνὴρ τῶν τις ἀπηχθημένων ζῶντι αὐτῷ παρεγίνετο ἀνὰ πᾶσαν νύκτα ἐπὶ τοῦ Θεαγένους τὴν εἰκόνα καὶ ἐμαστίγου τὸν χαλκὸν ἅτε αὐτῷ Θεαγένει λυμαινόμενος· καὶ τὸν μὲν ὁ ἀνδριὰς ἐμπεσὼν ὕβρεως παύει, τοῦ ἀνθρώπου δὲ τοῦ ἀποθανόντος οἱ παῖδες τῇ εἰκόνι ἐπεξήεσαν φόνου. καὶ οἱ Θάσιοι καταποντοῦσι τὴν εἰκόνα ἐπακολουθήσαντες γνώμῃ τῇ Δράκοντος, ὅς Αθηναίοις θεσμοὺς γράψας φονικοὺς ὑπερώρισε καὶ τὰ ἄψυχα, εἴγε ἐμπεσόν τι ἐξ αὐτῶν ἀποκτείνειεν ἄνθρωπον. ἀνὰ χρόνον δέ, ὡς τοῖς Θάσιοις οὐδένα ἀπεδίδου καρπὸν ἡ γῆ, θεωροὺς ἀποστέλλουσιν ἐς Δελφούς, καὶ αὐτοῖς ἔχρησεν ὁ θεὸς καταδέχεσθαι τοὺς δεδιωγμένους. καὶ οἱ μὲν ἐπὶ τῷ λόγῳ τούτῳ καταδεχθέντες οὐδὲν τῆς ἀκαρπίας παρείχοντο ἴαμα· δεύτερα οὖν ἐπὶ τὴν Πυθίαν ἔρχονται, λέγοντες ὡς καὶ ποιήσασιν αὐτοῖς τὰ χρησθέντα διαμένοι τὸ ἐκ τῶν θεῶν μήνιμα. ἐνταῦθα ἀπεκρίνατό σφισιν ἡ Πυθία· Θεαγένην δ' ἄμνηστον ἀφήκατε τὸν μέγαν ὑμέων. ἀπορρούντων δὲ αὐτῶν ὁποίᾳ μηχανῇ τοῦ Θεαγένους τὴν εἰκόνα ἀνασώσωνται, φασὶν ἁλιέας ἀναχθέντας ἐς τὸ πέλαγος ἐπὶ ἰχθύων θήραν περισχεῖν τῷ δικτύῳ τὴν εἰκόνα καὶ ἀνενεγκεῖν αὖθις ἐς τὴν γῆν· Θάσιοι δὲ ἀναθέντες, ἔνθα καὶ ἐξ ἀρχῆς ἔκειτο, νομίζουσιν ἅτε θεῷ θύειν. πολλαχοῦ δὲ καὶ ἑτέρωθι ἔν τε Ἕλλησιν οἶδα καὶ παρὰ βαρβάροις ἀγάλματα ἱδρυμένα Θεαγένους καὶ νοσήματά τε αὐτὸν ἰώμενον καὶ ἔχοντα παρὰ τῶν ἐπιχωρίων τιμάς (Παυσανίας ΣΤ', 11, 2-9). «Οι Θάσιοι λένε, πως... όταν το παιδί ήταν εννιά χρονών, μια μέρα που γύριζε από το σχολείο στο σπίτι, απόσπασε το χάλκινο άγαλμα ενός θεού από το βάθρο του όπου ήταν στημένο στην αγορά, το έριξε στον ένα ώμο του και το έφερε στο σπίτι του, γιατί το άγαλμα αυτό του άρεσε πολύ. Η πράξη του αυτή προκάλεσε την αγανάκτηση των πολιτών, ένας όμως με υπόληψη ανάμεσα στους άλλους και προχωρημένης ηλικίας δεν άφησε τους άλλους να σκοτώσουν το παιδί, αλλά το διέταξε να φέρει πάλι το άγαλμα από το σπίτι στην αγορά. Όταν το έφερε, το παιδί απόχτησε μεγάλη φήμη για τη δύναμή του και το περιστατικό ακούστηκε σε όλη την Ελλάδα. Για τα σπουδαιότερα από τα κατορθώματα του Θεαγένη στους ολυμπιακούς αγώνες έκαμα ήδη λόγο παραπάνω... Πήρε και στα Πύθια τρεις νίκες για πυγμαχία και εννέα νίκες στα Νέμεια και δέκα στα Ίσθμια, άλλοτε για παγκράτιο και άλλοτε για πυγμαχία. Στη θεσσαλική Φθία άφησε την επίδοση στην πυγμή ή στο παγκράτιο και κοίταξε να διακριθεί ανάμεσα στους Έλληνες και ως δρομέας, και πραγματικά νίκησε στο δόλιχο δρόμο. Μου φαίνεται πως η φιλοδοξία του ήταν να κερδίσει μια νίκη στο αγώνισμα του δρόμου στην πατρίδα του Αχιλλέα, του ταχύτερου

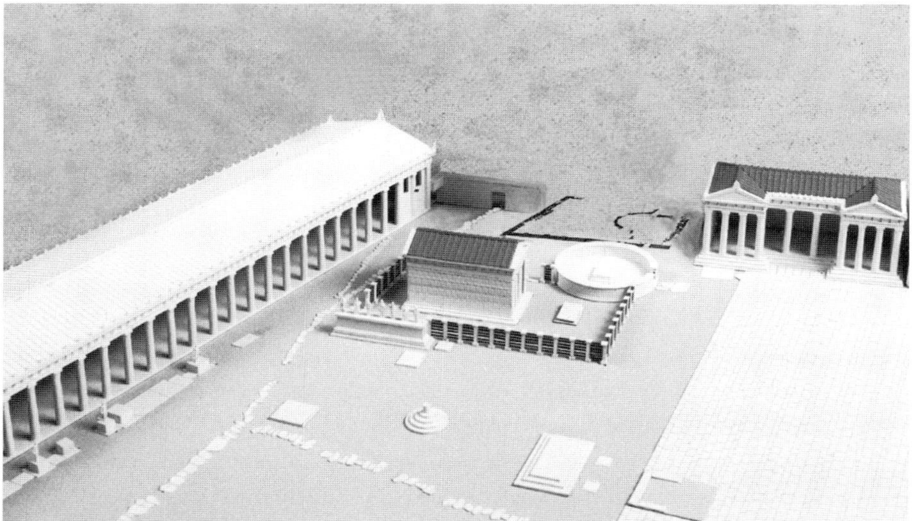

εικ. 42. Μακέτα της βόρειας γωνίας της αγοράς.

ανάμεσα σε όλους τους λεγόμενους ήρωες. Τα στεφάνια που κέρδισε για τις νίκες του ήταν όλα μαζί χίλια τετρακόσια. Όταν πέθανε, ένας από εκείνους που όσο ζούσε ο Θεαγένης ήταν εχθρός του, πήγαινε κάθε νύχτα στο χάλκινο ανδριάντα του Θεαγένη και τον μαστίγωνε σα να κακοποιούσε τον ίδιο τον Θεαγένη. Ο ανδριάντας όμως έπεσε πάνω στον άνθρωπον αυτόν και έδωσε ένα τέλος στο αισχρό του φέρσιμο. Τα παιδιά όμως του νεκρού άρχισαν δικαστικό αγώνα κατά του ανδριάντα για φόνο. Οι Θάσιοι ακολουθώντας την αντίληψη του Δράκοντα, ο οποίος με τους νόμους για φόνο τιμωρούσε με εξορία και τα άψυχα, αν κανένα από αυτά έπεφτε και σκότωνε άνθρωπο, πέταξαν στη θάλασσα τον ανδριάντα του Θεαγένη. Αργότερα, επειδή ο τόπος δεν καρποφορούσε, οι Θάσιοι έστειλαν ανθρώπους στους Δελφούς, και ο θεός τους παράγγειλε να επαναφέρουν τους εξόριστους. Εκείνοι τους επανέφεραν, αλλά δεν μπόρεσαν να γλιτώσουν από την ακαρπία. Πήγαν λοιπόν πάλι στην Πυθία και είπαν πως αν και έκαμαν ό,τι τους παράγγειλε, όμως η οργή των θεών μένει. Τότε η Πυθία τους έδωσε την εξής απάντηση: 'ξεχάσατε τον μεγάλο σας Θεαγένη'. Ενώ αυτοί βρίσκονταν σε αμηχανία με τι τρόπο θα ανασύρουν τον αδριάντα του Θεαγένη, λένε πως μερικοί ψαράδες που είχαν βγει στο πέλαγος για ψάρια, έπιασαν στα δίχτυα τον ανδριάντα και τον ξανάφεραν στην ξηρά. Οι Θάσιοι τον ξανάστησαν στη θέση του και από τότε συνηθίζουν να θυσιάζουν στον Θεαγένη σα σε θεό. Αγάλματα του Θεαγένη είδα και αλλού σε πολλά μέρη, στημένα και από Έλληνες και από βαρβάρους. Θεραπεύει από αρρώστιες και οι ντόπιοι τον τιμούν (μετάφρ. Ν. Παπαχατζή).

Το θαυματουργό άγαλμα του Θεογένη ήταν λοιπόν εγκατεστημένο στην αγορά της Θάσου. Έχουν όντως βρεθεί τα θραύσματα μιας βάσης που έφερε έναν κατάλογο με νίκες, χαραγμένο στις αρχές του 4ου αι. π.Χ., περίπου την εποχή που ο γιος του αθλητή, Δισολύμπιος (που πήρε το όνομά του από τις δύο ολυμπιακές νίκες του πατέρα του), άσκησε το λειτούργημα του θεωρού (*ÉtThas* III, 9). Πρόκειται πιθανότατα για τη βάση του αγάλματος που πρέπει να βρισκόταν κοντά στο βωμό. Η πιο πιθανή θέση είναι η ορθογώνια βάση στα βορειοδυτικά (**32**).

Έχει επίσης βρεθεί ένας μαρμάρινος κούφιος κυλινδρικός κορμός, όπου οι πιστοί κατέθεταν τις προσφορές πριν τη θυσία. Ο κορμός φέρει μια επιγραφή του 2ου αι. π.Χ.: *τοὺς θύοντας τῷ Θεογένι … ἀπάρχεσθαι εἰς τὸν θησαυρὸν μὴ ἔλασσον ὀβολοῦ· τῷ δὲ μὴ ἀπαρξάμενῳ καθότι προγέγραπται ἐνθυμιστὸν εἶναι· τὸ δὲ πεσούμενον χρῆμα ἑκάστου ἐνιαυτοῦ δοθῆναι τῷ ἱερομνήμονι· τόνδε φυλάσσειν ἕως ἂν συναχθῶσιν δραχμαὶ χίλιαι· ὅταν δὲ τὸ προγεγραμμένον πλῆθος συναχθῇ, βουλεύσασθαι τὴν βουλὴν καὶ τὸν δῆμον εἰς τί ἀνάθημα ἢ κατασκεύασμα ἀναλωθήσεται τῷ Θεογένῃ …* (*ÉtThas* V, 379). Όσοι θυσιάζουν στον Θεογένη… να ρίχνουν ως αρχή της στο θησαυρό τουλάχιστον έναν οβολό· όποιος δε συμμορφώνεται με τη γραφή να αναθεματιστεί· τα χρήματα που συγκεντρώνονται κάθε χρονιά να δίνονται στον ιερομνήμονα, κι αυτός να τα φυλάει μέχρι να μαζευτούν χίλιες δραχμές· κι όταν το ποσό αυτό συγκεντρωθεί, η βουλή και ο δήμος να συνέλθουν για να το διαθέσουν σε κάποιο ανάθημα ή κτίσμα προς τιμήν του Θεογένη.

Η επιμήκης βάση (**33**), γειτονική στο ιερό του Θεογένη, είναι ανώνυμη.

Βιβλιογραφία: R. MARTIN, «Un nouveau règlement de culte thasien», *BCH* 64-65 (1940-1941), 163-200· Fr. CHAMOUX, «Le monument "de Théogénès": autel ou statue?», *Thasiaca, BCH Suppl.* V (1979), 143-153· J. POUILLOUX, «Théogénès de Thasos... quarante ans après», *BCH* 118 (1994), 199-206 (όπου και η προγενέστερη βιβλιογραφία).

Το ιερό του Διός Αγοραίου και ο κυκλικός περίβολος (34-35) (εικ. 41 και 42)

Η βόρεια γωνία καταλαμβανόταν σχεδόν ολόκληρη από **το ιερό του Διός Αγοραίου Θασίου,** τέμενος (**34**) που οριζόταν από χαμηλή περίφραξη, περίπου ως το ύψος της μέσης. Διατηρούνται οι υποδοχές για τους μαρμάρινους πεσσούς του στηθαίου. Η περίφραξη αυτή ήταν διάφωτη, εκτός από τη στενή νοτιοανατολική πλευρά όπου το διάστημα μεταξύ των πεσσών καταλαμβανόταν από κάθετες πλάκες. Η επιγραφή σε έναν από τους πεσσούς βεβαιώνει την ταύτιση: *Διός Ἀγοραίου Θασίου* (*IG* XII 8, 361).

Δύο ανοίγματα, το ένα στη δυτική γωνία και το άλλο στη βορειοανατολική, παρείχαν πρόσβαση στο εσωτερικό της περίφραξης. Ένας μικρός ναός (διαστάσεις: 11,65 × 6,10μ.), απλός σηκός με πρόναο, έβλεπε στα νοτιοανατολικά προς ένα βωμό. Η κατασκευή του συνόλου αυτού, ιδιαίτερα κατεστραμμένου σήμερα καθώς υφίστανται μόνο τα θεμέλια, μπορεί να τοποθετηθεί στις αρχές του 4ου αι. π.Χ.

Αργότερα (3ος-2ος αι. π.Χ.), ένας υπαίθριος **κυκλικός περίβολος** (**35**) (σώζονται ορθογώνιοι λίθοι και τοιχόκρανα) καταπατά την ανατολική γωνία του ιερού, αντικαθιστώντας ένα μικρότερο κυκλικό μνημείο, που κι αυτό είχε διαδεχθεί με τη σειρά του ένα αρχαϊκό κτίσμα, από το οποίο σώζεται τμήμα πολυγωνικού τοίχου. Η κορυφή του τοίχου, με κάθετο προσανατολισμό σε σχέση με το κατώφλι, ανέρχεται μέχρι το σημερινό επίπεδο του εδάφους. Στο κέντρο του κυκλικού περιβόλου διατηρείται το θεμέλιο ενός ορθογώνιου βωμού: το πηγάδι που βρίσκεται ανάμεσα στο θεμέλιο αυτό και στο κατώφλι είναι μεταγενέστερης εποχής. Αριστερά της εισόδου, μια τετράγωνη βάση έφερε άγαλμα σε κυκλικό βάθρο.

Βιβλιογραφία: Fr. CHAMOUX, *BCH* 73 (1949), 543-544· G. ROUX, P. LÉVÊQUE, *BCH* 74 (1950), 333-341.

Η βάση σε σχήμα πλώρης και η εξέδρα (37)

Μπροστά από τη στοά **15**, μια βάση σε σχήμα πλώρης με διακόσμηση σπειροκυμάτων στα πλάγια, στο κέντρο μιας ορθογώνιας εξέδρας που περιβάλλεται εσωτερικά από θρανία, είναι το μοναδικό απομεινάρι ενός αναθηματικού μνημείου του 2ου αι. π.Χ. Πρόκειται για έναν τύπο αναθήματος γνωστό από τον 3ο αι. π.Χ. στη Ρόδο, του οποίου το πιο διάσημο παράδειγμα είναι η Νίκη της Σαμοθράκης.

Στον 2ο αι. μ.Χ., πιθανότατα, η νοτιοανατολική πλευρά του πεδίου της αγοράς καλύφθηκε από πλακόστρωτο. Τα περισσότερα μνημεία ήταν σε χρήση καθ' όλη τη νεότερη αυτοκρατορία: οι Θάσιοι ανέθεσαν ανδριάντες αυτοκρατόρων, συχνά εφήμερων, με αποτέλεσμα να πελεκούν στη συνέχεια πάνω στις βάσεις τα ονόματα των αυτοκρατόρων που ήταν καταδικασμένοι σε *damnatio memoriae* (να ξεχαστούν). Η ερείπωση των κλασικών κτηρίων ολοκληρώθηκε, όταν κατασκευάστηκε πίσω από τη στοά με τα παρασκήνια (**12**) μια χριστιανική βασιλική, με υλικά διαρπαγμένα από γειτονικά οικοδομήματα.

Βιβλιογραφια: J. POUILLOUX, P. LÉVÊQUE, Chr. DUNANT, L. GHALI, *BCH* 76 (1952), 253-254: πλακόστρωση της αγοράς.

Παλαιοχριστιανικά λείψανα στα βορειοανατολικά της αγοράς

Η βασιλική της αγοράς (13) (εικ. 31)

Προσανατολισμένη με ακρίβεια στα ανατολικά, η βασιλική μήκους 22,50μ. ανέρχεται κατά την πρώτη της φάση στον 5ο αι. μ.Χ.

α) Στα δυτικά, ο *νάρθηκας* καταλαμβάνει όλο το πλάτος του μνημείου. Η πρόσβαση στο εσωτερικό γινόταν από δύο πόρτες στη δυτική πρόσοψη, ασύμμετρα τοποθετημένες.

β) Ο κυρίως *ναός* ήταν τρίκλιτος και αρχικά κατέληγε στα ανατολικά σε μία και μόνη κεντρική ημικυκλική αψίδα. Στο εσωτερικό της αψίδας, τρεις ομόκεντρες βαθμίδες σχημάτιζαν το *σύνθρονο*. Τα πλάγια κλίτη χωρίζονταν από το μεγαλύτερο κεντρικό με κιονοστοιχίες, από τις οποίες σώζονται *in situ* οι βάσεις (αλλά έχουν επίσης βρεθεί αρκετοί κορμοί). Στο πλακόστρωτο του δεξιού κλίτους εντάχθηκαν σε δεύτερη χρήση πολλά μέλη κλασικών οικοδομημάτων, συχνά ενεπίγραφα. Στο αριστερό κλίτος σκάφτηκε πηγάδι και ο τοίχος διατρεχόταν από θρανίο. Δυτικά από το κατώφλι του ανοίγματος που παρείχε πρόσβαση από το τμήμα αυτό προς το νάρθηκα, σχεδιάστηκε στο δάπεδο, με μικρά λευκά χαλίκια μέσα σε κοκκινωπό κονίαμα, ένα κάνιστρο με δικτυωτό πυθμένα και μια επιγραφή που μνημονεύει τον Ακάκιο (*ÉtThas* V, 362· για το πρόσωπο αυτό, βλ. στη συνέχεια, δ).

γ) Στην αρχική κάτοψη προστέθηκαν κάποιες δευτερεύουσες κατασκευές: στην προέκταση του δεξιού κλίτους, ένα *διακονικό* με αψίδα στα ανατολικά· στα βόρεια ένας βοηθητικός χώρος στον άξονα του αριστερού κλίτους.

δ) Η πιο ιδιαίτερη διαμόρφωση, ένα *μαρτύριο*, εμφανίζεται στα βορειοδυτικά. Μια μικρή πόρτα στη βόρεια στενή πλευρά του νάρθηκα οδηγούσε σε ένα τετράγωνο δωμάτιο. Πάνω στο δάπεδο, ένα ψηφιδωτό με επιγραφή που βρέθηκε σε κακή κατάσταση, κατονόμαζε τους αρχιερείς που επιμελήθηκαν της κατασκευής (*ÉtThas* V, 361). Από κάτω, υπήρχε κρύπτη με τρία επιμήκη κελιά (2 × 0,80μ.), με προσανατολισμό ανατολικό-δυτικό, τα οποία άνοιγαν στα δυτικά σε έναν προθάλαμο. Οι γραπτές επιγραφές στο προσκεφάλαιο καθενός από τα κελιά, ανάμεσα σε λατινικούς σταυρούς, πληροφορούν ότι πρόκειται για τάφους (ή οστεοθήκες). Τα δύο ακραία κελιά υποδέχθηκαν δύο ιερωμένους, εκ των οποίων μία διάκονο, ενταφιασμένους *ad sanctos*. Το κεντρικό ανήκε στον μάρτυρα Ακάκιο (ΑΚΑΚΙΟΥ ΜΑΡΤΥΡΟΣ, *ÉtThas* V, 363), τον οποίο μπορούμε να ταυτίσουμε με τον Καππαδόκη στρατιώτη που αποκεφαλίστηκε το 303 στην Κωνσταντινούπολη. Σύμφωνα με ένα χρονικό, αρχικά τάφηκε στην Κωνσταντινούπολη, ώσπου οι πολιτικές ταραχές επέφεραν τη σύληση του τάφου του· τότε τα λείψανά του διασκορπίστηκαν σε διάφορες βασιλικές.

Σε όλο το βορειοδυτικό τμήμα της αγοράς, εκτεινόταν ένα νεκροταφείο που σχετίζεται με τη βασιλική.

Κάτω από τη βασιλική, όπως και στα βόρεια του κτηρίου, αποκαλύφθηκαν οικοδομικά λείψανα προφανώς κατοικιών, που εκτείνονται από τον 6ο αι. π.Χ. ως την αυτοκρατορική εποχή.

Βιβλιογραφία: Ch. Delvoye, *BCH* 75 (1951), 154-164.

Η ρωμαϊκή συνοικία στα νότια της αγοράς, η οδός της εξέδρας και το ωδείο

Γενική κάτοψη με αποκατάσταση ***(εικ. 43)***

Στα νοτιοανατολικά της αγοράς περνά η **μεγάλη οδός** που συνιστούσε την κύρια αρτηρία της πόλης. Συνέδεε, από τα βορειοανατολικά προς τα νοτιοδυτικά, τον τομέα του Αρτεμισίου (**52-55**) και του Διονυσίου (**56**) με την περιοχή του Ηρακλείου (**76-80**). Στο τμήμα προς την αγορά στα νότια, το οδόστρωμα που έχει στρωθεί με μάρμαρο και διατρέχεται από αγωγό (**εικ. 44**), αποκαλύφθηκε σε μήκος περίπου πενήντα μέτρων (**43**). Οι προσόψεις των εκατέρωθεν κτηρίων δεν έχουν εξ ολοκλήρου ερευνηθεί. Διακρίνονται, όμως, στις πλευρές της οδού τα λείψανα παλαιοχριστιανικών κατοικιών που μερικά καταπατούν το οδόστρωμα. Στους τοίχους έχουν ενταχθεί μέλη σε δεύτερη χρήση, που προέρχονται κυρίως από την κατεδάφιση των κτηρίων της περιοχής. Από κάτω, στη βορειοδυτική πλευρά, εμφανίζεται μια σειρά

εικ. 43. Τομέας στα νότια της αγοράς· αποκατάσταση κάτοψης (1: 800)· βλ. έγχρωμο υπόμνημα, σ. 15.

εικ. 44. Η μεγάλη πλακόστρωτη αρτηρία· άποψη από την αγορά.

από κατώφλια καταστημάτων της αυτοκρατορικής εποχής. Μπροστά, στην άκρη του δρόμου, μια στοά στέγαζε το πεζοδρόμιο· από κάτω περνάει ο υπόνομος του οποίου φαίνονται οι καλυπτήριες πλάκες.

Στο νότιοανατολικό άκρο του δρόμου βρίσκεται μια **εξέδρα** (**44**) που, τον 1ο αι. μ.Χ., κατά παραγγελία του Θασίου Τιβερίου Κλαυδίου Κάδμου, κοσμήθηκε με αγάλματα της οικογένειάς του από τον ντόπιο γλύπτη Λιμένδα, γιο του Χαροπίνου (**εικ. 45** και **46**). Πάνω σε υπόβαθρο με τρεις βαθμίδες, σώζεται ο ημικυκλικός τοίχος, με επίστεψη ιωνικού τύπου ζωφόρου με βούκρανα και βλαστόσπειρες, που έφερε τα αγάλματα.

Λίγο μακρύτερα, στην άλλη πλευρά του δρόμου, διαμορφώθηκε στον 2ο αι. μ.Χ. μια **αυλή** (**40**) στρωμένη με εκατό μαρμάρινες πλάκες που δε σώζονται, περιστοιχισμένη από ιωνικό περιστύλιο συνολικά είκοσι κιόνων (εσωτ. διαστάσεις του στυλοβάτη: 13,72 × 8,90μ.). Η αυλή αυτή ήταν

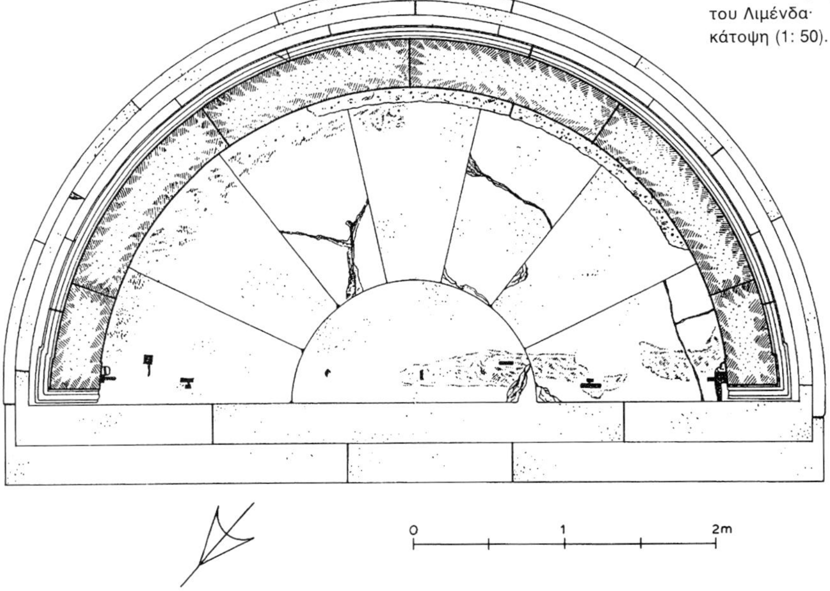

εικ. 45. Η εξέδρα του Λιμένδα· κάτοψη (1: 50).

εικ. 46. Η εξέδρα του Λιμένδα· ανωδομή (1: 50).

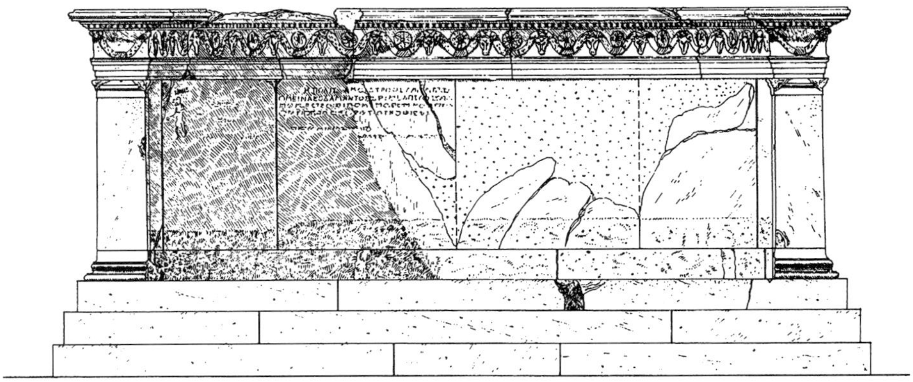

προσβάσιμη από το δρόμο διαμέσου μιας επτάστυλης κιονοστοιχίας στη νοτιοανατολική πρόσοψη. Μια άλλη κιονοστοιχία, πεντάστυλη εν παραστάσι, όριζε τη βορειοδυτική πλευρά του χώρου. Σώζονται αξιοσημείωτα μέλη της ανωδομής: βάσεις κιόνων, γείσο-σίμη με οδόντες και υδρορρόες με λεοντοκεφαλές, ταινιωτό επιστύλιο.

Η αυλή αυτή χρησίμευε ως κυκλοφοριακός κόμβος: από εδώ ξεκινούσε μια οδός που οδηγούσε προς τη θάλασσα. Εντοπίστηκε κατά τη διάρκεια των ανασκαφών για την ανέγερση του νέου μουσείου, ακριβώς στην προέκταση της βορειοανατολικής στοάς της «αυλής με τις εκατό πλάκες»· κατέληγε σε μία από τις πύλες του τείχους, πενήντα μέτρα νότια από την παραθαλάσσια πύλη (**4**).

Στα δυτικά της «αυλής με τις εκατό πλάκες» διακρίνεται η γωνία ενός ορθογώνιου οικοδομήματος της κλασικής περιόδου που υπέστη μετατροπές κατά την αυτοκρατορική εποχή (**41**)· αρχικά περιελάμβανε μια αυλή με δύο επιμήκεις αίθουσες, που στη συνέχεια χωρίστηκαν στα δύο. Η λειτουργία τους παραμένει άγνωστη.

Ανάμεσα στην «αυλή με τις εκατό πλάκες » και στην αγορά, εκτεινόταν ένας εκτεταμένος δημόσιος χώρος που αποτελούνταν από μια μεγάλη αυλή με πηγάδι στο μέσο της και από κτήρια που αναπτύσσονταν σε τρεις από τις πλευρές της (**38**). Η πρόσβαση σε αυτήν ήταν δυνατή από την αγορά από την ιωνική δίοδο **21**, της οποίας ο μνημειακός χαρακτήρας υπογραμμίζει τη σπουδαιότητα, αλλά και από την αυλή με τις εκατό πλάκες **40** μέσω ενός μακρού διαδρόμου. Οι νέες ανασκαφές στον τομέα αυτόν, οι οποίες συνεχίζονται από το 1996, αποκάλυψαν ότι είχε διαμορφωθεί από τα τέλη του 4ου αι. π.Χ. και υπέστη μετατροπές στις αρχές της αυτοκρατορικής εποχής: εδώ βρισκόταν το ***macellum***, η εμπορική αγορά των Ρωμαίων. Οι διάφορες αίθουσες που εικονίζονται στην κάτοψη της **εικ. 43** είναι καταστήματα και εργαστήρια τα οποία, ανεξάρτητα από τις επιμέρους μετατροπές, ήταν σε λειτουργία μέχρι την παλαιοχριστιανική εποχή.

Τέλος, κοντά στη μεγάλη οδό, στα νοτιοανατολικά, βρίσκεται ένα **ωδείο** ή θέατρο (**42**). Το μαρμάρινο αυτό οικοδόμημα (με 52μ. πρόσοψη), στραμμένο στα βορειοδυτικά, δεν είναι εξ ολοκλήρου ορατό, μια και ένα τμήμα καλύπτεται από το σύγχρονο δρόμο. Το εύρος του κτηρίου γίνεται αισθητό μόνο αν κοιτάξει κανείς την κάτοψη της **εικ. 43**. Παρατηρούμε την αρχή ενός εξωτερικού ημικυκλικού τοίχου, τις παρόδους, την ορχήστρα που αντιστοιχεί στα δύο τρίτα του κύκλου (διάμετρος 12,92μ.), και το κάτω τμήμα του κοίλου, όπου διατηρούνται τρεις σειρές εδωλίων που σχηματίζουν πέντε κερκίδες διαιρούμενες από έξι κλίμακες. Ψηλότερα, η ανασκαφή αποκάλυψε μια κυψελωτή διάταξη και βαθιά θεμέλια που έφεραν δεκαοχτώ κίονες (ή δεκαέξι κίονες και δύο ψευδοπαραστάδες) σε αψιδωτή διάταξη, πάνω από δεκατρία (;) μαρμάρινα εδώλια που πρέπει να αποτελούσαν το κοίλο. Οι κίονες αυτοί έφεραν απαραίτητα θριγκό και στέγη. Ανάμεσα στην κιονοστοιχία και στον εξωτερικό τοίχο ξεδιπλωνόταν μια καλυμμένη στοά ή δίοδος, στην οποία οδηγούσαν δύο κλίμακες που ξεκινούσαν από τα άκρα των παρόδων. Είναι αξιοσημείωτο πως η νοτιοδυτική κλίμακα καταργήθηκε αρκετά σύντομα και η πρόσβαση σε αυτήν έκλεισε. Από τη δίοδο η κάθοδος γινόταν ξανά προς τα εδώλια, τα οποία δε διέθεταν άλλη πρόσβαση, μέσω ακτινωτών κλιμάκων εγκατεστημένων στα μεταξόνια των κιόνων.

Το μικρό ωδείο του Δίου, ένα οικοδόμημα λιγότερο μνημειακό αλλά αντίστοιχο ως προς τη σύλληψη, αποτελεί ένα εντυπωσιακό παράλληλο. Η εγκατάσταση κοντά στην αγορά, η ταυτότητα της κάτοψης και του συστήματος της κυκλοφορίας στο Δίον και στη Θάσο εξηγούνται αναμφίβολα από την ταυτότητα των λειτουργιών, αν και σχετικά με αυτό είμαστε υποχρεωμένοι να αρκεστούμε σε εικασίες. Δύο υποθέσεις έχουν προταθεί: βουλευτήριο ή χώρος μουσικών εκδηλώσεων.

Το κτήριο αυτό οικοδομήθηκε αναμφίβολα στο δεύτερο μισό του 2ου αι. μ.Χ., στο πλαίσιο ενός μεγάλου προγράμματος εξωραϊσμού του κέντρου της πόλης, στο οποίο πρέπει να ανήκει και η «αυλή με τις εκατό πλάκες» (**40**), η ανακαίνιση της μεγάλης οδού (**43**) που στρώθηκε τότε με μάρμαρο, καθώς και η ανέγερση μιας μνημειακής αψίδας (**81**) στο νότιο άκρο της οδού αυτής, προς τη μεριά του Ηρακλείου (**76-80**). Πρόκειται για ένα από τα σπάνια οικοδομήματα της Θάσου που, στην αυτοκρατορική εποχή, παρουσιάζουν τυπικά ρωμαϊκές τεχνικές κατασκευής (τοίχοι σε *opus caementicium*, εσωτερικές τεταρτοσφαιρικές κόγχες), ωστόσο καλύπτονται από μαρμάρινες πλίνθους, τουλάχιστον στους εσωτερικούς χώρους.

Στα νοτιοανατολικά και στα νοτιοδυτικά του ωδείου αποκαλύφθηκαν αρκετές κατοικίες της αυτοκρατορικής εποχής, κτισμένες ενίοτε πάνω στα λείψανα αρχαιότερων κτηρίων.

Βιβλιογραφία: Y. Béquignon, P. Devambez, «Fouilles de Thasos (1925-1931)», *BCH* 56 (1932), 232-286· – Fr. Salviat, Cl. Rolley, *BCH* 89 (1965), 928-929· – Cl. Rolley, *BCH* 90 (1966), 966-981· – Y. Grandjean, *ÉtThas* XII (1988), 328-329· – Σ. Δουκατα, Ν. Ζικος, Χ. Μπακιρτζης, «Σωστική ανασκαφή στο οικόπεδο ανέγερσης του νέου Μουσείου Θάσου», *ΑΕΜΘ* 3 (1989) [1992], 521-534· – Β. Πουλιος, Α. Παπανικολαου, «Η κλασική κτιριακή φάση στο χώρο ανέγερσης του νέου Μουσείου της Θάσου», στο ίδιο, 535-546· — J.-Y. Marc, *La ville de Thasos de la basse époque hellénistique à l'époque impériale* (αδημ. διδ. διατριβή, Παρίσι, 1994)· του ίδιου «Μια νέα αποκατάσταση για το ωδείο της Θάσου», *ΑΕΜΘ* 8 (1994) [1998], 327-333· – Π. Μαλαμα, «Ρωμαϊκό σπίτι στο Λιμένα Θάσου», *ΑΕΜΘ* 7 (1993) [1997], 593-600. Η έρευνα της αυλής **38** διεξάγεται ακόμη από τον J.-Y. Marc: J.-Y. Marc, H.-L. Fernoux, *BCH* 123 (1999), 487-496 (με την προηγούμενη βιβλιογραφία)· M. Kohl, J.-Y. Marc, *BCH* 125 (2001), 592-600· J.-Y. Marc, P. Mougin, M. Wurch-Kozelj, «Les abords Sud de l'agora», *BCH* 128-129 (2004-2005) [2008], 752-759· *BCH* 131 (2007) [2009], 938-946· J.-Y. Marc κ.ά., *BCH* 132 (2008) [2010], 737-765.

Η Δίοδος των θεωρών (46)

Η μεγάλη οδός που ξεκινά από το Ηράκλειο (**76-80**) ακολουθεί κατά μήκος την αγορά στα νοτιοανατολικά, περνώντας μπροστά από μια συστοιχία καταστημάτων (**18**) με κανονική ορθογώνια κάτοψη. Κατέληγε σε έναν ανοιχτό χώρο, στον οποίο η πρόσβαση από την αγορά, κατά την αυτοκρατορική εποχή, γινόταν από ανοίγματα στα άκρα των στοών **15** και **17α** (**εικ. 31**). Στο νοτιοανατολικό τμήμα του ανοικοδόμητου αυτού χώρου αποκαλύφθηκε μια μεγάλη βάση (**45**), που υπογραμμίζει το δημόσιο χαρακτήρα της περιοχής.

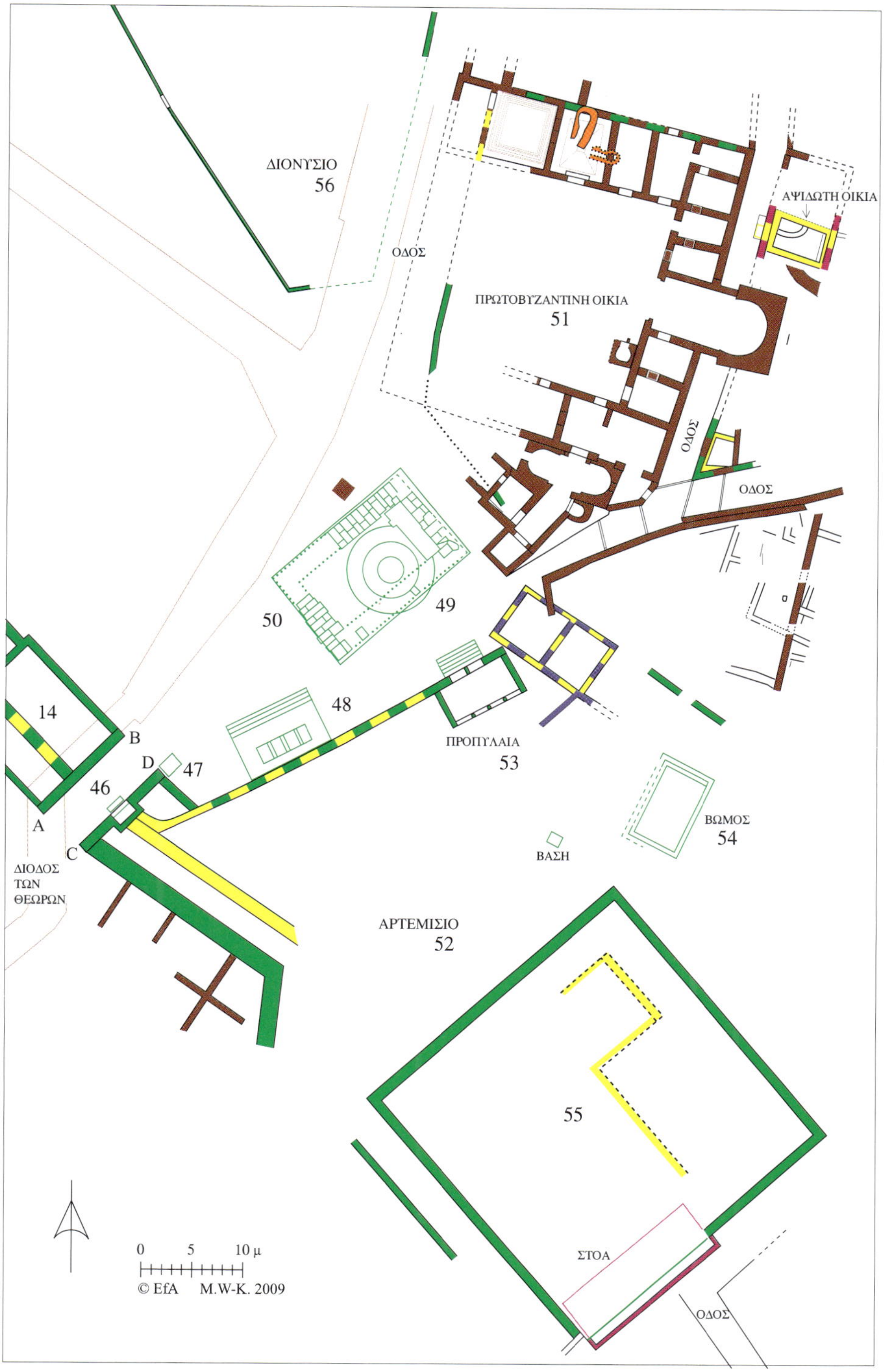

εικ. 47. Τομέας στα βορειοανατολικά της αγοράς· αποκατάσταση κάτοψης (1: 700)· βλ. έγχρωμο υπόμνημα, σ. 15.

εικ. 48. Δίοδος των θεωρών, βορειοδυτικός τοίχος (Α-Β)· ο Απόλλων και οι Νύμφες εκατέρωθεν κόγχης προσφορών. Λίγο πριν το 480 π.Χ. (Μουσείο του Λούβρου· αρ. ευρ. ΜΑ 636 Α).

Η οδός διέσχιζε στη συνέχεια μια μνημειακή δίοδο, εγκατεστημένη ήδη από τον 5ο αι. (γύρω στο 480 π.Χ.). Πλαισιωνόταν στις πλευρές από μαρμάρινους τοίχους μήκους 11μ. Επιμελώς δομημένοι σε στρώσεις ορθογώνιας λιθοδομής, με προοδευτική ελάττωση προς τα πάνω, απέληγαν σε παραστάδες. Ο νοτιοανατολικός (C-D) τοίχος χρησίμευε στην πλευρά αυτή ως ανάλημμα στο υπερκείμενο άνδηρο, ενώ ο αντικρινός του στα βορειοδυτικά (Α-Β) χώριζε το δρόμο (πλάτους 4,60μ.) από ένα σύνολο δωματίων (**14**), που σχετίζονται με την αγορά (**εικ. 47**).

Οι δύο παρειές κοσμούνταν με θαυμάσια ανάγλυφα, τα οποία ο Γάλλος περιηγητής E. Miller εντόπισε το 1864 και μετέφερε στο Λούβρο. Η μεγαλύτερη ανάγλυφη πλάκα (**εικ. 48**), επονομαζόμενη του Απόλλωνα και των Νυμφών, καταλάμβανε το μέσο του βορειοδυτικού τοίχου (Α-Β). Στα αριστερά ο Απόλλωνας, με μακρύ χιτώνα και ιμάτιο, κατ' ενώπιον και κρατώντας στο αριστερό χέρι κιθάρα, στεφανώνεται από μια ακόλουθο· στην άλλη πλευρά του ναΐσκου που καταλαμβάνει το κέντρο του αναγλύφου, τρεις Νύμφες φέρνουν στόν θεό προσφορές, ταινίες και καρπούς. Πάνω από το ναΐσκο, μια επιγραφή ορίζει το τελετουργικό της λατρείας: *Νύμφησιν κ' Ἀπόλλωνι Νυμφηγέτῃ θῆλυ καὶ ἄρσεν ἂμ βόλῃ προσέρδεν· ὄϊν οὐ θέμις οὐδὲ χοῖρον· οὐ παιωνίζεται* (*IG* XII 8, 358). Στις Νύμφες και στον Απόλλωνα Νυμφηγέτη, θυσίασε αρσενικό ή θηλυκό, κατά τη βούλησή σου· μη θυσιάσεις προβατίνα ούτε χοίρο, ούτε να ψαλεί παιάνας.

Η διάταξη του τοίχου C-D ήταν διαφορετική. Μια πλατιά εσοχή στο μέτωπο του τοίχου φιλοξενούσε ένα βωμό με κάτοψη σε Π (**εικ. 49**). Εκατέρωθεν της βάθυνσης, βρίσκονταν δύο ανάγλυφες συμμετρικές πλάκες: στην αριστερή, οι Χάριτες υψώνουν τα χέρια κρατώντας προσφορές, στεφάνια και καρπούς· στη δεξιά, ο Ερμής προχωρά μπροστά από μια γυναίκα που κρατά στεφάνι· ντυμένος με χλαμύδα και φρύγιο πίλο, στο αριστερό χέρι κρατά το κηρύκειο και δείχνει με το δεξί το βωμό. Μια επιγραφή ορίζει:

εικ. 49. Δίοδος των θεωρών, νοτιοανατολικός τοίχος (C-D): τα δύο ανάγλυφα που πλαισίωναν το βωμό· ο Ερμής και οι Χάριτες. Λίγο πριν το 480 π.Χ. (Μουσείο του Λούβρου· αρ. ευρ. MA 696 B και C).

Χάρισιν αἶγα οὐ θέμις· οὐδὲ χοῖρον (*IG* XII 8, 358). Στις Χάριτες μη θυσιάσεις κατσίκα ή χοίρο.

Αν και αρχαϊκού στυλ, ο Απόλλωνας και ο Ερμής κινούνται πιο ελεύθερα απο τις καθ' όλα ιερατικές μορφές των Νυμφών και των Χαρίτων. Η ατμόσφαιρα σιωπηλής κατάνυξης που γεννιέται από το γαλήνιο ρυθμό των στάσεων, η απλή και συνάμα εκλεπτυσμένη χάρη των μορφών, το επιμελές σκάλισμα του αναγλύφου κατατάσσουν τα έργα αυτά μεταξύ των πιο αντιπροσωπευτικών της μετάβασης από τον αρχαϊκό στον αυστηρό ρυθμό.

Μπορεί κανείς να αναρωτηθεί γιατί αυτές οι θεϊκές μορφές παρουσιάζονται σε δύο ομάδες, και γιατί αυτές οι ειδικές ρυθμίσεις; Πράγματι, μέσα στη δίοδο, αυτόν τον τοπογραφικό «κόμβο», επιχειρείται μια προσέγγιση ανάμεσα σε δύο γειτονικές λατρείες, ριζωμένες από πολύ παλιά:

1) Οι *Χάριτες*: το ιερό των Χαρίτων, θεοτήτων που προστατεύουν την ομόνοια μέσα στην πόλη, βρισκόταν εκεί, στο τέλος της μεγάλης οδού· το πληροφορούμαστε από ένα κείμενο του 5ου αι. π.Χ. (τη «στήλη του λιμανιού», *ÉtThas* XIV).

2) Οι *Νύμφες*: η εξαιρετική σπουδαιότητα των δημόσιων πηγαδιών υπογραμμίζεται από τη μνημειακή τους διαμόρφωση στην πλατεία-κόμβο, στα βορειανατολικά (**48**, **49**). Οι Νύμφες (Ναϊάδες) προστατεύουν τα αναβλύζοντα νερά, τις πηγές και τις κρήνες (που συχνά αποκαλούνται «νυμφαία»). Είναι φυσικό να τιμώνται στο σημείο όπου ανοίχθηκαν τα μεγάλα πηγάδια της πόλης.

Οι Χάριτες και οι Νύμφες είναι θεότητες του παλαιού καιρού. Έχουν την πρωτοκαθεδρία στους ιερούς νόμους. Αλλά στην αυγή των κλασικών χρόνων απεικονίζονται να οδηγούνται από τους Ολύμπιους θεούς.

Μέσα στην οδό, στα αριστερά της εσοχής, αποκαλύφθηκε ένας βωμός περίπου μισό μέτρο κάτω από το σημερινό επίπεδο: επρόκειτο για μια ορθογώνια εστία *(εσχάρα)*, περιβεβλημένη από μαρμαρόπλακες, επενδεδυμένες στο εσωτερικό από πλάκες γνευσίου, γεμάτη στάχτες και καμένα οστά. Προγενέστερος των τοίχων A-B και C-D, μαρτυρά την παλαιότητα της λατρείας των Χαρίτων. Ένας τρίτος βωμός, με κάτοψη σε Π, εφαπτόταν στο βορειοανατολικό άκρο (D) του νοτιοανατολικού τοίχου (C-D). Στα αριστερά του θεμελίου του βωμού αυτού, βρέθηκε μια βάση με δύο βαθμίδες που φυλάσσεται στο μουσείο, στην οποία χαράχθηκε στις αρχές του 4ου αι. π.Χ. μια ανάθεση στην Προπυλαία Αθηνά (**47**). Κι άλλα αναθήματα ήταν άλλοτε παρατεταγμένα κατά μήκος του νοτιοανατολικού τοίχου (C-D). Ένα από αυτά ήταν αφιερωμένο στην Εστία από τους *απολόγους* (σ. 269). Άλλωστε, τα ίχνη από καρφιά πάνω στους τοίχους υποδηλώνουν ότι συνήθιζαν να κρεμούν μέσα στη δίοδο στεφάνια και ταινίες ως προσφορές.

Στο δεύτερο μισό του 4ου αι. αντιγράφηκε πάνω στο βορειοδυτικό τοίχο της διόδου (A-B) ο ανακεφαλαιωτικός κατάλογος των *θεωρών* της **Θάσου** (σ. 267). Τα ονόματα των αρχόντων αυτών συγκεντρώθηκαν, ήδη από το 540 π.Χ., σε τριάδες που αντιστοιχούν στην ετήσια σύνθεση του σώματος και στην αρχή του καταλόγου αναφέρονται πρόσωπα που είχαν θητεύσει σε ακόμα παλαιότερη περίοδο. Ο κατάλογος αυτός ενημερωνόταν στη συνέχεια κάθε χρόνο μέχρι την αυτοκρατορική εποχή.

Ποια ήταν αρχικά η όψη του μνημείου; Το επικλινές πλακόστρωτο που βλέπουμε σήμερα χρονολογείται από την ύστερη αυτοκρατορική περίοδο. Τον 5ο αι. π.Χ., υπήρχε άραγε ήδη μια παρόμοια ράμπα; Αυτή η λύση προκρίθηκε στις εικ. **50, 51** και **52**. Σύμφωνα με μια άλλη υπόθεση, το επίπεδο της διόδου θα βρισκόταν στο ύψος της οριζόντιας πλίνθου, η οποία και στους δύο τοίχους εξασφαλίζει τη μετάβαση ανάμεσα στα θεμέλια από κυφωτές λιθοπλίνθους και στην ανακαινισμένη ανωδομή. Μια σκάλα στο νοτιοδυτικό άκρο θα εξισορροπούσε το ανισόπεδο, περίπου ενός μέτρου, με το επίπεδο της παρακείμενης πλατείας. Οι τοίχοι πάνω από την πλίνθο έφθαναν σε ύψος 5μ. περίπου. Δεδομένης της απουσίας τοιχοκράνου, μπορούμε να αναρωτηθούμε αν η δίοδος διέθετε ή όχι κάλυψη. Η καλή διατήρηση των αναγλύφων και του καταλόγου των θεωρών προϋποθέτει την ύπαρξη στέγης (δίριχτης μάλλον παρά επίπεδης). Αυτή η υπόθεση ενισχύεται από το γεγονός ότι ανάλογο σύστημα υπήρχε στις κύριες πύλες του τείχους, των οποίων τα ανάγλυφα καλύπτονταν από τις υψηλότερες στρώσεις του μεταπυργίου. Στο πλαίσιο της υπόθεσης αυτής, οι καπνοί από τις θυσίες που γίνονταν στο βωμό εντός του τοίχου C-D μπορούσαν να φεύγουν άνετα από το πάνω μέρος της εσοχής, που έπαιζε έτσι ρόλο καπνοδόχου (**εικ. 50**).

εικ. 50. Δίοδος των θεωρών· σχεδιαστική αποκατάσταση του βωμού μέσα στον τοίχο C-D.

ΧΑΡΙΣΙΝΑΙΛΑΩΝΟΕΜΙΣΩΝΔΕΧΩΙΡΩΝ

Βαθιές τομές που ανοίχθηκαν κάτω από το σημερινό πλακόστρωτο έδειξαν ότι από τον 6ο αι.

υπήρχε στο σημείο αυτό μια δίοδος με τον ίδιο προσανατολισμό, στενότερη και οριζόμενη από τοίχους πιο απλής κατασκευής, που έπαιζαν συγχρόνως ρόλο αναλημμάτων. Ο ένας από αυτούς, στη βορειοδυτική πλευρά, διαμόρφωνε μαζί με την παλαιότερη φάση του κεντρικού διαμήκους τοίχου του κτηρίου (**14**) που οικοδομήθηκε στα βορειοδυτικά της Διόδου των θεωρών, τη γωνία ενός από τα αναλήμματα. Ο τοίχος που βρισκόταν στην άλλη πλευρά σχετιζόταν επίσης με ένα ανάλημμα το οποίο στρεφόταν προς τα νοτιοανατολικά και του οποίου τα λείψανα είναι ακόμη ορατά πίσω και χαμηλότερα από το βωμό του τοίχου C-D της Διόδου των θεωρών. Στις αρχές του 5ου αι. π.Χ., το άνδηρο αυτό διευρύνθηκε προς τα νοτιοδυτικά με την κατασκευή ενός νέου αναλήμματος που αρθρωνόταν πάνω στον ίδιο τοίχο C-D, στο νότιο άκρο του (C).

Εξάλλου οι έρευνες του 1994 και του 1999 αποκάλυψαν στη δίοδο του 6ου αι., σε δύο επίπεδα, ίχνη από στρόφιγγες πόρτας. Η χρονολογία μένει να προσδιοριστεί. Αυτή η ανακάλυψη οδηγεί στην αναθεώρηση των δύο υποθέσεων σχετικά με τη «δίοδο» των θεωρών. Μπορούσε κανείς να τη δει ως τη διάδοχο ελεύθερων διόδων, διαμορφωμένων ανάμεσα σε άνδηρα που αρθρώνονταν στις υπώρειες της πλαγιάς, επιτρέποντας τη διέλευση ανάμεσα στο ένα τμήμα του αρχαϊκού οικισμού που βρισκόταν στα βόρεια και βορειοδυτικά και στο άλλο τμήμα της πόλης στα νοτιοδυτικά. Μπορούσαμε επίσης να θεωρήσουμε ότι αποτελούσε υπόμνηση μιας παλιότερης πύλης σε μια γραμμή οχύρωσης που χρησιμοποιούσε το φυσικό ανάγλυφο και τα αναλήμματα, προστατεύοντας την κοιλότητα και τις βόρειες συνοικίες. Η αμφιβολία έχει αρθεί· μια πύλη υπήρξε για κάποιο διάστημα και μάλιστα όταν η κατοικημένη περιοχή ήταν αρκετά εκτεταμένη, ώστε αυτή η ασφαλής ζώνη να καλύπτει έναν μόνο τομέα του οικισμού.

Η πύλη αυτή δεν είχε πλέον λόγο ύπαρξης μετά από την κατασκευή του περιβόλου που περιέκλεισε στις αρχές του 5ου αι. π.Χ. όλο το δομημένο χώρο. Η δίοδος, οριστικά ανοιχτή, ανακαινισμένη, διακοσμημένη, εξυπηρετεί έκτοτε ως συνδετικός κρίκος ανάμεσα στα δύο τμήματα της πόλης, το βόρειο και το νότιο. Ο χαρακτήρας της ταυτόχρονα πολιτικός και ιερός, η αρχιτεκτονική της πρωτοτυπία – δεν υπάρχει παράλληλο στον ελληνικό κόσμο – καθιστούν το μνημείο αυτό σημαντικό ορόσημο του αστικού τοπίου.

Βιβλιογραφία:

– σχετικά με τη βάση **45**: M. Νικολαΐδου-Πατερα, *ΑΔ* 37 (1982) [1989], Χρονικά, 311-316·
– σχετικά με τη Δίοδο των θεωρών και με τις προγενέστερες φάσεις της: G. Roux, *BCH* 79 (1955), 353-364· Fr. Salviat, *BCH* 80 (1956), 418-420· Fr. Salviat, P. Bernard, *BCH* 84 (1960), 866· Fr. Blondé, A. Muller, D. Mulliez, *BCH* 119 (1995), 683-687· *ΑΕΜΘ* 10 (1996) [1998], 813-820· *BCH* 124 (2000), 516-521· B. Holtzmann, *ÉtThas* XV (1994), 29-41 (πρώτη φάση της διόδου με την υπόθεση της σκάλας· παρουσία καρφιών στους τοίχους· η εσοχή του τοίχου C-D ερμηνεύεται ως κόγχη και όχι ως βωμός· θυσίες στις Χάριτες, στις Νύμφες και στον Απόλλωνα γίνονται στο βωμό του άκρου D του τοίχου C-D)·

– σχετικά με τα ανάγλυφα: B. Holtzmann, *ÉtThas* XV (1994), 41-59· A. Bélis, «La cithare du relief des théores: essai de datation», *BCH* 119 (1995), 369-374·
– σχετικά με το ιερό των Χαρίτων: H. Duchêne, *ÉtThas* XIV (1992), 93-94·
– σχετικά με την ερμηνεία της διόδου: J. Pouilloux, «Une énigme thasienne: le passage des théores», *Thasiaca, BCH Suppl.* V (1979), 129-141 (ανάμνηση μιας παλαιότερης πύλης της αρχαϊκής πόλης)· Y. Grandjean, *ÉtThas* XII (1988), 307-308 και 483-485 (κομβικό στοιχείο ανάμεσα σε δύο αστικούς χώρους που υπάρχουν από τον 7ο αι. π.Χ.)· Fr. Blondé, A. Muller, D. Mulliez, «Le passage des théores à Thasos: une "énigme" résolue? Questions de topographie et d'urbanisme à l'époque archaïque», *CRAI* 2000, 885-907 (επιβεβαίωση της ύπαρξης αρχαϊκής πύλης).

Η πλατεία-κόμβος πέρα από τη δίοδο 46 (εικ. 47, 51 και 52)

Πέρα από τη Δίοδο των θεωρών, προς τα βορειοανατολικά, καταλήγουμε λίγο ψηλότερα σε μια πλατεία (όπου οι ανάγκες συντήρησης των αρχαιοτήτων οδήγησαν στην εγκατάσταση ενός μικρού σύγχρονου αναλήμματος ορατού στα δεξιά). Από αυτή την πλατεία-κόμβο, μπορούσε κανείς να μεταβεί στα άνδηρα του Αρτεμισίου. Και από εδώ επίσης διακλαδίζονται ακτινωτά διάφοροι δρόμοι. Ο ένας, γνωστός από τομές επιχωσμένες σήμερα, διέρχεται κατά μήκος του ιερού του Διονύσου (**56**). Δύο άλλοι, στα ανατολικά της πλατείας, κατευθύνονται προς συνοικίες στις υπώρειες της ακρόπολης και προς την περιοχή του θεάτρου. Η πλατύτερη οδός είναι στρωμένη με μεγάλες χαραγμένες πλάκες γνευσίου που διακόπτονται σε τακτικές αποστάσεις από πλάκες κάθετα μπηγμένες. Η φάση αυτή χρονολογείται στα τέλη του 4ου αι. μ.Χ.

Η πολυσύχναστη αυτή ζώνη ήταν σημαντική για διάφορους λόγους. Τον 6ο αι. π.Χ., στα βορειοανατολικά, βρισκόταν ένας θυσιαστήριος **βωμός** με παραστάδες (σήμερα καταχωσμένος). Τον 6ο αι., πάντα, εγκαθίσταται η πρώτη φάση του αναλήμματος του κατώτερου ανδήρου του Αρτεμισίου (**52**). Δύο κοινόχρηστα πηγάδια ανοίχθηκαν στον τομέα αυτόν:

1) Ένα μεγάλο **ορθογώνιο πηγάδι** (**48**) (άνοιγμα 5,70 × 1,80μ.), βάθους τουλάχιστον 5μ., με παρειές καλυμμένες από γνεύσιο και μαρμάρο. Σε βάθος δύο μέτρων από το στόμιο, η τρύπα ενισχύθηκε με τρία χοντρά δοκάρια γνευσίου τοποθετημένα σαν τραβέρσες. Γύρω από το πηγάδι, που κατασκευάστηκε το νωρίτερο στις αρχές του 5ου αι. π.Χ. (και εγκαταλείφθηκε τον 3ο αι. μ.Χ.), ένας όγκος από πλατιά θεμέλια και βαθμίδες γνευσίου υπαινίσσονται μια μνημειακή διαμόρφωση με στέγη και στηρίγματα στην πρόσοψη.

2) Ένα **κυκλικό πηγάδι** (**49**) σκάφθηκε στην ευθεία της Διόδου των θεωρών ταυτόχρονα με το ορθογώνιο πηγάδι (**48**). Με διάμετρο 2,70μ. στο στόμιο και 3,55μ. στον πυθμένα, η ανεστραμμένη αυτή χοάνη έφθανε σε βάθος 7μ. Εξωτερικά περιστοιχιζόταν από ένα κυκλικό θεμέλιο με δύο βαθμίδες από

μάρμαρο (μέγιστη διάμετρος 8,70μ.). Υποθέτουμε, με δεδομένο το άνοιγμα του στομίου, ότι και εδώ επίσης στέγαστρο κάλυπτε το περιχείλωμα, αντίστοιχο με εκείνο του κυκλικού πηγαδιού στο ιερό του Ηρακλή (σ. 179). Graffiti ερωτικού περιεχομένου είναι χαραγμένα στις δύο βαθμίδες.

Στα τέλη του 4ου αι., το κυκλικό πηγάδι επιχωματώθηκε και οι υπέργειες δομές ισοπεδώθηκαν. Στη θέση που άνοιξε οικοδομήθηκε ένας **μικρός ναός** (**50**) από μάρμαρο (16,50 × 10,65μ.) διακοσμημένος σε ιωνικό ρυθμό με γείσο και οδόντες. Η βαθύτερη στρώση της θεμελίωσης σώζεται στις τρεις πλευρές. Στο σηκό, στα βόρεια, πάνω σε ένα υπόστρωμα από μεγάλες μαρμάρινες λιθοπλίνθους, υπήρχε μια αψιδωτή βάση που έφερε αγάλματα. Η πρόσοψη ήταν στο νότο, με πρόναο πρόστυλο (τετράστυλο ή δίστυλο εν παραστάσι). Ο ναός αυτός έβλεπε λοιπόν προς τη Δίοδο των θεωρών. Μαρτυρά, σε σχέση με τον 4ο αι., τη φροντίδα που εκδηλώνεται παντού την εποχή αυτή για τον καλλωπισμό των δημόσιων χώρων. Ωστόσο η λατρευτική του λειτουργία παραμένει αβέβαιη.

Από τον 3ο - 4ο αι. μ.Χ., η πλατεία χάνει το μνημειακό της χαρακτήρα. Το ορθογώνιο πηγάδι επιχωματώνεται, ο ναός γκρεμίζεται. Στις αρχές του 5ου αι., μια πλούσια κατοικία (**51**) κτίζεται στη βόρεια πλευρά της πλατείας. Αποτελείται από μια κεντρική αυλή που περιβάλλεται από δωμάτια, εκ των οποίων ένα *τρικλίνιο* (αίθουσα υποδοχής) στο μέσο της ανατολικής πτέρυγας. Σε μια δεύτερη φάση, προστέθηκε μια λουτρική εγκατάσταση στα νότια του κτηρίου: μια αίθουσα με διπλή αψίδα (vestibulum), ένας διάδρομος που οδηγεί σε μικρή τετράγωνη πισίνα και δύο χώρους με υπόκαυστα. Αυτοί οι βοηθητικοί χώροι της οικίας καταπατούσαν το δημοσιο χώρο: εδώ κυλούσαν τα

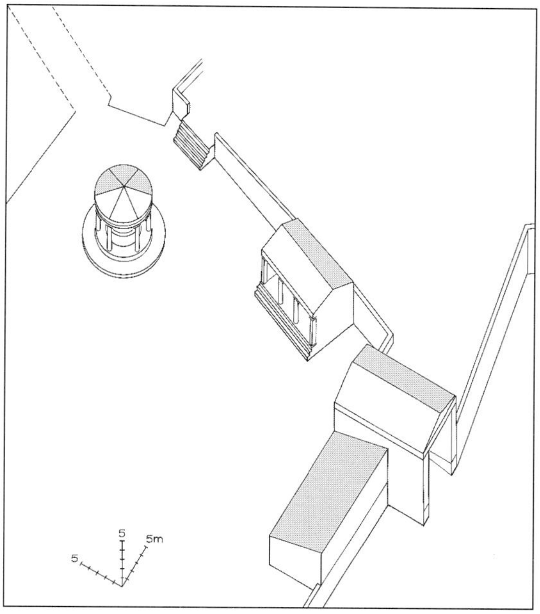

εικ. 51. Δίοδος των θεωρών και πλατεία του Αρτεμισίου γύρω στα μέσα του 5ου αι. π.Χ.· σχηματική αξονομετρική αποκατάσταση (1: 800).

εικ. 52. Δίοδος των θεωρών και πλατεία του Αρτεμισίου τον 1ο αι. π.Χ.· σχηματική αξονομετρική αποκατάσταση (1: 800).

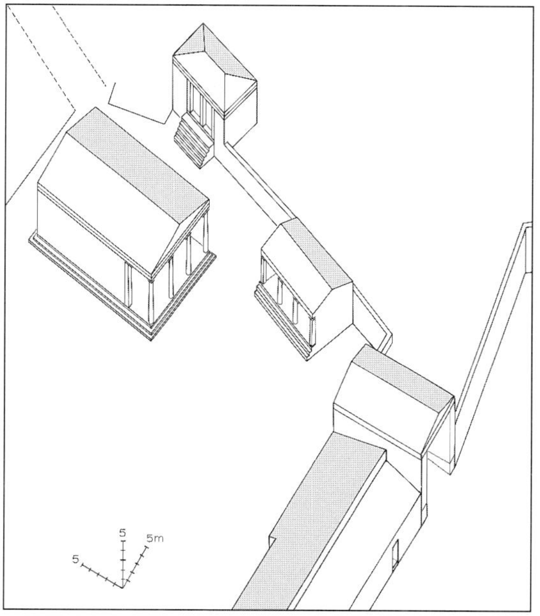

νερά του λουτρού και ανοίγονταν οι εστίες των υπόκαυστων. Βρίσκουμε επίσης ένα τετράγωνο πηγάδι (1,60 x 1,50μ.), βάθους περίπου 5μ. Αυτή η επιβλητική κατοικία κατερειπώθηκε γύρω στο 570 μ.Χ.· τα υλικά έκτοτε διαρπάχθηκαν: τα ψηφιδωτά και μαρμαροθετημένα δάπεδα αφαιρέθηκαν (απομένουν κάποια ίχνη μαρμαροθέτησης στους τοίχους). Στη συνέχεια ανακαινίστηκε πρόχειρα και επανακατοικήθηκε σε περιορισμένη κλίμακα μέχρι την καταστροφή και την εγκατάλειψη της πόλης γύρω στο 620 μ.Χ.

Βιβλιογραφία: Fr. Blondé, A. Muller, D. Mulliez, «Une place publique à Thasos», *RA* (1987), 25-39 (όπου η προγενέστερη βιβλιογραφία)· *BCH* 117 (1993), 661-668· *BCH* 118 (1994), 455-457· *BCH* 119 (1995), 681-683 και 688· † Μ. Σγουρού, Fr. Blondé, A. Muller, N. Beaudry, M. Kohl, T. Kozelj, Γ. Σανιδάς, «Παλαιοχριστιανική οικία στον Λιμένα Θάσου στις βόρειες παρυφές του Αρτεμισίου, ανασκαφή στο οικόπεδο Η. Κόκκινου 2004», *ΑΕΜΘ* 18 (2004) [2006], 43-55· των ίδιων, «Fouille des abords Nord de l'Artémision», *BCH* 128-129 (2004-2005) [2008], 734-751· Fr Blondé, St. Dadaki, A. Muller κ. ά., «Les abords Nord de l'Artémision. Campagnes 2006-2007», *BCH (*2008) [2010], 715-735.

Το Αρτεμίσιον (52-55)
(εικ. 47)

Το ιερό της Αρτέμιδος αναφέρεται ως Αρτεμίσιον ήδη στο *Περὶ Ἐπιδημιῶν* του Ιπποκράτη (Γ', 17, 1η περίπτωση), ο οποίος περιέθαλψε αρρώστους στη Θάσο τον 5ο αι. π.Χ. (σ. 21). Καταλαμβάνει άνδηρα τεχνητά διαμορφωμένα σε μια περιοχή με ισχυρή κλίση, καθώς δεσπόζει της ανατολικής γωνίας της αγοράς, δίπλα από τη Δίοδο των θεωρών. Τα ακριβή όρια του ιερού δεν έχουν για την ώρα αναγνωριστεί παντού, ειδικά στα νοτιοδυτικά και στα ανατολικά. Η ερείπωση των αναλημματικών τοίχων παρέσυρε μεγάλο μέρος των επιχώσεων χαμηλότερα, προς το κοίλωμα, και τα αρχαία στρώματα κατοίκησης διατηρήθηκαν μόνο κατά τόπους.

1) Κατώτερο άνδηρο (52)

Διαμορφώθηκε στο δεύτερο μισό του 6ου αι. π.Χ. και για τη συγκράτησή του κτίστηκε στα βορειοδυτικά ένας αναλημματικός τοίχος, σε μικρές πολυγωνικές στρώσεις, ακόμη ορατός ανάμεσα στο ορθογώνιο πηγάδι (**48**) και στη Δίοδο των θεωρών (**46**). Τον 4ο αι. π.Χ., το ανάλημμα αυτό αφαιρέθηκε κατά μεγάλο μέρος και αντικαταστάθηκε από έναν τοίχο με μεγάλες μαρμάρινες πλίνθους με κύφωση, από τον οποίο διατηρούνται οι δύο πρώτες στρώσεις.

Η πρόσβαση στο άνδηρο γίνεται σήμερα διαμέσου της πλατείας στα βορειοανατολικά της Διόδου των θεωρών από μια **σκάλα** και ένα **μνημειακό πρόπυλο** (**53**). Η είσοδος αυτή, ιδιαίτερα κατεστραμμένη σήμερα, ανέρχεται στον 4ο αι. π.Χ. (**εικ. 53**). Στο επάνω μέρος της σκάλας, στη γραμμή του αναλήμματος, ανοίγονταν δύο δίδυμες πόρτες: το κατώφλι και το πλαίσιο δε σώζονται, είναι όμως ορατά τα ίχνη των βάσεων που εφάπτονταν στον αριστερό ορθοστάτη και στον κεντρικό πεσσό. Τα ανοίγματα αυτά οδηγούσαν σε έναν ορθογώνιο, ελαφρώς ακανόνιστο προθάλαμο, που έβλεπε στο εσωτερικό του ιερού διαμέσου μιας τρίστυλης κιονοστοιχίας εν παραστάσι. Τον 1ο αι. π.Χ., μετά από ταραχές και άσχημες συγκυρίες, το κτήριο, εγκαταλελειμμένο πια, ερειπώθηκε· μια εύπορη Θασία το ανακαίνισε και το διακόσμησε. Γι' αυτό τιμήθηκε επίσημα, με ψήφισμα που πάρθηκε ομόφωνα, χαράχθηκε σε μάρμαρο και έγραφε τα παρακάτω: *ἐπειδὴ Ἠπίη ἡ Διονυσίου... νυνί τε τὸ πρόπυλον τοῦ Ἀρτεμισίου κατασκευάσαι ἐκ τῶν ἰδίων βούλεται λιθίνοις κείοσιν καὶ ἐπιστυλίοις καὶ θυρώμασιν, ἐπειδὴ ἃ μὲν ἐνοικοδόμηται, ἃ δὲ ἄθυρα ἐστιν· δεδόχθαι τῆι βουλῆι καὶ τῶι δήμωι· Ἠπίην τὴν Διονυσίου ἐπηνῆσθαι ἐπί τε τῆι αρετῆι και σωφροσύνηι καὶ μεγαλοψυχίαι τῆι εἰς τὴν πόλιν· κατασκευάσασαν δ' αὐ[τὴν τ]ὸ πρόπυλον ἐπιγράψαι· Ἠπίη Διονυσίου τὴν ἐπισκε[υὴν καὶ] κατασκευὴν τοῦ προπύλου Ἀρτέμιδι Εἰλειθυίη[ι καὶ τῷ δ]ήμωι...* Επειδή η Ηπίη, κόρη του Διονυσίου... προτίθεται, με δικά της έξοδα, να χρηματοδοτήσει το πρόπυλο του Αρτεμίσιου, με μαρμάρινους κίονες, επιστύλια και πόρτες – μια και στην παρούσα κατάσταση άλλες είσοδοι είναι εν μέρει τοιχισμένες κι άλλες αθύρωτες: αποφάσισαν η βουλή και ο δήμος να επαινεθεί η Ηπίη, η κόρη του Διονυσίου, για την αρετή, τη σωφροσύνη και τη μεγαλοψυχία της απέναντι στην πόλη· και αφού κατασκευάσει το πρόπυλο να αναγράψει: η Ηπίη, κόρη του Διονυσίου, αφιερώνει την επισκευή και κατασκευή του προπύλου στην Ειλειθυία Αρτέμιδα και στο δήμο.

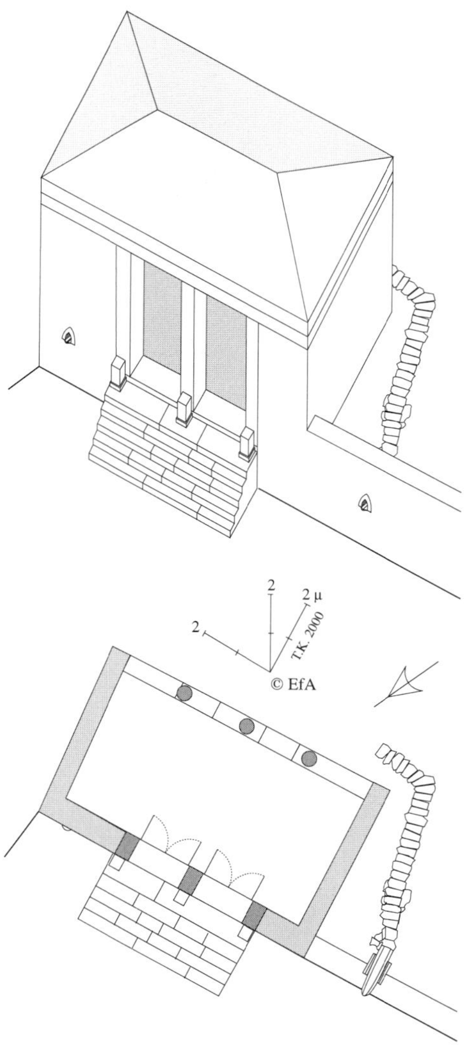

εικ. 53. Πρόπυλο του Αρτεμισίου· αποκατάσταση κάτοψης και σχηματική αξονομετρική αποκατάσταση (1: 200).

Μετά τη διέλευση του προπύλου, καταλήγουμε σε μια πλατεία ακανόνιστης κάτοψης. Αμέσως στα βόρεια και στα βορειοανατολικά, διακρίνονται κάποιοι βοηθητικοί χώροι (αποθήκες, εργαστήρια), που χρονολογούνται ήδη από τον 6ο αι. π.Χ. και ήταν σε χρήση, με διάφορες μετατροπές, μέχρι την αυτοκρατορική εποχή. Λίγο μακρύτερα, στα νοτιοανατολικά, ένας **μεγάλος ορθογώνιος βωμός** (**54**) είναι κατεστραμμένος ως τη μαρμάρινη βάση του, κατάσταση στην οποία περιήλθε μετά από την ισοπέδωση που υπέστη στον 4ο αι. μ.Χ. Εγκατεστημένος ήδη από τον 5ο αι. π.Χ., περιβαλλόταν από μια επίχωση γεμάτη από σπασμένα αναθήματα του 6ου αι. π.Χ. και από οστά των θυσιασμένων σφαγίων (αιγοπρόβατα αλλά και βοοειδή). Δίπλα βρέθηκαν θεμέλια αναθηματικών βάσεων.

2) Ανώτερο άνδηρο (55)

Στην ελληνιστική του φάση, το άνδηρο αυτό διέγραφε τετράγωνο πλευράς 33μ. ήτοι 100 ποδών. Ο τοίχος που το ορίζει και το συγκρατεί διατηρήθηκε σε αρκετά καλή κατάσταση στα βορειοανατολικά. Αντίθετα είναι κατεστραμμένος στη βορειοδυτική και νοτιοδυτική πλευρά, αλλά τα ορατά λείψανα επιτρέπουν να αποκαταστήσουμε τη διάταξή του.

Στο κέντρο του ανδήρου, ένας τοίχος με μεγάλες ισοδομικές στρώσεις ανέρχεται στον 6ο αι. π.Χ. Είναι η μοναδική αρχιτεκτονική μαρτυρία των αρχαιότερων φάσεων. Λίγο ψηλότερα, ίχνη στο βράχο, αβέβαιης χρονολόγησης, σημειώνουν την παρουσία ενός κτηρίου εξ ολοκλήρου χαμένου (ναού ή βωμού;).

εικ. 54. Αρτεμίσιον· άγαλμα της Κλεοπάτρας· 2ος αι. μ.Χ. (Αρχαιολογικό Μουσείο Κωνσταντινούπολης, αρ. ευρ. 2152).

Στη νοτιοανατολική περιοχή συναντάμε τα πιο αξιοσημείωτα λείψανα. Ο περίβολος αναμορφώθηκε τον 2ο αι. π.Χ. Ο τοίχος κατεδαφίστηκε και ξαναχτίστηκε με παλιά υλικά λίγο ανατολικότερα, κόντρα στον απόκρημνο βράχο, έτσι ώστε να ελευθερώσει τον αναγκαίο χώρο για την εγκατάσταση μιας σειράς από βάσεις ευθυγραμμισμένες, προστατευμένες από τη στέγη μιας στοάς, της οποίας το μαρμάρινο γείσο έφερε οδόντες. Οι βάσεις αυτές δέχονταν γλυπτά μαρμάρινα πορτρέτα Θασίων γυναικών που ανήκαν σε αριστοκρατικές οικογένειες. Οι επιγραφές ανέφεραν τα προτερήματά τους με συμβατικά λόγια. Τα γλυπτά βρέθηκαν το 1909 και μεταφέρθηκαν στο Αρχαιολογικό Μουσείο της Κωνσταντινούπολης. Σε ένα από τα βάθρα (σήμερα στην Κωνσταντινούπολη), διαβάζουμε την επιγραφή του Ρόδιου γλύπτη Φιλίσκου (*IG* XII *Suppl.* 383, αρχές του 1ου αι. π.Χ.), αρκετά διάσημου ώστε να αναφέρεται από τον Πλίνιο. Βλέπουμε επίσης *in situ* τη βάση της Κλεοπάτρας, κόρης του Αντιάνακτα (*IG* XII *Suppl.* 384), της οποίας το άγαλμα (**εικ. 54**) φυλάσσεται στην Κωνσταντινούπολη (2ος αι. μ.Χ.).

Οι ανασκαφές που διεξήχθησαν από το 1957 ως το 1960, το 1965, και στη συνέχεια από το 1975 ως το 1985, αποκάλυψαν στις βαθιές επιχώσεις του ιερού και των παρυφών του αρκετά σύνολα με θυσιαστικά κατάλοιπα και διάφορα αναθήματα που είχαν αχρηστευθεί ή απορριφθεί, τα οποία εκτείνονται από την αρχαϊκή ως την αυτοκρατορική εποχή, και μαρτυρούν τη μακροβιότητα του ιερού: αγγεία και πινάκια, που ορισμένα ανέρχονται στο πρώτο μισό του 7ου αι. π.Χ. (σ. 337)· λυχνάρια· πήλινα ειδώλια που εικονίζουν συχνά μια μητρική θεότητα, καθισμένη ή όρθια, φορώντας διάδημα ή πόλο· πολυάριθμες προτομές από τον 6ο μέχρι τον 4ο αι. π.Χ.· πολύτιμα αντικείμενα από ορείχαλκο, χρυσό και ελεφαντόδοντο (στο μουσείο, βλ. σ. 350). Μαζί με το υλικό αυτό βρέθηκαν και τμήματα από ηγεμόνες κεράμους, πενταγωνικούς, διακοσμημένους με αντιμέτωπες πάπιες, που υπαινίσσονται την ύπαρξη ενός αρχαϊκού οικοδομήματος μάλλον στο ανώτερο άνδηρο, για το οποίο δεν είναι γνωστό τίποτε περισσότερο.

Βιβλιογραφία: J.-J. MAFFRE, Fr. SALVIAT, *BCH* 100 (1976), 774-784 (όπου η προγενέστερη βιβλιογραφία), στη συνέχεια στο *BCH* από το 1977 έως το 1986 (A. JACQUEMIN, J.-J. MAFFRE, Fr. SALVIAT)· Fr. SALVIAT, «Décrets pour Épié fille de Dionysos. Déesses et sanctuaires thasiens», *BCH* 83 (1959), 362-397· Fr. CROISSANT, *Les protomés féminines archaïques, BEFAR* 250 (1983)· N. WEILL, *La plastique archaïque de Thasos. Figurines et statues de terre cuite de l'Artémision, ÉtThas* XI (1985)· St. HUYSECOM-HAXHI, *Les figurines en terre cuite archaïques de l'Artémision de Thasos: artisanat et piété populaire à l'époque de l'archaïsme mûr et récent, ÉtThas* XXI (2009).

Το Διονύσιον (56)

(εικ. 55)

Περίπου εκατό μέτρα βορείως της Διόδου των θεωρών, απαντάται το ιερό του Διονύσου (*Διονύσιον* στον Ιπποκράτη, *Περὶ Ἐπιδημιῶν* Α', 21). Μόνο ένα τμήμα της βορειοανατολικής πλευράς είναι ορατό.

Οι τομές που ανοίχθηκαν στις διάφορες ανασκαφές, σήμερα επιχωσμένες, επιτρέπουν την ταύτιση της πορείας του περιβόλου και της θέσης δύο τουλάχιστον εισόδων, στα βορειοδυτικά και στα δυτικά. Ο τοίχος του περιβόλου, σε ισόδομες στρώσεις μαρμαροπλίνθων, κτίστηκε πιθανώς τον 4ο αι. π.Χ. Αν υπήρχε ναός στο ιερό, θα πρέπει να βρισκόταν στο δυτικό τμήμα που, θαμμένο κάτω από τα σύγχρονα σπίτια, δεν έχει ακόμη ερευνηθεί. Ανάμεσα στις δύο εισόδους, κατά μήκος του περιβόλου στέκει μια μεγάλη αναθηματική βάση (5,84 x 1,87μ.) από την οποία σώζονται μόνο οι κατώτερες στρώσεις· ανεγέρθηκε στα τέλη του 4ου ή στις αρχές του 3ου αι. π.Χ. και έφερε αγάλματα.

Ο καλύτερα γνωστός τομέας είναι ο βόρειος. Εκεί έχουν βρεθεί δύο σημαντικά μνημεία που οικοδομήθηκαν σε ανάμνηση δραματικών αγώνων, στους οποίους προΐστατο ο Διόνυσος, προστάτης του θεάτρου.

α) Το **θεμέλιο** του ενός, των αρχών του 3ου αι. π.Χ., είναι σήμερα καταχωσμένο: δύο αγάλματα προερχόμενα από αυτό βρίσκονται σήμερα στο μουσείο (σ. 308 και **εικ. 204-205**).

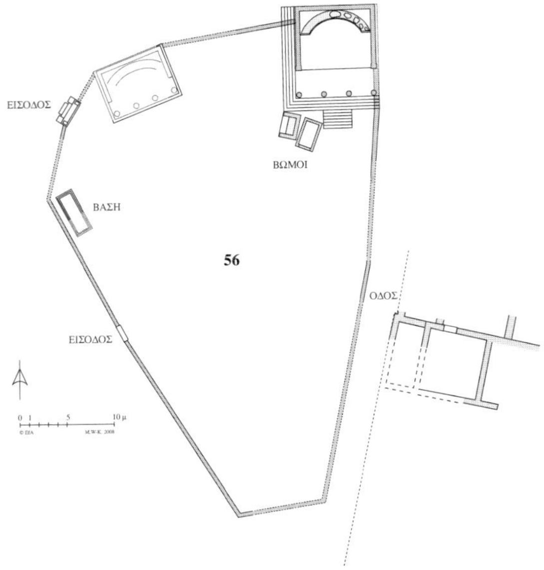

εικ. 55. Κάτοψη του Διονυσίου (1: 800).

β) Το **μνημείο της βορειοανατολικής γωνίας**, το καλύτερα σωζόμενο, είναι ορατό (**εικ. 56-57**). Η κλίση του εδάφους οδήγησε τους κατασκευαστές να υπερυψώσουν το κτήριο σε ένα πόδιο και να προσθέσουν στην πρόσοψη κλίμακα πρόσβασης. Η κρηπίδα σε τέσσερεις βαθμίδες που επιστέγαζε το πόδιο, δεν υφίσταται παρά στη νότια πλευρά, την πλευρά της κλίμακας, και στη δυτική. Η ασυμμετρία αυτή γίνεται κατανοητή, αν αναλογιστούμε τη θέση του κτηρίου μέσα στο ιερό: οι βαθμίδες αντιστοιχούν στις δύο ανοιχτές πλευρές. Στα νότια, ο τοίχος του περιβόλου συνδέεται με τη γωνία του πόδιου, στην ευθεία του γωνιακού κίονα, και στα βόρεια εφάπτεται στην πλευρά του κτηρίου (σε βάθος 9μ. από την πρόσοψη).

Το οικοδόμημα που πατούσε στο πόδιο αυτό άνοιγε στην πρόσοψη σε ένα τετράστυλο δωρικό πρόστυλο, μπροστά από μια αίθουσα σχήματος Π που στέγαζε μια αψιδωτή βάση στην οποία έστεκε η εικόνα του Διονύσου, μεγαλύτερη του φυσικού, περιστοιχισμένη από αγάλματα μικρότερου ύψους. Μονό αυτά του δεξιού μισού είναι γνωστά. Πρόκειται για αλληγορικές απεικονίσεις ταυτισμένες χάρη στις επιγραφές· Τραγωδία, Κωμωδία, Διθύραμβος και Νυχτερινός. Το κεφάλι του Διονύσου (**εικ. 202**), το ακέφαλο άγαλμα της Κωμωδίας (**εικ. 58** και **201**) και η ενεπίγραφη βάση του, το παθητικό προσωπείο, χαρακτηριστικό της Τραγωδίας (**εικ. 203**), φυλάσσονται στο μουσείο.

Εκτός από το όνομα του θεού και των αλληγορικών μορφών, η βάση έφερε ονόματα καλλιτεχνών των οποίων απαθανατίζονταν οι επιδόσεις στο θέατρο, περί τα μέσα ή το τρίτο τέταρτο του 4ου αι. π.Χ. Έτσι, έστω κι αν ο αυλητής Αρίστων από τη Μίλητο δεν είναι γνωστός από αλλού, ο Αθηναίος υποκριτής της τραγωδίας Θεόδωρος ήταν διάσημος ώστε ο Αριστοτέλης να σημειώνει τη μεγαλοσύνη και το ταλέντο του στη *Ρητορική* (1404β, 1412α). Ο Φιλήμων, υποκριτής κωμωδίας, κι αυτός διεθνής διασημότητα, αναφέρεται επίσης από τον Αριστοτέλη (1413β). Ο Βάταλος, αυλητής νυχτερινού, ήταν διάσημος δημιουργός νέων ρυθμών.

Κατά την κατασκευή του μνημείου, προστατεύθηκαν οι **δύο βωμοί** στα δεξιά της κλίμακας. Ο αρχαιότερος, από τέσσερεις μαρμάρινες πλάκες επενδεδυμένες με γνεύσιο, ήταν εσχάρα που θα μπορούσε να ανέρχεται στην αρχαϊκή εποχή. Σύμφωνα με επιγραφή του 4ου αι. π.Χ., εκεί θυσίαζαν στον Αγαθό Δαίμονα, αλλά απαγορευόταν να επικαλεστούν την Αγαθή Τύχη. Στα

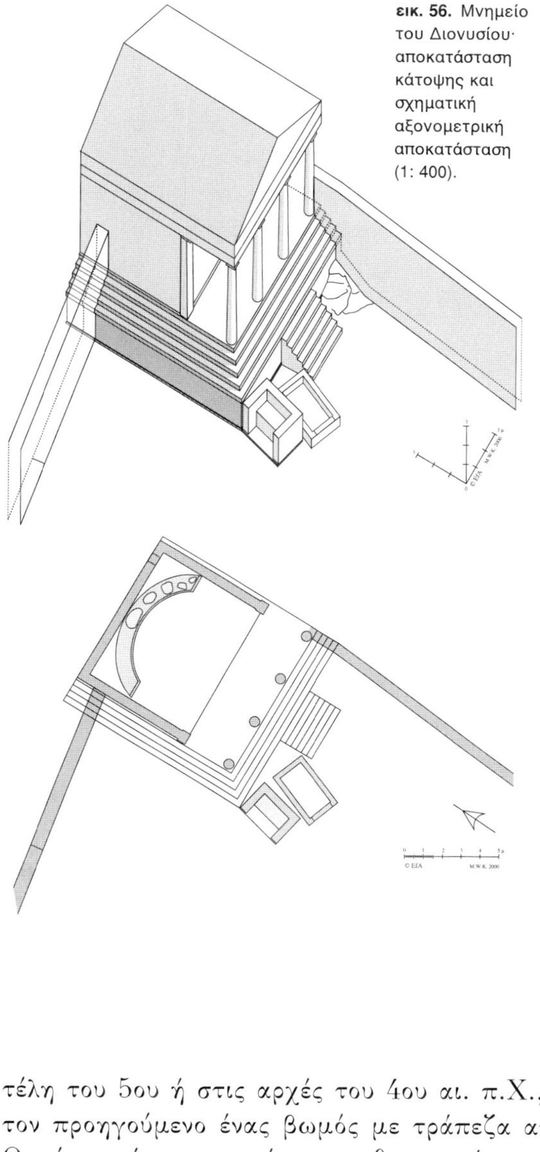

εικ. 56. Μνημείο του Διονυσίου· αποκατάσταση κάτοψης και σχηματική αξονομετρική αποκατάσταση (1: 400).

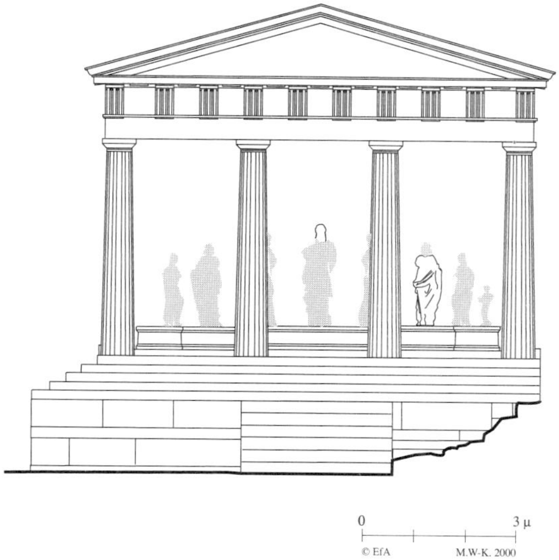

εικ. 57. Μνημείο του Διονυσίου· αποκατάσταση ανωδομής (1: 150).

εικ. 58. Το άγαλμα της Κωμωδίας.

τέλη του 5ου ή στις αρχές του 4ου αι. π.Χ., κτίστηκε δίπλα από τον προηγούμενο ένας βωμός με τράπεζα από μαρμαρόπλινθους. Ο χώρος όπου στεκόταν ο θυσιαστής περιορίζεται από δύο προεξέχουσες παραστάδες (τύπος λεγόμενος με πρόθυση εν παραστάσι, βλ. σ. 262).

Βιβλιογραφία: P. Bernard, Fr. Salviat, «Nouvelles découvertes au Dionysion de Thasos», *BCH* 83 (1959), 288-335 (όπου η προγενέστερη βιβλιογραφία)· Fr. Salviat, «Vedettes de la scène en province», *Thasiaca*, *BCH Suppl.* V (1979), 155-167· A. Jacquemin, *BCH* 105 (1981), 955-959· A. Bélis, «Kroupezai, scabellum», *BCH* 112 (1988), 323-339 (σχετικά με τον Βάταλο).

Η πύλη της θεάς με το άρμα (57)
(*εικ.* 59 *και* 60)

Ο επισκέπτης, επανερχόμενος προς τη θάλασσα, κατευθύνεται στα βόρεια, ακολουθώντας τη σύγχρονη οδό και στη συνέχεια το μονοπάτι που οδηγεί στο βράχο του Εβραιόκαστρου. Πίσω από το αθωνίτικο κτήριο του Βατοπεδίου, το Καλογερικό, παρατηρεί κανείς τα λείψανα του τείχους που χώριζε την πόλη από το πολεμικό λιμάνι. Ο περίβολος σημειώνει στο σημείο αυτό μια εσοχή ορατή εν μέρει στην αρχή της οδού, η οποία συνεχίζει στο εξής κατά μήκος του τείχους μένοντας όμως στο εσωτερικό της διαδρομής: η λιθοδομή του αναδύεται περιστασιακά. Σε μικρή απόσταση από το λιμάνι, συναντάμε μια πύλη σε καλή κατάσταση, αριστερά και χαμηλότερα από την οδό.

Το πέρασμα ανοίγεται στα βορειοδυτικά, τέμνοντας το ογκώδες τείχος με τις βαριές στρώσεις μαρμάρου σε έναν τομέα που βρίσκεται ανάμεσα σε δύο αρχαία λιμάνια, αμέσως στα βόρεια του σημείου όπου το βόρειο σκέλος του κλειστού λιμένα αποσπάται από τον καθαυτό αστικό περίβολο (βλ. **εικ. 24**).

Ο μηχανισμός ασφάλισης σώζεται καλά: φαίνεται στο κούφωμα η υποδοχή των εγκάρσιων δοκών που ακινητοποιούσαν τα θυρόφυλλα. Λείπει μόνο το υπέρθυρο, αλλά οι μαρμάρινοι μονολιθικοί ορθοστάτες είναι ολόκληροι. Ο ορθοστάτης όπως βγαίνουμε στα δεξιά φέρει μια προεξέχουσα μετόπη όπου επρόκειτο να σκαλιστεί ανάγλυφο, ωστόσο δεν πραγματοποιήθηκε. Αντίθετα, στον αριστερό ορθοστάτη, ύψους 3,07μ. πάνω από το κατώφλι, γύρω στο 480-475, λίγο μετά την κατασκευή του τείχους, σκαλίστηκε ανάγλυφο εντός πλαισίου· παρά τη φθορά της επιφάνειας και την καταστροφή των προσώπων μπορούμε ακόμη να θαυμάσουμε την ποιότητα και τη χάρη του αναγλύφου (**εικ. 61**). Μια θεά, πάνω σε άρμα που έλκεται από ζεύγος αλόγων, βγαίνει από την πόλη. Νεαρή, με τα μαλλιά της χτενισμένα σε αλογοουρά, φορά χιτώνα και ιμάτιο με κατακόρυφες πτυχές – παραδοσιακό ιωνικό ένδυμα. Ο αριστερός βραχίονας, τεντωμένος μπροστά, κρατά τα ηνία. Πλάι στα άλογα περπατά γενειοφόρος ανδρική μορφή, φορώντας χιτωνίσκο. Κατευθύνει τα ζώα κρατώντας τα χαλινάρια. Πρόκειται μάλλον για τον Ερμή, που οδηγεί το άρμα της Αρτέμιδος.

Βιβλιογραφία: A. Bon, *MonPiot* 30 (1929), 1-14, πίν. I· B. Holtzmann, *ÉtThas* XV (1994), 59-64.

εικ. 59. Πύλη της θεάς με το άρμα· κάτοψη (1: 70).

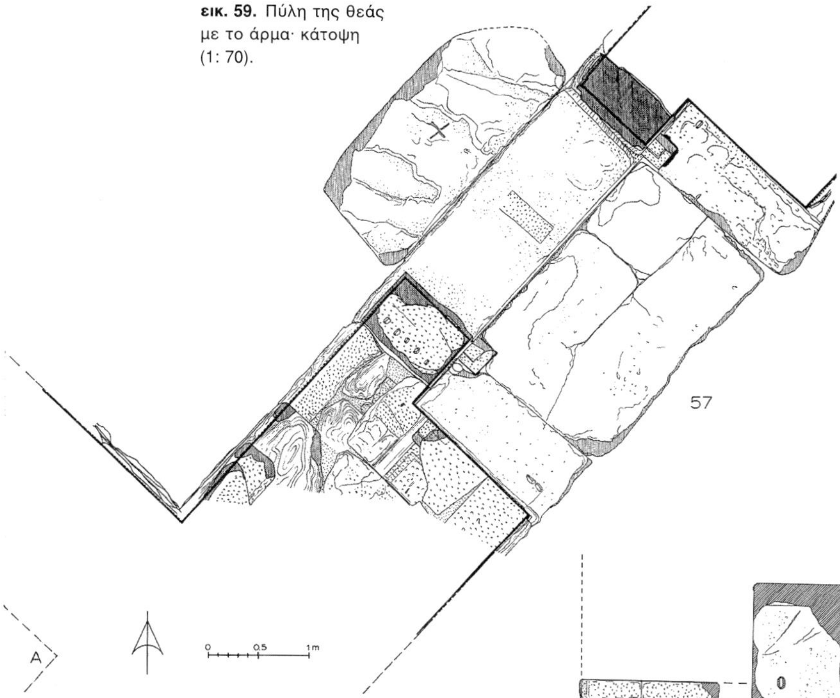

εικ. 60. Πύλη της θεάς με το άρμα· τομή κατά τον άξονα του κατωφλιού και ανωδομή του πεσσού με το ανάγλυφο (1: 70). Δεξιά της παραστάδας, αρχή του θαλάσσιου τείχους (σημείο Α της εικ. 24).

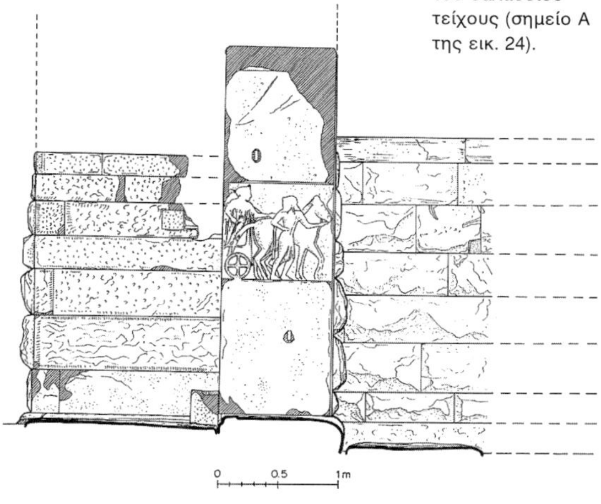

εικ. 61. Ανάγλυφο της πύλης: θεά επί του άρματος, οδηγούμενη από τον Ερμή· 480-475 π.Χ.

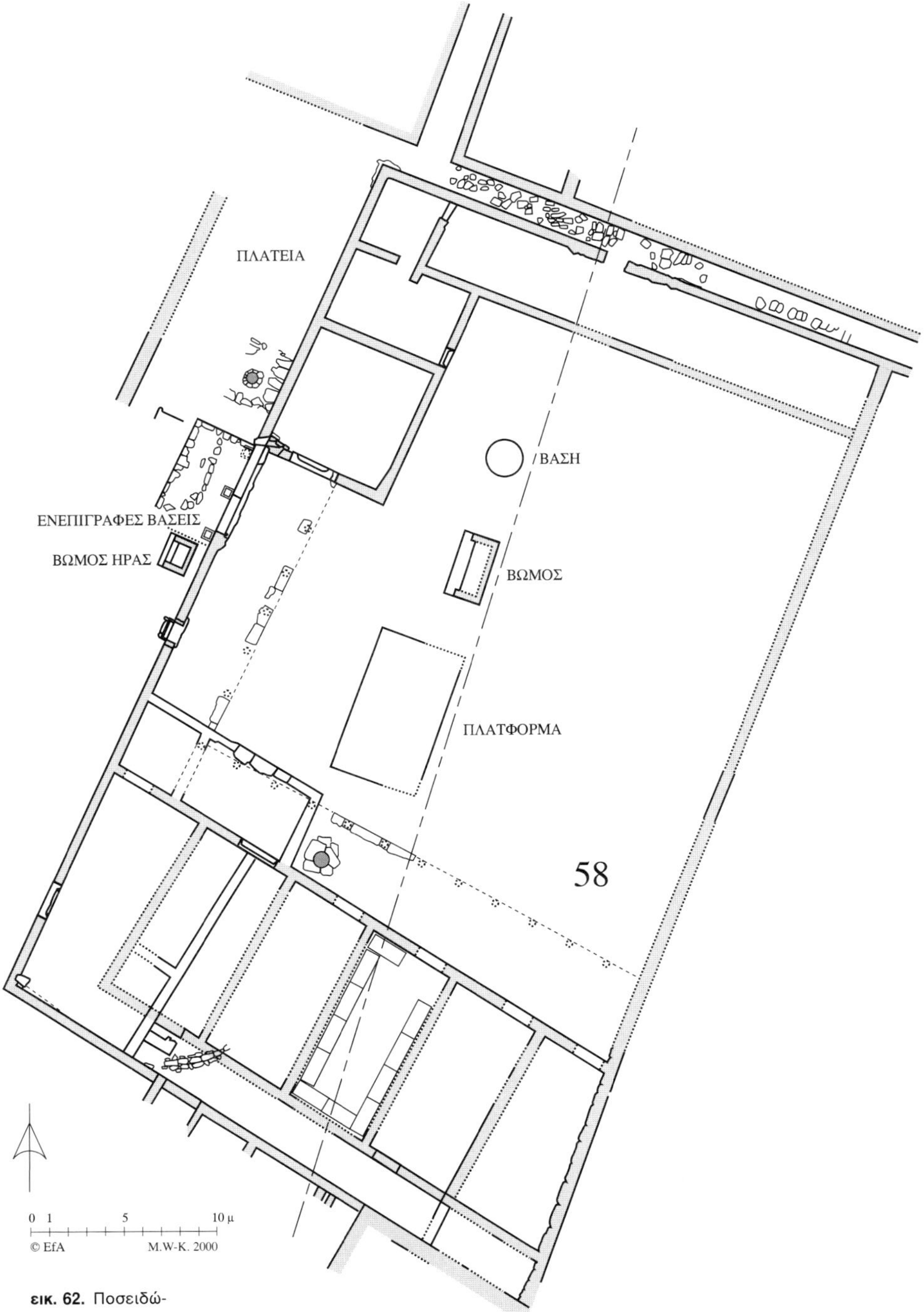

εικ. 62. Ποσειδώνιο· αποκατάσταση κάτοψης. Η διακεκομμένη γραμμή ορίζει το χώρο στον οποίο ο επισκέπτης έχει πρόσβαση (1: 400).

Το ιερό του Ποσειδώνα (58)
(εικ. 62)

Στα βόρεια του Διονυσίου, όχι μακριά από την πύλη της θεάς με το άρμα, αποκαλύφθηκε ο περίβολος, σε ισόδομη τοιχοποιία, ενός κλασικού ιερού (τέλη 5ου - αρχές 4ου αι. π.Χ.). Στις υπώρειες της βραχώδους πλαγιάς, διαγράφει ένα ακανόνιστο τετράπλευρο 48,5 × 33μ., από το οποίο σήμερα είναι ορατό μόνο το δυτικό μισό. Ένα μνημειακό πρόπυλο με διπλό άνοιγμα στα βορειοδυτικά έβλεπε προς το τείχος και τη θάλασσα, πανώ σε μια μικρή πλατεία η οποία χώριζε το ιερό από μια οικιστική συνοικία κατά μήκος του τείχους. Δύο βάσεις που πλαισιώνουν το νότιο άνοιγμα απαθανατίζουν το ανάθημα προς τον κάτοχο του ιερού, τον Ποσειδώνα, από τον Ξενοφάνη, γιο του Μύλλου (4ος αι. π.Χ., *IG* XII *Suppl.* 432). Νοτίως της εισόδου, εξωτερικά, αποκαλύφθηκε ένας βωμός με πρόθυση εν παραστάσι (σ. 262), με νοτιοανατολικό προσανατολισμό. Στο γείσο, μια επιγραφή απαγόρευε τη θυσία αίγας στην Επιλιμένια Ήρα (*Ἥρῃ Ἐπιλιμενίῃ αἶγα ο(ὐ) θέμις*· *IG* XII *Suppl.* 409).

Εισερχόμαστε στο ιερό από το πρόπυλο, που άλλοτε διέθετε έναν κεντρικό πεσσό και έκλεινε με δίφυλλες πόρτες. Διακρίνονται ακόμη τα ίχνη στερέωσης στις εντομές του μεγάλου μονολιθικού κατωφλιού. Αμέσως μετά την είσοδο, μια στοά που παρείχε στέγη στους πιστούς, εκτεινόταν κατά μήκος της κεντρικής αυλής (βρέθηκαν, διακεκομμένα, αρκετά μέλη του στυλοβάτη). Αριστερά, προς τα βορειοανατολικά διακρίνονται σε κακή κατάσταση ορισμένοι χώροι άγνωστης χρήσης. Δεξιά, η στοά γώνιαζε μπροστά από την πρόσοψη μιας σειράς δωματίων (*οίκων*) επιμήκους κάτοψης, με εισόδους στο πλάι. Μεταγενέστεροι τοίχοι καλύπτουν στη νοτιοδυτική γωνία την αρχική δομή.

Η δομή αυτή, που συναντάται επίσης στο Ηράκλειο, παραπέμπει σε χώρους εστίασης (*εστιατόρια*), με έντεκα κλίνες η καθεμιά. Εκεί τελούσαν τις χειμερινές γιορτές του Ποσειδώνα οι οποίες, κατά τη γνωστή παράδοση στα νησιά του Αιγαίου, ήταν ιδιαίτερα συντροφικές: ο Στράβων αναφέρει τα μεγάλα εστιατόρια της Τήνου στο ιερό του Ποσειδώνα, ενώ στη Δήλο είναι γνωστές οι δαπάνες για τα Ποσίδεια). Μια επιγραφή ελληνιστικών χρόνων μαρτυρά την ύπαρξη Ποσειδωνιαστών (πιστών του Ποσειδώνα) που τελούσαν κοινά γεύματα: αναμφίβολα αυτά τα δωμάτια χρησίμευσαν ως χώροι για τις συνεστιάσεις τους. Είναι έξι χώροι, αν υπολογίσουμε και τους δύο ακραίους που έχουν ακανόνιστη κάτοψη· τέσσερεις, αν τους παραλείψουμε. Μέσα στη στοά που προηγείται, φαίνεται το στόμιο ενός πηγαδιού που προμήθευε το αναγκαίο νερό για τα γεύματα.

Στην κεντρική αυλή, τρία θεμέλια διαδέχονται το ένα το άλλο από τα βορειοανατολικά προς τα νοτιοδυτικά: μια **κυκλική κατασκευή**, μάλλον βάση αγάλματος παρά βωμού· ένας **βωμός με πρόθυση εν παραστάσι** (3,40 × 2,10μ.)· τέλος, ένα ορθογώνιο έδρανο (8 × 4,90μ.) που μπορεί να έφερε **ναΐσκο**.

Ο Ποσειδώνας δεν ήταν η μόνη τιμώμενη θεότητα του ιερού. Στην ανασκαφή βρέθηκε μαρμάρινο ειδώλιο που εικονίζει γυναικεία θεότητα να ιππεύει δελφίνι, μια Αφροδίτη Πελαγία ή Αμφιτρίτη (**εικ. 216**)· προπαντός, δύο πανομοιότυπα ανάγλυφα (**εικ. 192-193**), που βρέθηκαν εκτός αλλά κοντά στο ιερό, από το οποίο αναμφισβήτητα προέρχονται, εικονίζουν το ένα τον Ποσειδώνα, ημίγυμνο, στηριγμένο στην τρίαινα (έχει χαθεί), να απευθύνει καλωσόρισμα, και το άλλο την Αμφιτρίτη. Η Νηρηίδα αυτή, αδελφή της Θέτιδος, είχε αρχικά αποκρούσει τις προτάσεις του θεού και είχε διαφύγει μακριά. Το ανάγλυφο την εικονίζει πάνω στο δελφίνι που τη φέρνει τελικά συναινούσα πίσω στον Ποσειδώνα· εκτελεί προς τον σύζυγο την τελετουργική χειρονομία της ανακάλυψης. Τα ανάγλυφα αυτά του δεύτερου τετάρτου του 5ου αι. π.Χ. είναι για την ώρα οι αρχαιότερες μαρτυρίες της λατρείας του Ποσειδώνα. Το ζευγάρι εικονιζόταν σε μια διάταξη που μας διαφεύγει, ίσως στο πνεύμα των παραστάσεων της Διόδου των θεωρών.

Βιβλιογραφία: A. Bon, H. Seyrig, «Le sanctuaire de Poséidon à Thasos», *BCH* 53 (1929), 317-350· – σχετικά με τα ανάγλυφα, B. Holtzmann, *ÉtThas* XV (1994), 159-162 και παρακάτω, σ. 301, αρ. 13-14, **εικ. 192-193**, όπου εικονίζονται τα δύο τμήματα, γνωστά από το 1921· το πάνω τμήμα του αναγλύφου της Αμφιτρίτης βρέθηκε σε ανασκαφή της Εφορίας Αρχαιοτήτων το 1996, βλ. Ζ. Μπονιας, *ΑΔ* 51 (1996) [2001], *Χρονικά*, 551-552.

Η πύλη του Ερμή (59)

Πέρα από το Ποσειδώνιο και 150μ. περίπου από την πύλη της θεάς με το άρμα (**57**), φθάνουμε, πάντοτε κατά μήκος του τείχους προς τα βορειοανατολικά, σε μια περιοχή όπου οι ανασκαφές αποκάλυψαν μια οικιστική συνοικία. Μια αρχαία οδός, η οποία προεκτείνει το σύγχρονο δρόμο που φθάνει ως εδώ, περιέτρεχε το τείχος στο εσωτερικό. Η εσωτερική παρειά του περιβόλου, με μεγάλες κυφωτές λιθοπλίνθους, μερικές από τις οποίες φέρουν χαραγμένες επιγραφές λιθουργών, έχει αποκαλυφθεί σε μήκος περίπου τριάντα μέτρων.

Στα βόρεια, μια σκάλα από γνεύσιο οδηγούσε στον περίπατο. Στην ευθεία των οδών που όριζαν στα βορειοανατολικά και στα νοτιοδυτικά, τη νησίδα ΙΙΙ, ανοίγονται δύο υπόνομοι με οξυκόρυφο κούφωμα για την παροχέτευση των νερών διαμέσου του τείχους. Η ψαλίδα σώζεται ολόκληρη στη νότια γαλαρία, το εσωτερικό της οποίας καλύπτεται πάντως από οριζόντιες πλάκες γνευσίου· η βόρεια κόβεται από ένα ανώφλι. Τα ανοίγματα αυτά έκλειναν για λόγους ασφαλείας με κιγκλιδώματα των οποίων διακρίνονται οι οπές υποδοχής.

Η πύλη της πόλης που ανοίγεται στον τομέα αυτόν γνώρισε δύο φάσεις, που σημειώνονται από τα δύο κατώφλια σε διαφορετικά επίπεδα. Με την πρώτη φάση (αρχές του 5ου αι. π.Χ.), σχετίζεται το ανάγλυφο που χρονολογείται γύρω στο 480-475, το οποίο επέζησε παρά το σφυροκόπημα πάνω στο βορειοανατολικό ορθοστάτη, όπως βγαίνουμε στα δεξιά (**εικ. 63**). Διακρίνεται, δεξιά, μια γυμνή ανδρική μορφή, που φορά μόνο στους ώμους μια χλαμύδα, η οποία πέφτει και στις δύο πλευρές του σώματος. Κινείται προς το εσωτερικό της πόλης, το δεξί πόδι προτεταμένο, και τα δύο πόδια πατούν στο έδαφος. Φαίνεται να στρέφεται προς τα πίσω, σε τρεις ντυμένες γυναικείες μορφές που ακολουθούν με συγκρατημένη κίνηση (οι δύο πρώτες φιγούρες είναι ευδιάκριτες: η δεύτερη ανασηκώνει με το δεξί χέρι τις πτυχές του ρούχου· η τρίτη διακρίνεται μετά βίας). Θα έπρεπε σε αυτήν τη θεϊκή πομπή να αναγνωρίσουμε τον Ερμή με τη συνοδεία των Χαρίτων (βλ. το ανάγλυφο της Διόδου των θεωρών, **εικ. 49**, και το ανάγλυφο στο μουσείο, **εικ. 209**);

εικ. 63. Ανάγλυφο της πύλης του Ερμή· 480-475 π.Χ.

Προς τα μέσα του 4ου αι. π.Χ., το επίπεδο του ανοίγματος ανυψώθηκε, το αρχικό κατώφλι θάφτηκε και οι ορθοστάτες επανατοποθετήθηκαν σε υψηλότερο σημείο, στο μαρμάρινο κατώφλι που φαίνεται σήμερα.

Βιβλιογραφία: Ch. Picard, *ÉtThas* VIII (1962), 134-135· Y. Garlan, «Contribution à une étude stratigraphique de l'enceinte thasienne», *BCH* 90 (1966), 596-622· B. Holtzmann, *ÉtThas* XV (1994), 64-66.

Η συνοικία της πύλης του Ερμή (60)

(εικ. 64)

Αμέσως πίσω από το τείχος, στις υπώρειες της πλαγιάς όπου δεσπόζει το θέατρο με τις αναστηλωμένες κερκίδες που διακρίνονται ανάμεσα στα δέντρα, εκτείνεται μια συνοικία με αρχαία σπίτια, που άλλοτε ονομαζόταν «συνοικία Δημητριάδη», από το όνομα του ιδιοκτήτη του οικοπέδου. Η ανθρώπινη παρουσία διατηρήθηκε στον τομέα αυτόν για δεκατρείς αιώνες περίπου, από τα τέλη του 8ου αι. π.Χ. μέχρι την παλαιοχριστιανική εποχή. Τα κτίσματα συσσωρεύθηκαν, αναμίχθηκαν, συχνά καταστρέφοντας τα νεότερα τα λείψανα των παλαιότερων. Μόνο η γενική κάτοψη είναι ευδιάκριτη, μια και τα εξωτερικά όρια των νησίδων παρέμειναν τα ίδια στο πέρασμα των χρόνων.

Αλλά τα χωρίσματα και η εσωτερική διάταξη πολλές φορές μετατοπίστηκαν, κάτι που εξηγεί την περίπλοκη όψη των οικοδομικών λειψάνων.

Στη σημερινή κατάσταση της ανασκαφής που διακόπηκε σε διαφορετικά χρονολογικά επίπεδα από το ένα σημείο του τομέα στο άλλο, διακρίνονται τέσσερεις ακανόνιστες νησίδες κατά μήκος του δρόμου του Ποσειδωνίου και της οδού του θεάτρου, που τέμνονται σε περίπου ορθία γωνία στο κέντρο της ανεσκαμμένης ζώνης. Δυτικά, οι νησίδες III και IV περιβάλλονται από τον εσωτερικό δρόμο του τείχους που έχει αποκαλυφθεί εντελώς κατά μήκος της νησίδας III, μέχρι τη σκάλα του μεταπυργίου· μακρύτερα, ο δρόμος αυτός έχει θαφτεί κάτω από το σύγχρονο μονοπάτι που οδηγεί στο Εβραιόκαστρο. Στα βόρεια, οι νησίδες II και III ορίζονται από το δρόμο που καταλήγει λοξά στο δρόμο του τείχους. Η ύπαρξη αυτής της βασικής αρτηρίας εξηγεί το άνοιγμα μιας πύλης σε αυτό το σημείο του τείχους, η οποία εξασφάλιζε την επικοινωνία με το ανοιχτό λιμάνι. Μια πέμπτη νησίδα εκτεινόταν ακόμη βορειότερα· σήμερα διακρίνονται ο νότιος τοίχος, κατά μήκος της οδού της πύλης του Ερμή, και, προς τα βόρεια, ένα τμήμα του τοίχου που ακολουθεί την οδό του τείχους.

Το ενδιαφέρον του τομέα είναι ότι παρουσιάζει, σε μια αρκετά εκτεταμένη περιοχή και σε μεγάλη χρονική διάρκεια, την εγκατάσταση και την εξέλιξη ενός οικιστικού τομέα. Στα τέλη του 8ου αι. π.Χ., στο ανατολικό τμήμα της ανεσκαμμένης περιοχής, υπήρχε προαποικιακή κατοίκηση. Έχουν βρεθεί κατάλοιπα απλών σπιτιών, με στέγη από κλαδιά και δόρωση, μαζί με ντόπια κεραμική. Η πραγματική αστική εγκατάσταση ανέρχεται στον 6ο αι. π.Χ. με την εμφάνιση των νησίδων I και II. Η χαρακτηριστική τοιχοποιία της εποχής αυτής είναι η πολυγωνική λιθοδομή με καμπύλους αρμούς, με μαρμαρόπλινθους ακανόνιστα λαξευμένες, αξιοθαύμαστης σταθερότητας και ιδιαίτερα καλαίσθητη. Η πολυγωνική αυτή τοιχοποιία με καμπύλους αρμούς είναι ακόμη ορατή στη βάση των εξωτερικών τοίχων, που στο ανώτερο τμήμα τους παρουσιάζουν άλλες οικοδομικές τεχνικές από μεταγενέστερες φάσεις.

Η **νησίδα I** δημιουργήθηκε τον 6ο αι. π.Χ., αλλά είναι δύσκολο να διευκρινιστεί πώς ήταν αρχικά διατεταγμένη. Λείψανα τοίχων μαρτυρούν ότι το νότιο τμήμα είχε οικοδομηθεί από τότε και υποδεικνύουν πως είχε ίσως το περίγραμμα που βλέπουμε σήμερα. Μόνο τα τρία βόρεια δωμάτια σώζουν πιστά την ανάμνηση της φάσης του 6ου αι. π.Χ., που μάλλον διατηρήθηκε ως το πρώτο μισό του 5ου αι. π.Χ. Κι ενώ το βορειοανατολικό δωμάτιο έβλεπε στο δρόμο (εδώ ο τοίχος της πρόσοψης αφαιρέθηκε μετά από τις ανασκαφές του 1928-1933, όπως συνέβη αντίστοιχα απέναντι, στη νότια πρόσοψη της νησίδας II), οι άλλοι δύο χώροι άνοιγαν στα νότια. Βλέπουμε ακόμη τα ίχνη των ανοιγμάτων, που προφανώς έκλεισαν όταν έγιναν μετατροπές στο πρώτο μισό του 5ου αι. που συνοδεύτηκαν από ανύψωση των δαπέδων. Εκτός από τα τρία βόρεια δωμάτια που διατηρήθηκαν τότε, αγνοούμε την οργάνωση της υπόλοιπης νησίδας I κατά την κλασική εποχή.

Με την ευκαιρία πάντως των μετατροπών του πρώτου μισού του 5ου αι. π.Χ., κτίστηκε ένα μονόχωρο οίκημα – πιθανόν κατάστημα – ορατό στα νοτιοανατολικά της νησίδας, του οποίου οι τοίχοι στα νοτιοδυτικά και στα νοτιοανατολικά έπαιζαν ταυτόχρονα ρόλο αναλήμματος, διαμορφωμένοι σε ωραίες στρώσεις μαρμάρου και γνευσίου εναλλάξ. Γύρω στο 300 π.Χ., μια μεγάλη οικία καταλαμβάνει το σύνολο του τετραγώνου (**εικ. 65** και **66**). Διέθετε περίστυλη αυλή και είχε είσοδο από την οδό του Ποσειδωνίου. Στη νότια γωνία, ένας χώρος με βραχώδες δάπεδο, τον οποίο διέτρεχαν διάφορα αυλάκια και διέθετε ένα άνοιγμα φρέατος, χρησίμευε μάλλον ως χειροτεχνικό εργαστήριο. Η κατοικία αυτή, σε δύο επίπεδα (ισόγειο και όροφο), ήταν σε χρήση ως την αυτοκρατορική εποχή.

Η **νησίδα II** αποκάλυψε τρεις φάσεις κατοίκησης. *α*) Στα δυτικά, ένα σπίτι των αυτοκρατορικών χρόνων, με κεντρική αυλή. *β*) Αμέσως στα ανατολικά, η έρευνα διεξήχθη μέχρι σε επίπεδα σύγχρονα της πρώτης φάσης (6ος αι. - πρώτο μισό 5ου αι. π.Χ.). Αρχικά υπήρχαν εδώ δύο μικρά όμορα οικιστικά σύνολα, που καθένα αποτελούνταν από έναν επιμήκη χώρο κατά μήκος της οδού του θεάτρου, προφανώς αυλή, και από δύο εφαπτόμενα δωμάτια πίσω. Η διάρθρωση αυτή διατηρήθηκε καθ' όλη την κλασική περίοδο και ίσως και στην ελληνιστική. Ο χώρος στα βόρεια του δυτικού συνόλου προστέθηκε κατά τις μετατροπές που πραγματοποιήθηκαν στον τομέα αυτόν, όπως και στη νησίδα I, στο πρώτο μισό του 5ου αι. *γ*) Στο ανατολικό άκρο, στα όρια της ανασκαφής, εμφανίστηκαν τα λείψανα μιας πλακόστρωτης αυλής με πηγάδι που ανήκει στην ελληνιστική περίοδο.

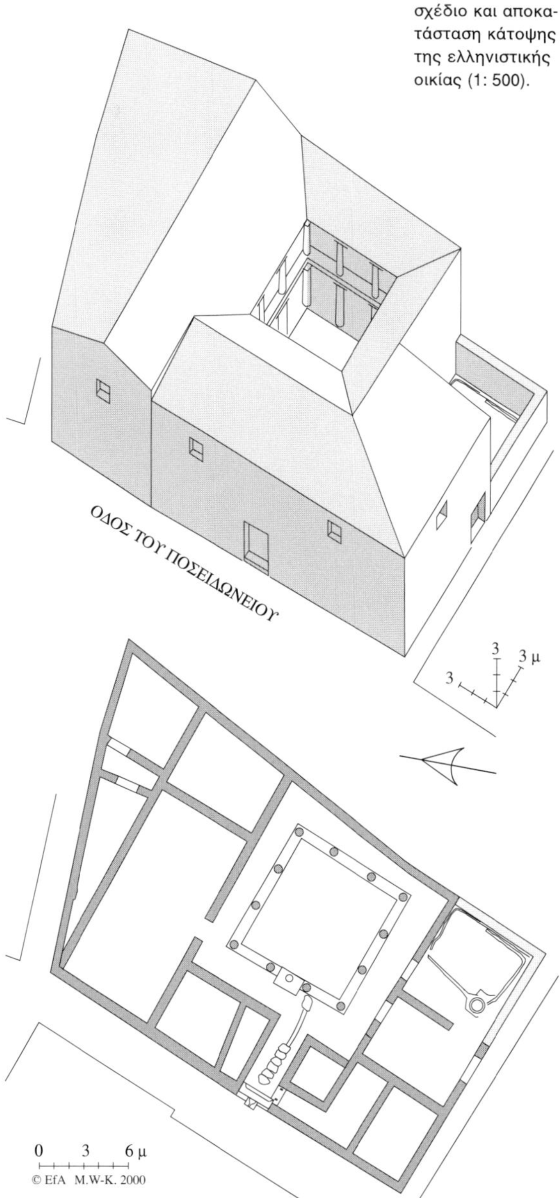

εικ. 65-66. Συνοικία της πύλης του Ερμή, νησίδα I· σχηματικό αξονομετρικό σχέδιο και αποκατάσταση κάτοψης της ελληνιστικής οικίας (1: 500).

Η **νησίδα ΙΙΙ**, μεταγενέστερη σε σχέση με τις άλλες δύο, οικοδομήθηκε στις αρχές του 5ου αι., αμέσως μετά από την ανέγερση του τείχους. Σηματοδοτεί μια νέα επέκταση της κατοίκησης προς τη θάλασσα, στο διαθέσιμο χώρο ανάμεσα στον αστικό περίβολο και στις νησίδες Ι και ΙΙ. Καθώς οι τρόποι κατασκευής άλλαξαν, δε βρίσκουμε πλέον εδώ την πολυγωνική τοιχοποιία, σύγχρονη της παλαιότερης φάσης των νησίδων Ι και ΙΙ. Οι τοίχοι στις προσόψεις δείχνουν δύο διαφορετικά συστήματα: αφενός ισόδομες στρώσεις από οριζόντιες λιθοπλίνθους με ελαφρά κύφωση στη δυτική πλευρά απέναντι από το τείχος, αφετέρου λεπτές στρώσεις γνευσίου και παχύτερες στρώσεις μαρμάρου εναλλάξ στην πλευρά του δρόμου του Ποσειδωνίου. Αυτοί οι δύο τύποι λιθοδομής συνεχίζουν επίσης στη νότια και βόρεια πλευρά και συνδέονται στο σημείο που οι τοίχοι αλλάζουν ελαφρώς κατεύθυνση. Οι παραλλαγές αυτές της τοιχοποιίας και του προσανατολισμού δεν είναι τυχαίες. Υπογραμμίζουν την εσωτερική οργάνωση της νησίδας ΙΙΙ, τη στιγμή της κατασκευής της.

Πράγματι, δύο κατοικίες μοιράζονται από τις αρχές του 5ου αι. π.Χ. το διαθέσιμο χώρο. Η μεσοτοιχία τέμνει τη βόρεια και τη νότια πρόσοψη εκεί ακριβώς που διαπιστώνονται οι αλλαγές στην τοιχοποιία και στον προσανατολισμό.

Η *ανατολική οικία* έβλεπε προς την οδό του Ποσειδωνίου, αλλά η κάτοψή της παραμένει εν μέρει άγνωστη, καθώς η έρευνα προσέκρουσε εδώ σε φάσεις αυτοκρατορικής εποχής. Η πλακόστρωτη αυλή με το πηγάδι της που είναι ορατή σήμερα ανήκει πιθανόν σε ρωμαϊκή φάση.

Η *δυτική οικία*, αρκετά εκτεταμένη (11,25 × 19,25μ. το μέγιστο), έβλεπε στην οδό του τείχους. Το κατώφλι, που σήμερα φαίνεται υπερυψωμένο, προεκτεινόταν αρχικά από ένα εξωτερικό πλατύσκαλο που κάλυπτε τη διαφορά ύψους ανάμεσα στο δρόμο και στα δάπεδα του σπιτιού. Η κατοικία αυτή περιελάμβανε μια κεντρική αυλή, καθ' όλο το πλάτος του κτηρίου· στα νότια, κοντά στο πρόθυρο, υπήρχαν χρηστικοί χώροι· στα βόρεια, δύο μεγάλες αίθουσες, από τις οποίες η μία διέθετε κεντρική εστία, ήταν οι κύριοι χώροι του σπιτιού· πίσω, ένας τριγωνικός χώρος, με ένα πλακόστρωτο τμήμα του δαπέδου, θα μπορούσε να ήταν η κουζίνα ή το λουτρό· ένας αποχετευτικός αγωγός διαπερνούσε τον τοίχο της βόρειας πρόσοψης στη βορειοανατολική γωνία του δωματίου. Στον 4ο αι. ή στην ελληνιστική περίοδο, η αυλή μίκρυνε αισθητά λόγω της κατασκευής μιας επιμήκους αίθουσας – ή παστάδας – μπροστά από τους δύο κύριους χώρους (**εικ. 67**). Το σπίτι αυτό κατοικήθηκε μέχρι την αυτοκρατορική εποχή. Μπορούσε κανείς να διαβάσει τότε στο κατώφλι, ανυψωμένο ελαφρώς σε σχέση με την κλασική φάση αλλά στο ίδιο σημείο, μια αποτρεπτική ρήση: *Ἡρακλῆς ἐνθ[άδε κατοι]κεῖ· μηθὲν εἰσίτω κακόν*. Εδώ κατοικεί ο Ηρακλής· κανένα κακό να μην μπει.

εικ. 67. Συνοικία της πύλης του Ερμή, νησίδα ΙΙΙ· σχηματικό αξονομετρικό σχέδιο και αποκατάσταση κάτοψης της δυτικής οικίας· με διακεκομμένες γραμμές η διαμόρφωση της ελληνιστικής εποχής (1: 500).

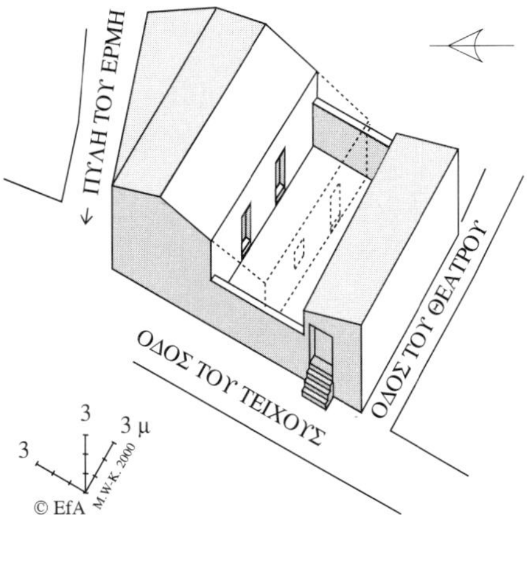

Στον 3ο και 4ο αι. μ.Χ., μια μικρή κατοικία με δύο χώρους κτίστηκε στη βορειοανατολική γωνία της νησίδας ΙΙΙ, ακολουθώντας διαφορετική διάταξη σε σχέση με ό,τι είχε συμβεί μέχρι τότε.

Στην παλαιοχριστιανική εποχή χρονολογούνται κάποιοι τοίχοι κτισμένοι πάνω στα σπόλια των νησίδων Ι και ΙΙ. Μπορούμε ακόμη να δούμε τα λείψανά τους στο βόρειο τμήμα της νησίδας ΙΙ. Η χρήση τους δεν έχει ταυτιστεί.

Βιβλιογραφία: Y. Grandjean, *ÉtThas* XII (1988), 283-290, 444-445, 447-451 (όπου και η προγενέστερη βιβλιογραφία).

Ο βράχος του Εβραιόκαστρου και η βόρεια οχύρωση

(εικ. 68)

Πέρα από την πύλη του Ερμή, το σύγχρονο μονοπάτι διαμορφώθηκε δίπλα στο τείχος. Στο βράχο του Εβραιόκαστρου, καταλήγουμε σε μια γωνία του περιβόλου, οχυρωμένη με ένα προπύργιο και προεξοχές. Στο μέρος αυτό, το τείχος στρέφεται ανατολικά και ανεβαίνει προς την ακρόπολη, ακολουθώντας την κορυφογραμμή. Ένας αποκομμένος από τον αστικό περίβολο βραχίονας (**1**) προχωρά στα δυτικά, μέσα στη θάλασσα, για να καλύψει το ανοιχτό λιμάνι και την είσοδο του κλειστού λιμένα (**2**) (σ. 72).

Έξω από την οχύρωση, προς το ακρωτήρι, ένα άνδηρο φιλοξενεί μια **παλαιοχριστιανική εκκλησία**. Στο κεντρικό κλίτος της κτίστηκε το μικρό ξωκκλήσι των Αγίων Αποστόλων. Η βασιλική, του 5ου ή ίσως του 6ου αι., περιλαμβάνει ένα νάρθηκα, στρωμένο κυρίως με αρχαία μάρμαρα σε δεύτερη χρήση, και τρία κλίτη. Μια τετράγωνη αυλή και ένα κυκλικό βαπτιστήριο, σύγχρονα της βασιλικής, πλαισιώνουν το νάρθηκα, στο ανατολικό άκρο του οποίου βρίσκουμε δύο μεγάλους τάφους. Στην υστεροβυζαντινή περίοδο, μετά την καταστροφή της εκκλησίας, το βαπτιστήριο καταλαμβάνεται από έναν τάφο. Γύρω από το κτήριο, ο διαθέσιμος χώρος φιλοξενεί ένα νεκροταφείο των 5ου και 6ου αι. (ανασκάφηκαν σαράντα τάφοι).

Η παλαιοχριστιανική εκκλησία πήρε τη θέση ενός **αρχαίου ιερού** (**61**), που ιδρύθηκε πάνω σε ίσιωμα του βράχου και προεκτάθηκε με τεχνητό άνδηρο. Ο αναλημματικός τοίχος του, που αποκαλύφθηκε στην ανασκαφή, δεσπόζει της θάλασσας (**εικ. 69**). Διατηρείται μέχρι 3μ. ύψος στο μέσον του και το πάχος του φτάνει τα 2μ. Η εξωτερική παρειά, από μεγάλες πλίνθους γνευσίου, μοιάζει με ένα από τα αναλήμματα της ακρόπολης: χρονολογείται στα τέλη του 6ου αι. π.Χ. και ανυψώθηκε λίγο πριν τα μέσα του 4ου αι. π.Χ. Κανένα ίχνος θεμελίωσης σύγχρονης με το ιερό δεν υφίσταται στο άνδηρο. Αρχαϊκοί

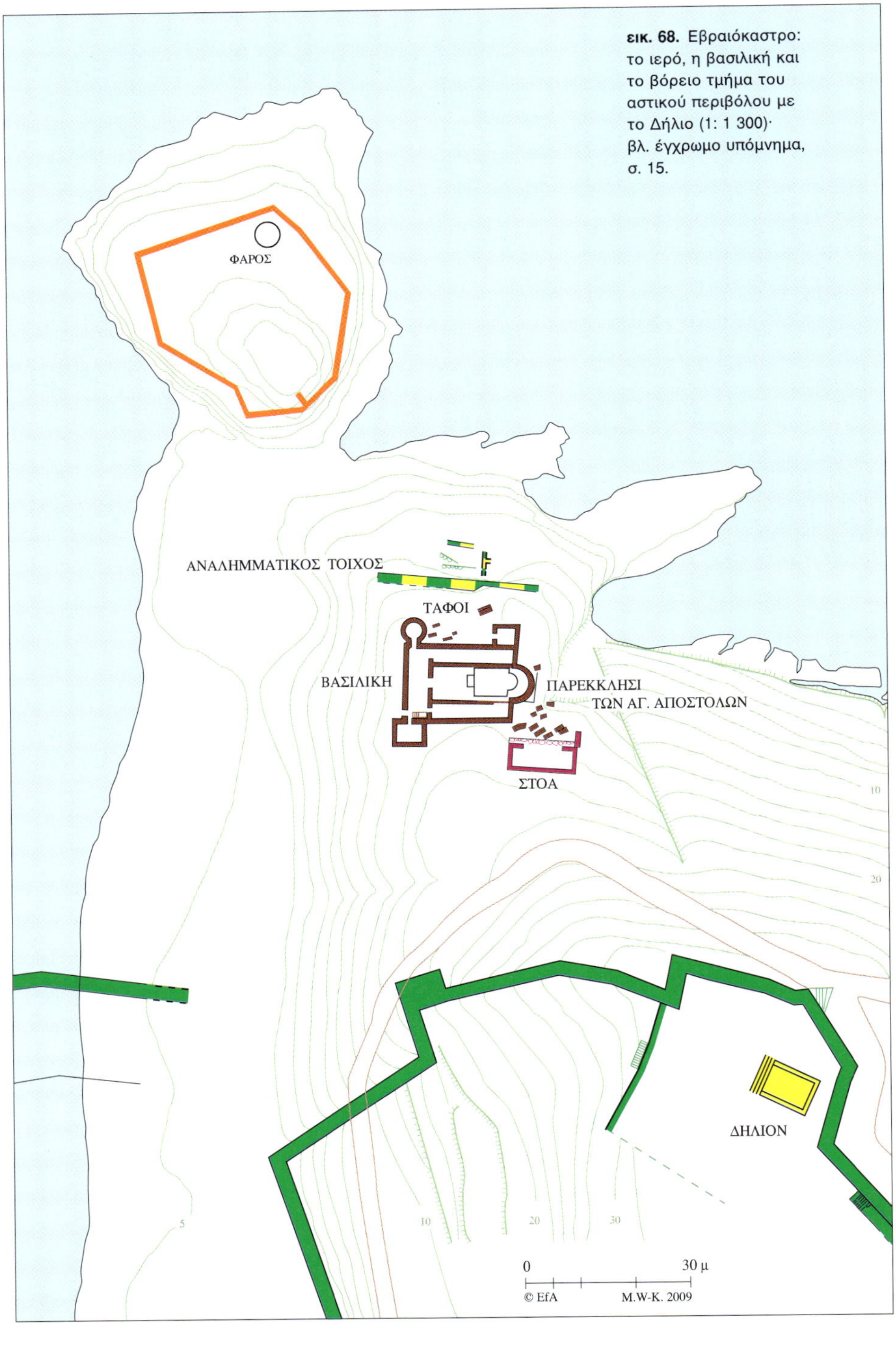

εικ. 68. Εβραιόκαστρο: το ιερό, η βασιλική και το βόρειο τμήμα του αστικού περιβόλου με το Δήλιο (1: 1 300)· βλ. έγχρωμο υπόμνημα, σ. 15.

εικ. 69. Εβραιόκαστρο· άποψη από τα βορειοανατολικά· σε πρώτο πλάνο, ο αναλημματικός τοίχος του τέλους του 6ου αι. π.Χ.

ηγεμόνες κέραμοι (με φυτική διακόσμηση, με τη μορφή Χίμαιρας· βλ. σ. 257) μαρτυρούν ωστόσο την ύπαρξη οικοδομημάτων του 6ου αι. π.Χ.

Στην επίχωση του ανδήρου και στα μπάζα κάτω από το μεγάλο ανάλημμα βρέθηκαν μεγάλες ποσότητες αναθημάτων, κυρίως πήλινων ειδωλίων, και επιγραφές που μαρτυρούν τη λατρεία του Δία, της Αθηνάς, της Αρτέμιδος, των Νυμφών, που αποδιδόταν από ομάδες πολιτών που ταυτίζονται με τις *πάτρες* της **Θάσου** (σ. 267). Έτσι, π.χ., ο ιερός νόμος (γύρω στο 480) για την Αθηνά Πατρώα προβλέπει: *Ἀθηναίηι Πατρόιηι ¦ ἔρδεται τὤτερων ἔτως τέλη ¦ καὶ γυνα(ῖ)κες ¦ λα[γ]χάνω‹ι›σιν*. Στην Αθηνά Πατρώα να θυσιάζονται κάθε δύο χρόνια σφάγια μεγαλύτερα του ενός έτους· και οι γυναίκες να συμμετέχουν· να λαμβάνουν μερίδιο. Η επίχωση περιείχε επίσης δακτυλιόσχημους κέρνους ανάκατους με πέτρες. Ο συνδυασμός όλων, δηλαδή το όνομα της Κόρης σε μάρμαρο και το είδος των πήλινων αναθημάτων, όπου κυριαρχούν οι δεόμενες γυναικείες μορφές, οδηγούν στην ταύτιση του ιερού με **Θεσμοφόριο**, όπου συλλατρεύονται η Δήμητρα και η Κόρη, θεσμοφόρες θεότητες· η τέλεση της λατρείας γινόταν από γυναίκες εκτός των τειχών.

Στο πρώτο μισό του 3ου αι., το ιερό επεκτάθηκε στα νότια με την εγκατάσταση ενός κτηρίου που σώζεται εν μέρει. Μπροστά από το βράχο, στήθηκε μια **στοά** με ελαφρά υποστυλώματα στην πρόσοψη, στραμμένη προς τη θάλασσα. Διατηρούνται αποσπασματικά ο πίσω κι ο ένας πλευρικός τοίχος, σε λιθοδομή από πλίνθους γνευσίου και μαρμάρου, καθώς και το θεμέλιο γνευσίου όπου πατούσε ο στυλοβάτης. Ένα θρανίο περιέτρεχε τους τοίχους στο εσωτερικό. Στη στοά αυτή πρέπει να ανήκουν κομμάτια μεγάλων ηγεμόνων κεράμων που βρέθηκαν στην ανασκαφή (ανθέμια και έλικες που πλαισιώνουν κεφαλή Αθηνάς· βλ. σ. 257).

Περίπου πενήντα μέτρα στα νοτιοανατολικά του Εβραιόκαστρου, ανακαλύφθηκε πρόσφατα στο εσωτερικό του τείχους ένα ιερό, άγνωστο μέχρι τώρα, αφιερωμένο στον Απόλλωνα Δήλιο και στην Αρτέμιδα Δηλία, σύμφωνα με την επιγραφή του πρώτου μισού του 4ου αι. π.Χ. που βρέθηκε στην περιοχή. Το Δήλιο αυτό διέθετε ένα μικρό εν παραστάσι ναό που ανέρχεται τουλάχιστον στα τέλη της αρχαϊκής εποχής. Από το βράχο του Εβραιόκαστρου, ανηφορίζοντας προς την ακρόπολη, ακολουθεί κανείς εύκολα τη διαδρομή του τείχους, το οποίο διασώζεται σε αρκετό ύψος. Το μεταπύργιο, κανονικού πάχους (2μ.), παρουσιάζει μέχρι το θέατρο παχύτερα τμήματα (4μ. περίπου) σε τρία σημεία, σχηματίζοντας προεξοχή προς τη μεριά της πόλης· πρόκειται για τμήματα κλιμάκων μεταπυργίου, μήκους 12 έως 15μ. Στο εξωτερικό μέτωπο, μια προβολή κι ένας πύργος ενισχύουν το οχυρωτικό έργο. Μπορούμε να θαυμάσουμε την τοιχοποιία στο εξωτερικό από ωραίες στρώσεις μαρμάρου, με μέτωπο λαξευμένο με βελόνι, όπου εμφανίζονται κατά τόπους λίθοι γνευσίου, και στο εσωτερικό από μακρόστενες πλίνθους γνευσίου και μαρμάρου. Ένα τμήμα του μεταπυργίου παρουσιάζει, στο κάτω μέρος εξωτερικά, αξιοθαύμαστη πολυγωνική λιθοδομή με καμπύλους αρμούς (**εικ. 146**).

Κι έτσι φθάνουμε στο αρχαίο θέατρο.

Βιβλιογραφία: για τη βασιλική, F. Ducat, «La basilique d'Évraiokastro à Thasos», *BCH* 89 (1965), 142-153· – για το ιερό, Cl. Rolley, «Le sanctuaire des dieux patrôoi et le Thesmophorion de Thasos», *BCH* 89 (1965), 441-483· A. Muller, *ÉtThas* XVII (1996)· – για το τείχος, Y. Grandjean, Fr. Salviat, *BCH* 113 (1989), 740-745· *BCH* 126 (2002), 519-522· – για το Δήλιο, Y. Grandjean, Fr. Salviat, *BCH* 128-129 (2004-2005), 765-773 και «Règlements du Délion de Thasos», *BCH* 130 (2006) [2008], 293-327.

Το θέατρο (62)

(εικ. 70)

Το θέατρο, εγκατεστημένο σε μια φυσική βάθυνση του λόφου, εφαπτόμενο στο τείχος, ανοίγει το κοίλο του στα δυτικά, άλλοτε σκιερό, πριν την πρόσφατη αναστήλωση, μέσα σε καταπράσινες βελανιδιές (**εικ. 71**). Θέατρο υπήρχε ήδη στην εποχή του Ιπποκράτη (*Περί Ἐπιδημιῶν* Α', 20), δεν ξέρουμε όμως αν βρισκόταν στο ίδιο μέρος. Στα τέλη του 5ου αι. π.Χ. τοποθετείται το έργο του Θασίου υποκριτή και κωμωδιογράφου Ηγεμόνα, που έδρασε στην Αθήνα αλλά και στην πατρίδα του, τον οποίο ο Αριστοτέλης θεωρεί εφευρέτη της παρωδίας (*Ποιητική* 1448α). Στα μέσα ή στο τρίτο τέταρτο του 4ου αι.

εικ. 70. Κάτοψη του θεάτρου· κατάσταση του 1998 (1: 500).

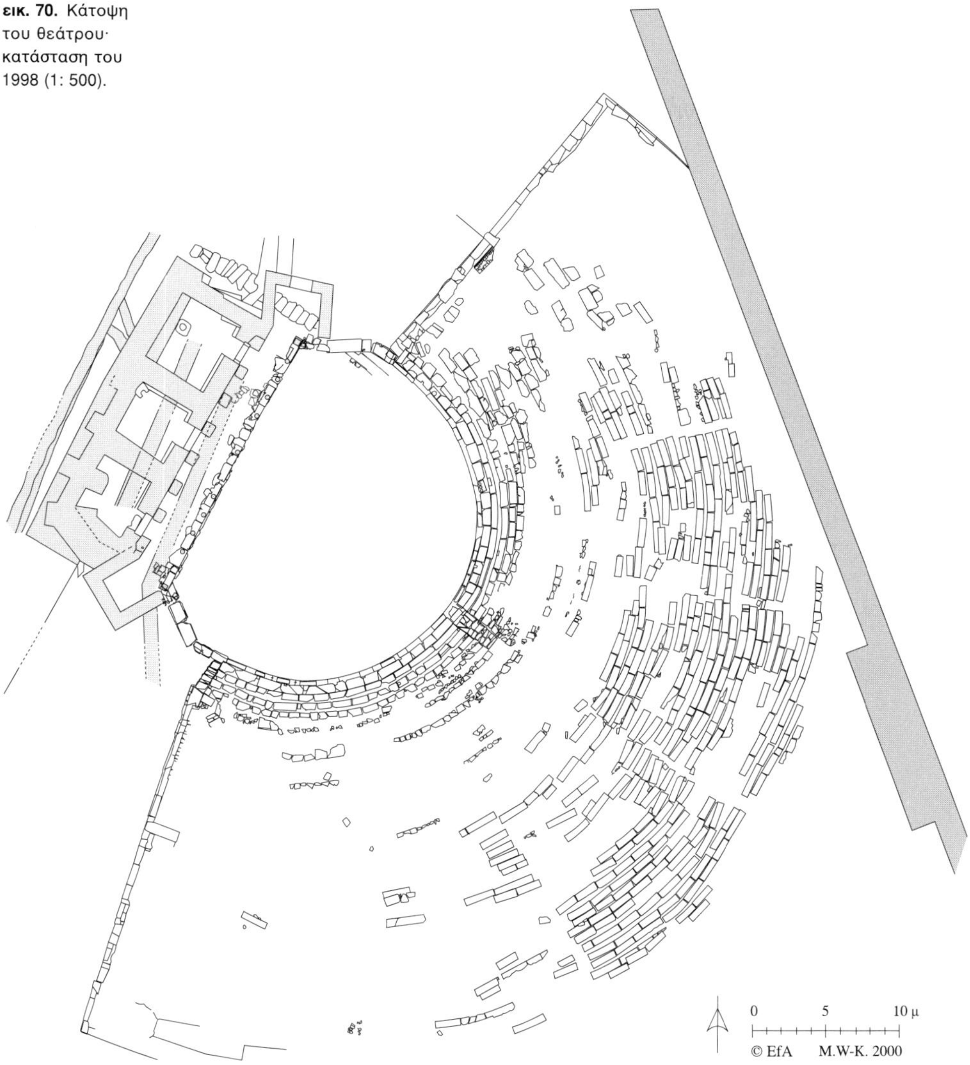

π.Χ., παρατηρείται στην πόλη μια εξαιρετική άνθηση του θεάτρου. Τότε ανατίθενται στο Διονύσιο (**56**) τα μνημεία σε ανάμνηση δραματικών επάθλων. Για τις γιορτές (τα Διονύσια, τα Χορεία· βλ. σ. 275) κατέφθαναν στο νησί και καλλιτέχνες από αλλού, όπως ο Αρίστων ο Μιλήσιος, ο Θεόδωρος, ο Φιλήμων, ο Βάταλος (σ. 120).

Σύμφωνα με τις έρευνες που πραγματοποιήθηκαν μεταξύ του 1992 και του 1995, η πρώτη φάση του σκηνικού οικοδομήματος και του κοίλου ανέρχεται στις αρχές της ελληνιστικής περιόδου (τέλη 4ου με πρώτο τέταρτο 3ου αι. π.Χ.). Μια επιγραφή υπενθυμίζει εξάλλου ότι το προσκήνιο ανατέθηκε στον Διόνυσο

εικ. 71. Μερική άποψη του θεάτρου πριν από τις ανασκαφές του 1992-1995.

από έναν Θάσιο πολίτη, τον Λυσίστρατο, γιο του Κόδιδος (**εικ. 72**): κάποιος, με αυτό το σπάνιο όνομα, διετέλεσε θεωρός προς τα μέσα του 4ου αι. π.Χ. (*IG* XII *Suppl.*, 399). Το προσκήνιο διέθετε πρόσοψη με δώδεκα δωρικούς κιονίσκους εν παραστάσι, που έφεραν επιστύλιο – στο οποίο ήταν χαραγμένη η αναθηματική επιγραφή –, ζωφόρο με λείες μετόπες και γείσο με προμόχθους. Η κιονοστοιχία έφερε το λογείο, επίμηκες σανίδωμα, όπου εμφανίζονταν οι υποκριτές (βλ. αποκατάσταση της ανωδομής, **εικ. 72**). Οι κίονες είχαν ραβδώσεις κατά τα τρία τέταρτα και έφεραν εγκοπές για τη στερέωση των γραπτών πινάκων της σκηνογραφίας. Στο ανώτερο τμήμα της *frons scaenae* επικρατούσε δωρικός ρυθμός μικρότερης κλίμακας, από όπου σώζονται αρκετά μέλη: πεσσίσκοι, επιστύλια, κιονόκρανα, τμήματα ζωφόρου με λείες μετόπες, γείσα.

Στη σημερινή κατάσταση, το κοίλο, που κατά ασυνήθιστο τρόπο διαγράφει καμπύλη μικρότερη από ημικύκλιο, χρονολογείται στην αυτοκρατορική εποχή. Οι αναλημματικοί τοίχοι των παρόδων, συγκλίνοντες αλλά ασύμμετροι, έχουν ακανόνιστη τοιχοποιία (πέτρες βουτηγμένες στο κονίαμα) που καλύπτεται από μέτωπο με μαρμαρόπλινθους σε κανονική λιθοδομή από ψηλές και χαμηλές στρώσεις εναλλάξ. Τα εδώλια είναι διαμορφωμένα σε απλές πλίνθους χωρίς προφίλ, εκτός από το κάτω τμήμα του κοίλου. Δεν έχει διαπιστωθεί η ύπαρξη διαζώματος. Τρεις ακτινωτές κλίμακες, η μία στο

εικ. 72. Προσκήνιο του θεάτρου: α) λεπτομέρεια του κεντρικού τμήματος της ζωφόρου με την αναθηματική επιγραφή *IG* XII *Suppl.* 399 (1: 20)· β) αποκατάσταση ανωδομής· αριστερά, επί της παραστάδας, αναθηματική επιγραφή *IG* XII 8, 371 (1: 80).

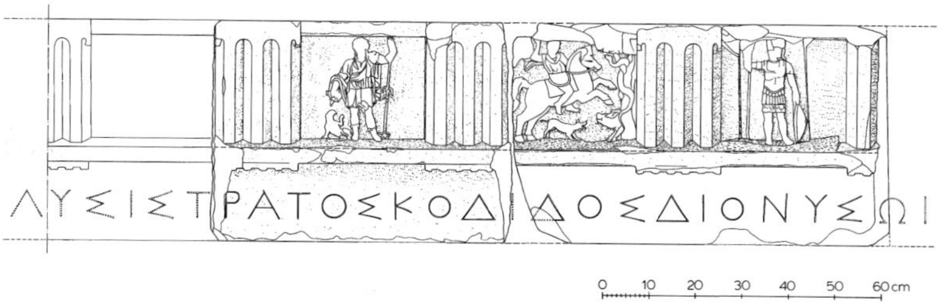

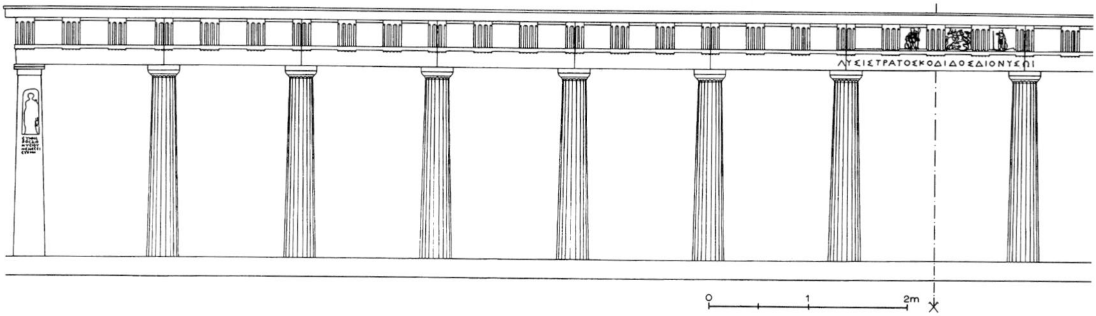

κέντρο, διαιρούν το κοίλο σε τέσσερεις κερκίδες. Σε πολλά εδώλια είναι χαραγμένα τα ονόματα προσώπων ή οικογενειών που τα καταλάμβαναν.

Από τον 1ο αι. μ.Χ., το θέατρο χρησιμοποιήθηκε για κυνηγέσια *(venationes)* και μονομαχίες. Οι αρχιερείς της αυτοκρατορικής λατρείας συντηρούσαν ομάδες (*familiae*) επαγγελματιών μονομάχων: μορμύλλονες, ρητιάριους, εσσεδάριους (μονομάχους σε άρμα), ζευγάρια ιππέων. Η ορχήστρα μετατράπηκε σε αρένα με την εγκατάσταση βαριών θυρωμάτων που σφράγισαν τις προσβάσεις: τα κατώφλια είναι ακόμη ορατά. Στα χρόνια πριν το 140 μ.Χ., για την καλύτερη προστασία των θεατών, ο Ηραγόρας, γιος του Ευφρίλλου και η γυναίκα του, Ισπανή, παρήγγειλαν κατά μήκος της ορχήστρας ένα στηθαίο που προεκτεινόταν με κιγκλίδωμα. Αρκετοί από τους ορθοστάτες του αποκαταστάθηκαν στη θέση τους: καθένας τους φέρει μερικά γράμματα της μνημειακής αναθηματικής επιγραφής με επιτηδευμένους χαρακτήρες. Έστηναν λοιπόν πάνω από τις βαθμίδες ένα *velum* (τέντα)· στο πίσω μέρος του στηθαίου, φαίνονται τα ίχνη στήριξης των πασσάλων που το συγκρατούσαν.

Στην αυτοκρατορική εποχή επίσης μετασκευάστηκε το ελληνιστικό σκηνικό οικοδόμημα. Είχε καταστραφεί εν μέρει, ενώ τα δωρικά μέλη του δεύτερου επιπέδου είχαν διασκορπιστεί. Το νέο οικοδόμημα πάτησε στα λείψανα του προηγούμενου· κατάλοιπά του είναι ορατά: παχιοί τοίχοι από χοντρές πέτρες αναμιγμένες με κονίαμα· η πρόσοψη τονίστηκε με μεγάλα μαρμάρινα στηρίγματα. Μόνο το προσκήνιο έμεινε στη θέση του, ύστερα από αποσυναρμολόγηση και πρόχειρη ανακαίνιση. Στο μέσον της κιονοστοιχίας,

εικ. 73. Προσκήνιο του θεάτρου: τμήμα της ζωφόρου στο Αρχαιολογικό μουσείο Κωνσταντινούπολης, αρ. ευρ. 382.

πάνω από την παλιά επιγραφή, κάποιες μετόπες, μέχρι τότε λείες, είναι τώρα γλυπτές, όπου εικονίζονται δημοφιλείς θεότητες (**εικ. 72**): ο Διόνυσος που ποτίζει τον πάνθηρά του με τις τελευταίες σταγόνες κρασιού από τον κάνθαρό του (μουσείο, αρ.ευρ. 68, **εικ. 226**)· ο Ήρων, έφιππος Θράκας θεός· και ένας θωρακοφόρος Άρης με περικεφαλαία, προστάτης των μονομάχων (Αρχαιολογικό Μουσείο Κωνσταντινούπολης, **εικ. 73**).

Οι παραστάδες στα δύο άκρα της κιονοστοιχίας ανακαινίστηκαν επίσης: στο ήμισύ της η νότια διακοσμήθηκε με ανάγλυφη μορφή Νεμέσεως, με έξοδα του Ευήμερου, γιου του Διονυσίου – προφανώς μονομάχου – ως εκπλήρωση τάματος στην αδυσώπητη θεά (*IG* XII 8, 371· μουσείο αρ.ευρ. 584). Κι άλλοι μονομάχοι παρήγγειλαν ανάγλυφα της Νεμέσεως, πάνω στους τοίχους της σκηνής: δύο από αυτά βρέθηκαν το 1887 και μεταφέρθηκαν στο Αρχαιολογικό Μουσείο της Κωνσταντινούπολης.

Προς τη μεριά του σκηνικού οικοδομήματος εντοπίστηκαν λείψανα αρχαιότερα της ελληνιστικής εποχής. Μπορούν να χρονολογηθούν στην αρχαϊκή και κλασική περίοδο, ορισμένα ίσως και πιο πριν, αλλά είναι δύσκολο να ερμηνευθούν. Στα ανατολικά του κοίλου, ένα οχυρωτικό σύμπλεγμα που ανέρχεται στο δεύτερο μισό του 6ου αι. κατεδαφίστηκε μερικώς κατά την κατασκευή του τείχους τα πρώτα χρόνια του 5ου αι. π.Χ. Μετά την εγκατάλειψη και την ερείπωση του θεάτρου, ο χώρος καταλήφθηκε από παλαιοχριστιανικό νεκροταφείο.

Βιβλιογραφία: Fr. Salviat, «Le bâtiment de scène du théâtre de Thasos», *BCH* 84 (1960), 300-316 (όπου η προγενέστερη βιβλιογραφία)· – G. Daux, «Trois inscriptions de la Grèce du Nord», *CRAI* 1972, 487-493 (σχετικά με την Ισπανή)· – P. Bernard, Fr. Salviat, «Inscriptions de Thasos», *BCH* 86 (1962), 596-603 (αναθήματα στη Νέμεση) και 606-608 (μονομάχοι)· – B. Holtzmann, *ÉtThas* XV (1994), 108-111 (γλυπτές μετόπες)· – Z. Bonias, J.-Y. Marc, D. Viviers, *BCH* 119 (1995), 667-681 (πρόσφατες ανασκαφές με παραπομπές στα *Χρονικά* του *BCH* 1993 και 1994)· – Z. Bonias, J.-Y. Marc, *BCH* 120 (1996), 882-888 (τελευταία ανασκαφική περίοδος στο θέατρο)· των ίδιων, «Το αρχαίο θέατρο της Θάσου», *ΑΕΜΘ* 10 (1996) [1998], 795-812· – P. Hamon, *Recherches sur les inscriptions et le théâtre de Thasos à l'époque impériale* (2000, αδημοσίευτη εργασία, Γαλλική Αρχαιολογική Σχολή)· – D. Viviers, *BCH* 125 (2001), 601-608 (με την προγενέστερη βιβλιογραφία· αρχαϊκό αμυντικό σύμπλεγμα και παλαιοχριστιανική νεκρόπολη· δεν δεχόμαστε τις προτάσεις χρονολόγησης για τις φάσεις IV και V, που βρίσκονται σε πλήρη αντίφαση με τα δεδομένα για την κατασκευή του τείχους σε άλλους τομείς, βλ. Y. Grandjean, T. Kozelj, Fr. Salviat, «La porte de Zeus à Thasos», *BCH* 128-129 (2004-2005), 260-266.

Η ακρόπολη: το Πύθιον και το γενουάτικο κάστρο

(εικ. 74)

Αφήνοντας το θέατρο και συνεχίζοντας την ανάβαση στην πλαγιά, διακρίνονται σε λίγο μέσα από τα δέντρα οι τρεις μύτες της ακρόπολης. Στην πιο κοντινή κορυφή, αριστερά στα νοτιοανατολικά, ξεπροβάλλουν ανάμεσα σε συστάδες πεύκων τα επιβλητικά ερείπια του μεσαιωνικού κάστρου που κτίστηκε στη θέση του ιερού του Πυθίου Απόλλωνα. Στηριγμένο σε ισχυρό τείχισμα, το γυμνό άνδηρο του ιερού της Αθηνάς καταλαμβάνει τη μεσαία κορυφή. Λίγο μακρύτερα, στα νότια, κορυφώνεται μια ανωφέρεια από μάρμαρο, από όπου αποσπάται μια βραχώδης ράχη που κατεβαίνει μέχρι την αγορά.

Το μονοπάτι που από το θέατρο οδηγεί μέσα από απότομες πλαγιές στο Πύθιο ακολουθεί περίπου τη διαδρομή του **τείχους**, το οποίο σήμερα έχει σχεδόν εντελώς εξαφανιστεί. Στον Μεσαίωνα, οι πλίνθοι του περιβόλου τεμαχίστηκαν επί τόπου, μερικές φορές μέχρι το βράχο που χρησίμευε ως πέλμα για τη λιθοδομή, ώστε να προμηθεύσουν πέτρες για την κατασκευή του κάστρου. Πρόσφατες ανασκαφές όμως έφεραν στο φως ίχνη του αστικού περιβόλου σε πολλά σημεία.

Είναι έτσι δυνατό να δει κανείς λίγο πάνω από το θέατρο, για περίπου είκοσι μέτρα, τα λείψανα μιας προεξοχής του τείχους σε ένα σημείο που η κλίση αλλάζει. Κάτω από το σημερινό ξωκκλήσι του Προφήτη Ηλία, αποκαλύφθηκε ένα μακρύ τμήμα μαζί με έναν πύργο, σύγχρονο της κατασκευής του τείχους στις αρχές του 5ου αι. π.Χ. Οι ογκώδεις πλίνθοι γνευσίου που συγκροτούν τη βάση των τοίχων αφέθηκαν στη θέση τους σε αρκετά σημεία από τους κατασκευαστές του μεσαιωνικού κάστρου.

Ανάμεσα στο ξωκκλήσι και στο φρούριο απέμειναν μόνο τα αποτυπώματα του τείχους στον ισοπεδωμένο βράχο. Το σύγχρονο μονοπάτι ακολουθεί σχεδόν

εικ. 74. Ιερό του Πυθίου Απόλλωνα και μεσαιωνικό κάστρο: αποκατάσταση κάτοψης (1: 600)· βλ. έγχρωμο υπόμνημα, σ. 15.

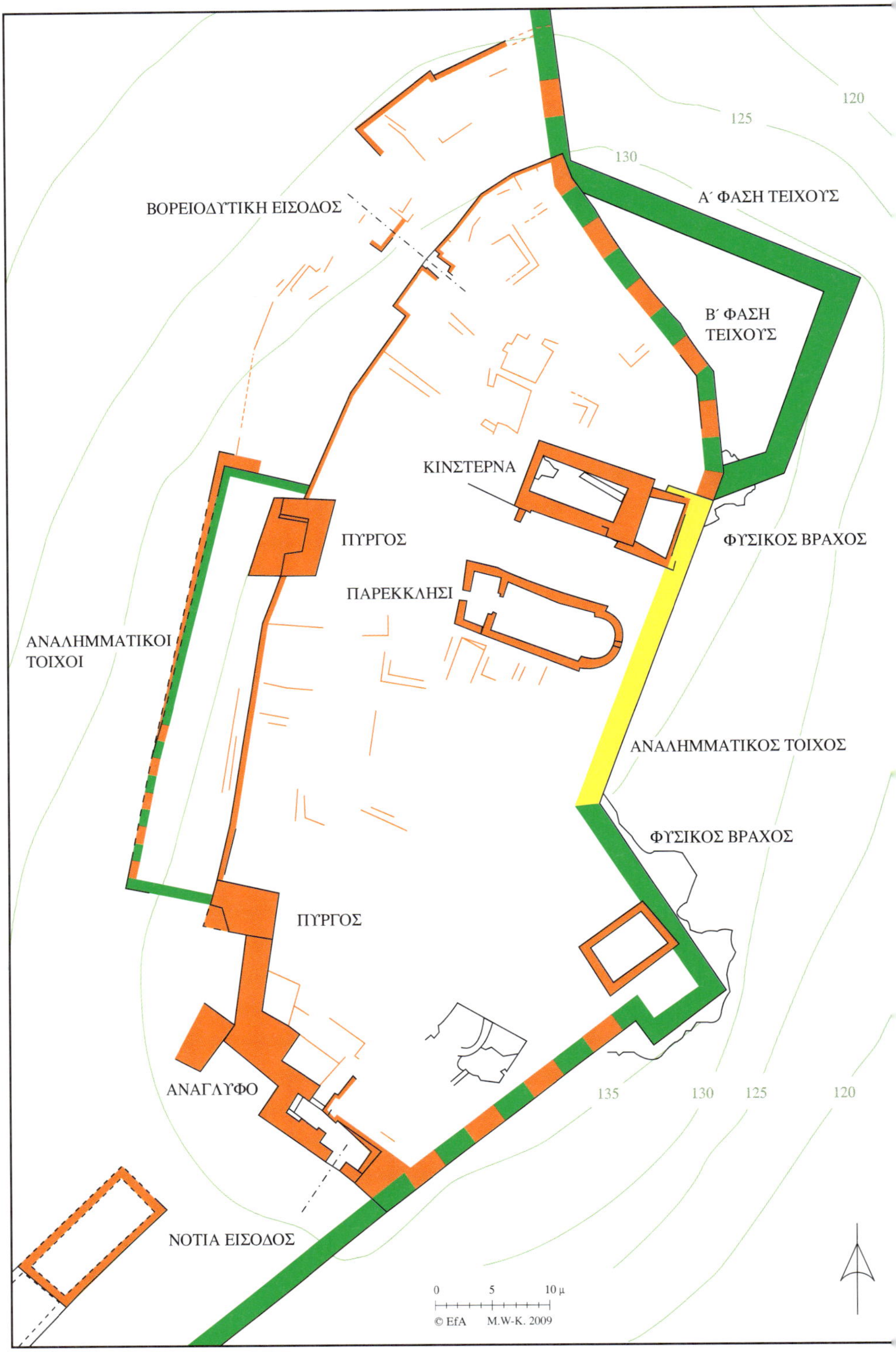

πιστά τη διαδρομή του αρχαίου δρόμου που περιέτρεχε την οχύρωση στην εσωτερική πλευρά και από τον οποίο διακρίνεται και σήμερα ένα αρκετά μακρύ τμήμα κοντά στο εκκλησάκι. Οδηγεί – όπως και ο αρχαίος δρόμος – στη γωνία των ανδήρων, τα περισσότερα τεχνητά, που φιλοξενούσαν το Πύθιο (**63**) και το μεσαιωνικό κάστρο (**64**).

Αυτή η μύτη της ακρόπολης ήταν ταυτόχρονα ένας οχυρωμένος αμυντικός τομέας και ο χώρος του ιερού του Πυθίου Απόλλωνα. Ένα φρούριο εγκαταστάθηκε στη θέση αυτή στον Μεσαίωνα.

1) Η γραμμή της αρχαίας οχύρωσης διατηρήθηκε σε όλον τον τομέα. Στα βόρεια οικοδομήθηκε κατά την κατασκευή του τείχους, γύρω στο 500, μια προβολή ανδήρου από μεγάλες μαρμαρόπλινθους, από τις οποίες σώζονται *in situ* οι κατώτερες στρώσεις που σχηματίζουν στη συνέχεια γύρισμα σε ορθή γωνία. Το προεξέχον αυτό τμήμα μειώθηκε στη συνέχεια και το αμυντικό τείχισμα συντμήθηκε σε ένα κομμάτι όπου διακρίνουμε πολλές αρχαϊκές πλίνθους σε δεύτερη χρήση. Νοτιότερα, ανάμεσα σε δύο βραχώδεις κορυφές, ο περίβολος συγχωνεύεται με ένα τεράστιο ανάλημμα, αρχαιότερο, ύψους 10,50μ., κτισμένο με μεγάλους πλατιούς λίθους γνευσίου: από τη βάση του ανασύρθηκαν τα κομμάτια του μεγάλου κριοφόρου κούρου (**εικ. 75**, στο μουσείο, σ. 295). Πιο πέρα, στη νοτιοανατολική πλαγιά, ξαναβρίσκουμε το τείχος από μεγάλες ορθογώνιες μαρμαρόπλινθους.

εικ. 75. Ο αρχαϊκός κούρος τη στιγμή της αποκάλυψής του (1914)· πίσω, ο αρχαϊκός αναλημματικός τοίχος.

***2) Το ιερό του Πυθίου Απόλλωνα* (Πύθιον)** ήταν ένα από τα σημαντικότερα ιερά της **Θάσου**. Ιδρύθηκε προφανώς από τους πρώτους αποίκους. Ο θεός των Δελφών (Πύθιος) χρησμοδότησε πριν από την ίδρυση της πόλης (σ. 38). Το Πύθιο αναφέρεται στις επιγραφές: ήδη στον 5ο αι. π.Χ. οι ιερείς του εισέπρατταν τα πρόστιμα. Εκεί η πόλη εξέθετε ορισμένα χαραγμένα κείμενα – νόμους, ψηφίσματα – μερικά από τα οποία βρέθηκαν *in situ*.

Οι μεταγενέστερες κατασκευές εξαφάνισαν τις εισόδους του ιερού. Η μία πρέπει να βρισκόταν στη βορειοδυτική πλευρά, όπου κατέληγε ο περιμετρικός δρόμος του τείχους. Τα δύο ανάγλυφα – το ένα με μορφή πάνθηρα, το άλλο λιονταριού – που μετέφερε ο E. Miller στο Λούβρο το 1864 είχαν βρεθεί σε δεύτερη χρήση στο μεσαιωνικό κάστρο: μπορεί να κοσμούσαν την είσοδο του τεμένους, ήδη από το τρίτο τέταρτο του 7ου αι. π.Χ. (**εικ. 76**· και σ. 287).

Ορισμένα αρχαϊκά αρχιτεκτονικά μέλη (λίθος με διακόσμηση λέσβιου κυματίου στο μουσείο· απλοί λίθοι ή τμήματα θριγκού, ορατοί επί τόπου) ανήκουν σε κτήρια του ιερού που παραμένουν άγνωστα, ελλείψει ανασκαφών σε βάθος στη θέση του μεσαιωνικού οχυρού. Ο τομέας του Πυθίου οριζόταν στα ανατολικά και βόρεια από την οχυρωτική γραμμή· στα δυτικά, στη μεριά της πόλης, ένας αναλημματικός τοίχος από μεγάλες μαρμαρόπλινθους οικοδομήθηκε γύρω στο 500 π.Χ.· σε κάθε άκρο του, στα βόρεια και στα νότια, στρεφόταν προς τα ανατολικά. Σώζονται μόνο οι κατώτερες στρώσεις στα γυρίσματα, κάτω από τους μεσαιωνικούς πύργους. Το νεότερο αυτό ανάλημμα κτίστηκε σε ένα σημείο του βράχου με μεγάλη κλίση προκειμένου να διευρύνει την αρχική έκταση του ιερού. Μια ανάλογη μετατροπή, σύγχρονη, σημειώνεται και στο γειτονικό ιερό της Αθηνάς (**65**).

3) Το μεσαιωνικό οχυρό περιέκλεισε τα αρχαία λείψανα σε ευρύχωρες κατασκευές, που κτίστηκαν με υλικό σε δεύτερη χρήση και πέτρες, με ή χωρίς σύνδετικό κονίαμα. Τα κτήρια αυτά είναι σήμερα τα πλέον ορατά. Τα ερείπιά τους προσδίδουν στην κορυφή αυτή ένα γραφικό χαρακτήρα που πάντα γοήτευε τους επισκέπτες, σε ένα τοπίο από τα πιο όμορφα του χώρου.

Η πρώτη φάση της οχύρωσης αυτής οφείλεται μάλλον σε Βυζαντινούς μηχανικούς. Πράγματι, από το 1259, όταν ο Μιχαήλ Η΄ Παλαιολόγος ανέκτησε την αυτοκρατορία, χρησιμοποίησε τη Θάσο ως βάση του στόλου του. Μπορούμε να συμπεράνουμε ότι το φρούριο υπήρχε ήδη. Ανακαινίστηκε στη συνέχεια βιαστικά, το 1307, από τον Γενουάτη κονδοττιέρο Tedisio Zaccaria, με την υποστήριξη του Καταλανού Ramon Muntaner, ο οποίος αφηγείται την επίσκεψή του ως εξής: «στο κάστρο αυτό της Θάσου ήταν που έφθασα και βρήκα τον άρχοντα ινφάντη, με τέσσερεις γαλέρες... Κι αμέσως μου άνοιξε το κάστρο κι ό,τι είχε μέσα και μας φέρθηκε μεγαλοπρεπώς... Εγώ, από την πλευρά μου, του πρόσφερα κάθε λογής δώρα και του χάρισα ένα καράβι αρματωμένο με είκοσι τέσσερα κουπιά και του άφησα και σαράντα άνδρες, που συμφώνησαν να μείνουν μαζί του ως μισθοφόροι... »

Το κάστρο ολοκληρώθηκε στο πρώτο μισό του 15ου αι. από τους Gattilusi (σ. 55).

εικ. 76. α) και β): ιερό του Πυθίου Απόλλωνα· τα δύο ανατολίζοντα ανάγλυφα: πάνθηρας και λέων· 640-630 π.Χ. (Μουσείο του Λούβρου, αρ. ευρ. ΜΑ 705 και 704).

Στο αρχικό βυζαντινό φρούριο ανήκουν τα δύο μετωπικά προπύργια στα νότια, πλαγιοφυλάσσοντας μια είσοδο με συνεχή επικάλυψη (ζιγκ-ζαγκ), η οποία οδηγεί σε φυλάκιο που περιτρέχεται από θρανίο. Οι κατασκευαστές χρησιμοποίησαν και εδώ πολλά αρχαία μάρμαρα: πλάκες μεγάλων διαστάσεων από το γειτονικό ναό της Αθηνάς, δύο επιγραφές κι ένα ωραίο ανάγλυφο με σκηνή συμποσίου ενταγμένο στον τοίχο απέναντι από το δεξιό προπύργιο καθώς βγαίνουμε (**εικ. 77**). Στα δυτικά, προς τη μεριά του λιμανιού (και της αρχαίας πόλης), μια οχύρωση ενισχυμένη με πύργους ανήκει στην τελευταία φάση (15ος αι.)· μπροστά και χαμηλότερα, διαδοχικά άνδηρα διαμόρφωναν πρανές. Μια είσοδος βρισκόταν στα βορειοανατολικά, με υπερυψωμένο το κατώφλι και κινητή γέφυρα. Από την εποχή των Gattilusi χρονολογούνται ακόμη οι δύο **κινστέρνες** και το παρεκκλήσι που φαίνονται στο εσωτερικό του φρουρίου. Η μεγαλύτερη και καλύτερα σωζόμενη από τις δύο κινστέρνες, στα βόρεια της εκκλησίας, χωρίζεται σε δύο δεξαμενές, με τοξωτό κάλυμμα και

εικ. 77. Μεγάλο ανάγλυφο ενταγμένο στο φρούριο της ακρόπολης: συμπόσιο με αφηρωισμένο νεκρό· γύρω στο 350 π.Χ.

εσωτερική επίστρωση από ρόδινο κονίαμα. Το **παρεκκλήσι** (συνολικού μήκους 11μ.) είναι μονόκλιτο με ημικυκλική αψίδα και παράθυρο στο κέντρο. Οι τοίχοι ήταν διακοσμημένοι με νωπογραφίες που εικόνιζαν μορφές και φυτικά κοσμήματα, με χρώμα πάνω σε κονίαμα: ορισμένα θραύσματα συλλέχθηκαν κατά την ανασκαφή.

Βιβλιογραφία: — J. Baker-Penoyre, «Thasos, II. Topography», *JHS* 29 (1909), 206-213· — P. Bernard, *BCH* 85 (1961), 931· — B. Holtzmann, *ÉtThas* XV (1994), 6-13 (ανατολίζοντα ανάγλυφα)· — Y. Grandjean, Fr. Salviat, *BCH* 119 (1995), 661-667· *BCH* 120 (1996), 875-882· *BCH* 121 (1997), 758-761 (τείχος και επέκταση του ανδήρου του Πυθίου).

Το Αθήναιον (65)

(εικ. 78)

Πέρα από το φρούριο, διασχίζουμε τα ερείπια του μεσαιωνικού οικισμού. Το τείχος σώζεται εδώ σε καλή κατάσταση, μια και χρησίμευε για τη στήριξη και την προστασία του οικισμού. Μια διακοπή του τείχους στο σημείο όπου αλλάζει ελαφρώς κατεύθυνση υποδεικνύει την αλλοτινή ύπαρξη μιας πύλης.

Στη δεύτερη κορυφή της ακρόπολης βρίσκεται ακόμα ένα αρχαίο ιερό (**εικ. 79**). Η ταύτιση βεβαιώνεται με την ανακάλυψη αναθημάτων κεραμικής με την επιγραφή *᾿Αθηναίῃ Πολιόχῳ*. Λίθινες επιγραφές αναφέρουν επίσης το ιερό αυτό, προβλέποντας την είσπραξη προστίμων από τους ιερείς ή τη χάραξη δημοσίων αποφάσεων μέσα στο τέμενος της θεάς.

Ερχόμενοι από το Πύθιο, εισερχόμαστε στο ιερό της Αθηνάς από ένα **μνημειακό πρόπυλο,** από το οποίο έχουν απομείνει μόνο τα θεμέλια στην πρόσοψη και, ακριβώς πίσω, μια επιμήκης εγκοπή στο βράχο για τον πίσω τοίχο. Το πρόπυλο αυτό εξισορροπούσε μέσω μιας κλίμακας ανόδου το ανισόπεδο (σχεδόν 8μ.) μεταξύ του δρόμου από το Πύθιο και του πλατώματος του ιερού.

Το ιερό καταλάμβανε ένα **ευρύ άνδηρο**, φυσικό στα νότια, όπου αναδύεται ο βράχος, τεχνητό στα δυτικά και στα βόρεια, όπου για να αντισταθμιστεί η μεγάλη κλίση, κτίστηκαν δύο ισχυροί αναλημματικοί τοίχοι με ισόδομες στρώσεις, οι οποίοι επέτρεψαν να φθάσει η έκταση του ανδήρου στα 52 μ. (ανατολικός - δυτικός άξονας) με 20μ. (βόρειος - νότιος άξονας).

Οι ανασκαφές έφεραν στο φως ένα **ναό** κατεστραμμένο μέχρι τα θεμέλια. Τεράστιες λιθόπλινθοι, με συνδέσμους σε διπλό Τ στις γωνίες, μαρτυρούν την κάτοψη ενός αμφιπρόστυλου κτηρίου: ο σηκός πλαισιώνεται από πρόναο στα δυτικά και οπισθόδομο. Ναός με παρόμοια κάτοψη είναι γνωστός και στην Πάρο, τη μητρόπολη των Θασίων. Οι εργασίες ανοικοδόμησης του ναού της

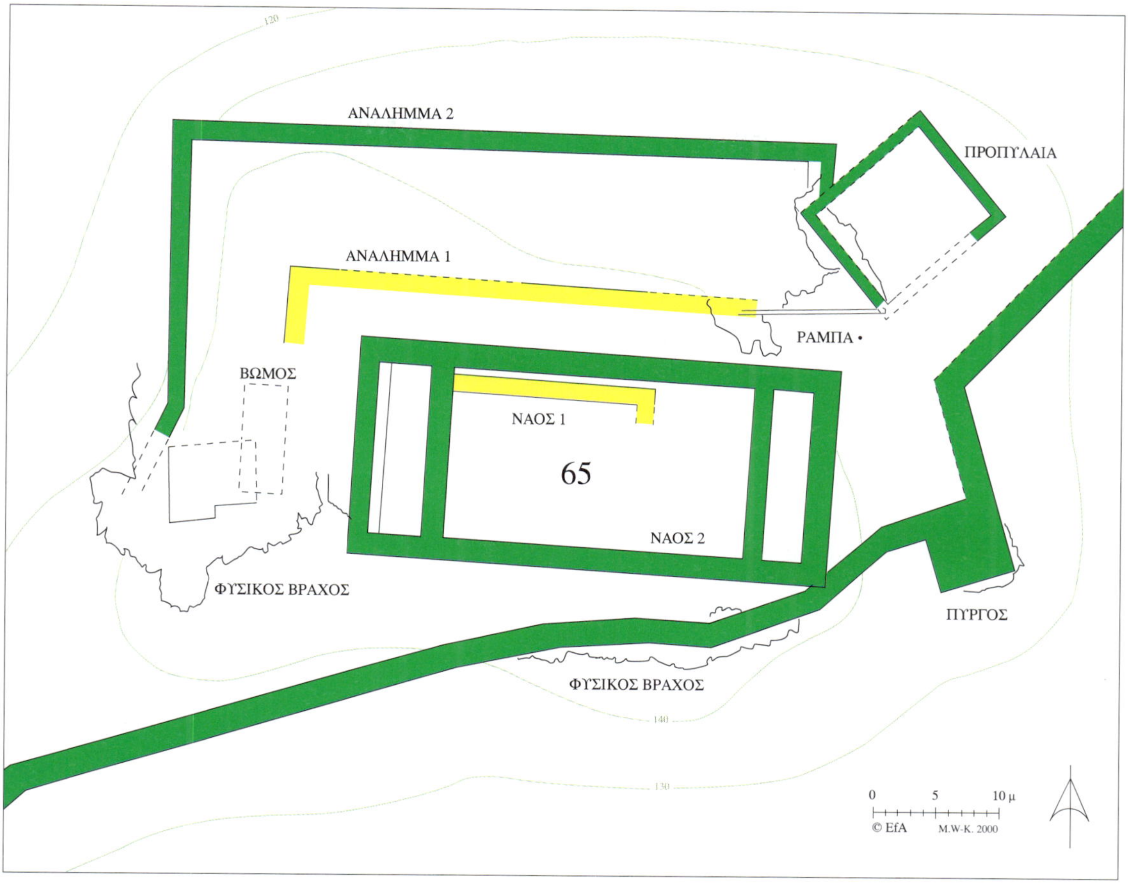

εικ. 78. Ιερό Αθηνάς· αποκατάσταση κάτοψης (1: 600)· βλ. έγχρωμο υπόμνημα, σ. 15.

Θάσου και του ανδήρου ξεκίνησαν στα πρώτα χρόνια του 5ου αι. π.Χ., ταυτόχρονα με το τείχος. Ο ναός, για τον οποίο δεν ξέρουμε αν είχε πράγματι αποπερατωθεί, ερειπώθηκε στο πέρασμα του 5ου αι. π.Χ. Οι πλίνθοι της κρηπίδας χρησιμοποιήθηκαν τότε στην επισκευή του τείχους, σε μικρή απόσταση στα νοτιοδυτικά (πολλοί βρίσκονται σε τρίτη χρήση στο νότιο μέτωπο του μεσαιωνικού φρουρίου).

Ο **βωμός** δεν πρέπει να αναζητηθεί στα ανατολικά, εκεί όπου το τείχος, καθώς σχηματίζει προπύργιο, δεν αφήνει τον αναγκαίο χώρο, αλλά στα δυτικά, απέναντι από τον πρόναο, όπου το βραχώδες πλάτωμα έχει ισιωθεί κι όπου μπορούμε να διακρίνουμε στον ίδιο το βράχο ένα αποτύπωμα θεμελίωσης που διαγράφει ορθή γωνία.

Το μνημειακό αυτό σύνολο, που περιλαμβάνει ναό και άνδηρο, διαδέχθηκε μια παλαιότερη φάση του ιερού που μπορεί να χρονολογηθεί στα μέσα του 6ου αι. π.Χ. Πράγματι, στο εσωτερικό του σηκού του ναού του 5ου αι. και για 16μ. περίπου, σώζεται μια γραμμή θεμελίωσης σε μικρή ακανόνιστη λιθοδομή

εικ. 79. Άποψη του αναλήμματος του ιερού της Αθηνάς, από τη νότια κορυφή της ακρόπολης· στο βάθος, μέσα στα δέντρα, θέση του Πύθιου και του μεσαιωνικού κάστρου.

μαρμάρου, με αρκετά πρόχειρη σύνδεση, που μαρτυρά την ύπαρξη ενός **αρχαϊκού ναού** μικρότερων διαστάσεων. Η στέγη του κτηρίου αυτού, η οποία διέθετε γραπτούς πολύχρωμους ηγεμόνες κεράμους, διακοσμημένους με άνθη λωτού που βρέθηκαν στην ανασκαφή, στηριζόταν σε ξύλινους πασσάλους που πατούσαν σε μαρμάρινες κυλινδρικές βάσεις.

Χαμηλότερα από τη βορειοδυτική γωνία του ναού του 5ου αι., μεγάλες πλίνθοι σε φροντισμένη διάταξη ορίζουν τη γωνία ενός **προγενέστερου ανδήρου**. Η διαδρομή αυτού του αναλημματικού τοίχου, ο οποίος πρέπει να συσχετιστεί με το πρώιμο ναϊκό οικοδόμημα, παρατηρείται μέσω των εγκοπών για την υποδοχή θεμελίων στο βράχο, από δυτικά προς ανατολικά, παράλληλα με τη βόρεια μακρά πλευρά του κλασικού ναού, μέχρι το κάθετο γύρισμα στο ανατολικό άκρο, το οποίο συνεχίζει στα νότια κάτω από τον κλασικό σηκό, παράλληλα με τον πίσω τοίχο του χώρου.

Τα πιο ενδιαφέροντα αντικείμενα που συλλέχθηκαν στην ανασκαφή του ιερού εντοπίστηκαν στο βάθος της επίχωσης, στη βορειοδυτική γωνία, πίσω από το ανάλημμα του 5ου αι. Ανάμεσα στο χώμα και στις λιθοπλίνθους που απορρίφθηκαν εδώ κατά την επέκταση του ανδήρου, περισυλλέχθηκαν αρχαϊκά αναθήματα, σύχνα θραυσματικά, πήλινα ειδώλια, αγγεία και πινάκια (**εικ. 14**), όπως και ηγεμόνες κέραμοι του αρχαϊκού ναού.

Βιβλιογραφία: P. Bernard, *BCH* 84 (1960), 864-866 (όπου η προγενέστερη βιβλιογραφία), *BCH* 85 (1961), 930· J. des Courtils, *Architectures thasiennes* (αδημ. διδ. διατρ., Παρίσι, 1993).

Το τείχος στον τομέα του Αθηναίου (66)

Στον τομέα αυτόν, η διαδρομή του τείχους, όπως και στο Πύθιο, ακολουθεί το φυσικό βράχο και επωφελείται από την ανωφέρειά του. Στα νοτιοανατολικά, μια προεξοχή αντιστοιχεί στη βάση ενός πύργου. Στη συνέχεια ο οχυρωτικός περίβολος συναντά την ογκώδη θεμελίωση του ναού της Αθηνάς, όπου διακρίνεται ιδιαίτερα μία αρχαϊκή λιθόπλινθος σε δεύτερη χρήση που διατηρεί τον αγκώνα της. Στη συνέχεια, κάτω από τη νότια μακρά πλευρά του ναού, δε φαίνονται παρά μόνο ίχνη στις άκρες του απότομου βράχου· στα νοτιοδυτικά ωστόσο (αφήνοντας το ιερό), συναντάμε ένα κομμάτι φτιαγμένο από πλατιούς λίθους του ναού, ενταγμένους σε ψευδοϊσόδομη τοιχοποιία, με χαμηλές και ψηλές στρώσεις εναλλάξ (**εικ. 80**). Πάνω σε ένα γωνιόλιθο, ένα graffito, ΣΚΥΜΝΟΣ ΚΑΛΟΣ (ερωτική επιγραφή του τέλους του 5ου αι. π.Χ.), χαράχθηκε μεταξύ της καταστροφής του ναού και της επαναχρησιμοποίησης του λίθου κατά την επισκευή του τείχους.

Βιβλιογραφία: Y. GRANDJEAN, Fr. SALVIAT, *BCH* 117 (1993), 652-658.

εικ. 80. Τμήμα του τείχους στα νοτιοδυτικά του ιερού της Αθηνάς.

Το ιερό του Πάνα (67)
(εικ. 81)

Το μονοπάτι που οδηγεί από το ιερό της Αθηνάς στην τρίτη κορυφή της ακρόπολης συνεχίζει κατά μήκος αυτού του τμήματος του τείχους, έπειτα ακολουθεί τη διαδρομή του περιβόλου (λίγα ίχνη είναι ορατά) μέχρι το λαξευμένο στο βράχο ιερό του Πάνα.

Είναι το πιο ταπεινό από όλα τα ιερά της Θάσου, αλλά ταυτόχρονα και αυτό που στα νεότερα χρόνια προσέλκυσε την προσοχή των περιηγητών. Ο θεός δεν αρκέστηκε στις τιμές που του αποδίδονταν στο Διονύσιο μαζί με τον κύριό του, τον Διόνυσο (*IG* XII *Suppl.*, 429). Πάνω στην ακρόπολη, οι βοσκοί τιμούσαν τον προστάτη των κοπαδιών τους και οι φρουροί εξευμένιζαν με τις προσφορές τους τον θεό του πανικού και του τρόμου.

Εδώ, αφού ισιώθηκε καταρχάς η βραχώδης πλαγιά, σμιλεύτηκε μια ημικυκλική κόγχη διακοσμημένη με ανάγλυφα. Το βάθος της κόγχης έφερε αρχικά στο κατώτερο τμήμα μια σκηνή συμποσίου, η οποία εξαφανίστηκε σχεδόν εντελώς μετά από ένα μεταγενέστερο βάθεμα που προσέβλεπε στη διεύρυνση του χώρου. Μόνο τα άκρα της σκηνής σώζονται: στα αριστερά, ένας τριποδικός δίνος· στα δεξιά, ένας κρατήρας κι ένα κωνικό αγγείο πάνω σε ένα τραπέζι.

Από πάνω, στο κέντρο του αετώματος, του οποίου η δεξιά πλευρά έχει καταστραφεί, εικονίζεται ο θεός Πάνας, κερασφόρος τραγοπόδης, νωχελικά στηριγμένος στον αγκώνα, να φυσάει στη σύριγγά του, ενώ στα αριστερά τρεις αίγες ακούν. Δύο τράγοι, ανασηκωμένοι στα πίσω πόδια, αντιμέτωποι εκατέρωθεν ενός κανθάρου, συνθέτουν στην κορυφή του αετώματος μια κομψή σκηνή εν είδει ακρωτηρίου. Τα πλάγια ακρωτήρια διέθεταν επίσης διακόσμηση, δυσδιάκριτη σήμερα: αριστερά, μια γυμνή μορφή, κινούμενη προς τα αριστερά, κρατά μια κληματίδα που αναπτύσσεται πίσω της, πάνω από το αέτωμα· δεξιά, μια άλλη μορφή, επίσης γυμνή, κρατούσε μάλλον κι αυτή κληματίδα, αν κρίνει κανείς από το τσαμπί που βρίσκεται πάνω από τον κρατήρα.

Η στυλιστική ανάλυση, η διαπίστωση βαθέματος, η αναντιστοιχία των διαστάσεων μεταξύ του επάνω και του κάτω διαζώματος – πράγματι, το αέτωμα είναι στενότερο από την υποκείμενη ζώνη με το ανάγλυφο – επιβάλλουν τη διάκριση δύο φάσεων στη διακόσμηση της κόγχης. Η σκηνή του συμποσίου, σύγχρονη με την αρχική διαμόρφωση, ανέρχεται στο πρώτο μισό του 4ου αι. π.Χ. Το βάθεμα και η συνακόλουθη φιλοτέχνηση του αετώματος πρέπει να τοποθετηθούν στην ελληνιστική περίοδο.

Εκεί κοντά βρισκόταν και μία από τις εισόδους ενός μεταλλείου χρυσού του οποίου γινόταν εκμετάλλευση στην αρχαιότητα (σ. 217). Επίσης, κοντά σ' αυτό το μικρό ιερό, κατέληγε μία από τις οδούς που οδηγούσαν στην ακρόπολη. Ξεκινώντας από τις παρυφές του Αρτεμισίου (**52-55**), σκαρφάλωνε την πλαγιά κατά μήκος της βραχώδους ράχης που ξεχωρίζει στη νότια κορυφή προς την αγορά.

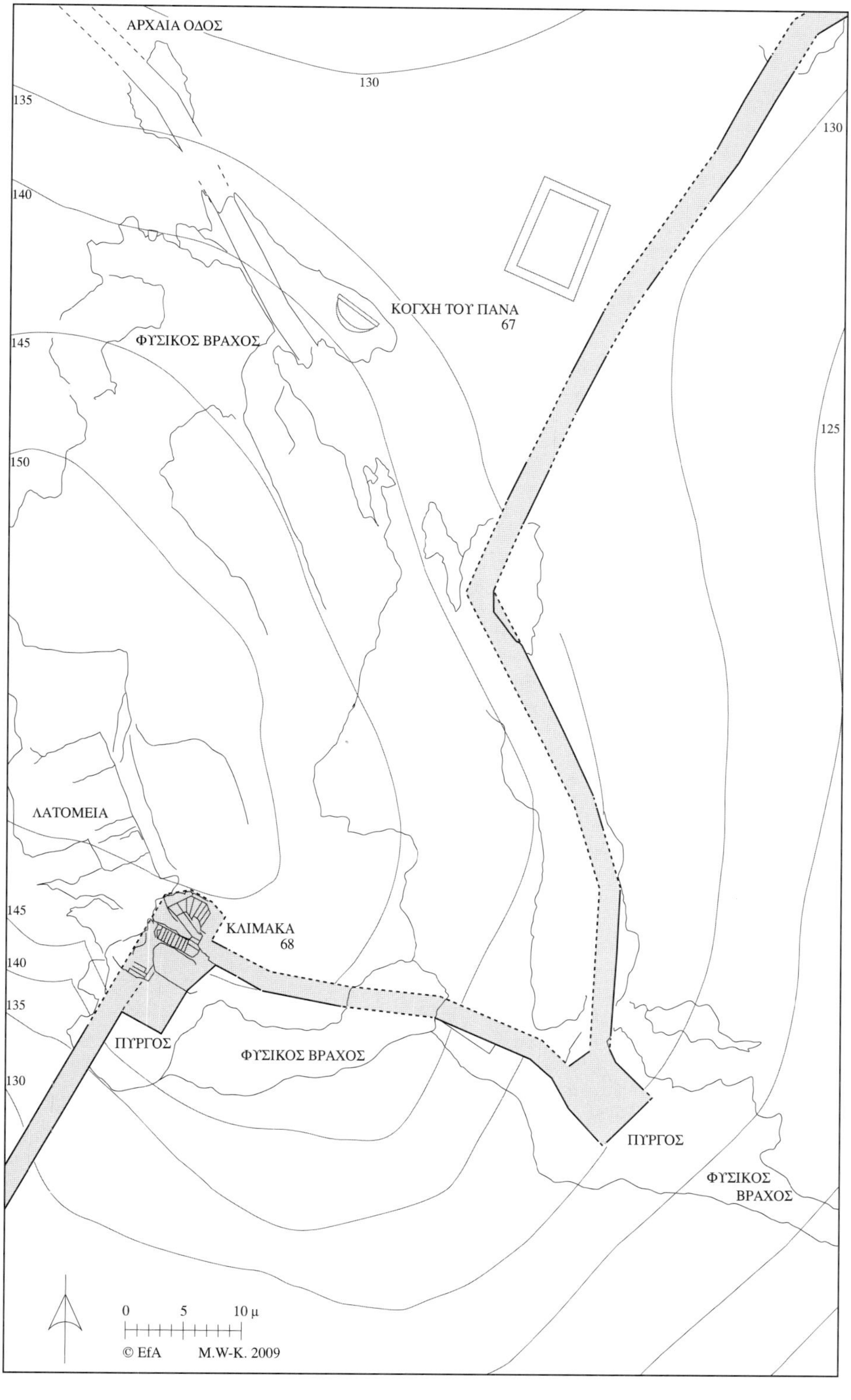

εικ. 81. Τομέας του ιερού του Πάνα και της νότιας κορυφής της ακρόπολης (1: 600).

Βιβλιογραφία: J. Baker-Penoyre, «Thasos, II, Topography», *JHS* 29 (1909), 215-218· B. Holtzmann, *ÉtThas* XV (1994), 117-122· T. Kozelj, «Une voie d'accès à l'acropole de Thasos», *BCH* 107 (1983), 714-744.

Το τείχος μέχρι την πύλη του Παρμένωνα (69)

Πάνω από την κόγχη του Πάνα, φθάνουμε στη νότια κορυφή της ακρόπολης, μια μύτη από γκρίζο κατακερματισμένο μάρμαρο που φέρει ίχνη εξόρυξης. Στο σημείο αυτό, το μεταπύργιο του τείχους είχε κατεύθυνση βορρά-νότου, που εντοπίζεται χάρη σε μερικούς λίθους διατηρημένους στη θέση τους και στις εγκοπές στο βράχο. Ένας πύργος εξέχει στα ανατολικά, και στη συνέχεια το τείχος επανέρχεται στη δυτική κατεύθυνση μέχρι την άκρη του υψώματος. Στο σημείο που ξεκινά η κατάβαση προς την πεδιάδα, εγκαταστάθηκε, στην εισέχουσα γωνία του τείχους, ένα είδος προπυργίου (**68**) του οποίου η σκάλα, λαξευμένη στο βράχο, προσφέρει και σήμερα τη μόνη ομαλή κάθοδο.

Πέρα από τον γκρεμό η οχύρωση κατεβαίνει ευθεία προς τα νοτιοδυτικά ανάμεσα σε λατομεία μαρμάρου και γνευσίου. Στο μακρύ αυτό τμήμα της που κατέρχεται μια πλαγιά με ισχυρή κλίση, έχουν εντοπιστεί τα λείψανα τριών κλιμάκων δίπλα στο μεταπύργιο που επέτρεπαν την πρόσβαση στα διαδοχικά πλατύσκαλα του περιπάτου.

Η μία βρίσκεται αμέσως κάτω από το μυτερό βράχο της ακρόπολης, η δεύτερη πίσω από έναν προεξέχοντα πύργο με συμπαγή βάση, σύγχρονη της πρώτης φάσης του τείχους. Μπροστά από τον πύργο αυτόν και λίγο χαμηλότερα, ένας ογκώδης λίθος από την πρόσοψή του διακοσμείται με δύο τεράστια μάτια και μύτη χαραγμένα κατενώπιον· αποτροπαϊκή εικόνα ως μαγική προστασία ενάντια στο κακό μάτι, που δυνάμωνε την ισχύ του τείχους. Λίγο χαμηλότερα, ένας λίθος μεγάλων διαστάσεων, σωζόμενος στη θέση του πάνω στο τείχος, φέρει επιγραφή χαραγμένη γύρω στο 510-490 — υπογραφή του λατόμου μάλλον παρά του εργολάβου: ΠΑΡΜΕΝΟΝ ΜΕ ΕΠΩ[ΙΕΣΕΝ] (**εικ. 82**). Μια τρίτη σκάλα, αποτελούμενη αρχικά από μερικές βαθμίδες και μακρύ πλατύσκαλο, κατασκευάστηκε στο σημείο όπου το τείχος αλλάζει κατεύθυνση. Αρχικά υψωνόταν ένας γωνιαίος πύργος που παρείχε κάλυψη σε μια γειτονική πύλη, τη λεγόμενη «πύλη του Παρμένωνα» (**εικ. 83** και **84**). Σώζονται δύο

εικ. 82. Επιγραφή του Παρμένωνα.

εικ. 83. Πύλη του Παρμένωνα.

από τα υπέρθυρά της: τεράστιοι λίθοι από γνεύσιο, λαξευμένοι όπως και οι ορθοστάτες που τις στηρίζουν στην ίδια ογκώδη κλίμακα με το τείχος. Στο ένα από τα δύο υπέρθυρα, μια πλατιά εγκοπή υποδεχόταν το κάθετο δοκάρι, το οποίο διασταυρούμενο με ένα οριζόντιο δοκάρι εν είδει σύρτη που έμπαινε στο τείχος πίσω από τους ορθοστάτες, ασφάλιζε τα θυρόφυλλα. Το κατώφλι είναι σήμερα σκεπασμένο. Το συνολικό ύψος του ανοίγματος έφθανε τα 3,12μ.

Στη συνέχεια μπορούμε να ακολουθήσουμε την οχύρωση μέχρι την πύλη του Σιληνού, στη διασταύρωση των δρόμων προς την Παναγιά και τη

εικ. **84.** Πύλη του Παρμένωνα· σημερινή κάτοψη (1: 250).

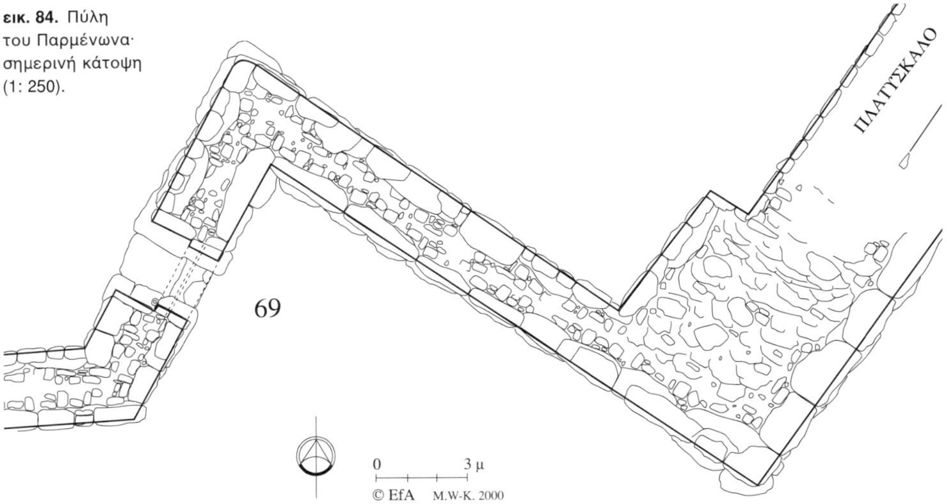

Μακρύαμμο. Ανάμεσα στις πύλες του Παρμένωνα και του Σιληνού, η κατασκευή, αρχικά «μεγαλιθικού» στυλ, παραχωρεί τη θέση της σε μια κανονική τοιχοποιία από μεγάλες κυφωτές λιθοπλίνθους. Η ανασκαφή έφερε στο φως μια πύλη και ο καθαρισμός του τείχους αποκάλυψε μερικώς στα ανατολικά της έναν πύργο, ο οποίος, όπως και οι άλλοι δυτικότερα, οικοδομήθηκε προς τα μέσα του 3ου αι. π.Χ.

Βιβλιογραφία: τείχος: Y. Grandjean, Fr. Salviat, *BCH* 114 (1990), 887-892 και *BCH* 123 (1999), 482-487· *BCH* 127 (2003), 486-487· – πύλη του Παρμένωνα: Ch. Picard, Ch. Avezou, «Les fouilles de Thasos», *CRAI* (1914), 277· – πύλη (αποκαλούμενη άλλοτε πυλίδα): Y. Grandjean, *BCH* 100 (1976), 796-797.

Η πύλη του Σιληνού (70)

Η πύλη του Σιληνού, πλάτους 2,60μ., παρουσιάζει την ιδιαιτερότητα ότι έχει σχεδιαστεί ως λοξό άνοιγμα, ενώ οι πύλες του περιβόλου που είναι σήμερα ορατές είναι κάθετες στο τείχος. Στη δυτική παρειά του ανοίγματος εικονίζεται ένας Σιληνός, ύψους 2,40μ., να κινείται προς την πόλη (**εικ. 85**). Είναι το μεγαλύτερο γνωστό εικονιστικό ανάγλυφο στον ελληνικό κόσμο. Αν και το γλυπτό στο ανώτερο τμήμα του υπέστη βίαιο πελέκημα, το περίγραμμα παραμένει ευδιάκριτο: γυμνός, ιθυφαλλικός, φορώντας ενδρομίδες, ο γενειοφόρος δαίμονας με την ουρά αλόγου σηκώνει με το δεξί του χέρι έναν κάνθαρο, σύνηθες σύμβολο του Διονύσου, τείνοντας ταυτόχρονα τον αριστερό βραχίονα

εικ. 85. Ο Σιληνός με τον κάνθαρο· γύρω στο 500 π.Χ.

εμπρός, με δάχτυλα και παλάμη ανοιχτά. Μπροστά του, μια μικρή κόγχη δεχόταν τις προσφορές των περαστικών. Σκανδαλιάρης σύντροφος του θεού, του οποίου η εικόνα κοσμούσε την επόμενη πύλη (σ. 161), υπογραμμίζει με το ανάστημά του τη σπουδαιότητα της διονυσιακής λατρείας στην πόλη της Θάσου και υπενθυμίζει την εξέχουσα θέση του κρασιού ανάμεσα στις ντόπιες παραγωγές (σ. 221). Το στυλ που αποπνέει έντονο ιωνικό σφρίγος, προτρέπει να χρονολογήσουμε το ανάγλυφο γύρω στο 500 π.Χ.

Στο κέντρο του περάσματος, που σημειώνεται από μια ελαφρά διεύρυνση του ανοίγματος, φαίνονται οι πλίνθοι με την υποδοχή μέσα στην οποία περιστρέφονταν τα θυρόφυλλα, ενώ στα πλάγια κουφώματα σώζονται οι υποδοχές για την ασφάλιση των πυλών.

Βιβλιογραφία: Ch. Picard, *ÉtThas* VIII (1962), 85-111· B. Holtzmann, *ÉtThas* XV (1994), 25-29· (και σ. 288).

Η συνοικία της πύλης του Σιληνού (71)

Η οικιστική συνοικία που σχετίζεται με την πύλη αυτή εκτείνεται πολύ μακρύτερα από τα όρια του σημερινού αρχαιολογικού χώρου. Οι ανασκαφές που διεξήχθηκαν στα βόρεια του τομέα έδειξαν ότι τη συνοικία αυτή, δίπλα στο τείχος, τη διέτρεχαν πολλές οδοί. Η αρχαιότερη και πιο σημαντική περνούσε λοξά σε σχέση με το τείχος, κάτι που καθόρισε τη διάταξη της πύλης του Σιληνού που ανοιγόταν ακριβώς στην προέκταση αυτής της οδού (οδός της πύλης του Σιληνού). Μια άλλη οδός περιέτρεχε το εσωτερικό μέτωπο του τείχους (οδός του τείχους). Περίπου 22μ. βορείως του άξονα αυτού, δύο άλλοι δρόμοι, παράλληλοι στην οδό του τείχους, διασταυρώνονταν με την οδό της πύλης του Σιληνού. Οι διάφοροι αυτοί οδικοί άξονες περιέβαλλαν τις οικιστικές νησίδες, ακανόνιστης κάτοψης· από αυτές, οι δύο πιο κοντινές στον περίβολο είναι οι περισσότερο γνωστές, ακόμη κι αν δεν αποκαλύφθηκαν εξ ολοκλήρου. Η κατοίκηση του τομέα αυτού έχει γνωρίσει διάφορες φάσεις.

εικ. 86. Συνοικία της πύλης του Σιληνού· κάτοψη της φάσης 2 (1: 500).

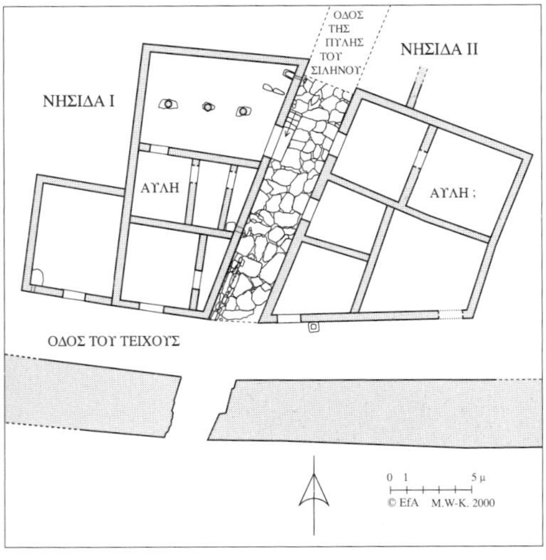

– *Φάση 1.* Πριν την οικοδόμηση του τείχους, ένα μικρό χαλκουργικό και χρυσοχοϊκό εργαστήριο λειτουργούσε στη θέση της μελλοντικής νησίδας ΙΙ, στη διάρκεια του δεύτερου μισού του 6ου αι. π.Χ. Οι τοίχοι αυτής της χειροτεχνικής εγκατάστασης ήταν ήδη προσανατολισμένοι στην ίδια κατεύθυνση με εκείνους των μελλοντικών σπιτιών.

– *Φάση 2* (**εικ. 86**). Γύρω στο 500, ταυτόχρονα με την οικοδόμηση του τείχους εμφανίζονται τα πρώτα σπίτια. Την εποχή εκείνη υφίστανται μόνο οι νησίδες I και II, εκατέρωθεν της οδού της πύλης του Σιληνού, που ήταν καλυμμένη με ωραίο πλακόστρωτο από μεγάλες πλάκες γνευσίου (**εικ. 87**). Ανατολικά, βρίσκουμε μονόχωρα καταστήματα και δυτικά, τρεις κατοικίες: δύο μονόχωρα ή δίχωρα σπίτια που βλέπουν προς το δρόμο του τείχους· ένα τρίτο, πιο εκτεταμένο, περιλαμβάνει μια αυλή και δύο μικρούς χώρους που συνδέονται στα βόρεια με μια μεγάλη επιμήκη αίθουσα που έβλεπε στην οδό της πύλης του Σιληνού και διέθετε κεντρική κιονοστοιχία – κάτι που προϋποθέτει την ύπαρξη ορόφου.

εικ. 87. Οδός της συνοικίας του Σιληνού· πλακόστρωτο της φάσης 2 (από τα νότια).

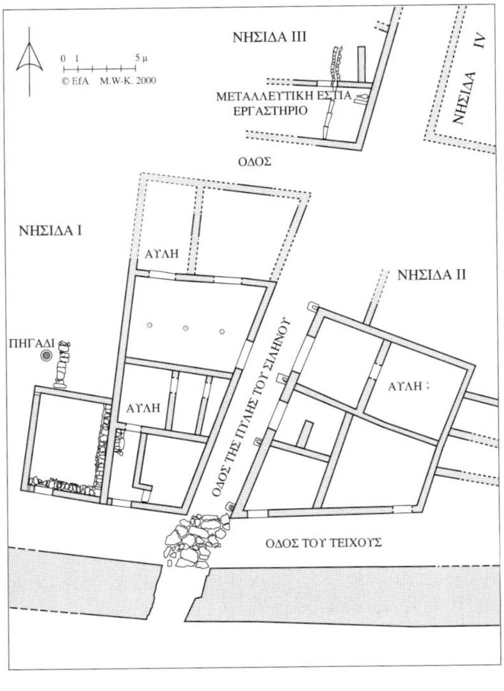

εικ. 88. Συνοικία της πύλης του Σιληνού· κάτοψη της φάσης 3 (1: 500).

εικ. 89. Συνοικία της πύλης του Σιληνού· σχηματική αξονομετρική αποκατάσταση της νησίδας Ι, φάση 3 (1: 400).

– *Φάση 3* (**εικ. 88**). Η αρχή της φάσης αυτής, γύρω στο 420, υλοποιείται με μια αισθητή ανύψωση του επιπέδου στους δρόμους και στις οικιστικές νησίδες, που οφείλεται σε προβλήματα ανόδου του υδροφόρου ορίζοντα. Την ίδια περίοδο, η πύλη του Σιληνού αναδιαμορφώνεται και το ανάγλυφο τοποθετείται πάνω από ένα μέτρο ψηλότερα. Η χρήση των κτηρίων στις νησίδες Ι και ΙΙ δεν αλλάζει, αλλά διαπιστώνεται μια επέκταση του οικισμού στα βόρεια, με την προέκταση των νησίδων Ι και ΙΙ στην πλευρά αυτή και με τη δημιουργία των νησίδων ΙΙΙ και IV. Αυτές χωρίζονται από τις δύο προηγούμενες νησίδες με δρόμους με ανατολικό-δυτικό προσανατολισμό, που συμβάλλουν στην οδό της πύλης του Σιληνού. Μόνο η γωνία της νησίδας ΙΙΙ στάθηκε δυνατόν να ανασκαφεί. Φιλοξενούσε, στη φάση αυτή, ένα μικρό χαλκουργικό εργαστήριο. Βρέθηκε η εστία τήξης του μετάλλου πριν τη χύτευσή του σε μήτρες.

Η νησίδα ΙΙ, της οποίας η μισή επιφάνεια έχει εξ ολοκλήρου ανασκαφεί, διατηρεί τα καταστήματά της με την ίδια διάταξη που είχαν στην προηγούμενη φάση. Η νησίδα Ι περιλαμβάνει πάντοτε τρεις κατοικίες. Η μία, στα δυτικά, είναι μονόχωρη όπως πρωτύτερα. Οι δύο άλλες, οι οποίες συνεχίζουν κατά μήκος της οδού της πύλης του Σιληνού, περιλαμβάνουν πάλι τους χώρους της προηγούμενης φάσης αλλά με διαφορετική εσωτερική διάταξη: στα νότια, βρίσκεται ένα σύνολο με τέσσερα δωμάτια και μια αυλή· στα βόρεια, η μεγάλη επιμήκης αίθουσα, με την κεντρική στήριξη, συνδέεται τώρα με δύο νέους χώρους, από τους οποίους ο ένας, στα βορειοδυτικά, χρησίμευε μάλλον ως αυλή παρά ως κλειστή αίθουσα, σύμφωνα με την οργάνωση που παρατηρούμε και στο διπλανό σπίτι, όπου η αυλή βρίσκεται στην ίδια θέση (**εικ. 89**).

Το σημερινό επίπεδο της οδού της πύλης του Σιληνού (**εικ. 90**) και της οδού του τείχους αντιστοιχεί σε αυτήν τη φάση κατοίκησης. Οι

εικ. 90. Οδός της πύλης του Σιληνού· επίπεδο της φάσης 3 (από τα βόρεια).

τέσσερεις μαρμάρινες στήλες που εμφανίζονται κατά μήκος του μετώπου της νησίδας ΙΙ, όριζαν προφανώς την απόσταση ανάμεσα σε κάθε κατάστημα και το διάστημα που δικαιούνταν κάθε ιδιοκτήτης στην πρόσοψη όπου μπορούσε να εκθέτει τα εμπορεύματά του και το οποίο είχε την υποχρέωση να καθαρίζει.

– *Φάση 4* (**εικ. 91**). Γύρω στο 340 π.Χ., η συνοικία αναμορφώθηκε εξ ολοκλήρου. Μια δεύτερη ανύψωση μεσολαβεί στις οδούς και στις οικιστικές νησίδες. Ένας μεγάλος υπόνομος (πλάτους και βάθους περίπου 1μ.) κατασκευάζεται στην οδό της πύλης του Σιληνού, η οποία στρώνεται πάλι με πλάκες γνευσίου που καλύπτουν τον αγωγό. Η αποχέτευση αυτή περνούσε κάτω από την πύλη και χυνόταν σε μια ακάλυπτη τάφρο που ανοίχθηκε κατά μήκος του εξωτερικού μετώπου του τείχους. Όσο για την πύλη,

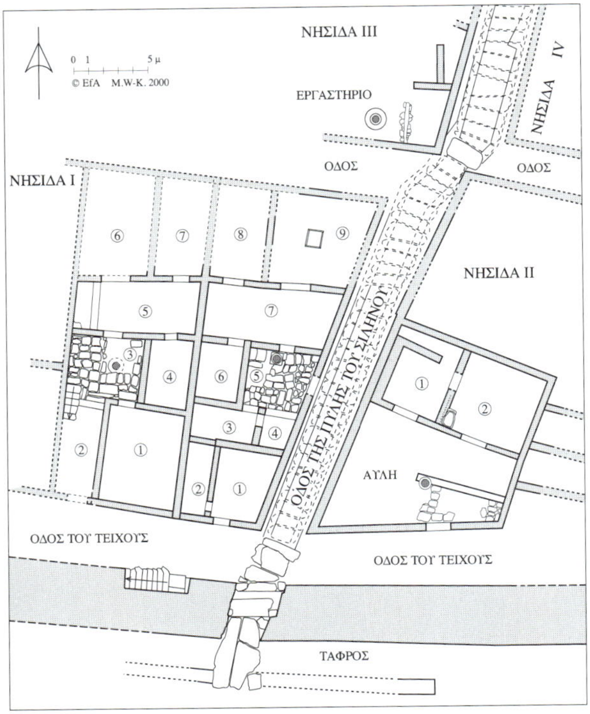

εικ. 91. Συνοικία της πύλης του Σιληνού· κάτοψη της φάσης 4 (1: 500).

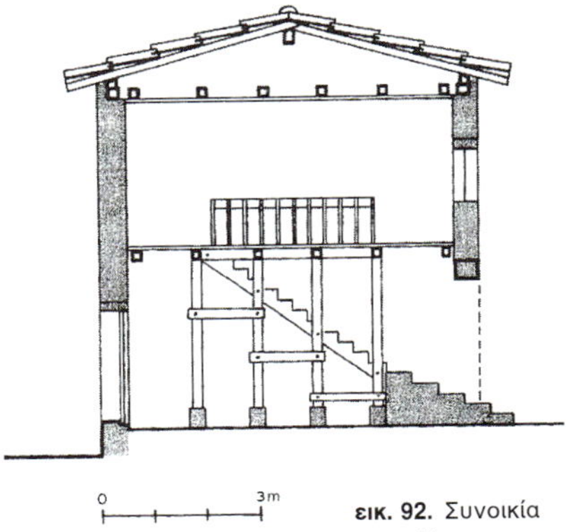

εικ. 92. Συνοικία της πύλης του Σιληνού· κλίμακα στη δυτική οικία της νησίδας I, φάση 4 (1: 200). Οι πρώτες πέντε βαθμίδες ήταν λίθινες (αφετηρία στην αυλή 3)· οι υπόλοιπες βαθμίδες, μέσα στο διάδρομο 2, ήταν ξύλινες (τομή Β-Ν).

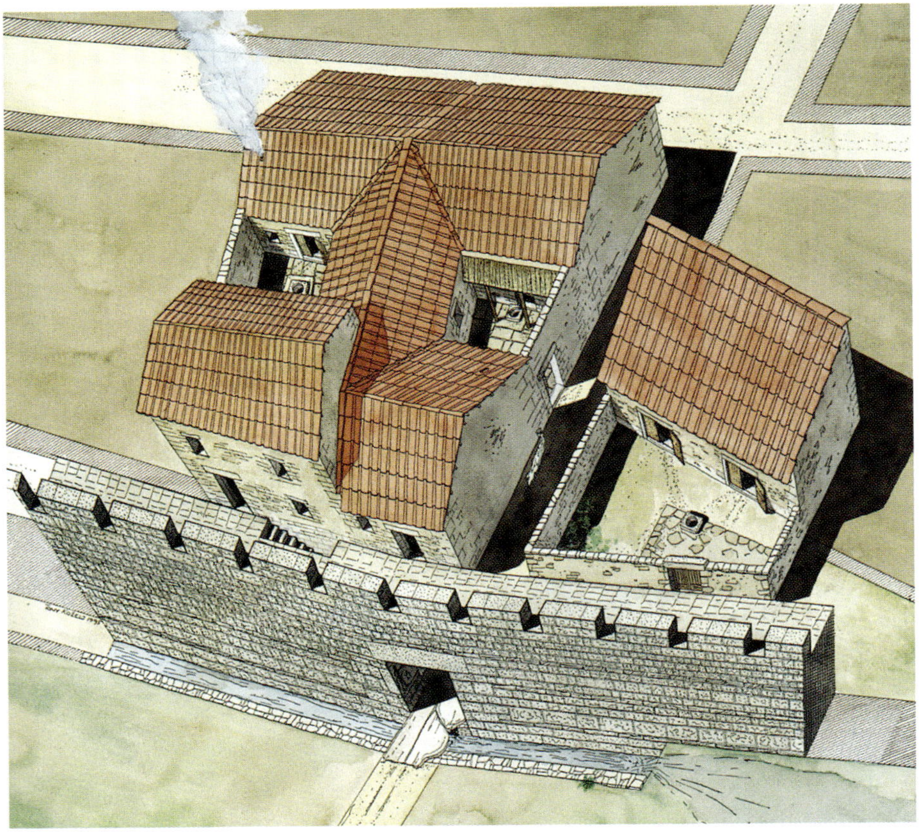

εικ. 93. Συνοικία της πύλης του Σιληνού, νησίδες I και II· άποψη ελεύθερης αποκατάστασης της φάσης 4.

αναδιαμορφώθηκε για άλλη μια φορά, με νέα ανύψωση του αναγλύφου περίπου ενός μέτρου: αυτή είναι και η σημερινή εικόνα του χώρου. Οι δύο μεγάλες πλάκες γνευσίου στο νότιο τμήμα του ανοίγματος που προεκτείνονται πέρα από το τείχος χρησίμευαν για τη διέλευση της εξωτερικής τάφρου. Την ίδια περίοδο, στα δυτικά της πύλης, κατασκευάζεται επί της εσωτερικής παρειάς του περιβόλου μια σκάλα μεταπυργίου για την πρόσβαση στον περίπατο.

Στη νησίδα Ι, δύο μεγάλα όμορα σπίτια κτίζονται την εποχή αυτή. Και τα δύο με είσοδο επί της οδού του τείχους (αρχικά, η είσοδος του ανατολικού σπιτιού βρισκόταν στα νότια του διαδρόμου 2, που επικοινωνούσε με την αποθήκη 3, ενώ ο χώρος 1, που συνδεόταν με το διάδρομο 2, άνοιγε και προς την κουζίνα 4), καταλαμβάνουν όλο το βάθος της νησίδας από βορρά προς νότο και οι κατόψεις τους παρουσιάζουν εμφανείς ομοιότητες, ειδικά στο βόρειο τμήμα τους, όπου βρίσκονται και οι πιο σημαντικοί χώροι. Αυτοί οργανώνονται με βάση μια τριμερή διάταξη: ένα μεγάλο επιμήκη χώρο, που καλύπτει όλο το πλάτος του σπιτιού (χώρος 5 δυτικά και χώρος 7 ανατολικά) και, πίσω, δύο δωμάτια (6-7 και 8-9 αντίστοιχα) που βλέπουν στο χώρο αυτόν, ενώ ο ίδιος συνδέεται με μια λιθόστρωτη αυλή που διαθέτει πηγάδι.

Στην άλλη πλευρά της οδού της πύλης του Σιληνού, στη νησίδα ΙΙ, τα καταστήματα των δύο προηγούμενων φάσεων αντικαθίστανται από ένα σπίτι με δύο εφαπτόμενα δωμάτια και μπροστά τους μια αυλή με πηγάδι. Ο χώρος 1 διαθέτει αποθήκη στην οποία βρέθηκαν δέκα αμφορείς, από τη Θάσο ή αλλού (κατά κύριο λόγο μενδαίοι και χιώτικοι). Στη δυτική γωνία του χώρου 2 υπήρχε λουτήρας που συντηρήθηκε (σήμερα στο μουσείο). Στη θέση της αυλής, διακρίνονται ακόμη οι τοίχοι ορισμένων καταστημάτων, σε χρήση από το 500 ως το 340: η επιχωμάτωση για την τελική διευθέτηση του χώρου ήταν μικρότερης κλίμακας εδώ από ό,τι στο βόρειο τμήμα του σπιτιού, όπου αποκαταστάθηκαν οι φάσεις της περιόδου 340-250 π.Χ.

Οι κατοικίες αυτές είχαν μόνο ισόγειο, με εξαίρεση τη δυτική οικία της νησίδας Ι, στην οποία οι χώροι 1 και 2 στην πλευρά της οδού του τείχους διέθεταν και όροφο με πρόσβαση από την αυλή (**εικ. 92**). Οι στέγες, μονόριχτες ή δίριχτες, ήταν στρωμένες με κεραμίδια (**εικ. 93**).

Το εργαστήριο που βρισκόταν στη γωνία της νησίδας ΙΙΙ αλλάζει χρήση στην αρχή της φάσης αυτής, αλλά είναι αδύνατον να ταυτίσουμε τις καινούργιες δραστηριότητες που λαμβάναν χώρα εκεί. Στις αρχές του 3ου αι., το ανατολικό σπίτι της νησίδας Ι χάνει τα δύο νότια δωμάτιά του 1 και 2 (**εικ. 91**)· η πρόσβαση γίνεται τώρα από την οδό της πύλης του Σιληνού (αυλή 5). Στα νότια, η αρχική είσοδος κλείνει και ένα νέο άνοιγμα δίνει άμεση πρόσβαση στο χώρο 1 (πιθανώς μετατρέπεται σε κατάστημα).

– *Φάση 5* (**εικ. 94**). Γύρω στο 250, η συνοικία εγκαταλείπεται εξαιτίας ενοχλήσεων που προκλήθηκαν από την άνοδο του υδροφόρου ορίζοντα και ζημιών που οφείλονται σε πλημμύρες από τις βροχοπτώσεις: η συνοικία αυτή, κτισμένη στους πρόποδες της ακρόπολης, δεχόταν όλη τη ροή των βρόχινων

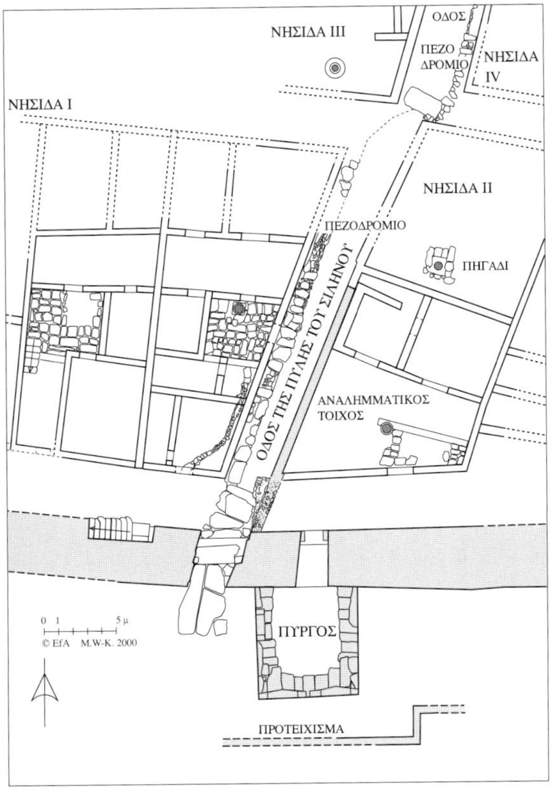

εικ. 94. Συνοικία της πύλης του Σιληνού· κάτοψη της φάσης 5 (1: 500).

νερών. Στην ίδια φάση, κατασκευάστηκε ο πύργος στα ανατολικά της πύλης του Σιληνού, όπως και το προτείχισμα, από το οποίο είναι ορατό ένα κομμάτι που εντάχθηκε στο σύγχρονο ανάλημμα απέναντι από τον πύργο.

Έκτοτε, μόνο η οδός και η πύλη του Σιληνού συντηρούνται, ενώ τα ερείπια της συνοικίας καλύφθηκαν λίγο λίγο από τις προσχώσεις. Ένα πεζοδρόμιο διαμορφώθηκε τότε στο δρόμο, χρησιμοποιώντας τα σπόλια του υπονόμου της προηγούμενης φάσης. Το πεζοδρόμιο αυτό ακολουθεί την ανατολική πλευρά του δρόμου κατά μήκος των νησίδων III και IV, αλλά πιο κάτω αλλάζει πλευρά και συνεχίζει μπροστά από τη νησίδα I. Στην ίδια περίοδο, κατασκευάζεται πάνω από τα λείψανα των προσόψεων της νησίδας II ένα ανάλημμα για την προστασία του δρόμου από τις προσχώσεις που συσσωρεύονταν επάνω από τα ερείπια της νησίδας αυτής. Τον πρώτο αι. π.Χ., οι Θάσιοι εκκενώνουν οριστικά τον τομέα αυτόν, μαζί με την οδό και την πύλη. Στην αρχή της ανασκαφής της συνοικίας, το 1972, δύο έως τρία μέτρα άμμου και χαλικιών κάλυπταν την περιοχή μέχρι το σημερινό ύψος του τείχους.

Βιβλιογραφία: Y. GRANDJEAN, *ÉtThas* XII (1988).

Αρκούδα (72)

Σε απόσταση περίπου 300μ. νότια από την πύλη του Σιληνού, στα αριστερά της πρώτης στροφής που κάνει ο δρόμος για την Παναγιά, σώζονται τα λείψανα ενός αρχαίου ιερού. Διακρίνονται τα κατάλοιπα **ισχυρών αναλημμάτων**, το κατεστραμμένο πόδιο ενός **ναού** και η μαρμάρινη βάση ενός μνημειακού ορθογώνιου **βωμού** (9,60 x 5,34μ.), εγκατεστημένου στο μέσο μιας ημικυκλικής ζώνης στρωμένης με πλάκες γνευσίου (ακτίνας 9,35μ.). Οι εντορμίες για σιδηρένιους πελεκίνους συνδέσμους στα μάρμαρα της θεμελίωσης αντιστοιχούν σε μια αρχαϊκή τεχνική. Μέλη με ανάγλυφη διακόσμηση λέσβιου κυματίου που ίσως ανήκουν στην ανωδομή του βωμού, βρέθηκαν σε δεύτερη χρήση σε γειτονική κρήνη νεότερων χρόνων (σήμερα στο μουσείο).

Βιβλιογραφία: Fr. SALVIAT, «Décrets pour Épié fille de Dionysios. Déesses et sanctuaires thasiens», *BCH* 83 (1959), 385-390 (όπου η προγενέστερη βιβλιογραφία)· Cl. ROLLEY, «Le sanctuaire des dieux patrôoi et le Thesmophorion de Thasos», *BCH* 89 (1965), 478-479 (κατά της ταύτισης του ιερού ως Θεσμοφόριο).

Προς την πύλη του Ηρακλή

Δυτικά της πύλης του Σιληνού, ακολουθούμε το τείχος κατά μήκος του εξωτερικού μετώπου. Η επιβλητική οχύρωση του 5ου αι. διατηρείται σε αρκετά μέτρα ύψος (**εικ. 148**). Σε ορισμένες μαρμαρόπλινθους έχουν χαραχθεί σημάδια από κατασκευαστές (βραχυγραφίες ή αρχή ονομάτων, σε πάριο αλφάβητο). Δύο τετράγωνοι πύργοι, που εντάσσονται στο γενικό πρόγραμμα ενίσχυσης του 3ου αι. π.Χ., κατασκευάστηκαν μπροστά από το ευθύγραμμο μεταπύργιο. Χρησίμευαν για την απόκρουση του εχθρού και την αντιμετώπιση των νέων πολιορκητικών μηχανών. Όπως και στην πύλη του Σιληνού, το τείχος προστατευόταν από ένα προτείχισμα (επιχωσμένο σήμερα) παράλληλο προς τον περίβολο και σύγχρονο των πύργων.

Βιβλιογραφία: Y. GRANDJEAN, H. KOUKOULI-CHRYSSANTHAKI, R. MARTIN, *BCH* 103 (1979), 640-646.

Η πύλη του Ηρακλή και του Διονύσου (73)

(εικ. 95)

Σε απόσταση 180μ. από την πύλη του Σιληνού, η πύλη του Ηρακλή και του Διονύσου χρονολογείται στα πρώτα χρόνια του 5ου αι. Ένα άνοιγμα, πλάτους 4,75μ., διαμορφώθηκε στο μαρμάρινο τείχος αποτελούμενο από μεγάλες οριζόντιες στρώσεις. Εξωτερικά, προστατευόταν από μεταπύργια με σαφή διαφορά πάχους εκατέρωθεν του ανοίγματος: το ανατολικό μεταπύργιο είναι παχύτερο στο τμήμα πριν την πύλη, διαμορφώνοντας προβολή πάνω από 4μ. μήκους σε σχέση με τη γραμμή του δυτικού τοίχου. Στη μεριά της πόλης, εκατέρωθεν της εισόδου, δύο συμπαγείς προεξοχές (πλάτους 2,10μ. και μήκους 3,40μ.) πρόβαλλουν από την εσωτερική γραμμή του τείχους, προκαλώντας ένα στένεμα του περάσματος (πλάτους 3,50μ.). Οι προεξοχές της πύλης και το κατώφλι ήταν τοποθετημένα στην ευθεία του εσωτερικού μετώπου του τείχους

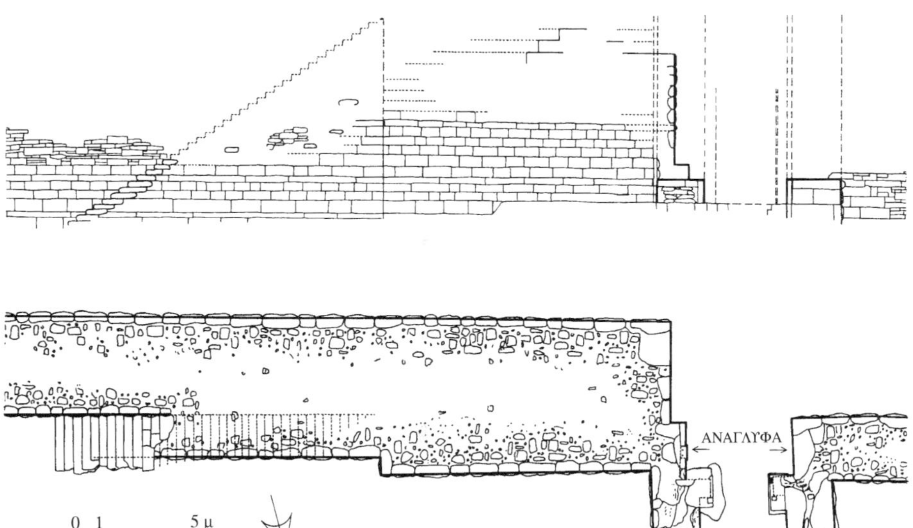

εικ. 95. Πύλη του Ηρακλή και του Διόνυσου· ανωδομή της εσωτερικής πλευράς και κάτοψη (1: 300).

εικ. 96. Ανάγλυφο Ηρακλή τοξότη· 500-490 π.Χ. (Αρχαιολογικό μουσείο Κωνσταντινούπολης, αρ. ευρ. 718).

(πλάτος πύλης 2,30μ.). Βλέπουμε ακόμα το ίχνος της δυτικής παραστάδας πάνω στο συμπαγές θεμέλιο που τη στήριζε και, πίσω, το τετραγωνικό κοίλωμα όπου ήταν στερεωμένη η χοινικίδα (υποδοχή) του θυρόφυλλου. Στα ανατολικά, υφίσταται μόνο ένα τμήμα της συμμετρικής παραστάδας με το κοίλωμα για το μηχανισμό του δεύτερου θυρόφυλλου.

Η είσοδος αυτή ήταν υπό την προστασία δύο θεών σημαντικών για τη Θάσο, του Διονύσου και του Ηρακλή. Στον ανατολικό τοίχο του περάσματος, εμπρός από το κατώφλι και σε ικανό ύψος, ξεδιπλώνεται μια επιγραφή σε πάριο αλφάβητο που χαράχθηκε στα πρώτα χρόνια του 5ου αι. π.Χ.: *Ζηνὸς καὶ Σεμέλης καὶ Ἀλκμήνης τανυπέπλο ἑστᾶσιν παῖδες τῆσδε πόλεως φυλαϝοί* (*IG* XII 8, 356). Του Δία και της Σεμέλης και της μακρυπέπλου Αλκμήνης οι γιοι στέκονται φύλακες αυτής της πόλης.

Η εικόνα των θεών προστατών ήταν σκαλισμένη στις παρειές του ανοίγματος. Στην ανατολική πλευρά, πάνω από την επιγραφή, βρισκόταν το ανάγλυφο του Ηρακλή (στο Αρχαιολογικό Μουσείο της Κωνσταντινούπολης), ως γεροδεμένου τοξότη, γονατιστού, να ζυγιάζει το τόξο του ενάντια στον επιτιθέμενο (**εικ. 96**): *Ο Ηρακλής, σε δεξιό προφίλ, στηριγμένος στο δεξιό γόνατο, κρατά το τόξο με το αριστερό και τραβά το βέλος με το δεξί. Φορά κοντό χιτώνα, του οποίου διακρίνουμε τις πτυχώσεις που αποδίδονται καλαίσθητα και ξεδιπλώνονται στρωτά, να πέφτουν ανάμεσα στα πόδια και στο δεξή ώμο. Η λεοντή καλύπτει την κορυφή του κεφαλιού σαν κάπα και η χαίτη πέφτει στο πίσω μέρος σαν μια τεράστια περούκα· οι μπροστινές πατούσες, δεμένες στο λαιμό, κρέμονται στο στήθος... Ο κορμός είναι βραχύς, η πλάτη κυρτωμένη, η ισχιακή κοιλότητα έντονα σχηματισμένη, οι μηροί τεράστιοι, το πίσω μέρος της κνήμης εξέχει έντονα. Για να εκφράσει την ηράκλεια δύναμη, ο γλύπτης σχεδίασε με απλότητα τις βαριές και συμπαγείς γραμμές, αλλά δεν κατόρθωσε να κάνει αισθητά, κάτω από αυτό το σάρκινο χυμώδες περίβλημα, το σφρίγος της μυϊκής πανοπλίας και την ένταση των μυών* (G. Mendel). Η εικόνα αυτή των πρώτων χρόνων του 5ου αι. π.Χ., πραγματικό έμβλημα της πόλης, αναπαράγεται στα νομίσματα της Θάσου από τις αρχές του 4ου αι. π.Χ. (σ. 361). Αριστερά του αναγλύφου του Ηρακλή, μια μικρή κόγχη σκαλισμένη στον τοίχο χρησίμευε για τις προσφορές των περαστικών.

Στον απέναντι τοίχο (δυτική πλευρά του περάσματος), ένας θίασος του Διονύσου με τις Μαινάδες που εντοπίστηκε το 1866, δε σώζεται παρά μόνο σε ένα απλουστευμένο σχέδιο του γιατρού Χρηστίδη (**εικ. 97**): το ανάγλυφο με την παράσταση χάθηκε κατά τη μεταφορά στην Κωνσταντινούπολη. Ο Διόνυσος, ανασηκώνοντας κλαδί αμπελιού με τα τσαμπιά του, είναι ψηλότερος από τις Μαινάδες που τον ακολουθούν, σε έκσταση, κρατώντας ένα παγώνι και φίδια. Το ύψος του πρέπει να ήταν ανάλογο με του Ηρακλή. Η κεντρική κόγχη ήταν συμμετρική με αυτήν του απέναντι τοίχου, δίπλα στον τοξότη θεό. Το σχέδιο παραπέμπει σε διονυσιακές παραστάσεις αττικών αγγείων αυστηρού ρυθμού. Το χαμένο ανάγλυφο μπορεί, κατά αναλογία με αυτά τα αγγεία,

εικ. 97. Σχέδιο του ανάγλυφου του Διόνυσου.

να χρονολογηθεί μαζί με το ανάγλυφο του Ηρακλή στα πρώτα χρόνια του 5ου αι. π.Χ.

Βιβλιογραφία: Ch. Picard, *ÉtThas* VIII (1962), 43-83· Fr. Salviat, N. Weill, *BCH* 82 (1958), 816. Ο B. Holtzmann, *ÉtThas* XV (1994), 13-24, προτείνει μια μεταγενέστερη χρονολογία για το ανάγλυφο του Διονύσου και των Μαινάδων, που θα είχε διαδεχτεί ένα πρώτο ανάγλυφο με παράσταση Διονύσου, τοποθετημένο, όπως και αυτό του Ηρακλή, πάνω από την επιγραφή που τους αναφέρει· οι δύο μορφές θα εικονίζονταν εκατέρωθεν κόγχης.

Από την πύλη του Ηρακλή στην πύλη του Δία

Η οχύρωση, πέρα από την πύλη του Ηρακλή, καθώς κατευθυνόμαστε προς τα βορειοδυτικά, διατηρείται σε αρκετά καλή κατάσταση. Θα παρατηρήσουμε την αντίθεση ανάμεσα στη μεγάλη ορθογώνια λιθοδομή με κύφωση στην εξωτερική πλευρά και στην πιο ελαφρά κατασκευή, με μικρές ανάμικτες πλίνθους μαρμάρου και γνευσίου στην εσωτερική παρειά που επισκευάστηκε τον 4ο αι. π.Χ. Μεταξύ της πύλης του Ηρακλή και αυτής του Δία, δύο πύργοι που κτίστηκαν τον 3ο αι. π.Χ. ενισχύουν το αρχαϊκό μεταπύργιο. Ο πιο κοντινός στην πύλη του Ηρακλή ερευνήθηκε το 1987. Τετράγωνης κάτοψης (με πλευρά 9,50μ. περίπου), στηρίζεται στο παλιό τείχος· επικοινωνεί, όπως οι περισσότεροι πύργοι, και με το εσωτερικό της πόλης και με την εξωτερική περιοχή (από πλευρική πυλίδα στα δυτικά). Στο ισόγειο και στον όροφο πρέπει να αποκαταστήσουμε στους συμπαγείς τοίχους θυρίδες για τόξα και καταπέλτες. Στην κορυφή του ο πύργος στεφόταν από στηθαίο με σαμάρι (τοιχόκρανον) που διέθετε επάλξεις (πέντε μετωπικές από τις οποίες οι δύο ήταν γωνιαίες). Οι υπερασπιστές προστατεύονταν χάρη σε ξύλινα κινητά θωράκια, όπως μαρτυρούν οι υποδοχές πάνω στο σαμάρι. Είναι βέβαιο ότι οι υπόλοιποι πύργοι που κατασκευάστηκαν την ίδια περίοδο στη νότια πλευρά της πόλης διέθεταν την ίδια διαμόρφωση στα ανώτερα σημεία.

Βιβλιογραφία: Y. Grandjean, H. Koukouli-Chryssanthaki, R. Martin, *BCH* 102 (1978), 811-813· Y. Grandjean, H. Koukouli-Chryssanthaki, T. Kozelj, Fr. Salviat, *BCH* 112 (1988), 742-745.

Η πύλη-πύργος του Δία και της Ήρας (74) ***(εικ. 98)***

Σε απόσταση 170μ. στα βορειοδυτικά της πύλης του Ηρακλή, άλλο ένα μνημειακό πέρασμα ανοίγεται προς την πεδιάδα. Η πύλη υπάρχει από τα πρώτα χρόνια του 5ου αι. π.Χ., αλλά τότε ήταν ένα απλό άνοιγμα στο τείχος,

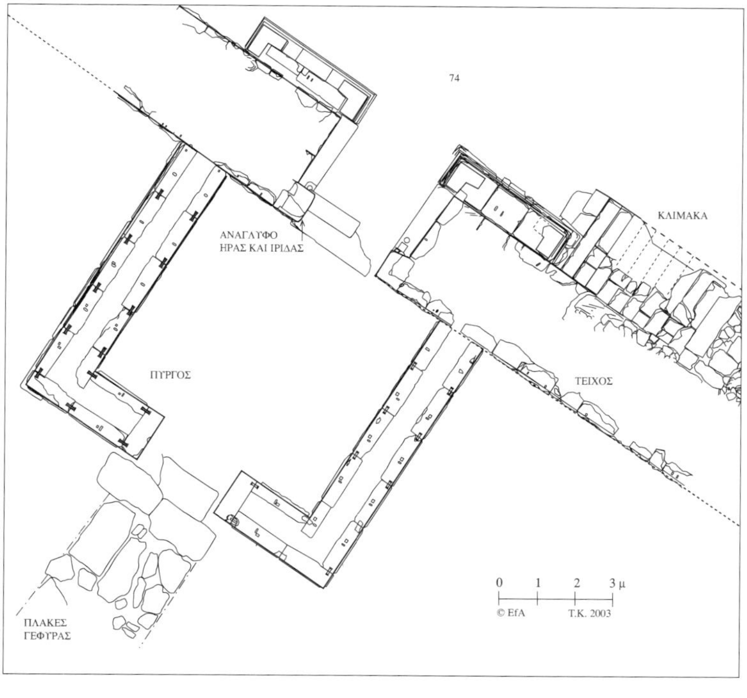

εικ. 98. Πύλη του Δία και της Ήρας· κάτοψη (1: 200).

σίγουρα δευτερεύουσας σημασίας σε σχέση με την πύλη του Ηρακλή. Προς το εσωτερικό της πόλης, μια σκάλα μεταπυργίου (σώζονται δεκατρία σκαλοπάτια) ανήκει στην πρώτη φάση και κατεβαίνει μέχρι το αρχαιότερο επίπεδο.

Η μνημειακή διαμόρφωση που βλέπουμε σήμερα στο χώρο είναι ιδιαίτερα πρωτότυπη (**εικ. 101** και **102**). Χρονολογείται στα τέλη του 4ου αι. ή στις αρχές του 3ου αι., την εποχή που πραγματοποιούνταν στη Θάσο μεγάλα αρχιτεκτονικά έργα δημόσιου χαρακτήρα. Η κατασκευή προσφέρθηκε στην πόλη, όχι μόνο για την άμυνά της αλλά και για το γόητρό της, από έναν Θάσιο ευπατρίδη.

Το άνοιγμα που διαπερνά το τείχος καλυπτόταν από έναν κούφιο πύργο, τετράγωνης κάτοψης, παρόμοιο με αυτούς που συναντάμε κοντά στην πύλη του Ηρακλή, οι οποίοι σχηματίζουν προβολές προς τα έξω και από το επίπεδο του περιπάτου επικάθονται στον τοίχο και δεσπόζουν του μεταπυργίου.

Το κούφωμα της πύλης που διαπερνά το τείχος δέχτηκε μετατροπές με την ευκαιρία της νέας διευθέτησης. Το δάπεδο ανυψώθηκε, το άνοιγμα απόστασης 3,60μ. από τον έναν τοίχο στον άλλο πλαισιώθηκε εξωτερικά από δύο μαρμάρινους μονολιθικούς ορθοστάτες (ύψους 4,85μ.), διακοσμημένους με ανάγλυφα και καλυμμένους με υπέρθυρο. Ανάμεσα σε αυτούς τους δύο πεσσούς που έπαιζαν εδώ το ρόλο των παραστάδων για την δίφυλλη πύλη, το άνοιγμα μειωνόταν σε 2,70μ.

εικ. 99. Πύλη του Δία και της Ήρας, δυτική παραστάδα: ανάγλυφο με την Ήρα καθήμενη και την Ίριδα όρθια. Τέλη 4ου αι. π.Χ.

Η γλυπτή διακόσμηση

Ο δυτικός ορθοστάτης, στα αριστερά κατά την είσοδο στην πόλη, είναι ο μόνος που σώζεται στη θέση του. Διακρίνεται μια σκηνή σε χαμηλό ανάγλυφο, εντός ορθογώνιου πλαισίου με αετωματική κάλυψη η οποία στέφεται, εν είδει κεντρικού ακρωτηρίου, από μορφή αετού με ανοιχτά φτερά (**εικ. 99**). Η Ήρα ένθρονη, με τα πόδια της να πατούν σε υποπόδιο, είναι στραμμένη προς την ύπαιθρο, ντυμένη με χιτώνα και ιμάτιο ριγμένο διαγώνια, κατά τον αρχαϊκό τρόπο. Ο αριστερός βραχίονας χαμηλωμένος, κρατά στο χέρι σκήπτρο, το δεξί χέρι παραμερίζει το ιμάτιο σε τελετουργική χειρονομία ανακάλυψης. Δίνει εντολές στην Ίριδα την «πιστή της σκύλα» (Καλλίμαχος), φτερωτή αγγελιοφόρο που ήδη σπεύδει προς τα αριστερά, το κεφάλι όμως στραμμένο

εικ. 100. Πύλη του Δία και της Ήρας, δύο αποτμήματα της ανατολικής παραστάδας: κορμός ένθρονου Δία και κεφάλι Ερμή, όρθιου μπροστά του· τέλη 4ου αι. Μουσείο Θάσου, αρ. ευρ. 1636 και 2442.

προς την κυρά της. Ανάμεσα στα πόδια του θρόνου, που ορίζουν κάτι σαν κόγχη, διακρίνεται μια γυμνή ανδρική μορφή, χορευτή ή αθλητή εν κινήσει.

Στον δεξιό ορθοστάτη, ο σύζυγός της ο Δίας εικονιζόταν ένθρονος σε ανάγλυφο με παρόμοιο πλαίσιο, επίσης με αετωματική επίστεψη και αετό. Στο δεξιό ακρωτήριο, το μονο σωζόμενο, ξετυλίγεται ελεύθερα ένα φυτικό κόσμημα βλαστόσπειρας που απολήγει σε κωδωνόσχημο άνθος. Το μάρμαρο έχει διαμελιστεί, αλλά σημαντικά αποτμήματα φυλάσσονται στο μουσείο (**εικ. 100**). Ο Δίας είναι επίσης στραμμένος προς την ύπαιθρο, καθισμένος σε θρόνο διακοσμημένο με μορφή σφίγγας, κρατώντας κεραυνό, με το στήθος ακάλυπτο· έχει μπροστά του τον Ερμή που φορά χλαμύδα κι έχει τον πέτασο κρεμασμένο στον αυχένα. Κάτω από το θρόνο εικονιζόταν, όπως και στο προηγούμενο ανάγλυφο, μια μορφή σε δράση, από την οποία σώζεται ο κορμός.

Αν και ορισμένες στυλιστικές ή εικονογραφικές λεπτομέρειες, όπως οι μικρές μορφές κάτω από τους θρόνους, τα δρεπανόσχημα φτερά της Ίριδας ή τά υφάσματα που περιγράφουν το σώμα, παραπέμπουν στην αρχαϊκή εποχή ή στο τέλος του 5ου αι. π.Χ., άλλες εμφανίζονται μόνο στον 4ο αι.: η στάση του

εικ. 101. Πύλη του Δία και της Ήρας· ανωδομή εσωτερικής πρόσοψης (1: 100).

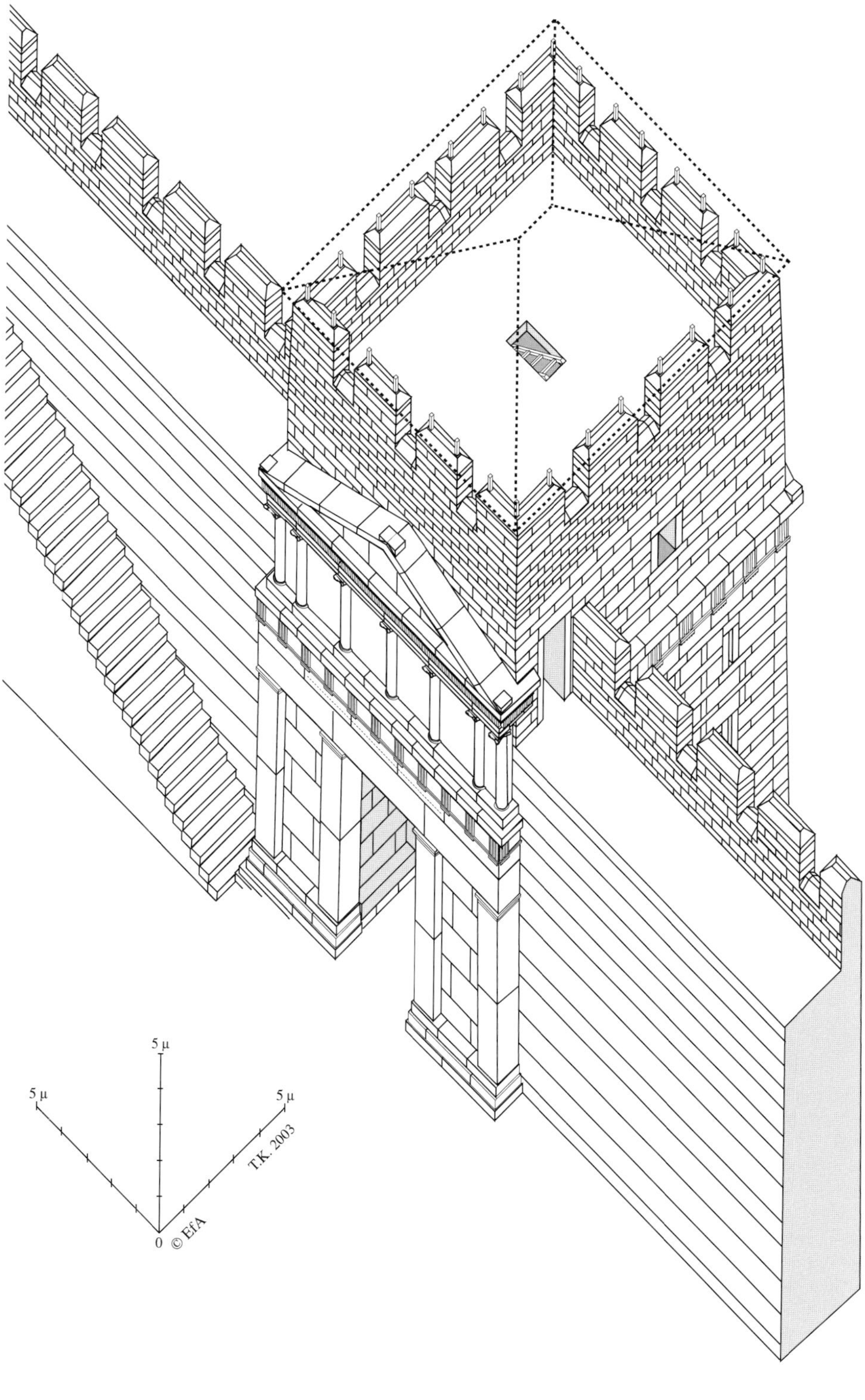

εικ. 102. Πύλη του Δία και της Ήρας· αξονομετρική αποκατάσταση (1: 200).

ένθρονου Δία, η κόμμωση του Ερμή, η διακόσμηση των πλάγιων ακρωτηρίων. Το ίδιο το σχήμα του ναΐσκου με αέτωμα, εντος του οποίου εγγράφονται οι μορφές, είναι παραλλαγή ενός αρχαιότερου τύπου υπό εξαφάνιση. Ο εκλεκτικισμός του ύφους των μορφών και το αρχιτεκτονικό πλαίσιο οδηγούν σε μια χρονολόγηση στα τέλη του 4ου αι. π.Χ. των αναγλύφων αυτών, που αναπαράγουν την τοπική παράδοση των πυλών με ανάγλυφες παραστάσεις.

Ο πύργος

Εξωτερικά, μπορεί κανείς να δει τα θεμέλια και το κάτω τμήμα της ανωδομής του πύργου (7,70 x 9,60μ.), που κτίστηκε επίσης στα τέλη του 4ου αι. π.Χ., όπως υποδεικνύει η στρωματογραφία της ανασκαφής. Δύο παχείς τοίχοι, σε σχήμα Γ, περικλείουν έναν προθάλαμο, άλλοτε πλακόστρωτο (**εικ. 98**). Τα δύο σκέλη, παράλληλα με το μεταπύργιο, πλαισιώνουν ένα άνοιγμα ίσου πλάτους με την είσοδο με τους ανάγλυφους ορθοστάτες και στην ίδια ευθεία με αυτήν. Η κατασκευή αυτού του πύργου-προπύλου επέφερε την εκτροπή προς τα νοτιοδυτικά του ρυακίου που κυλούσε μέχρι τότε κατά μήκος του τείχους. Ένα γεφυράκι από λίθινες πλάκες στη γραμμή του ανοίγματος δέχτηκε μετατροπές σε μεταγενέστερη εποχή.

Οι τοίχοι του πύργου αποτελούνται από ωραίες μαρμαρόπλινθους που έχουν πρόσωπο λαξευμένο με βελόνι, χαράξεις στους αρμούς, οριζόντιους σιδερένιους συνδέσμους και κάθετους γόμφους. Πολλές λιθόπλινθοι, που εντοπίστηκαν διασκορπισμένοι και σώζονται ακόμη στο χώρο, επιτρέπουν την αποκατάσταση των ανώτερων τμημάτων του πύργου.

Πάνω από την πύλη δέσποζε ένας διακοσμητικός δωρικός θριγκός (ύψος επιστυλίου 0,575μ.) με λείες μετόπες (ύψος ζωφόρου 0,670μ. περίπου), καλυμμένος με γείσο σε προεξοχή και ενσωματωμένο τύμπανο· ο θριγκός συνέχιζε και στις πλευρές του οικοδομήματος. Στους όροφους, ανοίγονταν θυρίδες επιτρέποντας τη ρίψη με τόξα και καταπέλτες. Ο πύργος σκεπαζόταν, σε ύψος περίπου δεκαπέντε μέτρων, από επίπεδη οροφή την οποία περιέβαλλε στηθαίο μικρού πάχους (0,50μ.), με επάλξεις αντίστοιχες με αυτές του πύργου κοντά στην πύλη του Ηρακλή (**εικ. 102**). Όπως και εκείνος, ο πύργος του Δία και της Ήρας καλυπτόταν από ελαφριά πυραμιδοειδή στέγη, σφηνωμένη στην κορυφή των επάλξεων.

Η εσωτερική πρόσοψη

Προς το εσωτερικό της πόλης, μια άλλη διακόσμηση, αντίστοιχη με την εξωτερική, κοσμούσε το τείχος και, πάνω από το επίπεδο του περιπάτου, συνδεόταν με τον πίσω τοίχο του πύργου. Εκατέρωθεν της εισόδου, πλάτους 3μ., δύο μαρμάρινοι πεσσοί πατούσαν πάνω σε μια ισχυρή βάση από τρεις μαρμάρινες βαθμίδες. Οι πεσσοί αυτοί, με γωνιώδη διατομή, συγκρατούσαν ανάμεσά τους, δεξιά και αριστερά, μεγάλες λείες πλάκες που εφάρμοζαν στην πιο τραχιά, αρχική παρειά του τείχους. Πάνω από τα τέσσερα στηρίγματα δέσποζε ένας δωρικός θριγκός από τον οποίο σώζονται τμήματα γείσου χωρίς προμόχθους, ένα μέλος ζωφόρου με λείες μετόπες κι ένα θραύσμα επιστυλίου όπου αναγραφόταν το όνομα του δωρητή: Πύθιππος, γιος του Παιεστράτου (*ÉtThas* III, 21· ύψος 0,46μ.). Ο δωρικός θριγκός, μικρότερος από εκείνον της εξωτερικής πρόσοψης, έφερε όροφο με επίστεψη ιωνικού θριγκού, μικρότερης κλίμακας, με επιστύλιο αποτελούμενο από τρεις ταινίες, ύψους 0,41μ., και από πάνω ζωφόρο με γεισίποδες. Στο επίπεδο αυτό υπήρχε ένας αρχιτεκτονικός δεσμός ανάμεσα στη διακόσμηση της πύλης και των πλάγιων πλευρών του πύργου. Στην αποκατάσταση της **εικόνας 101**, που βασίζεται στα σωζόμενα αρχιτεκτονικά δεδομένα, παρατηρούμε τη συνοχή ως προς την οργάνωση των δύο διαδοχικών επιπέδων: θέση των υποστηριγμάτων, ρυθμός της δωρικής ζωφόρου και της ιωνικής κιονοστοιχίας.

Ο Πύθιππος, γιος του Παιεστράτου, διετέλεσε άρχοντας το 290 π.Χ. (με απόκλιση ένος έτους) και θεωρός δύο χρόνια μετά. Αλλά ήδη είχε σφραγίσει με το όνομά του αυτό το σημείο της οχύρωσης. Η μνημειακή διαμόρφωση της εσωτερικής πρόσοψης της πύλης του Δία και της Ήρας, που εμπνέεται από τη μακεδονική αρχιτεκτονική, αποτέλεσε προφανώς μέρος ενός μνημειακού προγράμματος που περιελάμβανε επίσης την εγκατάσταση των αναγλύφων και την κατασκευή του πύργου.

Βιβλιογραφία: Ch. Picard, *ÉtThas* VIII (1962), 149-176 (χρονολογία του αναγλύφου της Ήρας: τέλος 5ου αι. π.Χ.)· — R. Martin, *BCH* 89 (1965), 930-935 (χρονολογία εγκατάστασης των ανάγλυφων πεσσών: δεύτερο μισό του 5ου αι. π.Χ.)· – P. Bernard, «Les deux piliers sculptés de la porte de Zeus et d'Héra à Thasos», *BCH* 89 (1965), 64-89 (χρονολογία των δύο αναγλύφων: τέλη 5ου αι. π.Χ.)· – R. Martin, «Sculpture et peinture dans les façades monumentales au IVe s. av. J.-C.», *RA* (1968), 171-184 (μελέτη του εσωτερικού διακόσμου της πύλης)· – Y. Garlan, «Contribution à une étude stratigraphique de l'enceinte thasienne», *BCH* 90 (1966), 586-595· *BCH* 102 (1978), 807-810 (κατασκευή του πύργου-προπύλου γύρω στο 315 π.Χ.)· – B. Holtzmann, *ÉtThas* XV (1994), 66-79 (χρονολογία των δύο αναγλύφων, της κατασκευής του πύργου-προπύλου εξωτερικά και της εσωτερικής διακόσμησης: γύρω στο 320-315 π.Χ.)· – Y. Grandjean, T. Kozelj, Fr. Salviat, «La porte de Zeus à Thasos», *BCH* 128-129 (2004-2005), 175-268 (αποκατάσταση της πύλης-πύργου και της εσωτερικής πρόσοψης, στυλιστική ανάλυση και χρονολόγηση του αρχιτεκτονικού συνόλου· παρατηρήσεις στη χρονολογία κατασκευής του αστικού περιβόλου).

Από την πύλη του Δία και της Ήρας ως την παραθαλάσσια πύλη (4)

Μετά από την πύλη του Δία και της Ήρας, το τείχος χάνεται κάτω από σύγχρονους κήπους και κτίσματα. Αρκετές τομές έδειξαν ότι προεκτεινόταν στα βορειοδυτικά μέχρι την πύλη-πύργο που ο αποδέκτης Σωτάς, γιος του Ευπόρου, επισκεύασε τον 2ο αι. μ.Χ.

Κοντά στην πύλη αυτή, στα νοτιοανατολικά, αποκαλύφθηκε πρόσφατα ένα ελληνιστικό σπίτι, του οποίου η αυλή περιβαλλόταν από στοές και στις τέσσερεις πλευρές. Κάποιοι τοίχοι κοσμούνταν με τοιχογραφίες που μιμούνται τοιχοποιία. Η οικία αυτή, που βρίσκεται σε σταυροδρόμι, αποτυπώθηκε στο σχέδιο της **εικόνας 22**.

Μετά την πύλη-πύργο του Σωτάδη, το τείχος στρέφεται προς τα βορειοανατολικά, μέχρι την πύλη με «το ψάρι», που ονομάστηκε έτσι λόγω ενός γειτονικού χαράγματος. Πριν τον Α΄ Παγκόσμιο Πόλεμο, ο τομέας αυτός του τείχους, εκατέρωθεν της πύλης του Σωτάδη, ήταν ακόμη εν μέρει ορατός, ιδιαίτερα κατά μήκος του δρόμου για τα Λιμενάρια. Μετά την πύλη με «το ψάρι», το τείχος κατευθυνόταν προς τα ανατολικά, ακολουθώντας την όχθη και κατέληγε στην παραθαλάσσια πύλη (**4**) κοντά στον κλειστό λιμένα. Στο τμήμα αυτό έχουν ταυτιστεί δύο πύλες, επιχωσμένες σήμερα: η πρώτη, μαζί με σκάλα μεταπυργίου, ανοιγόταν λοξά σε σχέση με το τείχος, όπως η πύλη του Σιληνού· η δεύτερη τοποθετείται δυτικά από τον κήπο του μουσείου, όχι μακριά από την παραθαλάσσια πύλη (**4**). Μπορούμε ακόμη να διακρίνουμε ένα τμήμα του περιβόλου σε έναν κήπο ανάμεσα σε δύο σπίτια, στην οδό Μελά, στα δεξιά κατευθυνόμενοι για το μουσείο.

Βιβλιογραφία: αρχαϊκή νεκρόπολη διακεκομμένη από το τείχος: H. Koukouli-Chryssanthaki, «Recherches autour du rempart méridional de Thasos», *Thasiaca, BCH Suppl.* V (1979), 75-106· – πύλη-πύργος του Σωτάδη, Ch. Picard, Ch. Avezou, «Les fouilles de Thasos», *CRAI* (1914), 281-282· – ελληνιστική οικία στην πύλη του Σωτάδη: Π. Μαλαμα, Θ. Σαλονιδησ, «Μια ελληνιστική οικία στον Λιμένα Θάσου», *ΑΕΜΘ* 6 (1992) [1995], 605-615, και κάτοψη *ΑΕΜΘ* 7 (1993) [1997], 598· – λοξή πύλη, Ch. Picard, «Fouilles de Thasos (1914 και 1920)», *BCH* 45 (1921), 90-91· – πύλη ανάμεσα στη λοξή και στην παραθαλάσσια πύλη (**4**): A. Laumonier, *BCH* 46 (1922), 536 (με την αδόκιμη ονομασία «πύλη της αγοράς»)· – τείχος ανάμεσα στην πύλη με «το ψάρι» και στην πύλη με το άρμα: Μ. Σγουρου, *ΑΔ* 52 (1997) [2003], *Χρονικά*, 828-831· 53 (1998), [2004], *Χρονικά*, 720· «Νέα στοιχεία για τη ρωμαϊκή πόλη της Θάσου», *ΑΕΜΘ* 11 (1997) [1999], 597-608· T. Kozelj, † Μ. Σγουρου, M. Wurch-Kozelj, «Έρευνες στο βορειοδυτικό τείχος της αρχαίας Θάσου. Νέα αρχαιολογικά δεδομένα», *ΑΕΜΘ* 19 (2005) [2007], 13-24.

Το μνημείο του Θερσιλόχου (75)
(εικ. 104** και **105)

Στα δυτικά, όχι μακριά από το Ηράκλειο, στην ευθεία της μεγάλης αρχαίας οδού η οποία ερχόμενη από την αγορά, διέρχεται από την αψίδα του Καρακάλλα (**81**), οι ανασκαφές του 1912-1913, που συμπληρώθηκαν και από τις έρευνες στα 1932-1933 και 1979-1981, επέτρεψαν να ταυτιστεί ένα σημαντικό κτήριο καταχωσμένο σήμερα. Τετράγωνης κάτοψης (32,10 × 32,20μ. – δηλαδή πλευράς περίπου 100 ποδών), το κτήριο αυτό είχε κτιστεί εξ ολοκλήρου με μάρμαρο. Έβλεπε στα βορειοανατολικά μέσω ενός προστώου με εξάστυλη πρόσοψη και δύο κίονες στο γύρισμα των στενών πλευρών (**εικ. 103**). Το προστώο αυτό, με πλακόστρωτο δάπεδο και φατνώματα στην οροφή, πατούσε σε μια κρηπίδα πέντε βαθμίδων στην πρόσοψη με δύο πλάγιες αναβάθρες (με πλάτος στο επίπεδο της ανώτερης βαθμίδας 11,20μ.). Στο εσωτερικό του μνημείου, που είχε δάπεδο από πατημένο χώμα, βρέθηκαν τα υποστυλώματα (1,60 × 1,60μ.) των 16 ιωνικών κιόνων, διαμοιρασμένων σε μια τετράγωνη περίμετρο πλευράς 15 μ.: κατά την ανασκαφή συλλέχθηκαν αποτμήματα βάσεων, λείων κορμών και κιονοκράνων (ύψος κιόνων περίπου 6,50μ.). Σώθηκε ένα γωνιαίο μέλος θριγκού με οδόντες κάτω από το γείσο· στο πίσω μέρος, τα ίχνη πάκτωσης των δοκαριών επιτρέπουν να αποκατασταθεί η ξύλωση της στέγης που κάλυπτε τις περιμετρικές στοές.

εικ. 103. Μνημείο του Θερσιλόχου· ο πρόδομος από τα ανατολικά.

Πιο πάνω, η κάλυψη του κεντρικού τετραγώνου ήταν υπερυψωμένη σε φανό: στο επιστέγασμα αυτό πρέπει να αποδοθούν ιωνικά μέλη μικρότερης κλίμακας.

Στο επιστύλιο της πρόσοψης χαράχθηκε μια ανάθεση από την οποία σώζονται μερικά γράμματα· αναγνωρίζουμε την αρχή του ονόματος ενός Θασίου προύχοντα: *Θερσίλο[χος Ὀρθομένου]*. Η γραφή χρονολογείται στα τέλη του 4ου αι. π.Χ. (*ÉtThas* III, 22). Το πρόσωπο αυτό πρόσφερε στην πόλη αυτό το αξιόλογο μνημείο (αίθουσα συγκεντρώσεων και συμποσίων) που μπορούμε να συγκρίνουμε με το Τελεστήριο της Ελευσίνας και τις μεγάλες «υπόστυλες» αίθουσες των ελληνικών πόλεων.

Στον πίσω τοίχο του κτηρίου εντοπίστηκε ένα **δημόσιο πηγάδι**, του οποίου το στόμιο περιβαλλόταν από πλακόστρωση. Μπροστά, στα βόρεια, εφαπτόμενη σχεδόν στο προστώο, στεκόταν μια μεγάλη ορθογώνια **βάση** (7,94 × 3,80μ.). Σε δεκαπέντε μέτρα περίπου, στην πλατεία κάτω από το ανάλημμα του Ηρακλείου, βρέθηκε μια άλλη ανάλογη **θεμελίωση**, που μπορεί να χρονολογηθεί το νωρίτερο στον 4ο αι. (8 × 3,50μ.), με βαθμίδες πρόσβασης στη νοτιοδυτική πλευρά, σήμερα καταχωσμένη. Μπορούμε να αναγνωρίσουμε ένα βωμό με παραστάδες· σε αυτή την περίπτωση, η διάταξη δεν είναι η συνήθης· μια μικρή κατασκευή με κιονοστοιχία εν παραστάσι στη νοτιοδυτική πρόσοψη δεν αποκλείεται. Ο προσανατολισμός αυτών των δύο μνημείων συμφωνεί με αυτόν της οδού που οδηγούσε από το Ηράκλειο στη θάλασσα και για την οποία γίνεται λόγος στην επιγραφή της «στήλης του λιμανιού» (σ. 44).

Βιβλιογραφία: J. des Courtils, *BCH* 104 (1980), 739-740 (όπου η προγενέστερη βιβλιογραφία)· *BCH* 105 (1981), 924-926 (γενική κάτοψη, με τη βάση και το πηγάδι)· του ίδιου, *Architectures thasiennes* (αδημ. διδ. διατρ., Παρίσι, 1993)· B. Holtzmann, *BCH* 100 (1976), 793-796 (με την κάτοψη της μεγάλης θεμελίωσης).

Το Ηράκλειον (76-80)

(εικ. 104** και **105)

Ο Ηρακλής ήταν ίσως ο σπουδαιότερος θεός της Θάσου. Προστάτης της πόλης (σ. 163), εικονίζεται συχνά στα νομίσματά της. Η λατρεία του μπορεί, σύμφωνα με τις μυθικές παραδόσεις που απηχεί ο Ηρόδοτος, να είχε ιδρυθεί από τους Φοίνικες: *ἀπικόμην δὲ καὶ ἐς Θάσον, ἐν τῇ εὗρον ἱρὸν Ἡρακλέους ὑπὸ Φοινίκων ἱδρυμένον, οἳ κατ᾽ Εὐρώπης ζήτησιν ἐκπλώσαντες Θάσον ἔκτισαν* (Β΄, 44). Πήγα και στη Θάσο, στην οποία βρήκα ένα ιερό του Ηρακλή που ίδρυσαν οι Φοίνικες, οι οποίοι εκπλέοντας προς αναζήτηση της Ευρώπης, ίδρυσαν τη Θάσο.

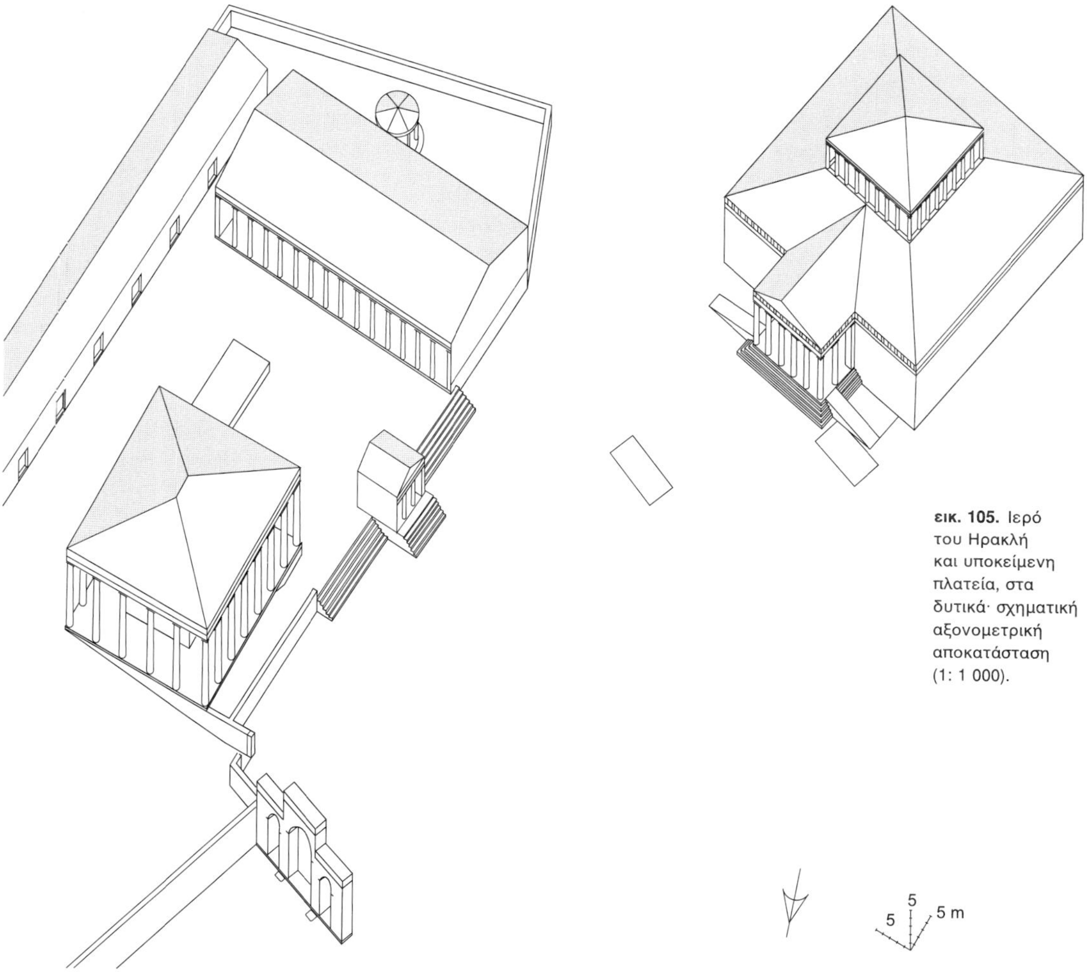

εικ. 105. Ιερό του Ηρακλή και υποκείμενη πλατεία, στα δυτικά· σχηματική αξονομετρική αποκατάσταση (1: 1 000).

Το ιερό, γνωστό από τον Ιπποκράτη που περιέθαλψε τρεις από τους ασθενείς του εκεί κοντά (*Περί ἐπιδημιῶν* Α′ 21· Α′ 26, 6η περίπτωση· Γ′ 17, 3η περίπτωση), καταλαμβάνει ένα επίμηκες τεχνητό άνδηρο (85,50 × 50μ. περίπου) του οποίου το βόρειο όριο παραμένει άγνωστο: μια προέκταση του περιβόλου λίγο μακρύτερα από την αψίδα του Καρακάλλα (**81**) είναι πολύ πιθανή. Οι ανασκαφές έφεραν στο φως το μεγαλύτερο τμήμα του ιερού, αλλά χρειάστηκε να επανακατασκευαστεί ο σύγχρονος δρόμος που διασχίζοντας διαγωνίως τη νοτιοδυτική γωνία, αποκρύπτει από το βλέμμα του επισκέπτη σημαντικό μέρος των ερειπίων (**εικ. 106**).

εικ. **106.** Ιερό του Ηρακλή κατά την ανασκαφή (κατάσταση το 1933, από τα βόρεια)· στα δεξια ο περίβολος και τμήμα κλίμακας· στα αριστερά το άνδηρο του ναού.

Κεντρική πλατεία και βωμός (76)

Στα δυτικά (κατά μήκος της οδού Pierre-Devambez), ένα μέτωπο από ωραίες δρομικές μαρμαρόπλινθους, με αρμούς τονισμένους από ανάγλυφες ταινίες, χρησιμεύει ως ανάλημμα του ανδήρου και ορίζει το τέμενος του Ηρακλή. Κατά μήκος του τοίχου αυτού, που προεκτεινόταν στα βόρεια μέχρι τη μικρή πλατεία μπροστά από την αψίδα του Καρακάλλα (**81**), υπήρχε ανοιχτός αγωγός (για επιφανειακή υδροληψία), που διευρύνεται κατά τόπους από φρεάτια άντλησης και καθίζησης. Ο αγωγός, που επανεμφανίζεται στην αψίδα του Καρακάλλα, καλύπτεται σε αρκετό διάστημα της διαδρομής του από μια πλατιά σκάλα, της οποίας το κεντρικό τμήμα καταλαμβάνεται και αυτό από ένα τετράγωνο υποστύλωμα (πλευράς 6,63μ.)· το υπόβαθρο αυτό, που διαθέτει στα δυτικά μια σκάλα με έξι βαθμίδες, πρέπει να χρησίμευε ως θεμέλιο σε **προπύλαια**, με στέγη που στηριζόταν σε δωρικούς κίονες (τμήματα των οποίων συλλέχθηκαν εκεί κοντά). Το σύνολο αυτό χρονολογείται στην ελληνιστική εποχή.

Οι σκάλες, εκατέρωθεν, κατασκευάστηκαν μετά τα προπύλαια. Φαίνεται ότι χρησιμοποιούνταν μόνο κατά τις μεγάλες γιορτές. Στις δύο πρώτες βαθμίδες, πράγματι, διακρίνονται υποδοχές οι οποίες εξηγούνται μόνο από την ύπαρξη φράχτη που μπορούσε να αφαιρεθεί σε περίπτωση συρροής. Στα άκρα των βαθμίδων, βόρεια και νότια, εμφανίζονται οπές στερέωσης μιας ράμπας όπως και ίχνη εγκατάστασης βάσεων και στηλών. Τα προπύλαια και οι δύο σκάλες έδιναν πρόσβαση σε μια πλακόστρωτη πλατεία μπροστά από το μεγάλο βωμό.

Από το **βωμό** υφίστανται μόνο η ορθογώνια θεμελίωση (10 × 5,70μ.) και ίχνη εγκατάστασης στο βράχο. Μπροστά σε αυτήν τη μνημειακή τράπεζα θυσιών, ο λαός της Θάσου συγκεντρωνόταν στα Ηράκλεια, τις μεγάλες γιορτές του θεού (σ. 275), που σηματοδοτούνταν από πολεμικό αγώνα και συμπόσιο. Εδώ είναι επίσης που, το 404, ο Σπαρτιάτης Λύσανδρος συγκέντρωσε τους αττικίζοντες Θασίους υποσχόμενος αμνηστία (σ. 47): *ὁ δὲ [Λύσανδρος] τοὺς Θασίους ἐς τὸ τοῦ Ἡρακλέους ἱερὸν συναγαγών, φιλανθρώπους λόγους διεξῆλθεν· ὡς δέον συγγνώμην ἔχειν τοῖς κρυπτομένοις ἐν τῇ μεταβολῇ τῶν πραγμάτων καὶ θαρρεῖν αὐτοῖς προσῆκον ὡς μηδὲν δεινὸν πεισομένους, τῶν λόγων ἐν ἱερῷ γιγνομένων, καὶ ταῦτα ἐν Ἡρακλέους τοῦ πατρῴου* (Πολύαινος, *Στρατηγήματα* Α', 45, 4). Ο Λύσανδρος, αφού συγκέντρωσε τους Θασίους στο ιερό του Ηρακλή, διατύπωσε λόγους επιεικείς: ότι δηλαδή πρέπει να δοθεί συγγνώμη σε όσους κρύβονταν εξαιτίας της πολιτικής αλλαγής και να πειστούν ότι δεν επρόκειτο να πάθουν κακό εφόσον δινόταν λόγος μέσα σε ιερό και μάλιστα σε αυτό του Ηρακλή πατρώου. Δείχνοντας υπερβολική εμπιστοσύνη στην προστασία του θεού τους και στο λόγο του νικητή ναυάρχου, σφαγιάστηκαν επί τόπου.

Τα μνημεία του ιερού διατάσσονται γύρω από την πλατεία: στα βόρεια ένας ναός, στα ανατολικά μια επιμήκης στοά, στα νότια μια συστοιχία δωματίων που βλέπουν σε στοά (κτήριο με οίκους), κατασκευή η οποία περιέκλεισε στην κλασική εποχή ένα κτίσμα του 6ου αι. (κτήριο με πολυγωνική τοιχοποιία).

Ο ναός (77)

Στη βόρεια πλευρά της πλατείας βρίσκεται ένα υπερυψωμένο άνδηρο που φέρει το ναό του Ηρακλή.

Στις αρχές του 5ου αι. π.Χ. οικοδομήθηκε στο κέντρο του ανδήρου ένας μονόχωρος ναός, διαστάσεων 9,13μ. στην πρόσοψη και 12,45μ. στις πλευρές, με τοίχους πάχους 0,63μ., εσωτερική πλακόστρωση και θυραίο άνοιγμα στα νότια. Μαζί με το κατώφλι και τον τοιχοβάτη υφίστανται και μερικοί δρομικοί λίθοι της ανωδομής, όπως και στοιχεία πλαισίωσης της πόρτας με κοσμήματα ωών και λέσβιου κυματίου, που διατηρούν κάπως στεγνά τα παραδοσιακά ιωνικά μοτίβα (βλ. τη σίμη, **εικ. 156**).

Στην ελληνιστική εποχή, όπως φαίνεται, ο ναός του 5ου αι. περιβλήθηκε στις τέσσερεις πλευρές του από πλακόστρωτες στοές, με στέγη που στηριζόταν σε έξι ιωνικούς κίονες στην πρόσοψη και οκτώ στις πλευρές. Το νέο κτήριο (20,07 × 23,39μ.) πρέπει να είχε επιβλητικές αναλογίες, κρίνοντας από τη διάμετρο στους στυλοστάτες: 1,14μ. σύμφωνα με τα αποτυπώματα που διατηρήθηκαν στην ανατολική πλευρά. Περιέκλεισε τον αρχαίο ναό, όπως ακριβώς το κτήριο με τους οίκους (βλ. παρακάτω **79**) περιέκλεισε το κτήριο με την πολυγωνική τοιχοποιία. Δε σώζεται κανένα λείψανο από την κιονοστοιχία και το θριγκό. Η αποκατάσταση στην **εικόνα 105** προτείνει μια στέγη με τέσσερεις κλίσεις, εύκολη στην εκτέλεση· μπορούμε όμως να υποθέσουμε επίσης μια δίριχτη στέγη με αέτωμα σε καθεμιά από τις δύο προσόψεις.

Κάτω από αυτόν το ναό, στα νότια, η ανασκαφή αποκάλυψε τα λείψανα ενός αρχαιότερου ναού, πεπλατυσμένης κάτοψης (9,85 × 6,85μ.), με είσοδο στα νότια (καταχωσμένος σήμερα). Η χρονολογία κατασκευής του κτηρίου αυτού, ιδιαίτερα ταπεινής όψης, παραμένει αβέβαιη και μπορεί να τοποθετηθεί ανάμεσα στα τέλη του 7ου αι. και στο τρίτο τέταρτο του 6ου αι. π.Χ.

Η ανατολική στοά (78)

Ανατολικά, ένα επίμηκες κτήριο (εξωτ. πλάτος 8,57μ., γνωστό μήκος 50μ.) όριζε το ιερό. Το βόρειο τμήμα και ιδιαίτερα η βορειοανατολική γωνία δεν έχουν αποκαλυφθεί. Η στοά αυτή (λέσχη) άνοιγε στη νότια στενή πλευρά μέσω μιας πόρτας της οποίας σώζεται το μαρμάρινο κατώφλι. Η ποιότητα της γλυφής (τρεις ταινίες και αστράγαλος) αποκαλύπτει εξαιρετική εργασία. Στη μακρά πλευρά που ήταν προσανατολισμένη προς την πλατεία, μετράμε τουλάχιστον έξι πόρτες από τις οποίες σώζονται δύο κατώφλια. Ο πίσω τοίχος εμφανίζεται στα νοτιανατολικά, με τους επιμελώς λειασμένους ορθοστάτες του στεμμένους με ιωνικό κυμάτιο. Βρέθηκε ένα από τα στοιχεία του γλυπτού διακόσμου: πρόκειται για Πήγασο στα δύο πόδια που πιθανόν κοσμούσε τη βορειοδυτική γωνία της πρόσοψης (**εικ. 197**). Η τεχνοτροπία του γλυπτού αυτού όπως και η αρχιτεκτονική τεχνική (υποδοχές για πελεκίνους συνδέσμους) υποδεικνύουν τις αρχές του 5ου αι. π.Χ. Ορισμένες ενδείξεις (γράμματα που χαράχθηκαν για τη συναρμολόγηση) βεβαιώνουν ότι η στοά ανακατασκευάστηκε, τουλάχιστον εν μέρει, με αρχαίες πλίνθους στην ελληνιστική εποχή (2ος αι. π.Χ.;).

Κτήριο με πολυγωνική τοιχοποιία και «οίκοι» (79)

Στα νότια της πλατείας, απέναντι από το ναό, μια αλληλοδιαδοχή κτηρίων εγκαταστάθηκαν για την εξυπηρέτηση των πολιτών που συμμετείχαν στις θυσίες.

Το οικοδόμημα με την πολυγωνική λιθοδομή (τρίτο τέταρτο του 6ου αι. π.Χ.), το νότιο άκρο του οποίου μπορούμε να διακρίνουμε στην άλλη πλευρά του σύγχρονου δρόμου, είχε κατασκευαστεί εξ ολοκλήρου από μαρμάρινους δόμους, σε ισόδομη τοιχοποιία στη νότια στενή πλευρά, πολυγωνική με καμπύλους αρμούς στις μακρές πλευρές, με εσωτερικό μέτωπο απο μικρότερους λίθους. Ορθογώνιας κάτοψης (17,36 × 7,38μ.), με ευρύ άνοιγμα στη βόρεια στενή πλευρά, το οικοδόμημα περιελάμβανε τρία μέρη: πρόδομο, κεντρική αίθουσα, οπισθόδομο. Στο κέντρο του κτηρίου υπήρχε τετράγωνη εστία, περιβαλλόμενη από μικρές πλάκες τοποθετημένες κατακόρυφα. Η στέγη ήταν δίριχτη, τα ακραία κεραμίδια διακοσμημένα με πλούσια πρόστυπα και γραπτά κοσμήματα. Τα κεραμίδια στην πρόσοψη είχαν κάθετο περιχείλωμα *(σίμα)* διακοσμημένο με ζωφόρο εφίππων τοξοτών σε κυνήγι λαγού. Στις μακρές πλευρές, οι στοίχοι των καλυπτήρων απέληγαν σε πενταγωνικούς ηγεμόνες κεράμους στην άκρη της στέγης: διακρίνονταν εναλλάξ ο Βελλεροφόντης ιππεύοντας τον Πήγασο και ζυγιάζοντας το δόρυ του, και η Χίμαιρα, το θύμα του (στο μουσείο, βλ. σ. 257 και **εικ. 164** και **165**).

Τον 5ο αι., το οικοδόμημα με την πολυγωνική τοιχοποιία εντάχθηκε σε ένα σύμπλεγμα αποτελούμενο από πέντε εφαπτόμενους και ισομεγέθεις χώρους (καταλαμβάνει τη θέση του δεύτερου από τα δυτικά). Αυτές οι εφαπτόμενες αίθουσες (οίκοι) έβλεπαν στα βόρεια σε μια στοά, της οποίας οι στυλοβάτες του ανατολικού άκρου είναι ακόμη στη θέση τους: το ίχνος των στηριγμάτων στις πλάκες είναι εμφανώς τετράγωνο, μάλλον ιωνικών πλίνθων. Η συνολική κατασκευή ήταν αξιοσημείωτων διαστάσεων: 17,35 x 34,60μ. Λειτουργία της ήταν, όπως και το προγενέστερο κτήριο, να στεγάζει τους συμμετέχοντες στα συμπόσια που ακολουθούσαν τις θυσίες· καθένας από τους πέντε οίκους (εσωτ. διαστάσεων 11,70 x 6,20μ.) διέθετε μια έκκεντρη είσοδο και περιελάμβανε δεκαεπτά κλίνες (1,80 x 0,85μ.) τοποθετημένες κατά μήκος των τοίχων σύμφωνα με την παραδοσιακή διάταξη (**εικ. 104**).

Τριγωνική αυλή και πηγάδι (80)

Πίσω από τους οίκους, μια δίοδος παρέχει πρόσβαση σε μια τριγωνική αυλή στα ανατολικά. Μέσα σε αυτήν είχε ανοιχτεί ένα πηγάδι, που περιβαλλόταν από θεμελίωση διαμέτρου 6,45μ. Έχει προταθεί η αποκατάσταση πάνω στη θεμελίωση ουρανού με έξι ή οχτώ στηρίγματα, ο οποίος θα στέγαζε το προστομιαίο (ανάλογη διαμόρφωση υπήρχε πιθανώς γύρω και πάνω από το πηγάδι **49** στην πλατεία κοντά στη Δίοδο των θεωρών).

Βιβλιογραφία: M. Launey, *ÉtThas* I (1944)· – G. Roux, «L'Héracleion thasien. Problèmes de chronologie et d'architecture», *Thasiaca, BCH Suppl.* V (1979), 191-211 (όπου η προγενέστερη βιβλιογραφία· το υπόβαθρο του προπύλου ερμηνεύεται εδώ ως βάθρο ενός αναθηματικού μνημείου)· – J. des Courtils, A. Pariente, *BCH* 109 (1985), 881-884· *BCH* 110 (1986), 802-806· των ίδιων, «Problèmes topographiques et religieux à l'Héracleion de Thasos», στο R. Étienne, M.-Th. Le Dinahet (επιμ.), *L'espace sacrificiel dans les civilisations méditerranéennes de l'Antiquité* (1991), 67-73 (χρονολόγηση του πρώτου ναού: τέλη 7ου αι. π.Χ.)· – J. des Courtils, *Architectures thasiennes* (αδημ. διδ. διατρ., Παρίσι, 1993) (χρονολόγηση του πρώτου ναού: τρίτο τέταρτο του 6ου αι. π.Χ.)· – J. des Courtils, A. Gardeisen, A. Pariente, «Sacrifices d'animaux à l'Héracleion de Thasos», *BCH* 120 (1996), 799-820.

Η αψίδα του Καρακάλλα (81) (J.-Y. Marc)

(εικ. 107)

Στο τέλος της πλακόστρωτης οδού (**43**), που ξεκινούσε από τη Δίοδο των θεωρών (**46**), και στην είσοδο της μεγάλης πλατείας που εκτεινόταν κάτω από το ιερό του Ηρακλή (**76-80**), ορθωνόταν μία μνημειώδης αψίδα μήκους 16,85μ., βάθους 2,06μ., που υψωνόταν σε ύψος 9,80μ. περίπου. Εφαπτόμενη σε έναν τοίχο φροντισμένης λιθοδομής, που ίσως ανήκε στον περίβολο του Ηρακλείου, και ευρισκόμενη πίσω από μια μικρή πλατεία που αντιστοιχούσε σε μια διεύρυνση της οδού που ερχόταν από τη Δίοδο των θεωρών, αποτελούταν από τρία τοξωτά ανοίγματα που πατούσαν σε τέσσερα βάθρα, με μεγάλο κεντρικό τόξο πλαισιωμένο από δύο χαμηλότερα και στενότερα τόξα. Σχεδόν κατεστραμμένη σήμερα (μόνο τα βάθρα και οι βάσεις των βάθρων σώζονται στη θέση τους), η αψίδα αυτή στάθηκε δυνατό να αποκατασταθεί χάρη σε περίπου διακόσια τεμάχια ή αποτμήματα που εντοπίστηκαν τριγύρω.

Τα τόξα στηρίζονταν σε μονολιθικούς ορθοστάτες ενισχυμένους στα παράπλευρα βάθρα με αντερείσματα σε στρώσεις. Τα δύο πλάγια τόξα ήταν ημικυκλικά, το ημικύκλιο του κεντρικού τόξου ελαφρώς χαμηλωμένο. Στέφονταν από θριγκό που περιελάμβανε επιστύλιο με τρεις ταινίες και ζωφόρο με γλωσσίτσες, σκαλισμένα στον ίδιο λίθο, καθώς και γείσο. Το κεντρικό τόξο υπερβαίνοντας σε ύψος τα δύο πλευρικά τόξα, διαμόρφωνε υπερδομή σε σχήμα έπαλξης.

εικ. 107. Η αψίδα του Καρακάλλα· αποκατάσταση ανωδομής (1: 150).

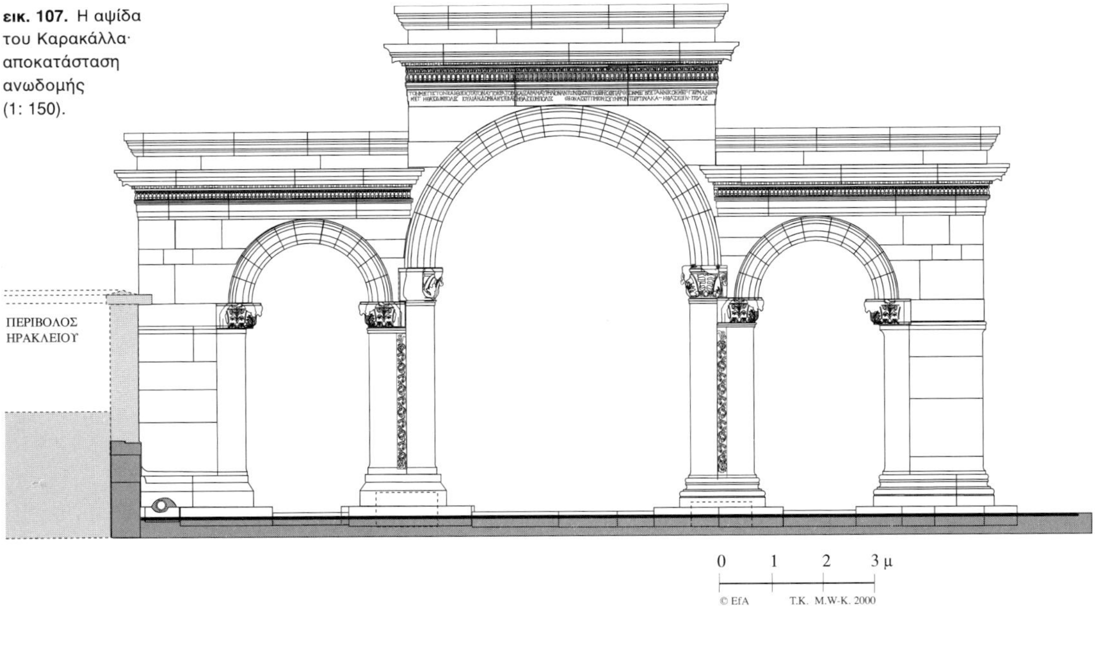

Η σχετικά αυστηρή διακόσμηση περιοριζόταν στις βλαστόσπειρες των δύο ορθοστατών του κεντρικού τόξου, στα σύνθετα κορινθιακά κιονόκρανα, τοποθετημένα εν είδει επιθύματος στη γέννηση του τόξου και στο θριγκό. Στην πλευρά που έβλεπε προς το δρόμο, το επιστύλιο του κεντρικού ανοίγματος, του οποίου οι ταινίες είχαν αποκοπεί, έφερε με μνημειακούς και περίτεχνους χαρακτήρες επιγραφή προς τιμήν του Ρωμαίου αυτοκράτορα Καρακάλλα και της αυτοκρατορικής οικογένειας (*IG* XII, 8, 382): *τὸν μέγιστον καὶ θειότατον Αὐτοκράτορα [Κ]αίσαρα Μ. Αὐρήλιον Αντωνεῖνον Εὐσεβῆ Σεβ(αστόν) Παρ[θι]κὸν μέγ(ιστον), Βρεταννικὸν μέγ(ιστον), Γερμανικὸν μέγ(ιστον) ἡ Θασίων πόλις... Ἰουλίαν Δόμναν Σεβ(αστὴν) ἡ Θασίων πόλις... θεὸν Λ. Σεπτίμιον Σευῆ[ρον] Περτίνακα ἡ Θασίων πόλις.*

Η χρονολογία της επιγραφής αυτής μπορεί εύκολα να προσδιοριστεί με βάση τους τίτλους του αυτοκράτορα: χαράχθηκε ανάμεσα στις 6 Οκτωβρίου 213, ημερομηνία κατά την οποία προσφωνήθηκε για πρώτη φορά ως *Germanicus maximus*, και στις 8 Απριλίου 217, ημερομηνία της δολοφονίας του στις Κάρρες της Συρίας. Όμως η χρονολογία αυτή δεν είναι σίγουρα εκείνη της κατασκευής του μνημείου. Στην πραγματικότητα, η ανάθεση χαράχθηκε αργότερα, όπως μαρτυρούν τα ίχνη μιας πρώτης φάσης κατά την οποία το επιστύλιο έφερε στην πλευρά αυτή τις τρεις χαρακτηριστικές ταινίες. Στην κορυφή της ήδη οικοδομημένης αψίδας (για άλλο σκοπό;) ανεγέρθηκαν τα αγάλματα που προβλέπονται στην ανάθεση, ίσως εν όψει ενδεχόμενης επίσκεψης του αυτοκράτορα στην περιοχή.

εικ. 108. Άγαλμα της Φλαβίας Βιβίας Σαβίνας· 2ος-3ος αι. μ.Χ. (Αρχαιολογικό μουσείο Κωνσταντινούπολης, αρ. ευρ. 375).

Η κατασκευή αυτής της αψίδας, που στο εξής διαδραμάτιζε προς την πλευρά του Ηρακλείου τον ίδιο ρόλο με τη Δίοδο των θεωρών στην πλευρά του Αρτεμίσιου και του Διονυσίου, θα πρέπει αναμφίβολα να συσχετιστεί με το μεγάλο οικοδομικό πρόγραμμα που ήδη αναφέρθηκε στα σχετικά με το ωδείο (**42**). Ελλείψει συγκεκριμένων στρωματογραφικών και επιγραφικών δεδομένων, τα κριτήρια χρονολόγησης πρέπει να αναζητηθούν στο ιστορικό πλαίσιο και στα στυλιστικά στοιχεία, που υποδεικνύουν μια χρονολόγηση μέσα στο δεύτερο μισό του 2ου αι. μ.Χ.

Στη βάση των βάθρων της αψίδας, βρέθηκαν ενεπίγραφες βάσεις του 2ου και του 3ου αι. μ.Χ., που έφεραν γλυπτά πορτρέτα ανδρών και γυναικών που άσκησαν σημαντικά θρησκευτικά αξιώματα (**εικ. 108**).

Βίβλιογραφία: J. Pouilloux, Chr. Dunant, *ÉtThas* V (1957), 188· – J.-Y. Marc, *BCH* 117 (1993), 668-669 (όπου η προγενέστερη βιβλιογραφία)· *BCH* 118 (1994), 460-464· του ίδιου, *La ville de Thasos de la basse époque hellénistique à l'époque impériale* (αδημ. διδ. διατρ., Παρίσι, 1994)· του ίδιου, «Η αψίδα του Καρακάλλα στη Θάσο: πρόσφατες έρευνες», *ΑΕΜΘ* 7 (1993) [1997], 585-592· η ανωδομή στην εικ. 107 είναι ανέκδοτη εργασία που παραχωρείται φιλικά από τον J.-Y. Marc.
Κοντά στην αψίδα, προς τα βορειοδυτικά, αποκαλύφθηκε ένα μεγάλο ελληνιστικό κτήριο που έβλεπε στην κεντρική αρτηρία που συνέδεε το Ηράκλειο με τη Δίοδο των θεωρών: Θ. Σαλωνίδης, «Ελληνιστικό κτήριο στην αρχαία Θάσο», *ΑΕΜΘ* 7 (1993) [1997], 573-584· το κτήριο αυτό, καταχωσμένο σήμερα, έχει αποτυπωθεί στο γενικό τοπογραφικό, εικ. 22.

Η παλαιοχριστιανική βασιλική της πλατείας (82)
(εικ. 109)

Στην πλατεία της σύγχρονης κωμόπολης υφίστανται λείψανα μιας μεγάλης τρίκλιτης βασιλικής με εγκάρσιο κλίτος (μήκους 44μ., πλάτους 17μ.).

εικ. 109. Βασιλική της πλατείας· αξονομετρική αποκατάσταση.

Η αψίδα στο ανατολικό πέρας του κεντρικού κλίτους διακρίνεται ακόμα. Έχει αποκατασταθεί ο μαρμάρινος στυλοβάτης του τέμπλου και έχουν ξαναστηθεί μερικές πλάκες θωρακίου καθώς και δύο κίονες με τα κιονόκρανά τους, που ανήκαν στα πλάγια κλίτη. Ο Α.Κ. Ορλάνδος πρότεινε μια πλήρη γραφική αποκατάσταση της εκκλησίας, χτισμένης όπως και τόσες άλλες την εποχή αυτή σε άμεση γειτνίαση με τη θάλασσα, κατάλληλη να υποδέχεται μεγάλα πλήθη. Κατασκευασμένη πολύ πιθανόν στις αρχές του 6ου αι. μ.Χ., κατά απομίμηση των μεγάλων προϊουστινιάνειων βασιλικών της Κωνσταντινούπολης, ερειπώθηκε τον 7ο αι. κατά τις σλαβικές εισβολές.

Η βασιλική οικοδομήθηκε στη θέση μιας ρωμαϊκής συνοικίας εκτός των τειχών, όπου κτήρια διάφορων εποχών διαδέχονται το ένα το άλλο: καταστήματα του 1ου αι. π.Χ., κατεστραμμένα από πυρκαγιά, αντικαταστάθηκαν από πολυτελέστερα οικοδομήματα· ένα ψηφιδωτό που αποκαλύφθηκε στα ανατολικά της αψίδας φαίνεται να ανήκε σε κατοικία του 2ου αι. μ.Χ.

Άλλα κτήρια αυτοκρατορικών ή παλαιοχριστιανικών χρόνων υπήρξαν στον τομέα αυτόν της πόλης. Στα μισά του δρόμου ανάμεσα στην πλατεία και στο Ηράκλειο, τομές (επιχωσμένες) επέτρεψαν να αναγνωριστεί ένα σημαντικό αρχιτεκτονικό σύνολο που το μεγαλύτερο τμήμα του χρονολογείται στον 4ο και 5ο αι. μ.Χ.: πλακόστρωτη αυλή περιστοιχισμένη από αίθουσες και στοές με όροφο. Το δάπεδο ενός δωματίου ήταν διακοσμημένο με ψηφιδωτό με κεντρικό πίνακα όπου εικονίζονταν Έρωτες σε πάλη.

Βιβλιογραφία: – για τη βασιλική, Ch. Delvoye, *BCH* 73 (1949), 547-556· Α. Κ. Ορλάνδος, «Ἡ σταυροειδὴς βασιλικὴ τῆς Θάσου», *Ἀρχεῖον τῶν Βυζαντινῶν μνημείων τῆς Ἑλλάδος* (1951), 1-61· P. Lemerle, «À propos d'une basilique de Thasos et de Saint-Jean d'Éphèse», *Byzantion* 23 (1953), 531-543· – για τα άλλα αυτοκρατορικά και παλαιοχριστιανικά κτήρια, Ch. Delvoye, *BCH* 73 (1949), 556-559· Y. Garlan, «Nouvelles mosaïques thasiennes», *BCH* 89 (1965), 567-583 και στο ίδιο 935-948· D. Mulliez, *BCH* 106 (1982), 669-673· J.-Y. Perreault, *BCH* 111 (1987), 619-622· *BCH* 112 (1988), 732-736.

Η αρχαία νεκρόπολη

Στην πεδιάδα που απλώνεται στα νοτιοανατολικά, στα νότια και στα δυτικά, πέρα από τις πύλες και μέχρι τις πλαγιές των βουνών, έχουν αποκαλυφθεί πολυάριθμοι τάφοι των οποίων η χρονολόγηση εκτείνεται από τα τέλη του 6ου αι. π.Χ. μέχρι την παλαιοχριστιανική εποχή. Η θέση των αρχαιότερων νεκροπόλεων (7ου - 6ου αι. π.Χ.) παραμένει για την ώρα άγνωστη. Τα πιο αξιοπρόσεκτα μνημεία είναι οι ρωμαϊκές σαρκοφάγοι: μπορεί

εικ. 110. Αρχαία νεκρόπολη· επιτύμβια στήλη της Φίλιδος: νεαρή γυναίκα βγάζοντας μια ταινία από θήκη. 450-440 π.Χ. (Μουσείο του Λούβρου, αρ. ευρ. MA 766).

κανείς να αντικρίσει ακόμη τη σαρκοφάγο του Πολιάδη κοντά στην πύλη του Δία και της Ήρας (3ου αι. μ.Χ.). Η σαρκοφάγος του Πυθίονα και της Επικυδίλλας που βρέθηκε στο Γλυκάδι, στην άκρη του δρόμου που οδηγεί στο ακρωτήριο Παχύς, μεταφέρθηκε στο μουσείο το 1966 για να προστατευθεί από τα graffiti· έφερε χαραγμένο επιτύμβιο επίγραμμα προς τιμήν ενός ευτυχισμένου ζευγαριού (1ος αι. μ.Χ.): *μνῆμα τόδ' Ἱκεσίου Πυθίων ἔθηκα τὸ κοινὸν αὐτῷ καὶ γαμετῇ Ἐπικυδίλλῃ Ἐπικύδους. Γήμας ἐτῶν ὀκτω(καὶ)δεκα ἥδε τε πεντεκαίδεκα, καὶ κοινοῦ βιότου πεντάκι τὰς δεκάδας ἄρ(ρ)ηκτον φιλίης σεμνὴν σχόντες ὁμοφροσύνην, καὶ πατέρων πατέρες, δίς ἄρξαντές τε πολείταις, καὶ ἐν ζωοῖς ἀγαθοὶ καὶ ἐμ φθιμένοις μάκαρες. Εἰ δέ τις ὧδε πτῶμα ἕτερον θήσει, δώσει τῇ πατρίδι δώδεκα χειλιάδας* (*BCH* 82 [1958], 315 και 640). Το μνήμα αυτό εδώ το έστησε ο Πυθίων, γιος του Ικεσίου, κοινό για τον ίδιο και τη σύζυγό του, Επικυδίλλα, κόρη του Επικύδη. Όταν παντρεύτηκαν, ήταν δεκαοχτώ κι εκείνη δεκαπέντε· και σε πέντε δεκαετίες κοινής ζωής κράτησαν αδιάρρηκτη την ταπεινή ομοψυχία της αγάπης τους· γονείς γονέων, δύο φορές διετέλεσαν άρχοντες στην υπηρεσία των πολιτών· και ενάρετοι μεταξύ των ζωντανών και ανάμεσα στους νεκρούς ευτυχείς. Αν κάποιος θάψει εδώ άλλη σορό, να δώσει στην πολιτεία δώδεκα χιλιάδες...

Από τις νεκροπόλεις αυτές προέρχονται μνημεία κάθε εποχής.

α) Πολυάριθμες στήλες διακοσμημένες με ανάγλυφα: η στήλη της καθήμενης γυναίκας που οσφραίνεται το άρωμα ενός λουλουδιού (δεύτερο μισό 6ου αι. π.Χ.· μουσείο Θάσου, βλ. σ. 302 και **εικ. 195**), η στήλη της Φίλιδας (5ος αι. π.Χ.· μουσείο του Λούβρου, **εικ. 110**), η στήλη γυναίκας που πέθανε ίσως κατά τον τοκετό (4ος αι. π.Χ.· μουσείο Θάσου, βλ. σ. 309 και **εικ. 208**)· από την ελληνιστική εποχή, οι στήλες με νεκρόδειπνα είναι ιδιαίτερα πολυάριθμες (σ. 321, αρ. **50** και **51**), καθώς και εκείνες που εικονίζουν τον «Θράκα κυνηγό» (σ. 320, αρ. **48** και **49**).

β) Άλλες στήλες, ακόμη περισσότερες αριθμιτικά, φέρουν χαραγμένη επιγραφή που υπενθυμίζει τη μνήμη του νεκρού: αρχικά μόνο ένα όνομα, σύντομα συνοδευόμενο απο το πατρώνυμο και, από τον 3ο αι. π.Χ., ακολουθεί χαιρετισμός *(χαῖρε)*· το επίθετο *προσφιλής* αποτελεί ιδιαιτερότητα των τάφων της Θάσου. Κάποτε, στην αρχαϊκή εποχή, ένα δίστιχο μεταφέρει την οδύνη των γονέων που είδαν το πολυαγαπημένο τους παιδί να φεύγει πρόωρα: *ἦ καλὸν τὸ μνῆμα [πα]τὴρ ἔστησε θανόσ[ηι] Λεαρέτηι· οὐ γὰρ [ἔτ]ι ζῶσαν ἐσοψόμ[εθα]* (τέλη 6ου αι. π.Χ.· *IG* XII, 8, 398). Ιδού το ωραίο μνήμα που έστησε ο πατέρας μετά τον θάνατο της Λεαρέτης· δε θα την ξαναδούμε πια ζωντανή. Άλλοτε, πρόκειται απλά για τον τάφο ενός ξένου, κάποιου μισθοφόρου ίσως, που πέθανε στη Θάσο: *Πυρρίας Ἀρκὰς ἐξ Ἡραίας* (τέλη 5ου αι. π.Χ.· *ÉtThas* III, 16). Τέλος, στην αυτοκρατορική εποχή, μακροσκελή ποίηματα υπενθυμίζουν με τις παραδοσιακές και στομφώδεις διατυπώσεις την καριέρα του αποθανόντος.

Μια συστηματική ανασκαφή είναι δύσκολη σε αυτή την εκτεταμένη περιοχή εκτός των τειχών, συχνά κατειλημμένη από ελαιώνες, όπου η κατοίκηση αναπτύσσεται όλο και περισσότερο. Η έρευνα που διεξήχθη το 1952-1953 στην περιοχή του σημερινού νεκροταφείου, επέτρεψε ωστόσο να ταυτιστεί ένα σημαντικό σύνολο ελληνιστικών τάφων και ένα οικοδόμημα μνημειακού χαρακτήρα, καταχωσμένο σήμερα. Απέφερε, εκτός των κινητών ευρημάτων, και την επιτύμβια στήλη της νεκρής λεχώνας, ένα θησαυρό νομισμάτων που συγκέντρωνε κοπές της Θάσου του 4ου αι. π.Χ. (χάλκινες και αργυρές) και ένα σύνολο αργυρίων νομισμάτων ίδιας εποχής από το Βυζάντιο και τη Χαλκηδόνα. Άλλες ομάδες τάφων, που εκτείνονται από την ελληνιστική μέχρι την αυτοκρατορική εποχή, αποκαλύφθηκαν τα τελευταία είκοσι χρόνια από την Αρχαιολογική Υπηρεσία στον ίδιο τομέα, και ακόμα μακρύτερα στην πεδιάδα στα δυτικά και στα νοτιοδυτικά.

Βιβλιογραφία: L. Ghali-Kahil, «Nécropoles thasiennes», *BCH* 78 (1954), 225-251· H. Koukouli-Chryssanthaki, «Recherches autour du rempart méridional de Thasos», *Thasiaca, BCH Suppl.* V (1979), 75-106· Β. Πουλιος, Χ. Κουκουλη-Χρυσανθακη, *ΑΔ* 37 (1982) [1989], Β΄, 314-322· Χ. Κουκουλη-Χρυσανθακη, Μ. Σγουρου, Α. Αγγελαρακης «Αρχαιολογικές έρευνες στη νεκρόπολη της αρχαίας Θάσου, 1979-1996», *ΑΕΜΘ* 10 (1996) [1998], 769-794· Μ. Σγουρου, *ΑΔ* 51 (1996) [2001], *Χρονικά*, 552-553· M. Sgourou, «Jewellery from Thasian Graves», *ABSA* 96 (2001), 327-335, με επίμετρο: A. P. Agelarakis, 335-364· της ίδιας, «Excavating Houses and Graves: Exploring Aspects of Everyday Life and Afterlife in Ancient Thasos», στο M. Stamatopoulou, M. Yeroulanou (επιμ.), *Excavating Classical Culture. Recent Archaeological Discoveries in Greece, BAR International Series* 1031 (2002), 1-12, με επίμετρο: A. P. Agelarakis, 12-19 (σχετικά με τα δεδομένα φυσικής ανθρωπολογίας και παλαιοπαθολογίας από τις νεκροπόλεις της αρχαίας πόλης).

ΕΠΙΣΚΕΨΗ ΣΤΟ ΝΗΣΙ

εικ. 111. Χάρτης του νησιού (1: 200 000). Οι αρχαίες θέσεις σημειώνονται με πλάγιους χαρακτήρες.

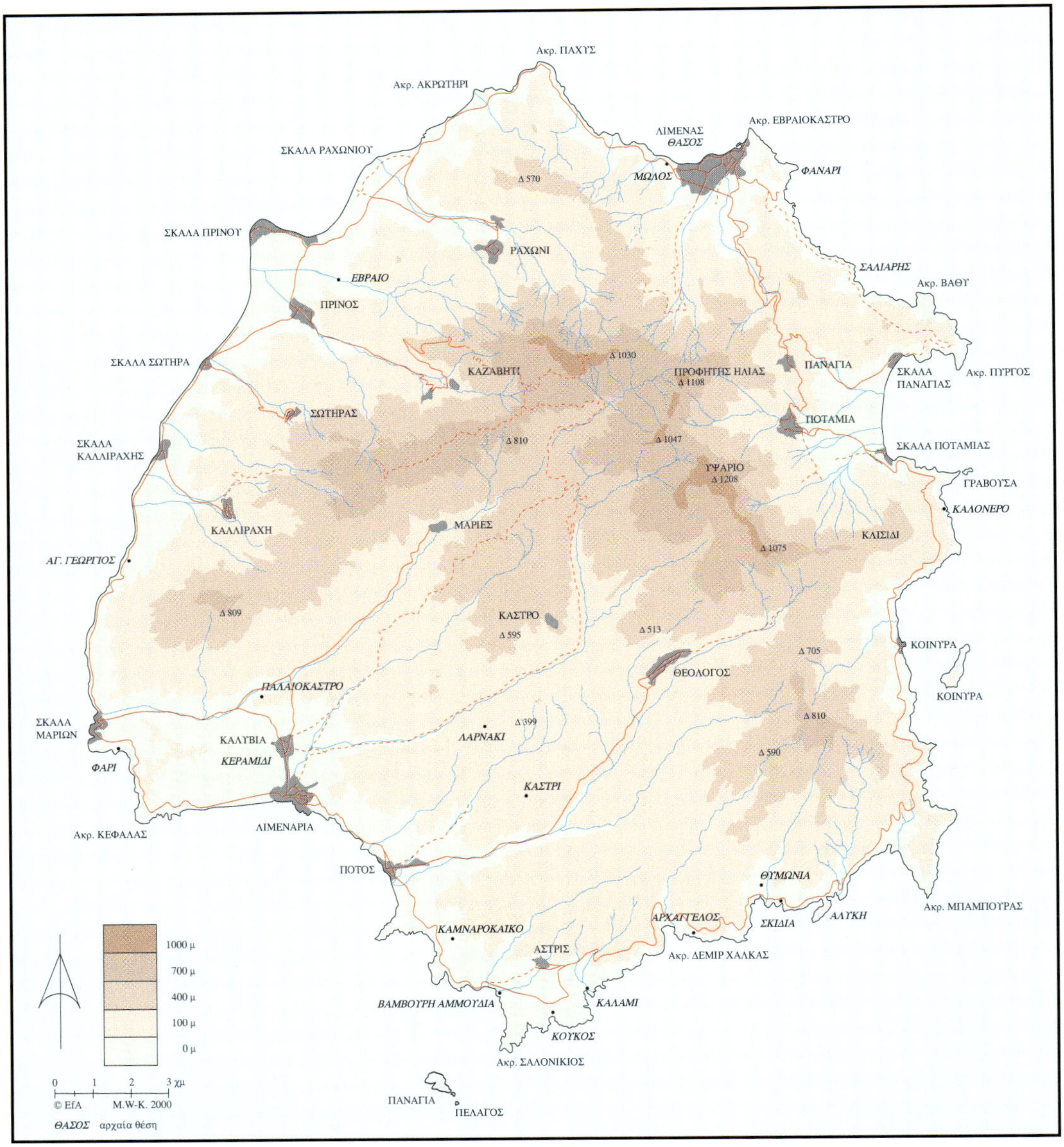

Τη Θάσο αξίζει να τη γνωρίσει κανείς τόσο για τις αρχαιότητές της όσο και για τα τοπία της (**εικ. 111**). Η ανάβαση στον Προφήτη Ηλία (1.108μ.) ή στο Υψάριο (1.208μ.) επιτρέπει την απόλαυση της θέας όλου του νησιού. Σε αυτές τις κορυφές αυτές φθάνει κανείς είτε μέσα από τους ελαιώνες του Λιμένα, από το ξωκλήσι της Αγίας Μαρίνας και τα μονοπάτια του δάσους, είτε ξεκινώντας από την Παναγιά, την Ποταμιά, τον Πρίνο ή τον Θεολόγο. Η θέα απλώνεται στη Θάσο και στη θάλασσα που την περιβάλλει, από τον Άθω μέχρι τα βουνά της Θράκης. Τα παλιά χωριά του 17ου και του 18ου αι., εγκαταστάθηκαν τον καιρό που το Αιγαίο λυμαίνονταν πειρατές (σ. 56), κρυμμένα στο βάθος των κοιλάδων και αποκομμένα το ένα από το άλλο από τους όγκους που διαχωρίζουν το νησί. Η ειρήνευση της θάλασσας και η εντατικοποίηση των σχέσεων με την ήπειρο επέφεραν σταδιακά την παρακμή τους προς όφελος των παραλιακών λιμανιών· αλλά εδώ και λίγα χρόνια γνωρίζουν χάρη στην ανάπτυξη του τουρισμού νέα άνθηση.

Τα γραφικά αυτά χωριά – η Παναγιά, ο Θεολόγος, το Κάστρο, οι Μαριές, το Καζαβήτι (Άνω Πρίνος) – διατηρούν ακόμη μια παλιά οικιστική αρχιτεκτονική (**εικ. 112**). Χτισμένα με λαξευμένες πέτρες, λιθάρια και ξύλο, με φουρούσια, με πυραμιδοειδείς στέγες από σχιστόπλακες, με γραπτή διακόσμηση, τα σπίτια αυτά που ανέρχονται στον 18ο αι. ή στις αρχές του 19ου αι., αντιστοιχούν σε έναν τύπο γνωστό στη Μακεδονία και στη Θράκη, στο Πήλιο και στα νησιά του ανατολικού Αιγαίου: κληρονομιά πολύτιμη και εύθραυστη (**εικ. 113**).

Βιβλιογραφία: Σ. Ν. Στεφανου, *Θάσος. Ελληνική Παραδοσιακή Αρχιτεκτονική,* Μέλισσα, Αθήνα (1990). Βλ. επίσης το κεφάλαιο για την οικονομική ζωή και την εκμετάλλευση του νησιού στην αρχαιότητα (σ. 215-233).

Στις σελίδες που ακολουθούν, τα κυριότερα αξιοθέατα του νησιού παρουσιάζονται σύμφωνα με μια διαδρομή της οποίας ο περιμετρικός δρόμος, που κατασκευάστηκε στα 1970-1972, συνιστά το βασικό σημείο αναφοράς. Κι αν τα σύγχρονα χωριά, συμπεριλαμβανόμενων και αυτών του εσωτερικού, είναι εύκολα ως προς την πρόσβαση, δε συμβαίνει το ίδιο με την πλειοψηφία των αρχαιολογικών θέσεων, που βρίσκονται συχνά στο περιθώριο του κύριου οδικού δικτύου ή ακόμη και των δευτερευόντων χωματόδρομων. Σχετικά με καθεμιά από τις προς επίσκεψη περιοχές, υποδεικνύουμε ποιες κατηγορίες

εικ. 112. Καζαβήτι, μερική άποψη.

εικ. 113. Σπίτι στο Καζαβήτι.

ευρημάτων έχουν ταυτιστεί, με την προϋπόθεση ότι αναφέρονται σε μια δημοσίευση, έστω και σύντομη. Πιο αναλυτικές περιγραφές αφορούν ορισμένα μέρη με ιδιαίτερο ενδιαφέρον είτε επειδή αποτέλεσαν αντικείμενο ανασκαφών, είτε επειδή φέρουν μια κατασκευή ή ένα σύνολο κτηρίων καλά σωζόμενων ακόμη.

Χρειάζεται να επιστήσουμε την προσοχή του επισκέπτη στις δυσκολίες που πιθανόν αντιμετωπίσει σε περίπτωση που θα επιθυμούσε να μεταβεί στα μέρη που αναφέρουμε. Με εξαίρεση την Αλυκή (σ. 196), τα ερείπια είναι δύσκολο να εντοπιστούν: καλυμμένα συχνά από ακανθώδη βλάστηση που τα κρύβει από τη θέα, είναι επιπλέον σχεδόν πάντα χαμένα στην ύπαιθρο. Λόγω απουσίας σήμανσης, τα μονοπάτια και οι χωματόδρομοι αποκαλύπτονται δύσκολα. Όποιος επιθυμεί να επισκεφθεί κάποιο από τα αρχαία λείψανα που αναφέρονται στο κεφάλαιο αυτό, χρειάζεται να επιδείξει επιμονή.

Η ανατολική περιοχή

Από τον Λιμένα, φθάνουμε άνετα στην Παναγιά και στην Ποταμιά. Αφού περάσουμε δίπλα από τη συνοικία της πύλης του Σιληνού και διασχίσουμε την πεδιάδα αφήνοντας στα αριστερά μας το ιερό της Αρκούδας (σ. 160), ο δρόμος ανηφορίζει κάτω από τον ίσκιο των πεύκων και των πλατανιών, περιστοιχισμένος συχνά από κυψέλες που ξεκαλοκαιριάζουν. Συντομότεροι δρόμοι μικραίνουν τη διαδρομή· μπορούμε να φθάσουμε πεζή, σε μία ώρα περίπου από τον Λιμένα, σε μια πηγή, κάτω από μεγάλα πλατάνια (Άγιος Αθανάσιος). Το πέρασμα με το ξωκλήσι του Αγίου Παντελεήμονα, από όπου κατόπιν κατεβαίνουμε προς την Παναγιά, δεν είναι μακριά.

Έχοντας ιδρυθεί εδώ και τριακόσια χρόνια, η Παναγιά ήταν μαζί με τον Θεολόγο ένα από τα πιο σημαντικά χωριά του νησιού. Δε φαινόταν από τα ανοιχτά, καλυμμένη μέσα σε μια ρεματιά στην πλαγιά του βουνού· μόνο αργότερα επεκτάθηκαν στη βουνοπλαγιά τα σπίτια, ασβεστωμένα, με σαχνισί στον όροφο και στέγη από σχιστόπλακες. Τα εσωτερικά τους, εξ ολοκλήρου από ξύλο, συνεχίζουν την παράδοση του 19ου αι. με σκάλες που οδηγούν σε χαγιάτια, ενώ οι σοφάδες περιτρέχουν τα δωμάτια. Μια μεγάλη εκκλησία σημειώνει τη σπουδαιότητα του χωριού τον 19ο αι. και διατηρεί ενταγμένους στους τοίχους της μερικούς αρχαίους λίθους. Η γοητεία του τόπου βρίσκεται κυρίως στα τρεχούμενα νερά και στην πλατεία, που σκιάζεται ολόκληρη από ένα και μόνο πλατάνι. Στην είσοδο του χωριού, ένας δρόμος στα αριστερά κατεβαίνει προς τη θάλασσα και οδηγεί στα Αυλάκια, στη Σκάλα Παναγιάς. Η θέα απλώνεται έτσι σε μια καλλιεργούμενη πεδιάδα που, περίπου τριακόσια μέτρα χαμηλότερα, εκτείνεται μέχρι την ακτή καταλήγοντας σε μια μεγάλη αμμώδη παραλία ανάμεσα στο ακρωτήρι Πύργος και στη βραχονησίδα Κραμπούσα.

εικ. 114. Ο πύργος-φάρος του Ακήρατου.

Τα Αυλάκια (Χρυσή Αμμουδιά) βρίσκονται στα βόρεια του όρμου. Εδώ συναντάμε τα λείψανα μιας αρχαίας κατασκευής. Από εκεί μπορούμε με μια ώρα περπάτημα να επιχειρήσουμε να φθάσουμε στο ακρωτήρι Πύργος. Το ακρωτήρι αυτό πήρε το όνομά του από έναν αρχαίο κυκλικό πύργο-φάρο από μάρμαρο, που κτίστηκε εδώ στα τέλη του 6ου αι. π.Χ., στη μνήμη του Ακηράτου, σημαντικού προσώπου στη Θάσο την εποχή εκείνη (**εικ. 114** και **115**). Μια επιγραφή διαβάζεται ακόμα ανάμεσα στους διασκορπισμένους λίθους, μπροστά από τη βάση του ερειπίου που περιβάλλεται από πεύκα: *[᾿Α]κηράτο ε[ἰ]μὶ μνῆμα ṭõ Φ[ρασ]ιηρíḍo, κεῖμạι δ᾿ ἐπ̣᾿ [ἄ]κρο ναυσ[τ]ά[θ]μο σωṭήρ[ι]ον νηυσίν τε κα[ὶ ν]αύτηισιν· ἀλλὰ [χ]αίρετ[ε]* (*IG* XII 8, 683). Είμαι το μνήμα του Ακηράτου, του γιου του Φρασιηρίδη, στέκομαι πάνω στο ακρωτήρι του λιμανιού για τη σωτηρία των πλοίων και των ναυτικών· χαίρετε. Στην κορυφή του πύργου, σε μια κυκλική πλατφόρμα, έκαιγε άλλοτε η φωτιά από ξύλα που καθοδηγούσε τα πλοία. Μπορούμε επίσης να φθάσουμε στο ακρωτήρι Πύργος με βάρκα από τον Λιμένα και το βράχο του Εβραιόκαστρου. Παραπλέουμε μια βραχώδη και δασώδη ακτή, στην οποία ανοίγονται κάποιοι ευχάριστοι σταθμοί: η θέση Φανάρι, μαζί με ένα φάρο, παρόμοιο και σύγχρονο με αυτόν του Ακηράτου, που προεξείχε ενός αρχαίου λατομείου και τον οποίο διακρίνουμε καθαρά στο άνδηρό του από τότε που αναστηλώθηκε (**εικ. 116**)· η αμμουδιά της Μακρύαμμου, σήμερα κατειλημμένη από τα bungalows ενός ξενοδοχείου· τα αρχαία λατομεία στη θέση Σαλιάρη (με ανάγλυφο στο βράχο που εικονίζει τον Ηρακλή, **εικ. 117**· ελληνιστικός πύργος) και στο Βαθύ, αλλοιωμένα από τη σύγχρονη εκμετάλλευση.

Από την Παναγιά, ο δρόμος οδηγεί στη συνέχεια στην Ποταμιά μέσω μιας όμορφης διαδρομής δίπλα σε γκρεμό που προσφέρει υπέροχη θέα προς την παράκτια πεδιάδα. Η Ποταμιά ήταν μέχρι τον 19ο αι. ένα φτωχό χωριουδάκι που ανήκε στον Θεολόγο, ευρισκόμενο στα όρια των κοινοτήτων Παναγιάς και Θεολόγου. Αναπτύχθηκε στη συνέχεια, έγινε ανεξάρτητη κοινότητα και τώρα εμφανίζεται ως αρκετά μεγάλο χωριό, του οποίου τα άσπρα σπίτια με τις γκρίζες ή κοκκινωπές στέγες αποκαλύπτονται ξαφνικά στις στροφές της διαδρομής. Από εδώ είναι καλύτερη η ανάβαση προς το Υψάριο, σε δύο ή τρεις ώρες περπάτημα.

Στην έξοδο του χωριού, ένας δρόμος στα δεξιά οδηγεί στο εκκλησάκι του Αγίου Δημητρίου, μία από τις ωραιότερες εκκλησίες της Θάσου. Στο γύρω χώρο αποκαλύφθηκαν από το 1926 τα θεμέλια ενός αρχαίου τετράγωνου κτηρίου (πλευράς 9,62μ.), από μάρμαρο που οι κάτοικοι ονομάζουν «Ελληνικό»· τα ερείπια είναι σήμερα καλυμμένα από τη βλάστηση.

Πέρα από την Ποταμιά, ο δρόμος κατηφορίζει στο λιμάνι του χωριού (Σκάλα Ποταμιάς), στα νότια του όρμου, διασχίζοντας ελαιώνες, όπου στις αρχές του ’80 δεν υπήρχε κανένα κτίσμα. Από τη Σκάλα Ποταμιάς, ένας πρόσφατα κατασκευασμένος δρόμος οδηγεί παραλιακά, στα Αυλάκια. Και εδώ επίσης, τα κτίσματα πολλαπλασιάζονται κάτω από την πίεση του τουρισμού. Μετά τη Σκάλα, όπου ορθώνεται μια ωραία αποθήκη για καΐκια του 19ου αι., που ανήκε κάποτε σε μοναστήρι του Αγίου Όρους, ο δρόμος ανελίσσεται στο ακρωτήρι της Κραμπούσας και συνεχίζει στην πλαγιά του βουνού. Περνάμε στο Καλόνερο, πάνω από τη θέση του εργαστηρίου αμφορέων του Αρισταγόρα και του Δημαλκή (σ. 229)· δεξιά από το σύγχρονο οδόστρωμα, ένα μοναχικό σπίτι (σήμερα ταβέρνα) και μεγάλα πλατάνια σημαδεύουν το μέρος αυτό. Ο δρόμος συνεχίζει κάτω από την περιοχή των χρυσωρυχείων που εκμεταλλεύονταν οι Φοίνικες και έπειτα οι Θάσιοι, τα οποία επισκέφθηκε ο Ηρόδοτος (σ. 217, βουνό Κλεισίδι).

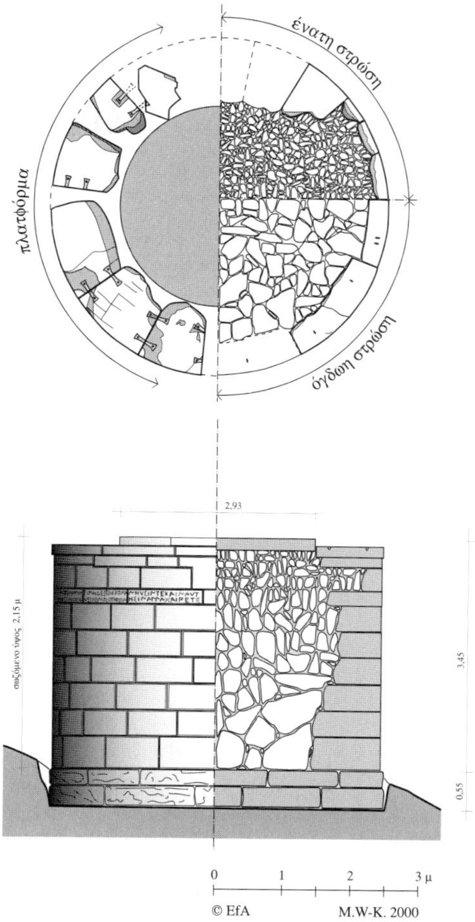

εικ. 115. Ο πύργος-φάρος του Ακήρατου· α) κάτοψη (1: 100), β) τομή (1: 100).

Στο χωριό Κοίνυρα, που διατήρησε το αρχαίο του όνομα, φοινικικής ρίζας, μερικά αρχαία σπίτια στη Σκάλα σε ένα μικρό κάβο περιβάλλονται σήμερα από ξενοδοχεία και βίλες, που πολλαπλασιάζονται κάθε χρόνο, όπως σε πολλά άλλα μέρη του νησιού: τα θέλγητρα των ακτών προκάλεσαν τη μείωση των καλλιεργειών. Απέναντι, ένα νησάκι φυτεμένο με λιόδεντρα. Σε όλη αυτή την περιοχή, από το Παλιοχώρι στα βόρεια της μικρής παράκτιας

εικ. 116. Μακέτα του φάρου στο Φανάρι.

εικ. 117. Σαλιάρη· ανάγλυφο στο βράχο με μορφή Ηρακλή· 3ος-1ος αι. π.Χ.

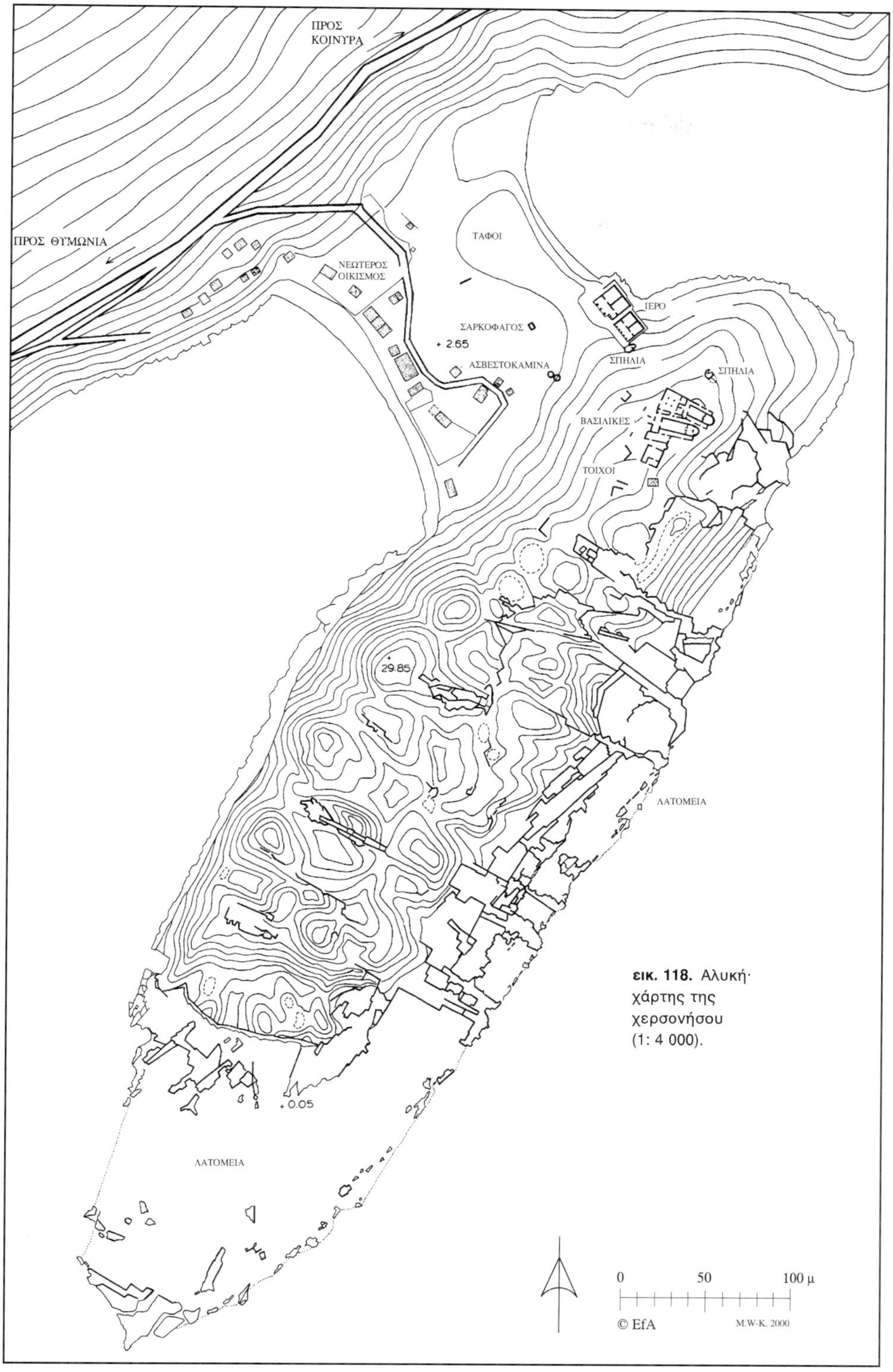

εικ. 118. Αλυκή· χάρτης της χερσονήσου (1: 4 000).

πεδιάδας στα Κοίνυρα, μέχρι το Λουτρό στα νότια της Σκάλας, πολλά αρχαία ερείπια έχουν εντοπιστεί: πύργοι, αγροικίες, αναλήμματα, εργαστήρια αμφορέων, μια παλαιοχριστιανική βασιλική.

Βιβλιογραφία: T. Kozelj, M. Wurch-Kozelj, «Phares de Thasos», *BCH* 113 (1989), 161-181· – λατομεία στο Φανάρι: M. Brunet, *BCH* 111 (1987), 626-627· – λατομεία στον Σαλιάρη: T. Kozelj, A. Muller, J.-P. Sodini, *BCH* 105 (1981), 961-963' *BCH* 106 (1982), 676-677· – εργαστήριο αμφορέων στο Καλόνερο: Y. Garlan, «Quelques nouveaux ateliers amphoriques à Thasos», *BCH Suppl.* XII (1986), 221-225· – αρχαία μεταλλεία στο Κλεισίδι: J. des Courtils, T. Kozelj, A. Muller, *BCH* 106 (1982), 674· G. Weisgerber, G. A. Wagner, «Die antike und mittelalterliche Goldgewinnung von Paläochori bei Koinyra», *Antike Edel- und Buntmetallgewinnung auf Thasos. Der Anschnitt, Zeitschrift für Kunst und Kultur im Bergbau* 6 (1988), 131-153· «Der antike Goldbergbau auf dem Gipfel des Klisidi bei Koinyra», στο ίδιο, 154-172.

Αλυκή

Μετά τα Κοίνυρα, ο δρόμος ανηφορίζει, μέχρι να γλιστρήσει πίσω από το ακρωτήρι Μπάμπουρας (όπου συναντώνται λείψανα πύργων), ξανακατηφορίζει προς τη θάλασσα, περνάει σε μικρή απόσταση από τον όρμο του Αγίου Ιωάννη, που κατοικήθηκε από την προϊστορική εποχή έως τα παλαιοχριστιανικά χρόνια, και καταλήγει στην Αλυκή (**εικ. 118**). Δύο μικροί όρμοι, στα νοτιοανατολικά και στα νοτιοδυτικά, περικλείουν έναν ισθμό, που στα νότιά του εκτείνεται μια μικρή χερσόνησος (**εικ. 119**). Τα σπιτάκια που παρατάσσονται στην άκρη του

εικ. 119. Αλυκή, νοτιοανατολικός όρμος· άποψη του ιερού και τμήματος της χερσονήσου από τα βορειοανατολικά.

δυτικού όρμου είναι παλιά: οι χωρικοί του Θεολόγου κατοικούσαν άλλοτε εδώ κατά την περίοδο που φρόντιζαν τα λιόδεντρα τα οποία καλύπτουν τις πλαγιές, και κατά το μάζεμα της ελιάς, στο τέλος του φθινοπώρου. Στην αρχαιότητα, η θέση γνώρισε ευημερία χάρη στην εξόρυξη και εξαγωγή μαρμάρου. Θα επισκεφθούμε εδώ ένα αρχαίο ιερό, ένα παλαιοχριστιανικό σύμπλεγμα με δύο βασιλικές και τα λατομεία.

Το ιερό (εικ. 120)

Με εξαίρεση μια μεγάλη ρωμαϊκή ενεπίγραφη σαρκοφάγο και μερικές επιτύμβιες στήλες, τίποτε δεν έχει ακόμη αποκαλυφθεί από τον αρχαίο οικισμό, που καταλάμβανε αναμφίβολα τον ισθμό, όπου ξεπηδούν τμήματα τοίχων μέσα στον πευκώνα, ανάμεσα στους λιθοσωρούς. Αλλά στο βάθος του ανατολικού όρμου, εγκαταστάθηκε ένα ιερό πιθανώς αφιερωμένο στον Απόλλωνα. Οι ανασκαφές έδειξαν ότι η ίδρυσή του ανέρχεται στα μέσα του 7ου αι. π.Χ. – λίγο μετά την άφιξη των Παρίων στο νησί – και ότι η λατρευτική δραστηριότητά του δεν έπαψε μέχρι το τέλος της ειδωλολατρίας.

Από το ιερό αυτό, που δεν έχει αποκαλυφθεί στο σύνολό του, αναγνωρίζουμε μόνο δύο κτήρια όμοιας κάτοψης, που χωρίζονται από ένα διάδρομο με κατεύθυνση ανατολικά-δυτικά (**εικ. 121**). Τα κτήρια αυτά καταλαμβάνουν ένα διαμορφωμένο χώρο 30 × 17μ.: στα βόρεια, η πλαγιά και οι ανωμαλίες του βράχου εξομαλύνθηκαν με ένα άνδηρο· στα νότια, ο βράχος ισοπεδώθηκε και λαξεύθηκε εν μέρει.

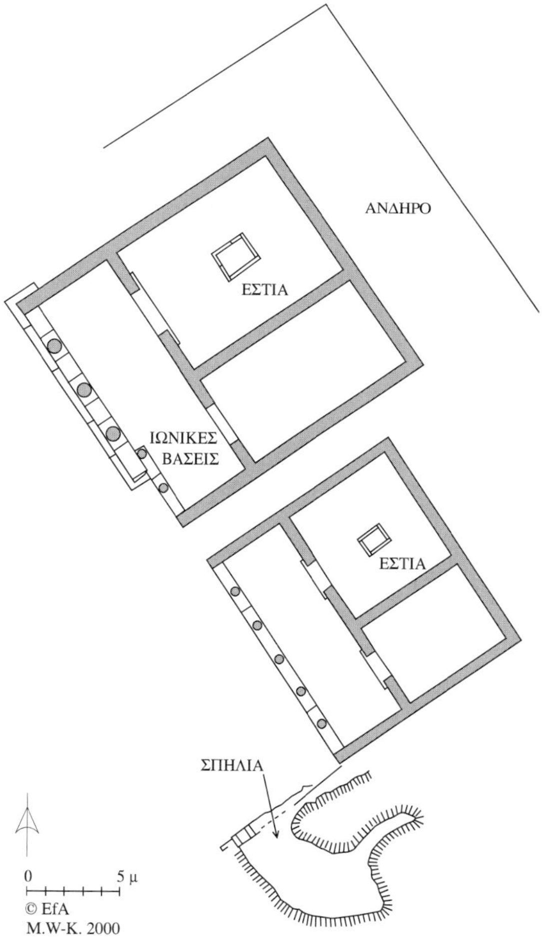

εικ. 120. Αλυκή· κάτοψη του ιερού (1: 400).

Το **νότιο οικοδόμημα**, δίπλα στο λόφο, σώζεται σε ικανό ύψος και δεν υπέστη σοβαρές μετατροπές. Είναι σχεδόν τετράγωνης κάτοψης (11,60 × 13μ.). Προς τα δυτικά ορθωνόταν η πρόσοψη ενός προστώου με πέντε κίονες εν παραστάσι (κίονες δωρικοί, μονολιθικοί, 3,50μ. περίπου, που έμειναν αρράβδωτοι· ο ένας, αποσπασματικός, έχει αναστηλωθεί στο στυλοβάτη· επιστύλιο ελαφρύ, ζωφόρος με τρίγλυφα και μετόπες, επιμελημένης εργασίας): ο πίσω τοίχος του προστώου αυτού, εύκολα

εικ. 121. Αλυκή· μερική άποψη των δύο κτηρίων του ιερού από τα νοτιονατολικά.

ορατός ακόμη, φέρει δύο θυραία ανοίγματα που οδηγούν σε δύο διαμερίσματα διαφορετικού πλάτους, τα οποία χωρίζει μεσότοιχος. Στο κέντρο του βόρειου διαμερίσματος, που είναι το πλατύτερο, μια εσχάρα περιβαλλόμενη από μαρμαρόπλινθους είναι σφηνωμένη στο έδαφος. Το κτήριο αυτό, που χρονολογείται περί το 500 π.Χ., είναι το αρχαιότερο δωρικό οικοδόμημα της Θάσου.

Το **βόρειο οικοδόμημα**, πιο σύνθετο και σε χειρότερη κατάσταση διατήρησης, αποδίδει την ίδια γενική διάταξη. Σχεδόν τετράγωνο κι αυτό (16 × 16,50μ.), καταλαμβάνει ένα τεχνητό άνδηρο που δεσπόζει του όρμου. Στα ανατολικά απομένουν μόνο μερικά λείψανα του τοίχου από μεγάλες μαρμάρινες και κροκαλοπαγείς πλίνθους, που εξείχε προς τη μεριά της θάλασσας· ένας κυματοθραύστης προστάτευε τη βάση του. Ξεκινώντας από τα δυτικά, η κάτοψη αποκαθίσταται άνετα: προστώο με κιονοστοιχία· πίσω τοίχος με δύο πόρτες (υφίστανται μόνο τα κατώφλια) που ανοίγει προς δύο ανισομεγέθη διαμερίσματα (τα ισχυρά θεμέλια του μεσότοιχου είναι ακόμη ορατά)· εσχάρα στο βόρειο διαμέρισμα, το μεγαλύτερο. Εξάλλου, το βόρειο οικοδόμημα παρουσιάζει δύο αντιτιθέμενες φάσεις: μία αρχική ιωνική φάση και μία μεταγενέστερη δωρική μετατροπή.

α) Η κατασκευή του ανδήρου, η διαίρεση σε δύο διαμερίσματα, το νότιο τμήμα του κτηρίου ανέρχονται στα 530-525 π.Χ.: νότιος τοίχος (ορθοστάτες, διπλό μέτωπο από μαρμαρόλιθους), μισός πίσω τοίχος με το νότιο κατώφλι, δεξιό τμήμα της πρόσοψης με τους δύο τελευταίους στυλοστάτες, όπου διατηρούνται τα ίχνη δύο ιωνικών βάσεων (η μία από αυτές, μια μαρμάρινη αρράβδωτη σπείρα, φυλάσσεται στο μουσείο της Θάσου).

β) Στα χρόνια 470-465 π.Χ., το αρχικό ιωνικό κτήριο αντικαταστάθηκε μερικώς από ένα ευρύτερο αρχιτεκτονικό σύνολο: μια δωρική κιονοστοιχία περισσότερο μνημειακή ήρθε να προεκτείνει κατά 11μ. περίπου, σχηματίζοντας ελαφρά προεξοχή, το διατηρημένο τμήμα της παλιότερης πρόσοψης. Στη βαθμιδωτή βάση αυτού του νέου προστώου, διακρίνονται πολύ καλά τα ίχνη της παραστάδας και των κιόνων· το κάτω τμήμα ενός κορμού με ζωηρές ακμές παρέμεινε *in situ*. Παράλληλα, ο πίσω τοίχος του προστώου ήρθε, από τα βόρεια, να συναντήσει αυτόν του ιωνικού προστώου. Θα σημειώσουμε τις εντορμίες πελεκίνων συνδέσμων και τους κάθετους συνδέσμους με τετράγωνες εντορμίες, με αυλάκι μολυβδοχόησης. Το βόρειο κατώφλι, που διακοσμείται μπροστά με τρεις ταινίες, τοποθετήθηκε στον άξονα του ενός μετακιόνιου. Η μεγάλη δωρική στοά δεν αποπερατώθηκε ποτέ και το φιλόδοξο πρόγραμμα, όπως προδίδουν οι μνημειακές του διαστάσεις, δεν ολοκληρώθηκε ποτέ.

Τα δύο κτήρια, βόρειο και νότιο, δεν είναι ναοί: χρησίμευαν για να υποδέχονται τους πιστούς και να στεγάζουν τα συμπόσια που συνόδευαν τις θυσίες.

Στο βόρειο διαμέρισμα του βόρειου οικοδομήματος, η ανασκαφή αποκάλυψε και στη συνέχεια κατέχωσε τη γωνία ενός άλλου, στενότερου και αρχαιότερου ανδήρου, κτισμένου με ακανόνιστους λίθους μάρμαρου (μπορούμε να παρατηρήσουμε την κορυφή του επί τόπου). Η κατασκευή αυτή που εντάχθηκε στο άνδηρο του 6ου αι. και που κόπηκε από το θεμέλιο του μεσότοιχου, και μετέπειτα από τον πίσω τοίχο της στοάς, ανέρχεται πιθανώς στα τέλη του 7ου αι.

Οι ανασκαφές που διεξήχθησαν το 1887 από τον Th. Bent στο βόρειο κτήριο έφεραν στο φως ένα αρχαϊκό άγαλμα κούρου, που φυλάσσεται στο Αρχαιολογικό Μουσείο της Κωνσταντινούπολης (**εικ. 174**). Επιγραφές υπογραμμίζουν την αποστολή του ιερού και δείχνουν ότι παρέμεινε δημοφιλές μέχρι την ύστερη ρωμαϊκή εποχή: οι βαθμίδες της πρόσοψης του βόρειου κτηρίου φέρουν graffiti, ονόματα περαστικών ναυτικών ή ερωτικών συντρόφων των επισκεπτών. Στις βάσεις ή στα πεσμένα μέλη των τοίχων, έχουν χαραχθεί ευχές για καλή ναυσιπλοΐα (εὔπλοια) των πλοίων (για τον «Σέραπι», τον «Ηρακλή», τον «Ποσειδώνα», την «Άρτεμη», τον «Ασκληπιό») που έρχονταν να παραλάβουν το φορτίο μαρμάρου τους. Με μια από τις ευχές αυτές συνδέεται μια ευχαριστία προς τους «Θεούς Σωτήρες», τους οποίους ταυτίζουμε με τους Διόσκουρους, παραδοσιακούς προστάτες των θαλασσινών.

Οι λατρευτικές σπηλιές

Μια επιγραφή του 3ου αι. π.Χ. που βρέθηκε σε μικρή απόσταση από τα ανεσκαμμένα κτήρια, περιέχει αποσπάσματα μιας ανάθεσης στον Απόλλωνα, στον οποίο ήταν αφιερωμένη μια σπηλιά. Πράγματι, δύο λατρευτικές σπηλιές έχουν ερευνηθεί:

α) Στη βραχώδη επιφάνεια, λίγα μέτρα πέρα από τη νότια γωνία του νότιου οικοδομήματος ανοίγεται μια σπηλιά που προφανώς σχετίζεται με το ιερό, αν και η διαμόρφωση της εισόδου είναι μεταγενέστερης εποχής.

β) Ψηλότερα στο λόφο, περίπου είκοσι πέντε μέτρα στα νοτιοανατολικά του νότιου οικοδομήματος, ανοίγεται στο βράχο μια άλλη σπηλιά. Μέσω ενός στενού στομίου που είναι ορατό στο έδαφος, διεισδύουμε σε μια αίθουσα με απότομη κλίση, βάθους πάνω από 20μ., διαμορφωμένη ανάμεσα σε δύο λοξές στρώσεις βράχων. Ο καθαρισμός απέφερε άφθονα αναθήματα, κεραμική και ειδώλια, που χρονολογούνται κυρίως στην αρχαϊκή εποχή, αλλά που φθάνουν μέχρι και τα ρωμαϊκά χρόνια.

Βιβλιογραφία: – Άγιος Ιωάννης: Σ. Παπαδοπουλος, «Μια "οπισθοδρομική" εγκατάσταση αρχαϊκών χρόνων στον Άγιο Ιωάννη της Θάσου», *ΑΕΜΘ* 12 (1998) [2000], 55-65· Σ. Παπαδοπουλος κ.ά., *ΑΕΜΘ* 15 (2001) [2003], 55-65 (*loc. cit.* βλ. σ. 60)· – Αλυκή: J. Servais, *Aliki I. Les deux sanctuaires, ÉtThas* IX (1980)· – σχετικά με τις ευχές για εύπλοια: P. Bernard, Fr. Salviat, «Inscriptions de Thasos», *BCH* 86 (1962), 609-611.

Οι βασιλικές (εικ. 122 με 125)

Το ιερό εγκαταλείφθηκε προφανώς τον 3ο αι. μ.Χ. Η χριστιανική λατρεία εγκαταστάθηκε στη συνέχεια στο ύψωμα, δίπλα στα λατομεία. Εδώ, εν μέσω ενός ρωμαϊκού νεκροταφείου αυτοκρατορικών χρόνων, οικοδομήθηκε ένα σύμπλεγμα κτηρίων που περιλαμβάνει ουσιαστικά δύο εφαπτόμενες

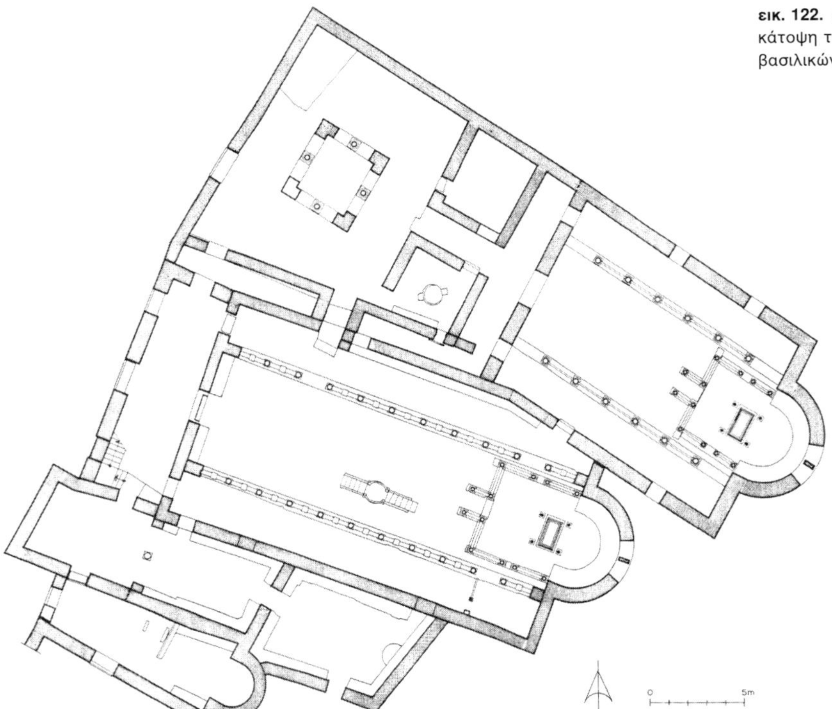

εικ. 122. Αλυκή· κάτοψη των δύο βασιλικών (1: 400).

εικ. 123. Αλυκή· αξονομετρικό σχέδιο των δύο βασιλικών (1: 500).

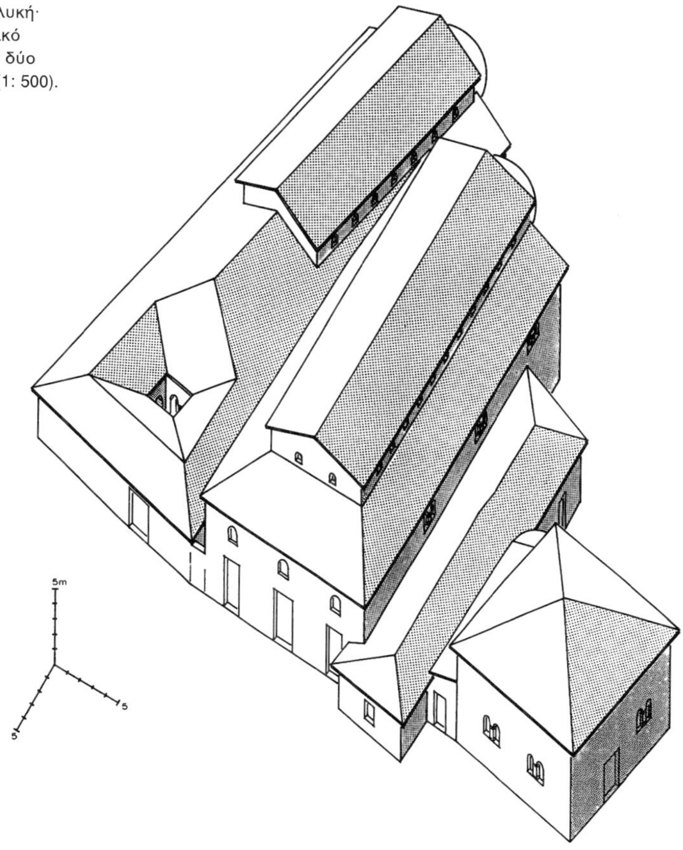

βασιλικές, σύμφωνα με ένα αρκετά συχνό σχήμα. Η μεγαλύτερη είναι στα νότια· η μικρότερη, στα βόρεια, έχει αισθητά διαφορετικό προσανατολισμό.

α) Νότια βασιλική. Οικοδομήθηκε στο πρώτο τέταρτο του 5ου αι., πριν από τη βόρεια βασιλική, και σε μια δεύτερη φάση απέκτησε νάρθηκα στα δυτικά. Ένας μνημειακός άμβωνας στο κεντρικό κλίτος δείχνει πως η βασιλική αυτή ήταν η πιο σημαντική· υφίστανται στη θέση τους τα θεμέλια της έδρας, με εκατέρωθεν κλίμακες, της οποίας μπορούμε να αποκαταστήσουμε την ανωδομή: οι κλίμακες πλαισιώνονταν από τραπεζιόσχημες πλάκες, διακοσμημένες με φυτικά κοσμήματα (κληματίδες), πουλιά (παγώνια) και τετράποδα· τα θωράκια του Ιερού Βήματος έφεραν παρόμοια διακόσμηση. Τα πλάγια κλίτη χωρίζονταν από το κεντρικό με κιονοστοιχία και θριγκό ιωνικού ρυθμού. Στην τελευταία φάση, οι κιονοστοιχίες αυτές στήριζαν τα τόξα ενός υπερώου με ρόλο γυναικωνίτη, στο οποίο η πρόσβαση γινόταν από το νάρθηκα μέσω κλίμακας. Το φράγμα του ιερού (πρεσβυτερίου) μετασκευάστηκε αρκετές φορές· στην τελευταία φάση περιελάμβανε κίονες με δίζωνα κιονόκρανα (δικτυωτό κάτω, περιστέρια και σταυρός σε φυτικό μετάλλιο). Το ιερό χωριζόταν από τα πλάγια κλίτη και αυτά αντιστοίχως από το κεντρικό, με θωράκιό, του οποίου πολλές πλάκες

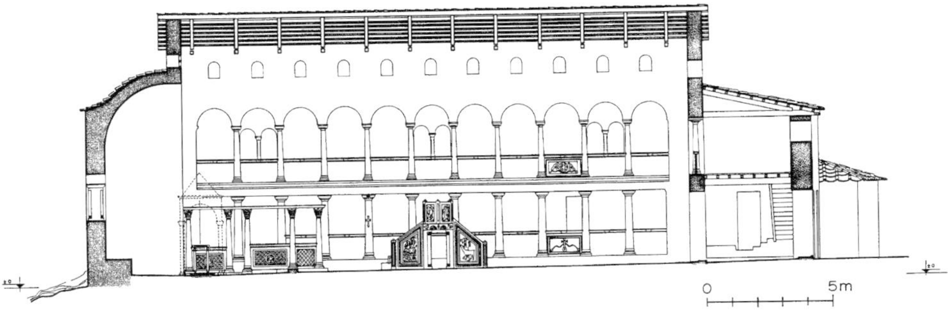

εικ. 124. Αλυκή· τομή κατά μήκος της νότιας βασιλικής (1: 300)· αψίδα στα αριστερά, νάρθηκας στα δεξιά.

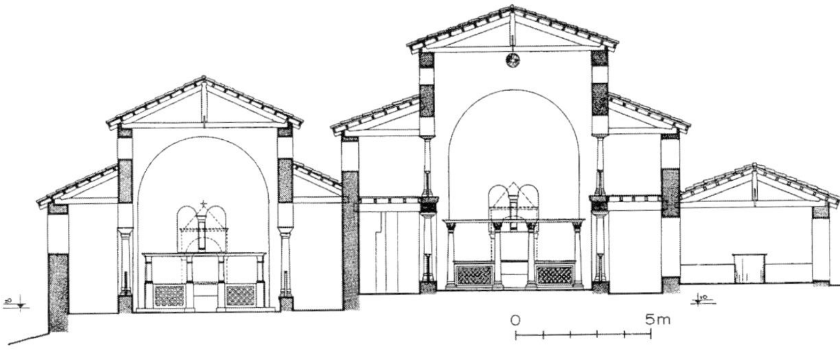

εικ. 125. Αλυκή· εγκάρσια τομή των δύο βασιλικών (1: 300).

μπορούν να αποκατασταθούν (κοσμήματα σταυρών, γεωμετρικά, φυτικά ή ζωικά: αμνοί και παγώνια).

β) Βόρεια βασιλική. Πάνω στα ερείπια ενός μονόκλιτου παρεκκλησιού που κτίστηκε στα 400-425, ισοπεδωμένου (ωστόσο η θέση των λειψάνων έχει εντοπιστεί), εγκαταστάθηκε γύρω στο 500 μια τρίκλιτη βασιλική, διαρρυθμισμένη με ιωνικές κιονοστοιχίες· πολλές πλάκες σε θραύσματα και πεσσίσκοι θωρακίων συλλέχθηκαν κατά την ανασκαφή. Στα δυτικά, η βασιλική έβλεπε σε μια αυλή που μετατράπηκε αργότερα σε αίθριο, με βοηθητικά προσκτίσματα, κυρίως ένα βαπτιστήριο με κυκλική κολυμπήθρα.

Το μνημειακό αυτό σύμπλεγμα γνώρισε το απόγειό του στην εποχή του Ιουστινιανού (527-565). Εγκαταλείφθηκε τον 7ο αι., την περίοδο των σλαβικών εισβολών, ταυτόχρονα με τα λατομεία και τον οικισμό του ισθμού, του οποίου αποτελούσε το λατρευτικό κέντρο.

Βιβλιογραφία: J.-P. Sodini, K. Kolokotsas, *Aliki II. La basilique double, ÉtThas* X (1984).

Τα λατομεία

Από τον ισθμό και τις βασιλικές, μονοπάτια οδηγούν στα λατομεία, διασχίζοντας ή παρακάμπτοντας τεράστιους κωνικούς σωρούς απορριμμάτων λάξευσης. Στην άκρη της θάλασσας, εύκολα στην εκμετάλλευση, τα ψηλά λίθινα κοιτάσματα τεμαχίστηκαν σύμφωνα με τις γραμμές των φυσικών διακλάσεων χωρίς διακοπή από τον 6ο αι. π.Χ. μέχρι τον 7ο αι. μ.Χ., αλλά με πιο εντατικό τρόπο από την πρώιμη αυτοκρατορική εποχή, όταν το θασίτικο μάρμαρο εκτιμήθηκε ευρέως (βλ. γραπτές πηγές, σ. 219). Η εξόρυξη του μαρμάρου κατευθύνθηκε με αφετηρία την ακτή προς τις τρεις πλευρές της χερσονήσου, με διαδοχικά εργοτάξια (**εικ. 126**). Ολόκληρη η μύτη αφαιρέθηκε ακολουθώντας μια εντατική εκμετάλλευση στον τομέα αυτόν την παλαιοχριστιανική εποχή (**εικ. 127**). Η στάθμη της θάλασσας ήταν τότε χαμηλότερα από ό,τι σήμερα: βλέπουμε παντού, καλυμμένες κατά τόπους από το νερό τις ορθογώνιες «κυψέλες» που σχηματίστηκαν μετά από την αφαίρεση των ογκολίθων, καθώς και τα ίχνη που μάλλον παραπέμπουν στην εγκατάσταση ανυψωτικών μηχανισμών. Το μάρμαρο ωστόσο δεν εξαντλήθηκε: στην περιφέρεια της ζώνης αυτής ορθώνονται εντυπωσιακές κάθετες παρειές, μεγάλες βαθμίδες μαρμάρου, τεράστιοι λευκοί ογκόλιθοι. Διακρίνουμε ακόμη τα ίχνη των εργαλείων που χρησιμοποιήθηκαν για το σχίσιμο, την εξόρυξη και το ίσιωμα των επιφανειών: πικούνι, βελόνι, σφήνες, μοχλοί. Πελεκημένοι ή ελαφρώς δουλεμένοι ογκόλιθοι κείτονται εγκαταλελειμμένοι, καθώς και ημιτελή μέλη, βάσεις, ένας επιβλητικός σφόνδυλος κίονα, ένας ολόκληρος κίονας μήκους 9μ.

Βιβλιογραφία: J.-P. Sodini, A. Lambraki, T. Kozelj, *Aliki I. Les carrières de marbre à l'époque paléochrétienne, ÉtThas* IX (1980).

εικ. 126. Αλυκή· σχέδιο των λατομείων.

εικ. 127. Αλυκή· άκρο της χερσονήσου σήμερα.

Νότια περιοχή

Μετά την Αλυκή, ο δρόμος ακολουθεί την ακτή και περιτρέχει κολπίσκους όπου μπορεί κανείς να κατεβεί μέχρι τη θάλασσα. Στη Σχιδιά, κάτω από το δρόμο, στα αριστερά σώζονται ανάμεσα στα ελαιόδεντρα οι τοίχοι μιας βυζαντινής εκκλησίας και τα ερείπια ενός πύργου που σχετίζεται με παρακείμενα κτήρια, πιθανώς μια αγροικία (περιφραγμένη θέση)· στην όχθη, εμφανίζονται ίχνη εξόρυξης μαρμάρου και γνευσίου. Πιο πέρα, προς τη Θυμωνιά, μια κοιλάδα καταλήγει στη θάλασσα· δεξιά του δρόμου, στην κορυφή ενός μικρού λόφου, βρίσκονται τα κατάλοιπα ενός αρχαίου κυκλικού πύργου, του μεγαλύτερου και του καλύτερα σωζόμενου στο νησί, με εσωτερική διάμετρο 15μ., και με τοίχους πάχους 1 μ.· η κατασκευή αυτή πρέπει να χρησίμευε ως φυλάκιο για μια μικρή φρουρά με αποστολή την προστασία της επικράτειας και ταυτόχρονα ως επάκτια σημαδούρα για τη ναυσιπλοΐα.

Ακολουθώντας τα απόκρημνα βράχια, που οι κορυφές τους είναι φαγωμένες από τα αρχαία λατομεία, ο δρόμος οδηγεί μέσα από ένα τοπίο άγριο και εντυπωσιακό στην κρεμασμένη στο βράχο μονή Αρχαγγέλου, που ξαναζωντάνεψε χάρη στην κατασκευή του γύρω από την παλιά εκκλησία. Η θέα από εδώ απλώνεται, τις ανοιχτές μέρες του Σεπτέμβρη, ταυτόχρονα προς τη Σαμοθράκη, τη Λήμνο και το Άγιο Όρος.

Μετά το ακρωτήρι Δεμίρ Χαλκάς, η ακτή γίνεται σιγά σιγά πιο φιλόξενη. Φθάνουμε στην περιοχή της Αστρίδας, με το μικρό χωριό της και τα αραιά σπίτια και την πεδιάδα της με τις παραλίες και τις κρημνώδεις ακτές από κοκκινόχωμα, και στους κατακρημνισμένους βράχους στο ακρωτήρι Σαλονικιός, απέναντι από τη βραχονησίδα Παναγιά. Το κλίμα είναι ξηρό και η βλάστηση λιγότερο πλούσια· αλλά η περιοχή πρέπει να προσφερόταν για αμπελοκαλλιέργεια. Τα αρχαία λείψανα είναι πολυάριθμα: παρατηρητήρια, οχυρωμένες αγροικίες, μικροί οικισμοί. Στο Καλάμι, μπορεί ακόμη να δει κανείς τα ιδιαίτερα παραμορφωμένα ερείπια ενός πύργου κτισμένου στην ακροθαλασσιά· οι στρατιώτες που επάνδρωναν εδώ τη φρουρά στο δεύτερο μισό του 4ου αι. π.Χ. χάραξαν πολλές ερωτικές επευφημίες στις παρειές του γειτονικού λατομείου, από όπου εξορύχθηκαν οι αναγκαίες μαρμαρόπλινθοι για την κατασκευή αυτού του αμυντικού έργου. Ανασκάφηκαν εργαστήρια αμφορέων στον Κούκο (αποθέτης) και στη Βαμβούρη Αμμουδιά (αρχαιολογική ζώνη στα αριστερά του δρόμου, όχι μακριά από την ακτή· ένας κλίβανος φαίνεται ακόμη εν μέρει· βλ. σ. 227).

Στη θέση Καμναροκάικο (**εικ. 111**), στα δεξιά του δρόμου, λίγο πριν το σύγχρονο οικισμό του Ποτού, υπήρχε στην αρχαιότητα μια μεγάλη οχυρωμένη αγροικία, αποτελούμενη από έναν τετράγωνο πύργο και ένα παρακείμενο κτήριο, περίπου 17 × 13μ. Το σύνολο ήταν χτισμένο σε ένα μικρό πλάτωμα που δέσποζε αρκετών κοιλάδων, καλυμμένων σήμερα από λιόδεντρα. Η κατοίκηση εδώ υπήρξε συνεχής από τον 4ο αι. π.Χ. μέχρι την παλαιοχριστιανική εποχή· η μακροβιότητα αυτή είναι αξιοσημείωτη και διακρίνει το μεγάλο αυτό κτήμα από άλλες γεωργικές εκμεταλλεύσεις, αρκετά πολυάριθμες, που εγκαταλείφθηκαν στη ρωμαϊκή εποχή.

Από τον Ποτό, πρώην Σκάλα Θεολόγου, όπου τα τελευταία χρόνια πολλαπλασιάστηκαν τα ξενοδοχεία – η θέση κατοικείται από την εποχή του Χαλκού –, μπορούμε να φθάσουμε στο χωριό Θεολόγος, διαμέσου πυκνών ελαιώνων, διασχίζοντας την κοιλάδα άλλοτε δασωμένη που υπέφερε ιδιαίτερα κατά τη μεγάλη πυρκαγιά του 1985. Στα αριστερά του δρόμου, στη θέση Καστρί, η Αρχαιολογική Υπηρεσία ανέσκαψε μια νεκρόπολη και έναν οικισμό προγενέστερα του αποικισμού των Παρίων (σ. 30 και 34), που απέφεραν άφθονο και εξαιτερικά ενδιαφέρον υλικό.

Κεφαλοχώρι του νησιού στις αρχές του 19ου αι., ο Θεολόγος έχασε πληθυσμό από τη δεκαετία του '50 προς όφελος της παράκτιας περιοχής. Αλλά η τουριστική ανάπτυξη του νησιού τα τελευταία χρόνια μοιάζει να έχει αντιστρέψει την τάση αυτή. Ανάμεσα στα παλιά αρχοντόσπιτα, αυτό στο οποίο ο Μεχμέτ Αλής έζησε τα νεανικά του χρόνια κηρύχθηκε διατηρητέο. Ο μέλλων βεζίρης της Αιγύπτου κατέφυγε εκεί για να αποφύγει τη δίωξη των Τούρκων και μπορούμε ακόμη να δούμε την κρυψώνα στην οποία έβρισκε καταφύγιο όταν παρουσιαζόταν κίνδυνος. Το χωριό παρέμεινε σχεδόν έτσι όπως ήταν στα τέλη του 19ου αι.: «τα σπίτια είναι διασκορπισμένα μέσα στους κήπους ή απλωμένα κατά μήκος ενός στενού ανώμαλου δρόμου· παντού δεν υπάρχουν παρά χαμηλοί τοίχοι, πάνω από τους οποίους κρέμονται τα κλαδιά από τις ανθισμένες αμυγδαλιές και τις ροδιές, ή εξογκωμένα σπιτάκια με προεξέχοντα αετώματα. Η όψη είναι χαρούμενη, φιλάρεσκη, γελαστή, με κάτι το αγροτικό, που, από όλα τα νησιά του Αρχιπελάγους, είναι πολύ ιδαίτερο στα χωριά της Θάσου» (L. DE LAUNAY, *Chez les Grecs de Turquie,* Paris [1897], σ. 140).

Μετά τον Ποτό, η παραλιακή οδός φθάνει στα Λιμενάρια. Η μεγάλη αυτή κωμόπολη αναπτύχθηκε στα τέλη του 19ου αι. εις βάρος του Κάστρου, μεσαιωνικού χωριού οχυρωμένου από τον 11ο αι., που βρίσκεται σχεδόν στο κέντρο του νησιού. Τα Λιμενάρια οφείλουν τον πλούτο τους στις μεταλλουργικές δραστηριότητες: από το 1903 υπήρξαν έδρα της γερμανικής εταιρείας Speidel, που εκμεταλλεύτηκε για περίπου είκοσι χρόνια τα μεταλλεύματα σιδήρου της ενδοχώρας. Ένας μικρός πευκόφυτος πρόβολος ορίζει το λιμάνι στα ανατολικά: εδώ βλέπουμε την οικία Speidel, ενδιαφέρουσας τεχνοτροπίας, που συντηρείται για να υποδεχτεί ένα μουσείο· μεγάλες παραλίες εκτείνονται προς τα δυτικά μέχρι το ακρωτήριο Κεφαλάς. Η εξαγωγή του μεταλλεύματος παραχώρησε τη θέση της στον τουρισμό, που συνιστά στο εξής την κύρια πηγή εσόδων για τους κατοίκους. Πρόσφατα αποκαλύφθηκαν μέσα στην ίδια την κωμόπολη λείψανα κατοίκησης νεολιθικής εποχής και της εποχής του Χαλκού και, έξω από τον οικισμό, στη θέση Κεραμίδι, εργαστήρια αμφορέων της κλασικής και των αρχών της ελληνιστικής εποχής.

Προς το εσωτερικό, η θέση Καλύβια Λιμεναρίων διατηρεί μια γραφική όψη· κάποια ταφικά ανάγλυφα είναι ενσωματωμένα στους τοίχους της εκκλησίας.

Βιβλιογραφία: – στην περιοχή της Αστρίδας, επιγραφές στους βράχους: Y. GARLAN, O. MASSON, «Les acclamations pédérastiques de Kalami (Thasos)», *BCH* 106 (1982), 3-22· – για τα κεραμικά εργαστήρια, Y. GARLAN, «Koukos. Données nouvelles pour une nouvelle interprétation des timbres amphoriques thasiens», *Thasiaca, BCH Suppl.* V (1979), 213-229 (με την προγενέστερη βιβλιογραφία για τους πύργους, τις αγροικίες και τους αρχαίους οικισμούς στην περιοχή της Αστρίδας) και «Quelques nouveaux ateliers amphoriques à Thasos», *BCH Suppl.* XIII (1986), 203-220 (Βαμβούρη Αμμουδιά) και 225-229 (Κεραμίδι)· – για το Καστρί: Χ. ΚΟΥΚΟΥΛΗ-ΧΡΥΣΑΝΘΑΚΗ, *Πρωτοϊστορική Θάσος* (1992)· για το Κάστρο: Ch. BAKIRTZIS, «Trois inscriptions de Kastro (Thasos)», *Thasiaca, BCH Suppl.* V (1979), 455-466· – για τη νεολιθική κατοίκηση στα Λιμενάρια, D. MALAMIDOU, «Le site néolithique de Liménaria. Matières premières et technologie de l'architecture», στο *Θάσος, πρώτες ύλες και τεχνολογία από τους προϊστορικούς ως σήμερα, πρακτικά του Διεθνούς Συνεδρίου, Λιμενάρια 26-29 Σεπτεμβρίου 1995,* (Αθήνα - Παρίσι 1999), 129-144· Σ. ΠΑΠΑΔΟΠΟΥΛΟΣ, Δ. ΜΑΛΑΜΙΔΟΥ, «Οι πρώιμες φάσεις κατοίκησης του νεολιθικού οικισμού των Λιμεναρίων», *ΑΕΜΘ* 14 (2000) [2002], 25-32 (όπου και η προγενέστερη βιβλιογραφία)· – για την εγκατάσταση της εποχής του Χαλκού στα Λιμενάρια, Δ. ΜΑΛΑΜΙΔΟΥ, Σ. ΠΑΠΑΔΟΠΟΥΛΟΣ, «Προϊστορικός οικισμός Λιμεναρίων· η πρώιμη εποχή του Χαλκού», *ΑΕΜΘ* 11 (1997) [1999], 585-596 (όπου και η προγενέστερη βιβλιογραφία)· – για γλυπτά και επιγραφές προερχόμενα από την περιοχή Λιμεναρίων: Y. GRANDJEAN, B. HOLTZMANN, Cl. ROLLEY, «Antiquités thasiennes de la

Collection Papageorgiou», *BCH* 97 (1973), 145-188· – για την οικία Speidel και τις σύγχρονες μεταλλουργικές εγκαταστάσεις: G. WEISGERBER, G. GIALOGLOU, «Die jüngere Bergbau- und Hüttengeschichte der Insel Thasos und ihre technischen Denkmäler», *Antike Edel- und Buntmetallgewinnung auf Thasos. Der Anschnitt, Zeitschrift für Kunst und Kultur im Bergbau* 6 (1988), 245-254.

Νοτιοδυτική περιοχή· κεραμικό εργαστήριο στο Φαρί (Fr. Blondé, J. Perreault)

Από τα Λιμενάρια, ο δρόμος οδηγεί στη Σκάλα Μαριών περνώντας πίσω από το ακρωτήριο Κεφάλας. Δύο χλμ. πριν από τη Σκάλα ερευνήθηκε, από το 1985 ως το 1988, ένα κεραμικό εργαστήριο στη θέση Φαρί (**εικ. 128** και **129**).

Ο χώρος του εργαστηρίου αυτού (προστατευμένος και περιφραγμένος, ανάμεσα στο δρόμο και στην ακτή) καταλαμβάνει ένα πλάτωμα που προεξέχει από τη θάλασσα περίπου δεκαπέντε μέτρα. Δύο κλίβανοι και δύο λεκάνες καθαρισμού σηματοδοτούν αυτήν τη χειροτεχνική εγκατάσταση αρχαϊκής εποχής (τελευταίο τέταρτο 6ου - αρχές 5ου αι. π.Χ.).

εικ. 128. Φαρί· κάτοψη του εργαστηρίου (1: 400).

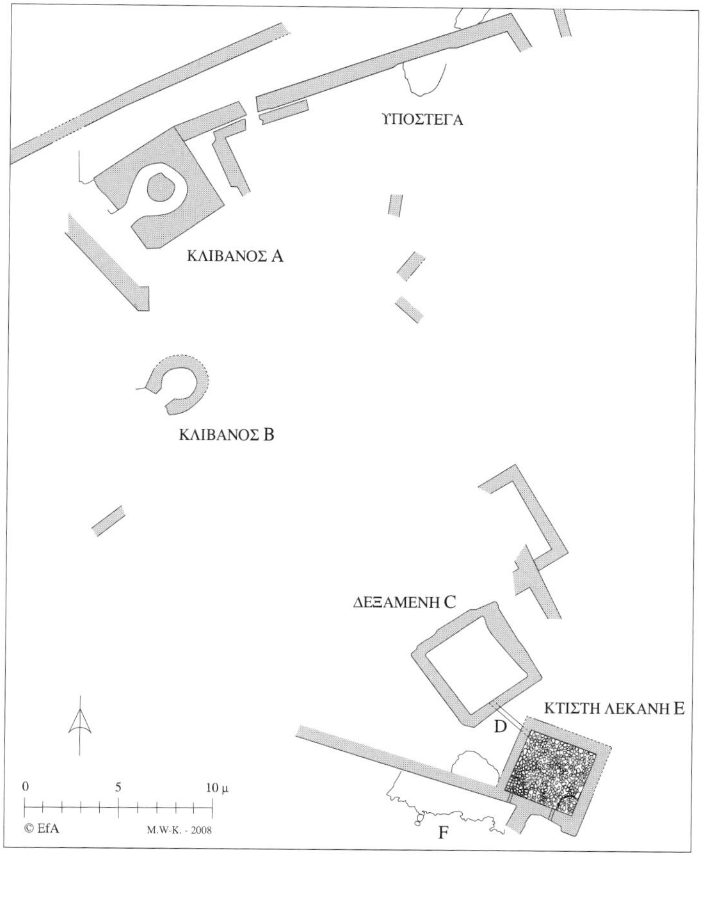

Στα βορειοδυτικά, ο κλίβανος Α (εν μέρει επιχωσμένος) περιλαμβάνει ένα θάλαμο θέρμανσης απιόσχημης κάτοψης, εγγεγραμμένο σε μια τετράγωνη κατασκευή, πλευράς 5μ. Η εξωτερική παρειά του κλιβάνου αποτελούνταν από μεγάλα λιθάρια επιμελώς συνδεδεμένα· δύο στρώσεις σώζονται ακόμη στα βόρεια. Το στόμιο του καμινιού βρίσκεται στα νοτιοδυτικά· η σχάρα, διαμέτρου 2,80μ., στην οποία στοιβάζονταν τα αγγεία για ψήσιμο, στηριζόταν σε έναν κεντρικό πεσσό. Ο θάλαμος θέρμανσης ήταν εξ ολοκλήρου επιχρισμένος με άργιλο. Πρέπει να αποκαταστήσουμε, όπως στη Βαμβούρη Αμμουδιά (σ. 228), ένα θάλαμο όπτησης με θόλο.

Στα νότια, ο κλίβανος Β, μικρότερος, χωρίς κεντρικό πεσσό, είναι ελαφρώς προγενέστερος.

Στέγαστρα ήταν απαραίτητα: ένας μεγάλος τοίχος καταλήγει στη βόρεια γωνία του κλιβάνου Α. Διαθέτει ένα άνοιγμα για πόρτα, μετασκευασμένο σε δεύτερη φάση. Αποτελεί τον πίσω τοίχο ενός υποστέγου: κατά την ανασκαφή συλλέχθηκαν άφθονα κεραμίδια, προερχόμενα από την καταστροφή της στέγης.

Στα νοτιοανατολικά, μια εγκατάσταση καθαρισμού του πηλού εκμεταλλευόταν τη φυσική κλίση για τη ροή του νερού. Μια δεξαμενή (4 x 3,80μ.), τώρα προστατευμένη με κάλυμμα λαμαρίνας, χρησίμευε για αποθήκευση (C)· το νερό κυλούσε μέσω ενός αγωγού από ανεστραμμένες καλυπτήριες κεραμίδες (D) σε μια τετράγωνη λεκάνη καθίζησης (E), όπου παρασκευαζόταν ο πολτός αργίλου (χαλικωτό δάπεδο, δύο γούβες στις γωνίες νότια και νοτιοδυτικά). Δύο ανοίγματα διαπερνούσαν το νότιο τοίχο της λεκάνης E, το ένα στο κέντρο για την υπερχείλιση, το άλλο στη νοτιοδυτική γωνία για τη παροχέτευση του νερού στην πλακόστρωτη ζώνη F (λεκάνη καθίζησης;). Ένας τοιχίσκος εγκάρσιος στο νότιο τοίχο της λεκάνης E αλλά συνδεδεμένος με αυτόν, χώριζε στην εξωτερική πλευρά τις δύο εξόδους του νερού.

Το εργαστήριο βρισκόταν πάνω σε ένα σημαντικό κοίτασμα αργίλου, έχοντας την πρώτη ύλη σε απόσταση αναπνοής. Ωστόσο, στη ζώνη εργασίας συλλέχθηκαν τουλάχιστον τρεις ποιότητες αργίλου με διαφορετική σύσταση, που παρασκευάζονταν ανάλογα με τον τύπο των παραγόμενων προϊόντων.

εικ. 129. Φαρί· μερική άποψη του εργαστηρίου: σε πρώτο πλάνο η δεξαμενή C· η λεκάνη E στο βάθος (από τα δυτικά).

Η ανασκαφή έφερε στο φως μεγάλη ποσότητα αγγείων που διαιρούνται σε δύο βασικές ομάδες. Η απομίμηση αττικής κεραμικής αποτελεί την πλειοψηφία της παραγωγής· όλο το θεματολόγιο των αττικών σχημάτων που ήταν σε χρήση γύρω στο 500 π.Χ. αντιπροσωπεύεται εδώ: κρατήρες, οινοχόες, κύλικες, λεκανίδες, κ.λπ. Η δεύτερη ομάδα περιλαμβάνει αγγεία εμπνευμένα από κυκλαδίτικα έργα, πιο συγκεκριμένα παριανά, ιδιαίτερου ενδιαφέροντος για την ιστορία της κεραμικής (σ. 344). Συλλέχθηκαν επίσης κεραμίδια λακωνικού τύπου, κατασκευασμένα και αποθηκευμένα εδώ· δύο θραύσματα από μήτρες για προτομές καθώς και δύο πήλινες σφραγίδες για εμπίεστη διακόσμηση πίθων μαρτυρούν την ποικιλία των προϊόντων.

Η αποκάλυψη αυτής της θέσης παρέχει πολλές πολύτιμες ενδείξεις για την εγκατάσταση, τη λειτουργία και την παραγωγή ενός αρχαϊκού κεραμικού εργαστηρίου. Πράγματι, στην Ελλάδα, πολύ λίγα εργαστήρια αυτού του τύπου έχουν μέχρι τώρα ανασκαφεί στην ολότητά τους. Αυτό στο Φαρί δείχνει τη σημασία που απέδιδαν οι χειροτέχνες της εποχής στην ίδια την τοποθεσία του εργαστηρίου, κοντά τόσο στις πρώτες ύλες (άργιλος, νερό, καύσιμη ύλη) όσο και, αναμφίβολα, στον καταναλωτή, καθώς και τη φροντίδα που επεδείκνυαν στην κατασκευή των εγκαταστάσεων αλλά και στην παρασκευή των πηλών. Η παραγωγή του εργαστηρίου στο Φαρί, κυρίως αυτή των σκευών, επιτρέπει την καλύτερη εκτίμηση των κατασκευαστικών τεχνικών, της χρονολογικής και τυπολογικής εξέλιξης των σχημάτων και, σε μια ευρύτερη προοπτική, την προσέγγιση, χάρη στη χημική ανάλυση των πηλών, πολλών προβλημάτων σχετικών με τη διάδοση της παραγωγής, τόσο στο εσωτερικό όσο και στο εξωτερικό του νησιού.

Βιβλιογραφία: Fr. Blondé, J.-Y. Perreault, C. Péristéri, «Un atelier de potier archaïque à Phari», *BCH Suppl.* XXIII (1992), 11-40.

Δυτική περιοχή

Η Σκάλα Μαριών είναι ένα ψαροχώρι. Οι Μαριές, προς το εσωτερικό, διατηρούν ακόμη τα παλιά σπίτια τους. Δεσπόζοντας του δρόμου που οδηγεί εκεί, 4-5 χλμ. από τη Σκάλα, στη θέση Παλαιόκαστρο, βρίσκεται μια οχυρή θέση βυζαντινής εποχής. Πέρα από τη Σκάλα Μαριών, στην ακτή, το τοπίο δεν αργεί να αλλάξει: είναι το πιο χαμηλό τμήμα, το πιο εντατικά καλλιεργούμενο του νησιού, μολονότι ελάχιστα αρδευόμενο. Λόφοι χωρίζουν τις ανοιχτές προς τη θάλασσα κοιλάδες, φυτεμένες με λιόδεντρα και, όλο και λιγότερο, με αμπέλια. Απέναντι, τα βουνά της Μακεδονίας, με το δεσπόζοντα όγκο του Παγγαίου. Τα χωριά πολλαπλασιάζονται και γνωρίζουν, προπαντός στην ακροθαλασσιά, γρήγορη ανάπτυξη.

Η Σκάλα Καλλιράχης απλώνει τις κατοικίες της κατά μήκος της ακτής. Αυτό καθαυτό το χωριό, ιδρυμένο μετά την εξάλειψη της πειρατείας και την εγκατάλειψη της Κακηράχης, κλιμακώνεται πάνω από τα δέντρα, δεσπόζοντας στη πλαγιά ενός μυτερού λόφου.

Στη Σκάλα Σωτήρος εντοπίστηκαν τα θεμέλια ενός κτηρίου κλασικής εποχής και τα ερείπια ρωμαϊκών λουτρών· κυρίως, στην έξοδο του χωριού, κοντά στη νεόκτιστη εκκλησία, ανασκάφηκε μια προϊστορική θέση, κατοικημένη από την εποχή του Χαλκού (σ. 32). Τα σπίτια του ίδιου του Σωτήρα φαίνονται από μακριά, κρεμασμένα στην πλαγιά του βουνού, κοντά σε αρχαίες μεταλλευτικές εγκαταστάσεις· στις αρχές του 20ου αι., πραγματοποιήθηκε εδώ εκμετάλλευση της καλαμίνης.

Βορειότερα, ο Πρίνος, καινούργιο χωριό, έχει αναπτυχθεί στην άκρη μιας εύφορης πεδιάδας· η σύγχρονη κωμόπολη αναπτύχθηκε ανάμεσα στην παλιά θέση (τον Άνω Πρίνο, που άλλοτε ονομαζόταν Καζαβήτι, ένα από τα ωραιότερα χωριά της Θάσου· (**εικ. 112**) και τη Σκάλα, από όπου φεύγουν τα οχηματαγωγά για την Καβάλα.

Περίπου δύο χιλιόμετρα στα βορειοανατολικά του Πρίνου, στη θέση Εβραίο, εντοπίστηκαν πολλά κατάλοιπα κατοίκησης που διατηρήθηκε από την αρχαϊκή ως τη ρωμαϊκή εποχή: ένας οικισμός και μια μικρή νεκρόπολη κλασικής εποχής, δύο μεγάλες αγροικίες κλασικής και ελληνιστικής εποχής, ένας άλλος οικισμός ρωμαϊκής εποχής· ένας πύργος κατόπτευσης προστάτευε την προσέγγιση αυτής της καλλιεργήσιμης έκτασης, αθέατης από τη θάλασσα, την οποία διέσχιζε ένας από τους κυριότερους οδικούς άξονες του νησιού (σ. 64, **εικ. 20**). Μπορούμε επίσης να αναφέρουμε την ανακάλυψη στη θέση Χιόνι, περίπου τρία χιλιόμετρα στα νοτιοανατολικά του Πρίνου, ενός εργαστηρίου αμφορέων που λειτούργησε κατά τους 4ο και 3ο αι. π.Χ.

Μετά από τη Σκάλα Ραχωνίου – αυτό το παλιό χωριό στο εσωτερικό του νησιού αξίζει μιαν επίσκεψη – ο σύγχρονος δρόμος ακολουθεί την απόκρημνη και πευκόφυτη ακτή του ακρωτηρίου Παχύς. Μια αρχαία διαδρομή επέτρεπε ωστόσο να φθάσει κανείς από το Ραχώνι στην πεδιάδα του Λιμένα διαβαίνοντας την τελευταία ράχη του βουνού. Από το ακρωτήρι, η πόλη του Λιμένα εμφανίζεται στο βάθος· η ακτή κρύβει μικρές σκιερές παραλίες (Παπαλιμάνι, Γλυφάδα). Στο Γλυκάδι βρέθηκαν σαρκοφάγοι.

Όταν ξαναμπαίνουμε στην πεδιάδα του Λιμένα, στη θέση Μόλος, στα αριστερά του δρόμου, ακριβώς πριν τη διασταύρωση με τον περιφερειακό του Λιμένα, μπορούμε να δούμε τα ερείπια μιας εκκλησίας με το κοιμητήριό της και πιο πέρα, στην ακροθαλασσιά, άλλα κτήρια και τάφους παλαιοχριστιανικής και βυζαντινής εποχής· στον τομέα αυτόν βρέθηκε επίσης ο αποθέτης ενός εργαστηρίου αμφορέων των 4ου-3ου αι. π.Χ.

Βιβλιογραφία: για την προϊστορική θέση στη Σκάλα Σωτήρος: Χ. Κουκουλη-Χρυσανθακη, «Ανασκαφή Σκάλας Σωτήρος 1990», *ΑΕΜΘ* 4 (1990) [1993], 531-545·

Σ. Παπαδοπουλος κ.ά, *ΑΕΜΘ* 15 (2001) [2003], 55-65 (*loc. cit.* βλ. σ. 60, όπου η προγενέστερη βιβλιογραφία)· – για την κατοίκηση στο νησί κατά την παλαιοχριστιανική και βυζαντινή εποχή: Σ. Δαδακη, Chr. Giros, «Αρχαιολογικός χάρτης Θάσου. Βυζαντινοί χρόνοι», *ΑΕΜΘ* 5 (1991) [1994], 383-391 (όπου η προγενέστερη βιβλιογραφία)· – για το εργαστήριο στο Χιόνι: Y. Garlan, Chr. Karadima-Matsa, *BCH* 120 (1996), 889-890· – για το εργαστήριο στον Μόλο: Y. Garlan, «En visitant et revisitant les ateliers amphoriques de Thasos», *BCH* 128-129 (2004-2005), 272-293 (και *στο ίδιο*, 294-308, για το εργαστήριο στο Χιόνι σε συνεργασία με τη Χ. Καραδημα-Ματσα).

Η M. Brunet προετοιμάζει μια μελέτη για το σύνολο του νησιού· της οφείλουμε πολλές αδημοσίευτες πληροφορίες, ειδικά για τις θέσεις Καμναροκάικο και Εβραίο.

Η ΟΙΚΟΝΟΜΙΚΗ ΖΩΗ

Θάσος, εμπορική δύναμη

Από τον πρώτο καιρό του αποικισμού και καθ' όλη τη διάρκεια της ιστορίας της, η Θάσος διαδραμάτισε σημαντικό ρόλο στις εμπορικές ανταλλαγές στο βόρειο Αιγαίο. Τον 7ο αι. π.Χ. βρίσκουμε εδώ αγγεία προερχόμενα από τις Κυκλάδες, τη Χίο, τη Ρόδο, την Ιωνία, την Αιολίδα· πρωτοκορινθιακή και πρώιμη κορινθιακή κεραμική, και ακόμη θραύσματα ενός πρωτοαττικού αγγείου· φοινικικά και ιωνικά ελεφάντινα, ροδιακά κοσμήματα, μακεδονικά χάλκινα, φρυγικές πόρπες. Από τα τέλη του 6ου ή από την αρχή του 5ου αι. π.Χ. και μέχρι τη ρωμαϊκή εποχή, οι θασίτικοι αμφορείς πωλούνται στις εξωτερικές αγορές. Η σφαίρα κυκλοφορίας των νομισμάτων της πόλης μαρτυρεί την εμπορική ακτινοβολία της Θάσου: ήταν διαδεδομένα σε όλη την ανατολική λεκάνη της Μεσογείου μέχρι και τη Σικελία.

Η άρχουσα τάξη της Θάσου, της οποίας ο πλούτος βασιζόταν στην εκμετάλλευση των πολυάριθμων πλουτοπαραγωγικών πηγών του νησιού, κατάφερε να χειριστεί τις υποθέσεις της πόλης με τον πιο ευνοϊκό τρόπο για τα συμφέροντά της. Διατηρούσε επαφές στο εξωτερικό, τόσο στην ανατολική Μεσόγειο όσο και στις ακτές του Εύξεινου Πόντου. Έτσι, όταν ο Ηρόδοτος (Β', 44) αναφέρει για την αρχαϊκή εποχή τη λατρεία του Ηρακλή Θασίου στην Τύρο, μπορεί κανείς να διακρίνει σε αυτό μια ένδειξη εμπορικών σχέσεων· και όταν, στις αρχές του 3ου αι. π.Χ., ένας Θάσιος, ο Πεισίστρατος, γιος του Μνησιστράτου, αναθέτει ναό στον Θεό Μέγα στην Ίστρο, μία από τις μεγαλύτερες ελληνικές αποικίες στη δυτική όχθη του Εύξεινου Πόντου, μπορούμε να αναγνωρίσουμε σε αυτό το πρόσωπο έναν μεγαλέμπορο. Τον 4ο αι. π.Χ., Θάσιοι έμποροι είχαν εγκατασταθεί στη θρακική ενδοχώρα, στο *εμπόριον* της Πιστίρου (σ. 48). Στην ίδια τη Θάσο, αγορανόμοι επέβλεπαν τη νομιμότητα των συναλλαγών· η επισκευή και ο ελλιμενισμός των πλοίων ήταν νομοθετικά ρυθμισμένα (επιγραφή των αρχών του 3ου αι. π.Χ.· και σ. 73)· ειδικοί νόμοι είχαν προβλεφθεί για την πώληση και το εμπόριο του κρασιού ήδη από τις αρχές του 5ου αι. π.Χ. (σ. 223) και το σύστημα των μηνιαίων ελέγχων (4ος αι. π.Χ.) επέτρεπε την τάχιστη εκδίκαση των εμπορικών αντιδικιών.

εικ. 130. Μεταλλείο της ακρόπολης· κάτοψη με τις σήραγγες (1: 1 800).

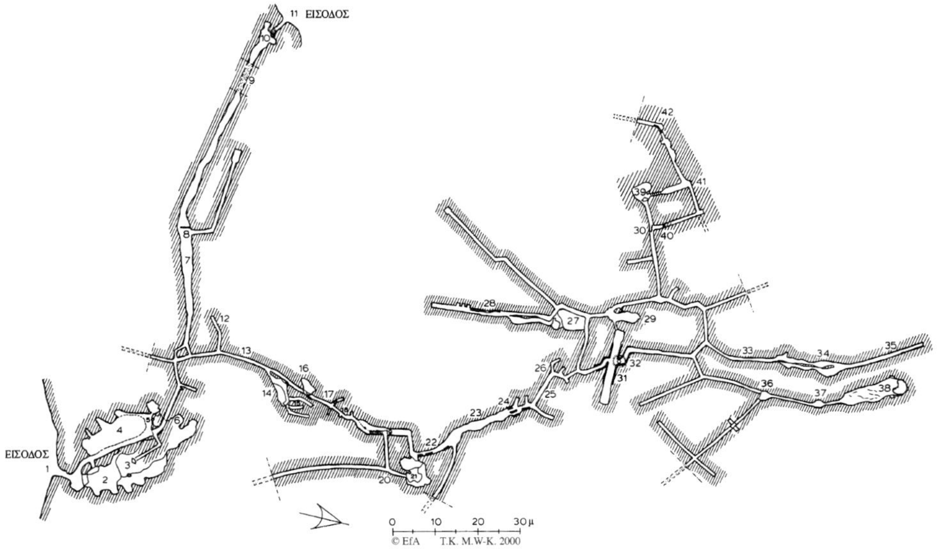

εικ. 131. Μεταλλείο της ακρόπολης· υψομετρικό σχέδιο με τις σήραγγες (1: 1 800).

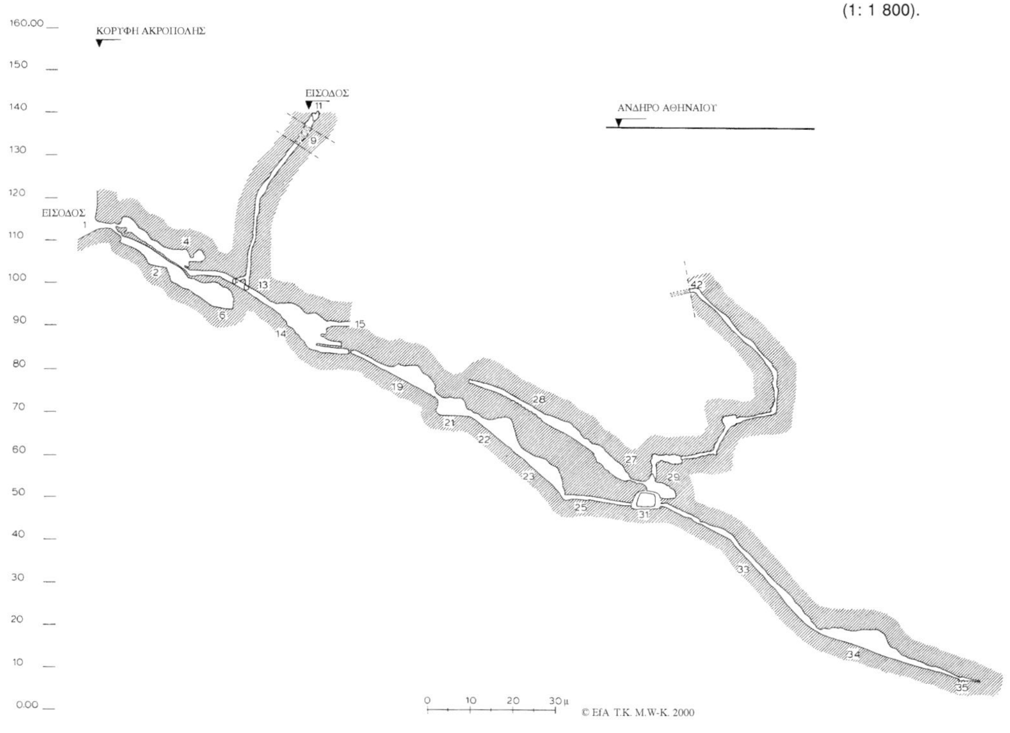

Ο χρυσός, ο άργυρος και ο υπόλοιπος μεταλλευτικός πλούτος

Η Θράκη πρόσφερε το ασήμι του Παγγαίου (δυτικά της Καβάλας) και το χρυσό της Σκαπτής Ύλης (στα βορειοανατολικά). Το ίδιο το νησί όμως διέθετε χρυσωρυχεία τα οποία ανέφερε ο Ηρόδοτος – ο οποίος τα είχε δει και θεωρούσε ότι η εκμετάλλευσή τους αναγόταν στους Φοίνικες (βλ. κείμενο σ. 19). Η έλξη του χρυσού υπήρξε αναμφίβολα καθοριστική για τον αποικισμό του 7ου αι. π.Χ. Ένα σημαντικό μέρος του πλούτου της Θάσου οφειλόταν και στο ασήμι, που χρησίμευσε για την κοπή πλήθους νομισμάτων από τα τέλη του 6ου αι. π.Χ. Γεωλόγοι και αρχαιολόγοι αναγνώρισαν την παρουσία αργυρωρυχείων στα νότια και στα δυτικά του νησιού· τα πλουσιότερα κοιτάσματα βρίσκονταν γύρω από την Καλλιράχη και στην πεδιάδα που συνδέει τις Μαριές με τα Λιμενάρια.

Τα χρυσωρυχεία ήταν στα ανατολικά, όπου το βουνό είναι σκαμμένο από πολυάριθμες εισόδους για σήραγγες, συχνά φραγμένες σήμερα, όπου συσσωρεύτηκαν οι αποχωματώσεις ανάμεσα στην Ποταμιά και στα Κοίνυρα, και ιδιαίτερα στις πλαγιές του Κλεισιδίου. «Περιδιαβαίνοντας την περιοχή αυτή», γράφει ο Γάλλος γεωγράφος de Coincy το 1922, «παρατηρήσαμε έναν αξιοσημείωτο αριθμό από εγκαταλελειμμένες σήραγγες, των οποίων η είσοδος είναι συχνά βουλωμένη από τους βοσκούς με κλαδιά και πέτρες για να εμποδίζουν τα κοπάδια τους να χαθούν μέσα». Τα μεταλλεία αυτά, προορισμένα να φθάσουν και να αδειάσουν τους χρυσοφόρους θύλακες ανάμεσα στον γνεύσιο και στο μάρμαρο ή μέσα στο ίδιο το μάρμαρο, έχουν ερευνηθεί μόνο εν μέρει· η επιφανειακή έρευνα και οι αναλύσεις που επαληθεύουν την παρουσία του πολύτιμου μετάλλου έχουν εστιάσει κυρίως στη νότια περιοχή του Κλεισιδίου.

εικ. 132. Μεταλλείο της ακρόπολης· απόψη σήραγγας.

Ωστόσο, το καλύτερα γνωστό και αξιολογότερο μεταλλείο στο σημερινό επίπεδο των ερευνών είναι στα βόρεια το «μεταλλείο της ακρόπολης», που βρίσκεται πρακτικά κάτω από την αρχαία πόλη. Η μία από τις εισόδους ανοιγόταν έξω από την οχυρωμένη πόλη· η άλλη ήταν τοποθετημένη εντός των τειχών. Αν και η επίσκεψη είναι αδύνατη, θα βρούμε εδώ την κάτοψη και την τομή, που εικονίζουν το θάλαμο εισόδου, την κύρια σήραγγα με την ιδιαίτερα κατωφερή κλίση, τη δευτερεύουσα είσοδο από την ακρόπολη και τις στενές και χαμηλές σήραγγες διερεύνησης των φλεβών (**εικ. 130** και **131**)· στις παρειές τους βρίσκουμε εσοχές για λυχνάρια και ίχνη εργαλείων που επιτρέπουν την ανάγνωση της καθημερινής προόδου των εργασιών (**εικ. 132**). Ελάχιστες αρχαίες πηγές μας έχουν μεταφέρει τη ζωή των μεταλλωρύχων: ένα χωρίο του Διοδώρου (Γ', 12-13), αφιερωμένο στα χρυσωρυχεία στην περιοχή της Ερυθράς Θάλασσας, επιτρέπει να συμπεράνουμε την εξουθενωτική εργασία και την άθλια διαβίωσή τους.

Γνωρίζουμε από τον Ηρόδοτο (σ. 42) ότι γύρω στο 500 π.Χ. τα μεταλλεία της Θάσου απέδιδαν ετησίως σε αξία λιγότερα από εκείνα της ηπείρου, τα οποία παρείχαν περίπου 160 κιλά χρυσού (80 αργυρά τάλαντα).

Τα δευτερεύοντα μεταλλουργικά προϊόντα του αργύρου (μόλυβδος, μίνιο) είχαν αναμφίβολα κι αυτά τη θέση τους στην οικονομία της Θάσου, όπως ο χαλκός και ο σίδηρος, εξορυσσόμενα κυρίως στη δυτική και στη νότια περιοχή του νησιού. Ο Πλίνιος τονίζει τη παρουσία οπαλλίου (*Hist. nat.* 37, 84) και αμέθυστου (*Hist. nat.* 37, 121) στη Θάσο. Ώχρα εξορυσσόταν ήδη από την παλαιολιθική εποχή στην περιοχή των Λιμεναρίων. Στο νησί υπάρχουν κοιτάσματα αργίλου που επαρκούν για να τροφοδοτήσουν μια σημαντική παραγωγή κεραμικών. Προπάντων στη Θάσο, αφθονεί το μάρμαρο.

Το μάρμαρο

Το νησί διαθέτει ένα υπόστρωμα γνευσίου και σχιστολίθου που επικαλύπτεται από δύο στρώματα μαρμάρου τα οποία διαχωρίζονται από ένα ενδιάμεσο στρώμα γνευσίου. Το κατώτερο στρώμα, του οποίου το πάχος μπορεί να φτάσει τα 300μ., είναι ακριβώς το εκμεταλλεύσιμο κατά την εποχή εκείνη όπως και σήμερα. Τα λεπτόκοκκα μάρμαρα (δολομιτικά) του βορρά είναι κατάλληλα για τη γλυπτική· αυτά του νότου, με παχύτερους κρυστάλλους και ενίοτε διατρεχόμενα από κυανές φλέβες (ασβεστικά μάρμαρα), ενδείκνυνται περισσότερο για την αρχιτεκτονική και τις διακοσμητικές επενδύσεις. Τρεις ομάδες λατομείων είχαν διανοιχθεί κατά την αρχαιότητα: στον Λιμένα (ακρόπολη και παρυφές)· στα βόρεια του ακρωτηρίου Βαθύ, όπου τα κατάλοιπα των αρχαίων λατομείων, όπως αυτά στον Σαλιάρη, έχουν καταστραφεί σε μεγάλο μέρος από τη σύγχρονη εκμετάλλευση, ιδιαιτέρως έντονη από τη δεκαετία του '80· τέλος, και κυρίως, στην περιοχή της Αλυκής, όπου η επίσκεψη είναι άνετη (σ. 202).

Το μάρμαρο εξορυσσόταν από τα τέλη του 7ου αι. π.Χ. – ανάγλυφα του Πυθίου (σ. 141 και **εικ. 76**), ημίεργος κολοσσικός κούρος (σ. 295 και **εικ. 181**) – και στη συνέχεια προμήθευε τους ντόπιους γλύπτες με σχεδόν αποκλειστικό τους υλικό· χρησιμοποιείται μαζικά στις αρχές του 5ου αι. στην κατασκευή του τείχους και κατά τη διάρκεια του 4ου και 3ου αι. στα μεγάλα δημόσια κτήρια· η πρακτική αυτή συνεχίζεται στην ελληνιστική και ρωμαϊκή εποχή. Επιπλέον εξαγόταν, όπως μαρτυρούν όχι μόνο ένα χωρίο του Βιτρούβιου (X 2, 15), αλλά και κτήρια και γλυπτά που πραγματοποιήθηκαν εκτός του νησιού με μάρμαρο που ταυτίζεται ως θασίτικο. Μπορούμε να παραθέσουμε για παράδειγμα διάφορα γλυπτά που εκτίθενται στα μουσεία της Βόρειας Ελλάδας, από τη Θεσσαλονίκη ως την Κομοτηνή, εκ των οποίων τα αρχαιότερα ανέρχονται στα τέλη του 6ου αι., ή ακόμη δύο διάσημα έργα: τα ανάγλυφα Ludovisi και Βοστώνης (470-460 π.Χ.). Το θασίτικο μάρμαρο χρησιμοποιήθηκε επίσης κατά την ελληνιστική εποχή στην κατασκευή των κύριων οικοδομημάτων του ιερού των Μεγάλων Θεών στη Σαμοθράκη.

Προπάντων έτυχε της μεγάλης εκτίμησης των Ρωμαίων (Σενέκας, *ep. Lucilius*, 86, 6: *θεωρείται κανείς φτωχός αν το μάρμαρο της Θάσου, άλλοτε μια σπάνια ιδιομορφία σε κάποιο ναό, δεν επενδύει την πισίνα του*· Πλούταρχος, *Κάτων ο Νεότερος* 11, 3: ο τάφος του αδελφού του Κάτωνα στην Αίνο, κοντά στην εκβολή του Έβρου, κόστισε οκτώ τάλαντα· Σουετώνιος, *vit. Neron.* 50: η σαρκοφάγος του Νέρωνα περιστοιχιζόταν από θωράκιο λαξευμένο σε θασίτικο μάρμαρο· Στάτιος, *Silviae* I, 5, 34· II, 2, 92· Παυσανίας Α', 18, 6: δύο εικονιστικά πορτρέτα του Αδριανού σε θασίτικο μάρμαρο κοντά στο ιερό του Ολυμπίου Διός στην Αθήνα). Το διάταγμα του Διοκλητιανού προβλέπει τη διατίμηση του θασίτικου μαρμάρου. Η εκμετάλλευση και η εξαγωγή του συνεχίζονται στην παλαιοχριστιανική εποχή: στη Ρώμη είναι ιδιαιτέρα γνωστό.

Η αλιεία, τα δάση, η γεωργία

Οι ψαράδες έβγαζαν από τη θάλασσα πολλών ειδών ψάρια, από το σκορπιό ως το μπαρμπούνι (τρίγλα) αλλά και τον αστακό (Αθήναιος, Β' 105δ· Ζ' 321α, 325ε)· το χταπόδι της Θάσου δεν είχε όμοιο παρά εκείνο των ακτών της Καρίας (Αθήναιος, Ζ' 318στ)· τα θασίτικα παστά ψάρια στη σαλαμούρα (άλμη) έχαιραν εκτίμησης στην Αθήνα στα τέλη του 5ου αι. (Αριστοφάνης, *Ἀχαρνῆς* 671· βλ. επίσης Αθήναιος, Δ' 164ε· Ζ' 329β). Τον 3ο αι. π.Χ., η πόλη εξήγε στην Αίγυπτο παστό τόνο (*PSI* V, 535, 1. 44-45).

Δε διαθέτουμε πηγές σχετικά με την ξυλεία, αλλά είναι βέβαιο πως οι Θάσιοι έβρισκαν στο νησί τα απαραίτητα πεύκα για τα πλοία και τις ξυλώσεις τους. Αυτός ο δασικός πλούτος εξηγεί γιατί η Θάσος υπήρξε, τόσο στην αρχαιότητα όσο και στα νεότερα χρόνια, μια σημαντική ναυτική βάση. Όσο για την πίσσα από τα ρητινοφόρα, χρησίμευε για το καλαφάτισμα των πλοίων και εξασφάλιζε τη στεγανότητα των πήλινων αγγείων. Όπως και σήμερα, οι μέλισσες έδιναν το μέλι τους: οι αρχαίοι παρέθεταν μια πραγματεία μελισσοκομίας του Θασίου Φιλίσκου. Σύμφωνα με τον Γαληνό (*Περὶ ἀντιδότων* Α', 873), το μέλι που παραγόταν στο νησί ήταν το καλύτερο μετά από αυτό του Υμηττού.

Η γεωργία της Θάσου ευημέρησε και αποτέλεσε αντικείμενο πεφωτισμένης φροντίδας. Οι Λατίνοι αγρονόμοι παραπέμπουν στους προκατόχους τους Αναξίπολι και Ευάγονα από τη Θάσο. Φυτευόταν η καρυδιά (Πλίνιος, *Hist. nat.* 15, 90) και ιδιαίτερα η αμυγδαλιά: οι Θάσιοι ήξεραν να την εμβολιάζουν, για να διατηρούν μια παραγωγή καρπών με μαλακό κέλυφος (Θεόφραστος, *Φυτῶν αἴτια* Α', 9, 1). Στη γη αυτή, που ονομαζόταν «Δήμητρος ἀκτή», καλλιεργούσαν ένα ονομαστό κριθάρι (Αθήναιος, Γ' 112α). Αλλά η διαθήκη του Ρέβιλου (*ÉtThas* V, 185) μας πληροφορεί ότι τον 1ο αι. μ.Χ., οι ανάγκες σε δημητριακά δεν μπορούσαν να καλυφθούν παρά μόνο με το συμπλήρωμα των ηπειρωτικών γαιών.

Καμία αρχαία μαρτυρία δεν αφορά το ελαιόδεντρο που κυριαρχεί σήμερα. Η βασική καλλιέργεια, πηγή πλούτου κυρίως στην κλασική και στην αρχή της ελληνιστικής εποχής, ήταν αυτή του αμπελιού: παρήγε ένα κρασί ανώτερης ποιότητας.

Η συστηματική εξερεύνηση του νησιού, με τον προσδιορισμό των τρόπων κατοίκησης της επικράτειας, έφερε στο φως μια σειρά υλικών τεκμηρίων (αγροικίες, αναλήμματα, εργαστήρια κυρίως αμφορέων) επιβεβαιώνοντας τη σπουδαιότητα της αμπελοκαλλιέργειας για την τοπική οικονομία. Η αγροικία στη Μαρμαρόμανδρα, στα βορειοανατολικά του νησιού, όχι μακριά από την αρχαία πόλη, στις πλαγιές ενός λόφου, αποτελεί ένα ενδιαφέρον παράδειγμα αγροτικής εγκατάστασης προορισμένης για την εκμετάλλευση των αμπελιών. Έχοντας οικοδομηθεί στη διάρκεια του 4ου αι. π.Χ., εμφανίζεται στη σημερινή της κατάσταση ως ένα σύνολο δύο κτηρίων: το ένα ήταν αποκλειστικά κατοικία, το άλλο χρησίμευε ως αποθήκη για τη σοδειά, περιλαμβάνοντας πολλούς πίθους θαμμένους μέσα στο δάπεδο.

Οι ιδιοκτησίες αυτές καταλάμβαναν διάφορες εκτάσεις. Μια αττική επιγραφή παρέχει σχετικά μια πολύτιμη πληροφορία· πρόκειται για τη στήλη των Ερμοκοπιδών, που χαράχθηκε το 414 π.Χ. μετά από τη δήμευση της περιουσίας του Αλκιβιάδη και των φίλων του, που καταδικάστηκαν για τη διακωμώδηση των Ελευσινίων μυστηρίων και τον ακρωτηριασμό των Ερμών που σηματοδοτούσαν μία από τις εισόδους στην Αγορά της Αθήνας. Το κείμενο αυτό αναφέρει δύο αμπελώνες στη Θάσο που φαίνεται ότι ανήκαν και οι δύο στο ίδιο πρόσωπο, στον Αθηναίο Αδείμαντο: ο πρώτος, έκτασης 80 με 100 στρεμμάτων, ήταν υπό την επίβλεψη ενός δούλου και εκεί ήταν αποθηκευμένα τουλάχιστον 22 πιθάρια σε καλή κατάσταση (χωρητικότητα ενός πιθαριού: 10 εκατόλιτρα)· ο δεύτερος, όπου βρίσκονταν 93 πιθάρια, ένας ληνός και μία λεκάνη, έφθανε τα 300 στρέμματα. Πρόκειται εδώ για μεγάλες ιδιοκτησίες, σαν αυτές που πρέπει να υπήρχαν στην περιοχή του Καλονερού, στην ανατολική ακτή, όπου ένα εργαστήριο αμφορέων (σ. 193) συνδέεται για αρκετές δεκαετίες με την ίδια οικογένεια ιδιοκτητών αμπελοπαραγωγών (σ. 229). Αντίθετα, στον Κούκο, στο νότιο τμήμα του νησιού, ή στο Κεραμίδι, μια θέση κοντά στην τοποθεσία όπου πρέπει να βρισκόταν ο αρχαίος οικισμός Δημήτριον (σ. 68), ένα και μόνο αντίστοιχο εργαστήριο διέθετε την παραγωγή του για λογαριασμό αρκετών γειτονικών κτημάτων, ίσως μικρότερης έκτασης (σ. 229).

Το κρασί της Θάσου

Οι αρχαίοι δεν έπαψαν ποτέ να παινεύουν το κρασί της Θάσου. Ήταν διάσημο στην Αθήνα από τον 5ο αι. π.Χ. Εκτιμούσαν ιδιαιτέρως το άρωμά του (Αριστοφάνης, *Πλοῦτος* 1021) και οι Αθηναίες κουτσομπόλες γνώριζαν τα πάντα για τις απολαύσεις που έφερναν *τὰ θάσι' ἀμφορείδια* (Αριστοφάνης, *Ἐκκλησιάζουσαι* 1119)· σε ένα ποτήρι θασίτικο κρασί ορκίστηκαν οι συντρόφισσες της Λυσιστράτης να μην ενδώσουν στους άντρες τους όσο θα κρατούσε ο πόλεμος (Αριστοφάνης, *Λυσιστράτη* 196 κ.ε.): *καὶ μὰν ποτόδδει γ' ἁδὺ ναὶ τὸν Κάστορα* [τι γλυκιά ευωδιά, μα τον Κάστορα !] αναφωνεί η Σπαρτιάτισσα Λαμπιτώ.

Στον Έρμιππο, ο ίδιος ο θεός Διόνυσος δηλώνει: *καὶ θάσιον, τῷ δὴ μήλων ἐπιδέδρομεν ὀδμή· τοῦτον ἐγὼ κρίνω πολὺ πάντων εἶναι ἄριστον τῶν ἄλλων οἴνων μετ' ἀμύμονα χῖον* (Αθήναιος, Α' 29ε). Και το θασίτικο (κρασί), στο οποίο κυλά ένα άρωμα μήλου, αυτό κρίνω εγώ ότι είναι κατά πολύ καλύτερο από όλα, μετά το αψεγάδιαστο χιώτικο.

Σερβίρεται στους συνδαιτυμόνες του συμποσίου που παρέθεσε ο πλούσιος Καλλίας προς τιμήν του ωραίου Αυτόλυκου και του Σωκράτη· και ο Αντισθένης το παίρνει τότε ως σύμβολο των προϊόντων πολυτελείας, απλησίαστων για τους φτωχούς: *καὶ πολὺ πλεῖον διαφέρει πρὸς ἡδονὴν, ὅταν ἀναμείνας τὸ δεηθῆναι προσφέρωμαι ἢ ὅταν τινὶ τῶν τιμίων χρῶμαι, ὥσπερ καὶ νῦν τῷδε τῷ θασίῳ οἴνῳ ἐντυχὼν οὐ διψῶν πίνω αὐτόν* (Ξενοφών, *Συμπόσιον* 41). Και ως προς την ευχαρίστηση γίνεται μεγαλύτερη, όταν ικανοποιήσω την ανάγκη μου αφού πρώτα περίμενα, παρά όταν μεταχειρίζομαι κάτι το ακριβό, όπως τώρα αυτό εδώ το θασίτικο κρασί που βρίσκεται μπροστά μου και πίνω δίχως να διψώ.

Οι ποιητές της Μέσης και Νέας Κωμωδίας (4ος αι. π.Χ.) αναφέρονται συχνά στο κρασί της Θάσου. Ο Αντίδοτος εξυμνεί τις αρετές του στο στόμα ενός από τους πρωταγωνιστές του: *Θάσιον ἔγχει... ὁ γὰρ λαβών μου καταφάγοι τὴν καρδίαν, ὅταν πίω τοῦτ' εὐθὺς ὑγιὴς γίνεται· Ἀσκληπιὸς κατέβρεξε...* (Αθήναιος, Α' 28γ). Βάλε θασίτικο κρασί... κι όποιος με πάρει ας μου κατασπαράξει την καρδιά· όταν θα έχω πιει αυτό εδώ, θα γιάνω μονομιάς, του Ασκληπιού είναι η βροχή.

Συγκρινόταν μόνο με τα καλύτερα: ο Επίλυκος το συγκρίνει με το χιώτικο· ο Άλεξις με αυτό της Λέσβου· ο Εύβουλος συγκαταλέγει το κρασί της Θάσου μαζί με της Χίου και της Λέσβου ως θαυμάσια παλιά κρασιά. Πρόκειται εδώ για τις τρεις πιο ονομαστές ποικιλίες του 4ου αι. π.Χ. – ίσως μαζί με το κρασί της Βίβλου (μεταξύ Νεάπολης και Οισύμης) και αυτό της Μένδης, που επίσης παράγονται στην ίδια γεωγραφική ζώνη, στο βόρειο Αιγαίο – και οι γνώστες δεν κλίνουν εύκολα υπέρ του ενός ή του άλλου. Έτσι, ο Αρχέστρατος κατατάσσει το παλιό θασίτικο δίπλα σ' αυτό της Λέσβου: *ἐστὶ δὲ καὶ Θάσιος πίνειν γενναῖος, ἐὰν ᾖ πολλαῖς πρεσβεύων ἑτέρου περικαλλέσιν ὥραις* (Αθήναιος, Α' 29γ). Είναι και το θασίτικο γευστικό να το πιεί κανείς, αν είναι παλιότερο από το άλλο κατά πολλές καλές χρονιές.

Ο Μένανδρος αναφέρει το κρασί της Θάσου στην κωμωδία του *Μέθη* μαζί με άλλα εδέσματα, όπως τα χέλια της Κωπαΐδας στη Βοιωτία (Koerte, frgt. 264). Και γνωρίζουμε από τον Πλούταρχο (*Δημήτριος* 19) και τον Αθήναιο (Ι' 432β-γ) ότι το θασίτικο κρασί ήταν συχνά το πολυτελές ποτό των διάσημων εταίρων και των βασιλέων (Δημήτριος Πολιορκητής, Σέλευκος)· για τους Επικούρειους, συνιστούσε στοιχείο της αριθμητικής των ηδονών.

Η συνταγή για το θασίτικο κρασί – *οἶνος ἡδὺς*, ιδιαίτερα οινοπνευματούχος, με βάση λιαστά σταφύλια – μας έχει μεταδοθεί από τον Φλωρεντίνο, διασωσμένη στα *Γεωπονικά* (10ος αι. μ.Χ., αλλά η διαδικασία είναι αρχαία): *τὰς ἀκμάζουσας σταφυλὰς ἡλιάζομεν, διατιθέντες ἐπὶ βότρυν... ἡμέρας πέντε· μέσον ἡμέρας ἕκτης ἀνελόμενοι αὐτὰς ἐνθέρμους καταβάπτομεν εἰς γλεῦκος καὶ θάλασσαν ἑψημένην ἐφ' ἡμισείᾳ καὶ ἀνελόμενοι ἐπιτιθέμεθα εἰς τὴν ληνὸν νύκτα καὶ ἡμέραν μίαν· καὶ συμπατήσαντες ἀναλαμβάνομεν εἰς ἀγγεῖα. ὅταν δὲ ἀναζέσῃ καὶ ἀποκαθαρθῇ, παραχέομεν ἑψήματος εἰκοστόπεμπτον μέρος· μετὰ δὲ ἰσημερίαν ἐαρινὴν ἀποτρυγίζομεν εἰς ἀγγεῖα σύμμετρα* (Η' κβ'). Λιάζουμε τα ώριμα σταφύλια, απλώνοντάς τα τσαμπί τσαμπί... για πέντε μέρες· στη μέση της έκτης μέρας, τα μαζεύουμε και τα βουτάμε όπως είναι ζεστά σε μείγμα το μισό από μούστο και το άλλο μισό από βραστό θαλασσόνερο. Και αφού τα βγάλουμε, τα αφήνουμε στο πατητήρι για μια μέρα και μια νύχτα· κι αφού τα πατήσουμε, βάζουμε το ζουμί σε αγγεία. Όταν ζυμωθεί και καθαρίσει, προσθέτουμε ένα εικοστό πέμπτο ψημένου μούστου· μετά την εαρινή ισημερία, το μεταγγίζουμε σε ειδικά αγγεία.

Ανέρωτο, το κρασί της Θάσου ήταν μαύρο· καταναλωνόταν συνήθως αναμεμιγμένο με ίση ποσότητα νερού. Οι αρετές του αξιοποιούνταν σε ιδιαίτερα παρασκευάσματα και συνταγές. Παλαιωνόταν· το ανακάτευαν με μέλι και κριθάρι: *Θεόφραστος δ' ἐν Θάσῳ φησὶ τὸν ἐν τῷ πρυτανείῳ διδόμενον θαυμαστὸν εἶναι τὴν ἡδονήν· ἠρτυμένος γάρ ἐστιν. ἐμβάλλουσι γὰρ εἰς τὸ κεράμιον σταῖς μέλιτι φυράσαντες, ὥστε τὴν μὲν ὀσμὴν ἀπ' αὐτοῦ, τὴν δὲ γλυκύτητα ἀπὸ τοῦ σταιτὸς λαμβάνειν τὸν οἶνον* (Αθήναιος Α' 32α· Ι' 432γ). Ο Θεόφραστος λέει ότι στη Θάσο το κρασί που προσφέρουν στο πρυτανείο είναι περίφημης γεύσης, γιατί έχει υποστεί προετοιμασία. Βάζουν μέσα στο πήλινο αγγείο αλεύρι αναμεμιγμένο με μέλι, ώστε το κρασί να παίρνει τη μυρωδιά του μελιού και τη γλυκάδα του αλευριού.

Πάντα σύμφωνα με τον Θεόφραστο, στη Θάσο παρήγαν *οἶνόν τινα ὑπνωτικὸν καὶ ἕτερον ἀγρυπνεῖν ποιοῦντα τοὺς πίνοντας* (Αθήναιος Α' 31στ· βλ. επίσης Πλίνιος, *Hist. nat.* 14, 117).

Για τους συγγραφείς των αυτοκρατορικών χρόνων, το θασίτικο κρασί παραμένει ονομαστό. Κι αν ο Πλίνιος θεωρεί ότι η μόδα του πέρασε (*Hist. nat.* 14, 95), ακόμα μνημονεύεται από τον Δίονα Χρυσόστομο (*Λόγοι* 66, 7), ενώ ο Κλήμης ο Αλεξανδρεύς προσάπτει στους καλοφαγάδες του καιρού του ότι αφήνονται να παρασυρθούν υπερβολικά από αυτό (3ος αι. μ.Χ., *Παιδαγωγός* Β', 2). Τα θασίτικα κρασοστάφυλα, γνωστά στην εποχή του Βιργιλίου για την ποιότητά τους και την προσαρμοστικότητά τους στα ελαφρά χώματα (*Γεωργικά* Β' 91), εγκλιματίζονταν σε άλλους αγρούς· είχαν εισαχθεί στην Αίγυπτο (Πλίνιος, *Hist. nat.* 14, 75), καθώς και στην Ιταλία. Γίνεται ακόμη λόγος για αυτά τον 3ο αι. μ.Χ. στον *Ηρωικό* του Φιλοστράτου (11, 9· εκδ. L. de Lannoy).

Το ξίδι της Θάσου γνώριζε επίσης χρήση στη Ρώμη: συμπεριλαμβανόταν στη σύσταση ενός κολλυρίου (Πλίνιος, *Hist. nat.* 34, 114).

Νομοθεσία για το εμπόριο κρασιού

Στη Θάσο βρέθηκε ο πιο αρχαίος ελληνικός νόμος που αφορούσε το εμπόριο του κρασιού και του ξιδιού (**εικ. 133**): *- ον ποιέτω· ὅ τι ἂν τις τούτω[ν ποιῆι παρὰ τὰ γεγραμμέν]α, τõ οἴνο καὶ τõ ὀχσέος στερέσ[θω -]όντος· καὶ ἕκτην κατ' ἀμφορέα ἕκα[στον ὀφελέτω τῆι 'Αθ]ηναίηι τῆι Πολιόχωι καὶ τῶι Απόλλω[νι τῶι Πυθίωι κ]αὶ τῶι κατειπόντι ἑτέρην· ἀπενγυάτω δ [κατειπὼν τὴν ἀπεγγύην] παρὰ Τριηκοσίοισιν κατάπερ τῶν βιαίων· [πε]ρὶ τõ οἴνο νηϊδίης οὐκ ἔστιν ὅρκος οὔτε [ἀστῶι οὔ]τε χσένωι…* (ελλιπές κείμενο, χρονολογούμενο στα 480-470· *ÉtThas* III, 7· για την αξία της έκτης βλ. σ. 357). [όποιος δε συμμορφωθεί] να του κατασχεθεί το κρασί και το ξίδι και να πληρώσει μία έκτη για κάθε αμφορέα στην Αθηνά Πολιούχο και στον Πύθιο Απόλλωνα, και άλλη μία έκτη στον μηνυτή. Ο καταδότης να καταβάλει εγγύηση στους Τριακόσιους, όπως για τις περιπτώσεις βιαιοπραγιών. Σχετικά με το κρασί, δεν ισχύει ο όρκος για άγνοια νόμου ούτε από πολίτη ούτε από ξένο.

Γύρω στα 425-410 π.Χ., απαγορεύεται η πώληση της σοδειάς στο πόδι πριν την πρώτη του μήνα Πλυντηριώνα (Ιούνιος-Ιούλιος), τότε που σχηματίζονται τα σταφύλια, και ρυθμίζεται η πώληση του κρασιού *ἐν πίθοις* (**εικ. 134**): *γλεῦκος μηδὲ οἶνον τõ καρπõ τõ ἐπὶ τῆις ἀμπέ[λοις ὠν]ἔσθαι πρὸ νεομηνίης Πλυντηριῶνος· ὃς δ' ἂν πα[ραβὰς] πρίηται, ὀφείλεν στατῆρα παρὰ στατῆρα, τὸ μὲν [ἥμυσυ] τῆι πόλι, τὸ δ' ἥμυσυ τῶι δικασαμένωι. δίκη δ' ἔστω*

εικ. 133. Νόμος για το κρασί και το ξύδι, βουστροφηδόν (*ÉtThas* III, 7).

κα[τά]περ τῶμ βιαίων. ὃς δ' ἂν ἐμ πίθοις οἶνον πρίηται, τὴν ὠνὴν κυρίην ἔ̄ναι, ἂν τὸς πίθος σημήνηται (*IG* XII *Suppl.* 347, 1). Ούτε για μούστο, ούτε για κρασί, να μην αγοράζεται καρπός από τα κλήματα πριν από την πρώτη του Πλυντηριώνα. Όποιος παραβάτης τυχόν αγοράσει, να πληρώσει στατήρα για στατήρα: το ένα μισό στην πόλη, το άλλο μισό στον καταδότη. Η διαδικασία να είναι ίδια με τις περιπτώσεις βιαιοπραγίας. Σχετικά με την αγορά κρασιού σε πίθους, η πώληση να θεωρείται έγκυρη εφόσον το πιθάρι φέρει σφραγίδα.

Ένας τρίτος νόμος, χαραγμένος στο ίδιο μάρμαρο με τον προηγούμενο (**εικ. 134**), αναφέρει, γύρω στο 410, την παρέμβαση ειδικών επιτρόπων, των

εικ. 134. Νόμος για το κρασί *IG* XII *Suppl.*, 347, 1 (επάνω) και 2 (κάτω). Στο μέσο, σε μια βάθυνση, χαράχθηκε το 2ο αι. μ.Χ. ένας νόμος περί διαθηκών.

«πρὸς τὴν ἤπειρον ἐπιτετραμμένων», για την επίβλεψη της εξαγωγής του κρασιού: ... *αἵ δὲ θωιαὶ καὶ ἀπενγύαι ἔστων κατὰ ταὐτά· ἂν δὲ μηδὲς ἀπ[εγγυᾶ]ι, οἱ πρὸς τὴν ἤπειρον ἐπιτετραμμένοι δικασάσθων· ὅτε δ' ἂν νικήσωσι, τῆς πόλεως ἡ θωιὴ ἔστω πᾶσα· ἂν δὲ οἱ ἐπιτετραμμένοι μὴ δικάσωνται πυθόμενοι, αὐτοὶ τὴν θωιὴν διπλησίην ὀφελόντων· δικασάσθω δὲ ὁ βολόμενος κατὰ ταὐτά, καὶ τῆς θωιῆς τὸ ἥμυσυ ἰσχέτω, καὶ τὴν δίκην οἱ δημιοργοὶ δόντ‹ων› κατὰ τῶν ἐπιτετραμμένων κα‹τὰ› ταὐτά· μηδὲ πλοῖον Θάσιον ξενικὸν οἶνον ἐσαγέτω ἔσω Ἄθ‹ω› καὶ Παχείης· εἰ δὲ μή, τὰς αὐτὰς θωιὰς ὀφελέτω ἅσπερ παρὰ τὸν οἶνον ὕδωρ παραχέων, καὶ ὁ κυβερνήτης τὴν αὐτὴν θωιὴν ὀφελέτω· αἱ δὲ δίκαι καὶ αἱ ἀπενγύαι ἔστων κατὰ ταὐτά · μηδὲ ἐξ ἀμφορέων μηδὲ ἐκ πιθάκνης μηδ' ἐξ ψευδοπίθο κοτυλιζέτω μηδές. ὃς δ' ἂν πωλῆι, δίκαι καὶ ἀπεγγύαι καὶ θωιαὶ ἔστων κατὰ ταὐτὰ κατάπερ τõ ὕδατος τῆς παραχύσιος* (*IG* XII *Suppl.* 347, 2). Τα πρόστιμα και οι εγγυήσεις να είναι κατά το νόμο. Αν όμως κάποιος δεν πληρώσει εγγύηση, οι επιτετραμμένοι για την ήπειρο να κινήσουν δίκη: αν κερδίσουν, το πρόστιμο να επιστρέφεται ολόκληρο στην πόλη. Αν οι επιτετραμμένοι, ενώ έχουν λάβει καταγγελία, δεν κινήσουν διαδικασίες, να οφείλουν το διπλάσιο πρόστιμο. Να κινήσει τότε διαδικασία όποιος επιθυμεί, σύμφωνα με το νόμο, και να εισπράξει το μισό πρόστιμο· και οι δημιουργοί να κινήσουν δίκη κατά των επιτετραμμένων σύμφωνα με το νόμο. Κανένα πλοίο θασίτικο να μην εισάγει ξένο κρασί στην περιοχή από τον Άθω μέχρι το ακρωτήρι Παχείη (Παχύ). Ειδάλλως να καταβληθούν τα ίδια πρόστιμα όπως με την περίπτωση νόθευσης του κρασιού με νερό και ο πλοίαρχος να καταβάλει το ίδιο πρόστιμο. Οι διαδικασίες και οι εγγυήσεις να είναι σύμφωνα με το νόμο. Να μην πουλά κανείς λιανικώς κρασί ούτε από αμφορείς ούτε από πιθάκνες ούτε από ψευδοπίθους. Για τον παραβάτη, οι δίκες, οι εγγυήσεις και τα πρόστιμα να καθοριστούν σύμφωνα με αυτά για τη νόθευση του κρασιού με νερό.

Στην αγορά της Θάσου βρέθηκε μια μαρμάρινη τράπεζα με μέτρα (*σήκωμα*), ανατεθειμένη στον Ερμή από έναν αγορανόμο· διαθέτει δύο ημισφαιρικές κοιλότητες, με οπές απορροής, που γνωστοποιούν στους εμπόρους κρασιού την επίσημη χωρητικότητα του στάμνου (7,68 λίτρα) και του ημιαμφορέα (15,36 λίτρα) κατά τον 1ο αι. μ.Χ. (*ÉtThas* V, 194· στο μουσείο).

Οι αμφορείς της Θάσου

Για τη συσκευασία του κρασιού κατά την μετάγγιση της άνοιξης, για την παλαίωσή του και προπάντων για την εξαγωγή τους, οι Θασίτες αγγειοπλάστες κατασκεύασαν, κατά εκατοντάδες χιλιάδες, αμφορείς με τοπικές αργίλους που περιέχουν συχνά μαρμαρυγία. Ένας μεγάλος αριθμός έχει συλλεχθεί στην ίδια τη Θάσο. Από τον 5ο αι. και κυρίως στον 4ο αι. και στο

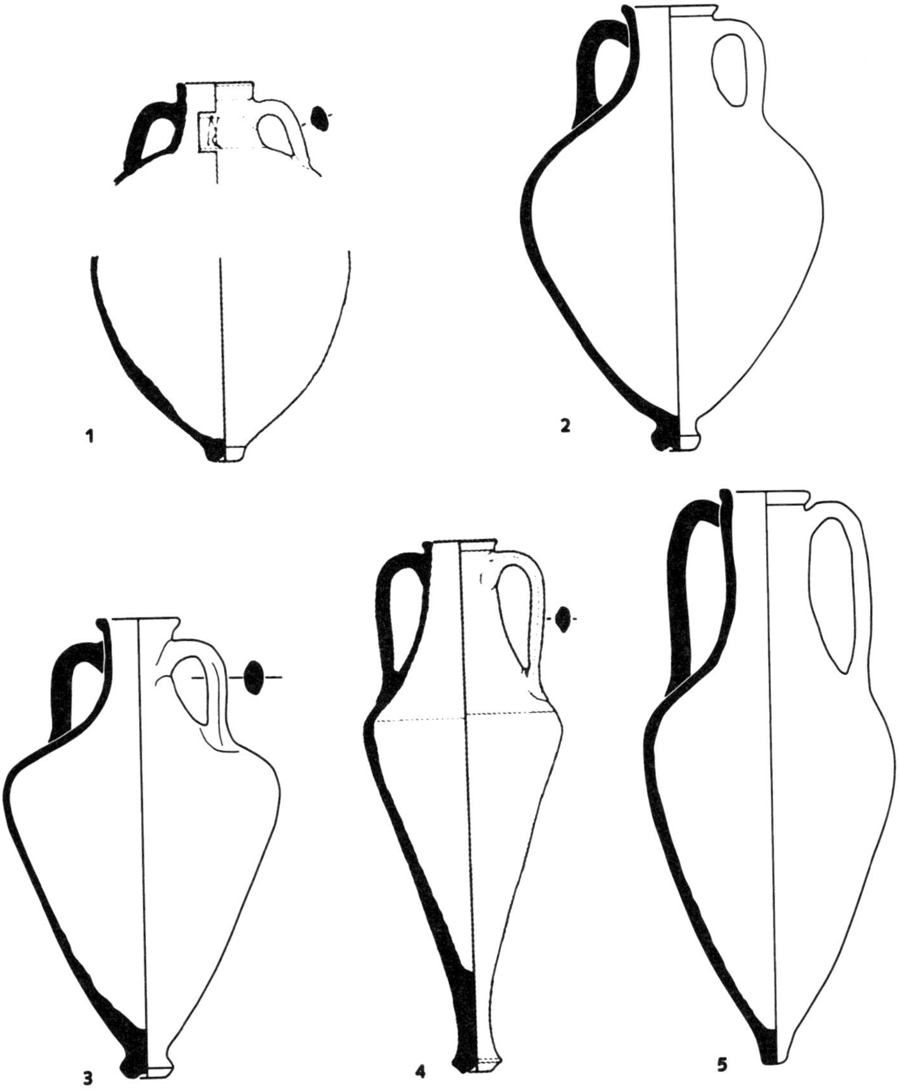

εικ. 135. Σχήματα των αμφορέων της Θάσου από τα τέλη του 6ου αι. έως το δεύτερο μισό του 3ου αι. π.Χ. (1: 10):
1 Τέλη 6ου - πρώτο μισό 5ου αι. π.Χ.· Θάσος, συνοικία της πύλης του Σιληνού (Y. Grandjean, *BCH* 1992, 572, αρ. 2 και 16).
2 Δεύτερο μισό του 5ου αι., από το Ελισαβετοσκοϊ (Y. Garlan, *Vin et amphores,* 1988, 13, εικ. 11).
3 Γύρω στο 360 π.Χ.· Από τη Θάσο, τομή στον κήπο της Γαλλικής Σχολής (Y. Garlan, *Vin et amphores,* 1988, 13, εικ. 13)· σχήμα ανεστραμμένου κώνου.
4 Μέσα 4ου αι. π.Χ.· από τη Θάσο, συνοικία της πύλης του Σιληνού, παλαιό σφράγισμα στα ονόματα του Μυίσκου και Ποσίδη- (Y. Grandjean, *BCH* 1992, 556, αρ. 47)· δικωνικό σχήμα, από τις αρχές του 4ου αι.· βλ. επίσης εικ. 138.
5 3ος αι. π.Χ. Από την Όλβια· νέο σφράγισμα στο όνομα του Αστυκρέοντος (Y. Garlan, *Vin et amphores,* 1988, 13, εικ. 14.).
Σημ.: ανάμεσα στα μέσα του 5ου και στα τέλη του 3ου αι., οι αμφορείς έχουν ύψος από 0,55 μ έως 0,75 μ περίπου.

εικ. 136. Θέσεις των εργαστηρίων παραγωγής αμφορέων στο νησί (1: 600 000).

πρώτο μισό του 3ου αι. π.Χ., αφθονούν στις αγορές του βορρά: στη Μακεδονία, στα παράλια και στην ενδοχώρα της Θράκης, στις ελληνικές αποικίες του Εύξεινου Πόντου, σε θέσεις ιθαγενών στη Σκυθία. Τους βρίσκουμε ακόμη στην Αθήνα, στη Δήλο, στην Αλεξάνδρεια και σποραδικά μέχρι την καρδιά της Ασίας, στα Σούσα ή στην Καμπούλ. Ο Στράβων, παραθέτοντας τον ιστορικό Θεόπομπο, επισημαίνει την παρουσία θασίτικων αμφορέων στις ακτές της Αδριατικής (Στράβων Ζ', 317).

Σχήματα και μέτρα

Οι αμφορείς αυτοί διαθέτουν δύο αποστρογγυλεμένες λαβές οβάλ διατομής και ένα κομβιόσχημο πόδι που προσφέρει ένα τρίτο πιάσιμο. Το σχήμα τους εξελίσσεται στο πέρασμα του χρόνου (**εικ. 135**). Οι αμφορείς στα τέλη του 6ου και κατά τον 5ο αι. π.Χ. διακρίνονται από τη σφαιρική κοιλιά τους και ένα λαιμό χαμηλό και χοντρό στο πρώτο μισό του 5ου αι., που έχει την τάση να επιμηκύνεται στη συνέχεια. Το χείλος εμφανίζεται αρχικά υπό μορφή πλατιάς ταινίας περισσότερο ή λιγότερο χαμηλής, σε ελαφρά προεξοχή σε σχέση με το λαιμό (τέλη 6ου - πρώτο μισό 5ου αι.)· έπειτα παρουσιάζει ένα προφίλ τριγωνικό, σε οξεία γωνία (δεύτερο μισό 5ου - πρώτο μισό 4ου αι.), που στρογγυλεύει στη συνέχεια σε ένα λεπτό κύλινδρο. Τον 4ο αι., ο καθαυτός αμφορέας, το *θάσιον* (20-25 λίτρα) έχει σχήμα ανεστραμμένου κώνου· ο ημιαμφορέας (10-12 λίτρα) είναι δικωνικός με μακρύ κυλινδρικό πόδι που απολήγει σε σχήμα οπλής· ο *στάμνος* έχει ακόμα μικρότερη χωρητικότητα (5 με 6 λίτρα), με πιο στενή κοιλιά και το ίδιο μακρύ πόδι. Τον 3ο αι. π.Χ., η κοιλιά γίνεται περισσότερο ατρακτόσχημη και το κομβίο τείνει να εξαφανιστεί. Οι κατηγορίες μικρού όγκου είναι μακράν οι συνηθέστερες, παρά το σχετικά μεγαλύτερο βάρος του αγγείου και το κόστος του: ένα πολύτιμο κρασί δεν πουλιέται σε νταμιτζάνες.

Κλίβανοι και αποθέτες

Η μελέτη των αμφορέων και των συνθηκών παραγωγής τους έχει προοδεύσει πολύ με την ανακάλυψη και την εξερεύνηση, από το 1978, εργαστηρίων αγγειοπλαστικής στο νησί. Ο χάρτης της **εικόνας 136** δείχνει τις γνωστές μέχρι το 2000 θέσεις κλιβάνων και αποθετών, συχνότερα κοντά στην ακτή, μερικές φορές προς το εσωτερικό, στις κοιλάδες και ακόμη στους πρόποδες των βουνών. Η διάρκεια δραστηριότητας των εργαστηρίων αυτών ποικίλλει. Ένας αξιοσημείωτος κλίβανος ανασκάφηκε στη Βαμβούρη Αμμουδιά, κοντά στην Αστρίδα, περίπου πενήντα μέτρα από την όχθη (**εικ. 137**): μπροστά έχει ένα θάλαμο καύσης, ο αγωγός του οποίου είναι 2μ. μήκους και

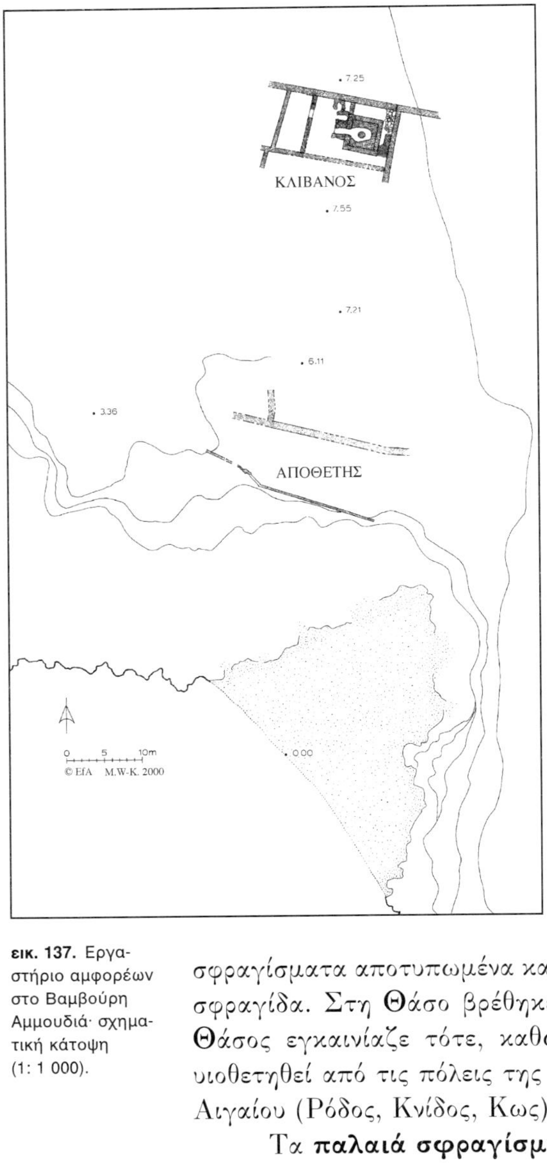

εικ. 137. Εργαστήριο αμφορέων στο Βαμβούρη Αμμουδιά· σχηματική κάτοψη (1: 1 000).

0,80μ. πλάτους. Ο απιόσχημος θάλαμος θέρμανσης (2,80 × 2μ.), με μια εσχάρα πάνω σε κεντρικό πεσσίσκο, ήταν σκαμμένος εν μέρει στο βράχο και ενσωματωμένος σε μια τετράγωνη κατασκευή, πλευράς 4,80 μ.· θα πρέπει να αποκαταστήσουμε ένα θολωτό θάλαμο όπτησης ίσου ύψους. Ο κλίβανος αυτός, που λειτούργησε στο πρώτο μισό του 3ου αι. π.Χ., βρισκόταν μέσα σε έναν τετράγωνο περίβολο, που και αυτός ήταν ενταγμένος σε ένα ευρύτερο αρχιτεκτονικό σύμπλεγμα που μένει να ερευνηθεί.

Σφράγισμα

Οι αμφορείς κρασιού της **Θάσου** διαδόθηκαν αρχικά – όπως αυτοί της Χίου – χωρίς σταθερό διακριτικό σύμβολο: το σχήμα τους (και ίσως γραπτές ετικέτες) υποδείκνυαν την προέλευσή τους. Αλλά τον 5ο αι. π.Χ. εμφανίστηκαν ενσφράγιστα σημάδια: αρχικά σφραγίδες τετράγωνες, κυκλικές ή οβάλ εντός πλαισίου, με ανάγλυφες εικονιστικές παραστάσεις: κρατήρας, λύρα, πτηνό, κράνος, χελώνα, βούκρανο... (**εικ. 139**)· έπειτα, για αρκετούς αιώνες, ορθογώνια σφραγίσματα αποτυπωμένα κατά κανόνα στη λαβή, πριν το ψήσιμο, με πήλινη σφραγίδα. Στη **Θάσο** βρέθηκε μια από αυτές τις σφραγίδες (**εικ. 140**). Η **Θάσος** εγκαινίαζε τότε, καθώς φαίνεται, μία πρακτική που αργότερα θα υιοθετηθεί από τις πόλεις της Μαύρης **Θάλασσας** (Ηράκλεια, Σινώπη) ή του Αιγαίου (Ρόδος, Κνίδος, Κως) που εξήγαν κρασί.

Τα **παλαιά σφραγίσματα** ξεκινούν το 395-390 π.Χ.· διαρκούν μέχρι το 335-330. Το σφράγισμα διαθέτει κατά κανόνα την αναφορά στο όνομα της πολιτικής κοινότητας (ΘΑΣΙΩΝ), και, με ελάχιστες εξαιρέσεις, δύο ονόματα: αφενός το όνομα του ετήσιου άρχοντα, χωρίς αμφιβολία ενός *αγορανόμου* που είχε υπό την αρμοδιότητά του την επιτήρηση των αγορών και την επαλήθευση των μέτρων· η παρουσία του μεταφράζει μια χρονολογία («επωνυμία») και βεβαιώνει έναν έλεγχο (χωρητικότητα; φορολογία;)· και αφετέρου το όνομα του υπεύθυνου κατασκευής του αγγείου, που σε μια σειρά ονομάζεται *κεραμάρχης*. Τα πρώτα χρόνια, βρίσκουμε στο ορθογώνιο σφράγισμα τα δύο ονόματα και αυτό της πόλης, συνηθως συντετμημένα (**εικ. 141**)· το ανεικονικό αυτό σφράγισμα συνοδεύεται συχνά, αν όχι πάντα, σε άλλο τμήμα του αγγείου, από ένα μικρό σφράγισμα με απεικόνιση. Από το 385 περίπου εμφανίζονται εγγεγραμμένα στο ορθογώνιο σφράγισμα εικονιστικά σύμβολα, άλλοτε ιδιαίτερα εμβλήματα των αρχόντων (Ηρακλής τοξότης με τον Αριστομένη, κεφαλή Ηρακλή με τον Ηροφώντα), άλλοτε εμβλήματα του «κατασκευαστή», που ανανεώνονται κάθε χρόνο· σπανιότερα συναντώνται και τα δύο συνδυασμένα (**εικ. 142** και **143**).

Οι «κατασκευαστές» παράγγελναν τους αμφορείς κατά ετήσιες σειρές, για να αποθηκεύσουν εκεί το κρασί του φθινοπωρινού τρύγου. Το 1981, ανασκάφηκε στο Καλονερό (απέναντι από το ακρωτήρι Κραμπούσα) ο αποθέτης ενός εργαστηρίου· στα σφραγίσματα των αμφορέων που πετάχτηκαν στα απορρίμματα διαδέχονται το ένα το άλλο τα ονόματα του «κατασκευαστή» Αρισταγόρα και του γιου του Δημαλκή – μια μεγάλη οικογένεια ευπατρίδων, που διετέλεσαν άρχοντες και θεωροί. Το ίδιο εργαστήριο χρησιμοποιήθηκε επίσης από τον Λεώφαντο, αδελφό του Αρισταγόρα. Τα πρόσωπα αυτά εμφανίζονται ως αμπελοκαλλιεργητές – ιδιοκτήτες ή μακροχρόνιοι διαχειριστές – ενός ή περισσότερων κτημάτων στην ανατολική ακτή. Η δραστηριότητά τους τροφοδότησε το εξαγωγικό εμπόριο: αμφορείς με το όνομά τους εντοπίζονται στις ακτές της Μαύρης Θάλασσας. Αλλού η κατάσταση είναι πιο περίπλοκη: συμβαίνει ένα εργαστήριο ή μια ομάδα εργαστηρίων (Μόλος, κοντά στην αρχαία πόλη· Κεραμίδι, κοντά στα Λιμενάρια) να εργάζεται, με περισσότερη ή λιγότερη συνέχεια, για πολλούς «κατασκευαστές» – ιδιοκτήτες, επενδυτές ή, ευκαιριακά, αγοραστές της σοδειάς στο πόδι ή σε βαρέλια – οπότε οι μούστοι ζυμώνονταν μέσα στους πίθους των γειτονικών κελλαριών. Μεταξύ εκείνων που χρησιμοποίησαν για καιρό τέτοια εργαστήρια, μπορούμε να παραθέσουμε στη θέση Μόλο τον Πυλάδη (ο πατέρας του, Δήμης, ήταν ήδη «κατασκευαστής»), σημαντικό πρόσωπο, που διετέλεσε επίσης θεωρός.

εικ. 138. Αμφορέας Θάσου με σφράγισμα (Αισχρ-, αρ. Th. 1403), από τις βορειοδυτικές παρυφές της αγοράς· ύψ. 0,69 μ (1: 5).

Γύρω στα 335-330 π.Χ. το σύστημα αλλάζει. Στα **νέα σφραγίσματα** μαζί με την πολιτική κοινότητα αναγράφεται μόνο το όνομα του άρχοντα ελεγκτή. Τα ανασκαφικά δεδομένα, η σύγκριση των περιόδων δραστηριότητας των διάφορων εργαστηρίων, η ανάλυση της γραφής, οι στυλιστικές συσχετίσεις των τύπων και μερικές συμπτώσεις με τον κατάλογο των θεωρών (για παράδειγμα, ο Νικόδημος, γιος του Τιμοκλείδη, ξανασυναντάται γύρω στο 240 π.Χ.) επιτρέπουν να προσδιοριστούν με αρκετή βεβαιότητα χρονολογικά σύνολα που

εικ. 139. Σφράγισμα αμφορέα· κεφάλι βοδιού (αρ. ευρ. Th. 9353· x 1,5).

εικ. 140. Σφραγίδα και αντίστοιχο σφράγισμα: Αστυκρέων, αμφορέας.

εικ. 141. Παλαιό σφράγισμα αμφορέα, χωρίς σύμβολο· Μνημη-/ Θρασω- (αρ. ευρ. Th. 1447· x 1,5).

εικ. 142. Παλαιό σφράγισμα αμφορέα με σταθερό κύριο σύμβολο: Ηροφών, κεφαλή Ηρακλή στραμμένη στα δεξιά, ασπίδα/ Ευρυκράτης (αρ. ευρ. Th. 2313· x 1,5).

εικ. 143. Παλαιό σφράγισμα αμφορέα με εναλλασόμενο σύμβολο: Αμφαν-/ Δημαλ- και παλάμη (αρ. ευρ. Th. 9666· x 1,5).

εικ. 144. Νέο σφράγισμα αμφορέα με Σ με κεραίες: Σκύμνος και στεφάνι (αρ. ευρ. Th. 3740· x 1,5).

εικ. 145. Νέο σφράγισμα αμφορέα, με ημισεληνόσχημο Σ: Διαγόρας και τσαμπί σταφυλιού (αρ. ευρ. Th. 15093· x 1,5).

εκτείνονται σε διάρκεια ενός αιώνα. Το όνομα του εκάστοτε ετήσιου άρχοντα συνοδεύεται από ποικίλα σύμβολα, τα οποία αποτελούνται μερικές φορές από γράμματα του αλφαβήτου (που αντιστοιχούν σε μια αρίθμηση), αλλά πιο συχνά αντιπροσωπεύονται από εικονιστικά σφραγίσματα (**εικ. 144** και **145**). Κάθε σύμβολο σημαδεύει – όπως έδειξαν οι ανασκαφές των αποθετών – τα αγγεία που προέρχονται από την ίδια θέση. Κι αν στο εξής ο «κατασκευαστής» περιορίζεται στην ανωνυμία, παρ' όλα αυτά οι αμφορείς του σημαδεύονται με ένα σύμβολο που αντιστοιχεί ειδικά σε αυτόν. Όμως το σύμβολο αυτό αλλάζει κάθε χρόνο. Έτσι, στο Καλονερό, ο Δημαλκής, ο οποίος διετέλεσε άρχοντας γύρω στο 320, αν διατήρησε την οικογενειακή περιουσία, κάτι που είναι πιθανόν, διέκρινε τους αμφορείς του με το γράμμα Ο (ήτοι ο αριθμός 16) υπό τον Τιμαρχίδα και με την απεικόνιση χορεύτριας υπό τον Κρίνι· υπό τον Δαίφρονα του αποδίδουν ένα τσαμπί, ενώ ο άγνωστος «κατασκευαστής» του Κούκου (κοντά στην Αστρίδα) κατέχει τη χρονιά αυτή, υπό τον ίδιο επώνυμο άρχοντα, βούκρανο ως διακριτικό σημείο.

Τα σύμβολα που συνοδεύουν το όνομα κάθε άρχοντα δεν ξεπερνούν ποτέ τα σαράντα. Αυτό σημαίνει πως οι αμπελοκαλλιεργητές – οι αποδέκτες της παραγωγής αμφορέων – ήταν περιορισμένου αριθμού. Αν λάβουμε υπ' όψιν το σύνολο των καλλιεργήσιμων εκτάσεων στο νησί και σύμφωνα με την υπόθεση – που ενισχύεται από τη διασπορά των εργαστηρίων αμφορέων – ότι το αμπέλι κυριαρχούσε, θα εκτιμήσουμε πως η δραστηριότητά τους ήταν εξαπλωμένη σε αρκετά μεγάλες εκτάσεις, που μπορούσαν να φθάσουν σε ορισμένες περιπτώσεις αρκετές δεκάδες εκτάρια (σ. 220).

Τα εικονιστικά σύμβολα συνιστούν ένα μικρό εικονογραφικό θησαυρό. Είναι πράγματι ιδιαίτερα πολυποικίλα: εμβλήματα ή θεϊκά σύμβολα, τραγικά και κωμικά προσωπεία, όπλα, εργαλεία, καθημερινά αντικείμενα, τιμόνια, πλώρες καραβιών, κάθε είδους ζώα (τετράποδα, πτηνά, ερπετά, ψάρια, οστρακόδερμα), φυτικά κοσμήματα (τσαμπιά) ή άνθη, αλλά και πολλά αγγεία, μεταξύ των οποίων και αμφορείς (όπως ο ημιαμφορέας του Κρίνι πάνω σε κεραμικό τροχό). Βρίσκουμε μερικές φορές χαράγματα που μιμούνται τους νομισματικούς τύπους της Θάσου (Ηρακλής τοξότης) ή άλλων πόλεων (χορεύτρια με κάλαθο των Αβδήρων).

Μετά τα μέσα του 3ου αι., η περίοδος της μεγάλης ευημερίας μοιάζει να περνά· το σφράγισμα συνεχίζει εντούτοις μέχρι τη διάρκεια του 2ου αι. π.Χ. Οι λογοτεχνικές πηγές μαρτυρούν κατά την αυτοκρατορική εποχή μια αναθέρμανση του ενδιαφέροντος για το θασίτικο κρασί· η παραγωγή και η εξαγωγή συνεχίστηκαν αναμφίβολα μέχρι τα τελευταία χρόνια της αρχαίας πόλης.

Βιβλιογραφία:

– Η οικονομική ζωή: J. Pouilloux, *ÉtThas* III (1954), *passim*· Chr. Dunant, J. Pouilloux, *ÉtThas* V (1958), 5-10 και 214-222 (για την κυκλοφορία των νομισμάτων)· Fr. Salviat, «Une nouvelle loi thasienne. Institutions judiciaires et fêtes religieuses à la fin du IVe siècle av. J.-C.», *BCH* 82 (1958), 193-212 και κυρίως 209-212 (για τις μηνιαίες δίκες).

– Ο χρυσός και ο υπόλοιπος ορυκτός πλούτος: A. Muller, «La mine de l'acropole», *Thasiaca, BCH Suppl.* V (1979), 315-344· J. des Courtils, T. Kozelj, A. Muller, «Des mines d'or à Thasos», *BCH* 106 (1982), 409-417 και 674· T. Kozelj, A. Muller, «La mine d'or de l'acropole de Thasos», *Antike Edel- und Buntmetallgewinnung auf Thasos. Der Anschnitt, Zeitschrift für Kunst und Kultur im Bergbau,* 6 Beiheft (1988), 180-197 (στον τόμο αυτόν, περιλαμβάνονται άρθρα για τα μέταλλα και το μεταλλευτικό πλούτο του νησιού· επίσης βλ. παραπάνω, σ. 196 και 207)· Χ. Κουκουλη-Χρυσανθακη, G. Weisgerber, «Προϊστορικά ορυχεία ώχρας στη Θάσο», *ΑΕΜΘ* 7 (1993) [1997], 541-558.

– Το μάρμαρο: J.-J. Herrmann, J.-P. Sodini, «Exportations de marbre thasien à l'époque paléochrétienne: le cas des chapiteaux ioniques», *BCH* 101 (1977), 471-511· J.-P. Sodini, A. Lambraki, T. Kozelj, *Aliki I. Les carrières de marbre à l'époque paléochrétienne, ÉtThas* IX (1980)· T. Kozelj, A. Muller, J.-P. Sodini, *BCH* 105 (1981), 961-963 (Σαλιάρης) και *BCH* 106 (1982), 676-677· T. Kozelj, A. Lambraki, A. Muller, J.-P. Sodini, «Sarcophages découverts dans les carrières de Saliari (Thasos)», *Studi Miscellanei* 26 (1985), 75-77· M. Brunet, *BCH* 111 (1987), 626-627 (Φανάρι)· M. Wurch-Kozelj, T. Kozelj, «Roman Quarries of Apse-Sarcophagi in Thassos of the Second and Third Centuries», *Transactions of the 3rd International Symposium of the Association for the Study of Marble and other Stones Used in Antiquity,* Αθήνα (1995), 39-47 (Σαλιάρης και Βαθύ)· J.-Y. Marc, «Who Owned the Marble Quarries of Thasos during the Imperial Period?», στο ίδιο, 33-37· T. Kozelj, M. Wurch-Kozelj, «Les Pariens et les carrières à Thasos», στο Δ. Σκιλαρντι, Ντ. Κατσωνοπουλου (επιμ.), *ΠΑΡΙΑ ΛΙΘΟΣ. Λατομεία, μάρμαρα και εργαστήρια γλυπτικής της Πάρου, Πρακτικά Α΄ Διεθνούς Συνεδρίου Αρχαιολογίας Πάρου και Κυκλάδων, Παροικιά, Πάρος 2-5 Οκτωβρίου 1997* (Αθήνα 2000), 417-426· των ίδιων, «Les carrières de marbre à Thasos à l'époque proto-byzantine. Extraction et production», *Travaux et Mémoires* 15 (2005), 465-486· των ίδιων, «Η μελέτη των λατομείων μαρμάρου της Θάσου τις τελευταίες δεκαετίες», *ΑΕΜΘ, 20 χρόνια* (2009), 155-167.

– Το ψάρεμα, τα δάση, η γεωργία: Ζ. Μπονιασ, *ΑΔ* 41 (1986) [1990], Β', 168-171: αγροικία της Μαρμαρόμανδρας.

– Το αμπέλι και το κρασί: Fr. Salviat, «Le vin de Thasos», *BCH Suppl.* XIII (1986), 145-196· M. Brunet, «Vin local et vin de cru. Les exemples de Délos et Thasos», *BCH Suppl.* XXVI (1993), 201-211.

– Ρύθμιση του εμπορίου του κρασιού: Fr. Salviat, «Le vin de Thasos», *BCH Suppl.* XIII (1986), 147-154 και 181-187 (όπου η προγενέστερη βιβλιογραφία).

– Αμφορείς και σφραγίσματα αμφορέων: A. M. Bon, A. Bon, *ÉtThas* IV (1957)· V. Grace, Fr. Salviat, «Sceau thasien à marquer les amphores», *BCH* 86 (1962), 510-516· M. Debidour, «Réflexions sur les timbres amphoriques thasiens», *Thasiaca, BCH Suppl.* V (1979), 269-314· Y. Garlan, «Quelques nouveaux ateliers amphoriques à Thasos», *BCH Suppl.* XIII (1986), 201-276· M. Debidour, «En classant les timbres thasiens», *στο ίδιο*, 311-334· (αρχή των νέων σφραγισμάτων γύρω στο 345)· Y. Garlan, *Vin et amphores de Thasos, Sites et monuments* V (1988) (προγενέστερη βιβλιογραφία, σ. 35)· Y. Grandjean, «Contribution à l'établissement d'une typologie des amphores thasiennes», *BCH* 116 (1992), 541-584· Y. Garlan, «Nouvelles remarques sur la chronologie des timbres amphoriques thasiens», *Journal des Savants* (1993), 149-181 (αρχή των παλαιών σφραγισμάτων στα 395-390· αρχή των νέων σφραγισμάτων στα 335-330)· S. J. Monachov, «Σχετικά με τις θασίτικες εισαγωγές στο βόρειο Εύξεινο Πόντο κατά το πρώτο μισό του 5ου αι. π.Χ.» (στα ρωσικά), *La région de la mer Noire à l'époque ancienne, Drevnce Pric'ernomor'e,* Οδησσός (1996), 70-73· A. Avram, *Les timbres amphoriques, I. Thasos, Histria* VIII (1996)· Y. Garlan, «Les "fabricants" d'amphores», *Topoi* 8 (1998), 581-590· M. Debidour, «La tutelle de la cité sur la production des amphores à Thasos à la lumière d'un exemple: le "groupe au rhyton"», *Topoi* 8 (1998), 591-606. Το corpus των παλαιών σφραγισμάτων έχει δημοσιευθεί από τον Y. Garlan, *Les timbres amphoriques de Thasos, I. Timbres proto-thasiens et thasiens anciens, ÉtThas* XVIII (1999)· τα νέα σφραγίσματα έχουν μελετηθεί σε μια αδημοσίευτη ακόμη εργασία από τον M. Debidour, *Les timbres amphoriques thasiens de type récent* (αδημ. διατριβή επί «habilitation», Λυών 2, 1999)· Y. Garlan, «En visitant et revisitant les ateliers amphoriques de Thasos», *BCH* 128-129 (2004-2005), 269-329.

ΠΟΛΕΟΔΟΜΙΑ ΚΑΙ ΑΡΧΙΤΕΚΤΟΝΙΚΗ

Α. Η πολεοδομική εξέλιξη

Κτισμένη στη βόρεια - βορειοανατολική μύτη του νησιού, απέναντι από την ήπειρο, προστατευμένη από τον κάβο του Εβραιόκαστρου στα ανατολικά και από το ακρωτήριο Παχύς στα δυτικά, η αρχαία πόλη επωφελούνταν μιας σειράς πλεονεκτημάτων που παρείχε η ίδια η τοποθεσία και πολύ γρήγορα μπόρεσαν να αναγνωρίσουν οι άποικοι από την Πάρο: ένα εξαιρετικό αγκυροβόλιο σε ένα σταυροδρόμι θαλάσσιων οδών, μια εύφορη παράκτια πεδιάδα, πλούσια σε νερό, που διευρύνεται λίγο λίγο από τα βορειοανατολικά προς τα νοτιοδυτικά, μια ακρόπολη μερικές εκατοντάδες μέτρα από την ακτή, που στους πρόποδές της μπορούσαν να αναπτυχθούν οι οικιστικές συνοικίες και που προσέφερε καταφύγιο σε περίπτωση ανάγκης (**εικ. 22**).

Σημ.: Για να ξαναβρεί κανείς εύκολα στο κεφάλαιο «Περιήγηση στην αρχαία πόλη» (σ. 69- 186) καθένα από τα κτήρια που παρατίθενται στις παρακάτω σελίδες, μπορεί να ανατρέξει στο ευρετήριο, σ. 383-384.

7ος αιώνας

Πριν από την άφιξη των Παρίων, γύρω στα 680-670, η θέση ήταν ήδη κατοικημένη. Τα λείψανα που αποκαλύφθηκαν κάτω από τα σπίτια της συνοικίας της πύλης του Ερμή, κάτω από το θέατρο και στον τομέα του Αρτεμισίου και του Διονυσίου, μαρτυρούν την ύπαρξη ένος προαποικιακού ντόπιου οικισμού: το αρχαιότερο γνωστό μέχρι σήμερα κτήριο, που χρονολογείται στα τέλη του 8ου αι. ή στις αρχές του 7ου αι., ήρθε στο φως περίπου σαράντα μέτρα ανατολικά του Διονυσίου (**εικ. 47**)· πρόκειται για μια αψιδωτή κατασκευή, της οποίας οι τοίχοι αποτελούνταν από μια βάση με μικρούς λίθους γνευσίου, πρόχειρα πελεκημένους, και μια ανωδομή από ωμές πλίνθους, ενώ η στέγη ήταν φτιαγμένη από κλαδιά με δόρωση. Τα κατάλοιπα του σπιτιού αυτού περιέκλειαν ντόπια κεραμική αλλά και επείσακτα αγγεία, αιολικής, λήμνιας και θρακομακεδονικής προέλευσης. Το ίδιο το σχήμα της κατοικίας δεν είναι τυχαίο· ενώ αυτός ο τύπος της αψιδωτής οικίας είχε εγκαταλειφθεί στην Πάρο από τα τέλη του 8ου αι., ήταν ακόμη παρών στη Θάσο στις αρχές του 7ου αι., όπως έδειξαν οι ανασκαφές στον ντόπιο οικισμό στο Καστρί (βλ. σ. 34).

Οι διαθέσιμες πληροφορίες είναι ανεπαρκείς για να μπορέσουμε να αναφερθούμε στον τρόπο ζωής των πρώτων γενιών αποίκων. Είναι βέβαιο πάντως ότι η θέση των πρώτων ιερών – του Πυθίου και του Αθήναιου στην ακρόπολη, του Αρτεμισίου και του Ηρακλείου στο κάτω μέρος της πλαγιάς – ορίστηκε από πολύ νωρίς: το μαρτυρά η αισθητή αύξηση των αναθημάτων από τα μέσα του 7ου αι.

Κι αν τα ιερά, ως τα τέλη του αιώνα, εμφανίζονται να μη διαθέτουν ιδιαίτερα σημαντικά οικοδομήματα, ορισμένα από αυτά θα εξυπηρετήσουν πολύ σύντομα ως σημεία εδραίωσης για την οργάνωση του χώρου. Στα τέλη του 7ου αι., δύο οικιστικές ζώνες αναπτύσσονται: σε απόσταση περίπου πεντακοσίων μέτρων η μία από την άλλη, βρίσκονται η μία στα περίχωρα του Αρτεμισίου (βορειοανατολικός τομέας), η άλλη κοντά στο Ηράκλειο (νοτιοδυτικός τομέας). Αυτές οι δύο ανισομερώς κατοικημένες ζώνες – ο οικισμός του βορειοανατολικού τομέα φαίνεται να είναι πιο ανεπτυγμένος – συνδέονταν με μια διαδρομή που ακολουθούσε τις ισοϋψείς καμπύλες στους πρόποδες της ακρόπολης και διατηρήθηκε μέχρι την αυτοκρατορική εποχή. Η μεγάλη πλακόστρωτη αρτηρία, που οδηγούσε τότε, ακολουθώντας μια πορεία όχι απόλυτα ευθεία από τη Δίοδο των θεωρών στην αψίδα του Καρακάλλα, δεν είναι στην ουσία τίποτε άλλο από τη μνημειακή διαμόρφωση στο δεύτερο μισό του 2ου αι. μ.Χ. του πρώτου αυτού μονοπατιού που δημιουργήθηκε με εντελώς εμπειρικό τρόπο, αλλά που η σπουδαιότητά του, από τα τέλη του 7ου ή τις αρχές του 6ου αι., υπογραμμιζόταν από την παρουσία, στη μία πλευρά, του μνήματος του Γλαύκου.

6ος αιώνας

Η οικοδομική δραστηριότητα που διακρίνεται στην αστική τοποθεσία στα τέλη του 7ου αι. – και που παρατηρείται επίσης στην Αλυκή, όπου κατασκευάζεται το πρώτο άνδηρο του ιερού – εμφανίζεται ακόμα πιο έντονη τον επόμενο αιώνα. Τα σημαντικότερα ιερά συνιστούν αντικείμενο σταθερής φροντίδας για την πόλη: στις αρχές του αιώνα, διευρύνεται το τέμενος του ιερού της Αρτέμιδος προς τα βορειοδυτικά· στο ιερό της Αθηνάς έχουν βρεθεί τα λείψανα του αρχαϊκού ανδήρου και ο ένας από τους τοίχους του αρχικού ναού, που μπορούν να χρονολογηθούν προς τα μέσα του 6ου αι.· στο ιερό του Ηρακλή οικοδομείται, αυτόν τον αιώνα, ένας ταπεινός ναός καθώς και το κτήριο με την πολυγωνική τοιχοποιία, με προορισμό να στεγάζει τα συμπόσια των θυσιών· το Πύθιο πρέπει να διέθετε, στο τελευταίο τέταρτο του 6ου αι., τουλάχιστον ένα κτήριο με λατρευτική λειτουργία, αν κρίνουμε από τα άφθονα αρχιτεκτονικά μέλη της εποχής αυτής (δρομικούς λίθους, τμήματα επιστυλίου, γλυφές, κ. λπ.) που βρέθηκαν επί τόπου ή εκεί κοντά. Σε αυτές τις επεμβάσεις που αφορούν τις δημόσιες ζώνες – μπορούμε να αναφέρουμε την επέκταση του ανδήρου του ιερού στην Αλυκή και την κατασκευή του βόρειου κτηρίου γύρω στα 530-525 π.Χ. – προστίθεται η διαμόρφωση νέων οικιστικών ζωνών στα νότια, στα πέριξ του Ηρακλείου, όπως και στα βόρεια (νησίδες Ι και ΙΙ στη μέλλουσα συνοικία της πύλης του Ερμή). Ανάμεσα σε αυτά τα δύο σημεία, ο αστικός χώρος αρχίζει να γεμίζει· ιδιαίτερα ορισμένοι τοίχοι, που αποκαλύφθηκαν στο βόρειο μισό της αγοράς, σχετίζονται με κτήρια, κάποτε αρκετά εκτεταμένα, που μπορούν να χρονολογηθούν στον 6ο αι. π.Χ.

Η επέκταση του οικισμού κατά τον αιώνα αυτόν, είτε στο προστατευμένο τμήμα, είτε στο «ανοιχτό» (βλ. σ. 113) και οι νέες διαμορφώσεις των ιερών, στα οποία εμφανίζονται στο εξής κτήρια μνημειακού χαρακτήρα, συνδέονται σίγουρα με την οικονομική άνθηση και τη δημογραφική ανάπτυξη της πόλης· αλλά σχετικά με την πολεοδόμηση της τοποθεσίας, μαρτυρούν επίσης την πρόθεση να επιβεβαιωθεί η επιρροή της κοινότητας στους δομημένους χώρους και να οργανωθούν τουλάχιστον στις γενικές τους γραμμές, τομέα τον τομέα, σε σχέση με τη φύση του αναγλύφου και τις μεταβολές του πεδίου.

Πέρα από το Αρτεμίσιο και το Διονύσιο, ο βορειοανατολικός τομέας δείχνει μια άναρχη χάραξη των οδών και των κτισμάτων, που εξηγείται πολύ πιθανώς από μια προγενέστερη κατοίκηση της ζώνης αυτής – εδώ έχουν βρεθεί τα λείψανα των προαποικιακών εγκαταστάσεων –, καθώς επίσης και από μια σαφέστερη υποταγή στο ανάγλυφο. Ο τομέας που βρίσκεται στα νότια και στα νοτιοδυτικά του Ηρακλείου εμφανίζεται εξαρχής δομημένος κανονικότερα: οι κατοικίες εντάσσονται σε ένα δίκτυο παράλληλων οδών, των οποίων ο προσανατολισμός από ανατολή προς δύση αντιστοιχεί σε αυτόν του κοιλώματος που χαρακτηρίζει τη νοτιοδυτική πλαγιά της ακρόπολης. Ανάμεσα στο Αρτεμίσιο και στο Ηράκλειο (όπως και στα δυτικά του τελευταίου), εκατέρωθεν του μεγάλου άξονα που συνδέει τα δύο ιερά, που καθένα τους συνδέεται με μια πλατεία από όπου διαχέονται ακτινωτά οι δρόμοι που οδηγούν στις μακρινότερες συνοικίες, ο χώρος φαίνεται να διέπεται, ήδη από την εποχή αυτή, από έναν κυρίαρχο προσανατολισμό, από τα νοτιοανατολικά προς τα βορειοδυτικά, στην προέκταση των κοιλωμάτων της βορειοδυτικής πλαγιάς της ακρόπολης. Αν και καμία οδός που να μπορεί να χρονολογηθεί στον 6ο αι. δεν έχει μέχρι τώρα αποκαλυφθεί στον τομέα αυτόν, όλα τα μέχρι σήμερα γνωστά αρχαϊκά κτίσματα ευθυγραμμίζονται σε αυτόν το βασικό προσανατολισμό, ο οποίος θα παραμείνει σεβαστός κατά τους επόμενους αιώνες και ο οποίος εξηγεί κυρίως το ασυνήθιστο σχήμα της αγοράς κατά την κλασική, ελληνιστική και ρωμαϊκή εποχή.

5ος αιώνας

Ο αιώνας αυτός αρχίζει με ένα εντυπωσιακό έργο, την κατασκευή του τείχους, που εκδηλώνοντας τη δύναμη και τον πλούτο της πόλης, καθορίζει

εικ. 146. Τείχος, πολυγωνική τοιχοποιία κάτω από το θέατρο.

ταυτόχρονα τα μέχρι τότε αβέβαια όρια της αρχαίας πόλης. Κατά την ελληνική συνήθεια, η διαδρομή του περιβόλου, μήκους λίγο μικρότερου των 4 χλμ., συμπεριλαμβάνει μια περιοχή πιο εκτεταμένη από τους ήδη δομημένους χώρους. Το τείχος ξεκινά από τις κορυφές της ακρόπολης, κατεβαίνει προς τον κάβο του Εβραιόκαστρου στα βόρεια και κατόπιν προς την πεδιάδα στα δυτικά, για να συναντήσει την ακτή και να την ακολουθήσει μέχρι τον κλειστό λιμένα που προστατευόταν με το δικό του τείχισμα.

Η οικοδόμηση του τείχους αυτού τέθηκε σε εφαρμογή από τα πρώτα χρόνια του αιώνα, όταν η περσική απειλή βάρυνε τις ελληνικές πόλεις του βόρειου Αιγαίου. Μετά την επιδρομή του Ιστιαίου του Μιλήσιου, το 494, *οἱ γὰρ δὴ Θάσιοι... καὶ προσόδων ἐουσέων μεγαλέων ἐχρέωντο τοῖσι χρήμασι νέας τε ναυπηγεόμενοι μακρὰς καὶ τεῖχος ἰσχυρότερον περιβαλλόμενοι* (Ηρόδοτος ΣΤ′ - *Ερατώ* 46). Γιατί οι Θάσιοι... χρησιμοποιούσαν τα εισοδήματά τους για να κατασκευάζουν μεγάλα πλοία και για να οχυρωθούν σε ισχυρότερο περίβολο. Αυτό είναι το τείχος που οι Θάσιοι υποχρεώθηκαν να κατεδαφίσουν μετά από διαταγή του Δαρείου, το 491 (Ηρόδοτος ΣΤ′ - *Ερατώ* 46, βλ. σ. 42), το οποίο ανοικοδομήθηκε στη συνέχεια και έπειτα κατακερματίστηκε πάλι με εντολή των Αθηναίων, το 463 π.Χ. (βλ. σχετικά το κείμενο του Θουκυδίδη, σ. 45), πριν επισκευαστεί για να αντέξει στις πολιορκίες στα τέλη του 5ου αι.· και άλλες επιδιορθώσεις επενέβησαν αργότερα, π.χ. στο εσωτερικό μέτωπο ανάμεσα στις πύλες του Ηρακλή και του Δία (βλ. σ. 164). Ωστόσο, παρ' όλες αυτές τις εναλλαγές, το μεγαλύτερο τμήμα του περιβόλου που είναι σήμερα ορατό ανέρχεται στις αρχές του 5ου αι., μια και οι κατεδαφίσεις του 491 και

εικ. 147. Τείχος, στρώσεις γνευσίου κάτω από το Πύθιο.

του 463 άγγιξαν μόνο τα υψηλότερα μέρη, που πιθανώς έχασαν τις κορυφές τους ή ορισμένα τμήματα της διαδρομής, στα οποία ανοίχθηκαν χάσματα.

Με μέσο πάχος 2μ., το τείχος σχηματίζεται από δύο μέτωπα με πλίνθους μαρμάρου ή γνευσίου, που χωρίζονται από ένα συμπαγές γέμισμα από χώμα και πέτρες. Οι τοιχοποιίες ποικίλλουν και η ποικιλία αυτή οφείλεται στη διαμόρφωση του εδάφους, αλλά επίσης και στις ιδιαίτερες και ιδιόμορφες πρακτικές των πολυάριθμων ομάδων που εργάστηκαν ταυτόχρονα σε διάφορα σημεία της διαδρομής. Έτσι λοιπόν βρίσκουμε μια ωραία πολυγωνική τοιχοποιία με καμπύλους αρμούς ανάμεσα στο Εβραιόκαστρο και στο θέατρο (**εικ. 146**), μια λιθοδομή από μεγάλες μαρμαρόπλινθους διαφόρων διαστάσεων μεταξύ της ακρόπολης και της πύλης του Παρμένονα, στρώσεις από επιμήκεις λίθους γνευσίου κάτω από το Πύθιο και το θέατρο (**εικ. 147**), όπου εμφανίζονται ορισμένα τμήματα με ανάμικτους λίθους, γνεύσιο και μάρμαρο. Ωστόσο η πιο συνηθισμένη τοιχοποιία αποτελείται από κανονικές στρώσεις με μεγάλους μαρμάρινους δρομικούς με κύφωση και λοξοκομμένους αρμούς (**εικ. 148**): ανάμεσα στην πύλη του Παρμένωνα και στην πύλη του Δία, ή ακόμη στον κλειστό λιμένα ή στις παρυφές της πύλης της θεάς με το άρμα και της πύλης του Ερμή.

Αυτή η γιγαντιαία επιχείρηση συνοδεύθηκε, ταυτόχρονα (μεταξύ του 500 και του 490) ή λίγο αργότερα, από διάφορες παρεμβάσεις στους δημόσιους χώρους: διεύρυνση του ανδήρου της Αθηνάς και αρχή της κατασκευής του μεγάλου ναού του οποίου το θεμέλιο είναι σύγχρονο με το τείχος· διεύρυνση του ανδήρου του Πυθίου στα δυτικά· δίπλα στο βορειοδυτικό περίβολο του

εικ. 148. Τείχος, τμήμα ανάμεσα στις πύλες του Σιληνού και του Ηρακλή και πύργος που προστέθηκε γύρω στα μέσα του 3ου αι. π.Χ.

τεμένους του Αρτεμισίου, κατασκευή ενός μεγάλου ορθογώνιου φρέατος· διαμόρφωση ενός δεύτερου δημόσιου κυκλικού πηγαδιού κοντά στο προηγούμενο, στην πλατεία που βρίσκεται κάτω από το ιερό της Αρτέμιδος· στο Ηράκλειο οικοδομείται η *λέσχη* και ένας νέος ναός, αποτελούμενος μόνο από σηκό, αντικαθιστά το αρχικό ταπεινό κτήριο· τον αιώνα αυτόν οικοδομείται και το κτήριο με τους οίκους.

Η εμφάνιση του τείχους ευνοεί την οικιστική ανάπτυξη, που εκτείνεται στο εξής από τα περίχωρα της πύλης του Ερμή στα βόρεια μέχρι την πύλη του Σιληνού στα νότια και αυτήν του Δία στα νοτιοδυτικά. Ο θεμελιώδης ρόλος, στην αστική διάρθρωση, της μεγάλης αρτηρίας που συνδέει το βορειοανατολικό με το νοτιοδυτικό τομέα, πραγματική ραχοκοκκαλιά της αρχαίας πόλης, τονίζεται γύρω στο 480 με την κατασκευή της Διόδου των θεωρών που σημαδεύει με μνημειακό και θεαματικό τρόπο μία από τις αφετηρίες του άξονα αυτού, στην άρθρωση ανάμεσα στην πλατεία κάτω από το Αρτεμίσιο και στη ζώνη της αγοράς. Η όψη που παρουσίαζε η δημόσια πλατεία την εποχή αυτή είναι άγνωστη. Μια ειδική ρύθμιση (η «στήλη του λιμανιού») αναφέρει πάντως στα 470-460 την παρουσία στην πλατεία αυτή ενός πρυτανείου, ενός εστιατορίου και ενός αργυραμοιβείου.

Τρεις οδοί αναφέρονται επίσης στη ρύθμιση αυτή, σε σχέση με συγκεκριμένα σημεία του αστικού χώρου: η *ὁδὸς τõ ἱρõ Χαρίτων* – είναι η μεγάλη αρτηρία που οδηγούσε από την πλατεία του Ηρακλείου σε εκείνη του Αρτεμισίου και εφαπτόταν με την αγορά στα νοτιοανατολικά· *ἡ ὁδὸς παρὰ πρυτανήϊον*, της οποίας η θέση είναι για την ώρα αντικείμενο συζήτησης, αλλά που διασταυρωνόταν με την προηγούμενη· τέλος, η οδός *ἀπὸ δὲ τõ Ἡρακλέος ἰρõ μέχρις θαλάσσης*, ένας άξονας που δεν έχει εντοπιστεί ακόμη, αλλά που κατέληγε μάλλον, δεδομένων των βασικών κατευθύνσεων στον αστικό ιστό του τομέα αυτού, στην πύλη με το «ψάρι» (**εικ. 22**).

Η εντυπωσιακή οικοδομική δραστηριότητα των αρχών του αιώνα, που αφορά επίσης τη *χώρα*, μια και στο ιερό της Αλυκής οικοδομείται γύρω στο 500 το νότιο κτήριο, έχει ως αποτέλεσμα μια αξιοσημείωτη μεταμόρφωση του αστικού τοπίου, που αναπλάθεται σε ανδηρωτή διάταξη, σημαδεύεται από την παρουσία μνημειακών οικοδομημάτων, όπως στο Ηράκλειο, και κυρίως κυριαρχείται από τον πανταχού παρόντα όγκο του τείχους.

4ος και 3ος αιώνας

Η πολιτική, θρησκευτική, οικονομική αναδιοργάνωση, αναγκαία μετά τις ταραχές που έζησε η πόλη στα τέλη του 5ου και στις αρχές του 4ου αι., εμφανίζεται με ιδιαίτερα συγκεκριμένο τρόπο στον τομέα της πολεοδομίας και της αρχιτεκτονικής με τα έργα που πραγματοποιούνται από το πρώτο μισό του 4ου αι. στη θέση της αγοράς και τα οποία θα μεταμορφώσουν σιγά σιγά μια περιοχή ασυνεχώς οικισμένη, με αβέβαια περιγράμματα, σε μια συγκροτημένη πλατεία. Πράγματι, από τη στιγμή αυτή, η κάτοψη της αγοράς σταθεροποιείται στις γενικές της γραμμές και τα καινούργια κτίσματα, κατά τους δύο αυτούς αιώνες, εγγράφονται μέσα σε αυτές χωρίς εξαίρεση: ιερό του Αγοραίου Διός, κτήριο με παρασκήνια, βορειοανατολικό κτήριο, βορειοδυτική στοά, πώρινο οικοδόμημα και στη νοτιοανατολική πλευρά, κατά μήκος της μεγάλης αρτηρίας, επίμηκες κτήριο που συγκεντρώνει καταστήματα, εργαστήρια και ίσως οικιστικές μονάδες. Αυτή η οργάνωση του δημόσιου χώρου θα ισχύσει μέχρι το τέλος της αρχαιότητας. Η δημόσια πλατεία εμφανίζει ένα σχήμα αξιοπερίεργο για μια αγορά του 4ου αι., τη στιγμή που άλλες ελληνικές πόλεις την εποχή αυτή επιδεικνύουν μια τάση κανονικής οργάνωσης του αστικού χώρου, τόσο του δημόσιου όσο και του ιδιωτικού, με βάση έναν αυστηρό κάνναβο. Στη Θάσο, οι αρχικές κατευθύνσεις του αστικού ιστού, όπως εμφανίζονται στον τομέα αυτόν από τον 6ο αι., είναι αυτές που προσδιόρισαν αυτό το περίεργο παραλληλόγραμμο, του οποίου οι γωνίες προσανατολίζονται προς τα τέσσερα σημεία του ορίζοντα.

Η οικονομική ευμάρεια των 4ου και 3ου αι. επιτρέπει στην πόλη να προωθήσει και άλλες εργασίες. Το ιερό του Ποσειδώνα, στη μορφή που το γνωρίζουμε σήμερα, δημιουργείται στις αρχές της εν λόγω περιόδου. Στα τέλη του 4ου αι., ένας μικρός ναός οικοδομείται κάτω από το Αρτεμίσιο, στη θέση του δημόσιου κυκλικού πηγαδιού. Ορισμένα αρχαία ιερά αναδιαμορφώνονται: στο Θεσμοφόριο μετασκευάζεται το μεγάλο άνδηρο και λίγο αργότερα οικοδομείται μια στοά· στο Αρτεμίσιο ανοικοδομούνται με όμορφους δρομικούς ορισμένοι τοίχοι του ανώτερου και του κατώτερου ανδήρου· το Διονύσιο ορίζεται από ένα μαρμάρινο περίβολο και στήνονται μνημεία σε ανάμνηση θεατρικών και μουσικών αγώνων. Το τείχος γίνεται επίσης αντικείμενο πολλαπλών επεμβάσεων: τον 4ο αι., σημειώνονται εγκατάσταση της παραθαλάσιας πύλης με το αμυντικό της σύστημα αποτελούμενο από τρία οχυρώματα και μετατροπές στις πύλες του Δία, του Σιληνού και του Ερμή· προς τα μέσα του 3ου αι. κατασκευάζονται πύργοι προς ενίσχυση της νότιας γραμμής του περιβόλου (**εικ. 148**).

Ορισμένα από τα έργα αυτά έγιναν με έξοδα ευπατρίδων, που διατήρησαν την ανάμνηση της γενναιοδωρίας τους χαράζοντας το όνομά τους στην πρόσοψη του ανατεθειμένου μνημείου: ο Λυσίστρατος στο προσκήνιο του θεάτρου, ο Θερσίλοχος στο μεγάλο υπόστυλο οικοδόμημα κοντά στο Ηράκλειο, ο Πύθιππος στην πύλη του Δία· στην ίδια την αγορά, το κτήριο με τα παρασκήνια οφείλεται στην απλοχεριά ενός προσώπου του οποίου σώθηκαν μόνο τα δύο πρώτα γράμματα του ονόματός του. Ένας ιδιώτης επίσης, ο Ηρακλεόδωρος, καταγόμενος από την Όλυνθο, κατέβαλε τα έξοδα για έναν κυκλικό πύργο στη δυτική γωνία του κλειστού λιμένα. Προϋπολογισμοί χαραγμένοι σε λίθο (*IG* XII 8, 266 και ανέκδοτα θραύσματα), που αναφέρουν μέτρα σε πόδες, ημίποδες, πήχεις και δακτύλους, δείχνουν τη φροντίδα που καταβλήθηκε κατά την κατασκευή των πιο σημαντικών οικοδομημάτων.

Η οικοδομική αυτή δραστηριότητα, που αγγίζει όλους τους τομείς της πόλης, συμπεριλαμβανόμενης της ακρόπολης, όπου ορισμένα μέλη του ναού της Αθηνάς (ημιτελής; κατεστραμμένος;) περιλαμβάνονται σε δεύτερη χρήση στην ανοικοδόμηση του άμεσα γειτονικού τείχους, συνοδεύεται από μια αξιοσημείωτη επέκταση του δομημένου χώρου, τουλάχιστον μέχρι τα μέσα του 3ου αι. Οι κατοικίες αναπτύσσονται παντού, στις χαμηλές πλαγιές της ακρόπολης και στην πεδιάδα· τα σπίτια μαρτυρούν την ευημερία των ιδιωτών και ταυτόχρονα απαντούν με τη διεύρυνση του χώρου, τον πολλαπλασιασμό των δωματίων και την περισσότερο οργανική σύνδεση σε σχέση με την αυλή, στις νέες απαιτήσεις για άνεση που εμφανίζονται στην Ελλάδα από τα τέλη του 5ου αι.

2ος και 1ος αιώνας π.Χ.

Ίσως στη διάρκεια της περιόδου αυτής είναι που η αγορά αποκτά την οριστική της όψη, με την οικοδόμηση στοών στη βορειοανατολική, νοτιοανατολική και νοτιοδυτική πλευρά. Δεν μπορούμε όμως να αποκλείσουμε ότι η διαδικασία της κανονικής διαμόρφωσης της πλατείας μέσω των στοών αυτών δεν ολοκληρώθηκε παρά μόνο τον 1ο αι. μ.Χ.: η σημερινή απορία σχετικά με την ακριβή χρονολογία της στοάς σε Γ και προπάντων της νοτιοδυτικής στοάς καλεί να αφήσουμε το ζήτημα ανοιχτό. Όπως και να έχει, η επιμήκης υπόστυλη αίθουσα, που βρίσκεται πίσω από τη νοτιοανατολική κιονοστοιχία της γωνιώδους στοάς, συνθέτει μαζί με την τελευταία ένα πρωτότυπο σύνολο που θυμίζει ρωμαϊκή βασιλική. Αλλού γίνονται επεμβάσεις τελικά περιορισμένες: τουλάχιστον την περίοδο αυτή, αν όχι από τον 3ο αι., ο ναός με απλό σηκό του Ηρακλείου περιβάλλεται από ιωνική κιονοστοιχία· ο Θεοδέκτης προσφέρει στην πόλη μία οικία προς εκμετάλλευση και ένα συγκρότημα καταστημάτων. Η μείωση των κατοικιών, που αρχίζει από τα μέσα του 3ου αι., φαίνεται να συνεχίζεται στη διάρκεια των δύο τελευταίων αιώνων π.Χ., αφού ορισμένοι τομείς, άλλοτε πυκνά δομημένοι, εγκαταλείπονται ή κατοικούνται ελάχιστα.

Αυτοκρατορική εποχή

Είναι μια περίοδος αναγέννησης που σημαδεύεται, από τον 1ο αι. μ.Χ., από τη διαμόρφωση, στις δυτικές παρυφές της αγοράς, της αυλής με την εξέδρα, η οποία περιστοιχίζεται ίσως από την περίοδο αυτή, ή λίγο αργότερα, από στοές στις τρεις πλευρές της. Όχι μακριά από τη νότια γωνία της δημόσιας πλατείας, ο Τιβέριος Κλαύδιος Κάδμος οικοδομεί μια μνημειακή εξέδρα στη νοτιοανατολική πλευρά της μεγάλης αρτηρίας που συνδέει το Ηράκλειο με τη Δίοδο των θεωρών. Μια εύπορη Θασία, η Ηπίη, χρηματοδοτεί την επισκευή του προπύλου του Αρτεμισίου, *λιθίνοις κείοσιν καὶ ἐπιστυλίοις καὶ θυρώμασιν*·

Αλλά κυρίως στις τελευταίες δεκαετίες του 2ου αι. είναι που η πόλη πραγματοποιεί, κατ' εικόνα των μεγάλων πόλεων της Μικράς Ασίας, μια σειρά από μεγάλα έργα που προορίζονται να αναπλάσουν και να ομορφύνουν όλον τον τομέα στα νότια της αγοράς: διαμορφώνονται το *macellum* (σ. 107) και «η αυλή με τις εκατό πλάκες» στη μία πλευρά της μεγάλης αρτηρίας, που το κατάστρωμά της καλύπτεται στό εξής με μεγάλες μαρμάρινες πλάκες· στην άλλη πλευρά υψώνεται ένα ωδείο πάνω από μια οικιστική συνοικία που ισοπεδώθηκε. Μακρύτερα, εκεί που η αρτηρία καταλήγει στην πλατεία του Ηρακλείου, ανεγείρεται μια μνημειακή αψίδα, που λίγο αργότερα θα ανατεθεί στον Καρακάλλα και που αντιπαρατίθεται, έκτοτε, στη Δίοδο των θεωρών που οικοδομήθηκε το 480 π.Χ. στο άλλο άκρο της οδού.

Όλη αυτή η κοντινή στην αγορά ζώνη μεταμορφώθηκε έτσι εντόνως, αλλά ο αρχικός αστικός ιστός παρέμεινε σεβαστός, ακόμη κι αν η οικοδόμηση του ωδείου και της αυλής με τις εκατό πλάκες προκάλεσε την εξαφάνιση ενός αρχαιότερου οδικού άξονα που έτεμνε τη μεγάλη αρτηρία. Στο θέατρο πραγματοποιούνται ορισμένες μετατροπές με σκοπό να ικανοποιηθούν τα νέα γούστα για θηριομαχίες και μονομαχίες. Τα οικοδομήματα της αγοράς συντηρούνται, όπως επίσης και το τείχος στο οποίο επεμβαίνει, στα τέλη του 2ου αι. μ.Χ., ο *αποδέκτης* Σώτας που εντέλλεται την επισκευή μιας πύληςπύργου με έξοδα της πόλης (*IG* XII 8, 391). Κοντά στην πύλη αυτή υπήρχαν λουτρά.

Η παράδοση των δωρεών μεγάλων ευεργετών συνεχίζεται: ο Εύφριλλος και ο αδελφός του Μικάς προσφέρουν την κατασκευή μιας στοάς (*ÉtThas* V, 192)· ο ίδιος Ευφρίλλος και η σύζυγός του Εκαταία δωρίζουν την εγκατάσταση μαρμάρινου πλακόστρωτου μέσα στο ναό των Αυτοκρατόρων (*IG* XII 8, 380)· αργότερα, ο Ηραγόρας, ο γιος του Ευφρίλλου, και η σύζυγός του, κάνουν δωρεά στην πόλη το στηθαίο του θεάτρου· εργαστήρια προσφέρονται από τον Σάμο και τον Ηρώδη, πατέρα και γιο (*IG* XII 8, 379), και ο πρώτος από τους δύο τιμάται εξάλλου από το δήμο ως *κοσμόπολις* (*IG* XII 8, 386).

Ο οικισμός επεκτείνεται και πάλι στη διάρκεια της περιόδου αυτής, όχι μόνο στον εντός του τείχους χώρο, αλλά και πέρα από το τείχος, στα δυτικά. Στο μέρος που επρόκειτο να υψωθεί αργότερα η μεγάλη βασιλική έξω από το τείχος, αποθήκες και καταστήματα του 1ου αι. μ.Χ., παραχωρούν τη θέση τους, τον 2ο αι., σε μεγάλες και πλούσιες κατοικίες διακοσμημένες με ψηφιδωτά. Άλλες αντίστοιχες οικίες, που χρονολογούνται στους 2ο και 3ο αι., αποκαλύφθηκαν όχι πολύ μακριά από εδώ, στο εσωτερικό του τείχους, με διάταξη σύμφωνη με τις παραδοσιακές κατευθύνσεις.

Στο δεύτερο μισό του 3ου αι. μ.Χ., η ζωή στη θέση της πόλης σταματά, ίσως εξαιτίας της εισβολής των Ερούλων στα 267-270. Τα δημόσια οικοδομήματα και οι κατοικίες καταστρέφονται εν μέρει και η ερείπωσή τους εντείνεται περισσότερο από τη διαρπαγή των υλικών τους κατά την ανοικοδόμηση που ακολούθησε.

Παλαιοχριστιανική εποχή

Η είσοδος του χριστιανισμού επιφέρει αξιόλογες μεταβολές στην αστική διαρρύθμιση και στο αστικό τοπίο. Στο Θεσμοφόριο, όπως και στην αγορά, βασιλικές που περιβάλλονται από κοιμητήρια εμφανίζονται τον 5ο αι.· η βασιλική της αγοράς, που κατασκευάστηκε με πολλά υλικά σε δεύτερη χρήση προερχόμενα από τα διπλανά δημόσια οικοδομήματα, προσανατολίζεται με βάση μια νέα κατεύθυνση, που δεν σχετίζεται με τον αρχαίο ιστό. Τον 6ο αι., μια άλλη βασιλική κτίζεται εκτός των τειχών, επί της ακτής, στο χώρο μιας οικιστικής συνοικίας. Στο Ηράκλειο, πάνω στα λείψανα του ναού, ανεγείρεται μια εκκλησία, το ίδιο και στο Αρτεμίσιο απ' ό,τι φαίνεται (**εικ. 180**). Η όψη της πόλης είναι στο εξής σοβαρά αλλοιωμένη. Τα μνημεία των ιερών καθώς και τα οικοδομήματα της αγοράς εξυπηρετούν ως λατομεία, όπου αντλούν υλικά οι νέοι κατασκευαστές. Πολλά σπίτια φαίνονται φτωχικά, σαν εκείνα που καταπατούν τη μεγάλη πλακόστρωτη αρτηρία στα νότια της αγοράς· μερικές όμως κατοικίες, όπως αυτή που ανασκάφηκε στα βόρεια της πλατείας του Αρτεμισίου, της οποίας η κατασκευή ανέρχεται στις αρχές του 5ου αι., διαθέτουν εκλεπτυσμένες εγκαταστάσεις.

Οι σλαβικές εισβολές στις αρχές του 7ου αι. δίνουν τη χαριστική βολή στην πόλη, που ισοπεδώνεται και ερημώνει. Θα χρειαστεί να περιμένει τον ερχομό των Γενουατών για να ξαναδεί σημαντικά οικοδομήματα στην ακρόπολη και κοντά στο λιμάνι.

Βιβλιογραφία: R. Martin, «Thasos: quelques problèmes de structure urbaine», *CRAI* (1978), 182-197· – Y. Grandjean, *Recherches sur l'habitat thasien, ÉtThas* XII (1988), 421-432 και 461-489· – Y. Grandjean, J.-Y. Marc, «La ville de Thasos», *L'espace grec. Cent cinquante ans de fouilles de l'École française d'Athènes* (1996), 74-80· – A. J. Graham, «The Topography of the Ancient City», *ABSA* 95 (2000), 301-327· – M. Kohl, A. Muller, Γ. Σανιδας, Μ. Σγουρου, «Ο αποικισμός της Θάσου· η επανεξέταση των αρχαιολογικών δεδομένων», *ΑΕΜΘ* 16 (2002) [2004], 57-72· Fr. Blondé, A. Muller, D. Mulliez, «Évolution urbaine d'une colonie à l'époque archaïque. L'exemple de Thasos», *Pallas* 58 (2002), 251-265· Fr. Blondé, A. Muller, D. Mulliez, M. Kohl, G. Sanidas, M. Sgourou, «Thasos in the Age of Archilochos. Recent Archaeological Investigations», στο D. Katsonopoulou, I. Petropoulos, St. Katsarou (επιμ.), *Archilochos and his Age. Second International Conference on the Archaeology of Paros and the Cyclades, Paroikia, Paros, 7-9 oct. 2005* (2008), 409-425· Fr. Blondé, A. Muller, D. Mulliez, «Θάσος. Ανθρώπινοι και περιβαλλοντικοί παράμετροί της πολεοδομικής δυναμικής», *ΑΕΜΘ, 20 χρόνια* (2009), 51-62 (όπου η προγενέστερη βιβλιογραφία)· εντούτοις, στα δύο τελευταία άρθρα, πολλές αμφιβολίες υφίστανται ακόμη, ιδιαίτερα για τη θέση της αρχαϊκής αγοράς ή για τη φύση και τη χρονολογία της «νεκρόπολης» που συσχετίστηκε χωρίς αποδείξεις με το μνήμα του Γλαύκου.

Β. Η αρχιτεκτονική· τεχνικές και τεχνοτροπίες

Λόγω της τεχνικής, των κατασκευαστικών μεθόδων και των μορφών της, η αρχιτεκτονική της Θάσου συγγενεύει κατ' αρχάς με αυτή των Κυκλάδων και της ανατολικής Ελλάδας, κι έπειτα, από τον 4ο αι. π.Χ., εμπνέεται από τις μακεδονικές δημιουργίες, διατηρώντας ωστόσο πάντοτε τα ιδιαίτερα χαρακτηριστικά της, που εξαρτώνται στενά από τα χρησιμοποιούμενα υλικά.

1. Υλικά

Από τον πρώτο καιρό του αποικισμού μέχρι το τέλος της αρχαιότητας, το ντόπιο **μάρμαρο**, περισσότερο ή λιγότερο λεπτόκοκκο, δολομιτικό ή ασβεστικό, παρέμεινε το βασικό υλικό δόμησης. Άφθονο στο νησί, χρησιμοποιήθηκε σε όλες τις εποχές και σε όλες τις μορφές: σε μικρά λιθάρια, δρομικούς και παρά μήκος λίθους, μετωπικές πλίνθους διαφόρων μεγεθών, πλίνθους κρηπίδας, κίονες, πεσσούς, θριγκούς, σίμες, «κεραμίδια»· το βρίσκουμε επίσης να χρησιμοποιείται για την κατασκευή μαρμαροθετημάτων, πλακόστρωτων (αυλών ή οδών), τεμαχίων αγωγών, κλιμάκων, κ. λπ.

Ο **γνεύσιος**, εξίσου άφθονος στο νησί και πιο εύκολος στην επεξεργασία, εμφανίζεται συχνά στα θεμέλια λόγω της ελαστικότητας και της ανθεκτικότητάς του στην πίεση. Αν και μπορεί να σχηματίσει από μόνος του κάποιους τοίχους (ορισμένα τμήματα του τείχους, αναλήμματα στο Πύθιο ή στο Θεσμοφόριο), συχνότερα συνδυάζεται με το μάρμαρο, προπάντων στους τοίχους σπιτιών αλλά και στο εξωτερικό και εσωτερικό μέτωπο του αστικού περιβόλου, όπου ξεχωρίζει με τη σκούρα όψη του πάνω στο λευκό του μαρμάρου.

Ο **τόφος**, που αποκαλείται αδόκιμα *πώρος*, απαντάται στη δυτική πλευρά του νησιού· χρησιμοποιείται σπανιότερα. Με εξαίρεση μια αρχαιότερη περίπτωση, μεμονωμένη σήμερα (τραβέρσες πλακόστρωτου στο δεύτερο ναό του Ηρακλείου: αρχές του 5ου αι. π.Χ.), χρησιμοποιήθηκε κυρίως από την ελληνιστική εποχή: στην αγορά, πρωτίστως, συγκροτεί τρεις από τους τοίχους του πώρινου οικοδομήματος (η κύρια πρόσοψη ήταν από μάρμαρο) και εξυπηρετεί ως θεμέλιο στον τοίχο της πρόσοψης και στους πεσσούς της μεγάλης αίθουσας πίσω από τη στοά σε Γ· το βρίσκουμε επίσης στα θεμέλια των εξέδρων απέναντι από τη νοτιοδυτική στοά και σε αυτά του βωμού του Θεογένη.

Ο κίτρινος **πωρόλιθος**, ιδιαίτερα λεπτόκοκκος, που χρησιμοποιείται κατ' εξαίρεση στο μνήμα του Γλαύκου (σε συνδυασμό με γνεύσιο και μάρμαρο) και γύρω από το δημόσιο κυκλοτερές πηγάδι της πλατείας κάτω από το Αρτεμίσιο, είναι υλικό εισαγμένο από τα Άβδηρα.

Η **άργιλος** γνωρίζει χρήση στο πάνω μέρος των τοίχων σπιτιών υπό μορφή ωμών πλίνθων· η ψημένη πλίνθος κάνει την εμφάνισή της από τους 4ο-3ο αι. π.Χ., αλλά η χρήση της είναι περιορισμένη όπως και στους πρώτους αιώνες μ.Χ.

Στην αυτοκρατορική εποχή, αν και συνεχίζεται η χρησιμοποίηση μαρμαρόπλινθων για τα ορατά τμήματα των μεγάλων οικοδομημάτων (αψίδα του Καρακάλλα, ωδείο, θέατρο), βλέπουμε όλο και συχνότερα την εμφάνιση κατασκευών από λίθους δεμένους στο κονίαμα (**opus incertum**). Οι εσωτερικές παρειές των σημαντικών κτηρίων επενδύονται συχνά με ορθομαρμάρωση. Στις χριστιανικές βασιλικές, κατέφυγαν μερικές φορές σε εισαγμένα υλικά: ένα κείμενο του Γρηγορίου Ναζιανζηνού καταγγέλλει την απάτη ενός Θασίτη ιερέα ο οποίος, ενώ είχε εντολή να αγοράσει στην Κωνσταντινούπολη μάρμαρο της Προκοννήσου, υπεξαίρεσε το ποσό που του είχαν εμπιστευθεί (Migne 37, 1089).

2. Τοιχοποιίες

Το μάρμαρο και ο γνεύσιος είναι τα δύο βασικά υλικά της αρχιτεκτονικής της Θάσου. Μπορούν να χρησιμοποιηθούν χωριστά ή, αντιθέτως, να συνδυαστούν στο μέτωπο του τοίχου. Μια συχνή τεχνική συνίσταται στη χρήση του ενός από τα δύο υλικά – συνήθως του μαρμάρου – στην εξωτερική παρειά ενός τοίχου και του άλλου υλικού στην εσωτερική. Οι κατασκευαστικές τεχνικές για τα υλικά αυτά ποικίλλουν ακόμη και στην αρχιτεκτονική των οικιών.

Οι ομοιογενείς τοιχοποιίες (μάρμαρο ή γνεύσιος)

Η πολυγωνική τοιχοποιία με καμπύλους αρμούς είναι η πιο στέρεη και η περισσότερο διακοσμητική. Τη συναντάμε στο εξωτερικό μέτωπο του τείχους, στον τομέα ανάμεσα στο Εβραιόκαστρο και στο θέατρο (**εικ. 146**) και, με μικρότερες πλίνθους, στο Ηράκλειο (κτήριο με πολυγωνική τοιχοποιία), στην αγορά, στη συνοικία της πύλης του Ερμή (προσόψεις των νησίδων Ι και ΙΙ), καθώς και σε πολλά άλλα σημεία της πόλης, σε αναλημματικούς τοίχους ή στις βάσεις τοίχων των σπιτιών. Ο τύπος αυτός της τοιχοποιίας, αποκαλούμενος και «λέσβιος» λόγω της προέλευσής του (ανατολική Ελλάδα: συναντάται κυρίως στη Σμύρνη και στη Φώκαια), χρησιμοποιήθηκε στη Θάσο τον 6ο αι. π.Χ.· εγκαταλείφθηκε στην καμπή του 6ου προς τον 5ο αι.

Μια άλλη τεχνική συνίσταται στην κανονική διάταξη στρώσεων από επιμήκεις πλίνθους μαρμάρου ή γνευσίου. Η ισχυρή αυτή δομή χρησιμοποιήθηκε κυρίως στην κατασκευή μεγάλων αναλημματικών τοίχων, όπως στο Πύθιο, στο Αθήναιο ή στο Θεσμοφόριο. Εμφανίζεται επίσης σε ορισμένα τμήματα του τείχους, ιδιαίτερα ανάμεσα στο Εβραιόκαστρο και στο ιερό του Απόλλωνα (**εικ. 147**), ή σε κάποιους πύργους του περιβόλου.

Συναντάμε ακόμη ένα μικτό σύστημα, κυκλαδικής επιρροής, που περιλαμβάνει σε ένα και μόνο μέτωπο ή σε έναν τοίχο ορθοστάτες στο κάτω τμήμα, με ανωδομή που αναμιγνύει δρομικούς, λιθάρια ή μαρμάρινα πλακίδια (Αλυκή, βόρειο και νότιο κτήριο· **εικ. 121**).

Μια τοιχοποιία που γνώρισε μεγάλη διάδοση από τις αρχές του 5ου αι. π.Χ. αντιπροσωπεύεται από τοποθέτηση μαρμάρινων δρομικών, σπανιότερα από γνεύσιο, διατεταγμένων σε ισόδομες (**εικ. 148**) ή ψευδοϊσόδομες στρώσεις. Η όψη μπορεί να ποικίλλει ανάλογα με το ύψος των πλίνθων ή την επεξεργασία της παρειάς, αλλά δίνεται η εντύπωση μιας μεγάλης ομοιομορφίας. Την τοιχοποιία αυτή τη βρίσκουμε σε όλα τα είδη τοίχων, που ανήκουν είτε στη μνημειακή είτε στην ιδιωτική αρχιτεκτονική (**εικ. 87**).

Αλλά η πιο συχνή δομή, που χρησιμοποιήθηκε σε όλες τις εποχές, αφορά τους τοίχους σπιτιών καθώς και έναν αριθμό αναλημματικών τοίχων: τα υλικά (γνεύσιος κυρίως, σπανιότερα μάρμαρο) εμφανίζονται σε μορφή λιθαριών διαφόρων διαστάσεων, σε σχήματα περισσότερο ή λιγότερο κανονικά, τοποθετημένων το ένα πάνω στο άλλο με λιγότερη ή περισσότερη επιμέλεια.

Οι ετερογενείς τοιχοποιίες

Στην ομάδα αυτή, το μάρμαρο και ο γνεύσιος συνδυάζονται σε ένα μόνο μέτωπο. Δίπλα στην πιο συνήθη δομή, αποτελούμενη από απλά λιθάρια και χρησιμοποιημένη σε κατοικίες, δύο τύποι τοιχοποιίας διακρίνονται για τη διακοσμητική τους αξία, παίζοντας με την αντίθεση των αποχρώσεων και των επιφανειών ανάμεσα στο μάρμαρο και στο γνεύσιο. Η πρώτη εναλλάσσει με κανονικό τρόπο τις ψηλές στρώσεις από μεγάλους μαρμάρινους δρομικούς με χαμηλές στρώσεις ορθογώνιων λιθαριών γνευσίου που απαντώνται εξίσου σε τοίχους σπιτιών (νησίδα ΙΙΙ στη συνοικία της πύλης του Ερμή) και σε αναλήμματα (νησίδα Ι της ίδιας συνοικίας). Η δεύτερη αναμιγνύει μαρμάρινους δρομικούς με λιθάρια γνευσίου χωρίς φροντίδα για την κανονικότητα των στρώσεων, π.χ. σε ορισμένα τμήματα του τείχους (εσωτερικό μέτωπο ανάμεσα στην πύλη του Σιληνού και στην πύλη του Δία), ή ακόμη πίσω από τη σειρά των καταστημάτων κατά μήκος της νοτιοανατολικής πλευράς της αγοράς. Οι δύο αυτές τοιχοποιίες χρησιμοποιήθηκαν κυρίως στην κλασική και στις αρχές της ελληνιστικής εποχής.

Τα μέτωπα

Κατά γενικό κανόνα και με αξιοσημείωτη εξαίρεση ορισμένα τμήματα του αστικού περιβόλου, η επεξεργασία των μετώπων διαφέρει στον ίδιο τοίχο μεταξύ της εσωτερικής λιγότερο φροντισμένης παρειάς και της εξωτερικής παρειάς. Οι κυφώσεις, περισσότερο ή λιγότερο τονισμένες, είναι χαρακτηριστικές για το τείχος (**εικ. 148**), αλλά τις βρίσκουμε επίσης σε τοίχους σπιτιών (συνοικία της πύλης του Σιληνού) ή σε αναλημματικούς τοίχους (αναλήμματα στο Ποσειδώνιο). Τα ίσια ή ισιωμένα μέτωπα, λαξευμένα με βαριά, πικούνι, βελόνι ή σμίλη, απαντώνται συχνά (αναλήμματα του Αρτεμισίου, προσόψεις με πολυγωνική τοιχοποιία στις νησίδες Ι και ΙΙ της συνοικίας της πύλης του Ερμή, πύργος-προθάλαμος της πύλης του Δία). Σε μερικές περιπτώσεις, από τον 5ο αι. π.Χ., μια ταινία μικρού πλάτους πλαισιώνει ένα κεντρικό ελαφρά προεξέχοντα 'καθρέφτη' (Ηράκλειο, ναός του 5ου αι. π.Χ.· πύργος-προθάλαμος της πύλης του Δία), ή το αντίθετο, η ορατή όψη των μαρμάρων περιβάλλεται από ένα προεξέχον πλαίσιο (δυτικός τοίχος του Ηρακλείου· **εικ. 106**). Τον 4ο αι., η ακμή είναι λοξοτομημένη (βορειοδυτική στοά της αγοράς, περίβολος του Διονυσίου) ή προστατευμένη από μια ελαφρά εσοχή (κτήριο με παρασκήνια).

Συμβαίνει οι κατασκευαστές να εισάγουν στον τοίχο μεγάλες πλάκες από μάρμαρο ή γνεύσιο εν είδει μπατικών. Οι πλάκες αυτές, που συχνότερα εξέχουν της παρειάς του τοίχου, διαθέτουν μια μπροστινή επιφάνεια λαξευμένη επιμελώς με σκαρπέλο ή με ντισιλίδικο, που δημιουργεί αντίθεση με τις όψεις των κατώτερων ή ανώτερων στρώσεων που διαμορφώθηκαν με σφυρί ή βελόνι. Πρόκειται για πρακτική που μοιάζει να την προτιμούσαν ιδιαιτέρως και που εμφανίζεται σε αρκετούς τοίχους προσόψεων σπιτιών (συνοικία της πύλης του Σιληνού, νησίδα Ι). Οι στρώσεις με μεγάλες πλάκες γνευσίου που έχουν εισαχθεί στο τείχος εν μέσω στρώσεων μαρμάρου με κύφωση, προέρχονται από την τεχνική αυτή (**εικ. 148**).

3. Σύνδεσμοι

Από το τελευταίο τέταρτο του 6ου αι. π.Χ., οι πλίνθοι των πιο φροντισμένων κτηρίων συνδέονται οριζόντια με μεταλλικούς δεσμούς, που εισάγονται και σφραγίζονται με μόλυβδο μέσα σε τόρμους για πελεκίνους συνδέσμους. Ο τύπος αυτός συνδέσμου υφίσταται στη Θάσο μέχρι τον 4ο αι. π.Χ., αλλά το σχήμα του τόρμου και του συνδέσμου εξελίσσεται με το χρόνο, χωρίς ωστόσο η εξέλιξη αυτή να είναι ευθύγραμμη. Ήδη από τον 4ο αι. και μέχρι την αυτοκρατορική εποχή, χρησιμοποιούνται ορθογώνιοι τόρμοι με συνδέσμους σχήματος Π. Άλλοι τύποι οριζόντιας συναρμογής απαντούν σπανιότερα: σύνδεσμοι σε Γ βλέπουμε στα τέλη του 6ου αι. ή στις αρχές του 5ου αι. για τη σύνδεση των πλακών της εσχάρας πριν τη Δίοδο των θεωρών· σύνδεσμοι σε Τ εμφανίζονται στα θεμέλια του ναού της Αθηνάς, που κτίστηκαν στις αρχές του 5ου αι.

Οι πρώτοι κάθετοι σύνδεσμοι από στρώση σε στρώση, εμφυτευμένα σε πλατιούς τετράγωνους τόρμους με ή χωρίς αυλάκι μολυβδοχόησης, μαρτυρούνται από το πρώτο μισό του 5ου αι. π.Χ. (βόρειο κτήριο της Αλυκής). Από τον 4ο αι., εφαρμόζεται επίσης ο κάθετος σύνδεσμος με γόμφους στον αρμό· οι τόρμοι είναι πότε τετράγωνοι, μικρότεροι όμως από πριν, πότε ορθογώνιοι.

4. Τεχνοτροπία και ρυθμοί

Πολλά μαρμάρινα μέλη, συγκεντρωμένα στο μουσείο, δείχνουν τον πλούτο της αρχιτεκτονικής διακόσμησης της Θάσου. Εντούτοις, η πλειοψηφία των λίθων αυτών έχουν βρεθεί εκτός του αρχικού τους πλαισίου (τυχαία ευρήματα, δεύτερες χρήσεις) και δεν μπορούν να αποδοθούν σε κάποιο συγκεκριμένο κτήριο. Ο 6ος αι. και το πρώτο μισό του 5ου αι. π.Χ. αντιπροσωπεύονται από

εικ. 149. Τμήμα αιολικού κιονόκρανου.

εικ. 150. Ιωνικό κιονόκρανο.

διάφορα κομμάτια που μαρτυρούν τις επιρροές από τα νησιά των Κυκλάδων και την ανατολική Ελλάδα (και συγκεκριμένα τη βορειοανατολική: βόρεια Ιωνία, Αιολίδα και γειτονικά νησιά, ιδιαίτερα Χίος): ένα τμήμα κιονοκράνου με ανακαμπτώμενα φύλλα «αιολικού» τύπου (**εικ. 149**)· κάποια ιωνικά κιονόκρανα με ραβδωτό προσκεφάλαιο και κυρτούς έλικες στα παλαιότερα παραδείγματα, κοίλους στα νεότερα (**εικ. 150**)· μια πλάκα διακοσμημένη με ένα θαυμάσιο σκαλιστό ανθέμιο (**εικ. 151**)· ένας αριθμός λίθων με γλυφές, με διακόσμηση ωών, φύλλων και λέσβιου κυματίου, αστραγάλων, ανθεμίων και ανθέων λωτού (**εικ. 152** με **155**). Όλα αυτά τα μέλη ανήκαν σε μνημεία που χάθηκαν ή δεν ταυτίστηκαν, με εξαίρεση τη σίμη του κτηρίου με τους οίκους από το Ηράκλειο (**εικ. 156**).

εικ. 151. Αρχαϊκός λιθόπλινθος με ανθέμιο.

Γύρω στο 500 π.Χ., ο δωρικός ρυθμός κάνει την εμφάνισή του στην Αλυκή. Στο νότιο κτήριο, ο θριγκός περιλαμβάνει μια ζωφόρο με λείες μετόπες και τρίγλυφα των οποίων οι αυλακώσεις έχουν αποστρογγυλεμένη απόληξη· το επιστύλιο έχει μικρό ύψος· ως προς τις αναλογίες, το σύνολο αυτό θυμίζει ορισμένα κτήρια που εικονίζονται στα αττικά αγγεία του 6ου αι. Συνιστά, για τη βόρεια Ελλάδα, μία από τις αρχαιότερες μαρτυρίες της δωρικής επίδρασης, εδώ κυκλαδικής προέλευσης.

εικ. 152. Ιωνικά κοσμήματα: ωά και λόγχες.

εικ. 153. Ιωνικά κοσμήματα: ανθέμια, έλικες και άνθη λωτού.

εικ. 154. Ιωνικά κοσμήματα: ανθέμια, έλικες και άνθη λωτού.

Η περίοδος από τα μέσα του 5ου ως τα μέσα του 4ου αι. φαίνεται να στερείται μεγάλων αρχιτεκτονικών δημιουργιών (ο μικρός ναός του Αγοραίου Δία που ανεγέρθηκε στην αγορά στις αρχές του 4ου αι., είναι ένα ταπεινό ναΰδριο). Αντίθετα, από το δεύτερο μισό του 4ου αι., έπειτα στη διάρκεια του 3ου αι., νέες δημιουργίες βλέπουν το φως στην αγορά, στο Διονύσιο, στο θέατρο, κοντά στο Ηράκλειο με την υπόστυλη αίθουσα, στην πύλη του Δία...

εικ. 155. Ζωφόρος με καρδιόσχημα φύλλα.

εικ. 156. Σίμη του Ηράκλειου: ανθέμια και άνθη λωτού· αστράγαλος.

Κι αν ο ιωνικός ρυθμός υφίσταται το συχνότερο ως δευτερεύων ρυθμός (αττικό στην εσωτερική πρόσοψη της πύλης του Δία· εσωτερική κιονοστοιχία της υπόστυλης αίθουσας), ο δωρικός ρυθμός θριαμβεύει. Η αυστηρότητα των ανεικονικών ζωφόρων του, των λείων τυμπάνων του, απαλύνεται όπως στην Επίδαυρο, στους Δελφούς ή στη Σαμοθράκη, από την ευλυγισία που παρέχουν οι ανθισμένες βλαστόσπειρες, τα ανθέμια και τα άνθη λωτού που είναι σκαλισμένα στα γείσα (**εικ. 157-159**). Τα κοσμήματα αυτά δεν είναι άνευ αξίας: τα τμήματα επίστεψης που έχουν βρεθεί στην αγορά, διακοσμημένα με περίτεχνα φύλλα άκανθας και επιτηδευμένα άνθη, δείχνουν μέχρι ποιο σημείο μπορεί να φτάσει η λεπτότητά τους (**εικ. 160**). Αλλά η πρωτοτυπία έγκειται

εικ. 157. Ελισσόμενος βλαστός άκανθας και κισσαμπέλου (Αυλάκια).

εικ. 158. Αγορά: σίμη της βορειοδυτικής στοάς· απότμημα.

εικ. 159. Αγορά: ανθέμια και άνθη λωτού· βορειοδυτική στοά, επαέτιος σίμη.

εικ. 160. Αγορά: άνθη και ανθέμια· κοσμήματα από αταύτιστο ακόμη κτήριο.

εικ. 161. Σίμη ύστερης ελληνιστικής εποχής.

είτε, όπως στο κτήριο με τα παρασκήνια, στη διάταξη της πρόσοψης (**εικ. 38**), είτε, όπως στη βορειοδυτική στοά, στο παράτολμο της ξύλωσης.

Ο δωρικός ρυθμός διατηρείται κατά τους 2ο και 1ο αι. π.Χ., στην κατασκευή των μεγάλων στοών της αγοράς. Ενάντια στην υπεροχή αυτή, δύο μόνο οικοδομήματα διαφοροποιούνται, μεταξύ των μέσων του 4ου αι. και του τέλους του 1ου αι. π.Χ., επιδεικνύοντας έναν ιωνικό ρυθμό σε πρωτεύουσα θέση: ο μικρός ναός που στήθηκε στα τέλη του 4ου αι., στη θέση του κυκλικού πηγαδιού στην πλατεία κάτω από το Αρτεμίσιο· ο δεύτερος ναός του Ηρακλείου, του οποίου ο αρχικός σηκός περιστοιχίστηκε, στην ελληνιστική εποχή, από εξωτερική κιονοστοιχία. Όσον αφορά το διακοσμητικό μέρος, η σίμη (**εικ. 161**) διατηρεί, με περισσότερο βάρος, το κλασικό σχήμα άκανθας, έλικας και άνθους.

Στην αυτοκρατορική εποχή, η ιωνική παράδοση υπερισχύει· το κορινθιακό κιονόκρανο που φαίνεται να έχει αγνοηθεί στην ελληνική εποχή, εμφανίζεται από τον 1ο αι. μ.Χ. (πρόσοψη της αυλής με την εξέδρα στη δυτική γωνία της αγοράς· το βρίσκουμε επίσης στο δεύτερο μισό του 2ου αι. στην αψίδα του Καρακάλλα).

5. Αρχιτεκτονικές τερακότες

Τον 6ο αι. και στο πρώτο μισό του 5ου αι. π.Χ., ορισμένες στέγες ήταν διακοσμημένες στο περίζωμά τους με πήλινες πλάκες που έφεραν εμπίεστα κοσμήματα με ζωηρά χρώματα: συνεχείς ζωφόροι στις επαέτιες σίμες, ακροκέραμα πολυγωνικά ή ημικυκλικά στο άκρο των σειρών καλυπτήρων. Στις σίμες εικονίζονται διαδοχικοί κένταυροι σε καλπασμό (**εικ. 162**) ή έφιπποι κυνηγοί, κοσμήματα αιολικής και ιωνικής προέλευσης (**εικ. 163**). Τα ακροκέραμα φέρουν ποικίλη διακόσμηση: Βελλεροφόντης και Χίμαιρα (**εικ. 164** και **165**) στο Ηράκλειο, στο Θεσμοφόριο και στην Αλυκή· δύο αντιμέτωπα ζώα: πάπιες (Αρτεμίσιο), λέοντες (άνδηρο του Δηλίου στα νοτιοανατολικά του Εβραιόκαστρου, εντός του τείχους), κριοί (Ηράκλειο)· ένα φυτικό κόσμημα στο ιερό της Αθηνάς και στο Θεσμοφόριο. Το πιο σύνηθες θέμα είναι αυτό της αποτροπαϊκής κεφαλής Γοργόνας επιδεικνύοντας τη γλώσσα (**εικ. 166** και **167**). Στο τέλος όμως του 6ου αι., η τεχνική και η φυτική διακόσμηση κορινθιακού τύπου υπερισχύουν· και στη συνέχεια, οι αρχιτεκτονικές τερακότες της Θάσου δεν παρουσιάζουν καμιά πρωτοτυπία. Τα ακροκέραμα της στοάς του Θεσμοφορίου στις αρχές της ελληνιστικής εποχής φέρουν για παράδειγμα το συνηθισμένο κόσμημα της άκανθας με κεφαλή Αθηνάς (**εικ. 168**), σύμφωνα με ένα συνδυασμό που συναντάμε στη Μακεδονία, στην Πέλλα.

6. Οικοδομήματα: κατόψεις και τύποι

Κατά τους 6ο και 5ο αι., η **μνημειακή αρχιτεκτονική** της Θάσου χαρακτηρίζεται αρχικά από την απουσία κτηρίων μεγάλων διαστάσεων. Αν εξαιρέσουμε το δεύτερο ναό της Αθηνάς, για τον οποίο δε γνωρίζουμε αν ολοκληρώθηκε και ο οποίος είχε σχεδιαστεί ως αμφιπρόστυλος ναός, με πρόναο, σηκό και οπισθόδομο (15,90 x 37,40μ.), τα έως σήμερα γνωστά οικοδομήματα έχουν σχετικά περιορισμένες διαστάσεις, σύμφωνα με τις κυκλαδικές συνήθειες. Τα πρώτα κτήρια εντάσσονται στους αρχαιότερους τύπους της ελληνικής αρχιτεκτονικής: μπορούμε να αναφερθούμε στο οικοδόμημα με πολυγωνική τοιχοποιία του Ηρακλείου, με τους τρεις διαδοχικούς χώρους του,

εικ. 162. Τμήμα πήλινης σίμης με καλπάζοντες κενταύρους.

εικ. 163. Πήλινη σίμη με έφιππους κυνηγούς.

εικ. 164. Πήλινο ακροκέραμο: Βελλερεφόντης πάνω στον Πήγασο.

ή ακόμη στην Αλυκή, στα δύο κτήρια με πεπλατυσμένη κάτοψη, με δύο οίκους και προστώο με κιονοστοιχία στην πρόσοψη. Τον 5ο αι., το κτήριο με τους πέντε οίκους στο ιερό του Ηρακλή αναπαράγει, σε πιο μνημειακή βάση, τις ίδιες δομικές αρχές όπως στην Αλυκή· η μεγάλη αίθουσα (λέσχη), αντίθετα, εμφανίζεται ως πρωτότυπο κτήριο, που μοιάζει με στοά παρά την απουσία κιονοστοιχίας στην πρόσοψη.

Στον 4ο αι. και στην ελληνιστική εποχή, κανένας μεγάλος ναός δεν είναι γνωστός. Ωστόσο η οικοδομική δραστηριότητα υποστηρίχθηκε, ιδιαίτερα στους 4ο και 3ο αι., και οι Θάσιοι αρχιτέκτονες συνέλαβαν αρκετές φορές έργα φιλόδοξα και πρωτότυπα ως προς την κάτοψη, τις διαστάσεις ή ορισμένες τεχνικές ιδιαιτερότητες: το κτήριο με τα παρασκήνια και η βορειοδυτική στοά στην αγορά, η υπόστυλη αίθουσα κοντά στο Ηράκλειο, το προσκήνιο του θεάτρου. Στην ελληνιστική εποχή, η στοά με κιονοστοιχία που τοποθετείται μπροστά από άλλα κτήρια, αρχαιότερα ή σύγχρονα, αντιπροσωπεύει την κυρίαρχη αρχιτεκτονική μορφή· η αγορά παρέχει σχετικά την καλύτερη μαρτυρία.

Η παράδοση διατηρείται στους πρώτους χριστιανικούς αιώνες: κανένα μεγάλο θρησκευτικό αρχιτεκτόνημα, μια βέβαιη τάση προς τις στοές που στρέφονται προς το εσωτερικό διαμορφώνοντας κλειστά συμπλέγματα (πλακόστρωτη αυλή με εξέδρα στις δυτικές παρυφές της αγοράς, «αυλή με

εικ. 165. Πήλινο ακροκέραμο: η Χίμαιρα.

τις εκατό πλάκες»)· το ωδείο και η αψίδα του Καρακάλλα συνθέτουν στο δεύτερο μισό του 2ου αι. μ.Χ. τις τελευταίες μεγάλες αρχιτεκτονικές δημιουργίες της Θάσου, πριν από την εμφάνιση των παλαιοχριστιανικών βασιλικών.

Στον τομέα της **ιδιωτικής αρχιτεκτονικής,** παρατηρείται μια ποικιλία κατόψεων, από τη μονόχωρη οικία ως την κατοικία με πολλαπλές αίθουσες. Κατά γενικό κανόνα, διαπιστώνεται με το χρόνο μια τάση επέκτασης

εικ. 166. Πήλινο ακροκέραμο: κεφαλή Γοργόνας.

εικ. 167. Γραφική αποκατάσταση της στέγης ενός εκ των κτηρίων του Αρτεμισίου: ακροκέραμα με κεφαλή Γοργόνας.

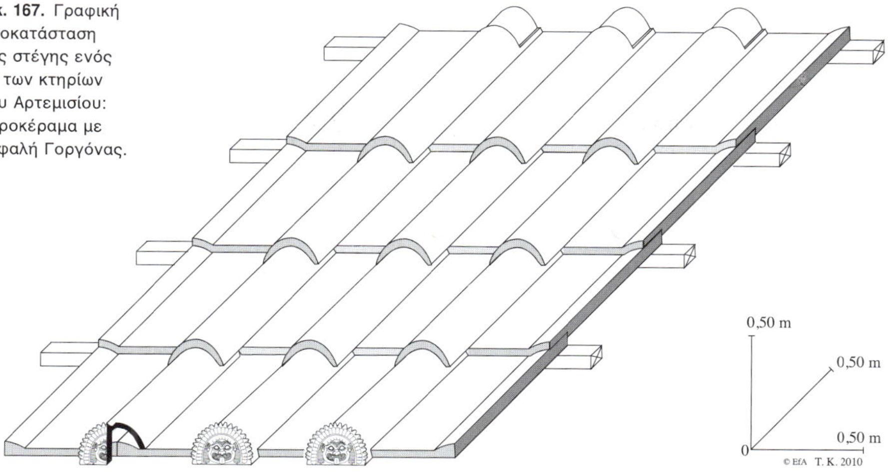

του κατοικήσιμου χώρου και αύξησης του αριθμού των δωματίων, αλλά στον 4ο αι. π.Χ. υπάρχουν ακόμη μονόχωρες οικίες. Η σπουδαιότητα της κατοικίας εξαρτάται πράγματι από τον πλούτο, τον τρόπο ζωής, τις ανάγκες των ιδιοκτητών. Παρ' όλη αυτήν τη διαφορετικότητα, είναι δυνατόν να καταγράψει κανείς γενικότερες πρακτικές σε ό,τι αφορά την οργάνωση του χώρου.

Συναντά κανείς αρκετά συχνά, ιδίως μεταξύ του 6ου και του 3ου αι. π.Χ., σπίτια που αποτελούνται από δύο εφαπτόμενα δωμάτια (ορισμένες φορές τρία) πίσω από μια αυλή ή μια μεγάλη αίθουσα (νησίδα ΙΙ της συνοικίας της πύλης του Ερμή, 6ος αι., βλ. **εικ. 64**· νησίδα ΙΙ της συνοικίας της πύλης του Σιληνού, ανάμεσα στο 340 και στο 250 π.Χ.· βλ. **εικ. 91**). Η τριμερής αυτή διάρθρωση συναντάται σε μεγαλύτερες κατοικίες τουλάχιστον από τις αρχές του 5ου αι. π.Χ. Στην περίπτωση αυτή, συνιστά το κεντρικό τμήμα του σπιτιού και παρουσιάζεται σε δύο διαφορετικές εκδοχές: στην απλουστευμένη της μορφή, δύο εφαπτόμενοι χώροι – γενικά στα βόρεια – βρίσκονται πίσω από μια αυλή με χρηστικούς χώρους στα νότια (νησίδα ΙΙΙ της συνοικίας της πύλης του Ερμή, δυτική

εικ. 168. Πήλινο ακροκέραμο της στοάς του Θεσμοφορίου: κεφαλή Αθηνάς, άκανθες και ανθέμια.

οικία, πρώτη φάση· βλ. **εικ. 64** και **67**)· στην πιο ανεπτυγμένη μορφή της, οι δύο βόρειοι εφαπτόμενοι χώροι βρίσκονται πίσω από μια επιμήκη αίθουσα που καταλαμβάνει όλο το πλάτος της οικίας: η αίθουσα αυτή ανοίγεται μέσω μιας πόρτας προς την αυλή, η οποία περιβάλλεται στις άλλες πλευρές από χρηστικούς χώρους (νησίδα Ι της συνοικίας της πύλης του Σιληνού μεταξύ 340 και 250 π.Χ.· βλ. **εικ. 91**· νησίδα ΙΙΙ της συνοικίας της πύλης του Ερμή, δυτική οικία, δεύτερη φάση). Στην τελευταία περίπτωση, μπορούμε να συσχετίσουμε τις κατοικίες του τύπου αυτού με την οικία με παστάδα, στην οποία μια στοά εξυπηρετεί ως μεταβατικός χώρος ανάμεσα στους κύριους χώρους και στην αυλή (π.χ. στην Όλυνθο). Στη Θάσο, η στοά με κιονοστοιχία αντικαθίσταται από μια επιμήκη κλειστή αίθουσα που εκπληρώνει μια αντίστοιχη λειτουργία. Παρατηρεί κανείς ότι αυτός ο τύπος κάτοψης εμφανίζεται επίσης στην απλούστερη μορφή του στη μνημειακή αρχιτεκτονική της Αλυκής (νότιο και βόρειο κτήριο).

Από τα τέλη του 4ου ή τις αρχές του 3ου αι., οι πιο πλούσιες κατοικίες διαθέτουν αυλή με στοές στις τέσσερεις πλευρές (νησίδα Ι της συνοικίας της πύλης του Ερμή). Ο τύπος αυτός της περίστυλης οικίας μαρτυρείται μέχρι το τέλος της αυτοκρατορικής εποχής και διατηρείται και στην παλαιοχριστιανική εποχή.

Παραρτήματα

Οι βωμοί της Θάσου

Είναι γνωστό ότι ο βωμός στην αρχαιότητα είναι η ακάλυπτη εστία πάνω στην οποία ο θυσιαστής καίει το μέρος του σφαγίου που ανήκει στον θεό· όσο για τους πιστούς, αυτοί μοιράζονται και καταναλώνουν το κρέας του προσφερόμενου ζώου, μερικές φορές σε έναν κλειστό χώρο που βρίσκεται εντός του ιερού (βλ. επόμενη παράγραφο). Κατά κανόνα, οι βωμοί είναι στραμμένοι ανατολικά· ο ιερουργός στέκεται όρθιος πάνω στην πρόθυση (εξέδρα μπροστά από το βωμό).

Δύο τύποι βωμών συναντώνται στη Θάσο, όπως και γενικότερα στον ελληνικό κόσμο: ο βωμός με τράπεζα και ο βωμός με εσχάρα. Στον πρώτο τύπο ανήκουν ο μνημειακός βωμός του Ηρακλείου, αυτός του Αρτεμισίου και πολλοί βωμοί της αγοράς, μικρότερων διαστάσεων. Μια παραλλαγή, που αντιπροσωπεύεται ιδιαίτερα, ιωνικής παράδοσης, είναι ο βωμός εν παραστάσι: η τράπεζα παίρνει σχήμα Π με παραστάδες να ορίζουν την πρόθυση: βωμούς αυτού του τύπου βρίσκουμε στο Ποσειδώνιο, στο Διονύσιο, στη Δίοδο των θεωρών, στην πλατεία κάτω από το Αρτεμίσιο. Οι βωμοί με εσχάρα εμφανίζονται λιγότερο συχνά· βρίσκουμε παραδείγματα στη Δίοδο των θεωρών (βλ. σ. 112) και στο Διονύσιο: τέσσερεις όρθιες μαρμάρινες πλάκες, ενισχυμένες με πλάκες γνευσίου για την αποφυγή φθοράς από τη φωτιά ορίζουν τον τετράγωνο βόθρο.

Ένας ιδιαίτερα πρωτότυπος βωμός βρέθηκε στο ιερό της Αρκούδας: μια ημικυκλική πλακόστρωτη επιφάνεια, ανατολικά της τράπεζας θυσιών, χρησίμευε αναμφίβολα για την ανάπτυξη χορού. Μια επιγραφή (βλ. παρακάτω, σ. 279) αναφέρει έναν υπαίθριο ναό που χαρακτηρίζεται *αμφιβώμιος*, δηλαδή που περικλείει βωμό. Μπορούμε να σχηματίσουμε μια εικόνα για μια τέτοια κατασκευή με βάση τον κυκλικό περίβολο που εφάπτεται στο ιερό του Διός Αγοραίου στην αγορά (βλ. σ. 101 και **εικ. 41** και **42**), στο κέντρο του οποίου ήταν εγκατεστημένος ένας βωμός.

Οι αίθουσες συμποσίων

Ορισμένα οικοδομήματα ιερών και ορισμένοι χώροι σε δημόσια ή διοικητικά συγκροτήματα στέγαζαν κοινά γεύματα. Τα εστιατόρια αυτά διέθεταν κλίνες που ακουμπούσαν στους τοίχους και πάνω στις οποίες ξάπλωναν οι συνδαιτημόνες: διακρίνονται από τις έκκεντρες εισόδους που επέτρεπαν μια καλύτερη διάταξη των κλινών. Μπορούσαν να διαθέτουν μια εστία για τη θέρμανση ή το μαγείρεμα.

Τέτοιου είδους αίθουσες εμφανίζονται στη Θάσο σε ορισμένα ιερά· τις χρησιμοποιούσαν επ' ευκαιρία θυσιών ή γιορτών. Από την αρχαϊκή εποχή είναι γνωστά τα δύο κτήρια, βόρειο και νότιο, της Αλυκής καθώς και το κτήριο με την πολυγωνική τοιχοποιία του Ηρακλείου. Στην κλασική εποχή, το Ηράκλειο διέθετε πέντε εφαπτόμενες αίθουσες (οίκους), που έβλεπαν σε μια κοινή στοά μέσω έκκεντρων εισόδων και που μπορούσαν να δεχτούν δεκαεπτά συνδαιτημόνες η καθεμιά· ανάλογη δομή υπήρχε στο ιερό του Ποσειδώνα, με τουλάχιστον τέσσερεις αίθουσες για ένδεκα συνδαιτημόνες η καθεμιά. Το μεγάλο υπόστυλο κτήριο κοντά στο ιερό του Ηρακλή μπορούσε, και αυτό, να στεγάζει συμπόσια.

Στους διοικητικούς χώρους, η χρήση τέτοιων αιθουσών ήταν καθημερινή. Στο κτήριο που βρίσκεται στη βορειοανατολική πλευρά της αγοράς, ανάμεσα στο κτήριο με τα παρασκήνια και στη Δίοδο των θεωρών, αρκετές αίθουσες που έβλεπαν στη δημόσια πλατεία ήταν εστιατόρια που μπορούσαν να δεχτούν οκτώ ή εννιά κλίνες: προορίζονταν για τους αξιωματούχους (σ. 90).

Βιβλιογραφία: – R. Martin, «Technique et chronologie des constructions thasiennes», *Thasiaca, BCH Suppl.* V (1979), 169-189 (βλ. παραπάνω §1 έως 3)· – J. des Courtils, «L'appareil polygonal "lesbien" et l'architecture éolique», *REA* 100 (1998), 125-137 (βλ. παραπάνω §2)· – Y. Grandjean, *ÉtThas* XII (1988), 361-393 και 433-457 (βλ. παραπάνω §1, 2 και 6)· – J. des Courtils, *Architectures thasiennes* (αδημ. διδ. διατρ., Παρίσι, 1993) (βλ. παραπάνω §1 έως 4 και 6)· – J.-Y. Marc, *La ville de Thasos de la basse époque hellénistique à l'époque impériale* (αδημ. διδ. διατρ., Παρίσι, 1994) (βλ. παραπάνω §1 έως 4 και 6)· – G. Bakalakis, «Zur thasischen Architektur-Ornamentik», *ÖJh* 43 (1956-1958), 18-34 (βλ. παραπάνω §4)· – R. Martin, «Chapiteaux ioniques de Thasos», *BCH* 96 (1972), 303-325 και «L'architecture archaïque de Thasos et l'Anatolie», *Mélanges Mansel,* Ankara (1974), 451-465 (βλ. παραπάνω §4)· – J. des Courtils, «Ionismes en Péloponnèse? À propos d'un anthémion archaïque de Thasos», *BCH* 107 (1983), 133-148 και «Moulures architecturales en marbre de l'île de Thasos», *BCH* 121

(1997), 489-552 (βλ. παραπάνω §4)· – M.-F. Billot, «Le décor des toits de Grèce du IIe s. av. au Ier s. apr. J.-C. Traditions, innovations, importations», *BCH* 121 (1997), 283-284 (βλ. παραπάνω §4)· – M. Launey, *ÉtThas* I (1944) (βλ. παραπάνω §5)· – M.-F. Billot, T. Kozelj, «Décors architecturaux en terre cuite dans le Nord de l'Égée», στο A.-M. Guimier-Sorbets, M. B. Hatzopoulos, Y. Morizot (επιμ.), *Μελετήματα* 45 (Αθήνα 2006), 13-46 (βλ. παραπάνω §5)· – B. Holtzmann, «Une nouvelle sima archaïque de Thasos», *Thasiaca, BCH Suppl.* V (1979), 1-9 (βλ. παραπάνω §5)· – Y. Grandjean, «Les formes prédominantes de la maison thasienne», στο *Μνήμη Δ. Λαζαρίδη. Πόλις καὶ χώρα στὴν ἀρχαία Μακεδονία καὶ Θράκη. Πρακτικὰ ἀρχαιολογικοῦ συνεδρίου, Καβάλα 9-11 Μαΐου 1986* (1990), 379-390 (βλ. παραπάνω §6).

ΘΕΣΜΟΙ ΚΑΙ ΚΟΙΝΩΝΙΑ

Νησιωτική, με αστικό κέντρο, με συμπαγή κοινωνία, με οχυρώσεις και με δικές της πλουτοπαραγωγικές πηγές, η Θάσος, ανεξάρτητη ή κηδεμονευόμενη, αποτελεί χαρακτηριστικό παράδειγμα πόλης-κράτους. Οι θεσμοί της αντιστοιχούν με ορισμένα ιδιαίτερα γνωρίσματα στις γενικές αρχές πολιτικής οργάνωσης των ελληνικών πολιτειών.

Από τις απαρχές ως τον 5ο αιώνα π.Χ.

Η πολιτική κοινότητα, αναμφίβολα εξαρχής, διαιρούνταν σε ομάδες οικογενειών που ονομάζονταν *πάτραι*. Γνωρίζουμε τους Αμφωτερίδες, τους Αγχιαλίδες, τους Νεοφαντίδες, τους Πηλείδες, τους Πριαμίδες, τους Φαστάδες. Οι πάτρες αυτές συγκροτούνταν σε φυλές· μία από αυτές, οι Γελεόντες, αντιστοιχεί σε μία από τις τέσσερεις ιωνικές φυλές που μαρτυρούνται στην πρώιμη Αθήνα: ο Γελεών ήταν, σύμφωνα με τον Ευριπίδη, ένας από τους τέσσερεις γιους του Ίωνα.

Ελάχιστα στοιχεία είναι γνωστά για τους θεσμούς του 7ου και του 6ου αι. Λίγες πληροφορίες μας παρέχουν οι χαραγμένοι κατάλογοι των πιο σημαντικών αξιωματούχων – αρχόντων και θεωρών – με τις πς συνέχειες και ασυνέχειές τους και ορισμένες περιθωριακές μνείες.

Το επώνυμο αξίωμα, που χρονολογεί το έτος, είναι ο άρχοντας. Διαθέτουμε αποσπασματικούς καταλόγους αρχόντων από το 550 π.Χ. περίπου, αλλά είναι πολύ πιθανόν πως ο θεσμός αυτός ανέρχεται στις απαρχές της πόλης, αφού στην Πάρο το αξίωμα του άρχοντα υπήρχε ήδη στην εποχή του Αρχιλόχου. Οι θεωροί, παλαιό αξίωμα (συναντάται και στην Πάρο) που όμως δεν οργανώθηκε παρά το 540 σε ετήσιες τριπλές συναρχίες, είχαν καθήκοντα που θεωρείται ότι ήταν κατ' αρχάς θρησκευτικά. Διετέλεσαν επίσης, περιστασιακά, επώνυμοι.

Στα μέσα του 6ου αι., η Θάσος υφίσταται το τυραννικό καθεστώς, του Συμμάχου. Μια επιπρόσθετη ένδειξη στον κατάλογο των θεωρών μας πληροφορεί ότι, γύρω στο 540, άρχισε ο χρόνος *ὃν οἱ ἑξήκοντα καὶ τριηκόσιοι ἦρχον* (*IG* XII 8, 276): πρόκειται προφανώς για μια Βουλή, που αριθμούσε τόσα μέλη όσες και οι μέρες του έτους στην αρχαιότητα (στην Αθήνα υπήρχε το ίδιο σύστημα, που αργότερα συνιστούσε ο Πλάτων για την ιδανική του πολιτεία στους *Νόμους*).

Τον 5ο αι., υπήρχε στην περιφέρεια της αγοράς ένα πρυτανείο – δημόσιο κτήριο που στέγαζε την κοινή εστία των πολιτών και χώρος υπηρεσίας για τους αξιωματούχους που διαχειρίζονταν τις κρατικές υποθέσεις. Ιδού το κείμενο που το αναφέρει· δείχνει τη βούληση να διατηρηθεί η καθαριότητα του κοινόχρηστου χώρου και άρα το δημόσιο ενδιαφέρον για την ορθή τάξη στην καθημερινή ζωή: *ἀπὸ Χαρίτων ἱρõ μέχρις τῶν οἰκημάτων ἔνθα τὸ ἀργυραμοιβήϊον ¦ καὶ ἔνθα τὸ συμπόσιον ¦ καὶ ὡς ἡ ὁδὸς παρὰ πρυτανήϊον ¦ ἐν τῶι μέσωι τούτων κόπρον μὴ ἐσβαλλέτω μηδὲ προϊστάσθω· ὃς δ' ἄν τι τούτων ποιῆι, ἡμίεκτον κατ' ἕκαστον ὁσάκις ἂ – ν ποιῆι ὀφελέτω τῆι πόλι, πρ-η[σ]-σόντων ἐπιστάται καὶ τὤμυσυ αὐτοὶ ἰσχόντων - ¦ ἂν δὲ μή, διπλήσιον ὀφελόντων τῆι - Ἀρτ[έ]μιδι τῆι Ἑκάτηι* (*ÉtThas* XIV, 20, 41-49· γύρω στα 470-460). Από το ιερό των Χαρίτων μέχρι στα οικήματα του αργυραμοιβείου και του συμποσίου (εστιατορίου) και στην οδό που περνά από το πρυτανείο, μέσα σ' αυτόν το χώρο να μη ρίχνονται απορρίματα ούτε να διεξάγεται πορνεία. Όποιος πράξει κάτι από αυτά, για κάθε αδίκημα, όσες φορές το κάνει, να καταβάλει στην πόλη ένα ημίεκτο· οι επιστάτες να το εισπράξουν και να κρατήσουν οι ίδιοι το μισό· ειδάλλως, να καταβάλουν το διπλό στην Αρτέμιδα Εκάτη.

Επισημαίνουμε εδώ το ρόλο των επιστατών, για τους οποίους μόνο εικασίες μπορούμε να κάνουμε: άραγε προέδρευαν σε κάθε εν ενεργεία επιτροπή της Βουλής, όπως συνέβαινε στην Αθήνα με τους επιστάτες των πρυτάνεων; Πάντως, οι Θάσιοι επιστάτες, κάτοχοι μιας καταναγκαστικής εξουσίας, επιφορτισμένοι με την οδοποιία, ασκούσαν επίσης την αστυνόμευση επί των ηθών. Το κείμενο που παραθέσαμε πιο πάνω, που απαγορεύει την πορνεία στην αγορά, καθορίζει ακόμη: *ἐπὶ τõ τέγεος τῶν κατοικιῶν τῶν δημοσίων τῶν ἐν τῆι ὁδῶι ταύτηι ¦ θῆς ἕνεκεν μηδὲς ἀναβαινέτω ¦ μηδὲ γυνὴ δ' ἐ[κ] τῶν θυρίδων θήσθω· ὅ τι ἂν τούτων ποιῆι ¦ στατῆρα κατ' ἕκαστον ὁ ἐνοικέων ὀφελέτω τῆι πόλι ¦ πρη[σ]σόντων ἐπιστάται...* (30-35). Στις στέγες των δημόσιων σπιτιών *(= πορνείων)* που βρίσκονται στην οδό αυτή *(= μεταξύ του Ηρακλείου και της θάλασσας)*, να μην ανεβαίνει κανείς σε κοινή θέα, ούτε οι γυναίκες να εμφανίζονται στα παράθυρα· όποιος πράξει κάτι από αυτά, ο ενοικών να καταβάλει για κάθε αδίκημα ένα στατήρα στην πόλη: να τον εισπράξουν οι επιστάτες...

Αυτό το καθεστώς μετριοπαθούς αριστοκρατίας επικράτησε μέχρι την κατάληψη της Θάσου από την Αθήνα το 463 π.Χ. Η αθηναϊκή κυριαρχία επιφέρει τότε μια δημοκρατική μεταπολίτευση με τη μεταβίβαση της εξουσίας στον έναν και μοναδικό άρχοντα. Αλλά οι τρεις θεωροί, που έχουν δευτερεύοντα πολιτικό ρόλο, παραμένουν: ανάμεσα στα ονόματά τους συναντάται εκείνο του μεγάλου ζωγράφου Πολυγνώτου.

Το 411, με πρωτοβουλία των ίδιων των Αθηναίων που διέρχοταν πολιτική κρίση (καθεστώς των Τετρακοσίων), η δημοκρατία αντικαθίσταται από ένα ολιγαρχικό πολίτευμα, που σύντομα διεκδικεί την ανεξαρτησία της πόλης. Η «ολιγαρχία» αυτή (έτσι χαρακτηρίζεται από τον Θουκυδίδη, Ζ' 94, στην επιγραφή *IG* XII 8, 262 και στο *BCH* 1988) διατηρείται για τέσσερα χρόνια. Επανερχόμαστε λοιπόν από την άνοιξη του 411 – μετά την υπόδειξη στον κατάλογο τριών μηνών «αναρχίας», μια και ο πρώτος επώνυμος άρχοντας αποπέμφθηκε – σε ετήσιες συναρχίες τριών αρχόντων. Τριακόσιοι πολίτες, που νομοθετούν μόνοι, κρατούν την εξουσία στα χέρια τους και παίρνουν σκληρά μέτρα κατά της αντιπολίτευσης (νόμος για τις καταδόσεις, βλ. σ. 46). Μετά από την ανακατάληψη της Θάσου το 407, η Αθήνα επιβάλλει την επιστροφή των εκδιωγμένων και αποκαθιστά εκ νέου τη «δημοκρατία» με τη Βουλή της και την Εκκλησία του Δήμου.

Από το 404, η σπαρτιατική τάξη πραγμάτων εγκαθιστά μια δεκαρχία (κυβέρνηση με δέκα μέλη). Μετά το 389 και την επιστροφή στο νησί του στόλου και των στρατηγών της Αθήνας, και κυρίως από το 375, όταν η Θάσος εισέρχεται στη δεύτερη αθηναϊκή συμμαχία, επανερχόμαστε σε ένα πιο ανοιχτό πολιτικό σύστημα, σταθερά εγκαθιδρυμένο, που δε μοιάζει να προσβάλλεται από την εισβολή της Μακεδονίας σε αυτήν την περιοχή του Αιγαίου (βλ. σ. 47).

4ος αιώνας και ελληνιστική εποχή

Στα τέλη του 4ου αι., οι πολιτειακοί θεσμοί εμπνέονται ταυτόχρονα από τις αρχαίες παραδόσεις και από το αθηναϊκό δημοκρατικό μοντέλο· οι επιγραφές, που συνιστούν στον τομέα αυτόν τη μοναδική πηγή πληροφόρησης, επιτρέπουν να συντάξουμε σχετικά τον παρακάτω πίνακα:

Σώματα:		Εκκλησία του Δήμου Βουλή
Αξιώματα		**Αρμοδιότητες**
3	άρχοντες	ανώτατο αξίωμα
3	θεωροί	λατρείες
7 ή 3	απόλογοι	δικαιοσύνη
6	επιστάτες	αστυνόμευση και διατήρηση της τάξης
;	διαλλάκτες	δημόσιοι διαιτητές
2	αγορανόμοι	επιτήρηση αγορών
3	γυναικονόμοι	δημόσια τάξη
1	αποδέκτης	οικονομικά
1	ιερομνήμων	οικονομικά
5	πολέμαρχοι	πόλεμος
	γυμνασίαρχος	νέοι και άθληση

Άρχοντες και θεωροί συνεχίζουν να κατέχουν την πρώτη θέση. Σε αυτές τις τιμές φθάνει κανείς μόνο μία φορά, αφού έχει ασκήσει άλλα καθήκοντα. Μπορεί να γίνει θεωρός αφού έχει διατελέσει πρώτα άρχοντας· το αντίθετο είναι σπανιότερο. Οι γιοι, οι εγγονοί εμφανίζονται μετά τους πατέρες και τους παππούδες στους καταλόγους που χαράχθηκαν από τα τέλη του 4ου αι. π.Χ. κοντά στα διοικητικά κτήρια που βρίσκονται στη βορειοανατολική πλευρά της αγοράς (άρχοντες στο κτήριο με τα παρασκήνια, θεωροί στη «δίοδο των θεωρών»). Οι κατάλογοι αυτοί, στους οποίους ανακεφαλαιώθηκαν τα ονόματα όλων εκείνων που άσκησαν καθήκοντα από τις απαρχές της πόλης, ενημερώνονταν στη συνέχεια μέχρι την αυτοκρατορική εποχή: αποτελούσαν απόδειξη για τη χρονολογία των αρχείων· εξέφραζαν επίσης την αναγνώριση που η πόλη απέδιδε στους προύχοντές της (σχετικά με αυτήν την άρχουσα τάξη, βλ. σ. 215).

Τα δικαστήρια ήταν οργανωμένα υπό τον έλεγχο των απολόγων, που φαίνεται να συνδέονται με τη Βουλή, όπως υποδεικνύουν οι αναθέσεις στη Βουλαία Εστία, θεά της εστίας της πόλης, προστάτιδα μαζί με τον Δία του σώματος αυτού. Σώματα ενόρκων πολιτών επιλέγονταν με κλήρο: καθένας από τους υποψήφιους ενόρκους (δικαστές) διέθετε, όπως στην Αθήνα, μια μπρούντζινη πινακίδα (πινάκιο) με το όνομά του· το σχήμα των πινακίδων αυτών (**εικ. 169**), προορισμένων να εφαρμόζουν στις υποδοχές ενός πίνακα (κληρωτήριο), δείχνει ότι το ισχύον σύστημα για την κλήρωση ήταν αντίστοιχο με εκείνο των λαϊκών δικαστηρίων της Αθήνας. Γνωρίζουμε επίσης μια σειρά από επιγραφές που δείχνουν ότι κάποιοι Θάσιοι εστάλησαν μερικές φορές σε ξένες πόλεις, μετά από αίτηση των τελευταίων, προκειμένου να ρυθμίσουν εκεί εσωτερικές διαμάχες, σύμφωνα με μια πρακτική – αυτή των ξένων δικαστών – ιδιαίτερα διαδεδομένη στον ελληνικό κόσμο κατά την ελληνιστική εποχή.

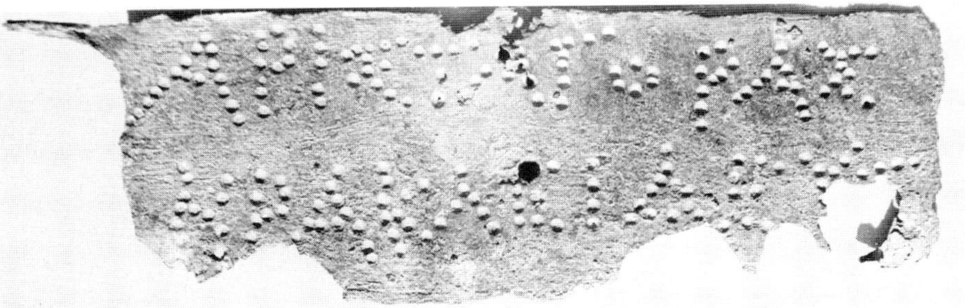

εικ. 169. Ορειχάλκινη πινακίδα δικαστή με το όνομα του Αρισταγόρα, γιου του Ηρακλείδη.

Οι επιστάτες, που μαρτυρούνται ήδη από τον 5ο αι., έπαιζαν σημαντικό ρόλο, τον οποίο μπορούμε μόνο να υποθέσουμε. Ο εν υπηρεσία επιστάτης δεχόταν τις επείγουσες εγκλήσεις και επενέβαινε κατά τις συλλήψεις· έδρευε σε ένα από τα διοικητικά κτήρια στην ανατολική γωνία της αγοράς, όπου έχουν βρεθεί αναθήματα αυτών των αξιωματούχων. Οι αγορανόμοι, ελεγκτές των αγορών, υπεύθυνοι των μέτρων και των σταθμών, έδρευαν και αυτοί κοντά στην ανατολική γωνία της αγοράς: στον τομέα αυτόν, μια αίθουσα θα πρέπει να στέγαζε τα αγγεία που αποτελούσαν τα επίσημα μέτρα. Τα αναθήματά τους απευθύνονταν στον θεό Ερμή. Είναι πιθανόν, ο ένας από τους αγορανόμους να ήταν επιφορτισμένος με τον έλεγχο και το ετήσιο σφράγισμα των αμφορέων κρασιού (βλ. σ. 228).

Οι αρμοδιότητες των διαφόρων αξιωματούχων ήταν αρκετά ευέλικτες και διασταυρώνονταν μεταξύ τους μερικές φορές. Ο τρόπος με τον οποίο συνεργάζονταν για τη διατήρηση της τάξης και την εφαρμογή των δημόσιων αποφάσεων σκιαγραφείται, για παράδειγμα, στο παρακάτω κείμενο του 4ου αι. π.Χ. που προβλέπει την κήδευση και τις αποδιδόμενες τιμές σε πολίτες που σκοτώθηκαν στον πόλεμο: *μηδὲν ὁ ἀγορηνόμος περιοράτω τῆι [ἡ]μέρηι ἧι ἂν ἐχφέρονται πρὶν τὴν ἐχφορὰν γενέσθαι· πενθικὸν δὲ μηδὲν ποιείτω μηδεὶς ἐπὶ τοῖς ἀγαθοῖς ἄνδρασι πλέον ἢ ἐν πέντε ἡμέραις· κηδεύειν δὲ μὴ ἐξέστω· εἰ δὲ μή, ἐνθυμιστὸν αὐτῶι ἔστω καὶ οἱ γυναικονόμοι καὶ οἱ ἄρχοντες καὶ οἱ πολέμαρχοι μὴ περιορώντων καὶ θωϊῶντες καρτεροὶ ἔστων ἕκαστοι ταῖς θωαῖς ταῖς ἐκ τῶν νόμων· ἀναγράφειν δὲ αὐτῶν τὰ ὀνόματα πατρόθεν εἰς τοὺς Ἀγαθοὺς τοὺς πολεμάρχους καὶ τὸν γραμματέα τῆς βουλῆς καὶ καλεῖσθαι αὐτῶν τοὺς πατέρας καὶ τοὺς παῖδας ὅταν ἡ πόλις ἐντεμνηι τοῖς Ἀγαθοῖς¦ vac. διδόναι δ' ὑπὲρ αὐτῶν ἑκάστου τὸν ἀποδέκτην ὅσον ὑπὲρ τιμώχων λαμβάνουσιν* (*ÉtThas* III, 141). Ο αγορανόμος να μην παραμελήσει τίποτε την ημέρα που θα κηδευθούν, πριν τελεσθεί η εκφορά. Κανείς να μην κρατήσει πένθος για αυτούς τους αγαθούς άνδρες πάνω από πέντε ημέρες· και να μην υπάρξει θρήνος· ειδάλλως να υποστεί θρησκευτική ποινή, και οι γυναικονόμοι, οι άρχοντες και οι πολέμαρχοι να είναι σε εγρήγορση χωρίς να παραμελήσουν, αλλά κάθε αρχή να επιβάλει τις προβλεπόμενες από τους νόμους ποινές· οι πολέμαρχοι και ο γραμματέας της Βουλής να αναγράψουν τα ονόματα (των νεκρών) με τα πατρώνυμα μεταξύ των Αγαθών και να προσκαλούν τους πατέρες και τους γιους τους όποτε η πόλη θυσιάζει στους Αγαθούς... και ο αποδέκτης να καταβάλει για τον καθένα τους όσα λαμβάνονται και για τους τιμούχους (εκείνους που έχουν δικαίωμα σε τιμές).

Ο αγορανόμος επεμβαίνει στη ρύθμιση αυτή για να προετοιμάσει αντάξια τις οδούς, λειτουργία που τον 5ο αι. αποδιδόταν στους επιστάτες. Συναντάμε επίσης τους γυναικονόμους, διορισμένους επικεφαλής όσων όφειλαν να επιβλέπουν την τήρηση του πένθους μέσα στα αυστηρώς καθορισμένα όρια. Το ιδιαίτερο αυτό αξίωμα, που εμφανίζεται στον 4ο αι. π.Χ. σε πόλεις με μεγάλη αστυνόμευση, ασκεί λογοκρισία στη συμπεριφορά και στα ήθη των γυναικών και στην προκειμένη περίπτωση, στην έκφραση του πένθους, το οποίο αφορά πρωτίστως τις γυναίκες. Ο έλεγχος της περιβολής ήταν επίσης στην αρμοδιότητα των γυναικονόμων: μια αποσπασματική επιγραφή του τέλους του 4ου αι. π.Χ. αναφέρει ιδιαίτερα την περίπτωση των πορνών (*ÉtThas* III, 155).

Ελάχιστα γνωρίζουμε για την εξέλιξη των θεσμών κατά την ελληνιστική εποχή. Σημειώνουμε την εμφάνιση, τον 3ο αι., δύο μνημόνων (αρχειοφυλάκων). Ο αριθμός των επιστατών μειώνεται σε δύο στα τέλη του 2ου αι. π.Χ.

Αυτοκρατορική εποχή

Οι θεσμοί προσαρμόζονται προοδευτικά στη νέα τάξη. Οι γυναίκες εκλέγονται άρχοντες από τα τέλη του 1ου αι. μ.Χ. Στα τέλη του 2ου αι. μ.Χ. υπάρχει η Γερουσία, στενό αριστοκρατικό σώμα στο οποίο ανήκαν ενδεχομένως και γυναίκες. Στον 3ο αι. μ.Χ. οι ετήσιοι άρχοντες είναι πλέον μόνο δύο· ο πιο σημαντικός αξιωματούχος είναι εκείνη την εποχή ο αποδέκτης (εισπράκτορας και διαχειριστής των οικονομικών).

Ιερατείες

Οι ιερατείες είναι υψηλά αξιώματα, συνήθως ετήσια. Στην κλασική εποχή, μαρτυρούνται οι ιερατείες του Ηρακλή, του Διονύσου, της Αφροδίτης και του Ασκληπιού. Υπήρχε αναμφίβολα και ιερατεία της Δήμητρας (Παυσανίας, βλ. σ. 277). Στον 1ο αι. π.Χ., είναι γνωστοί οι νεωκόροι (φύλακες του ναού) της Αφροδίτης, της Αρτέμιδος και της Αθηνάς, καθώς και μια ιέρεια του Διός Ευβουλέως. Για την αυτοκρατορική εποχή, μπορούμε να αναφέρουμε μια ιέρεια και νεωκόρο της Κυβέλης, έναν ιερέα του Ήλιου-Σαράπιδος, μια (;) ανθοφόρο. Ορισμένα πρόσωπα αναλαμβάνουν ισόβιες ιερατείες: ιερέας του Ηρακλή, ιερέας του Ποσειδώνα. Από τον 1ο αι. μ.Χ., το μεγαλύτερο θρησκευτικό αξίωμα είναι η ιερατεία της αυτοκρατορικής λατρείας.

Βιβλιογραφία: J. Pouilloux, *ÉtThas* III (1954)· – Chr. Dunant, J. Pouilloux, *ÉtThas* V (1957)· – Fr. Salviat, «Une nouvelle loi thasienne: institutions judiciaires et fêtes religieuses à la fin du IVe s. av. J.-C.», *BCH* 82 (1958), 193-267· – S. Dow, «Dikast's Bronze Pinakia», *BCH* 87 (1963), 676-684 · Y. Grandjean, «Tessères de juge thasiennes», στο A. Tamis, C. J. Mackie, S. G. Byrne (επιμ.), *PHILATHENAIOS. Studies in Honour of Michael J. Osborne* (2010), 65-80 (σχετικά με τα δικαστικά πινάκια της Θάσου)· – Y. Grandjean, «Décrets pour des juges thasiens», *Thasiaca, BCH Suppl.* V (1979), 385-406· P. Hamon, «Juges thasiens à Smyrne: *I. Smyrna* 582 complété», *BCH* 123 (1999), 175-194· – Cl. Rolley, «Le sanctuaire des dieux patrôoi et le Thesmophorion de Thasos», *BCH* 89 (1965), 441-483 (σχετικά με τις πάτρες της Θάσου)· – Fr. Croissant, Fr. Salviat, «Aphrodite gardienne des magistrats: gynéconomes de Thasos et polémarques de Thèbes», *BCH* 90 (1966), 460-471· – Fr. Salviat, «Les archontes de Thasos», *Πρακτικά του Η΄ Διεθνούς Συνεδρίου ελληνικής και λατινικής επιγραφικής, Αθήνα, 3-9 Οκτ. 1982,* τ. 1 (1984), 233-258.

ΟΙ ΛΑΤΡΕΙΕΣ ΤΗΣ ΘΑΣΟΥ

Η Θάσος δεν υπήρξε όπως οι Δελφοί, η Δήλος και η Ολυμπία, ή ακόμη όπως η γειτονική Σαμοθράκη, κέντρο με εκτεταμένη θρησκευτική ακτινοβολία. Και αν οι Θάσιοι στέλνουν επίσημους αντιπροσώπους (θεωρούς) στους Μεγάλους Θεούς της Σαμοθράκης, στον Απόλλωνα της Κλάρου, αν συμβουλεύονται το μαντείο των Δελφών, αν τους βρίσκουμε στην Επίδαυρο, οι λατρείες τους αντιστοιχούν σε αυτές μιας συνηθισμένης πόλης, πάντως μιας πόλης με πολλούς θεούς: η αφθονία των ιερών, τα αναθήματα, οι αναθηματικές επιγραφές, οι απεικονίσεις των νομισμάτων (βλ. σ. 357), η προσωνυμία, ακόμα και τα σύμβολα των σφραγισμάτων στους αμφορείς (βλ. σ. 232) το πιστοποιούν. Ένας κατάλογος επίσημων γιορτών, που χρονολογείται στα τέλη του 4ου αι. π.Χ., αποκρυσταλλώνει έτσι τον ετήσιο πίνακα των κύριων τελετών και υποδεικνύει, επί τη ευκαιρία, ότι το πολιτικό έτος άρχιζε στη Θάσο κατά το μήνα Απατουριώνα:

	Μήνες της Θάσου	**Γιορτές**	**Θεότητες**
Νοέμβριος - Δεκέμβριος	Απατουριών (1)	Απατούρια Γιορτή για όλους τους θεούς	Δίας Πατρώος Αθηνά Πατρώα
Δεκέμβριος - Ιανουάριος	Μαιμακτηριών (2)	Μαιμακτήρια	Δίας
Ιανουάριος - Φεβρουάριος	Ποσιδειών (3)	Ποσίδεια	Ποσειδώνας
Φεβρουάριος - Μάρτιος	Ανθεστηριών (4)	Ανθεστήρια Σωτήρια	Διόνυσος Ηρακλής Σωτήρας
Μάρτιος - Απρίλιος	Γαλαξιών (5)	Διονύσια	Διόνυσος
Απρίλιος - Μάιος	Αρτεμισιών (6)	Διάσια	Δίας
Μάιος - Ιούνιος	Θαργελιών (7)	Μεγάλα Ηράκλεια Χορεία	Ηρακλής Διόνυσος
Ιούνιος - Ιούλιος	Πλυντηριών (8)	Δυωδεκάθεια	Οι δώδεκα θεοί
Ιούλιος - Αύγουστος	Εκατομβαιών (9)	Αλεξάνδρεια	Μέγας Αλέξανδρος

	Μήνες της Θάσου	Γιορτές	Θεότητες
		Θεσμοφόρια	Δήμητρα και Κόρη
Αύγουστος - Σεπτέμβριος	; (10)	Μεγάλα Ασκληπεία	Ασκληπιός
		Δημήτρια	Δήμητρα
		Ηρωξείνια	Οι ήρωες
Σεπτέμβριος - Οκτώβριος	; (11)	Διοσκούρια	Οι Διόσκουροι
		Μεγάλα Κωμαία	Απόλλων Κωμαίος
Οκτώβριος - Νοέμβριος	Βαδρομιών (12)	Βαδρόμια	Απόλλων

Οι μήνες του ημερολογίου της Θάσου αντιστοιχούν ακριβώς σε αυτούς του ημερολογίου της Πάρου, της μητρόπολης της Θάσου. Μήνες και γιορτές της Πάρου βρίσκονται σε ευρεία αντιστοιχία με τους μήνες και τις γιορτές της Αθήνας: ξέρουμε ότι τον 11ο αι. π.Χ., η ίδια η Πάρος αποικίστηκε από τους Αθηναίους. Ορισμένες γιορτές, που ανήκουν στο αρχαίο αττικό-ιωνικό υπόστρωμα και που η αρχέγονη ύπαρξή τους μαρτυρείται από το ημερολόγιο, διατηρούνται στην κλασική εποχή: αν τα Θαργήλια (γιορτή καθαρμού) δεν είναι πλέον στην πρώτη γραμμή, ο κατάλογος διατηρεί στη θέση τους τα Απατούρια (γιορτή των οικογενειών), τα Μαιμακτήρια (γιορτή για τις κακοκαιρίες του χειμώνα), τα Ανθεστήρια (γιορτή του νέου κρασιού και των λουλουδιών), τα Βαδρόμια (γιορτές στρατιωτικής συνεργασίας μεταξύ συγγενών πόλεων).

Στη διάρκεια της αρχαϊκής εποχής, οι θεοί, των οποίων η ανθρωπόμορφη απεικόνιση σφυρηλατήθηκε με το μύθο και με την εικόνα, κερδίζουν ουσιαστική υπόσταση.

Ένας μόνο θεός, αλλά αναμφίβολα ο μεγαλύτερος, ίσως να ήταν γνωστός στο νησί πριν από την άφιξη των Παρίων: ο *Ηρακλής* θα είχε, σύμφωνα με τον Ηρόδοτο, φοινικική προέλευση (βλ. το κείμενο σ. 174). Ίσως ο Θάσιος Ηράκλης να ήταν αρχικά ένας Μελκάρτ που θα λατρευόταν κοντά στα ορυχεία χρυσού από τους χρυσοθήρες και τους εμπόρους από την Τύρο (για τα μεταλλεία αυτά, βλ. σ. 19).

Μεταξύ των τιμώμενων θεοτήτων, πολλές ανήκουν στο παλαιό αιγαιακό υπόστρωμα. Είναι οι θεοί και οι θεές της Πάρου που δόξαζαν οι άποικοι του 7ου αι. π.Χ. Εγκατεστημένη στην ακρόπολη, η *Αθηνά*, φύλακας της πόλης, έφερε εκεί το εύγλωττο επίθετο *Πολιούχος*. Η *Άρτεμις* με την επωνυμία Δηλία λατρευόταν, όπως και στην Πάρο, σε ένα ιερό, το Δήλιο, εγκατεστημένο στην άκρη του οικισμού, στα νοτιοανατολικά του Εβραιόκαστρου· κοντά στην αγορά απολάμβανε εξίσου μια αρχαία λατρεία μερικές φορές με την επωνυμία *Πωλώ*, άλλοτε ταυτιζόμενη με την Ειλείθυια, προστάτιδα των τοκετών και των παιδιών· αφομοιωνόταν επίσης ως *Εκάτη*. Η *Δήμητρα*, θεά της γονιμότητας της γης (γυναικεία γιορτή των Θεσμοφορίων) και των μυστηρίων, είχε έρθει από την Πάρο. Ο Παυσανίας αφηγείται πώς είδε στους Δελφούς, στους τοίχους της Λέσχης των Κνιδίων, μια τοιχογραφία του διάσημου Θασίου ζωγράφου Πολυγνώτου: απεικόνιζε κάθοδο στον Άδη, αλλά έβλεπε κανείς σε αυτήν μια σκηνή όπου στη βάρκα του Χάροντα, του οδηγού των ψυχών, εικονιζόταν η πρώτη Θασία ιέρεια: *Κλεόβοια δὲ ἔτι παρθένος, ἔχει δὲ ἐν τοῖς γόνασι κιβωτὸν, ὁποίας ποιεῖσθαι νομίζουσι Δήμητρι... Κλεόβοιαν δὲ ἐς Θάσον τὰ ὄργια τῆς Δήμητρος ἐνεγκεῖν πρώτην ἐκ Πάρου φασίν* (Παυσανίας Ι' 28, 3). Η Κλεόβοια, σε μικρή ακόμη ηλικία, έχει στα γόνατά της την κιβωτό η οποία λένε ότι χρησιμοποιείται στη λατρεία της Δήμητρας... Θεωρούν ότι η Κλεόβοια πρώτη έφερε στη Θάσο τα μυστήρια της Δήμητρας από την Πάρο.

Η *Ήρα* είναι κι αυτή επίσης μια αρχέγονη θεότητα: διέθετε ένα ιερό που δεν έχει ακόμα εντοπιστεί, αλλά που ήταν γνωστό στον Ιπποκράτη τον 5ο αι. π.Χ. (*Περί Ἐπιδημιῶν Α'*, 14η περίπτωση)· απεικονιζόταν ένθρονη, απέναντι από τον Δία, σε μία από τις πύλες της πόλης (βλ. σ. 166). Σε αρχαία παράδοση ανήκουν επίσης οι λατρείες της *Αφροδίτης*, που διέθετε ένα ναό και της *Εστίας*, προστάτιδας της κοινής εστίας, τιμούμενης από τους αξιωματούχους.

Ανάμεσα στους θεούς που συνόδευαν τους πρωτοπόρους Παρίους, ο *Απόλλων* κατείχε εξέχουσα θέση: ένας χρησμός που δόθηκε στους Δελφούς ενθάρρυνε τον οικιστή Τελεσικλή (βλ. σ. 38), και ο θεός εγκαταστάθηκε στην ακρόπολη με το όνομα *Πύθιος* (σ. 141). Με το όνομα Απόλλων *Δήλιος* μοιραζόταν με την Αρτέμιδα το ιερό του Δηλίου· έτσι υπογραμμιζόταν ο δεσμός με το μεγάλο κέντρο των Κυκλάδων και με το ιερό νησί, τόπο γέννησης των δίδυμων τέκνων του Δία και της Λητούς. Εμφανιζόταν κοντά στην αγορά ως *Νυμφηγέτης* και έφερε επίσης τον τίτλο που είχε στις Κρηνίδες, αποικία της Θάσου κοντά στο Παγγαίο, του *Κωμαίου* (θεού των κωμών). Ο *Ποσειδώνας*, κοντά στο λιμάνι (βλ. σ. 125), ο *Δίας* τιμωρός, που ρύθμιζε στην αγορά την πολιτική ζωή (σ. 101), ο *Διόνυσος* προπάντων, θεός του κρασιού, θεός του θεάτρου, με την ακολουθία του των Σατύρων και Μαινάδων (σ. 163), υπήρξαν από την αρχαϊκή και την κλασική εποχή αντικείμενο ευλάβειας που κράτησε στο χρόνο.

Πρέπει ακόμη να αναφέρουμε τις δευτερεύουσες, παρ' όλα αυτά παρούσες θεότητες: η *Σώτειρα*, θεά της σωτηρίας, το ιερό της οποίας βρισκόταν εκτός των τειχών, κοντά στο λιμάνι, σε γειτνίαση με την παραθαλάσσια πύλη (βλ. **εικ. 24**)· ο *Πάνας*, εγκατεστημένος στο βράχο της ακρόπολης, λατρευόμενος από τους περαστικούς, τους στρατιώτες και τους βοσκούς· οι *Νύμφες*, θεότητες των γλυκών νερών, και οι τρεις *Χάριτες*, εγγυήτριες της ευημερίας, που τις βρίσκουμε ως συνοδούς στα ανάγλυφα της Διόδου των θεωρών, προφανώς με την ευκαιρία μιας αναπροσαρμογής της λατρείας τους στις αρχές του 5ου αι. π. Χ.· συνοδεύονται τότε από ολύμπιες θεότητες: οι Νύμφες από τον Απόλλωνα και οι Χάριτες από τον Ερμή, τον θεό της αγοράς. Οι *Διόσκουροι* είχαν τη γιορτή τους και αναμφίβολα το εκτός των τειχών ιερό τους στον κάμπο της Παταργιάς, στα δυτικά, όπου βρέθηκαν τρία ανάγλυφα που απεικονίζουν δίδυμους ιππείς να πλαισιώνουν μια γυναικεία μορφή,

εικ. 170. Ελένη ή αναθέτρια μεταξύ των Διοσκούρων.

ταυτιζόμενη είτε με την αδελφή τους Ελένη, είτε με την αναθέτρια (**εικ. 170** και **225**· βλ. λήμμα σ. 319).

Στο αρχικό υπόβαθρο ήρθαν προοδευτικά να προστεθούν και άλλες λατρείες: η *Κυβέλη* από την Ανατολία, λατρευόμενη στην Ιωνία από τον 6ο αι. π.Χ. (**εικ. 190** και **211**)· ο *Ασκληπιός*, του οποίου η λατρεία γνώρισε μεγάλη εξάπλωση από τον 4ο αι. π.Χ. και το ιερό βρισκόταν σίγουρα στην περιοχή της αψίδας του Καρακάλλα, όπου ο E. Miller ανακάλυψε τον 19ο αι. αρκετά αναθήματα. Με το χρόνο, η ελληνική πόλη υποδέχτηκε τις λατρείες της γειτονικής Θράκης: στην ύστερη ελληνιστική εποχή και στη διάρκεια των πρώτων αιώνων μ.Χ., είναι άφθονες οι μαρτυρίες που πιστοποιούν την προτίμηση προς τον *Ήρωνα* (τον Θράκα ιππέα): αναθηματικά ανάγλυφα – το ένα από έναν αρχιερέα –, γλυπτή μετόπη στο προσκήνιο του θεάτρου (βλ. **εικ. 73**), επιτύμβιες στήλες, στις οποίες ο αφηρωισμένος νεκρός αναπαρίσταται κατ' εικόνα του θεού ως καλπάζων δορυφόρος που καταδιώκει αγριόχοιρο (**εικ. 227**). Ανατολικές λατρείες εγκαταστάθηκαν επίσης μέσα στην πόλη: λατρεία της *Ίσιδος* και του *Σαράπιδος*, λατρεία της *Μεγάλης Συρίας Θεάς*. Μια επιτύμβια στήλη αυτοκρατορικής εποχής με αετό, ηλιακό σύμβολο, διασώζει την ανάμνηση ενός Άραβα από την Κανώθα, με ικανότητες στην ορνιθοσκοπία (*IG* XII 8, 528). Η ευλάβεια προς τη *Νέμεση*, εκδικητική θεότητα αλλά και θεότητα της νίκης, αναπτύχθηκε όταν οι Θάσιοι υιοθέτησαν τις μονομαχίες (βλ. σ. 50 και 137-138).

Οι παραδοσιακές λατρείες υφίστανται για πολύ· αυτή του Διονύσου χαίρει αυξανόμενης εύνοιας. Γνωρίζουμε, κατά την αυτοκρατορική εποχή, αρκετούς διονυσιακούς θιάσους *(Βακχεία)*, τα μέλη των οποίων λάτρευαν τον θεό της έκστασης και της αναγέννησης. Για μία από αυτές τις ομάδες, τον 1ο αι. μ.Χ., ο γιατρός Τιμοκλείδης διαμόρφωσε ένα μικρό ιερό, όπου βρέθηκε η έμμετρη ανάθεση: *Για σένα, ένας υπαίθριος ναός περικλείοντας ένα βωμό και το λίκνο του από κληματίδες, ω ηγήτορα των Μαινάδων, ωραίο άντρο πάντα πράσινο, ιδού, Βάκχε Διόνυσε, τι ίδρυσε ο Τιμοκλείδης, ο γιος του Διφίλου. Και για τους μύστες, ένας ιερός οίκος όπου να τραγουδούν ευοί και η ακτίνα των Ναϊάδων Νυμφών με την αστραφτερή λάμψη, ιδού τι, με τη χάρη σου, θέλοντας να αναμίξει το τόσο γλυκό νέκταρ που αναιρεί την έγνοια των ανθρώπων, ανέθεσε ο υπηρέτης σου, ω πολυευτυχισμένε· και εσύ, με τη σειρά σου, φύλαξε έναν γιατρό στην πατρίδα του τη Θάσο, προστάτευσέ τον σώο και αβλαβή, εσύ που επιστρέφεις πάντα νέος από χρονιά σε χρονιά* (ανέκδοτο κείμενο).

Όπως οι παραδοσιακές λατρείες, η λατρεία των οικογενειακών θεοτήτων *(Πατρώων)*, ανέρχεται στις απαρχές της πόλης. Στο ιερό του Εβραιόκαστρου, ο Δίας με τα ονόματα *Πατρώος*, *Κτήσιος* και *Αλάστορος*, η *Αθηνά Πατρώα* και *Μυκησία*, η *Άρτεμις Ορθωσία*, οι *Νύμφες Κουράδαι* λατρεύονταν από τις πάτρες, υποδιαιρέσεις της πόλης σύμφωνα με τα γένη (βλ. σ. 267). Στο ιερό αυτό, που ταυτίζεται με το Θεσμοφόριο (βλ. σ. 133) συλλέχθηκαν άφθονα τμήματα τελετουργικών κέρνων: πήλινοι κούφιοι δακτύλιοι στους οποίους εφάρμοζαν μικύλλα αγγεία στα οποία έβαζαν δείγματα των προϊόντων της γης *(πανσπερμία)*.

Οι λατρείες ηρώων δε συναντώνται μόνο στη Θάσο, αλλά τα σχετικά τεκμήρια στο νησί αυτό είναι άφθονα. Ο Γλαύκος, του οποίου το μνήμα παρέμεινε για πολύ καιρό σε περίοπτη θέση στην αγορά (βλ. σ. 92 και **εικ. 13**), ήταν σίγουρα ένας από τους ήρωες που τιμούσε η πόλη. Οι Θάσιοι απέδιδαν λατρεία τον 4ο αι. π.Χ. στους στρατιώτες που σκοτώθηκαν στον πόλεμο, τιμώμενους με την ονομασία *Αγαθοί*, που στην προκειμένη περίπτωση σημαίνει

εικ. 171. Μεγάλο ανάγλυφο με συμπόσιο· ο αφηρωισμένος νεκρός δέχεται τις υπηρεσίες νεαρού θεράποντα, γυμνού· δεξιά η σύζυγος. 470-465 π.Χ. (Αρχαιολογικό μουσείο Κωνσταντινούπολης, αρ. ευρ. 1947).

εικ. 172. Ιερός νόμος Αθηνάς Πατρώας.

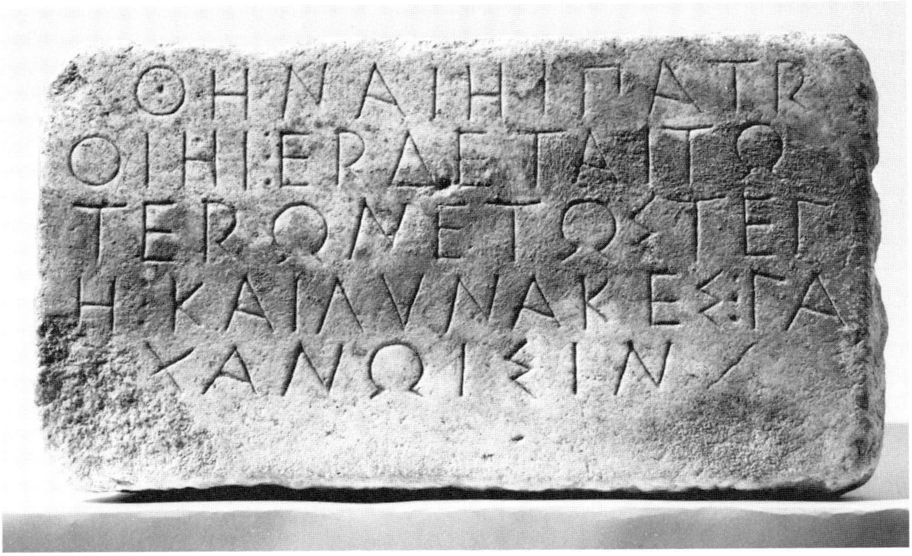

γενναίοι (*ÉtThas* III, 141). Οι ετήσιες γιορτές των *Ηρωξεινίων* είναι γνωστές στην αυτοκρατορική εποχή, όπως και στην κλασική περίοδο: στον 1ο αι. μ.Χ., η πόλη ιδρύει μια λατρεία για τον Εύφριλλο και τον Μικά, ευεργέτες της (*ÉtThas* V, 192): *δεδόσθαι δὲ αὐ]τοῖς μεταλλάξασι καθάπερ τοῖς [ἥρωσι τὰ τίμια πά]ντα ἐν τοῖς ἡρωιξεινίοις*. Θα τους αποδοθούν μετά θάνατον, όπως στους ήρωες, όλες οι τιμές που αποδίδονται στα Ηρωξείνια. Όσο για τον πυγμάχο Θεογένη, που το άγαλμά του θεράπευε τους πυρετούς, τον έκαναν πραγματικό θεό (βλ. σ. 97).

Αυτό το παράδειγμα θεϊκών τιμών που αποδίδονται σε θνητό δεν είναι μεμονωμένο. Με κίνδυνο να δεχτούν απόρριψη, οι Θάσιοι πρότειναν στον Σπαρτιάτη Αγησίλαο να τον τιμήσουν ως θεό (394 π.Χ.· Πλούταρχος, *Ἠθικά* 210 Δ). Η πολιτική διάσταση της επίσημης θρησκείας γίνεται περισσότερο αισθητή με την εγκαθίδρυση της λατρείας του Αλέξανδρου την ημέρα των γενεθλίων του (βλ. παραπάνω πιν., σ. 275). Αργότερα, θα τιμηθούν οι Ρωμαίοι αυτοκράτορες και ο αρχιερέας της αυτοκρατορικής λατρείας θα αναδειχθεί στον πρώτο τη τάξει.

Δίπλα στις δοξασίες που προϋποθέτουν οι λατρείες τέτοιου είδους, επίσημες ή λαϊκές (**εικ. 171**), υπήρχαν και άλλες, πιο εξεζητημένες. Διαθέτουμε τουλάχιστον μία μαρτυρία. Ο ζωγράφος Πολύγνωτος, που έχει ήδη αναφερθεί, σύγχρονος του Πινδάρου και δημιουργός μεγάλων τοιχογραφικών έργων στην Αθήνα και στους Δελφούς, θεωρός στην πατρίδα του, τη Θάσο, το 445 π.Χ., έτρεφε υψηλές ιδέες για τη μετά θάνατο ζωή των ψυχών, εμπνευσμένες από τον ορφισμό. Στη σύνθεση του Άδη που πραγματοποίησε στους Δελφούς, απεικόνισε τους ιδρυτές των μυστηρίων: μαζί με την Κλεόβοια τη Θασία, απεικονίζει τον **Θάμυρι** και τον ίδιο τον Ορφέα· και αναπαρέστησε επιπλέον την αθλιότητα των αμύητων που κουβαλούν νερό σε σπασμένες υδρίες και έδειξε τα βασανιστήρια στον άλλο κόσμο, όχι μόνο για τους ήρωες που αμάρτησαν, όπως διαβάζουμε στον Όμηρο, αλλά και για τους κοινούς κακούργους όπως ο άσωτος υιός ή ο ιερόσυλος.

Αρκετά επιγραφικά κείμενα μας μεταφέρουν τη διεξαγωγή της τελετουργίας και των θυσιών στη **Θάσο**. Σε αυτά ανήκουν οι ρυθμίσεις της διόδου των θεωρών (βλ. σ. 110), εκείνη του κορμού του **Θεογένη** (βλ. σ. 100), ο νόμος για την Αθηνά Πατρώα (βλ. σ. 133 και **εικ. 172**): *Ἀθηναίηι Πατρ̣όιηι ¦ ἔρ̣δεται τὤτερ̣ον ἔτως τέλη ¦ καὶ γυνα(ῖ)κες ¦ λα[γ]χάνω‹ι›σιν* (περί το 480 π.Χ.). Στην Αθηνά Πατρώα να θυσιάζονται κάθε δύο χρόνια σφάγια μεγαλύτερα του ενός έτους· και οι γυναίκες να συμμετέχουν· να λαμβάνουν μερίδιο. Ή ακόμη το τελετουργικό του **Θασίου** Ηρακλή, που βρέθηκε στην αγορά (**εικ. 173**): *[Ἡρ̣α]κλεῖ Θασίωι [αἶγ]α οὐ θέμις οὐ[δὲ] χοῖρ̣ον· οὐδὲ γ[υ]ναικὶ θέμις· οὐ[δ᾽] ἐνατεύεται· οὐδὲ γέρ̣α τέμνεται· οὐδ᾽ ἄθλεται* (γύρω στο 450 π.Χ.· *IG* XII *Suppl.* 414). Στον Θάσιο Ηρακλή να μη θυσιάσεις αίγα ούτε χοίρο· ούτε οι γυναίκες να θυσιάζουν· ούτε να ξεχωρίζεται το ένα ένατο· ούτε να τεμαχίζεται το διαλεχτό κομμάτι· ούτε να ξεχωρίζουν τα έπαθλα.

εικ. 173. Ιερός νόμος Ηρακλή Θασίου.

Η συντήρηση των ιερών αντικειμένων και κτημάτων ήταν αρμοδιότητα ενός *ιερομνήμονα* (βλ. σ. 269)· ενδιαφέρον κείμενο είναι το συμβόλαιο μίσθωσης ενός οπωρώνα του Ηρακλή (3ος αι. π.Χ.· *IG* XII *Suppl.* 353).

Μια ιδιαίτερη τελετουργία έχει αναγνωριστεί χάρη στο εξαιρετικό εύρημα θυσιαστικών κατάλοιπων σε λάκκους, στην περιοχή της Βορειοανατολικής στοάς (**15**), κάτω από το δάπεδο του 4ου αι. π.Χ. (ο χώρος ήταν τότε ακάλυπτος). Τρία αρσενικά σφάγια – βόδι, κριός, χοίρος (παραδοσιακό σύνολο *τρίττοιας*) – τεμαχίστηκαν στα δύο και τα μισά τους χωρίστηκαν και κατατέθηκαν σε λάκκους απομακρυσμένους ο ένας από τον άλλον, και στη συνέχεια θάφτηκαν. Αρχαία κείμενα, μεταξύ των οποίων η Βίβλος, αναφέρουν αυτή την πανάρχαια τελετή: το πέρασμα ανάμεσα στα δύο τεμάχια των σφαγίων (Πλάτων, *Νόμοι* 753 δ: *διὰ τομίων πορεύεσθαι*) έδενε με ιερό όρκο.

Βιβλιογραφία: Fr. Salviat, «Une nouvelle loi thasienne. Institutions judiciaires et fêtes religieuses à la fin du IVe siècle av. J.-C. », *BCH* 82 (1958), 193-267, και «Calendrier de Paros et calendrier de Thasos. Boédromia, Badromia et la solidarité des armes», *Mélanges Pierre Lévêque* 6 (1991), 261-267· J. Pouilloux, *ÉtThas* III (1954) και Chr. Dunant, J. Pouilloux, *ÉtThas* V (1958) (πολιάδες λατρείες)· – Y. Grandjean, Fr. Salviat, «Règlements du Délion de Thasos», *BCH* 130 (2006), 293-327· – Cl. Rolley, «Le sanctuaire des dieux patrôoi et le Thesmophorion de Thasos», *BCH* 89 (1965), 441-483 (Θεσμοφόριο, *πάτραι* της Θάσου, οικογενειακές λατρείες, Αθηνά Πατρώα)· – Fr. Salviat, «Déméter Eleusinié Patroié», *Thasiaca, BCH* Suppl. V (1979), 407-410· – J. Pouilloux, «L'Héraclès thasien», *REA* 76 (1974), 305-316· – J. Pouilloux, «Théogénès de Thasos... quarante ans après», *BCH* 118 (1994), 199-206· – M. Launey, «Le verger d'Héraklès à Thasos», *BCH* 61 (1937), 380-409· – Fr. Blondé, A. Muller, D. Mulliez, Fr. Poplin, «Οστά και ιεροτελεστίες. Μια τρίττοια στη Θάσο, ΒΑ παρυφές της αγοράς», *ΑΕΜΘ* 15 (2001)[2003], 67-73 (βλ. και σ. 92).

ΣΤΟ ΜΟΥΣΕΙΟ ΤΗΣ ΘΑΣΟΥ

Το μουσείο, που χτίστηκε και διαμορφώθηκε μεταξύ του 1931 και του 1934, αποδείχθηκε πολύ μικρό για να χωρέσει τις διάφορες συλλογές που συσσωρεύθηκαν στη διάρκεια των ανασκαφών. Γι' αυτό η Αρχαιολογική Υπηρεσία προέβλεψε την κατασκευή ενός νέου κτηρίου, πολύ πιο εκτεταμένου, που αρθρώθηκε στην κεντρική αίθουσα του παλιού μουσείου, διατηρητέα λόγω του αρχιτεκτονικού της χαρακτήρα. Οι εργασίες, που ξεκίνησαν το 1989, δεν είχαν ακόμη ολοκληρωθεί την περίοδο της συγγραφής του παρόντος Οδηγού. Οι σελίδες που ακολουθούν παρουσιάζουν τις διάφορες κατηγορίες υλικού που θα εκτεθούν στο νέο μουσείο, αλλά καθώς η κατανομή των αντικειμένων δεν είχε ακόμα προχωρήσει ως προς τις λεπτομέρειες, δε στάθηκε δυνατό να προσθέσουμε στις περιγραφές και στα λήμματα τις αντίστοιχες αίθουσες και προθήκες.

Βιβλιογραφία: Χ. Κουκουλη-Χρυσανθακη, «Από την ιστορία του Αρχαιολογικού Μουσείου Θάσου», *Θασιακά* 12 (2001-2003), 357-390 (σχετικά με τα δύο πρώτα αρχαιολογικά μουσεία της Θάσου και με τις διάφορες κατηγορίες προσωπικού επιφορτισμένου με την προστασία και την επιμέλεια των θασιακών αρχαιοτήτων από το 1913). – Σημ. Το καινούργιο Μουσείο εγκαινιάστηκε στις 10 Ιουλίου 2010, μετά την παράδοση των δοκιμίων του Οδηγού στον εκδότη.

Ι. Η μαρμαρογλυπτική (B. Holtzmann)

Η Θάσος είναι μία από τις σπάνιες ελληνικές πόλεις όπου η παρουσία κατάλληλου μαρμάρου ευνόησε τη συνεχή άσκηση της γλυπτικής: ολόγλυφα και ανάγλυφα μαρτυρούνται εδώ από τον 7ο αι. π.Χ. μέχρι την παλαιοχριστιανική εποχή. Η γλυπτική σε μάρμαρο είναι ιδιαίτερα άφθονη. Ένας σημαντικός αριθμός έργων προερχόμενων από τη Θάσο είναι διασκορπισμένα στο εξωτερικό (κυρίως στο Μουσείο του Λούβρου, στο Αρχαιολογικό Μουσείο της Κωνσταντινούπολης και στην παλιά αυστροουγγρική συλλογή Wix de Zsolna που σήμερα είναι διασκορπισμένη). Στον καιρό της Οθωμανικής Αυτοκρατορίας, πράγματι, αρκούσε ένα φιρμάνι του σουλτάνου για να μεταφερθούν τα μνημεία που οι περιηγητές του 19ου αι. ανέφεραν ακόμη ως διασκορπισμένα στην ύπαιθρο. Έτσι, ο E. Miller μπόρεσε να μεταφέρει στο

Μουσείο του Λούβρου τα διάσημα ανάγλυφα της Διόδου των θεωρών (βλ. σ. 110-111, **εικ. 48** και **49**)· ορισμένα έργα πήραν το δρόμο για την Αλεξάνδρεια, όπως ένας μνημειακός αετός, «δίδυμος αδελφός» αυτού που βρίσκεται σήμερα στο προαύλιο του Μουσείου της Θάσου· άλλα πάλι κατέληξαν σε ιδιωτικές συλλογές. Από τα τέλη του 19ου αι., τα ωραιότερα έργα στάλθηκαν στην Κωνσταντινούπολη, όπου ο Hamdi-Bey διαμόρφωνε το οθωμανικό Αυτοκρατορικό Μουσείο: το ανάγλυφο του Ηρακλή τοξότη που αφαιρέθηκε από το τείχος (βλ. σ. 162, **εικ. 96**)· δύο γλυπτές μετόπες του προσκηνίου και ανάγλυφα της Νεμέσεως προερχόμενα από το θέατρο (βλ. σ. 138)· ο κούρος της Αλυκής (βλ. σ. 199 και **εικ. 174**, σ. 288)· το μεγάλο ανάγλυφο με συμπόσιο που βρέθηκε μέσα στην πόλη (βλ. **εικ. 171**)· αγάλματα που ανακαλύφθηκαν από τον Μακρίδη Μπέη στο Αρτεμίσιο (βλ. σ. 118 και **εικ. 54**). Η έξοδος και η διασπορά έλαβαν ευτυχώς τέλος το 1912, με την προσάρτηση του νησιού στην Ελλάδα.

Συνολικά πάνω από τρεις χιλιάδες έργα σώζονται στο Μουσείο της Θάσου, από τον κολοσσικό κούρο μέχρι μεμονωμένα πολύ μικρά θραύσματα. Αυτό δεν πρέπει να μας κάνει να ξεχνάμε ότι η Θάσος, σημαντικό κέντρο μεταλλουργίας, ανέπτυξε επίσης τη χαλκοπλαστική· μόνο μερικά ασήμαντα απομεινάρια διασώθηκαν από την επαναχρησιμοποίηση του υλικού η οποία πρέπει να επακολούθησε της εισβολής των Ερούλων στα 267-270 μ.Χ. και του περάσματος στον χριστιανισμό. Ωστόσο, ορισμένες μαρμάρινες βάσεις που διατηρούν κοιλότητες για την στερέωση μπρούντζινων αγαλμάτων, μαρτυρούν την ύπαρξή τους, καθώς επίσης και αρκετές γραπτές μαρτυρίες, όπως οι διηγήσεις του Παυσανία σχετικά με το Θεογένη (βλ. σ. 97).

Η παραγωγή αυτή, το εύρος της οποίας ποικίλλει ανάλογα με τη διαταραγμένη ιστορία της πόλης επί πάνω από μια χιλιετία, παραμένει ανώνυμη: οι υπογραφές ντόπιων δημιουργών είναι πολύ σπάνιες και αφορούν δευτερεύοντα έργα, χαμένα ούτως ή άλλως. Εξάλλου, κανένας Θάσιος γλύπτης δεν αναφέρεται στα αρχαία κείμενα. Αναμφίβολα, δεν πρόκειται παρά για ατυχή σύμπτωση, αφού τα γλυπτά της Θάσου έχουν μεγάλη διάδοση και σπάνια στερούνται τεχνογνωσίας. Απόδειξη ότι εξάγονταν σε όλη την περιοχή του βόρειου Αιγαίου μέχρι την αυτοκρατορική εποχή.

Παρ' όλη αυτήν τη δραστηριότητα, τα εργαστήρια της Θάσου δεν ανέπτυξαν ποτέ σχολή, δηλαδή μια τοπική συνεχιζόμενη παράδοση, ευδιάκριτη ως προς το ύφος και την εικονογραφία. Αναντίρρητα, η αποικιακή καταγωγή της πόλης και η περιθωριακή της θέση δεν είναι άσχετες με αυτό: ο ελληνισμός της Θάσου αποτελεί μια ασταθή πάντοτε σύνθεση ανάμεσα στο νησιωτικό υπόστρωμα των Παρίων αποίκων της και στις διαδοχικές επιδράσεις των κέντρων με τα οποία σχετίστηκε χάρη στην πολιτική και στο εμπόριο. Έτσι, δύο μεγάλες περίοδοι διακρίνονται με ευκολία μέσα σ' αυτήν την ιδιαίτερα άφθονη παραγωγή. Κατά την πρώτη περίοδο, που εκτείνεται μέχρι το δεύτερο μισό του 4ου αι. π.Χ., οι Θάσιοι γλύπτες αναζητούν τα πρότυπά τους στο

Νότο, στον αιγαιακό κόσμο: στην Πάρο φυσικά, της οποίας το απόγειο συμπίπτει με την πιο λαμπρή περίοδο της τέχνης στη Θάσο, μεταξύ του 530 και του 465, αλλά επίσης και στη Χίο και στις ελληνικές πόλεις της βορειοδυτικής ακτής της Μικράς Ασίας, και μετέπειτα στην Αθήνα, όταν η Θάσος υποχρεώνεται να αναγνωρίσει την επικράτησή της στο Αιγαίο. Κατά τη δεύτερη περίοδο, η ανάδυση ενός μείζονος κέντρου εξουσίας και τέχνης στη Μακεδονία μεταβάλλει ριζικά τις προοπτικές: οι παρωθήσεις έρχονται στο εξής από τα δυτικά, κι αργότερα από το Βορρά με τη σταδιακή κατάκτηση των Βαλκανίων από τη Ρώμη. Αρχικά περιθωριακή σε σχέση με τον ελληνικό κόσμο, η Θάσος θα εξακολουθήσει κατά τον ίδιο τρόπο και στη συνέχεια σε σχέση με τη ρωμαϊκότητα: αυτός ο απόκεντρος χαρακτήρας δημιουργεί το ιδιαίτερο ύφος των γλυπτών της, που ενώ δεν επιδεικνύουν μια σταθερή καλλιτεχνική προσωπικότητα, δεν παύουν ωστόσο να μαρτυρούν συχνά μια σφριγηλή ιδιοσυγκρασία.

Αρχαϊκή εποχή και αυστηρός ρυθμός (640-465 π.Χ.)

Στην περίπτωση μιας πόλης όπως η Θάσος, που έμεινε στο περιθώριο των Περσικών Πολέμων (490, 480-479), θα ήταν αυθαίρετο να αποσυσχετίσει κανείς την αρχή της κλασικής εποχής από την αρχαϊκή: στην τοπική ιστορία, η τομή τοποθετείται δεκαπέντε χρόνια αργότερα, το 463, με την κατάληψη της πόλης από τους Αθηναίους, που σημαίνει το τέλος της «Μπελ Επόκ» για τη Θάσο. Αυτή η τοπική ιστορική τομή έχει το μεγάλο πλεονέκτημα να μη διαχωρίζει το κεφαλαιώδες αισθητικό φαινόμενο που συνιστά η υπέρβαση του αρχαϊκού και η μετάβαση στον «αυστηρό ρυθμό», που έλαβε χώρα στη Θάσο σε στενή σχέση με την Πάρο, τα εργαστήρια γλυπτικής της οποίας διαδραμάτισαν μέγιστο ρόλο στη διαδικασία αυτή. Εξάλλου, από την Πάρο έρχονται ακριβώς τα ουσιαστικά ερεθίσματα στη διάρκεια όλης αυτής της περιόδου, ακόμη και αν κάποιο ανατολικό-ιωνικό στοιχείο εμφανίζεται στο ένα ή στο άλλο έργο.

Οι Πάριοι άποικοι έφεραν αναμφίβολα από την ιδιαίτερη πατρίδα τους την τέχνη του μαρμάρου που όμως, μέχρι σήμερα, δε μαρτυρείται σχεδόν καθόλου εκεί κατά το δεύτερο μισό του 7ου αι. Αντίθετα, είναι γνωστή στη Θάσο: τα δύο μεγάλα ανάγλυφα με θηρία (**εικ. 76**) που βρέθηκαν από τον E. Miller σε δεύτερη χρήση στη θέση του ιερού του Πυθίου Απόλλωνα και που πρέπει να διακοσμούσαν την είσοδο της πρώτης μνημειακής του διαμόρφωσης, μπορούν να χρονολογηθούν στο τρίτο τέταρτο του 7ου αι. Από αυτό το πρωτεύον ιερό προέρχεται επίσης ο κολοσσικός κούρος (**1**· βλ. παρακάτω σ. 295), που έχει σύγχρονα παράλληλα μόνο στη Νάξο και στην Αττική, στο Σούνιο, ενώ στην Πάρο δεν έχει ανακαλυφθεί μέχρι τώρα κανένα δείγμα κολοσσικής πλαστικής. Την ίδια εποχή, πήλινα αγάλματα

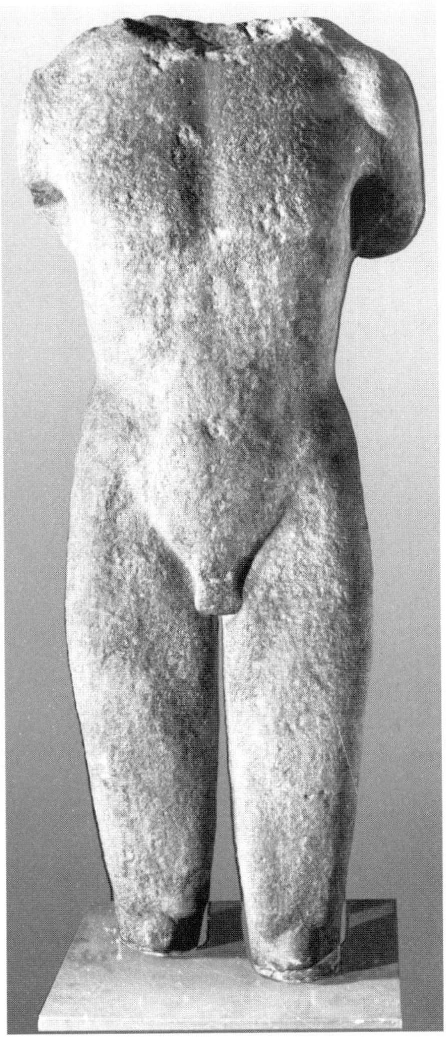

εικ. 174. Κορμός κούρου από την Αλυκή. Γύρω στο 550 π.Χ. (Αρχαιολογικό μουσείο Κωνσταντινούπολης, αρ. ευρ. 374).

κορών δαιδαλικού τύπου (βλ. σ. 324, **εικ. 233**) είχαν ανατεθεί σε ένα άλλο ιερό της Θάσου, σημαντικό από τον 7ο αι., το Αρτεμίσιο.

Η φιλοδοξία που εκδηλώθηκε έτσι εξαρχής από τους Θασίους γλύπτες δεν διαψεύδεται τον 6ο αι. Η σφίγγα (**2**) που ανασυντέθηκε με την «κεφαλή Wix», η οποία θεωρούνταν άλλοτε πως ανήκε σε κούρο, είναι τοπική παραλλαγή ενός μνημείου κυκλαδικού τύπου που μαρτυρείται μόνο σε μερικά μεγάλα ιερά, σχετιζόμενου πιθανώς με τη λατρεία των ηρώων. Διάφορα τμήματα κούρων (**3** και **εικ. 174**) και κορών (**4** και **εικ. 175**) επιβεβαιώνουν την κυριαρχία των παριανών προτύπων, με μια όλο και πιο έντονη κλίση προς τη δεξιοτεχνική λεπτομέρεια και τα επιπρόσθετα κοσμήματα. Το κεφάλι του Σιληνού (**5**) ακολουθεί την ίδια τάση. Ορισμένα τμήματα αγαλμάτων (**6, 7, 8**), παραλλαγές κυκλαδικών προτύπων, εικονογραφούν το προοδευτικό ξεπέρασμα του τύπου του κούρου προς όφελος πιο «έμψυχων» αθλητικών μορφών, η στάση των οποίων, άκαμπτη ακόμη, είναι χαρακτηριστική του αυστηρού ρυθμού.

Τα μεγάλα ανάγλυφα που διακοσμούν ορισμένες πύλες του τείχους δε βρίσκουν παράλληλο στον ελληνικό κόσμο: συνιστούν την πιο θεαματική πρωτοτυπία της γλυπτικής της Θάσου. Τα αρχαιότερα – το κολοσσικό ανάγλυφο της πύλης του Σιληνού (**εικ. 85**) και εκείνο της πύλης του Ηρακλή (**εικ. 96**) – παρουσιάζουν ένα ύφος πιο κοντινό σε αυτό της ανατολικής Ελλάδας παρά των Κυκλάδων: τα σώματα είναι σαρκώδη, το ένδυμα και η τριχοφυΐα αποδίδονται με διακοσμητικό τρόπο. Τα λίγο πιο πρόσφατα ανάγλυφα της πύλης της θεάς με το άρμα και της πύλης του Ερμή και των Χαρίτων (**εικ. 61** και **63**) είναι δύσκολο να εκτιμηθούν – κατώτερης πάντως ποιότητας από τα ανάγλυφα της Διόδου των θεωρών (**εικ. 48** και **49**). Λαξευμένα λίγο πριν το 480, στο ίδιο μάρμαρο που δε θα χρησιμοποιηθεί πλέον στη συνέχεια, αυτά τα τρία ανάγλυφα πάριου ύφους δείχνουν τη μετάβαση από τον αρχαϊκό στον αυστηρό ρυθμό: οι γυναικείες μορφές είναι ακόμη κόρες με επιτηδευμένες κινήσεις, κομψές και στολισμένες σαν εικόνες μόδας, ενώ οι θεοί, Απόλλων και Ερμής, είναι πιο προχωρημένοι ως προς το ένδυμα και κυρίως τη στάση τους, που τους τοποθετεί πιο δυναμικά στο χώρο. Το μικρό ανάγλυφο με εσοχή που βρέθηκε στην ακρόπολη (**εικ. 176**) συγγενεύει ως προς το μάρμαρο, τη σύνθεση και την τεχνοτροπία με το πρωτεύον αυτό σύνολο: δύο κόρες, παριανού τύπου, κατευθύνονται με βηματισμό στην κεντρική εσοχή όπου παριστάνεται ένθρονη μία θεά. Η ταυτότητά της είναι αβέβαιη όπως και των αναθηματικών αγαλματίων του ίδιου τύπου, δυστυχώς ακέφαλων (**9**). Μήπως πρέπει να δούμε σε αυτά απεικονίσεις της Κυβέλης, συγγενείς με εκείνες της θεάς μέσα σε ναΐσκο, η μακρά σειρά των οποίων ξεκινά στη Θάσο από τον 6ο αι. π.Χ. (**10**);

εικ. 175. Κεφαλή κόρης. 530-520 π.Χ. (Βασιλεία, Antikenmuseum, αρ. ευρ. BS 245).

Τέσσερα αναθηματικά ανάγλυφα (**11-14**), που χαρακτηρίζονται από το μικρό κοντό σχήμα και το αξιοσημείωτο πάχος της πλάκας τους, αποδεικνύουν ότι αυτό το σπάνιο ακόμα είδος γνώρισε πρόωρη επιτυχία στη Θάσο, μεταξύ του 480 και του 470. Το ανάγλυφο με συμπόσιο αφιερωμένο σε ήρωα (**εικ. 171**), εξαιρετικό ως προς το μέγεθός του, την αρχιτεκτονική πλαισίωσή του, την ασυνήθιστη σύνθεσή του, την ποιότητα της εκτέλεσής του, στην οποία η καλλιγραφία υπερέχει των πλαστικών αξιών, επιβεβαιώνει ότι τα παριανά πρότυπα εμπνέουν τους καλύτερους καλλιτέχνες της Θάσου. Πρόκειται για την αρχή μιας σειράς της οποίας τα κάπου εκατόν εβδομήντα παραδείγματα επιτρέπουν να παρακολουθήσουμε όπως πουθενά αλλού στον ελληνικό κόσμο την εξέλιξη του θέματος μέχρι το τέλος της αρχαιότητας. Αντίθετα, τα επιτύμβια ανάγλυφα αντιπροσωπεύονται μόνο από δύο μικρές στήλες (**15** και **εικ. 177**) του τέλους του 6ου αι., στις οποίες πρέπει να αποκαταστήσουμε ως επίστεψη ένα ανθέμιο παρόμοιο με

εικ. 176. Αριστερό τμήμα μικρού ανάγλυφου με κεντρική εσοχή: δύο δεόμενες και ένθρονη θεά. Γύρω στο 480 π.Χ. (άλλοτε στο Μουσείο Jean Paul Getty, Malibu, Καλιφόρνια, αρ. ευρ. ΑΑ 13).

εικ. 177. Μικρή επιτύμβια στήλη: καθισμένη γυναίκα κρατώντας πτηνό. 520-510 π.Χ. (Μουσείο του Λούβρου, αρ. ευρ. ΜΑ 3103).

εκείνο του **16**. Αναμφίβολα, ο τύπος αυτός, άγνωστος εκτός της Θάσου, δεν ήταν ο μόνος που χρησιμοποιήθηκε· εδώ όμως προσκρούουμε στο αίνιγμα της σχεδόν παντελούς άγνοιάς μας σχετικά με τις αρχαϊκές νεκροπόλεις της Θάσου.

Όσο για τη αρχιτεκτονική γλυπτική, μαρτυρείται από ένα εξαιρετικό έργο, το φτερωτό άλογο του Ηρακλείου (**17**), του οποίου η ακριβής στάση και λειτουργία παραμένουν άγνωστες. Πρέπει να υπογραμμίσουμε την απουσία μαρμάρινων αρχιτεκτονικών γλυπτών, τη στιγμή που τα μαρμάρινα διακοσμητικά μοτίβα (βλ. σ. 251) και οι πήλινες εικονιστικές ζωφόροι γνωρίζουν στη Θάσο ιδιαίτερη άνθηση (βλ. σ. 257).

Κλασική και ελληνιστική εποχή (460 - 1ος αιώνας π.Χ.)

Μετά την υποταγή της Θάσου στην Αθήνα, τα εργαστήρια γλυπτικής φαίνονται να πέφτουν σε νάρκη: μπορεί κανείς να σκεφτεί ότι κατά το παράδειγμα του Θασίου ζωγράφου Πολυγνώτου, ο οποίος πραγματοποίησε στην Αθήνα την πλειοψηφία των τοιχογραφικών συνθέσεων που οι αρχαίοι θεωρούσαν ως την ιδρυτική πράξη της μεγάλης ελληνικής ζωγραφικής, οι περισσότεροι Θάσιοι γλύπτες μετέβησαν στην Αθήνα και εντάχθηκαν στις πολυάριθμες ομάδες που ανέλαβαν την εκτέλεση των μεγάλων έργων που ξεκίνησε ο Περικλής μετά το 448. Πράγματι μετά το 460 ο αυστηρός ρυθμός αντιπροσωπεύεται από δύο μόνο έργα: μια γυναικεία κεφαλή (**18**) και κυρίως τη στήλη της Φίλιδος (**εικ. 110**) – τελευταία εκδήλωση της κυκλαδικής επιρροής που είχε κυριαρχήσει μέχρι τότε.

Στο εξής, τα πρότυπα έρχονται από την Αθήνα, χωρίς να είναι δυνατόν – εκτός από την περίπτωση του μνημείου του Διονυσίου – να εκτιμηθεί με ακρίβεια η χρονολογική απόκλιση ανάμεσα στα πρότυπα και στις ντόπιες, εφαρμογές της Θάσου. Γι' αυτό, είναι πιο φρόνιμο να εξετάζει κανείς μαζί τον 4ο αι. και τους τρεις ελληνιστικούς αιώνες, μια μακρά περίοδο κατά την οποία η Θάσος γνωρίζει αντιθετικές φάσεις ευημερίας και κρίσης: το δεύτερο μισό του 4ου αι. σηματοδοτεί μια νέα άνθηση της ντόπιας γλυπτικής που όμοιά της δεν ξανασυναντάται παρά στην αυτοκρατορική εποχή.

Όπως σχεδόν παντού στην Ελλάδα, το παρθενώνειο ύφος δε δείχνει να απηχείται σχεδόν καθόλου στη Θάσο. Αντίθετα, ορισμένα γλυπτά εμπνέονται από τον αττικό μανιερισμό του τέλους του 5ου αι. (**19**) ή του αρχαϊστικού στυλ (**20**) που αντιτίθεται στην δεξιοτεχνία του προηγούμενου. Και αν τα δύο αναθηματικά σύνολα του Διονυσίου (**21-23· 24-25**) απορρέουν από αττικά πρότυπα του 4ου αι., μερικά έργα στην τεχνοτροπία του Σκόπα (**26**) αναζωογονούν για μια τελευταία φορά τους δεσμούς της Θάσου με τη Πάρο, μια και αυτός ο δάσκαλος της έκφρασης του πάθους κατάγεται από την Πάρο. Την ίδια αττικίζουσα ατμόσφαιρα αποπνέουν τα πιο φιλόδοξα επιτύμβια ανάγλυφα (**27**, **28**), καθώς επίσης κάποια αναθηματικά (**29**, **30**), όπως και το ανάγλυφο που λαξεύθηκε σε βράχο στον Σαλιάρη (**εικ. 117**). Προς τα τέλη του 4ου αι., το μεγάλο τραπεζοφόρο (**31**) και κυρίως τα ανάγλυφα της πύλης του Δία και της Ήρας (**εικ. 99** και **100**), με την ψευδή πλαισίωση και το μικτό ύφος, απεικονίζουν την επιρροή της Μακεδονίας, που από το 340 περίπου γίνεται ο πόλος αναφοράς της Θάσου.

εικ. 178. Μεγάλη επιτύμβια στήλη γυναίκας συνοδευόμενης από τη θεραπαίνιδά της. 3ος αι. π.Χ. (Βιέννη, Kunsthistorisches Museum, αρ. ευρ. I 1553).

Η σειρά των αναθηματικών αναγλύφων με συμπόσια συνεχίζει με πρωτότυπα δημιουργήματα, από τα οποία πολλά δεν οφείλουν τίποτε στον αττικό τύπο. Ορισμένα είναι εξαιρετικά, είτε ως προς το εύρος τους (**εικ. 77**), είτε ως προς το χαρακτήρα της ανάθεσης (**32**), είτε πάλι ως προς τη σύνθεση και το θέμα τους (**33**). Το πέρασμα του θέματος αυτού από το αναθηματικό στο επιτύμβιο πλαίσιο εξηγείται από την εκλαΐκευση του αφηρωισμού, του οποίου ο θρησκευτικός χαρακτήρας εξανεμίζεται σταδιακά στην ελληνιστική εποχή. Στη Θάσο, βλέπουμε αυτό το εικονογραφικό θέμα, προορισμένο να ξεδιπλώνεται σε πλάτος, να αλλάζει σχήμα στη διάρκεια του 2ου αι. π.Χ. και να συναντάται, λιγότερο ή περισσότερο έντεχνα, συμπυκνωμένο σε επιτύμβιες στήλες των οποίων ο άξονας παραμένει εν γένει κάθετος.

Στον 4ο αι., ένα πρωτότυπο αναθηματικό ανάγλυφο (**34**) επιβεβαιώνει την προτίμηση των Θασίων για μεγάλα ογκώδη σχήματα, που ευνοούνται αναμφισβήτητα από την αφθονία του μαρμάρου· ωστόσο ένα μικρό θραύσμα ζωφόρου (**35**) αντανακλά μια διαφορετική αισθητική.

Στους 3ο και 2ο αι., η τοπική μόδα των μεγάλων επιτύμβιων στηλών με καθήμενη γυναικεία μορφή συνοδευόμενη από θεραπαινίδα μαρτυρείται σε μια σειρά μνημείων (**εικ. 178**), ενώ τα τιμητικά αγάλματα του Αρτεμισίου παρέχουν φροντισμένες αλλά κάπως υποτονικές παραλλαγές γυναικείων τύπων προσφιλών κατά τη διάρκεια της ελληνιστικής εποχής. Είναι αναμφίβολα τυχαίο το γεγονός ότι οι γυναικείες μορφές φαίνονται να υπερέχουν κατ' αυτόν τον τρόπο· ωστόσο υπογραμμίζουν τη θέση της γυναίκας στην τοπική κοινωνία.

Ορισμένα έργα (**36**) δείχνουν άλλωστε ότι η μικρή διακοσμητική πλαστική, που εμφανίζεται από τον 2ο αι. π.Χ., έτυχε της εκτίμησης των αστών της Θάσου. Όσο για την προσωπογραφία, αντιπροσωπεύεται μόνο από μερικά μνημεία σε κακή κατάσταση· πρέπει να περιμένουμε την αυτοκρατορική εποχή για να διαπιστώσουμε την άνθησή της στη Θάσο.

Αυτοκρατορική εποχή (1ος - 3ος αιώνας μ.Χ.)

Μετά από τις ταραχές των ρωμαϊκών εμφυλίων πολέμων, η Θάσος γνωρίζει για πάνω από διακόσια πενήντα χρόνια μια συνεχή ειρήνη, στη διάρκεια της οποίας η ελληνικότητά της, πάντα ζωντανή, δέχεται μερικά στοιχεία του νέου πολιτισμού που τα πιο κοντινά κέντρα του είναι η Θεσσαλονίκη και οι Φίλιπποι. Στα ολόγλυφα η συνέχεια εκδηλώνεται με μια άφθονη παραγωγή αγαλμάτων, αλλά κυρίως αγαλματίων θεών ή μυθολογικών προσώπων (**37**), στο εξής περισσότερο διακοσμητικών παρά αναθηματικών. Η Αφροδίτη, ο Διόνυσος και ο θίασός του παραμένουν συχνά θέματα, αλλά διαπιστώνουμε την ανάδυση νέων θεοτήτων, όπως ο Τελέσφορος, η Νέμεσις (**38**) ή ο θράκας θεός Ήρων. Η ύπαρξη διπλότυπων (**39**) δείχνει τη φτώχεια του εικονογραφικού ρεπερτορίου, ακόμη και όταν η παραγωγή παραμένει καλής ποιότητας.

Το άγαλμα της Flavia Vibia Sabina (**εικ. 108**), που ήταν τοποθετημένο μπροστά από την αψίδα του Καρακάλλα, όπως και εκείνο της Κλεοπάτρας στο Αρτεμίσιο (**εικ. 54**), μαρτυρούν το προσφιλές από την ελληνιστική εποχή είδος των τιμητικών αγαλμάτων που απεικόνιζαν προύχοντες της πόλης: η ποιότητα της εκτέλεσης αντισταθμίζει το στερεοτυπικό χαρακτήρα της στάσης και του ενδύματος, που προέρχεται σε αυτήν την περίπτωση από τον τύπο της «Μεγάλης Ηρακλειώτισσας» που δημιουργήθηκε γύρω στο 330 π.Χ.· η κλασική εξιδανίκευση του προσώπου παραμένει ο κανόνας. Απέναντι σε αυτές τις γυναικείες ψευδο-προσωπογραφίες που διαιωνίζουν την ελληνική αποστροφή προς τον εξατομικευμένο ρεαλισμό, οι ανδριάντες περισσότεροι στον αριθμό – τοπικοί (**41**) ή επαρχιακοί αξιωματούχοι, Ρωμαίοι αυτοκράτορες και μέλη της οικογένειάς τους (**40, 42, 43**) – είναι πιο προσωπογραφικοί: οι διάφορες των φυσιογνωμιών και των χαρακτήρων εμφανίζονται πιο έντονα. Ακόμη και αν μαρτυρείται η χρήση της προτομής, ρωμαϊκής προέλευσης, τα θασιακά εργαστήρια παραμένουν πιστά ως προς αυτό το ουσιαστικό σημείο στην ελληνική αισθητική: ολόκληρη η ανθρώπινη μορφή με τη στάση της και το ένδυμά της συνιστά την προσωπογραφία, και όχι μόνο το πρόσωπο όπως στη Ρώμη.

Στον τομέα του αναγλύφου, η ελληνική παράδοση παραμένει εξίσου πρωτεύουσα. Τα αναθηματικά ανάγλυφα υφίστανται για πολύ: οι μεγάλες ντόπιες παραδοσιακές θεότητες, όπως ο Ηρακλής ή ο Ποσειδώνας (**εικ. 179**) ή οι Διόσκουροι (**46**), τιμώνται ακόμη κατ' αυτόν τον τρόπο. Ένα πρωτότυπο ανάγλυφο τιμά έναν αφηρωισμένο διανοούμενο (**45**). Οι μετόπες του προσκηνίου του θεάτρου, σκαλισμένες σε μεταγενέστερη εποχή, συγγενεύουν με αναθηματικά ανάγλυφα (**47**): εικονίζονται εδώ, δίπλα στον Διόνυσο, ο Ήρων, Θράκας θεός, και ο Άρης – δύο προστάτες θεοί των μονομάχων, όπως και η Νέμεσις, παρούσα επίσης στους τοίχους του θεάτρου (βλ. σ. 137, **εικ. 72-73** και **226**).

εικ. 179. Μεγάλο αναθηματικό ανάγλυφο: Ηρακλής και Ποσειδώνας. 1ος αι. μ.Χ. (Αρχαιολογικό μουσείο Κωνσταντινούπολης, αρ. ευρ. 1504).

Η προσαρμογή των κύριων θεμάτων της ηρωικής εικονογραφίας για επιτύμβια χρήση στο εξής ολοκληρώνεται: οι στήλες μικρού σχήματος, που απεικονίζουν το νεκρό ή τους νεκρούς όρθιους και κατενώπιον, παραχωρούν τη θέση τους σταδιακά σε ανάγλυφα στα οποία ο νεκρός ταυτίζεται με έναν ήρωα ιππέα (**48, 49**) και συχνότερα με συμποσιαστή (**50, 51**). Η εικονογραφική ακαμψία που καταλαμβάνει τα θασιακά εργαστήρια από τα μέσα του 2ου αι. τα οδηγεί, ελλείψει άλλων παραδειγμάτων, να αφαιρέσουν ορισμένα στοιχεία ή ακόμη και να προσθέσουν άλλα, ασύμβατα με την αρχική σημασία του συμποσίου, έτσι ώστε αυτό να καταστεί απλώς η απεικόνιση μιας οικογενειακής ομάδας. Μοναδικό δάνειο από τη ρωμαϊκή παράδοση τα επιτύμβια κυκλικά πλαίσια τοποθετημένα σε ισχυρό βάθρο: προερχόμενο από την κοιλάδα του Πάδου, περνώντας από τη Νορίκη, την Παννονία και τη Θράκη, ακολουθώντας τις ρωμαϊκές λεγεώνες, αυτός ο τύπος ταφικού μνημείου συναντάται επίσης στη Μακεδονία. Προκαλεί έκπληξη το ότι η Θάσος το υιοθέτησε με τέτοια προθυμία: πάνω από περίπου πενήντα παραδείγματα μαρτυρούνται, εικονίζοντας είτε την προτομή μιας γυναίκας μόνης, είτε αυτές ενός ζευγαριού (**52**). Όσο για τις σαρκοφάγους, άλλοτε πολυάριθμες στον ελαιώνα που καταλαμβάνει το νεκροταφείο της αυτοκρατορικής εποχής, σήμερα έχουν σχεδόν όλες εξαφανιστεί. Δύο μόνο μπορεί κανείς να δει: τη σαρκοφάγο του Πολιάδη, πέρα από την πύλη του Δία, περίπου πενήντα μέτρα στα δεξιά, και μια άλλη, κατεστραμμένη σχεδόν, στο ξωκκλήσι του Αγίου Βασιλείου, κοντά στην ακτή. Τα μόνα παραδείγματα που είναι γνωστά άλλωστε ανήκουν στον τύπο των σαρκοφάγων με γιρλάντες.

εικ. 180. Ανάγλυφη πλάκα θωρακίου προερχόμενη από τις παρυφές του Αρτεμισίου: ο Δανιήλ στο λάκκο των λεόντων. 5ος-6ος αι. μ.Χ. (Αρχαιολογικό μουσείο Κωνσταντινούπολης, αρ. ευρ. 2157).

Όλη η παραγωγή γλυπτικής – τιμητική και επιτύμβια – παύει στη Θάσο στη διάρκεια του δεύτερου μισού του 3ου αι. μ.Χ., πιθανώς εξαιτίας της εισβολής των Ερούλων (267-270). Όταν η πόλη, λεηλατημένη και ίσως ερημωμένη, ξαναρχίζει να ζει, η αρχαία παράδοση μοιάζει να έχει διακοπεί: τα αγάλματα δεν αναστηλώνονται πλέον, αλλά χρησιμοποιούνται ως υλικό κατασκευής και επίσης, στην πλειοψηφία τους, αποκεφαλίζονται και τα θραύσματά τους διασκορπίζονται. Η άσκηση της γλυπτικής περιορίζεται στο εξής στη διακόσμηση των εκκλησιών που οικοδομούνται συχνά στη θέση των αρχαίων ιερών: οι ανάγλυφες πλάκες θωρακίου (**53** και **εικ. 180**) είναι τα πιο φιλόδοξα έργα.

Βιβλιογραφία: G. Mendel, *Musées Impériaux Ottomans, Catalogue des sculptures grecques, romaines et byzantines* I-III (1912-1914)· P. Devambez, «Sculptures thasiennes», *BCH* 66-67 (1942-43), 207-227· B. Holtzmann, *La sculpture de Thasos, Corpus des reliefs, I. Reliefs à thème divin, ÉtThas* XV (1994). Ένας δεύτερος τόμος θα πραγματεύεται τα ανάγλυφα με ηρωικά και ταφικά θέματα.

Επιλογή μαρμάρινων γλυπτών του Μουσείου της Θάσου

1. Κριοφόρος κούρος (**εικ. 181α, β, γ**), αρ. ευρ. 1, ύψ.: 3,50μ. χωρίς την πλίνθο. Άγαλμα υπερφυσικού μεγέθους, ημιτελές, που βρέθηκε σε πέντε κομμάτια εγκλωβισμένα στην ανατολική επιχωμάτωση του ιερού του Πυθίου Απόλλωνα, στην ακρόπολη (**εικ. 75**, σ. 141). Η εργασία, αρκετά προχωρημένη, εγκαταλείφθηκε όταν εμφανίστηκε η κάθετη ρωγμή που χωρίζει το αριστερό αυτί από το πρόσωπο: το περίγραμμα, ιδιαίτερα ραδινό, είχε διαμορφωθεί· μόνο οι ζώνες με τις δύσκολες λεπτομέρειες αφέθηκαν: πόδια, χέρια, μόριο, πρόσωπο, κόμπος της ταινίας. Το στήσιμο είναι αυτό του κούρου: τα σκέλη, ιδιαίτερα μακριά, είναι άκαμπτα, το αριστερό προτεταμένο· αλλά τα χέρια, αντί να είναι παράλληλα στους μηρούς, κρατούν ένα κριάρι κολλημένο κάθετα στο σώμα – ιδιαίτερα σπάνιος τρόπος για να κρατά

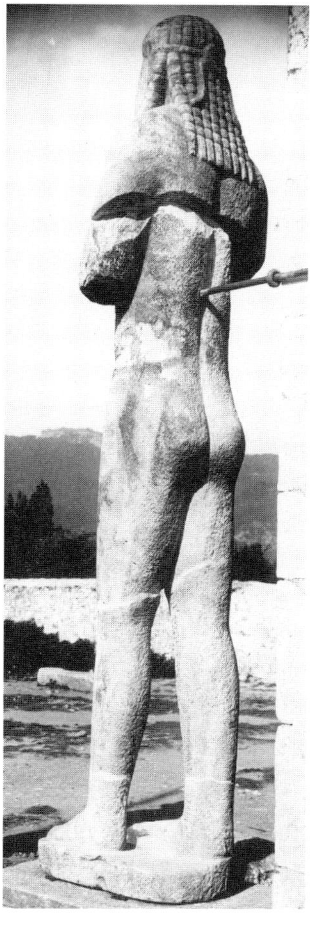

εικ. 181α, β, γ
Κολοσσικό άγαλμα κούρου που κρατά κριό, αρ. 1.

κανείς ζώο. Η κόμη, σε μεγάλους αστραγαλοειδείς βοστρύχους, είναι ακόμη αυτή του 7ου αι., με δύο δέσμες τεσσάρων πλοκάμων να πέφτουν στο στήθος. Οι άκρες της ταινίας γύρω από το κεφάλι, καμπυλώνονται καλαίσθητα, όπως στους αττικούς κούρους των αρχών του 6ου αι. Η πρωτότυπη και εντυπωσιακή αυτή μορφή εικονίζει μάλλον έναν αναθέτη με το σφάγιο προς θυσία, παρά τον ίδιο τον Απόλλωνα. Γύρω στο 600 π.Χ.

Βιβλιογραφία: Ch. Picard, *BCH* 45 (1921), 88, 113-126, εικ. 10-13.

2. Η σφίγγα Wix (**εικ. 182**), αρ. ευρ. 3807 + Glyptotek Carlsberg, αρ. ευρ. 2823, ύψ. σωζ.: 0,575μ. Η κεφαλή Wix, από το όνομα του συλλέκτη που την είχε αγοράσει άλλοτε στη Θάσο, θεωρούνταν πως ανήκε σε κούρο έως ότου η συγκόλλησή της με έναν κορμό φτερωτού τετράποδου που βρέθηκε σε δεύτερη χρήση σε τοίχο κήπου στον Λιμένα, αποκάλυψε πως πρόκειται για σφίγγα. Το υπομειδιόν αυτό τέρας συναντάται γενικά στημένο σε κατατομή στην κορυφή μιας επιτύμβιας στήλης, την οποία φυλάσσει στρέφοντας το κεφάλι· σπανιότερα κοιτάζει μπροστά,

εικ. 182. Η Σφίγγα Wix, αρ. 2.

στημένο στην κορυφή ενός ιωνικού κίονα, κοντά σε τάφο ήρωα: αναμφίβολα εδώ πρόκειται για αυτήν την περίπτωση. Η γραπτή απόδοση του στήθους και των φτερών υπογραμμιζόταν με αντιθετικά χρώματα. Η επιμήκυνση του προσώπου, που αποδίδεται με πλατιές επιφάνειες, η επιτήδευση των χαρακτηριστικών και της κόμης υποδεικνύουν μια αρκετά υψηλή χρονολόγηση για αυτήν τη θασιακή παραλλαγή ένος τύπου μνημείου που μέχρι τώρα μαρτυρούνταν μόνο στον κυκλαδικό χώρο. 570-560 π.Χ.

Βιβλιογραφία: B. Holtzmann, *BCH* 115 (1991), 125-165· *CRAI* (1991), 89-102.

3. Τμήμα κούρου: λεκάνη και μηροί (**εικ. 183**), αρ. ευρ. 2, ύψ.: 0,605μ. Ο αναθηματικός αυτός κούρος που βρέθηκε στο ιερό του Πυθίου Απόλλωνα, μπορεί να παραβληθεί με τον κούρο της Αλυκής (**εικ. 174**). Η ραδινότητα της μορφής, σχηματισμένης σε μακριές καμπύλες, αποτυπώνει ίσως ένα καθαρότερο παριανό ύφος από ό,τι στο άλλο έργο. Το ελάχιστα λεπτομερές πλάσιμο και η σχηματοποίηση του γονάτου υποδεικνύουν μια χρονολογία προς τα μέσα του 6ου αι.

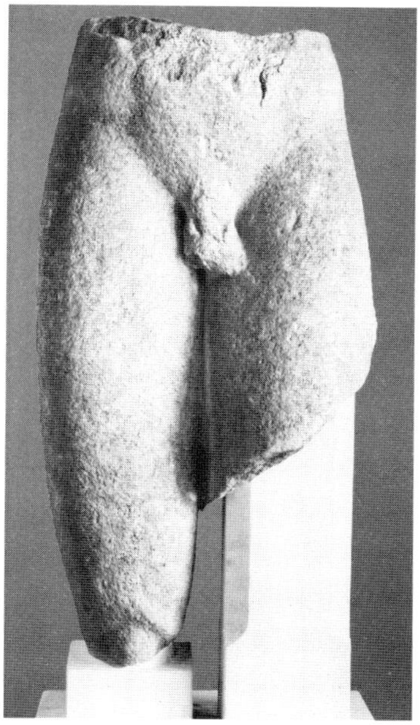

εικ. 183. Λεκάνη και μηροί κούρου, αρ. 3.

4. Κεφαλή κόρης (**εικ. 184 α** και **β**), αρ. ευρ. 678, υψ. σωζ.: 0,24μ. Περισσότερο από τις γυναικείες κεφαλές υπό αριθ. ευρ. 6 και 7, ιδιαίτερα αποκεκρουσμένες, το κεφάλι αυτό και η «κεφαλή Βουλγαρίδη», σήμερα στο Μουσείο της Βασιλείας (**εικ. 175**), επιτρέπουν να διακρίνουμε τι ήταν ο «όψιμος ιωνισμός» του τελευταίου τετάρτου του 6ου αι. στη Θάσο, όπου η κυρίαρχη παριανή τεχνοτροπία χρωματίζεται με την επιπλέον επίδραση ενός πιο περίπλοκου ύφους, που το κέντρο του ήταν ίσως η Χίος. Το εύσαρκο πρόσωπο κοσμούνταν από μια κόμμωση γεμάτη ποικίλματα και κοσμήματα που αποδίδονται εξ ολοκλήρου στο μάρμαρο με εντυπωσιακή μαεστρία,

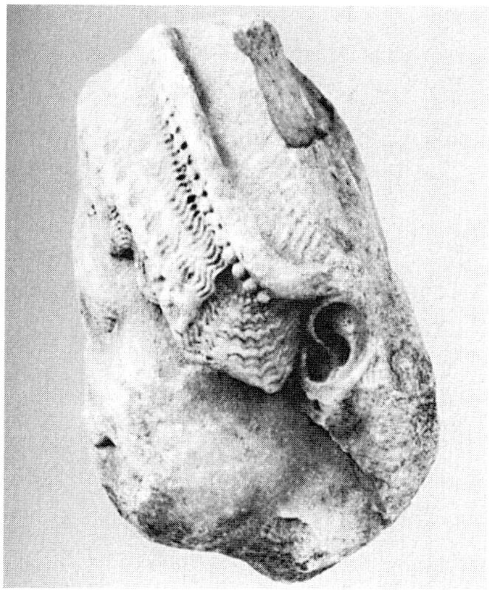

εικ. 184. Κεφαλή κόρης, αρ. 4.

ενώ τα «ειδικά εφέ» προστέθηκαν στην «κεφαλή Βουλγαρίδη». Πρέπει να φανταστεί κανείς αυτές τις δύο κόρες ενδεδυμένες, όπως και οι ομόλογές τους της Ακρόπολης της Αθήνας, με λινό χιτώνα με λεπτές πτυχώσεις και με μάλλινο λοξό ιμάτιο, του οποίου οι παρυφές που διπλώνονταν σε τεθλασμένες γραμμές πρέπει να έφεραν και άλλα περίτεχνα μοτίβα. 520-510 π.Χ.

Βιβλιογραφία: B. Holtzmann, *Études delphiques, BCH Suppl.* IV (1977), 295-304· *BCH Suppl.* 48 (2008), p.82. D. Boschung, *AntK* 28 (1985), 146-156, πίν. 33-37.

εικ. 185. Κεφαλή Σιληνού, αρ. 5.

5. Κεφαλή Σιληνού (**εικ. 185**), αρ. ευρ. 67, ύψ. σωζ.: 0,15μ. Βρέθηκε σε μία από τις αίθουσες συμποσίων του Ηρακλείου. Το πρόσωπο του ακολούθου αυτού του Διονύσου, τον οποίο ένα υπερφυσικό ανάγλυφο του τείχους (**εικ. 85**) δείχνει να εισέρχεται περήφανα στην πόλη, είναι του ίδιου ύφους με τις κόρες που μόλις αναφέρθηκαν. Σπάνια έχουν σκαλιστεί με τόση φροντίδα και ευγλωττία τα σημάδια της ζωομορφίας: θαμνώδης τριχοφυΐα, αυτιά ζώου, ανάγλυφα φρύδια, πλακουτσωτή μύτη, τεράστιο στόμα που εξέχει του μουστακιού, εξογκώματα κάπρου στο πιγούνι... Έφερε χάλκινο στεφάνι. Τέλη του 6ου αι.

Βιβλιογραφία: M. Launey, *ÉtThas* I (1944), 98-99.

6. Ανδρικός κορμός (**εικ. 186α** και **β**), αρ. ευρ. 3, ύψ. σωζ.: 0,54μ. Βρέθηκε στη θάλασσα, στο ακρωτήρι Παχύς. Η θαλάσσια διάβρωση έσβησε σχεδόν τελείως το πλάσιμο του κορμού αυτού που διστάζουμε να αποκαλέσουμε ακόμη κούρο: μια

εικ. 186. Ανδρικός κορμός, αρ. 6.

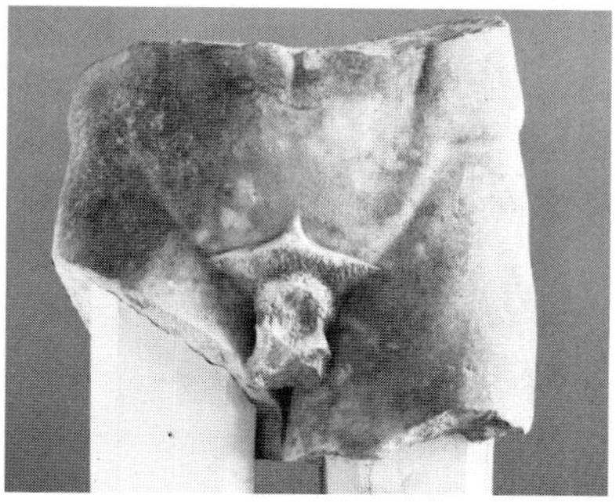

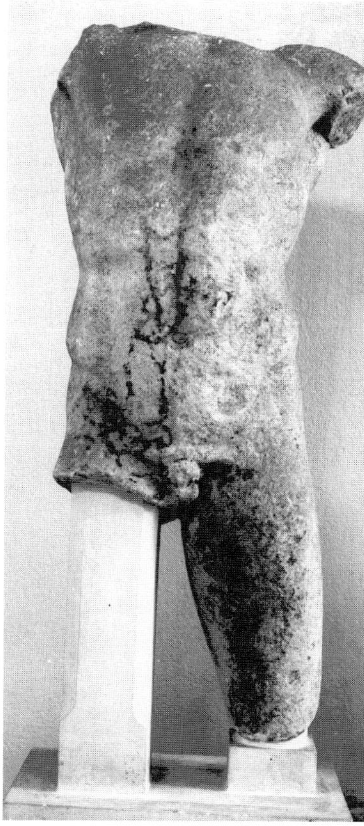

εικ. 187. Λεκάνη αθλητή, αρ. 7.

εικ. 188. Άγαλμα αθλητή σε κίνηση, αρ. 8.

ελαφρά απόκλιση της γραμμής των γλουτών μπορεί να υποδεικνύει ότι το σώμα στηριζόταν στο ένα σκέλος, σύμφωνα με το νέο πρότυπο που εμφανίζεται γύρω στο 490 π.Χ. Η έντονη κάμψη των ισχύων και η ρωμαλέα διάπλαση της πλάτης, παρά την επιμήκυνση του κορμού, προαναγγέλλουν τους παριανούς κορμούς του αυστηρού ρυθμού. Αρχές του 5ου αι. π.Χ.

7. Λεκάνη αγάλματος αθλητή (**εικ. 187**), αρ. ευρ. 15, ύψ. σωζ.: 0,34μ. Βρέθηκε σε δεύτερη χρήση στις υπώρειες της ακρόπολης. Η σφριγηλή διάπλαση του όγκου, η απόκλιση των βουβωνικών αυλάκων, η ιδιαίτερη μορφή του ηβικού τριχώματος οδηγούν σε μια χρονολόγηση του ωραίου αυτού αποτμήματος γύρω στο 480 π.Χ.

8. Άγαλμα αθλητή σε κίνηση (**εικ. 188**), αρ. ευρ. 14, ύψ. σωζ.: 1,15μ. Βρέθηκε στο ιερό του Ηρακλή. Παρά τον ακρωτηριασμό, ο κορμός αυτός, εύγλωττου δυναμισμού, παραμένει χαρακτηριστικός της πρώιμης κλασικής φάσης (480-450), κοινώς αποκαλούμενης «αυστηρός ρυθμός». Αυτές οι σχετικά άκαμπτες ακόμη μορφές αναπτύσσονται μέσα σε ένα χώρο που παραμένει δισδιάστατος. Γύρω στο 470 π.Χ.

Βιβλιογραφία: P. Devambez, *BCH* 57 (1933), 422-437.

εικ. 189. Αγαλμάτιο καθήμενης θεάς, αρ. 9.

9. Αγαλμάτιο καθήμενης θεάς (**εικ. 189**), αρ. ευρ. 853, ύψ. σωζ.: 0,27μ. Η

εικ. 190. Ναΐσκος με μορφή Κυβέλης κεκαλυμμένης, αρ. 10.

απουσία οποιασδήποτε λεπτομέρειας, τόσο στο κάθισμα όσο και στην ίδια τη μορφή, πρέπει να αντισταθμιζόταν από την πολυχρωμία, που συνδέει ακόμη περισσότερο το ταπεινό αυτό έργο με τα πήλινα ειδώλια μεταξύ των οποίων ο τύπος αυτός είναι ιδιαίτερα συχνός. Το αριστερό χέρι, ελαφρώς ανυψωμένο, πρέπει να κρατούσε κάποιο χαρακτηριστικό αντικείμενο. Τέλη του 6ου αι. (;).

10. Ναΐσκος με μορφή Κυβέλης (εικ. 190), αριθ. ευρ. 2601, ύψ. σωζ.: 0,325μ. Βρέθηκε εκτός της αρχαίας πόλης. Ο ναΐσκος αυτός, στον οποίο εικονίζεται μια καθήμενη σε θρανίο γυναικεία μορφή, με καλύπτρα στο κεφάλι, είναι το αρχαιότερο μιας πολυπληθούς σειράς που φτάνει στη Θάσο μέχρι την αυτοκρατορική εποχή. Το αρχιτεκτονικό πλαίσιο σε σχήμα πρόσοψης ναΐσκου είναι σε στάδιο διαμόρφωσης: η επίστεψη υπό μορφή αετώματος δεν στηρίζεται ακόμη από παραστάδες, η εσοχή είναι σκαλισμένη μόνο στο πάχος της στήλης, χωρίς καμία γλυφή στην πλαισίωση. Τέλη του 6ου αι. π.Χ. (;).

Βιβλιογραφία: B. HOLTZMANN, *ÉtThas* XV (1994), 132-140.

11. Αναθηματικό ανάγλυφο στην Αρτέμιδα (εικ. 191), αρ. ευρ. 1474, ύψ. σωζ.: 0,225μ. Βρέθηκε κοντά στο Αρτεμίσιο. Η εστίαση της μορφής προς τα δεξιά

εικ. 191. Αναθηματικό ανάγλυφο στην Αρτέμιδα, αρ. 11.

προϋποθέτει την παρουσία κάτω αριστερά ενός ζώου, ίσως ελαφίνας, το αγαπημένο ζώο της θεάς κυνηγού. Το ευρύ άνοιγμα των βραχιόνων υποδεικνύει μεγάλο διασκελισμό. Αν και η κεφαλή είναι ακόμη σε απόλυτη κατατομή, ο κορμός εικονίζεται σε τρία τέταρτα, με το ένα στήθος κατενώπιον και το άλλο σε κατατομή. Αυτή η άλυτη δυσκολία δείχνει ότι ο αρχαϊσμός, του οποίου αποτελούν ακόμη μέρος η κόμμωση με τους μακριούς πλοκάμους, το διάδημα και το ένδυμα, δεν έχει ακόμη ξεπεραστεί. Η φθορά του αναγλύφου δεν εμποδίζει να εκτιμήσουμε την ποιότητα αυτού του μεταβατικού έργου, σύγχρονου της Διόδου των θεωρών (**εικ. 48-49**). Γύρω στο 480 π.Χ.

Βιβλιογραφία: N. WEILL, *Mélanges G. Daux* (1974), 359-373· B. HOLTZMANN, *ÉtThas* XV (1994), 129-131.

12. Αναθηματικό ανάγλυφο στον Απόλλωνα (**εικ. 192**), αρ. ευρ. 1501, ύψ. σωζ.: 0,43μ. Ανάγλυφο ελαφρώς πυραμιδόσχημο, προερχόμενο από το Διονύσιο. Ο Απόλλων, συνοδευόμενος από ζαρκάδι, εικονίζεται σε χειρονομία σπονδής: τείνει τον δεξιό βραχίονα εμπρός κρατώντας μια φιάλη που κλίνει ελαφρώς. Φορά τη χλαμύδα στους βραχίονες αποκαλύπτοντας το σώμα, με τον κορμό στραμμένο σε τρία τέταρτα. Η λεπτή καλλιγραφία των γραμμών και το συγκρατημένο πλάσιμο θυμίζουν το ανάγλυφο συμποσίου στο Αρχαιολογικό Μουσείο Κωνσταντινούπολης (**εικ. 171**), ενώ η στάση του θεού είναι δανεισμένη από τον Ερμή της Διόδου των θεωρών (**εικ. 49**). 480-470 π.Χ.

Βιβλιογραφία: B. HOLTZMANN, *ÉtThas* XV (1994), 127-129.

εικ. 192. Αναθηματικό ανάγλυφο στον Απόλλωνα, αρ. 12.

13-14. Δίπτυχο αναθηματικών αναγλύφων, που βρέθηκαν στις υπώρειες του θέατρου (**εικ. 193-194**). Αρ. ευρ. 20, ύψ. σωζ. 0,27μ.: γυναικεία μορφή που ιππεύει δελφίνι. Αρ. ευρ. 21, ύψ. σωζ. 0,295μ.: όρθια ανδρική μορφή. Η ομοιότητα διαστάσεων

εικ. 193. Αναθηματικό ανάγλυφο με μορφή Ποσειδώνα, αρ. 13.

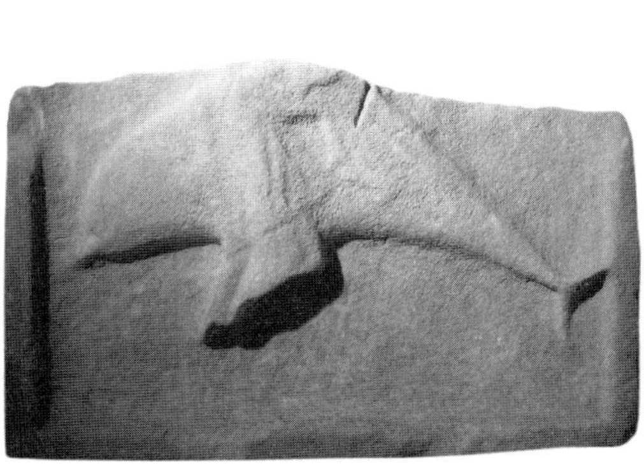

εικ. 194. Αναθηματικό ανάγλυφο με μορφή Αμφιτρίτης, αρ. 14.

και πλαισίωσης καθιστούν τα δύο αυτά ανάγλυφα ένα αδιαίρετο ζεύγος. Η ανεύρεση, το 1996, κοντά στο Ποσειδώνιο, του επάνω τμήματος του αναγλύφου με το δελφίνι βεβαιώνει την ταυτότητα των μορφών και τη στενή τους σχέση. Η καθισμένη γυναίκα στραμμένη στα αριστερά ανοίγει το ιμάτιό της σε χειρονομία αποκάλυψης, που δηλώνει πάντα μια σχέση ζευγαριού. Πρόκειται λοιπόν για την Αμφιτρίτη απέναντι στον σύζυγό της Ποσειδώνα, εικονιζόμενο σε τρία τέταρτα σε μια στάση κάπως επιτηδευμένη. Ο γλύπτης, για να λύσει το δύσκολο πρόβλημα της παράλληλης απεικόνισης μιας όρθιας θεότητας και μιας άλλης καθήμενης σε δελφίνι, κατέφυγε σε μια σύνθεση σε δίπτυχο που έφεραν στη μόδα τα ανάγλυφα της πύλης του Ηρακλή και της Διόδου των θεωρών. Το ύφος μοιάζει προχωρημένο, αλλά η εκτέλεση είναι λιγότερο λεπτή από εκείνη των δύο προηγούμενων αναγλύφων. 470-460 π.Χ.

Βιβλιογραφία: B. Holtzmann, *ÉtThas* XV (1994), 159-162· Ζ. Μπονιας, *ΑΔ* 51 (1996) [2001], *Χρονικά*, 551-552 (το πάνω τμήμα του αναγλύφου της Αμφιτρίτης).

εικ. 195. Επιτύμβιο ανάγλυφο: καθήμενη γυναικεία μορφή, αρ. 15.

15. Μικρό επιτύμβιο ανάγλυφο με καθήμενη γυναικεία μορφή (**εικ. 195**), αρ. ευρ. 8, υψ. σωζ.: 0,36μ. Βρέθηκε έξω από την αρχαία πόλη. Όπως και στο **9**, το πλάσιμο είναι περιορισμένο, αφήνοντας στο χρώμα τη διάκριση των επιφανειών· διακρίνουμε ακόμη εκείνο του ματιού. Η καθισμένη γυναίκα κρατά ένα άνθος στο δεξί της χέρι και τραβά με το αριστερό χέρι το ιμάτιό της, χειρονομία που την ταυτίζει ως σύζυγο. Θα την παραβάλουμε με τη μικρή στήλη του Λούβρου (**εικ. 177**), της οποίας το θέμα και το εικαστικό ύφος είναι πολύ κοντινά, παρ' ότι πρόκειται μάλλον για νεαρή κόρη με το αγαπημένο της πτηνό. Και στις δύο στήλες πρέπει να αποκαταστήσουμε μια επίστεψη ανθεμίου παρόμοια με το **16**.

Βιβλιογραφία: Ch. Picard, *MonPiot* 32 (1932), 21-32, πίν. II.

εικ. 196. Επίστεψη μικρής στήλης, αρ. 16.

16. Ανθεμωτή επίστεψη μικρής στήλης (**εικ. 196**), αρ. ευρ. 814, ύψ. σωζ.: 0,345μ. Δύο αντίνωτες έλικες με πλατιές άκρες και κοίλη αύλακα αποσπώνται λοξά από τη γλυφή της βάσης: στηρίζουν δεκαπεντάφυλλο ανθέμιο με ελαφρώς κυρτωμένα φύλλα. Αυτός ο τύπος επίστεψης, ιδιαίτερα συχνός στις Κυκλάδες σε μεγαλύτερες επιτύμβιες στήλες, έχει μειωθεί εδώ στα απαραίτητα. Γύρω στο 500 π.Χ.

Βιβλιογραφία: Γ. Μπακαλακης, *AJA* 53 (1949), 359-362.

17. Προτομή φτερωτού αλόγου (**εικ. 197**), αρ. ευρ. 4, ύψ. σωζ.: 0,66μ. Εξοχή της προτομής σε σχέση με τη λιθόπλινθο

εικ. 197. Προτομή φτερωτού αλόγου, από κτήριο του Ηράκλειου, αρ. 17.

εικ. 198. Γυναικεία κεφαλή, αρ. 18.

0,54μ. Βρέθηκε στο Ηράκλειο· το αρχιτεκτονικό αυτό μέλος ανήκε αναμφίβολα στη μακρά στοά (λέσχη) κοντά στην οποία αποκαλύφθηκε (βλ. σ. 178). Η ακριβής θέση του – στη βορειοδυτική γωνία της πρόσοψης ; – παραμένει ωστόσο αβέβαιη. Αυτός ο τύπος κοσμήματος – ολόγλυφο ενσωματωμένο σε λιθόπλινθο – είναι ασυνήθιστος στην ελληνική τέχνη, ειδικά σε τόσο πρώιμη εποχή και προέρχεται ίσως από ανατολικά πρότυπα. Κι εδώ επίσης, το πλάσιμο είναι περιορισμένο προς όφελος γραφικών αποδόσεων μεγάλης δεξιοτεχνίας, που πιθανώς έφεραν έντονη πολυχρωμία. Γύρω στο 500 π.Χ.

Βιβλιογραφία: M. Launey, *ÉtThas* I (1944), 62-63, 98.

εικ. 199. Κορμός γυναικείου αγαλματίου, αρ. 19.

εικ. 200. Κεφαλή ερμαϊκής στήλης, αρ. 20.

18. Γυναικεία κεφαλή με κεκρύφαλο (**εικ. 198**), αρ. ευρ. 36, ύψ. σωζ.: 0,23μ. Όπως και αυτή της Φίλιδος του Λούβρου (**εικ. 110**), η κόμη της είναι μαζεμένη σε μαντήλα, τον κεκρύφαλο, που ήταν γραπτός και η μία πτυχωτή παρυφή του εφάρμοζε με φιλάρεσκο τρόπο πάνω από το αυτί. Αλλά στη θέση των κοχλιωτών βοστρύχων με γραφική απόδοση, βρίσκουμε εδώ δύο κυματοειδείς πλοκάμους, φουσκωμένους μπροστά στα αυτιά, που πλαισιώνουν το μέτωπο. Η κόμμωση αυτή όπως και τα παχιά βλέφαρα και το αρκετά ισχυρό σαγόνι αντιστοιχούν ακόμη στον αυστηρό ρυθμό. Λίγο μετά το 450;

Βιβλιογραφία: Ch. Picard, *BCH* 45 (1921), 129-133.

19. Κορμός γυναικείου αγαλματίου (**εικ. 199**), αρ. ευρ. 1477, ύψ. σωζ.: 0,17μ. Βρέθηκε μέσα στο Διονύσιο. Το κεφάλι και ο αριστερός βραχίονας, που έτεινε μπροστά και στερεωνόταν με εξωτερικό στήριγμα, ήταν πρόσθετα. Αντίγραφο μικρού μεγέθους, αλλά ιδιαίτερα επιτυχές, ενός έργου του τέλους του 5ου αι.: ο λεπτός λινός χιτώνας εφαρμόζει στους όγκους σύμφωνα με τη μανιεριστική σύμβαση του «υγρού υφάσματος», ενώ το μάλλινο ιμάτιο διαγράφει πιο παχιές πτυχώσεις, τονισμένες όμως από απρόβλεπτες ανωμαλίες. Μερικά άλλα αγαλμάτια γυναικείων μορφών μαρτυρούν τη διαρκή επιτυχία του εκλεπτυσμένου αυτού ύφους στη Θάσο, στο οποίο οι μαρμαρογλύπτες μπορούν να ξεδιπλώσουν τη δεξιοτεχνία τους. Τα περισσότερα από αυτά πρέπει να διακοσμούσαν ελληνιστικές οικίες.

20. Αρχαϊστική κεφαλή Ερμή (**εικ. 200**), αρ. ευρ. 11, ύψ. σωζ.: 0,23μ. Βρέθηκε σε δεύτερη χρήση σε έναν τοίχο της παλαιοχριστιανικής βασιλικής της αγοράς (βορειοανατολική πλευρά). Το κεφάλι αυτό διαμόρφωνε την κορυφή μίας από τις ερμαϊκές στήλες που ήταν τοποθετημένες στις

εικ. 201. Άγαλμα της Κωμωδίας, αρ. 21.

διασταυρώσεις οδών και στις παρυφές των αγορών, σύμφωνα με μια συνήθεια που εμφανίζεται στο δεύτερο μισό του 6ου αι. π.Χ. Είναι η καλύτερα σωζόμενη μιας σειράς έξι γλυπτών, πέντε από τα οποία είναι παραλλαγές του Ερμή Προπυλαίου που δημιούργησε ο Αλκαμένης γύρω στο 420 π.Χ. για την Ακρόπολη της Αθήνας. Η πυκνή γενειάδα και κυρίως οι επάλληλοι κοχλιωτοί βόστρυχοι της κόμμωσης γύρω από το μέτωπο είναι η πρώτη καλά μαρτυρημένη επιστροφή στα πρότυπα του ύστερου αρχαϊκού ρυθμού. Ο τύπος αυτός θα είναι σε χρήση μέχρι την αυτοκρατορική εποχή.

Βιβλιογραφία: Ch. Picard, *BCH* 45 (1921), 128-129.

21. Άγαλμα της Κωμωδίας (**εικ. 201**), αρ. ευρ. 652, ύψ. σωζ.: 1,71μ. Βρέθηκε στο μεγάλο αναθηματικό μνημείο του Διονυσίου (βλ. σ. 120), δίπλα στην ενεπίγραφη βάση που φέρει τα ονόματα της Κωμωδίας και του διάσημου υποκριτή Φιλήμονα. Μόνο η διακριτική παρουσία ενός τετράγωνου πεσσίσκου στον οποίο στηρίζεται η μορφή, της επιτρέπει μια τόσο νωχελική στάση: το δεξί σκέλος, που περνά σταυρωτά πάνω από το αριστερό, είναι ελαφρώς ανυψωμένο. Το αριστερό χέρι, που τείνει μπροστά, πρέπει να κρατούσε ένα κωμικό προσωπείο. Όμορφη απόδοση του ενδύματος, με την παραδοσιακή αντίθεση ανάμεσα στη ρευστότητα του χιτώνα και στο πάχος του ιματίου· το ένδυμα είναι χαρακτηριστικό του δεύτερου μισού του 4ου αι., με τη ζώνη δεμένη ψηλά, κάτω από το στήθος και λοξή διευθέτηση του ιματίου που αφήνει τον κορμό ακάλυπτο.

Το πεντελικό μάρμαρο (Αθήνα) που χρησιμοποιήθηκε εδώ, όπως και στο **23** και στα σύγχρονα ανάγλυφα **28** και **30**, υποδεικνύει ίσως την πρόσκαιρη παρουσία ενός αττικού εργαστηρίου, πιθανώς αυτό του Πραξία, γιου του Πραξία, δημιουργού του τιμητικού ανδριάντα του Θασίου Θεόπομπου, νικητή στους Πυθικούς αγώνες των Δελφών, του οποίου η βάση που φέρει την υπογραφή του γλύπτη, βρέθηκε στην αγορά.

Βιβλιογραφία: P. Devambez, *MonPiot* 38 (1941), 93-116· Fr. Salviat, *Thasiaca, BCH Suppl.* V (1979), 155-167· B. Holtzmann, «Praxias et fils : un atelier de sculpture attique actif à Thasos durant la seconde moitié du IVe s. av. J.-C.», στο V. M. Strocka (επιμ.), *Meisterwerke. Internationales Symposion anlässlich des 150. Geburtstages von Adolf Furtwängler, Freiburg im Breisgau, 30. Juni – 3. Juli 2003* (2005), 169-177.

22. Κεφαλή Διονύσου (**εικ. 202α** και **β**), αρ. ευρ. 16, ύψ.: 0,60μ. Η κεφαλή αυτή, δουλεμένη χωριστά, ανήκει στο υπερφυσικό άγαλμα του Διονύσου, προστάτη των θεατρικών τεχνών, το οποίο καταλάμβανε το κέντρο του συντάγματος που απεικόνιζε τις αλληγορίες των διαφόρων ειδών θεάτρου, μέσα στο μεγάλο αναθηματικό μνημείο του Διονυσίου. Αττική δημιουργία του τρίτου τετάρτου του 4ου αι.: το ωοειδές πρόσωπο, η χυτή κόμη, το μισάνοιχτο στόμα, το απλανές βλέμμα συνιστούν από κοινού χαρακτηριστικά δανεισμένα από το ρομαντικό ύφος του Πραξιτέλη και του Λεωχάρη.

Βιβλιογραφία: βλ. αρ. **21**.

23. Τραγικό προσωπείο (**εικ. 203**), αρ. ευρ. 17, ύψ.: 0,325μ. Ανώτερο τμήμα του προσωπείου που πρέπει να κρατούσε το άγαλμα της Τραγωδίας, στο ίδιο σύνταγμα

εικ. 202. Κεφαλή Διονύσου, αρ. 22.

με τα **21** και **22**: κεφαλή φαλακρού και λιπόσαρκου γέροντα, του οποίου ο εξπρεσιονισμός αναγγέλει μια αντικλασική τάση που θα ανθίσει στην ελληνιστική περίοδο.

Βιβλιογραφία: βλ. αρ. **21**.

24. Άγαλμα πεπλοφόρου (**εικ. 204**), αρ. ευρ. 1473 bis, ύψ. σωζ.: 1,82μ. Η γυναικεία αυτή μορφή, της οποίας το κεφάλι ήταν πρόσθετο, ανήκε σε ένα δεύτερο αναθηματικό σύνταγμα στημένο στο Διονύσιο. Το ένδυμα αποτελείται από ένα βαρύ πέπλο με κόλπο που καλύπτει τη ζώνη και απόπτυγμα που σκεπάζει τον κορμό, κατά τον τρόπο του 5ου αι., και από ένα ιμάτιο του οποίου η διευθέτηση είναι πρωτότυπη: καθώς πέφτει στην πλάτη, ζώνει τον κορμό με παχιές πτυχές, αφήνοντας ακάλυπτο το στήθος. Η στατικότητα της μορφής τονίζεται από το

εικ. 203. Τραγικό προσωπείο, αρ. 23.

βάθος των κάθετων πτυχών. Η εξαφάνιση των αντικειμένων που πρέπει να κρατούσε αποκλείει την ταύτιση, αλλά πρόκειται σίγουρα για μια αλληγορία, όπως εκείνες του πρώτου αναθηματικού μνημείου του Διονυσίου (βλ. σ. 120). Ελληνιστική παραλλαγή σε ένα θέμα των αρχών του 4ου αι.

Βιβλιογραφία: P. BERNARD, Fr. SALVIAT, *BCH* 83 (1959), 302-315, πίν. XIII-XVII.

25. Άγαλμα ενδεδυμένης ανδρικής μορφής (**εικ. 205**), αριθ. ευρ. 1473, ύψ. σωζ.: 2,20μ. Κεντρική μορφή του συντάγματος στο οποίο ανήκε και το **24**· ίσως ο Διόνυσος. Η περίπλοκη στάση, με λυγισμένο το αριστερό σκέλος που πατάει σε υποπόδιο, και ένα έντονο σπάσιμο των γοφών που προϋποθέτει ένα πλάγιο στήριγμα στα δεξιά, ανέρχονται σε ένα μανιεριστικό πρότυπο του τέλους του 5ου αι., αλλά επανερμηνευμένο με μπαροκική ευφράδεια. Όπως και στο **24**, η εμφατική απόδοση του ιματίου υπογραμμίζει τη στάση: αφενός τη στατικότητα με κάθετες και διαγώνιες, αφετέρου την αστάθεια με τον κυματισμό των πτυχών. Αντιλαμβάνεται κανείς πώς ένας ταλαντούχος γλύπτης μπορεί να ανανεώσει τους παραδοσιακούς αγαλματικούς τύπους με επιφανειακά τεχνάσματα. Αρχές του 3ου αι. π.Χ.;

Βιβλιογραφία: P. BERNARD, Fr. SALVIAT, *BCH* 83 (1959), 315-325, πίν. XVIII-XXI.

εικ. 204. Άγαλμα γυναικείας μορφής με πέπλο, αρ. 24.

εικ. 205. Άγαλμα ενδεδυμένης ανδρικής μορφής, αρ. 25.

26. Ανδρική κεφαλή (**εικ. 206**), αρ. ευρ. 25, ύψ.: 0,25μ. Αυτή η ελαφρώς υπερφυσική κεφαλή εντυπωσιάζει με τον όγκο της. Η κόμη που αποτελείται από κοντούς βοστρύχους, παχιούς και άτακτους, είναι εφαρμοστή στο κρανίο· φαβορίτες πλαισιώνουν το πρόσωπο. Τα μάτια είναι βυθισμένα στις κοιλότητες, το στόμα μικρό, τα χείλη εύσαρκα και μισάνοιχτα, το σαγόνι βαρύ. Η εκφραστικότητα του προσώπου είναι χαρακτηριστική των μέσων του 4ου αι. π.Χ.· ελληνιστική παραλλαγή ένος έργου του Σκόπα;

Βιβλιογραφία: P. DEVAMBEZ, *BCH* 66-67 (1942-1943), 204-209.

εικ. 206. Ανδρική κεφαλή, αρ. 26.

27. Ζωφόρος από βάθρο ταφικού μνημείου (**εικ. 207**), αρ. ευρ. 27, ύψ.: 0,69μ. Βρέθηκε στην αρχαία νεκρόπολη, στο νότιο άκρο του ελαιώνα, πάνω από τη θέση Μόλος. Έξι απομακρυσμένες μορφές σχηματίζουν δύο ομάδες: αριστερά, δύο γυναίκες περιβάλλουν έναν καθισμένο γέροντα· δεξιά, μια καθισμένη προς τα αριστερά γυναίκα βρίσκεται απέναντι από ένα ζευγάρι — ο άνδρας είναι όρθιος. Πρόκειται πιθανώς για την οικογένεια του ή των νεκρών, όπως συνηθίζεται σε αυτές τις ζωφόρους υποβάθρων, που εμφανίζονται σε κάποια μεγάλα αττικά ταφικά μνημεία μετά το 350. Τέλη του 4ου αι.

Βιβλιογραφία: B. HOLTZMANN, *ÉtThas* XV (1994), 84-86.

28. Μεγάλη τμηματική ταφική στήλη (**εικ. 208**), αρ. ευρ. 1151+1170+1171+1172, ύψ. του δεξιού θραύσματος: 1,72μ. Βρέθηκε στον ελαιώνα, στα νοτιοδυτικά της αρχαίας πόλης. Στήλη αττική, το αρχιτεκτονικό πλαίσιο της οποίας ήταν πρόσθετο. Τρεις μορφές φυσικού μεγέθους εικονίζονται σε έξεργο ανάγλυφο: μια γυναίκα, λιποθυμούσα, υποβοηθείται από μια θεραπαινίδα, ενώ μια άλλη μορφή,

εικ. 207. Ανάγλυφη βάση επιτύμβιου μνημείου, αρ. 27.

εικ. 208. Μεγάλη επιτύμβια στήλη γυναίκας, αρ. 28.

εικ. 209. Μικρό αναθηματικό ανάγλυφο: Ερμής και Νύμφες, αρ. 29.

όρθια, παρευρίσκεται. Ίσως πρόκειται για αναπαράσταση τοκετού στον οποίο η μητέρα έχασε τη ζωή της – θέμα γνωστό τον 4ο αι. στην αττική ταφική εικονογραφία. Δεύτερο μισό του 4ου αι.

Βιβλιογραφία: P. DEVAMBEZ, *BCH* 79 (1955), 121-134.

29. Αναθηματικό ανάγλυφο: Ερμής και Νύμφες (**εικ. 209**), αρ. ευρ. 30, ύψ.: 0,43μ. Στο εσωτερικό αποστρογγυλεμένου πλαισίου με έντονη ακανόνιστη προεξοχή, που αναπαριστά την είσοδο σπηλιάς, εικονίζονται ο Ερμής και τρεις Νύμφες, θεότητες στις οποίες αφιερώνονται συχνά οι σπηλιές. Το θέμα αυτό, που διαδίδεται στην Αττική τον 4ο αι., υποτάσσεται εδώ στην τοπική παράδοση: αντί να χορεύουν, όπως στα αττικά ανάγλυφα, οι Νύμφες προχωρούν με βηματισμό όπως οι ομόλογές τους της Διόδου των θεωρών (**εικ. 48** και **49**). Δεύτερο μισό του 4ου αι.

Βιβλιογραφία: B. HOLTZMANN, *ÉtThas* XV (1994), 146-147.

30. Αττικό Αναθηματικό ανάγλυφο σε έναν ήρωα ιππέα (**εικ. 210**), αρ. ευρ. 31, ύψ.: 0,395μ. Σε ένα αρχιτεκτονικό πλαίσιο που αποτελείται από δύο παραστάδες που φέρουν γείσο, τα ακροκέραμα του οποίου υποδηλώνουν τη μακρά πλευρά ενός κτηρίου, εικονίζονται δύο μορφές μεγάλου ύψους: αριστερά, ένας ιππέας που στέκεται, κρατώντας το άλογό του από το χαλινάρι, ετοιμάζεται να πραγματοποιήσει σπονδή σε ένα βωμό από συσσωρευμένες στάχτες· δεξιά, μια γυναίκα κρατώντας στεφάνι και χου, χύνει το ιερό ύδωρ στο αγγείο που κρατά ο ιππέας. Αυτό το ζεύγος αφηρωισμένων προγόνων συνοδεύεται από τρεις προσκυνητές μικρότερου ύψους,

εικ. 210. Αναθηματικό ανάγλυφο σε ήρωα ιππέα, αρ. 30.

προφανώς τους απογόνους του γενάρχη ήρωα. Προσεγμένη παραλλαγή μιας σύνθεσης που μαρτυρείται συχνά στην Αττική. Δεύτερο μισό του 4ου αι. π.Χ.

Βιβλιογραφία: B. HOLTZMANN, «Praxias et fils ...», βλ. αρ. 21.

31. Τραπεζοφόρο από μεγάλη τράπεζα προσφορών (**εικ. 211**), αρ. ευρ. 18, ύψ.: 0,845μ. Η εξωτερική όψη αποτελείται από δύο επάλληλες ζώνες που χωρίζονται από κανόνα, ο οποίος στην αυτοκρατορική εποχή χαράχθηκε με επιγραφή που αναγγέλλει την ανακαίνιση του μνημείου από μια ιέρεια της Κυβέλης: ‹*[- - -]ρ̣ίας ἡ ἱέρεια τῆς Κυβέλης καὶ δὶς νεωκόρος ἐνέκαυσεν τὴν τράπεζαν*›˙ ...η κόρη της ...ρια ιέρεια της Κυβέλης και δύο φορές νεωκόρος, παρήγγειλε να ζωγραφιστεί τράπεζα με την εγκαυστική τεχνική (*IG* XII, *Suppl.* 427). Η κάτω ζώνη εικονίζει δύο αντιμέτωπους γρύπες να κατασπαράζουν ένα ελάφι, διακοσμητικό θέμα ιδιαίτερα διαδεδομένο στο δεύτερο μισό του 4ου αι., ειδικά στη Μακεδονία. Αποδίδεται με ιδιαίτερα σχεδιαστικό τρόπο, που αφήνει πολλές λεπτομέρειες στη ζωγραφική που αναφέρει η επιγραφή. Στην επάνω ζώνη απεικονίζονται διάφορες θεότητες εκατέρωθεν της ένθρονης Κυβέλης, πλαισιωμένης από δύο λιοντάρια. Τέλη του 4ου αι.

Βιβλιογραφία: B. HOLTZMANN, *ÉtThas* XV (1994), 95-100.

32. Ανάγλυφο αφιερωμένο σε ήρωα από τους γυναικονόμους (**εικ. 212**), αρ. ευρ. 29, ύψ.: 0,57μ. Βρέθηκε μέσα στην αρχαία πόλη, στο πρανές του λόφου που

εικ. 211. Τραπεζοφόρο μεγάλης τράπεζας προσφορών, αρ. 31.

εικ. 212. Ανάγλυφο ανατεθημένο σε ήρωα, αρ. 32.

δεσπόζει του Ηρακλείου. Στο εσωτερικό ενός ισχυρού αρχιτεκτονικού πλαισίου εικονίζεται ένας ανακεκλιμένος συμποσιαστής που υψώνει ένα κέρας. Σερβίρεται από γυμνό θεράποντα η μορφή του οποίου είναι εμπνευσμένη από τους αθλητές του Λυσίππου. Τα όπλα του ήρωα κρέμονται στο βάθος. Θα σημειώσουμε την απουσία της καθισμένης γυναίκας, σύνηθες στοιχείο της σύνθεσης. Θα ήταν ενδιαφέρον να γνωρίζαμε σε ποιον Θάσιο ήρωα ανατέθηκε το ανάγλυφο αυτό από ένα σώμα αξιωματούχων, των γυναικονόμων, επιφορτισμένων με την επιτήρηση του ήθους των γυναικών. Γύρω στο 300 π.Χ.

εικ. 213.
Ανάγλυφο ανατεθημένο από ένα θίασο, αρ. 33.

33. Σύνοδος θιάσου (**εικ. 213**), αρ. ευρ. 23, ύψ. 0,425μ. Βρέθηκε στη Σκάλα Μαριών, στην δυτική ακτή της Θάσου. Όπως και το μεγάλο ανάγλυφο υπ' αρ. ευρ. 2765 που βρέθηκε τυχαία πίσω από τα κτήρια της βορειοανατολικής πτέρυγας της αγοράς, το ανάγλυφο αυτό πιθανότατα εικονίζει σε δύο ζώνες τη συνέλευση των μελών ενός θιάσου, των θρησκευτικών αυτών συλλόγων που πολλαπλασιάζονται από τον 4ο αι. Ελλείψει χώρου ή δεξιοτεχνίας, ο γλύπτης απλοποίησε το έργο του διαχωρίζοντας άνδρες και γυναίκες: στους πέντε άντρες συμποσιαστές, που εικονίζονται σε ελαφρώς διαφορετικές στάσεις, αντιστοιχούν πέντε καθισμένες γυναίκες στις οποίες προστίθεται και ένας γυμνός θεράπων. Γύρω στο 300 π.Χ.;

Βιβλιογραφία: P. DEVAMBEZ, *BCH* 70 (1946), 164-171, πίν. 8.

34. Αναθηματικό ανάγλυφο προς τιμήν ιππικού επάθλου (**εικ. 214**), αρ. ευρ. 3763, ύψ.: 0,425μ. Βρέθηκε στην πόλη, στα νότια της υπόστυλης αίθουσας. Το ανάγλυφο αυτό με ισχυρό πλαίσιο είναι περισσότερο ενδιαφέρον για το θέμα παρά για την εκτέλεσή του: μια Νίκη με ανοιχτά τα φτερά οδηγεί το άρμα του νικητή που εικονίζεται στα αριστερά, ο οποίος πρόκειται να προσφέρει στη θεότητα το στεφάνι της νίκης που κέρδισε. Ίσως θα πρέπει να συσχετίσουμε το

εικ. 214.
Ανάγλυφο προς τιμήν ιππικού επάθλου, αρ. 34.

ανάγλυφο με τη νίκη του Θασίου Θεόπομπου στην αρματοδρομία με δύο ίππους στα Πύθια των Δελφών, τους πιο σημαντικούς αγώνες μετά τα Ολύμπια (σ. 306, αρ. 21). Μετά το 340 π.Χ.
Βιβλιογραφία: B. HOLTZMANN, *ÉtThas* XV (1994), 151-152.

εικ. 215. Ανάγλυφο με αναπαράσταση μάχης, αρ. 35.

35. Ανάγλυφο με σκηνή μάχης (εικ. **215**), αρ. ευρ. 679, ύψ.: 0,26μ. Βρέθηκε στην ακρόπολη, μεταξύ των ιερών του Απόλλωνα και της Αθηνάς. Στα αριστερά, ένας οπλίτης ήδη πεσμένος καταγής αμύνεται ενάντια στην επίθεση ενός ιππέα· δεξιά, ένας άλλος πεσμένος οπλίτης παρακαλά τον αντίπαλό του, ο οποίος ετοιμάζεται να τον διαπεράσει με το δόρυ. Οι σύνθετες αυτές στάσεις, γνωστές από την κεραμική ήδη στις αρχές του 5ου αι., είναι επιτυχημένες. Η παρουσία ενός ψηλού κανόνα στο κάτω άκρο και η απουσία οποιουδήποτε συνδέσμου υποδηλώνουν ότι δεν πρόκειται για αρχιτεκτονική ζωφόρο. 3ος αι. π.Χ.
Βιβλιογραφία: B. HOLTZMANN, *ÉtThas* XV (1994), 102-103.

36. Αφροδίτη πάνω σε δελφίνι (εικ. **216**), αρ. ευρ. 19, ύψ.: 0,35μ. Μικρό ανάθημα που βρέθηκε στο ιερό του Ποσειδώνα. Η θεά ιππεύει ως αμαζόνα ένα δελφίνι, που στην ουρά του κρεμιέται ένας ερωτιδέας. Κρατά με το αριστερό χέρι το ιμάτιο, που φουσκώνει από τον άνεμο, και σχηματίζοντας κόγχη γύρω από το γυμνό κορμό.

εικ. 216. Αφροδίτη πάνω σε δελφίνι, αρ. 36.

Γραφική αλλά επιτηδευμένη παραλλαγή, στο θέμα της ημίγυμνης Αφροδίτης, που εισήγαγε ο Πραξιτέλης και που ποικίλλει κατά την ύστερη ελληνιστική περίοδο. 2ος-1ος αι. π.Χ.

37. Σύμπλεγμα «Ορέστη και Ηλέκτρας» (**εικ. 217**), αρ. ευρ. 841, ύψ.: 0,59μ. Εκλεκτική σύνθεση αρκετά επιτυχημένη, που ενώνει μια μορφή αθλητή του πρώιμου κλασικισμού και μια γυναικεία μορφή του τέλους του 4ου αι. Διακοσμητική εκδοχή (2ος αι. μ.Χ.) ενός έργου του Στεφάνου, Έλληνα κλασικιστή γλύπτη που εργάστηκε στην Ιταλία τον 1ο αι. π.Χ.

εικ. 217. Σύμπλεγμα 'Ορέστη και Ηλέκτρας', αρ. 37.

38. Δύο αγαλμάτια Νεμέσεως (**εικ. 218α** και **β**), αρ. ευρ. 58 και 2106, ύψ. σωζ.: 1,05 και 1,02μ. Βρέθηκαν σε δεύτερη χρήση ανάμεσα στην αγορά και στο ωδείο. Φτερωτές γυναικείες μορφές, που ξεχωρίζουν μεταξύ τους μόνο από μερικές τεχνικές λεπτομέρειες: το κεφάλι της μίας ήταν σκαλισμένο χωριστά· η απόδοση των πτυχώσεων του ενδύματος διαφέρει ελαφρώς, καθώς και το πλάσιμο των φτερών. Πρόκειται για δύο μορφές Νεμέσεως, που ταυτίζονται από τον πήχη που κρατούν στο αριστερό χέρι – μετρητικό όργανο που συμβολίζει την αυστηρότητα της δικαιοσύνης την οποία προσωποποιούν. Η λατρεία των διδύμων Νεμέσεων μαρτυρείται και στη Σμύρνη. 2ος αι. μ.Χ.

Βιβλιογραφία: Cl. Rolley, *BCH* 88 (1964), 496-508.

39. Μαρσύας βασανιζόμενος (**εικ. 219α** και **β**), αρ. ευρ. 66 και 3316, ύψ. σωζ.: 0,17 και 0,485μ. Δύο αποσπασματικά αντίγραφα μικρού μεγέθους, το ένα (αρ. ευρ. 3316) ημιτελές, μιας σύνθεσης που αναπαράγεται συχνά στην αυτοκρατορική εποχή: ο Σιληνός Μαρσύας, κρεμασμένος σε έναν κορμό δέντρου, έτοιμος να γδαρθεί ζωντανός με εντολή του Απόλλωνα, τον οποίο προκάλεσε ισχυριζόμενος ότι ο αυλός είναι καλύτερος από την κιθάρα. Μετριασμένες αντανακλάσεις ενός ελληνιστικού έργου στο οποίο η έκφραση του Μαρσύα ήταν περισσότερο ταραγμένη από ό,τι εδώ. 2ος αι. μ.Χ.

Βιβλιογραφία: P. Guillon, *BCH* 30 (1936), 344-349, πίν. XLIII.

40. Εικονιστικό πορτρέτο του Μάρκου Αντώνιου (**εικ. 220**), αρ. ευρ. 2434, ύψ.: 0,26μ. Κεφαλή τιμητικού αγάλματος που στήθηκε από τους Θασίους πιθανώς μετά από τη νίκη του Μάρκου Αντώνιου επί των δολοφόνων του Καίσαρα, στους Φιλίππους, τον Οκτώβριο του 42 π.Χ. Το ογκώδες αυτό πρόσωπο, που τα χρόνια

εικ. 218. Δύο αγαλματια Νεμέσεως, αρ. 38 α και β.

εικ. 219. Μαρσύας βασανιζόμενος, δύο παραλλαγές, αρ. 39 α και β.

εικ. 220. Πορτρέτο του Μάρκου Αντώνιου, αρ. 40.

εικ. 221. Πορτρέτο Θάσιου αξιωματούχου, αρ . 41.

εικ. 222. Ανδριάντας του Αδριανού, αρ. 43.

αρχίζουν να ρυτιδώνουν, δίνει μια εντύπωση ενεργητικότητας και φιληδονίας που αντιστοιχεί στο χαρακτήρα του εραστή της Κλεοπάτρας. Γύρω στο 40 π.Χ.

Βιβλιογραφία: B. HOLTZMANN, FR. SALVIAT, *BCH* 105 (1981), 265-288.

41. Πορτρέτο Θάσιου αξιωματούχου (**εικ. 221**), αρ. ευρ. 101, ύψ.: 0,37μ. Βρέθηκε στα νοτιοανατολικά της Διόδου των θεωρών. Το λιπόσαρκο πρόσωπο, πλασμένο με ιδιαίτερη λεπτότητα, προσδίδει στο κεφάλι αυτό ένα σπουδαίο χαρακτήρα, που φέρνει αρχικά στο νου έναν Ρωμαίο κατακτητή. Το στεφάνι βελανιδιάς όμως, με μετάλλιο στο κέντρο, ταιριάζει καλύτερα σε τοπικό αξιωματούχο πρώτης σειράς με θρησκευτικές αρμοδιότητες. 1ος αι. μ.Χ.

Βιβλιογραφία: ο Fr. CHAMOUX, *MONPIOT* 47 (1953), 131-147, ταύτιζει το πορτρέτο αυτό με Ιούλιο Καίσαρα.

42. Πορτρέτο του Λευκίου Καίσαρα (**εικ. 16**), αρ. ευρ. 102, ύψ.: 0,34μ. Βρέθηκε στην αγορά. Το πορτρέτο αυτό συσχετίστηκε με τη βάση που ανατέθηκε εκεί (βλ. σ. 97) στους δύο θετούς γιους του Αυγούστου, που πέθαναν πολύ νέοι, το 2 και το 4 μ.Χ.· αφηρωίστηκαν και η πόλη τους απέδιδε λατρεία. Ο καλλιτέχνης κατόρθωσε να εκφράσει, πέρα από την πληρότητα ενός προσώπου χωρίς παρελθόν, μια δύναμη προορισμένη να παραμείνει εικονική. Αρχές του 1ου αι. μ.Χ.

Βιβλιογραφία: Fr. CHAMOUX, *MonPiot* 44 (1950), 83-96.

43. Ανδριάντας του Αδριανού (**εικ. 222**), αρ. ευρ. 2346, ύψ.: 2,10μ. Βρέθηκε στην αψιδωτή αίθουσα της νοτιοδυτικής στοάς της αγοράς. Λείπουν τα σκέλη, όπως και ο δεξιός βραχίονας, ένθετος, που ήταν ανασηκωμένος και κρατούσε δόρυ. Θωρακοφόρος ανδριάντας χωρίς πρωτοτυπία, αλλά καλής ποιότητας, που δίνει μια παραλλαγή σε σχέση με τον επίσημο τύπο: ελαφρώς γαμψή μύτη, κοντό μουστάκι και γένι, βοστρυχωτή κόμη στο μέτωπο. Η ένδειξη των φρυδιών υποδηλώνει χάλκινο πρωτότυπο. Γύρω στο 130 μ.Χ.

Βιβλιογραφία: Cl. ROLLEY, Fr. SALVIAT, *BCH* 87 (1963), 548-578.

εικ. 223. Πορτρέτο γενειοφόρου άνδρα, αρ. 44.

44. Πορτρέτο γενειοφόρου άνδρα (**εικ. 223**), αρ. ευρ. 44, ύψ.: 0,37μ. Το πορτρέτο αυτό, μολονότι σώζεται σε κακή κατάσταση, διατηρεί τα ίχνη της εξαιρετικής του εργασίας. Το μουστάκι και το γένι, ιδαίτερα διακριτικά, δημιουργούν αντίθεση με την άφθονη και άτακτη κόμη, οι βόστρυχοι της οποίας είναι δουλεμένοι με τρυπάνι, κάτι που δεν είναι συνηθισμένο στη Θάσο. Μέσα του 2ου αι. μ.Χ.

Βιβλιογραφία: P. DEVAMBEZ, *BCH* 66-67 (1942-43), 209-214.

45. Αναθηματικό ανάγλυφο σε αφηρωισμένο διανοούμενο (**εικ. 224**), αρ. ευρ. 651, ύψ.: 0,91μ. Βρέθηκε

εικ. 224. Αναθηματικό ανάγλυφο σε αφηρωισμένο διανοούμενο, αρ. 45.

στην πλατεία του Λιμένα. Το μεγάλο αυτό ανάγλυφο, αν και αδέξιο, αναβιώνει την παράδωση των κλασικών αναθηματικών αναγλύφων: λατρευτές και θεότητα χωρίζονται από το βωμό, μεταβατικό σημείο ανάμεσα στους δύο κόσμους. Εδώ, μια ομάδα ανδρών τιμά έναν αφηρωισμένο διανοούμενο. Αυτός κρατά στο χέρι έναν κύλινδρο παπύρου που τον ταυτίζει ως λόγιο, του γραπτού ή του προφορικού λόγου. Μία Μούσα τον εμπνέει, αγγίζοντας ελαφρά το κεφάλι του. Τέλη του 1ου αι. π.Χ.;

46. Ανάγλυφο ανατεθειμένο στους Διόσκουρους από την Πόλα, κόρη του Ηρακλείδη (**εικ. 225**), αρ. ευρ. 22, ύψ.: 0,32μ. Ανάγλυφο μέτριων διαστάσεων και εργασίας, που αναπαράγει ένα μοτίβο γνωστό από παλιά στη Θάσο (αρ. ευρ. 145· βλ. **εικ. 170**). Οι Διόσκουροι, ο Κάστωρ και ο Πολυδεύκης, εικονιζόμενοι πάντα έφιπποι, πλαισιώνουν συμμετρικά την αναθέτρια, που πραγματοποιεί σπονδή σε χαμηλό βωμό· σε πρώτο πλάνο, οι δύο πετεινοί που θα θυσιαστούν. Τέλη του 2ου αι. μ.Χ.

Βιβλιογραφία: B. HOLTZMANN, *ÉtThas* XV (1994), 141-142.

εικ. 225. Ανάγλυφο ανατεθημένο στους Διόσκουρους από την Πόλα, αρ. 46.

εικ. 226. Δωρική ζωφόρος από το προσκήνιο του θεάτρου, αρ. 47.

47. Δύο θραύσματα θριγκού από το προσκήνιο του θεάτρου (**εικ. 226** και **73**), αρ. ευρ. 68 και Αρχαιολογικό Μουσείο Κωνσταντινούπολης αρ. ευρ. 382, ύψ.: 0,47μ. Πάνω από ένα επιστύλιο όπου αναγράφεται η ανάθεση του οικοδομήματος στο Διόνυσο από το Λυσίστρατο, γιο του Κόδιδος (ένα πρόσωπο με αυτό το όνομα διετέλεσε θεωρός γύρω στο 350 π.Χ.· βλ. σ. 136), οι μετόπες της δωρικής ζωφόρου έμειναν χωρίς γλυπτή διακόσμηση. Με την ευκαιρία μιας μετατροπής που επέφερε την προσαρμογή του θεάτρου προκειμένου να δεχτεί μονομαχίες, γύρω στο 130-140 μ.Χ., οι κεντρικές μετόπες διακοσμήθηκαν με μορφές θεοτήτων σχετικές με τις δραστηριότητες του θεάτρου τον 2ο αι. μ.Χ.: αριστερά ο Διόνυσος κρατώντας θύρσο και συνοδευόμενος από πάνθηρα· δεξιά, ο Άρης ως οπλίτης κρατώντας δόρυ και ασπίδα· στο κέντρο, ο Ήρων, Θράκας θεός εικονιζόμενος πάντοτε έφιππος να κυνηγά κάπρο (βλ. **48**). Οι δύο τελευταίοι είναι οι προστάτες των Θρακιωτών μονομάχων που εμφανίζονταν εδώ.

Βιβλιογραφία: B. HOLTZMANN, *ÉtThas* XV (1994), 108-111.

εικ. 227. Επιτύμβια στήλη με ήρωα ιππέα, αρ. 48.

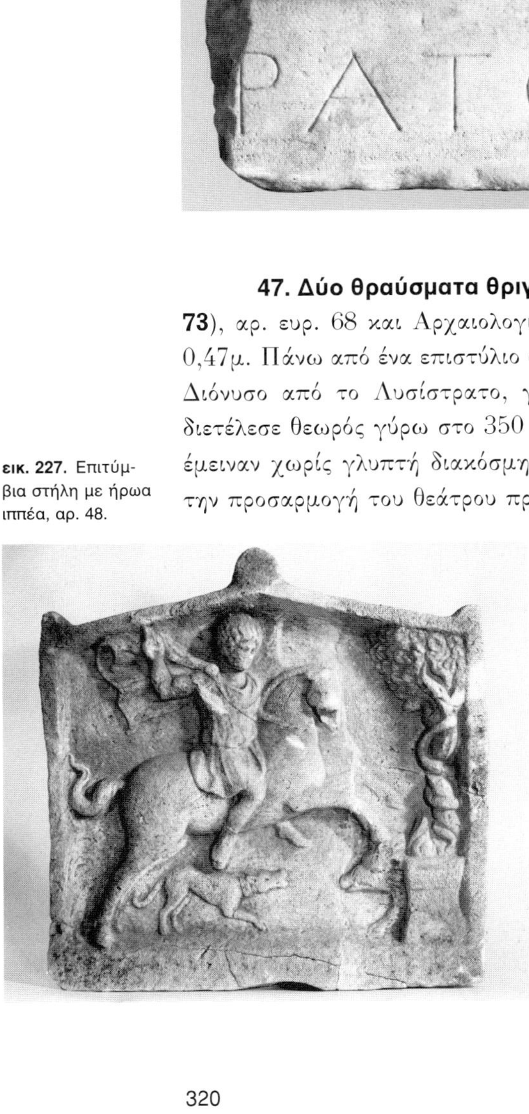

48. Επιτύμβια στήλη με ήρωα ιππέα (**εικ. 227**), αρ. ευρ. 2652, ύψ.: 0,50μ. Το κλασικό εικονογραφικό θέμα του ήρωα ιππέα γνώρισε στη

Μακεδονία και στη Θράκη μια νέα εξέλιξη ώστε να προσαρμοστεί στο Θράκα θεό Ήρωνα, ο μύθος του οποίου πρέπει να ανέφερε κυνήγι κάπρου. Προκύπτει μια σύνθετη σκηνή, που σύντομα έγινε στερεότυπη, με ασύμβατα στοιχεία: το δέντρο όπου περιτυλίγεται το φίδι, παραδοσιακό σύμβολο του αφηρωισμού· ο βωμός όπου καίει η φλόγα που υποδηλώνει την ηρωική λατρεία· η αντιμέτωπη στάση, λίγο-πολύ γραφική, ενός αγριεμένου σκυλιού και ενός κάπρου του οποίου εικονίζεται μόνο το μπροστινό τμήμα. Το σύνολο κυριαρχείται από τον ιππέα που καλπάζει, με χλαμύδα να ανεμίζει, υψώνοντας το δόρυ με το δεξί χέρι – που σπάνια αποδίδεται πλαστικά – με το οποίο θα χτυπήσει το θήραμα. Το θέμα αυτό, αρχικά προορισμένο για το θεό Ήρωνα, περνάει γρήγορα στον ταφικό χώρο, δεδομένης της σχεδόν τέλειας ομωνυμίας αυτού του Θράκα θεού και του ήρωα στα ελληνικά: αυτή η θρησκευτική ιδιότητα υποχωρεί πλήρως από την ελληνιστική εποχή και μετά, μια και κάθε νεκρός μπορεί να αποκαλείται ήρωας. Η μικρή αυτή στήλη, σίγουρα επιτύμβια, αποτελεί χαρακτηριστικό παράδειγμα της εξέλιξης αυτής. 1ος αι. μ.Χ. (;).

49. Επιτύμβια στήλη του Πανκάρπου (**εικ. 228**), αρ. ευρ. 65, ύψ.: 0,77μ. Βρέθηκε στην νεκρόπολη των αυτοκρατορικών χρόνων. Η μορφή της επιδιώκει να προεκτείνει την ελληνική παράδοση, με τον κάθετό της άξονα και το υποτυπώδες αέτωμα, που δεν στηρίζεται πια σε παραστάδες. Ο γλύπτης δυσκολεύτηκε να εντάξει στο πλαίσιο αυτό ένα εικονογραφικό θέμα αναθηματικής προέλευσης και άρα προορισμένο να ξεδιπλωθεί σε πλάτος: ο ήρωας ιππέας, που η υπερφυσική του διάσταση δηλώνεται από ένα μεγάλο φίδι, σύμβολο των χθόνιων δυνάμεων των οποίων αποτελεί μέρος, έχει πάρει εδώ τα χαρακτηριστικά του νεκρού, ενός γενειοφόρου ώριμου άνδρα. Πάνω στην πλίνθο γειτνιάζουν κάπως αδέξια δύο επιγραφές με διαφορετική γραφή, υποδηλώνοντας ένα δεύτερο ενταφιασμό, και, στα δεξιά, σε ιδιαίτερα πρόστυπο ανάγλυφο, μια καθισμένη γυναίκα να φροντίζει ένα νεογέννητο, που μπορεί να συσχετιστεί με τη δεύτερη επιγραφή. 2ος αι. μ.Χ.

εικ. 228. Επιτύμβια στήλη του Πανκάρπου, αρ. 49.

50. Επιτύμβια στήλη με συμπόσιο (**εικ. 229**), αρ. ευρ. 61, ύψ.: 0,83μ. Στην αυτοκρατορική εποχή, η επιτύμβια χρήση του θέματος του συμποσίου μαρτυρείται στη Θάσο από πολυάριθμες στήλες. Στο παράδειγμα αυτό, το συμπόσιο υποδηλώνεται πλέον μόνο από το τραπέζι με τους καρπούς και την αρύταινα που κρατά ο θεράπων (σε μικρότερη κλίμακα), που ετοιμάζεται να κλέψει ένα φρούτο – μια γραφική λεπτομέρεια που δεν απαντάται εκτός Θάσου. Ο άνδρας και η γυναίκα σφίγγουν τα χέρια τους – δάνειο από τα θέματα των αττικών στηλών – και οι δύο άνδρες – πατέρας και γιος; – αντί να κρατούν ένα αγγείο, κρατούν έναν κύλινδρο παπύρου που δηλώνει ότι είναι διανοούμενοι. Η επιγραφή κατονομάζει τον αρχηγό της οικογένειας, Ζωίλο, στον οποίο προστέθηκε αργότερα η αδελφή του, Νίκη. Τέλη του 1ου αι. μ.Χ.

εικ. 229. Επιτύμβια στήλη με συμπόσιο, αρ. 50.

εικ. 230. Επιτύμβια στήλη με συμπόσιο, αρ. 51.

εικ. 231. Επιτύμβιο ανάγλυφο ζευγαριού σε κυκλικό πλαίσιο, αρ. 52.

εικ. 232. Διακοσμητική πλάκα από παλαιοχριστιανική βασιλική, αρ. 53.

51. Επιτύμβια στήλη με συμπόσιο (**εικ. 230**), αρ. ευρ. 2341, ύψ.: 0,48μ. Βρέθηκε στα νότια του νησιού. Ύστατη παραλλαγή, ευχάριστη μέσα στη νεοπριμιτιβιστική της αφέλεια, του θέματος του συμποσίου περιορισμένου στα απαραίτητα, αλλά με εκσυγχρονισμένη επίπλωση. Η δυσαναλογία μεταξύ των κεφαλών – αυτή του νεκρού κατενώπιον – και των σωμάτων, περιορισμένων σε σχηματικούς τύπους, εικονίζει την οριστική υποχώρηση της ελληνικής αισθητικής που επιβεβαίωσε για μια χιλιετία την ακεραιότητα της ανθρώπινης μορφής. Γύρω στο 250 μ.Χ.

52. Επιτύμβιο ανάγλυφο ζευγαριού σε κυκλικό πλαίσιο (**εικ. 231**), αρ. ευρ. 3643, διάμετρος: 0,61μ. Άλλοτε σε δεύτερη χρήση στην εκκλησία της Σκάλας Μαριών. Προτομές, ελαφρώς στραμμένες η μία προς την άλλη, ενός γενειοφόρου άνδρα και μιας γυναίκας, το πρόσωπο της οποίας έχει αποκρουσθεί. Ο κάλυκας άκανθας στο κάτω μέρος είναι πολύ σπάνιος στη Θάσο. Η επιγραφή, χαραγμένη αδέξια εντός πλαισίου, δηλώνει ότι το μνημείο αυτό στήθηκε από τη νεκρή για την ίδια, το σύζυγό της και το γιο της. Η λέξη που χρησιμοποιείται, *θήκιον*, υποδεικνύει μια μαρμάρινη λάρνακα που περιέκλειε τα λείψανα των νεκρών και έφερε τα ονόματά τους· το ανάγλυφο πρέπει να εφάρμοζε πάνω σε αυτήν τη συμπαγή βάση. Αυτός ο τύπος μνημείου, πιο ταπεινός από σαρκοφάγο, γοήτευσε τη μεσαία τάξη της Θάσου, που προφανώς είχε κορεστεί από τις ελληνικές παραδοσιακές στήλες. Αρχές του 3ου αι. μ.Χ.

Βιβλιογραφία: B. HOLTZMANN, «Les médaillons funéraires de Thasos», στο *κλασική παράδοση* (2012), p. 409-416.

53. Διακοσμητική πλάκα από παλαιοχριστιανική βασιλική (**εικ. 232**), αρ. ευρ. 2905. Δεξιό τμήμα ενός αναγλύφου που εικονίζει δύο παγώνια πλαισιωμένα από σχηματοποιημένη κληματίδα. 5ος-6ος αι. μ.Χ.

II. Τα πήλινα γλυπτά

Αποτμήματα που προέρχονται από περίπου δέκα γυναικεία αγάλματα συλλέχθηκαν στο Αρτεμίσιο (ανασκαφή του 1960) και μερικά άλλα τμήματα στο ιερό της Αθηνάς. Ακόμη κι αν πραγματοποιήθηκαν μερικές μόνο αποκαταστάσεις, είναι δυνατόν να παρακολουθήσουμε, χάρη σε αυτές, την τοπική εξέλιξη του τύπου της κόρης στην αρχαϊκή εποχή. Η τεχνική παρουσιάζει ενδιαφέρον: η πιο συχνή συνδυάζει το πλάσιμο με το χέρι και για ορισμένα τμήματα τη χρήση μήτρας. Τα αγάλματα συναρμολογούνταν με συνένωση των διαφόρων στοιχείων που κατασκευάζονταν χωριστά (κορμοί, σκέλη, βραχίονες, κεφάλια, ενδύματα, βόστρυχοι, κ.λπ.). Οι λεπτομέρειες τονίζονταν στη συνέχεια επί της επιφάνειας. Το χρώμα επενέβαινε μετά το ψήσιμο.

54. Τμηματικός γυναικείος κορμός (**εικ. 233**), αρ. ευρ. 6351, πλ. ώμων: 0,47μ. Ο θώρακας είναι τυλιγμένος σε ένα ίσιο ένδυμα με απόπτυγμα (πέπλος) που

εικ. 233. Τμηματικός γυναικείος κορμός, αρ. 54. α) Πάνω τμήμα του θώρακα (πλ.: 48 εκ.)· β) πλάτη (υψ.: 36 εκ.).

δεν αποκαλύπτει τη διάπλαση του σώματος. Το ύφασμα ενός επιβλήματος πέφτει στους ώμους· η κόμμωση μπορεί να παραβληθεί με αυτήν του κούρου αρ. **1** (αστραγαλοειδείς βόστρυχοι εκατέρωθεν του λαιμού). Η εργασία παρουσιάζει χαρακτηριστικά «δαιδαλικού» στυλ του 7ου αι. π.Χ. Συγγενεύει με τα κυκλαδικά έργα, και ιδιαίτερα με την κόρη της Νικάνδρας που βρέθηκε στη Δήλο (Αθήνα, Εθνικό Μουσείο). Σύμφωνα με τις διαστάσεις του κορμού, η μορφή πρέπει να είχε ύψος 1,90μ. Το πήλινο αυτό άγαλμα είναι ένα από τα αρχαιότερα που έχουν βρέθει μέχρι τώρα στην Ελλάδα· για την αρχαϊκή εποχή είναι πάντως το μεγαλύτερο.

Βιβλιογραφία: N. WEILL, *ÉtThas* XI (1985), 140-146 και πίν. 34-35.

55. Τμηματικός γυναικείος κορμός, αρ. ευρ. 2312 + 2321, ύψ. σωζ.: 0,18μ. Ιερό Αθηνάς. Ίδιος τύπος με τα προηγούμενα θραύσματα, αλλά το άγαλμα ήταν μικρότερης κλίμακας.

Βιβλιογραφία: N. WEILL, *ÉtThas* XI (1985), 141, 145-146 και πίν. 36.

56. Τμήματα γυναικείου προσώπου και κορμού, αρ. ευρ. 2482 + 2483 (;), ύψ. συν.: 0,50μ. Στόμα μειδιάζον· τέσσερεις μακριοί αστραγαλοειδείς χυτοί πλόκαμοι, με διαφορετικές κατευθύνσεις, πέφτουν στους ώμους. Η κόρη φοράει πέπλο και φέρει επίβλημα. Πρώτο μισό του 6ου αι. π.Χ.

Βιβλιογραφία: *BCH* 85 (1961), 928, εικ. 27.

57. Τμήμα κεφαλής, αρ. ευρ. 2481, ύψ.: 0,35μ. Το πρόσωπο λείπει (διακρίνει κανείς τη γωνία του δεξιού ματιού). Η κόμμωση συγκρατείται από διάδημα και σκεπάζεται εν μέρει από την καλύπτρα. Μαλλιά σγουρά στο μέτωπο και κοχλιωτοί βόστρυχοι μπροστά από τα αυτιά. Ιωνικός τύπος, γνωστός σε μάρμαρο από το κεφάλι αρ. **4**.

Βιβλιογραφία: *BCH* 85 (1961), 927, εικ. 25.

58. Τμήμα προσώπου, αρ. ευρ. 2487, ύψ.: 0,10μ. Κυματιστές ταινίες στο μέτωπο και «πέρλες» ενός διαδήματος· αμυγδαλωτά μάτια. Η ευκρίνεια των επιφανειών θυμίζει τα αττικά έργα. Δεύτερο μισό του 6ου αι. π.Χ.

Βιβλιογραφία: *BCH* 85 (1961), 929, εικ. 29.

III. Τα πήλινα ειδώλια (A. Muller)

1. Η κατασκευή των πήλινων αγαλματίων

Ο πλούτος της μικρής πηλοπλαστικής που φυλάσσεται στο μουσείο δίνει μια συνολική εικόνα σχετικά με τις τεχνικές των εργαστηρίων της **Θάσου** (για τα μεγαλύτερα έργα στο ίδιο υλικό, βλ. σ. 323). Στο πλαίσιο της κεραμικής αυτής χειροτεχνίας, που σχετίζεται με τις τέχνες του γλύπτη και του κεραμέα, οι **Θάσιοι** κοροπλάστες χρησιμοποίησαν όλες τις δυνατότητες του πλασίματος στο χέρι και της εκμαγείωσης σε μήτρα για να κατασκευάσουν, με το κόστος μιας ελάχιστης δημιουργικής προσπάθειας, μια εντυπωσιακή ποσότητα ειδωλίων εκπληκτικής ποικιλίας, φθηνών αντικειμένων που προορίζονταν ως επί το πλείστον για τα ιερά, όπου – οφείλουμε να αναγνωρίσουμε – το καλύτερο συνυπάρχει με το χειρότερο.

Ειδώλια σε μοναδικό αντίτυπο

Ένας μικρός αριθμός ειδωλίων, ποικίλων διαστάσεων και ποιότητας, αποτελούν μοναδικά αντίτυπα. Τον 7ο αι. π.Χ., τα σώματα ήταν μερικές φορές τροχήλατα, όμως τα κεφάλια και τα χέρια χειροποίητα ή σε μήτρα. Συχνά η διακόσμηση εφαρμόζεται πριν από το ψήσιμο, σύμφωνα με τη μελανόμορφη τεχνική (**εικ. 234**).

Το πλάσιμο με το χέρι υπερισχύει στη συνέχεια για τα λεπτά αυτά αντικείμενα που ικανοποιούν τη ζήτηση έργων περισσότερο φιλόδοξων από τα συνηθισμένα προϊόντα, φθηνότερα ωστόσο από ένα μικρό μαρμάρινο γλυπτό. Το ειδώλιο συναρμολογείται με τη σύνδεση πήλινων

εικ. 234. Ειδώλιο με κεφάλι από μήτρα (α) και σώμα στον τροχό, διακοσμημένο με την μελανόμορφη τεχνική· υψ.: 7,7 εκ. (α)· 14,1 εκ. (β).

σφαιριδίων, ενώ ένα ξύλινο στέλεχος έπαιζε ρόλο σκελετού. Ο χειροτέχνης αποδίδει τις λεπτομέρειες του περιγράμματος με απευθείας εργασία. Συμβαίνει πάντως ένα κεφάλι από μήτρα να προστίθεται σε ένα σώμα πλασμένο στο χέρι (**εικ. 244**). Τα χειροποίητα ειδώλια, ύψους 30 με 35 εκ., είναι στις περισσότερες περιπτώσεις συμπαγή· αλλά προέβλεπαν μερικές φορές ένα κενό στο σώμα τη στιγμή της συναρμολόγησης, ώστε να περιορίζονται οι κίνδυνοι διάλυσης κατά το ψήσιμο. Τα μεγαλύτερα (αποκατεστημένου ύψους 65 εκ.) είναι, για τον ίδιο λόγο, κούφια στο πίσω μέρος.

Ειδώλια κατασκευασμένα σε σειρές

Όμως το μεγαλύτερο μέρος των ειδωλίων αντιστοιχεί στις τεχνικές της εκμαγείωσης, που επιτρέπουν μια πραγματική μαζική παραγωγή όμοιων, ή περίπου όμοιων, αντικειμένων. Αρχικά πραγματοποιείται με πλάσιμο στο χέρι το πρωτότυπο. Πάνω στο πρωτότυπο αυτό παίρνουμε ένα ή περισσότερα αποτυπώματα, τις μήτρες, από τις οποίες εξάγουμε έναν ορισμένο αριθμό αντιτύπων. Η τεχνική της εκμαγείωσης γενικεύθηκε στην Ελλάδα από το δεύτερο μισό του 7ου αι. σε ιδιαίτερα απλή μορφή: τα ειδώλια, χωρίς λεπτομέρειες στο πίσω μέρος, συμπαγή αλλά με μικρό όγκο, έχουν εξαχθεί από ένα μόνο κομμάτι με απλή μήτρα. Με αυτήν την τεχνική έχουν επίσης κατασκευασθεί όλες οι προτομές (**εικ. 238** και **239**).

Η τεχνική στη συνέχεια έγινε πιο περίπλοκη, αρχικά με την εισαγωγή διπλής μήτρας που επιτρέπει την κατασκευή μεγαλύτερων ειδωλίων, εξ ολοκλήρου κούφιων, με λεπτά τοιχώματα και συχνά με απόδοση λεπτομερειών στο πίσω μέρος, και κατόπιν με την τεχνική της εκμαγείωσης περισσότερων τμημάτων του βασικού όγκου του ειδωλίου (του σώματος) και των πρόσθετων μελών (όλων των προεξέχοντων τμημάτων): ο κορμός, το κεφάλι, οι βραχίονες, ενδεχομένως τα σκέλη, τα φτερά, τα μέρη του ενδύματος που εξέχουν, οι βάσεις ή διάφορα εξαρτήματα πλάθονται χωριστά σε απλές ή διπλές μήτρες και συναρμολογούνται πριν το ψήσιμο. Οι τεχνικές αυτές επιτρέπουν την κατασκευή ειδωλίων σε σειρές που συνιστούν πραγματικές σμικρύνσεις ολόγλυφων αγαλμάτων (**εικ. 245**) και κυρίως αφήνουν να προστεθεί μια κάποια ποικιλία στην παραγωγή χάρη στις πολλαπλές δυνατότητες συνδυασμών, ιδιαίτερα των κεφαλιών και των σωμάτων. Ένας άλλος τρόπος για να μειωθεί η μηχανική όψη της παραγωγής ήταν με την εξατομίκευση κάθε ειδωλίου πριν το ψήσιμο, μέσω της πρόσθεσης στοιχείων πλασμένων στο χέρι ή με μήτρα (π.χ. στέμματα ή στεφάνες), ή ξαναπλάθοντας με το χέρι ορισμένα σημεία όπως οι κομμώσεις.

Όλα αυτά τα ειδώλια βάφονταν μετά από το ψήσιμο με πολύ ζωηρά χρώματα πάνω σε λευκό επίχρισμα. Από τα ευαίσθητα αυτά χρώματα σώθηκαν ελάχιστα ίχνη.

Η δευτερογενής παραγωγή (εικ. 235)

Είναι εύκολο να αναπαραγάγει κανείς σε δεύτερη γενιά ένα ειδώλιο που και το ίδιο βγήκε από μήτρα, δηλαδή να αποτυπώσει μια καινούργια μήτρα – ή περισσότερες – πάνω στο ειδώλιο αυτό. Από τις νέες αυτές μήτρες, τις λεγόμενες δεύτερης γενιάς, ο χειροτέχνης αναπαράγει ειδώλια δεύτερης γενιάς, ή αλλιώς πρώτες δευτερογενείς εκμαγειώσεις. Πάνω σε αυτές τις πρώτες δευτερογενείς εκμαγειώσεις μπορεί να πάρει μήτρες τρίτης γενιάς από τις οποίες θα αποτυπωθούν ειδώλια τρίτης γενιάς. Η διαδικασία μπορεί να επαναληφθεί έτσι αρκετές φορές: όμως κάθε νέα γενιά, λόγω της συρρίκνωσης του πηλού κατά το στέγνωμα και κατά το ψήσιμο των δευτερογενών μητρών και ειδωλίων, χάνει σε μέγεθος (από 10 έως 20 %) και σε ποιότητα σε σχέση με την προηγούμενη γενιά. Στη Θάσο μπορέσαμε να ταυτίσουμε μέχρι και δέκα διαδοχικές γενιές του ίδιου τύπου.

Είναι επίσης δυνατόν με πλάσιμο στο χέρι να παραλλάξουμε, πριν από το ψήσιμο, ένα ειδώλιο φτιαγμένο σε μήτρα (π.χ. προσθέτοντας ένα ιμάτιο σε μια πεπλοφόρο): αυτό γίνεται τότε ένα δευτερογενές πρωτότυπο, πάνω στο οποίο μπορούμε να πάρουμε δευτερογενείς μήτρες οι οποίες θα χρησιμεύσουν στην κατασκευή μιας σειράς νέων εκδοχών ενός συγκεκριμένου τύπου (**εικ. 235** και **251**).

Όλη αυτή η παραγωγή – συμπεριλαμβανομένων των νέων εκδοχών – που δεν παράγεται από μήτρες αποτυπωμένες απευθείας στο πρωτότυπο συνιστά τη «δευτερογενή παραγωγή»· το σύνολο των ειδωλίων που εξαρτάται τεχνικά από το ίδιο πρωτότυπο σχηματίζει μια «σειρά». Τα ευρήματα της Θάσου επέτρεψαν την αποκατάσταση πολυάριθμων σειρών, που περιγράφουν όλη τη συνθετότητα των τρόπων κατασκευής στο πλαίσιο αυτής της καλλιτεχνικής χειροτεχνίας.

2. Τα ευρήματα της Θάσου

Η μεγαλύτερη ποσότητα ειδωλίων συλλέχθηκε στα ιερά της Θάσου: το Αθήναιο και το ιερό της Αλυκής παρείχαν κυρίως αρχαϊκά ειδώλια· το Αρτεμίσιο και το Θεσμοφόριο (Εβραιόκαστρο) έδωσαν τα πιο πολυπληθή σύνολα (πάνω από 20.000 και πάνω από 10.000 θραύσματα αντίστοιχα) με συνεχόμενες σειρές ευρημάτων, που εκτείνονται από την αρχαϊκή εποχή (από τον 7ο αι. και από το δεύτερο μισό του 6ου αντίστοιχα) έως την ελληνιστική εποχή (τέλη 2ου αι.), με θεματολογία εντελώς διαφορετική για καθένα από τα δύο ιερά. Στους οικισμούς, ιδιαίτερα στη συνοικία της πύλης του Ερμή και σε αυτήν της πύλης του Σιληνού, στην αγορά και στις νεκροπόλεις, έχουν επίσης συλλεχθεί ειδώλια, πολύ λιγότερα πάντως, κυρίως της κλασικής και της ελληνιστικής εποχής. Τέλος, οι ανασκαφές απέφεραν, ιδιαίτερα στην περιοχή της αγοράς,

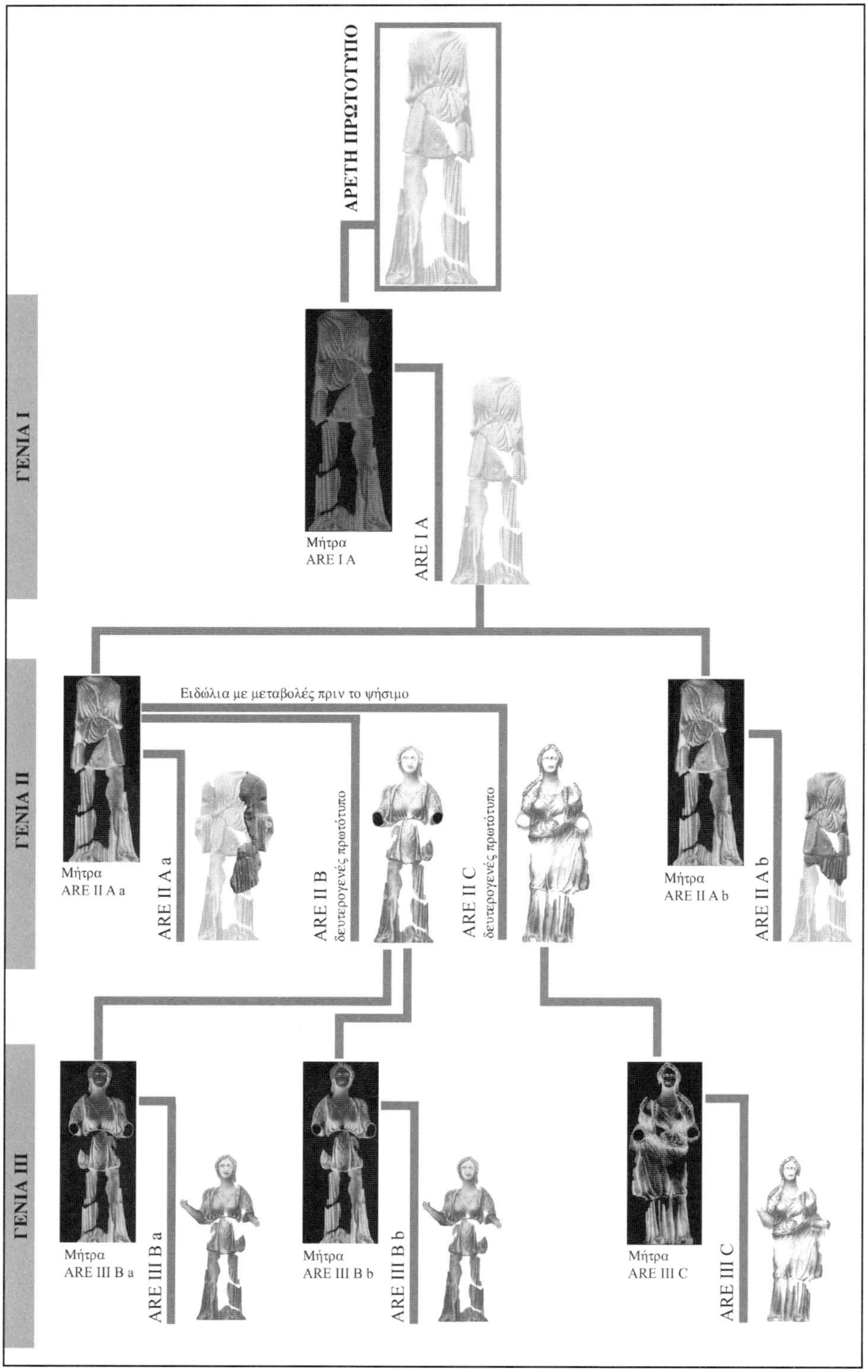

εικ. 235. Γενεαλογικό δέντρο του τύπου Αρετή.

περίπου είκοσι μήτρες ή θραύσματα μητρών: τα διάσπαρτα αυτά ευρήματα δεν επιτρέπουν δυστυχώς τον εντοπισμό εργαστηρίου.

7ος αιώνας

Η παραγωγή του 7ου αι. αντιπροσωπεύεται από θραύσματα ιδιαίτερου ενδιαφέροντος για την ιστορία των αρχών της ελληνικής πλαστικής κατά τη λεγόμενη δαιδαλική εποχή. Θα σημειώσουμε ιδιαίτερα δύο θραύσματα του ίδιου ειδωλίου ενός πολύ σπάνιου τύπου (**εικ. 234**): τριγωνικό κεφάλι που φέρει επίβλημα, ένδυμα στενό με διακόσμηση γραπτή πάνω σε επίχρισμα, αποτελούμενη από επάλληλες οριζόντιες σειρές γλωσσοειδών και άλλων κοσμημάτων, κατά τον τρόπο των γυναικείων ενδυμάτων που εικονίζονται στα μεγάλα ανατολίζοντα αγγεία της Θάσου. Συλλέχθηκαν επίσης, στο Αρτεμίσιο, αποτμήματα μεγάλων τροχήλατων ειδωλίων.

6ος αιώνας

α) Μια ιδιαίτερη σειρά, χαρακτηριστική της Θάσου, δείχνει μια ένθρονη γυναικεία μορφή, με λεπτό περίγραμμα, με πρόσωπο υπομειδιόν, ψηλό πόλο στο κεφάλι και μαλλιά που πέφτουν στους ώμους σε μακριούς αστραγαλοειδείς πλοκάμους (**εικ. 236**). Ο τύπος αυτός, που δημιουργήθηκε στο δεύτερο μισό του 6ου αι., περιγράφει τη μετάβαση από τη δαιδαλική τέχνη στον όψιμο αρχαϊκό ρυθμό. Γνώρισε μεγάλη διάδοση και παραγόταν για περίπου μισό αιώνα. Τα πολυάριθμα παραδείγματα κατανέμονται σε τρεις γενιές και παρουσιάζουν τρεις εκδοχές· στο δεύτερο μισό του 6ου αι., ορισμένα από τα εικονογραφικά του στοιχεία αναπαράχθηκαν σε τύπους καθαρά ιωνικής έμπνευσης.

β) Στο δεύτερο μισό του 6ου αι., οι τύποι είναι απόλυτα κοινοί και δεν ξεχωρίζουν καθόλου από τα ευρήματα που προέρχονται από άλλα ελληνικά ιερά γυναικείων θεοτήτων. Οι απεικονίσεις γυναικείων καθήμενων μορφών, ένθρονων, τυλιγμένων σε μακρύ ένδυμα και με πόλο ή στεφάνη που συγκρατεί την καλύπτρα (**εικ. 237**) και όρθιων κορών, ντυμένων με χιτώνα σε ποικίλες διευθετήσεις, που σφίγγουν στο στήθος τους ένα πτηνό ή ένα άνθος, είναι κατά πολύ οι πολυπληθέστερες. Ανέθεταν επίσης, ιδιαίτερα στο

εικ. 236. Η θεά με τον πόλο· υψ.: 17,3.

εικ. 237. Καθισμένη γυναικεία μορφή με πόλο· υψ.: 16 εκ.

εικ. 238. Αρχαϊκή γυναικεία προτομή· υψ.: 15 εκ.

Αρτεμίσιο, γυναικείες κεφαλές που συχνά προεκτείνονται σε προτομή, οι οποίες έφεραν μια οπή ανάρτησης (**εικ. 238**). Συναντάμε όμως επίσης, πάντοτε στο Αρτεμίσιο, αρκετούς ενδεδυμένους κούρους με τις γροθιές παράλληλες στο σώμα, ογκώδους διάπλασης, κωμικές ή φανταστικές μορφές (νάνους με μεγάλη κοιλιά, σατύρους), ζώα (κριούς, άλογα, πιθήκους, αρκούδες, χελώνες, σκύλους...) και διάφορα αντικείμενα (καρπούς, άνθη, έπιπλα). Η επίδραση της ιωνικής πλαστικής κυριαρχεί ευρέως σε αυτήν την κοινή του όψιμου αρχαϊκού ρυθμού. Μόνο μερικά παραδείγματα εχουν εισαχθεί από τη Ρόδο και την Αθήνα.

5ος αιώνας

εικ. 239. Κλασική γυναικεία προτομή· υψ.: 17 εκ.

εικ. 240. Πεπλοφόρος αυστηρού ρυθμού· υψ.: 14,8 εκ.

Το κύριο μέρος του θεματολογίου αποτελείται από γυναικείες μορφές: στο Αρτεμίσιο, πολλοί τύποι προτομών, με ποικίλα καλύμματα και ενδύματα, κρατώντας προσφορές (ρόδι, άνθος, πτηνό) (**εικ. 239**)· σε όλα τα ιερά, συναντώνται ένθρονες γυναικείες μορφές, κυρίως στο πρώτο μισό του 5ου αι., και όρθιες γυναικείες μορφές πεπλοφόρων (**εικ. 240**). Στο εξής παρατηρείται κυρίως η αττική επιρροή: ορισμένα προκλασικά ειδώλια φαίνονται να εισάγονται από την Αθήνα, ενώ η πλειοψηφία των τύπων, στη διάρκεια όλου αυτού του αιώνα εμπνέονται περισσότερο ή λιγότερο άμεσα από την αθηναϊκή πλαστική, μεγάλη και μικρή. Ας υπενθυμίσουμε επίσης κάποιες ιδιαίτερες και πρωτότυπες δημιουργίες: από το Θεσμοφόριο, ένα μεγάλο αγαλμάτιο αυστηρού ρυθμού (44 εκ.), με μακρύ χιτώνα με λεπτές πτυχώσεις και υψωμένους βραχίονες (οι πήχεις έχουν χαθεί) (**εικ. 241**), καθώς και μια γυναικεία μορφή τυλιγμένη σφιχτά στο ιμάτιό της (**εικ. 242**)· από το Αρτεμίσιο, ένα υπέροχο σύμπλεγμα, αποσπασματικό δυστυχώς, απεικονίζει την αρπαγή της Ευρώπης (**εικ. 243**).

4ος αιώνας

Αναμφισβήτητα, πρόκειται για την περίοδο στη διάρκεια της οποίας τα εργαστήρια της Θάσου απέδωσαν το

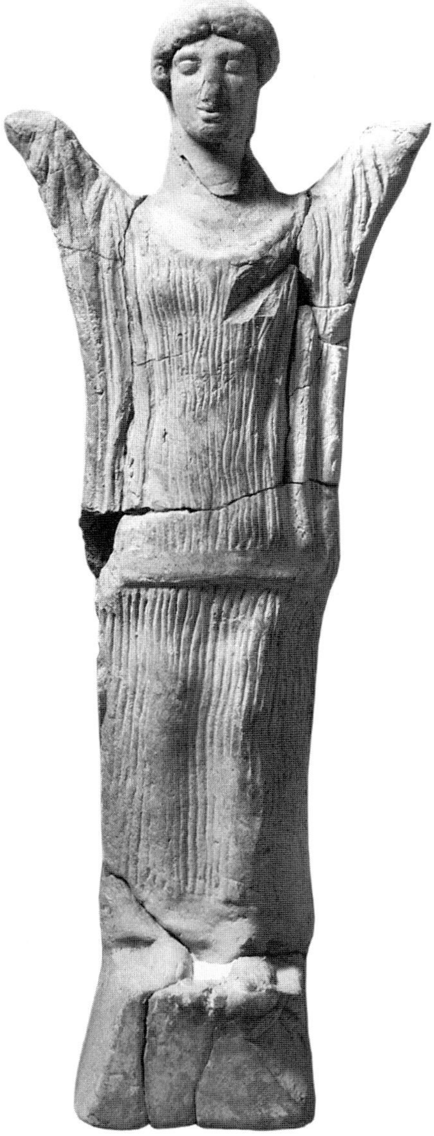

εικ. 241. Μεγάλο ειδώλιο με υψωμένους βραχίονες· υψ.: 43,5 εκ.

εικ. 242. Ενδεδυμένη γυναικεία μορφή που τεντώνει το ιμάτιό της· υψ.: 16,6 εκ.

εικ. 243. Αποσπασματικό ανάγλυφο: αρπαγή της Ευρώπης από τον ταύρο· υψ.: 24 εκ.

εικ. 244. Χειροποίητο ειδώλιο με κεφάλι από μήτρα: δεόμενη· υψ.: 36 εκ.

καλύτερο, κυρίως με την τεχνική της εκμαγείωσης αλλά επίσης, σπανιότερα, με αυτήν του πλασίματος στο χέρι (**εικ. 244**). Οι δημιουργίες της Θάσου εμπνέονται τότε ξεκάθαρα από τις απεικονίσεις θεοτήτων της μεγάλης πλαστικής, κυρίως της Αθήνας. Ιδιάιτερη μνεία θα πρέπει να γίνει σε έναν τύπο αναθήματος χαρακτηριστικό για το Θεσμοφόριο, που μαρτυρείται από ειδώλια θαυμάσιας ποιότητας, μεγέθους μεγαλύτερου από το μέσο όρο (τα περισσότερα μεταξύ 25 και 45 εκ.): απεικονίζουν μια γυναικεία μορφή με υψωμένους βραχίονες σε στάση δέησης, συνήθως ντυμένη με παραδοσιακό πέπλο ζωσμένο στο απόπτυγμα (**εικ. 235** και **245**), μερικές φορές επίσης με χιτώνα και ιμάτιο· αυτές οι δεόμενες φέρουν συχνά στο κεφάλι στεφάνι από άνθη ή φύλλα. Σπανιότερα κρατούν κλαδί στο χέρι. Τα αγαλμάτια ορχουμένων, σε πολλές περιπτώσεις ιδιαίτερα πετυχημένα, αποτελούν έναν επίσης συχνό αναθηματικό τύπο τόσο στο Αρτεμίσιο όσο και στο Θεσμοφόριο (**εικ. 246**). Πολυάριθμα αντικείμενα συνιστούν ένα θεματολόγιο ποικίλο βέβαια αλλά κοινό ως προς τα θέματα και την ποιότητα: προτομές, υδριαφόροι, ανδρικοί τύποι, πολλοί τύποι ζώων (μεταξύ άλλων χοιρίδια και άλογα από το Θεσμοφόριο). Κάποια μεμονωμένα αντικείμενα, όλα προερχόμενα από το Θεσμοφόριο και χρονολογούμενα στο τελευταίο τρίτο του 4ου αι., αξίζουν ιδιαίτερης προσοχής: ένα σύμπλεγμα αρπαγής της Κόρης από τον Πλούτωνα (**εικ. 247**), πλασμένο στο χέρι, μέτριο αλλά ξεχωριστό για την μικρή πλαστική ως προς το θέμα του, ένα πολύ καλαίσθητο ανάγλυφο (**εικ. 248**) που στο κέντρο του αναγνωρίζουμε τη Δήμητρα πάνω σε κίστη, ή ακόμη μια μορφή γριάς (**εικ. 249**).

3ος - 2ος αιώνας

Από τα τέλη του 4ου αι., τα εργαστήρια της Θάσου αρχίζουν να κατασκευάζουν και αυτά τους τύπους που διαδίδονται στο σύνολο του ελληνικού κόσμου και που είναι ιδιαίτερα γνωστοί χάρη στα ευρήματα της Τανάγρας (Βοιωτία) και της Μύρινας (Αιολίδα). Σε αυτήν την ελληνιστική κοινή, που μερικές φορές συγγενεύει συγκεκριμένα με τις παραγωγές της Τροίας ή των Αβδήρων, κυριαρχεί ευρέως το θέμα της όρθιας ενδεδυμένης γυναικείας μορφής, με αναρίθμητες παραλλαγές ως προς τη στάση, τη διευθέτηση του ενδύματος και την κόμμωση (**εικ. 250**). Είναι πάντως αξιοσημείωτο ότι τα ειδώλια αυτά, ανατεθειμένα στα ιερά (Αρτεμίσιο και Θεσμοφόριο) δε διέθεταν ποτέ εξαρτήματα (θολία, ριπίδιο, μουσικά όργανα...) τα οποία αλλού, και

εικ. 245. Δεόμενη, τύπος Ελένη· γραφική αποκατάσταση με βάση θραύσματα προερχόμενα από την ίδια μήτρα· υψ.: 32,5 εκ.

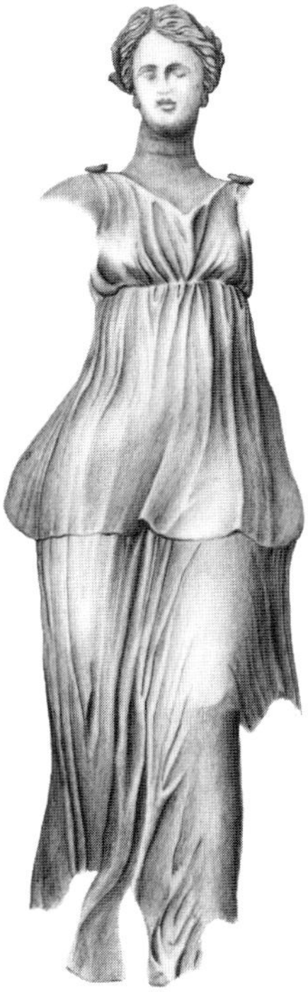

εικ. 246. Ορχούμενη, τύπος Κριτύλλα· γραφική αποκτάσταση του KRI II B· υψ.: 28 εκ.

εικ. 247. Αποσπασματικό σύμπλεγμα: ο Πλούτων απάγει την Κόρη· υψ.: 19,5 εκ.

εικ. 248. Αποσπασματικό ανάγλυφο: η Δήμητρα πάνω στην κίστη· Κόρη (;)· υψ.: 19,3 εκ.

εικ. 249. Γριά· υψ.: 12,9 εκ.

εικ. 250. Ενδεδυμένη γυναικεία μορφή στηριζόμενη σε κιονίσκο· υψ.: 22,7 εκ.

εικ. 251α. Δεόμενη, τύπος Τιμόκλεια· γραφική αποκατάσταση του ΤΙΜ II Α· υψ.: 34,5 εκ.

εικ. 251β. Δεόμενη, τύπος Τιμόκλεια· γραφική αποκατάσταση του ΤΙΜ II Β· υψ.: 34,5 εκ.

ιδιαίτερα στους τάφους της Τανάγρας και της Μύρινας, χαρακτηρίζουν τα ειδώλια καθημερινών σκηνών. Βρίσκουμε επίσης ορχούμενες, απεικονίσεις θεοτήτων, κυρίως Αφροδίτης, Έρωτα, Κυβέλης, Αρτέμιδος, Πάνα. Στο Θεσμοφόριο, ο τύπος της δεομένης που δημιουργήθηκε τον 4ο αι. παραμένει κυρίαρχος, αλλά σε μια μορφή αποστεγνωμένη από την παράδοση: αν και τα ειδώλια αυτού του τύπου παραμένουν μεγάλου μεγέθους (**εικ. 251**) – και μερικές φορές πολύ μεγάλα (μέχρι 85 εκ. αποκατεστημένου ύψους) – δεν έχουν πλέον ως προς τις διαστάσεις, το ένδυμα και την απόδοση της ανατομίας, τα ίδια χαρίσματα με τα αντίστοιχά τους του 4ου αι.

Βιβλιογραφία: Fr. Croissant, *Les protomés féminines archaïques, BEFAR* 250 (1983)· N. Weill, *La plastique archaïque de Thasos. Figurines et statues de terre cuite de l'Artémision, ÉtThas* XI (1985)· A. Muller, *Les terres cuites votives du Thesmophorion. De l'atelier au sanctuaire, ÉtThas* XVII (1996)· *BCH* 120 (1996), 891-900 (τερακότες του Αρτεμισίου· απολογισμός)· St. Huysecom-Haxhi, *Les figurines en terre cuite de l'Artémision de Thasos: artisanat et piété populaire à l'époque de l'archaïsme mûr et récent, ÉtThas* XXI (2009).

IV. Η κεραμική

Η αρχαϊκή κεραμική

8ος αιώνας και αρχές του 7ου αιώνα

Στην εποχή αυτή χρονολογούνται αγγεία και θραύσματα που συλλέχθηκαν σε στρώματα παλαιότερα της άφιξης των Παρίων αποίκων στο νησί (περιοχή στα βόρεια του Αρτεμισίου και στα ανατολικά του Διονυσίου· συνοικία της πύλης του Ερμή): μαζί με την κεραμική μακεδονικού τύπου, συχνά χειροποίητη και ακόσμητη (οπισθότμητες οινοχόες, λειασμένα με σπάτουλα αγγεία), συλλέχθηκαν δείγματα μιας λεπτότερης κεραμικής με γεωμετρική διακόσμηση, που ανήκουν σε μια κατηγορία γνωστή από τα ευρήματα της Τροίας, της Λέσβου και κυρίως της Λήμνου (βλ. σ. 36-38).

7ος αιώνας

α) Εισαγωγές από την Κόρινθο, την Αθήνα και την ανατολική Ελλάδα. Στον 7ο αι., οι Θάσιοι αγόραζαν τους αρύβαλλους (μικρά μυροδοχεία) με υπογεωμετρικά κοσμήματα ή με φολιδωτή διακόσμηση, τις κύλικες, τους σκύφους από την Κόρινθο (πρωτοκορινθιακή κεραμική). Οι πόλεις της Μικράς Ασίας και των νησιών του ανατολικού Αιγαίου έστελναν πρόχους, κύλικες και

εικ. 252. Ροδιακό πινάκιο με μορφή σφίγγας.

εικ. 253. Κυκλαδικό πινάκιο· Βελλεροφόντης πάνω στον Πήγασο και Χίμαιρα.

πινάκια που έφεραν πάνω σε λευκό επίχρισμα πολύχρωμη διακόσμηση: γεωμετρικές και φυτικές ζώνες, ζωφόρους με ζώα, του λεγόμενου «ρυθμού των αιγάγρων». Από τα κέντρα αυτά προέρχονται ένα μεγάλο πινάκιο με γεωμετρικά κοσμήματα και μυθικά όντα (διατηρείται μια σφίγγα, **εικ. 252**) και μια τριφυλλόστομη οινοχόη της οποίας ο ώμος κοσμείται με μορφές χήνας, γρύπα, δύο αετών που επιτίθενται σε λαγό. Τα εργαστήρια της Χίου προμήθευαν στα τέλη του 7ου αι. και στις αρχές του 6ου αι. «κάλυκες» με λευκό επίχρισμα. Θα αναφέρουμε επίσης ένα πρωτοαττικό αγγείο μαυρόασπρου ρυθμού.

β) Κυκλαδική κεραμική. Πολλά αγγεία του 7ου αι. που βρέθηκαν στη Θάσο, προέρχονται από τις Κυκλάδες. Τα ωραιότερα δείγματα είναι τα μεγάλα αναθηματικά πινάκια που προορίζονταν να αναρτηθούν στους τοίχους των ιερών· τα πιο πολλά συλλέχθηκαν στο Αρτεμίσιο.

Αρ. ευρ. 2085 (**εικ. 253**). Κυκλαδικό πινάκιο πολύχρωμου ρυθμού, εμπνευσμένο από τα πρώτα βήματα της μεγάλης ζωγραφικής. Πρέπει λοιπόν να συγκαταλεχθεί, λόγω της κομψότητας του σχεδίου και την αριστοτεχνική σύνθεση, μεταξύ των αριστουργημάτων της κεραμικής αγγειογραφίας των μέσων του 7ου αι. Εικονίζει τον νεαρό ήρωα Βελλερεφόντη ιππεύοντας το φτερωτό Πήγασο και κεντρίζοντας το δόρυ του ενάντια στη Χίμαιρα, τρικέφαλο τέρας, από την οποία απάλλαξε τη Λυκία: *ἣ δ᾽ ἄρ᾽ ἔην θεῖον γένος οὐδ᾽ ἀνθρώπων, πρόσθε λέων, ὄπισθεν δὲ δράκων, μέσση δὲ χίμαιρα, δεινὸν ἀποπνείουσα πυρὸς μένος αἰθομένοιο, καὶ τὴν μὲν κατέπεφνε θεῶν*

εικ. 254. Κυκλαδικό πινάκιο· αντιμέτωποι λέοντες.

εικ. 255. Παροθασιακό πινάκιο με ομόκεντρες ζωφόρους.

εικ. 256. Γυναικεία κεφαλή σε θασιακό ανατολίζον πινάκιο.

τεράεσσι πιθήσας· η γενιά της ήταν θεϊκή κι όχι ανθρώπινη· μπροστά λιοντάρι, πίσω φίδι και στη μέση αίγα· φωτιά φοβερή ξεφυσούσε και φλόγα, αλλά τη σκότωσε αφού τον εμψύχωσαν τα θεϊκά σημάδια (Όμηρος, *Ιλιάδα* Ζ', 180-183).

Αρ. ευρ. 2149 (**εικ. 254**). Δύο ορθωμένοι, εραλδικά αντιμέτωποι λέοντες, βρυχώμενοι, μέσα σε ένα διάκοσμο από ρόδακες, σταυρούς, σχηματοποιημένες στεφάνες που υπαινίσσονται ένα φυτικό τοπίο· ανάμεσα στις πατούσες ανεστραμμένοι αίγαγροι. Θυμίζουν τους δύο λέοντες που αναφέρει ο Όμηρος, ...*ὥς δηρινθήτην, ὥ τ᾽ ὄρεος καρυφῇσι περὶ κταμένης ἐλάφοιο ἄμφω πεινάοντε μέγα φρονέοντε μέχεσθον*·... χτυπιούνται με μεγάλη μανία, στην κορυφή ενός βουνού, γύρω από ένα σκοτωμένο ελάφι, και οι δύο πεινασμένοι και γεμάτοι μεγαλοπρέπεια (*Ιλιάδα* Π', 756-758).

γ) Ανατολίζουσα κεραμική της Πάρου και της Θάσου. Χαρακτηρίζουμε έτσι αγγεία της άλλοτε επονομαζόμενης «μηλιακής» ομάδας, ελάχιστα γνωστής εκτός Κυκλάδων. Ορισμένα δείγματα που συλλέχθηκαν στη Θάσο είναι ίδια με εκείνα που εκτείθενται στα μουσεία της Δήλου ή της Μυκόνου και πρέπει να είναι επείσακτα· άλλα, κατασκευασμένα σε ντόπιο κόκκινο πηλό, είναι θασίτικα. Αλλά η τεχνική της πολύχρωμης διακόσμησης, με μελανό γάνωμα και επίθετα χρώματα σε κρεμώδες επίχρισμα που καλύπτει τον πηλό (μια ειδική απόχρωση του μπεζ εκφράζει τον «τόνο της σάρκας»), το στυλ του σχεδίου με περίγραμμα, τα παραπληρωματικά κοσμήματα (σπείρες, αγκυλωτοί σταυροί, ρόδακες) είναι και στις δύο περιπτώσεις τα ίδια. Η προέλευση της νησιωτικής κεραμικής, κατά σύμβαση αποκαλούμενης «μηλιακής», αποτελούσε πρόβλημα: τα ευρήματα της Θάσου επιτρέπουν να αποδοθούν τα ψευδο-μηλιακά αγγεία στα εργαστήρια της Θάσου και της μητρόπολής της, της Πάρου.

Αυτά τα ανατολίζοντα αγγεία (βαθιά πινάκια, μεγάλοι αμφορείς-κρατήρες με κωνικό πόδι, υδρίες και σκύφοι) χαρακτηρίζονται από τον πλούτο των κοσμημάτων και από την αφθονία των εικονιστικών παραστάσεων. Ορισμένα παρουσιάζουν διακόσμηση με ζώα: υδρία 2157, πινάκιο με ομόκεντρες ζωφόρους 2086 (**εικ. 255**), βαθύ πινάκιο 2152. Τα ωραιότερα έργα είναι τα αναθηματικά πινάκια με ανθρώπινες μορφές που προέρχονται από τη Θάσο (**εικ. 14** και **256**).

Αρ. ευρ. 2057 (**εικ. 14**). Πινάκιο που βρέθηκε στο ιερό της Αθηνάς. Ένας ιππέας με λεπτό γένι, με κόμη που πέφτει στους ώμους, με διάστικτο μηρό, που φορά χιτωνίσκο με στικτούς ρόμβους, οδηγεί με το χέρι ένα άλλο άλογο στα αριστερά. Κόκκινα επίθετα χρώματα στις χαίτες· «τόνος της σάρκας» με επίθετο καστανόκιτρινωπό χρώμα· απουσία εγχάραξης. Στο περιχείλωμα, ζωφόρος με ζώα που τρέχουν (σκυλιά να κυνηγούν λαγούς)· η πίσω όψη διακοσμείται επίσης με ζωφόρους με ζώα.

Στο τοπικό αυτό εργαστήριο πρέπει επίσης να αποδώσουμε το μεγάλο αμφορέα-κρατήρα που εικονίζει την αρπαγή της Θέτιδος από τον Πηλέα, στο Μουσείο της Καβάλας.

6ος αιώνας

α) Εισαγωγές· Κόρινθος, Αθήνα

Από την Κόρινθο προέρχονται πάντοτε πινάκια, αρύβαλλοι και αλάβαστρα σε ανοιχτόχρωμο πηλό. Από την Αθήνα κυρίως εισάγονται και ανατίθενται στα ιερά (πολλές δεκάδες χιλιάδες θραυσμάτων στο Αρτεμίσιο) μελανόμορφα αγγεία σε ιδιαίτερα μεγάλο αριθμό: τα πινάκια που διακοσμούνται με τον αμελή τρόπο του ζωγράφου «του Πόλου» και οι κύλικες που είναι διακοσμημένες με απεικονίσεις που επικαλύπτουν την κοιλιά και το χείλος, του λεγόμενου τύπου Σιάνων (Ζωγράφος C), ανέρχονται στο δεύτερο τέταρτο του 6ου αι. Μετά τα μέσα του αιώνα, βρίσκουμε ένα μεγάλο αριθμό κυλίκων με εικονιστική μικρογραφική διακόσμηση του λεγόμενου ρυθμού των μικρογράφων, έπειτα κύλικες όλων των γνωστών τύπων μέχρι τον ύστερο μελανόμορφο ρυθμό. Τα αττικά αγγεία τυγχάνουν μιας αυξανόμενης προτίμησης μέχρι τις αρχές του 5ου αι., περίοδο κατά την οποία εδραιώνεται η ερυθρόμορφη τεχνική. Μεταξύ των πιο αξιόλογων δειγμάτων της εποχής αυτής, ένα αποσπασματικό πλαστικό αγγείο (οινοχόη) σε μορφή γενειοφόρου κεφαλής (ομάδα του Λονδίνου) και θραύσματα ενός σκύφου με υπογραφή του αγγειοπλάστη Νικοσθένη.

β) Η μελανόμορφη κεραμική της Θάσου (A. Coulié)

Η μεγάλη περίοδος της διακοσμημένης θασίτικης κεραμικής, με λαμπρά παραδείγματα από τον 7ο αι., συνεχίζεται κατά τον 6ο αι. με μελανόμορφες δημιουργίες. Η έρευνα στον οικισμό και οι ανασκαφές των δύο κύριων ιερών, της Αρτέμιδος και της Αθηνάς, απέδωσαν άφθονο υλικό προφανώς ντόπιας κατασκευής.

Τα **σχήματα** επιτρέπουν να εντοπίσουμε μια θασίτικη πρωτοτυπία. Η *λεκάνη* (αβαθές αγγείο με χαμηλό κωνικό πόδι και οριζόντιες ταινιωτές λαβές) αποτελεί το κυρίαρχο σχήμα. Η διακόσμηση είναι πάντοτε εξωτερική. Μία από αυτές, διακοσμημένη με το σύνηθες μοτίβο των οφθαλμών λωτού, φέρει το αποτύπωμα ενός από τα πρώτα νομίσματα της Θάσου, το ημίεκτο με τον Σιληνό (βλ. σ. 357) που υπογραμμίζει την προέλευσή του. Οι θασίτικες λεκάνες διακρίνονται από τα ειδικά τους χαρακτηριστικά: δε διαθέτουν κάλυμμα· δε φέρουν εσωτερική διακόσμηση· οι μορφές των ζωφόρων εικονίζονται συχνά ανεστραμμένες – τα πόδια της μορφής προς το χείλος του αγγείου, αντίθετα με την αναμενόμενη κατεύθυνση. Τέλος, κάτι που δε συναντά αντίστοιχο σε άλλα εργαστήρια (Αττική, Βοιωτία, Θεσσαλία): η κάτω επιφάνεια του ποδιού είναι διακοσμημένη. Συμπεραίνουμε έτσι ότι το αγγείο πρέπει να παρουσιαζόταν αναρτημένο στον τοίχο, κρεμασμένο από τη μία λαβή. Στο σημείο αυτό, η λεκάνη μπορεί να συσχετιστεί με τα πινάκια που έφεραν διακόσμηση στο εσωτερικό, επίσης θασίτικης κατασκευής, που διέθεταν οπές και κορδόνια για να κρέμονται. Οι κρατήρες (στους οποίους αναμιγνυόταν το κρασί με το νερό), είτε κιονωτοί, είτε με ανοιχτό χείλος (τύπος που συναντάται στο Φαρί,

εικ. 257. Θασιακή λεκάνη.

βλ. παρακάτω, σ. 344), είναι πολυάριθμοι. Σπανιότεροι οι κάνθαροι με πόδι με κυμάτια, οι σκύφοι με κάθετες παρειές και τα κλειστά αγγεία, εκ των οποίων και οι οινοχόες. Βρίσκουμε επίσης μερικές πυξίδες με κυρτό σώμα και κάθετες λαβές.

Η **διακόσμηση** δε στερείται φιλοδοξίας. Οι ζωφόροι με ζώα κυριαρχούν. Ένας από τους ζωγράφους δεύτερης γενιάς απεικόνισε έτσι σε μια μνημειακή λεκάνη, διαμέτρου άνω των 40 εκ. (**εικ. 257**), μια ποικιλία ζώων, σύμφωνα με μια σύνθεση της οποίας η αυστηρή συμμετρία και οι ενορχηστρωμένες επαναλήψεις από τη μία ζώνη στην άλλη υποδεικνύουν καθαρά την ευνοούμενη οπτική γωνία. Οι φυτικές ζώνες αφθονούν επίσης και εμπνέονται αρχικά από ανατολικά (λωτοί) κι έπειτα αττικά (λωτοί και ανθέμια) πρότυπα. Τα εικονιστικά θέματα περιλαμβάνουν καθημερινές σκηνές (εφήβους στην παλαίστρα, ιππείς, κωμαστές, χορούς με ορχουμένες), μορφές θεών (Αρτέμιδα ως Πότνια Θηρών στο Αρτεμίσιο· Αθηνά· Δία), μορφές Κενταύρων και Σατύρων και απεικονίσεις μύθων με θεούς ή ήρωες. Βρίσκουμε επίσης μια γέννηση της Αθηνάς (στο Αθήναιο), μια κρίση του Πάριδος, Περσέα και Γοργώ, Ηρακλή και Αμαζόνα. Ο απολλώνιος κύκλος ευνοείται με δύο μάχες των παιδιών της Λητούς εναντίον του Τιτυού, από τις οποίες η μία σε μεγάλο αγγείο (**εικ. 258**).

εικ. 258. Αμφορέας Θάσου: Απόλλων και Άρτεμις (αριστερά) τοξεύουν τον Τίτυο από τον οποίο σώζεται τμήμα του κεφαλιού.

Η επίθεση του Αχιλλέα στον Τρωίλο και στην Πολυξένη κοντά στην πηγή, μέσα στο ιερό του θεού, παραπέμπει επίσης στον Απόλλωνα, προστάτη των Τρώων.

Μπορούμε να παρακολουθήσουμε την **τεχνοτροπική** εξέλιξη και να αναγνωρίσουμε το χέρι πολλών ζωγράφων. Ο αρχαιότερος, που διακόσμησε ένα μεγάλο κρατήρα που εκτίθεται στην Καβάλα, στον οποίο απεικονίζεται το κυνήγι του Καλυδώνιου κάπρου, είναι πιθανώς ένας Χίος μετανάστης. Τα άμεσα πρότυπα που εμπνέουν την τεχνική του, τα θέματά του, τα σχέδιά του, συναντώνται στα σύγχρονα εργαστήρια της Χίου (γύρω στο 590 π.Χ.: εργαστήριο «της σφίγγας και του λέοντος») αλλά είναι πλήρως **Θάσιος**: στα παραδοσιακά ζώα, ντόπια ή εξωτικά (λέοντες), καθώς και στις σφίγγες της Χίου προσθέτει τον κόκορα, που είναι το ιδιαίτερο γνώρισμά του· διακοσμεί λεκάνες, άγνωστες στη Χίο. Χρησιμοποιεί το περίγραμμα αλλά και τη μελανόμορφη τεχνική. Την ίδια περίπου χρονική στιγμή, ο νεότερος συνάδελφός του χρησιμοποιεί εξίσου τις δύο τεχνικές αλλά περισσότερο τη μελανόμορφη· και αποσπάται λίγο λίγο από τη «χιάζουσα» παράδοση, συμπεριλαμβανομένης και της τεχνοτροπίας του για τις μορφές ζώων (**εικ. 259**). Είναι ο δημιουργός μιας συνάντησης μεταξύ Αθηνάς και Ποσειδώνα – πρωτότυπο σχήμα – απεικονισμένης σε ένα αξιόλογο πινάκιο του Αρτεμισίου. Μέσα από τη συνέχεια του εργαστηρίου, η αναφορά στην Αθήνα επιβεβαιώνεται. Η λεκάνη (**εικ. 257**) αντανακλά το ζωομορφικό ρυθμό του Λυδού, Αττικού αγγειογράφου με ευρεία διάδοση στη βόρεια Ελλάδα. Το τελευταίο αγγείο που εικονίζεται (**εικ. 260**), το οποίο είναι εμπνευσμένο από τα φυτικά κοσμήματα των κυλίκων

εικ. 259. Θασιακή λεκάνη.

εικ. 260. Θασιακή λεκάνη.

με ανθέμια και από τις εικονιστικές σκηνές στις αττικές ταινιωτές κύλικες, παρεμβάλλει μια δευτερεύουσα ζώνη με εγχάρακτες στιγμές που ισοδυναμεί με θασιακή υπογραφή.

Δάνεια από τη Χίο, μίμηση των διακοσμημένων αγγείων της Αθήνας, αλλά και σχέσεις με τις κεραμικές της βόρειας Μικράς Ασιάς κι επίσης της Τρωάδας: το θάσιο ύφος καθορίζεται από τον εκλεκτικισμό του. Παρακολουθούμε την εξέλιξή του ως τις αρχές του 5ου αι. Το υλικό της Θάσου, που αυξάνεται με τα εξηγμένα έργα στην περαία (Μουσείο Καβάλας), προσφέρει μια χρήσιμη συνεισφορά στη γνώση μιας περιόδου που υπήρξε για την πόλη μια χρυσή εποχή.

γ) Το εργαστήριο στο Φαρί (Fr. Blondé, J. Perreault)

Η ανασκαφή του εργαστηρίου στο Φαρί (βλ. σ. 207) έφερε στο φως μια μεγάλη ποσότητα αγγείων, που αποδίδουν τη σύγχρονη ντόπια παραγωγή στα τέλη του 6ου και στις αρχές του 5ου αι. π.Χ. Τα αγγεία αυτά διαιρούνται σε δύο ομάδες:

1) Αγγεία **αττικής έμπνευσης**. Αντιπροσωπεύεται όλο το θεματολόγιο της χρηστικής κεραμικής : κρατήρες, οινοχόες, κύλικες, σκυφίδια, λεκανίδες.

2) Αγγεία **κυκλαδικής έμπνευσης** και ειδικότερα παριανής. Βρίσκουμε κυρίως δύο τύπους, τις κύλικες με εγκοπές και τις στικτές κύλικες. Οι *κύλικες με εγκοπές* (**εικ. 261**), οι οποίες ονομάστηκαν έτσι λόγω της βάθυνσης που φέρουν κάτω από τη λαβή, είναι στην πραγματικότητα άλλοτε κύλικες (διαμέτρου 0,20 έως 0,23μ.), άλλοτε μικροί κρατήρες (0,28μ.). Η διακόσμηση είναι απλή: ομόκεντροι κύκλοι πλαισιωμένοι από συστάδες κάθετων γραμμών. Στα μεγαλύτερα παραδείγματα, κάθε πλευρά διακοσμείται από τρεις σειρές συστάδων

εικ. 261. Κύλικα με εγκοπές κατασκευασμένη στο εργαστήριο στο Φαρί.

με ενδιάμεσους κύκλους. Η διακόσμηση αυτή τοποθετείται στο ύψος των λαβών· οι συστάδες ξεκινούν κάτω από το χείλος και συνεχίζουν συχνά μέχρι και το εσωτερικό της πλατιάς μελανής ταινίας που καλύπτει το κατώτερο τρίτο του αγγείου. Οι *στικτές κύλικες* (με ψηλό και κάθετο χείλος, σώμα ελάχιστα βαθύ και πλατύ πυθμένα), διακοσμούνται με μια σειρά στιγμών ενταγμένων στο εσωτερικό μιας ειδικά διαμορφωμένης ταινίας στο ύψος των λαβών.

Ανάγλυφα αγγεία

Στο δεύτερο μισό του 7ου αι. π.Χ., τα θασίτικα εργαστήρια παρήγαν μεγάλα αγγεία ή πήλινους τρίποδες με παχιές παρειές, διακοσμημένους με μορφές σε πρόστυπο ανάγλυφο κατά την κυκλαδική παράδοση: αρκετοί τρίποδες που βρέθηκαν στη Θάσο στην περιοχή του ωδείου, οι οποίοι εκτείθενται σήμερα στο Εθνικό Αρχαιολογικό Μουσείο της Αθήνας, φέρουν επίσης απεικονίσεις Πήγασου και θαλάσσιων θεοτήτων με ιχθυόμορφο σώμα με εγχάρακτο περίγραμμα και λεπτομέρειες. Το ύφος των απεικονίσεων αυτών συγγενεύει πολύ με αυτό της ανατολίζουσας κεραμικής της Θάσου.

Τον 6ο αι. η παραγωγή ανάγλυφων αγγείων συνεχίζεται: οι πίθοι και οι πήλινοι πύραυνοι της Θάσου παρουσιάζουν πρόστυπες εικονιστικές ζωφόρους με την τεχνική της ρουλέτας (κυλινδρική σφραγίδα σε κοίλο ανάγλυφο, που εφαρμόζεται στο αγγείο πριν από το ψήσιμο): Σιληνοί και Μαινάδες (**εικ. 262**), αρματοδρομίες, αναχώρηση του Αμφιαράου, μάχη Ηρακλή και Απόλλωνα για την κατοχή του δελφικού τρίποδα. Τα αγγεία αυτά εξάγονταν επίσης: ανάγλυφα θραύσματα από τη Θάσο έχουν βρεθεί στη Σαμοθράκη, στο ιερό των Μεγάλων Θεών.

εικ. 262. Αγγείο με πλαστική διακόσμηση: διονυσιακός θίασος.

Η κεραμική του 4ου αιώνα (Fr. Blondé)

Η χρηστική κεραμική του 4ου αι., η οποία έχει πρόσφατα μελετηθεί, περιλαμβάνει εκτός από ένα μικρό ποσοστό αττικών ερυθρόμορφων αγγείων, κυρίως μελαμβαφή κεραμική και κοινά σκεύη.

Για την περίοδο αυτή, πολυάριθμα ευρήματα επιτρέπουν να καταρτιστεί ένα σύνολο παραγόμενων στο νησί ή εισαγόμενων σχημάτων και να κατανοηθεί η εξέλιξή τους. Η αξιοποίηση του υλικού που συλλέχθηκε στις οικιστικές συνοικίες (κυρίως σε αυτήν της πύλης του Σιληνού) και σε πολλές επιχώσεις και γεμίσματα (κυκλικό πηγάδι στην πλατεία κάτω από το Αρτεμίσιο) επιτρέπει κατ' αρχάς να προσδιοριστεί με μεγαλύτερη ακρίβεια η χρονολόγηση – κυρίως για το δεύτερο μισό του 4ου αι. – με τη βοήθεια νομισμάτων και σφραγισμάτων αμφορέων που προέρχονται από τα ίδια στρώματα· αλλά προσφέρει επίσης μια αρκετά ζωντανή εικόνα μιας κεραμικής παρούσας στην καθημερινή ζωή. Η τυπολογία είναι πράγματι πολύ πλούσια (**εικ. 263** έως **268**). Δίπλα στα επιτραπέζια σκεύη – μικροί κρατήρες, οινοχόες, κύλικες, κάνθαροι, σκύφοι, πινάκια, σκυφίδια –, καταγράφονται πολυάριθμα σχήματα αγγείων ή σκευών που χρησιμοποιήθηκαν για την παρασκευή και το μαγείρεμα της τροφής: λεκανίδες, χύτρες, τηγάνια, υποστατά, πύραυνοι, γουδιά, διάτρητα τυροκομικά σκεύη, κ.λπ. Στο υλικό αυτό πρέπει να προσθέσουμε τα μεγάλα δοχεία, όπως τους πίθους και τους αμφορείς που χρησίμευαν για την αποθήκευση των τροφίμων και των υγρών.

Παράλληλα με την καθαρά τυπολογική και χρονολογική μελέτη, οι πρόσφατες έρευνες αφορούν μια άλλη πλευρά της κεραμικής: τη μελέτη των

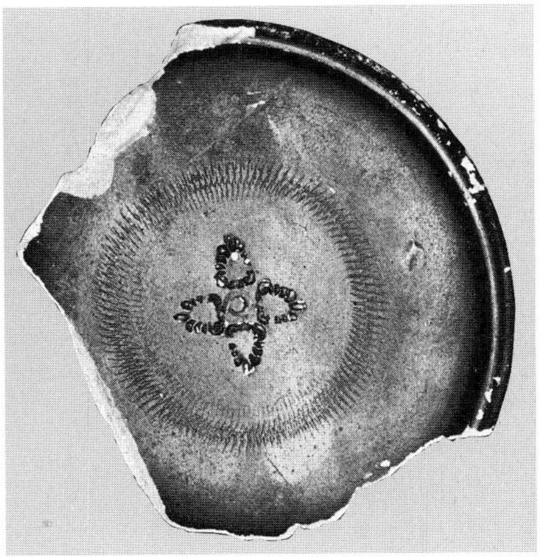

εικ. 263. Μελαμβαφές πινάκιο· διακόσμηση με εμπίεστα ανθέμια.

εικ. 264. Μόνωτη κύλικα· εξωτερικά καλυμμένη με μελανό γάνωμα, η βάση εξηρημένη.

εικ. 265. Κεραμική για το τραπέζι: σκύφος και σκυφίδιο μελαμβαφή· ασκός και δύο μικροί σκύφοι χωρίς γάνωμα.

εικ. 266. Λοπάς.

εικ. 267. Πεταλόσχημος πύραυνος.

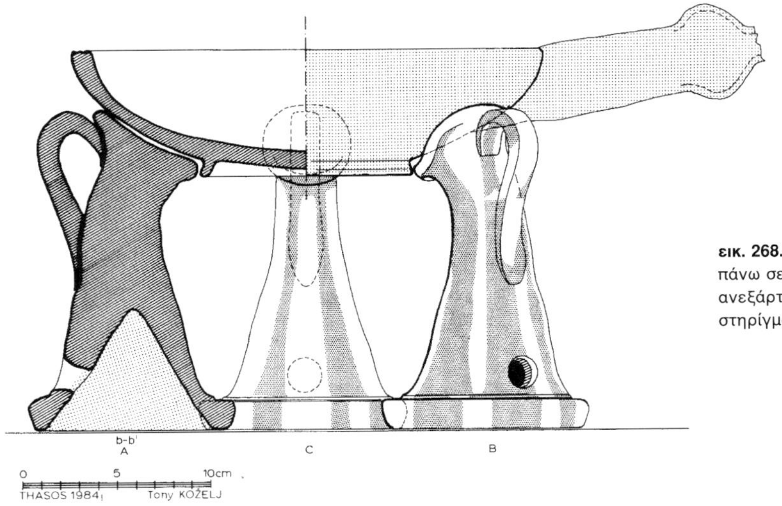

εικ. 268. Τηγάνι πάνω σε τρία ανεξάρτητα στηρίγματα.

πηλών. Πρόκειται όχι μόνο για τον καθορισμό της σύνθεσης των χρησιμοποιούμενων αργίλων, αλλά και για τη σύγκρισή τους με προϊόντα που βρέθηκαν στα παράλια της ανατολικής Μακεδονίας και της Θράκης, στην Αμφίπολη, στα Άβδηρα, στη Μαρώνεια ή στη Σαμοθράκη. Οι αναλύσεις αυτές θα επιτρέψουν μία πιο ξεκάθαρη ματιά στον προσδιορισμό και εντοπισμό των εργαστηρίων, στην καλύτερη κατανόηση της λειτουργίας τους και στην εξακρίβωση του βαθμού διάδοσης των προϊόντων τους. Έχει πλέον καθοριστεί ότι στη Θάσο, κατά τον 4ο αι., μια μεγάλη ποσότητα μελαμβαφούς κεραμικής εισάγεται από την Αθήνα, κάτι που δεν εμποδίζει μια ντόπια παραγωγή μεγάλης κλίμακας ορισμένων σχημάτων με μελαμβαφή διακόσμηση αλλά και για το σύνολο των σχημάτων της κοινής κεραμικής. Σχετικά με τις ανταλλαγές με τα παράλια της ανατολικής Μακεδονίας και της Θράκης, τα πρώτα αποτελέσματα παραπέμπουν σε μια τοπική αγορά, με πηλούς ευδιάκριτους για κάθε πόλη.

Η κεραμική της παλαιοχριστιανικής εποχής

Στην παλαιοχριστιανική εποχή, η κοινή κεραμική (χύτρες) είναι τοπικής προέλευσης· τα λεπτά αγγεία εισάγονται. Πρόκειται για κεραμικές με ανοιχτή κόκκινη εφυάλωση, με εμπίεστη διακόσμηση (ανοιχτόχρωμη terra sigillata). Μπορεί να προέρχονται από πολύ μακριά – από την Αφρική, κατά ποσοστό δέκα τοις εκατό, στον 5ο και 6ο αι.· αλλά κυρίως, από τον 2ο έως τον 7ο αι., κατασκευάζονται σε εργαστήρια της Περγάμου και της Φώκαιας.

Οι χτενωτοί αμφορείς με τις οριζόντιες χαράξεις στην κοιλιά, που βρέθηκαν σε μεγάλη ποσότητα στις ανασκαφές καθώς και στο λιμάνι, φαίνεται να μαρτυρούν ένα εισαγωγικό εμπόριο από τη Δύση (ορισμένα παραδείγματα από την Αφρική και από τη Βαιτική), από το Αιγαίο, από την ανατολική Μεσόγειο· στον 6ο αι. προέρχονται από σημιτικές ζώνες ή από την Κιλικία. Δε θα αποτελούσε πάντως έκπληξη αν ένα σημαντικό ποσοστό των αμφορέων αυτών, που χρησιμοποιήθηκαν για τη συσκευασία του κρασιού, να παραγόταν στην ίδια τη Θάσο.

Η κεραμική της βυζαντινής εποχής

Η καλής ποιότητας κεραμική του 14ου και 15ου αι. αντιπροσωπεύεται από πινάκια και σκύφους με ποικίλη διακόσμηση, εγχάρακτη ή γραπτή, με εφυάλωση που περιέχει μόλυβδο, πράσινη και στιλπνή. Τον 14ο αι., τα αγγεία αυτά προέρχονται από τη Θεσσαλονίκη και την περιοχή της Κωνσταντινούπολης, με ορισμένα παραδείγματα μακρινής προέλευσης (από τα Βαλκάνια, και ακόμη από τη Βαλένθια της Ισπανίας). Τον 15ο αι., την εποχή των Gattilusi, εισάγονται κυρίως από τη Λήμνο.

Βιβλιογραφία:

– L. Ghali-Kahil, *La céramique grecque (fouilles 1911-1956), ÉtThas* VII (1960).

– P. Bernard, «Céramiques de la première moitié du viie s. à Thasos», *BCH* 88 (1964), 77-146· Σ. Γιματζίδης, «Ο αποικισμός της Θάσου· η επανεξέταση της κεραμικής πρώιμων φάσεων της αρχαίας πόλης», *ΑΕΜΘ* 16 (2002) [2004], 73-81· Fr. Salviat, «Un plat du viie s. à Thasos: Bellérophon et la Chimère», *BCH* 84 (1960), 347-386· Fr. Salviat, N. Weill, «Plat aux lions affrontés de l'Artémision thasien: art rhodien et art cycladique au viie s.», *BCH* 85 (1961), 98-122· Fr. Salviat, «La céramique thasienne orientalisante et l'origine des vases "méliens"», στο *Les Cyclades. Matériaux pour une étude de géographie historique. Table ronde réunie à l'université de Dijon, 11-13 mars 1982* (1983), 185-190 και «Plats creux insulaires à décor orientalisant à Thasos», *στο ίδιο*, 201-216· A. Coulié, «Archiloque et la colonisation de Thasos: l'apport de la céramique», στο D. Katsonopoulou, I. Petropoulos, St. Katsarou (επιμ.), *Archilochos and his Age. Second International Conference on the Archaeology of Paros and the Cyclades, Paroikia, Paros, 7-9 oct. 2005* (2008), 427-447· E. Haspels, «Trépieds archaïques de Thasos», *BCH* 70 (1946), 233-237.

– J.-J. Maffre, «Céramique à décor mythologique trouvée à l'Artémision de Thasos», *Thasiaca, BCH Suppl.* V (1979), 11-74· «Les importations de céramique attique à Thasos pendant la première moitié du vie siècle av. J.-C.», στο *Μνήμη Δ. Λαζαρίδη. Πόλις καὶ χώρα στὴν ἀρχαία Μακεδονία καὶ Θράκη. Πρακτικὰ ἀρχαιολογικοῦ συνεδρίου, Καβάλα 9-11 Μαΐου 1986* (1990), 409-425· «Trente ans de recherches sur la céramique attique trouvée à Thasos par l'École française d'Athènes depuis 1956», *ΑΕΜΘ, 20 χρόνια*, (2009), 185-203 · N. Weill, «Céramique thasienne à figures noires», *BCH* 82 (1959), 430-454· A. Lemos, *Archaic Pottery of Chios* (1991)· A. Coulié, *La céramique thasienne à figures noires, ÉtThas* XIX (2002)· «Réflexion sur la structure d'un atelier à partir de ses productions. Le cas de l'atelier thasien à figures noires», *Topoi* 8 (1998),

719-729· Fr. BLONDÉ, J. PERREAULT, C. PÉRISTÉRI, «Un atelier de potier archaïque à Phari (Thasos)», *BCH Suppl.* XXIII (1992), 11-40.

– J.-J. MAFFRE, «Deux pélikai attiques à figures rouges trouvées à Thasos», *BCH* 96 (1972), 327-361· Ζ. ΜΠΟΝΙΑΣ, «Ερυθρόμορφος κρατήρας του 5ου π.Χ. αιώνα από τη θαλάσσια περιοχή της Θάσου», στο *Μνήμη Δ. Λαζαρίδη. Πόλις καὶ χώρα στὴν ἀρχαία Μακεδονία καὶ Θράκη. Πρακτικὰ ἀρχαιολογικοῦ συνεδρίου, Καβάλα 9-11 Μαΐου 1986* (1990), 427-436.

– Fr. BLONDÉ, «Un remblai thasien du IVe s. avant notre ère», *BCH* 109 (1985), 281-344· «Le comblement d'un puits public à Thasos, 3. La céramique», *BCH* 113 (1989), 481-545· Y. GRANDJEAN, *ÉtThas* XII (1988), 11-268 (συνοικία της πύλης του Σιληνού: επιλογή αττικού και ντόπιου υλικού, *passim*)· Fr. BLONDÉ, *Les céramiques d'usage quotidien à Thasos au IVe s. av. J.-C.*, *ÉtThas* XX (2007).

– Η μελέτη της ελληνιστικής και της ρωμαϊκής κεραμικής έχει μετά βίας ξεκινήσει· οι ανασκαφές που ξανάρχισαν στην αγορά και στα νότιά της μπορούν να συμβάλλουν σε μια καλύτερη κατανόηση του υλικού σε χρήση μεταξύ του 3ου-2ου αι. π.Χ. και του τέλους του 3ου αι. μ.Χ.

– C. ABADIE-REYNAL, J.-P. SODINI, *La céramique paléochrétienne de Thasos, ÉtThas* XIII (1992).

– V. FRANÇOIS, *La céramique byzantine à Thasos, ÉtThas* XVI (1995).

V. Τα μικροαντικείμενα

Οι συλλογές του μουσείου περιλαμβάνουν τρεις κατηγορίες «μικροαντικειμένων»: τα μεν προέρχονται από διάφορες ανασκαφές και αφορούν όλους τους τομείς της καθημερινής ζωής, τα δε, που βρέθηκαν σε επιχώσεις ιερών (κυρίως του Αρτεμισίου), συνιστούν πιο περιορισμένες σειρές αναθημάτων. Η τρίτη ομάδα αντιπροσωπεύεται από ένα ποικίλο υλικό που συλλέχθηκε κατά την έρευνα στη συνοικία του Σιληνού.

Αναθήματα του Αρτεμισίου

Στην πλειοψηφία τους συνίστανται σε αντικείμενα γυναικείου καλλωπισμού και κοσμήματα, όπως είναι αναμενόμενο σε ένα ιερό γυναικείας θεότητας: χρυσά κοσμήματα ροδιακής προέλευσης, εκ των οποίων ένας μεγάλος ρόδακας με συρματερή διακόσμηση (φιλιγκράν), και ένα διάδημα με σφυρήλατη διακόσμηση που εικονίζει λέοντες, γρύπες και ρόδακες (**εικ. 269**)· χάλκινες πόρπες, νησιωτικού, μικρασιατικού ακόμη και φρυγικού τύπου (μεγάλη πόρπη με διπλή περόνη και ασφάλεια που κλείνει, της οποίας ο τύπος συναντάται στο Γόρδιο)· μεγάλοι δίσκοι από ελεφαντοστό, που ορισμένοι διατηρούν ακόμη ίχνη από ένθετα κεχριμπαρένια κοσμήματα και των οποίων σπάνια παράλληλα

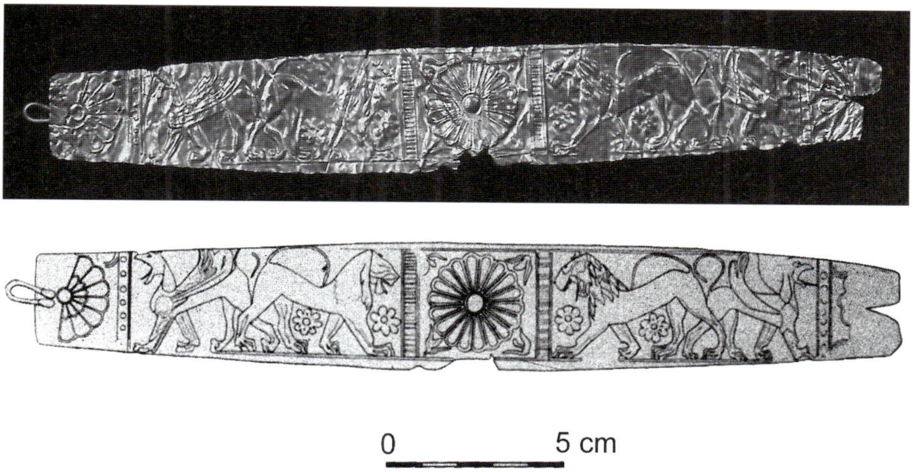

εικ. 269. α) Χρυσό σφυρήλατο διάδημα· β) σχέδιο της διακόσμησης.

απαντώνται στην Πάρο και στη Δήλο (**εικ. 270**)· αντικείμενα σε μορφή πηνίων ή κομβίων από ελεφαντοστό με ενθέματα κεχριμπαριού ή από ορυκτό κρύσταλλο, όπως βρίσκουμε επίσης στα αναθήματα των ιερών της Αρτέμιδος στην Έφεσο και στην Πάρο· δίλοβες πλάκες από πόρπες σε ελεφαντοστό, παρόμοιες με αυτές που έχουν βρεθεί σε άλλα ιερά γυναικείων θεοτήτων στη Σπάρτη, στο Άργος, στην Έφεσο. Ένα από τα ωραιότερα κομμάτια είναι μια

εικ. 270. Δίσκοι και πόρπη από ελεφαντοστό με ενθέσεις κεχριμπαριού.

εικ. 271. Χάλκινη λαβή κατόπτρου: α) πρόσθια όψη, β) πίσω όψη (υψ.: 19 εκ.).

εικ. 272. Ελεφάντινη κεφαλή λέοντα.

λαβή χάλκινου κατόπτρου (**εικ. 271**) σε μορφή γυναικείου αγαλματίου, με στενό πέπλο, υψωμένους βραχίονες, πελοποννησιακής κατασκευής (αρ. ευρ. 1464· 6ος αι. π.Χ.).

Από το Αρτεμίσιο προέρχονται επίσης λέοντες από ελεφαντοστό, μαυρισμένοι από τη φωτιά (**εικ. 272**), που έχουν εισαχθεί από την Ανατολή (7ος αι. π.Χ.)· αποτελούν τμήματα ενός πολύτιμου επίπλου και θυμίζουν, από το είδος και τις οπές συναρμολόγησης, τους ελεφαντοστέινους λέοντες των ανακτόρων στο Zendjirli της βόρειας Συρίας και στη Σαμάρεια της Παλαιστίνης. Μια κεφαλή λέοντα του 6ου αι. διακοσμούσε αναμφίβολα κάποιο έπιπλο (αρ. ευρ. 1486).

Συλλέχθηκαν ακόμη τορνευτές ράβδοι από ελεφαντοστό που χρησιμοποιούνταν ως επίθετα στοιχεία· φιαλίδια από πολύχρωμο γυαλί αιγυπτιο-φοινικικής τεχνικής· τέλος, ταπεινότερα αναθήματα: πολυάριθμα πήλινα αβαφή αρχαϊκά λυχνάρια, αγνύθες, αστράγαλοι.

Διάφορες ανασκαφές

α) Επαγγέλματα· καθημερινή ζωή. Χάλκινα αγκίστρια και διχαλωτές βελόνες για τα δίχτυα μαρτυρούν τις δραστηριότητες των ψαράδων· οι στλεγγίδες την άθληση· οι πήλινες αγνύθες για το τέντωμα των στημονιών υπενθυμίζουν την ύφανση. Η συλλογή των χάλκινων δαχτυλιδιών-κλειδιών είναι πολυπληθής.

β) Καλλωπισμός και κοσμήματα. Η νεκρόπολη απέδωσε ορισμένα χρυσά κοσμήματα: ταινίες και φύλλα νεκρικών διαδημάτων, δαχτυλίδια με υποδοχή για εγχάρακτη πέτρα, χάλκινα κάτοπτρα.

γ) Μέτρα και σταθμά. Ένας αρκετά μεγάλος αριθμός επίσημων μεταλλικών βαρών προέρχεται από την αγορά. Τα αρχαιότερα είναι τετράγωνα, χάλκινα ή μολύβδινα· ένα από αυτά, χάλκινο, φέρει τη βραχυγραφία ΤΕ (δηλ. τέ[ταρτον]; της μνας) και μια ανάγλυφη προτομή αγριόχοιρου. Αυτοκρατορικής εποχής είναι τα σφαιρικά βάρη με πεπλατυσμένους πόλους, με ένθεση αργύρου (μονογράμματα, ένδειξη βάρους): διαθέτουμε την πλήρη σειρά από τη λίβρα έως τις υποδιαιρέσεις της ουγκιάς. Δύο χάλκινα βάρη βυζαντινής εποχής φέρουν ένα στικτό σταυρό και την ένδειξη της αξίας. Για τα μέτρα των υγρών, χρησιμοποιούσαν μαρμάρινες τράπεζες ή *σηκώματα* (για το στάμνο και τον ημιαμφορέα, βλ. σ. 225· μικρότερες μετρητικές τράπεζες: *ÉtThas* III, 153 και πίν. 44, 1-3).

δ) Λύχνοι. Τα λυχνάρια λαδιού αντιπροσωπεύουν ένα δείγμα της εξέλιξης των σχημάτων από την αρχαϊκή μέχρι την ύστερη αυτοκρατορική

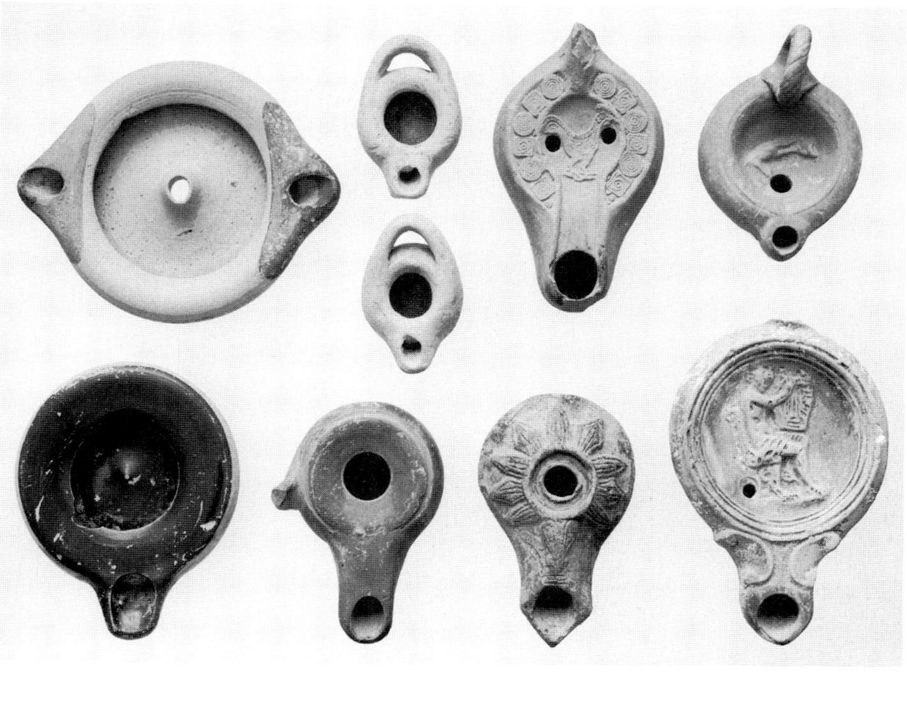

εικ. 273. Πήλινοι λύχνοι διαφόρων εποχών.

εικ. 274. Χάλκινος λύχνος σε μορφή υποδήματος με καρφιά.

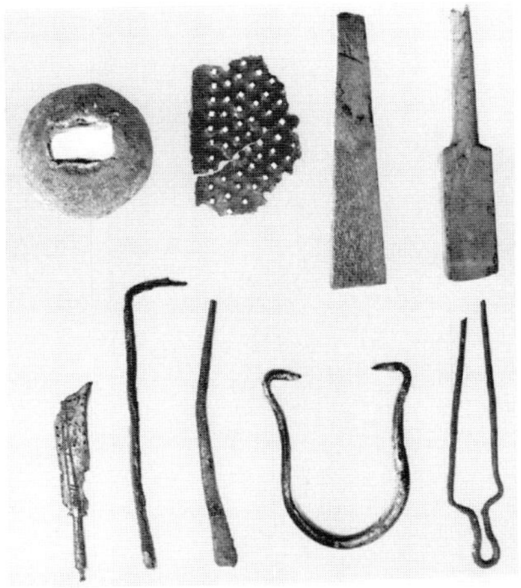

εικ. 275. Διάφορα αντικείμενα σιδερένια, οστέινα ή μολύβδινα.

εποχή (**εικ. 273**): μικρά κοινά πήλινα αρχαϊκά λυχνάρια, με κοντό μυκτήρα και ευρεία κεντρική οπή πλήρωσης· διάφορες κατηγορίες στιλβωμένων λυχναριών, πιο λεπτών, με έναν ή περισσότερους μυκτήρες: αυτά του 6ου αι., πιο ψηλά, όπου ο μυκτήρας αναπτύσσεται περισσότερο, αυτά του 4ου αι. με επιμήκη μυκτήρα και πλάγιο πτερύγιο· ελληνιστικά λυχνάρια σε μήτρα από γκρίζο πηλό, του λεγόμενου τύπου της Εφέσου· τέλος, ρωμαϊκά και παλαιοχριστιανικά λυχνάρια με εμπίεστη διακόσμηση (Απόλλων κιθαρωδός, κόκορας, **εικ. 273**). Ένας πολύ όμορφος χάλκινος λύχνος είναι χυμένος σε μορφή υποδήματος (**εικ. 274**).

Αντικείμενα από τη συνοικία της πύλης του Σιληνού

Το υλικό που ήρθε στο φως κατά την ανασκαφή της συνοικίας αυτής παρουσιάζει ιδιαίτερο ενδιαφέρον διότι προέρχεται από ένα και μόνο μέρος και διότι αντιπροσωπεύει, για μια περιορισμένη χρονική περίοδο (500-250 π.Χ.), πολλές πλευρές της καθημερινής ζωής, έτσι όπως διαδραματιζόταν μέσα στο χώρο της οικίας, δηλαδή στο ιδιωτικό περιβάλλον. Κατασκευασμένα από διάφορα υλικά (πέτρα, πηλό, χαλκό, σίδηρο, μόλυβδο, οστό, γυαλί), τα αντικείμενα αυτά κατατάσσονται σε διάφορες κατηγορίες (**εικ. 275-276**): κοσμήματα (περιβραχιόνια, δαχτυλίδια, ενώτια, πόρπες, χάντρες, δακτύλιοι, περόνες)· παιχνίδια (ζάρια, αστράγαλοι, πιόνια, δισκάρια)· βωμίσκοι (πέτρα ή πηλός)· εργαλεία και σκεύη (σφραγίδες, βελόνες, σπάτουλες, λαβίδες, ηθμοί, αγκίστρια, ζυγαριές, σιδερένια ή μολύβδινα βάρη, σιδερένιος πέλεκυς, σιδερένιος γνώμονας, κλαδευτήρια, κλειδί, μολύβδινο κέρας)· υλικά δομής (συστήματα σύνδεσης και ανάρτησης, δακτύλιοι, γόμφοι, καρφιά, αιχμές, αγκύλες)· οικιακός εξοπλισμός (πήλινα χρηστικά σκεύη, ιδιαίτερα άφθονα [**εικ. 263-266**, μικρά αγγεία από πολύχρωμο γυαλί, λυχνάρια, στηρίγματα χυτρών [**εικ. 267-268**, μύλες, τριπτήρες, ιγδία, λεκάνες, πήλινες αγνύθες διαφόρων σχημάτων – κωνικές, δικωνικές, φακοειδείς, πυραμιδόσχημες, σφαιρικές –, μοναδικά λείψανα των αργαλειών που βρίσκονταν σε κάθε σπίτι). Σε μια συνοικία που εκτεινόταν κατά μήκος του τείχους, δεν αποτελεί έκπληξη ότι βρέθηκαν και αιχμές βελών (**εικ. 277**) και μαρμάρινες μπάλες, πιθανές αναμνήσεις των συγκρούσεων που διεξήχθησαν, σε κάποια χρονική στιγμή, κοντά στην πύλη του Σιληνού.

εικ. 276. Χάλκινα ή μολύβδινα βάρη (1: 2,5).

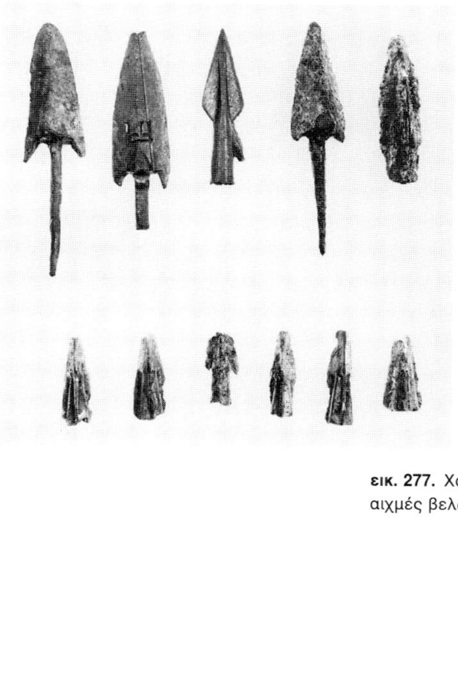

εικ. 277. Χάλκινες αιχμές βελών.

Βιβλιογραφία:

– Αναθήματα του Αρτεμισίου: Fr. SALVIAT, N. WEILL, *BCH* 82 (1958), 814-815· Fr. SALVIAT, *BCH* 89 (1965), 829· J.-J. MAFFRE, Fr. SALVIAT, *BCH* 102 (1978), 827.

– Διάφορες ανασκαφές: Chr. DUNANT, *BCH* 74 (1950), 359-360· *BCH* 75 (1951), 168-170· *BCH* 76 (1952), 271-272· *BCH* 79 (1955), 371· *BCH* 80 (1956), 425-426.

– Συνοικία της πύλης του Σιληνού: Y. GRANDJEAN, «Tuyères ou supports?», *BCH* 109 (1985), 265-279· *ÉtThas* XII (1988), 251-268, πίν. 80-83.

VI. Η επιγραφική

Πολυάριθμες ενεπίγραφες στήλες βρίσκονται στο μουσείο· η ανάγνωσή τους προσέφερε ένα σύνολο κειμένων τα οποία, σε συνδυασμό με τους αρχαίους συγγραφείς, επιτρέπουν να φωτιστεί η ιστορία της Θάσου από τα τέλη του

7ου αι. π.Χ. (μνήμα του Γλαύκου) έως το τέλος της αρχαιότητας. Έχουμε παραθέσει αλλού πολλά κείμενα σε μετάφραση: αρκεί να παραπέμψουμε σε αυτά.

– Νόμοι και δημόσιες ρυθμίσεις: νόμοι για το κρασί, σ. 223-225· νόμος σχετικά με τις καταδόσεις, σ. 46· αστυνομική ρύθμιση: στήλη του λιμανιού, σ. 268 και **εικ. 15**.
– Ιεροί νόμοι: θυσίες στον Θεογένη, σ. 100· στις Νύμφες, στον Απόλλωνα και στις Χάριτες, σ. 110-111· στον Ηρακλή Θάσιο και στην Αθηνά Πατρώα, σ. 281 και **εικ. 172-173**· νόμος για τις ταφές των *Αγαθών*, σ. 271.
– Τιμητικά ψηφίσματα: για την Ηπίη, σ. 117.
– Ενεπίγραφες βάσεις αγαλμάτων: στο Αρτεμίσιο, βλ. σ. 118, στο Διονύσιο, σ. 119-120· υπογραφές γλυπτών, σ. 96, 105 και 118.
– Κατάλογοι αρχόντων: Δίοδος των θεωρών, σ. 112· κτήριο με παρασκήνια, σ. 90.
– Πινακίδες δικαστών (χάλκινες): **εικ. 169** και σ. 270.
– Αναθηματικές επιγραφές: στον Ηρακλή, σ. 41· στον Διόνυσο, σ. 135 και 278· στην Κυβέλη, σ. 311· στους Διόσκουρους, **εικ. 225** και σ. 319· αψίδα του Καρακάλλα, σ. 181.
– Επιτύμβια επιγράμματα, επιτύμβιες στήλες: νεκρόπολη, σ. 183-185.
– Ορόσημα: ιερό Διός Αγοραίου, σ. 101· ιερό Αλυκής, σ. 67 και **εικ. 21**.

Στην αρχαϊκή εποχή και στον 5ο αι. π.Χ., οι **Θάσιοι** χρησιμοποιούσαν το αλφάβητο της Πάρου: Ο = Ω και ΟΥ· Ω = Ο· Γ = Λ· Λ = Γ. Η χάραξη είναι ακόμα άτακτη στα τέλη του 7ου αι. και στον 6ο αι. (επιγραφή του μνήματος του Γλαύκου, **εικ. 39**)· συστηματοποιείται στη διάρκεια του 5ου αι. (νόμος της Αθηνάς Πατρώας, **εικ. 172**). Γράφουν ακόμη *βουστροφηδόν* («όπως το βόδι που περνάει από το ένα αυλάκι στο άλλο»: εναλλάξ από τα αριστερά στα δεξιά και από τα δεξιά στα αριστερά) μέχρι τα μέσα του 5ου αι. (επιγραφή του μνήματος του Γλαύκου· νόμος για το κρασί και το ξίδι, **εικ. 133**· Στήλη του λιμανιού, **εικ. 15**)· η διάταξη *στοιχηδόν* (κάθετη στοίχιση των γραμμάτων από γραμμή σε γραμμή) εμφανίζεται γύρω στο 450 (νόμος για τον Ηρακλή **Θάσιο**, **εικ. 173**). Από τα τέλη του 5ου αι. οι **Θάσιοι** χρησιμοποιούν το αττικό αλφάβητο που ανανεώθηκε μετά από τη μεταρρύθμιση του Ευκλείδη (404/3).

Η μορφή των γραμμάτων αλλάζει με το χρόνο. Τον 3ο αι. π.Χ., τα κυκλικά γράμματα είναι αισθητά μικρότερα από τα υπόλοιπα. Το Σ έχει τις οριζόντιες κεραίες παράλληλες, το Α έχει μια οριζόντια κεραία τεθλασμένη από τον 2ο αι. π.Χ. Στην αυτοκρατορική εποχή, η γραφή ορισμένων κειμένων πλησιάζει την ελεύθερη γραφή (Σ και Ε ημικυκλικά). Μια επιτηδευμένη γραφή συναντάται σε κείμενα του 2ου αι. μ.Χ. (ανάθεση στο θωράκιο του θεάτρου, σ. 137· ανάθεση στο τόξο του Καρακάλλα, σ. 181).

Βιβλιογραφία: *IG* XII 8 (1909) και *IG* XII *Suppl.* (1939)· οι δύο αυτοί τόμοι των *Inscriptiones Graecae* που αφορούν ειδικά τη Θάσο πρέπει να συμπληρωθούν από τα J. Pouilloux, *ÉtThas* III (1954)· Chr. Dunant, J. Pouilloux, *ÉtThas* V (1958)· H. Duchêne, *ÉtThas* XIV (1992) και από τα πολυάριθμα άρθρα, από τα οποία πολλά παρατίθενται στις βιβλιογραφίες των κεφαλαίων.

VII. Τα νομίσματα

Η νομισματοκοπία της Θάσου κατά την ελληνική και ρωμαϊκή αρχαιότητα (O. Picard)

Είναι πιθανό ότι οι Θάσιοι, ήδη από την εγκατάστασή τους στο νησί, γνώριζαν για το μεταλλευτικό του πλούτο. Οι σημερινές έρευνες δείχνουν πράγματι ότι η εκμετάλλευση του χρυσού και του αργύρου είναι αρχαιότατη στην περιοχή. Παρ' όλα αυτά η πόλη άρχισε να εκδίδει νομίσματα σχετικά αργά, στις τελευταίες δεκαετίες του 6ου αι. Αλλά η νομισματοκοπία αυτή τοποθετείται απευθείας μεταξύ των πρώτων του ελληνικού κόσμου και συνεχίζεται, διαμέσου πολλών μεταρρυθμίσεων και με διάφορους σταθμητικούς κανόνες, μέχρι την αρχή του 3ου αυτοκρατορικού αιώνα. Οι νομισματικές μέθοδοι επιτρέπουν την αποκατάσταση των κοπών με τέτοια ακρίβεια, που τις καθιστά μία από τις πιο πλήρεις πηγές πληροφόρησης για την ιστορία του νησιού. Οι νομισματικοί τύποι που επιλέχθηκαν οδηγούν στη διάκριση τριών μεγάλων περιόδων, με ένα κενό στον 3ο αι. π.Χ., μέχρι τη δημιουργία της Ρωμαϊκής Αυτοκρατορίας, που χαρακτηρίζεται από μια σύντομη αναγέννηση υπό τους Αντωνίνους και τους Σεβήρους.

Ο Σιληνός και η Μαινάδα (εικ. 278-280)

Για τα πρώτα νομίσματα, μέχρι τα τέλη του 5ου αι., η πόλη επέλεξε έναν εικονογραφικό τύπο που σχετίζεται με τη λατρεία του Διονύσου, τον Σιληνό (του οποίου μια κολοσσική απεικόνιση κοσμεί μία από τις νότιες πύλες της πόλης) που στους στατήρες (περίπου 10 γρ.) και στις τρίτες (3,9 με 4 γρ.) απάγει μία μαινάδα. Ο Σιληνός απεικονίζεται μόνος, σε διασκελισμό, στα ημίεκτα, ενώ στις έκτες εικονίζεται το κεφάλι του· οι μικρότερες υποδιαιρέσεις απεικονίζουν δελφίνια: τα τέταρτα της έκτης δύο, τα όγδοα μόνο ένα. Η πλειοψηφία αυτών των ονομαστικών αξιών είναι γνωστές από επιγραφές. Ο οπισθότυπος δεν περιλαμβάνει καμία απεικόνιση παρά ένα περισσότερο ή λιγότερο κανονικό έγκοιλο τετράγωνο, με εξαίρεση τις υποδιαιρέσεις του τέλους του 5ου αι., που είναι οι πρώτες που φέρουν το εθνικό της πόλης. Η απουσία του τελευταίου στον οπισθότυπο προκάλεσε αμφιβολία για το αν οι προηγούμενες κοπές ήταν σίγουρα της Θάσου· αλλά, μεταξύ άλλων, η συνεχής χρήση του θέματος εγγυάται την απόδοσή τους στην πόλη. Ο σταθμητικός κανόνας δεν είναι ο αττικός (τετράδραχμο 17,20 γρ.), που υιοθετήθηκε από τις περισσότερες γειτονικές ελληνικές πόλεις, αλλά ένας τοπικός, ο οποίος ονομάζεται θρακομακεδονικός και χρησιμοποιείται σε πολλές κοπές νομισμάτων της περιοχής του Παγγαίου ή

εικ. 278. Σειρά με το Σιληνό και τη Μαινάδα, ομάδα πρώτη: δύο στατήρες, τρίτη, ημιέκτον, τέταρτο και όγδοο (τα νομίσματα των εικ. 278 έως 293 εικονίζονται σε κλίμακα 1: 1).

της κοιλάδας του Στρυμόνα: αυτές χαρακτηρίζονται από την ελάχιστη ακρίβεια του βάρους τους και πρέπει να σημειώσουμε ότι, παρά την ονομασία τους, οι τρίτες ξεπερνούν το βάρος του ενός τρίτου του στατήρα. Οι παραλλαγές που επήλθαν ηθελημένα σε μια λεπτομέρεια του τύπου, την απεικόνιση του χεριού της μαινάδας, οδηγούν στη διαίρεση της σειράς του Σιληνού σε τρεις ομάδες.

Η πρώτη ομάδα (**εικ. 278**) εικονίζει μια μαινάδα με κινήσεις αρκετά σπασμωδικές, της οποίας τα χέρια σχηματίζουν κάτι σαν Υ. Μια παλαιότερη ανάλυση υποστήριζε ότι η μαινάδα αντιστεκόταν: στην πραγματικότητα το μοτίβο, του οποίου βρίσκουμε παράλληλα στη σύγχρονη κεραμική, μεταφέρει απλά την ένταση της μαινάδας κατά τη συμμετοχή της στο διονυσιακό θίασο. Η ομάδα διαθέτει όλες τις υποδιαιρέσεις με εξαίρεση την έκτη. Ένας από τους τύπους που εκδόθηκε στο όνομα αρκετών εθνών της ηπείρου απέναντι από τη Θάσο απεικονίζει μια παρόμοια σκηνή αρπαγής, ενώ ο απαγωγέας είναι ένας κένταυρος αντί του Σιληνού. Η ομοιότητα του βάρους, αυτή του οπισθότυπου, οι συσχετίσεις που μπορούν να γίνουν ως προς τις λεπτομέρειες, ειδικά στην απόδοση του χεριού, οδηγούν στην άποψη ότι η συγγένεια αυτή δεν είναι τυχαία, αλλά υποδηλώνει μια νομισματική συμμαχία: η ελληνική νομισματική παρέχει πολυάριθμα τέτοια παραδείγματα. Νομίσματα με τον κένταυρο και νομίσματα με τον Σιληνό κυκλοφορούν συχνά μαζί και πολλά έχουν βρεθεί σε θησαυρούς θαμμένους στην Περσία. Καθώς η συμμαχία και η κυκλοφορία των νομισμάτων εντός της Περσίας φαίνονται να σταματούν λίγο μετά το 480, την επαύριο της περσικής ήττας στο δεύτερο περσικό πόλεμο που θέτει τέλος στην κυριαρχία των Περσών στην περιοχή, μπορούμε να αναρωτηθούμε ποιο ρόλο διαδραματίζει η περσική κατάκτηση του 512

εικ. 279. Σειρά με το Σιληνό και τη Μαινάδα, ομάδα δεύτερη: στατήρας και θρακική απομίμηση.

στην εμφάνιση και στην ανάπτυξη της πρώτης νομισματοκοπίας της Θάσου. Όμως, ενώ η κατάσταση γύρω στο 480 είναι αρκετά ικανοποιητικά γνωστή χάρη στους θησαυρούς, οι γνώσεις μας γίνονται όλο και πιο ασαφείς καθώς ανερχόμαστε στον 6ο αι. Η Θάσος άρχισε να εκδίδει νόμισμα πριν το 500, αλλά είναι δύσκολο να καθορίσουμε τη χρονολογία των πρώτων κοπών, τις οποίες θα πρέπει να τοποθετήσουμε μεταξύ του 520 και του 510. Είναι αναμφισβήτητο ότι η καταβολή φόρου στους Πέρσες εξηγεί, μαζί με τις υπόλοιπες δαπάνες της πόλης (κατασκευή πολεμικού στόλου, ιδιαίτερα έντονη αρχιτεκτονική δραστηριότητα, κ.λπ.) τη χρήση του νομίσματος, αλλά δεν είναι βεβαιωμένο ποια είναι η αρχική αιτία.

Η δεύτερη ομάδα (**εικ. 279**) διακρίνεται από την απεικόνιση του χεριού, κατενώπιον, με τα πέντα δάχτυλα ευδιάκριτα σχεδιασμένα. Η πλειοψηφία των ελληνικών πόλεων έχουν διαφοροποιήσει, μέσω μιας κάποιας παραλλαγής, τις κοπές που είναι μεταγενέστερες του πολέμου. Ήταν εξίσου χρήσιμο για τη Θάσο να μη συνεχιστούν οι θρακικές κοπές με τον κένταυρο, καθώς η συμμαχία έλαβε τέλος με την περσική υποχώρηση. Εξάλλου, η ομάδα αυτή δε διαθέτει καμιά υποδιαίρεση. Το κύριο γεγονός στην ιστορία της Θάσου στα χρόνια αυτά είναι, μετά τη σύναψη της συμμαχίας με την Αθήνα, η αποστασία από αυτήν το 465. Έχει ήδη τεθεί το ερώτημα ποια συνέπεια είχε για τη νομισματοκοπία η συνθηκολόγηση του 463, η οποία υποχρέωσε τη Θάσο να εγκαταλείψει τα έσοδα που αντλούσε από την εκμετάλλευση των μεταλλείων και των εμπορίων της ηπείρου. Ο C. Kraay είχε προτείνει να χρονολογηθεί αμέσως μετά το 463 μια ομάδα στατήρων, στον άργυρο των οποίων είχε προστεθεί μια περισσότερο ή λιγότερο ισχυρή ποσότητα χαλκού. Πράγματι, διακρίνουμε σ' αυτήν την ομάδα αρχικά μια σειρά κοπών που το στυλ τους εξελίσσεται κανονικά βάσει των τελευταίων νομισμάτων με το χέρι σε Υ. Στη συνέχεια ακολουθούν κοπές με στυλ πιο συγκεχυμένο, συχνά φθαρμένο, από τις οποίες ορισμένες (αν όχι όλες) είναι αναμφισβήτητα θρακικές απομιμήσεις, οι οποίες συνεχίζονται μέχρι τον 4ο αι. Ο εντοπισμός στη Βουλγαρία, στην κοιλάδα του Έβρου, ενός εμπορίου όπου ήρθαν στο φως πολυάριθμες απομιμήσεις, ορισμένες μάλιστα σε χαλκό, επιβεβαιώνει το εύρος του φαινομένου αυτού. Το 463 σήμανε μάλλον μια τομή στη νομισματική ιστορία της πόλης, ακόμη κι αν η δεύτερη ομάδα συνεχίζει να εκδίδεται, ίσως εν μέρει στη Θάσο, και σίγουρα στη Θράκη.

Η τρίτη ομάδα (**εικ. 280**) αποτελείται από τις τελευταίες κοπές με τον Σιληνό. Το στυλ τους έχει εξελιχθεί αξιοσημείωτα: ο Σιληνός, φαλακρός, με φροντισμένη γενειάδα, με εντυπωσιακή ουρά αλόγου, μοιάζει με τους Σιληνούς της ερυθρόμορφης αττικής κεραμικής. Έχουν υπογραμμιστεί οι επιδράσεις των παρθενώνειων γλυπτών στην τέχνη του χαράκτη, που είναι ένας από τους μεγαλύτερους τεχνίτες της εποχής. Σύμφωνα με τον κανόνα, το εργαστήριο επέμεινε στη διαφοροποίηση της ομάδας απεικονίζοντας διαφορετικά το χέρι της μαινάδας: εικονίζεται πλέον σε κατατομή πίσω από το λαιμό του Σιληνού.

εικ. 280. Σειρά με το Σιληνό και τη Μαινάδα, ομάδα τρίτη: στατήρας, δύο τρίτες, έκτη, ημιέκτο, τέταρτο και όγδοο.

Όλες οι αξίες του συστήματος εκδίδονται στο εξής. Στατήρες και τρίτες παραμένουν χωρίς άλλη απεικόνιση στον οπισθότυπο εκτός του εγκοίλου τετραγώνου, αλλά από την έκτη και πέρα, υπάρχει ένας οπισθότυπος σε συνδυασμό με το εθνικό της πόλης. Διαμορφώνεται έτσι ο παρακάτω πίνακας:

Αξία	**Μέσο βάρος**	**Ομάδα**	**Εμπροσθότυπος**	**Οπισθότυπος**
Στατήρας	10-8,6	1, 2, 3	Σιληνός που απάγει μαινάδα	Έγκοιλο τετράγωνο
Τρίτη	3,9-3,6	1 + 3	Σιληνός που απάγει μαινάδα	Έγκοιλο τετράγωνο
Έκτη	1,80	3	Διπλή κεφαλή Σιληνού	2 ανεστραμμένοι κρατήρες ΘΑΣΙ
Ημίεκτον	0,90-0,80	1 3	Σιληνός σε διασκελισμό	Έγκοιλο τετράγωνο 1 κρατήρας ΘΑΣ ΙΩΝ
Τεταρτημόριο	0,50-0,40	1	Δύο δελφίνια	Έγκοιλο τετράγωνο
		3	Κεφαλή Σιληνού στα δεξιά	2 δελφίνια ΘΑ
Όγδοο	0,25-0,20	1 3	Ένα δελφίνι Κεφαλή μαινάδας στα αριστερά	Έγκοιλο τετράγωνο 1 δελφίνι ΘΑ

Γράμματα ή δευτερεύοντα σύμβολα στους στατήρες και στα ημιέκτα επιτρέπουν τη διάκριση διαφόρων εκδόσεων, ενώ οι τρίτες εικονίζουν δύο εκδοχές της αρπαγής, με τον Σιληνό σε κατατομή ή σε τρία τέταρτα. Το βάρος του στατήρα, που είχε μειωθεί στη δεύτερη ομάδα, σταθεροποιείται στα

8,60 γρ., κάτι που τον καθιστά ισότιμο με το αττικό δίδραχμο, χωρίς να μπορεί να γίνει λόγος για ένταξη στο αττικό σύστημα, διότι οι υποδιαιρέσεις διατηρούν τα προγενέστερα ονόματα και αξίες. Η χρονολόγηση της ομάδας είναι δύσκολο να καθοριστεί, καθώς η μαρτυρία των θησαυρών δεν είναι ιδιαίτερα ξεκάθαρη. Λόγω των διαφορών του οπισθότυπου, οι σύγχρονοι νομισματολόγοι διέσπασαν το σύνολο χρονολογώντας τους στατήρες και τις τρίτες λόγω της ποιότητας του στυλ αμέσως μετά την ολοκλήρωση του Παρθενώνα, γύρω στο 430, τις έκτες και τα ημιέκτα μόλις στο 360, αναμφίβολα εξαιτίας του οπισθότυπου, και τις μικρές υποδιαιρέσεις μεταξύ των ετών 412 και 405, την περίοδο των εξεγέρσεων και των πολιτικών ταραχών του τέλους του Πελοποννησιακού Πολέμου. Εντούτοις, η ομοιογένεια του στυλ και ορισμένοι θησαυροί επιτρέπουν να βεβαιώσουμε ότι όλα αυτά τα νομίσματα είναι σύγχρονα, ενώ τα ημιέκτα έχουν εκδοθεί σε ιδιαίτερα μεγάλο αριθμό. Καθώς μια χρονολόγηση στον 4ο αι. αποκλείεται, μια και ορισμένες επιγραφές αναφέρουν πληρωμές σε στατήρες κατά τη διάρκεια αυτών των ταραχών, μπορούμε να τοποθετήσουμε την ομάδα αυτή μεταξύ της εξέγερσης ενάντια στην Αθήνα το 412 και στην κατάληψη της πόλης από τους Λακεδαιμόνιους το 404.

Η σειρά με γενειοφόρους Διόνυσο και Ηρακλή (εικ. **281-284**)

Η επανέναρξη της νομισματοκοπίας σημειώνεται από μια ριζική νομισματική μεταρρύθμιση η οποία αφορά εξίσου τους τύπους και το σύστημα υποδιαιρέσεων και συνοδεύεται από την έκδοση χάλκινων και στη συνέχεια από κάποιες κοπές χρυσών. Όπως έπραξαν προηγουμένως πολλά νομισματικά εργαστήρια, οι Θάσιοι δεν αρκούνται πλέον να επικαλούνται τον θεό τους μέσω μιας σκηνής διονυσιακού θιάσου, αλλά τοποθετούν στον εμπροσθότυπο την απεικόνιση του θεού που είναι το συχνότερο γενειοφόρος και φέρει στεφάνι κισσού· αλλά σε κάποια ημίδραχμα βρίσκουμε μια αγένεια κεφαλή νέου που φέρει στεφάνι από μίσχο φυτού, η ταύτιση του οποίου παραμένει αβέβαιη: ίσως πρόκειται για την τοπική απεικόνιση ενός αγένειου Διονύσου. Στον οπισθότυπο εμφανίζεται η απεικόνιση ενός Ηρακλή τοξότη που αναπαράγει με μεγάλη ακρίβεια το ανάγλυφο της πύλης του Ηρακλή (βλ. **εικ. 96**), με το όνομα της πόλης ΘΑΣΙΟΝ και ένα δευτερεύον σύμβολο που υποδεικνύει την έκδοση. Τα αργυρά νομίσματα (**εικ. 281**) που εκδόθηκαν σε πρώτη φάση ζυγίζουν αισθητά το ίδιο με τις προγενέστερες τρίτες. Στη συνέχεια, θα έχουν ως πολλαπλάσια τα νομίσματα που μπορεί να φθάσουν τα 15 γρ.: πρόκειται για τετράδραχμα, κάτι που δείχνει ότι η πόλη δεν έχει αλλάξει σταθμητικό κανόνα, όπως είχε θεωρηθεί, αλλά υποκαθιστά την τρίτη – ένα τρίτο του στατήρα, όπως στην αρχαϊκή Μικρά Ασία, με τη δραχμή – ένα τέταρτο του τετράδραχμου. Η Θάσος όπως και άλλες πόλεις της περιοχής, είχε εκδώσει έναν αριθμό χρυσών

εικ. 281. Σειρά με τους Διόνυσο και Ηρακλή γενειοφόρους: δραχμή, τριημιώβολο, τετράδραχμο, τριώβολο σε άργυρο· χρυσή δραχμή· δίδραχμο και δραχμή.

νομισμάτων σε διάφορες χρονικές στιγμές του 4ου αι., με τη διαφορά όμως ότι δεν υιοθέτησε όπως εκείνες το αττικό σύστημα γι' αυτές τις κοπές μεγάλης αξίας, για τις οποίες υποθέτουμε ότι χρησίμευαν στην πληρωμή των μισθοφόρων.

Η μεταρρύθμιση συνοδεύεται από την εισαγωγή του χάλκινου νομίσματος (**εικ. 282-283**). Το μέταλλο αυτό κόπηκε σε νόμισμα αρχικά στις εσχατιές του ελληνικού κόσμου, στον Εύξεινο Πόντο και στη Σικελία, και φαίνεται ότι εισήχθηκε στην Ελλάδα από την Κόρινθο· από εκεί, η χρήση του

εικ. 282. Σειρά με τους Διόνυσο και Ηρακλή γενειοφόρους, χάλκινα νομίσματα (390-335 περίπου): δύο χαλκά, τριώβολο με το Διόνυσο, ημιώβολο και χαλκούν.

εικ. 283. Σειρά με τους Διόνυσο και Ηρακλή γενειοφόρους, χάλκινα νομίσματα (335-310 περίπου): χαλκούν, τέταρτο, και δύο ημιώβολα.

θα διαδοθεί σύντομα στη βόρεια Ελλάδα και στο βασίλειο της Μακεδονίας. Οι Θάσιοι εξέδωσαν αρχικά χαλκά (το όνομα, μαρτυρούμενο σε άλλες πόλεις, είναι απλά αυτό του μετάλλου) ενός μέσου βάρους 1,5 γρ. (αλλά το βάρος των χάλκινων νομισμάτων είναι ιδιαίτερα ασταθές), που φέρουν στον εμπροσθότυπο γενειοφόρο κεφαλή Ηρακλή και στον οπισθότυπο τα όπλα του ήρωα, το τόξο (το δοξάρι εικονίζεται πάντα προς τα επάνω) και το ρόπαλο· οι διαδοχικές κοπές διακρίνονται μέσω ενός δευτερεύοντος συμβόλου σχεδιασμένου εντός του τόξου: είναι πάντα διαφορετικό από αυτό των αργυρών νομισμάτων, κάτι που υποδεικνύει ότι δύο διαφορετικοί άρχοντες επέβλεπαν τη νομισματοκοπία. Το εθνικό ΘΑΣΙΟΝ διασπάται σε πρώτη φάση σε δύο γραμμές κάτω από το ρόπαλο, αρχικά εντός έγκοιλου τετραγώνου, έπειτα σε έγκοιλο κύκλο, έπειτα χαραγμένο ενιαία, αρχικά αντίστροφα από το τόξο, έπειτα στην ίδια φορά. Οι αλλαγές αυτές δεν είναι τυχαίες, αλλά αντιστοιχούν σε αποκλίσεις της νομισματικής πολιτικής της Θάσου τις οποίες μπορούμε να παρακολουθήσουμε με πολύ μεγαλύτερη ακρίβεια από ό,τι πριν χάρη στο μεγάλο αριθμό χάλκινων νομισμάτων που έχουν βρεθεί στις ανασκαφές, μερικές φορές σε καλά χρονολογημένα στρώματα.

Μπορούμε λοιπόν να χρονολογήσουμε τη μεταρρύθμιση αυτή περί το 390, τη στιγμή που η Θάσος συμμαχεί με την Αθήνα και επαναφέρει το δημοκρατικό πολίτευμα, σε δύσκολες περιστάσεις οι οποίες μας είναι πιθανώς γνωστές από μια επιγραφή. Η νομισματοκοπία μεταβάλλεται στη συνέχεια περί το 360: δίπλα σε μικρές αλλαγές, θα σημειώσουμε την εισαγωγή των χάλκινων νομισμάτων 9 ως 10 γρ., που υπολογίζονται ως υποδιαιρέσεις του οβολού· πρόκειται προφανώς για ημιώβολα· φέρουν τους ίδιους τύπους με τα χαλκά, με μόνη διαφορά ότι ο Ηρακλής είναι εδώ ο αγένειος, έφηβος θεός. Στην εποχή αυτή πρέπει πιθανώς να χρονολογηθούν τα αινιγματικά νομίσματα που διαθέτουν τους τύπους και το βάρος, κατά προσέγγιση, των αργυρών ημίδραχμων ενώ είναι χάλκινα: όπως άλλα παραδείγματα δηλώνουν αλλού, πρόκειται αναμφισβήτητα για νομίσματα στα οποία η πόλη επιβάλλει μια τεχνητή ισοτιμία, κατά πολύ ανώτερη από εκείνη των χάλκινων νομισμάτων· δεν μπορεί να πρόκειται παρά για κάποιο έκτακτο μέτρο, υπαγορευμένο από τις περιστάσεις. Πάντως την ίδια περίοδο εμφανίζονται οι κοπές χαλκού και χρυσού (ένας στατήρας είναι γνωστός) των Θασίων της ηπείρου που θα συνεχιστούν με αυτές της πόλης των Φιλίππων (**εικ. 284**). Οι Φίλιπποι θα ιδρυθούν από τον βασιλιά της Μακεδονίας στη θέση των Κρηνίδων, πόλη που οικοδομήθηκε σε μικρή απόσταση από την ακτή, σε περιοχή μεταλλείων χρυσού. Η παράδοση μεταφέρει ότι ο Φίλιππος ήρθε να βοηθήσει τους κατοίκους που δέχθηκαν επίθεση από Θράκες. Ο συσχετισμός των νομισματικών και των ιστορικών δεδομένων δείχνει ότι παρενέβη μια ρήξη ανάμεσα στους πολίτες του νησιού και σε αυτούς της ηπείρου: οι τελευταίοι εξέδωσαν άφθονες κοπές χαλκών, των οποίων οι πρώτες διαφέρουν από αυτές του νησιού μόνο σε λεπτομέρειες, καθώς ο Ηρακλής είναι αγένειος και το ρόπαλο τοποθετημένο πάνω στο τόξο, όπως και στο εθνικό ΘΑΣΙΟΝ ΗΠΕΙΡΟΥ. Η σύγκρουση αυτή εξηγεί ταυτόχρονα γιατί η Θάσος έχασε τον έλεγχο των

εικ. 284. Νομίσματα των Θασίων της ηπείρου.

μεταλλείων στις Κρηνίδες και γιατί αντιμετώπισε νομισματικά προβλήματα.

Στη συνέχεια, η συμμαχία της Θάσου με τον Φίλιππο της Μακεδονίας, αμέσως μετά τη νίκη της Χαιρώνειας (338) δεν επέφερε, όπως ήταν δεκτό επί μακρόν, την παύση της νομισματοκοπίας. Ωστόσο η αλλαγή των πολιτικών προσώπων συνοδεύεται από μια μεταβολή της νομισματικής πολιτικής. Η πόλη σταματά να εκδίδει τετράδραχμα και περιορίζεται στα δίδραχμα, έπειτα μόνο στις δραχμές, κάτι που δεν συνεπάγεται την πτώχευση, διότι διαπιστώνουμε την ίδια στιγμή μια εντυπωσιακή επανέναρξη των δημόσιων έργων παρά τον περιορισμό του ρόλου που έπαιζαν τα αργυρά νομίσματα της πόλης. Όμως, αντίθετα με πολλές γειτονικές της πόλεις, η Θάσος δε θα εκδώσει ποτέ νόμισμα με τους τύπους του Αλεξάνδρου, που συνιστούν στο εξής το μεγάλο πανελλήνιο νόμισμα. Η κοπή χάλκινων νομισμάτων συνεχίζει με την εισαγωγή των μεσαίων χαλκών, προφανώς τετρώβολων, και έπειτα με μια μείωση του βάρους των χάλκινων ημιώβολων. Γενικά, η νομισματοκοπία του 4ου αι. στερείται του εύρους της προγενέστερής της: με λίγες εξαιρέσεις, δεν κυκλοφορεί καθόλου έξω από τα όρια της πόλης, κάτι που έρχεται σε έντονη αντίθεση με την κυκλοφορία των στατήρων του 5ου αι. καθώς επίσης και με τις γνώσεις μας για το εμπόριο της Θάσου αυτήν την περίοδο, ειδικά με τις εξαγωγές κρασιού όπως δηλώνει η διάδοση των θασίτικων αμφορέων (βλ. σ. 225).

Η εποχή των δυσχερειών (τέλη 4ου - αρχές 2ου αιώνα) (εικ. 285-289)

Μέσα σε αυτό το πλαίσιο υποχώρησης των δραχμών, των οποίων ο αριθμός φθίνει αισθητά όσο προχωράμε στον αιώνα και κυρίως των χάλκινων νομισμάτων, εμφανίζεται μια ομάδα (**εικ. 285**) που έρχεται σε παντελή ρήξη με την προγενέστερη νομισματοκοπία και, ας προσθέσουμε από τώρα, τη μεταγενέστερη. Περιλαμβάνει κυρίως χάλκινα – χωρίς αμφιβολία οβολούς – το βάρος των οποίων είναι γύρω στα 13 γρ. κατά την πρώτη έκδοση, για να μειωθεί λίγο στη συνέχεια, και φέρουν στον εμπροσθότυπο κεφαλή Δήμητρας με καλύπτρα και στον οπισθότυπο αυτές των Διόσκουρων περιβαλλόμενες από κληματίδες. Οι θεότητες αυτές τιμούνται σε όλον τον ελληνικό κόσμο, αλλά η απεικόνισή τους δεν είχε ποτέ εμφανιστεί και δε θα εμφανιστεί ποτέ ξανά στα νομίσματα της Θάσου. Η καινοτομία είναι ακόμη πιο σημαντική διότι πολλά από τα νομίσματα αυτά είναι τυπωμένα πάνω σε ημιώβολα της προηγούμενης σειράς: οι τύποι τους είναι επισημασμένοι, επειδή αποσύρθηκαν από την κυκλοφορία προς όφελος των νέων νομισμάτων που εκδόθηκαν σε πολύ μεγάλο αριθμό. Δεν ισχύει το ίδιο για τα νέα χαλκά που εικονίζουν κεφαλή Ηρακλή, ταπεινού στυλ, και πίλο των Διόσκουρων, τα οποία είναι ιδιαίτερα σπάνια. Εντούτοις, λίγο μετά από την εξαφάνιση των προηγούμενων νομισμάτων, οι Δήμητρες χάνουν την ονομαστική τους αξία και μπορούν να συνεχίσουν να χρησιμοποιούνται μόνο μετά από επισήμανση με την εικόνα ροπάλου ως αντένδειξη, η οποία πρέπει να είναι σύγχρονη με την επόμενη κοπή. Πρόκειται για ένα μεμονωμένο επεισόδιο στη νομισματική ιστορία της Θάσου και, εφόσον τα νομίσματα αυτά βρίσκονται σε αρχαιολογικά στρώματα του τέλους του 4ου αι., θα μπορούσαμε (ωστόσο η υπόθεση έχει αμφισβητηθεί) να το συσχετίσουμε με μια τυραννία μικρής διάρκειας που κυριάρχησε στη Θάσο γύρω στο 310.

εικ. 285. Χάλκινα νομίσματα με τη Δήμητρα (το δεύτερο τυπωμένο πάνω σε προηγούμενο ημιώβολο) και χαλκά.

Η προσπάθεια επιστροφής σε μια κανονική κατάσταση γίνεται με μια ιδιαίτερα πολυπληθή έκδοση (αλλά μικρότερη από τις Δήμητρες) μέσων χαλκών (ημιώβολων;) και μικρών (τετάρτων;) επαναφέροντας με ανεπαίσθητες παραλλαγές τους τύπους των χάλκινων του 4ου αι. (**εικ. 286**): ο Ηρακλής είναι στο εξής γενειοφόρος στις μεγάλες αξίες και αγένειος στις υποδιαιρέσεις· το τόξο δεν περιέχει πλέον το σύμβολο της έκδοσης, αλλά ενδείξεις της αξίας, έναν αμφορέα για τα ημιώβολα και ένα βότρυ για τα τέταρτα. Η κοπή αυτή μπορεί να τοποθετηθεί γύρω στο 300.

Ο 3ος αι. σημαδεύεται από μια μεγάλη φτώχεια της νομισματοκοπίας. Είναι δυνατό να ενταχθεί σε αυτόν (προς τα μέσα του αιώνα;) μόνο μια πολυπληθής

εικ. 286. Χάλκινα νομίσματα της τελικής ομάδας: τρία ημιώβολα και δύο τέταρτα.

εικ. 287. Χάλκινα νομίσματα με τον αμφορέα και με το κέρας Αμαλθείας.

εικ. 288. Χάλκινα ημιώβολα του τέλους του 3ου αι. (με ίδια σφραγίδα στον εμπροσθότυπο).

εικ. 289. Δύο ημίδραχμα και χάλκινο από την κοπή με το ρόπαλο.

ομάδα (**εικ. 287**), με νέους τύπους – έναν αμφορέα στον εμπροσθότυπο και ένα κέρας Αμαλθείας (που θα επανεμφανιστεί στη συνέχεια) – της οποίας είναι δύσκολο να κατανοήσουμε το ρόλο σε σχέση με την προγενέστερη νομισματοκοπία. Έρχεται στη συνέχεια (προς τα τέλη του αιώνα;) μια κοπή ημιώβολων (**εικ. 288**) επανεφέροντας τους προηγούμενους τύπους, μια κεφαλή αγένειου Ηρακλή και τα όπλα του ήρωα, με κέρας της Αμάλθειας κάτω από το ρόπαλο· το εθνικό αναγράφεται με το τη μορφή ΘΑΣΙΩΝ, με Ω. Όλως περιέργως, η έκδοση αυτή – παρεμπιπτόντως αρκετά παρούσα στις ανασκαφές – τυπώθηκε με μία μόνο σφραγίδα εμπροσθότυπου και δύο οπισθότυπου. Ακόμη κι αν δεχτούμε ότι μια σφραγίδα μπορεί να τυπώσει μέχρι 30.000 νομίσματα, πρέπει να αναγνωρίσουμε ότι ο οικονομικός ρόλος μιας τόσο μικρής έκδοσης, μετά από δεκαετίες διακοπής, δεν μπορεί παρά να είναι μηδαμινός.

Η πόλη επανέρχεται στις κοπές αργύρου και χαλκού στις αρχές του 2ου αι. (**εικ. 289**), σίγουρα μετά από τη μακεδονική κυριαρχία, χάρη στη νίκη των Ρωμαίων επί του Φιλίππου Ε′ το 196. Οι αργυρές κοπές αντιπροσωπεύονται από ημίδραχμα περίπου 1,6-1,7 γρ., δηλαδή θρακομακεδονικού βάρους, που θα πρέπει να ήταν και η τελευταία χρήση του συστήματος αυτού, εκτός αν προτιμήσουμε να αναγνώσουμε σε αυτά ημίδραχμα μειωμένου αττικού βάρους. Έχουν ως τύπο γενειοφόρο κεφαλή Διονύσου στον εμπροσθότυπο και το ρόπαλο του Ηρακλή εντός δάφνινου στεφανιού με το όνομα της πόλης ΘΑΣΙΩΝ στον οπισθότυπο. Τα χάλκινα, ανάλογου πλήθους, έχουν τον ίδιο οπισθότυπο και κεφαλή νεαρού σατύρου στον εμπροσθότυπο. Η ομάδα είναι αρκετά πολυπληθής, κρίνοντας από τη χρήση περίπου δέκα σφραγίδων για εμπροσθότυπους και οπισθότυπους για κάθε μέταλλο.

Η σειρά με αγένειους Διόνυσο και Ηρακλή (εικ. 290-292)

Η επιστροφή όμως σε μια κανονική κατάσταση, δηλαδή σε κοπές χρυσού και αργύρου που διαδέχονται η μία την άλλη σε ένα σχετικά σταθερό διάστημα, πραγματοποιήθηκε μόνο μεταξύ του 180 και του 170· αφού η ανεξαρτησία της πόλης παγιώθηκε μέσω της συμμαχίας με τη Ρώμη, επέρχεται μια ανανέωση των δημοκρατικών θεσμών (πιθανώς έντονα συντηρητικών). Είναι ενδεικτικό της παραδοσιακής στάσης ως προς το νόμισμα το γεγονός ότι η πόλη επαναφέρει, με ορισμένες μετατροπές, τους προγενέστερους τύπους, από τους οποίους ορισμένοι δεν είχαν χρησιμοποιηθεί εδώ και εκατόν τριάντα χρόνια περίπου (**εικ. 290**).

Έτσι, ο Διόνυσος και ο Ηρακλής επανεμφανίζονται στα αργυρά νομίσματα, τετράδραχμα και κάποιες σπάνιες δραχμές. Αλλά ο Διόνυσος του εμπροσθότυπου, πάντοτε κισσοστεφής, είναι στο εξής ένας αγένειος έφηβος· όσο για τον Ηρακλή του οπισθότυπου, και αυτός επίσης απεικονιζόμενος νέος, δεν είναι πλέον ο ήρωας τοξότης, αλλά ο θεός που κρατώντας το ρόπαλο παριστάνεται κατενώπιον: το όνομά του αναγράφεται σε δύο στήλες εκατέρωθεν, ΗΡΑΚΛΕΟΥΣ ΣΩΤΗΡΟΣ. Μια σημαντική αλλαγή: η πόλη έχει υιοθετήσει τον αττικό σταθμητικό κανόνα, τον μόνο που επιτρέπει μια ευρεία διάδοση στο εξωτερικό. Η γειτονική πόλη της Μαρώνειας εκδίδει την ίδια περίοδο αισθητά παρόμοια νομίσματα, που διαφέρουν μόνο από την παρουσία του Διονύσου στον οπισθότυπο: πρέπει αναμφισβήτητα να το εκλάβουμε ως αποτέλεσμα μιας νομισματικής συμμαχίας.

Τα χάλκινα νομίσματα (**εικ. 291**) είναι επίσης ιδιαίτερα άφθονα. Τα ημιώβολα (η αξία των οποίων παραμένει υποθετική), με βάρος περίπου 3 γρ., διατηρούν ως τύπους την κεφαλή γενειοφόρου Ηρακλή και τα όπλα του ήρωα· το τόξο του περικλείει έναν αμφορέα όπως στον 4ο και 3ο αι. Αλλά η ανώτερη αξία παρουσιάζει νέους τύπους: προτομή Αρτέμιδος, της οποίας το ιερό γνωρίζει μια αξιοσημείωτη άνθηση την περίοδο αυτή, και έναν Ηρακλή τοξότη, τώρα όρθιο.

εικ. 290. Σειρά με τους Διόνυσο και Ηρακλή αγένειους: τετράδραχμο και δραχμή.

εικ. 291. Σειρά με τους Διόνυσο και Ηρακλή αγένειους: χάλκινα νομίσματα με την Αρτέμιδα και με τα όπλα του Ηρακλή.

εικ. 292. Σειρά με τους Διόνυσο και Ηρακλή αγένειους: κεφαλή Ηρακλή; κέρας Αμαλθείας.

Οι διαδοχικές κοπές διακρίνονται από τα μονογράμματα, διαφορετικά για τον άργυρο και το χαλκό. Αλλά η διαφορά χρήσης αυτών των δύο μετάλλων πηγαίνει ακόμη μακρύτερα. Είναι δυνατόν να αναγνωρίσει κανείς είκοσι τρεις κοπές χαλκού και να αποκαταστήσει μέσω της διαδοχής τους τις περιπέτειες της νομισματικής ιστορίας της πόλης: σε δύο περιπτώσεις, η πόλη επέκοψε τα νομίσματά της, πιθανώς έναντι είσπραξης φόρου, που σε μία περίπτωση καταβλήθηκε με μικρά νομίσματα που έφεραν γυμνή κεφαλή Ηρακλή στραμμένη στα αριστερά και κέρας της Αμάλθειας στον οπισθότυπο (που συνιστά τον τύπο του επιβεβλημένου σημαδιού, **εικ. 292**)· το σύστημα ελέγχου άλλαξε και εντέλει εξαφανίστηκε· η τελευταία κοπή είναι κακής στυλιστικά ποιότητας και ιδιαίτερα χαμηλού βάρους. Αντίθετα, μετά από έναν πολύ μικρό αριθμό κοπών τετραδράχμων ωραίου στυλ, φαίνεται ότι τα μονογράμματα παγιώθηκαν και δεν έχουν καμία σημασία για το εργαστήριο. Ο μεγαλύτερος αριθμός τετραδράχμων αυτής της δεύτερης ομάδας εκδόθηκε στα χρόνια 120-80· αυτά βρίσκονται σε μεγάλο αριθμό σε θησαυρούς του μη μεσογειακού τμήματος των Βαλκανίων (Βουλγαρία, Ρουμανία, Σερβία, μέχρι την Ουγγαρία). Μια νομισματοκοπία τέτοιας αφθονίας δε φαίνεται να έχει κοινό μέτρο με τις οικονομικές δυνατότητες της πόλης την εποχή αυτή. Καθώς οι θασιακοί τύποι αναπαράχθηκαν (για μια περιορισμένη έκδοση) από έναν Ρωμαίο πραίτορα στη Θεσσαλονίκη και κυρίως έτυχαν απομιμήσεων (σε μεγάλο αριθμό) από τους Θράκες και τους Κέλτες στο εσωτερικό, τίθεται το ερώτημα αν ο πολύ μεγάλος αριθμός ύστερων κοπών δεν αποτελείται από απομιμήσεις. Το ζήτημα παραμένει ανοιχτό.

Οι κοπές αυτοκρατορικής εποχής (εικ. 293)

Είναι δύσκολο να πει κανείς πότε σταματά η ελληνιστική νομισματοκοπία της Θάσου: ίσως κατά το μιθριδατικό πόλεμο (87-85), ή ακόμη την επαύριο

εικ. 293. Χάλκινα νομίσματα αυτοκρατορικής εποχής του Αδριανού, του Μάρκου Αυρήλιου, του Σεπτήμιου Σεβήρου, του Καρακάλλα και του Γέτα.

της μάχης των Φιλίππων, όταν ο Μάρκος Αντώνιος επέβαλε κυρώσεις στη Θάσο επειδή η πόλη υποδέχτηκε τους δημοκρατικούς (το 44). Σε κάθε περίπτωση, η διακοπή αυτή θα διαρκέσει μέχρι τη βασιλεία του φιλέλληνα αυτοκράτορα Αδριανού (117-138 μ.Χ.). Στο μεταξύ, η αναδιοργάνωση της νομισματοκοπίας από τον Αντώνιο και κυρίως από τον Αύγουστο είχε μεταβάλει ριζικά τους κανόνες της νομισματικής κυκλοφορίας: μέχρι τότε δεν ίσχυε παρά το νόμισμα που εκδιδόταν ή τουλάχιστον ήταν αποδεκτό από την πόλη. Στο εξής, το νόμισμα της Ρώμης είχε παντού ισχύ, και το ίδιο συμβαίνει προφανώς και με τα χάλκινα των πόλεων των οποίων η ρωμαϊκή αρχή αποδέχεται την έκδοση, ενώ η αξία τους καθοριζόταν με βάση το ρωμαϊκό σύστημα, σεστέρσια, ασσάρια, κ.λπ. Στον πρώτο αυτοκρατορικό αιώνα, τα χρήματα που χρησιμοποιούνται στη Θάσο αποτελούνται, όσον αφορά το χρυσό και τον άργυρο, από τα *aurei* και τα δηνάρια του αυτοκράτορα που είναι και τα μόνα που κυκλοφορούν στην περιοχή, και όσον αφορά το χαλκό, από τα παλιά νομίσματα της πόλης (με ποια αξία;), τα χάλκινα της Ρώμης που παραμένουν η μειοψηφία και, προπάντων, από τα νομίσματα των γειτονικών πόλεων και κυρίως της ρωμαϊκής αποικίας των Φιλίππων. Η επανέναρξη της νομισματοκοπίας της Θάσου δε μεταστρέφει καθόλου την κατάσταση, διότι η πόλη πραγματοποιεί μόνο τέσσερεις εκδόσεις (υπό τους Αδριανό, Μάρκο Αυρήλιο, Σεπτίμιο Σεβήρο και κατά τη συμβασιλεία του Καρακάλλα με τον αδελφό του Γέτα) νομισμάτων χαμηλής αξίας, ημιασσάρια, με μικρό αριθμό τύπων. Ο νομισματικός αντίκτυπος, για να μην πούμε οικονομικός, των νομισμάτων αυτών υπήρξε μικρός, παρ' όλο που μπορούσαν να κολακεύσουν την περηφάνεια της πόλης. Ενώ η κεφαλή του αυτοκράτορα εικονίζεται στον εμπροσθότυπο, βρίσκουμε και πάλι στον οπισθότυπο την απεικόνιση του Ηρακλή Σωτήρα όρθιου και κατενώπιον, με το ρόπαλό του και τη λεοντή: η επαναφορά του τύπου των τετραδράχμων δεν είναι σίγουρα τυχαία, καθώς δείχνει ότι η πόλη διατηρούσε την ανάμνηση του νομίσματός της.

Το τέλος της νομισματοκοπίας στη Θάσο, το 212, προηγείται ενός γενικού φαινομενού της Ρωμαϊκής Αυτοκρατορίας, της εξαφάνισης των τοπικών νομισμάτων ως αποτέλεσμα των μεταβολών του 3ου αι., που επιβάλλουν το μονοπώλιο του αυτοκρατορικού νομίσματος.

Βιβλιογραφία:

– Η νομισματοκοπία της Θάσου κατέχει αξιόλογη θέση στα γενικά έργα: C. M. Kraay, *Archaic and Classical Greek Coins,* Λονδίνο (1976)· O. Mørkholm, *Early Hellenistic Coinage,* Λονδίνο (1991)· M. Crawford, *Coinage and Money under the Roman Republic,* Λονδίνο (1985).

– Η προετοιμασία του corpus των νομισμάτων της Θάσου και της δημοσίευσης των νομισμάτων από τις ανασκαφές είναι το θέμα πολλών άρθρων του O. Picard, εκ των οποίων: «Monnayage thasien du ve s. av. J.-C.», *CRAI* (1982), 412-424· «Thasos et la Macédoine au ive et au iiie siècle», *CRAI* (1985), 760-776· «Monnaie et gravure monétaire à Thasos à la fin du ve siècle», *Φίλια ἔπη εἰς Γεώργιον Μυλωνάν* (Αθήνα, 1987), τ. Β', 149-162, πίν. 40-41.C· «L'administration de l'atelier monétaire à Thasos au IVe s.», *RNum.* VI/29 (1987), 7-14, πίν. I· «Thasos dans le monde romain», στο S. WALKER, A. CAMERON (επιμ.), *The Greek Renaissance in the Roman Empire, Institute of Classical St. Bulletin Suppl.* 55 (1989), 173-179, πίν. 68· «Monnaies et commerce à Thasos», *Économie antique. Les échanges dans l'Antiquité: le rôle de l'État, Entretiens d'archéologie et d'histoire, Saint-Bertrand-de-Comminges* (1994), 31-45.

Τα νομίσματα της παλαιοχριστιανικής και βυζαντινής εποχής (J.-M. Saulnier)

Οι ανασκαφές της Γαλλικής Σχολής στον Λιμένα Θάσου έχουν αποφέρει πάνω από χίλια διακόσια νομίσματα βυζαντινής και μεσαιωνικής εποχής. Δύο περίοδοι εκπροσωπούνται ιδιαίτερα: η παλαιοχριστιανική και η ύστερη βυζαντινή εποχή.

Η παλαιοχριστιανική εποχή

Η Θάσος γνώρισε κατά την εποχή αυτή μια σχετική οικονομική άνθηση. Πρέπει να υπογραμμίσουμε την αργοπορία της εισαγωγής της καθεαυτής βυζαντινής νομισματοκοπίας στην καθημερινή χρήση: ούτε η βασιλεία του Αναστασίου (491-518), ούτε εκείνη του Ιουστίνου Α' (518-527) δεν άφησαν σημαντικά ίχνη. Υπό τον Ιουστινιανό (527-565), έπειτα τον Ιουστίνο Β' (565-578) και τον Τιβέριο Β' (578-582), η συχνότητα της εμφάνισης των νομισμάτων αυξάνεται ξεκάθαρα: 2,1 νομίσματα το χρόνο υπό τον Ιουστίνο Α', 2,76 υπό τον Ιουστινιανό, 7,5 υπό τον Ιουστίνο Β'. Οι επιδρομές των Βουλγάρων, των Κουτριγούρων και των Σκλαβήνων στην ήπειρο δε φαίνονται να έχουν επηρεάσει άμεσα το νησί. Το εργαστήριο της Θεσσαλονίκης παρέχει τότε πάνω από τα δύο τρίτα του συνόλου των νομισμάτων, κάτι που δείχνει μια έκδηλη πολιτική τροφοδότησης της βόρειας Ελλάδας από αυτό το νομισματοκοπείο. Η περίοδος από τον Μαυρίκιο (582-602) μέχρι τον Ηράκλειο (610-641) δείχνει μια δεύτερη άνθηση της νομισματικής κυκλοφορίας, εξίσου δυναμική και κανονική (5,05, έπειτα 8,75, τέλος 10,33 νομίσματα το χρόνο), σε μια εποχή που το Ιλλυρικό είναι έρμαιο της πιο ισχυρής σλαβικής εξάπλωσης (το Σίρμιο πέφτει το 582, η Θεσσαλονίκη πολιορκείται) και η νότια Ελλάδα δέχεται εισβολή· η Θάσος, αντίθετα, δε βρίσκεται στον κύριο άξονα της σλαβικής διείσδυσης και συνιστά έτσι ένα καταφύγιο και μια εμπορική βάση αναδίπλωσης. Διαπιστώθηκε μια αύξηση της μέσης αξίας των νομισμάτων που έχουν βρεθεί σε 18,21 *νούμμια* το χρόνο υπό τον Ιουστίνο Β' και σε 32,47 υπό τον Ηράκλειο. Κατά τη διάρκεια του δεύτερου μισού του 6ου αι., η σταδιακή αύξηση, από βασιλεία σε βασιλεία, της συχνότητας κοπής των μεγάλων νομισμάτων τεκμηριώνει την υποτίμηση της νομισματοκοπίας του χαλκού που μαρτυρείται στα κείμενα.

Η νομισματική κυκλοφορία στη Θάσο γνώρισε ένα απότομο τέλος. Ένας θησαυρός που θάφτηκε μετά το 619 καθώς και τα ανασκαφικά δεδομένα αποκαλύπτουν μια βίαιη καταστροφή των οικιών γύρω στο 620, αναμφίβολα ως συνέπεια μιας σλαβικής επιδρομής, ενώ και οι σεισμοί που έπληξαν την περιοχή την ίδια στιγμή έχουν επίσης παίξει κάποιο ρόλο.

Η βυζαντινή εποχή

Μερικά νομίσματα του Λέοντα ΣΤ′ και του Κωνσταντίνου Ζ′ αποτελούν μαρτυρία για την παραμονή στη Θάσο του Λέοντα Τριπολίτη με σκοπό την κατασκευή πολιορκητικών μηχανών για την κατάληψη της Θεσσαλονίκης. Κατά τη διάρκεια των τριών επόμενων αιώνων, η συνεχής παρουσία νομισμάτων, ωστόσο σε ισχνό αριθμό, δίνει την εντύπωση περιορισμένων και σποραδικών νομισματικών σχέσεων, ακόμη κι αν δεν έχουμε πληροφορίες σχετικά με τη δασώδη και ορεινή ενδοχώρα του νησιού, όπου ο πληθυσμός μπορούσε, συχνό φαινόμενο στον Μεσαίωνα, να αναζητήσει καταφύγιο (κυρίως ενάντια στους Άραβες, των οποίων το πέρασμα από τη Θάσο μαρτυρείται σε κείμενο μοναστηριού του Αγίου Όρους). Η απουσία νομισμάτων για περίπου έξι αιώνες, περισσότερο από ό,τι αλλού στην Ελλάδα, παραμένει ανεξήγητη.

Προς τις αρχές του 13ου αι., συναντάμε ξαφνικά περίπου δεκαπέντε νομίσματα – απομιμήσεις, τα λεγόμενα «βουλγαρικά», που χρονολογούνται γενικά στα τέλη του 12ου αι. Είναι μια ένδειξη για την ανάκαμψη της οικονομικής ζωής την οποία ούτε τα κείμενα, ούτε η αρχαιολογία δεν αφήνουν να διαφανεί, και την οποία επιβεβαιώνει, με πιο θεαματικό τρόπο, η μαζική παρουσία της εσπευσμένης νομισματοκοπίας που αποδίδεται στους Λατίνους ηγεμόνες (ιδιαίτερα ενός μεγάλου αριθμού απομιμήσεων μικρών αξιών: πάνω από εκατόν ογδόντα). Η αφθονία αυτή επιβεβαιώνει την προέλευση που γενικά δεχόμαστε για αυτά τα νομίσματα: την περιοχή βορειοανατολικά της Θεσσαλονίκης. Είναι επίσης η ένδειξη, στη διάρκεια του 13ου αι., μιας αναγέννησης, μιας παρατεταμένης επανακατοίκησης της θέσης, όμως η πολύ μικρή αξία των νομισμάτων αυτών δεν επιτρέπει να μιλήσουμε για εμπορική άνθηση. Νέο αλλά αινιγματικό στοιχείο: εφόσον τίποτε δεν έρχεται να την εξηγήσει ούτε στα κείμενα, ούτε επί του πεδίου, η επαναφορά της δραστηριότητας υπογραμμίζεται από την παρουσία κάποιων δηναρίων «tournois», διαφόρων προελεύσεων. Η Θάσος φαίνεται να μετέχει τότε στη γενική κίνηση της οικονομικής και νομισματικής ζωής στα βόρεια της Ελλάδας και του Αιγαίου.

Μετά από μια νέα περίοδο που χαρακτηρίζεται από μεγάλη σπανιότητα, το τέλος του 14ου αι. σημαδεύεται από την κυριαρχία των ενετικών νομισμάτων, κυρίως των *torneselli* των Antonio Contarini και Antonio Venerio οι οποίοι, οικονομικοί και εμπορικοί κυρίαρχοι στο Αιγαίο, επιλέχθηκαν ως προστάτες από τον Βυζαντινό κάτοχο της **Θάσου**, τον Μέγα Πριμικήριο Ιωάννη. Ως ανταμοιβή για παρεχόμενες υπηρεσίες, ο Μανουήλ Β' θα παραχωρήσει το νησί σε έναν ιδιαίτερα εξελληνισμένο κλάδο της γενουατικής οικογένειας τους Gattilusi, που το πριγκιπάτο τους είχε ως πρωτεύουσα τη Λέσβο (βλ. σ. 54). Οι διαδοχικοί ηγεμόνες της **Θάσου**, Jacopo A', Dorino και Domenico απεικονίζονται συχνά στη νομισματοκοπία, αναλογικά με τη διάρκεια των αντίστοιχων βασιλειών τους. Ο μεγάλος αριθμός ανώνυμων εκδόσεων που βρέθηκαν επί τόπου μπορεί να συνηγορήσει υπέρ της απόδοσης των σειρών αυτών στον Dorino λόγω της μεγάλης διάρκειας της βασιλείας του.

Βιβλιογραφία: O. Picard, «Trésors et circulation monétaire à Thasos du IVe au VIIe s. apr. J.-C.», *Thasiaca, BCH Suppl.* V (1979), 411-454· J.-M. Saulnier, *Thasos à l'époque paléochrétienne et byzantine. Étude de numismatique et d'histoire* (αδημ. διδ. διατρ., Παρίσι 1992).

Γλωσσάρι

αγορανόμοι: άρχοντες που επέβλεπαν τις αγορές και τις συναλλαγές.
ακροκέραμο: διακοσμητικό στοιχείο που κοσμούσε την άκρη μιας σειράς καλυπτήρων.
ακρωτήριο: διακοσμητικό στοιχείο που κοσμεί τις γωνίες ενός αετώματος.
αμφιπρόστυλο: κτήριο με ελεύθερες κιονοστοιχίες μόνο στις δύο προσόψεις.
ανακάλυψις: συμβολική χειρονομία κατά την οποία η γυναίκα αποκαλυπτόταν στον σύζυγό της.
ανθέμιο: διακοσμητικό στοιχείο, γραπτό ή γλυπτό, αποτελούμενο από σειρά φοινικόφυλλων και ανθέων λωτού εναλλάξ (ή άλλων ανάλογων μοτίβων).
άρχοντες: οι κύριοι αξιωματούχοι στη Θάσο· κάθε χρόνο σχηματιζόταν ένα σώμα τριών αρχόντων.
αύλακα μολυβδοχόησης: μικρό αυλάκι σε λίθινο αρχιτεκτονικό μέλος μέσα στο οποίο χυνόταν ο λιωμένος μόλυβδος γύρω από ένα σιδερένιο ή χάλκινο σύνδεσμο.
αυλή: χρησιμοποιείται, μεταξύ άλλων, για την πλατεία μιας αγοράς.

βουλή: συμβούλιο ή εκλεκτορικό σώμα.

γεισίποδες: στο ιωνικό γείσο, σειρά από οδόντες.
γείσο: το ανώτερο τμήμα του θριγκού, πάνω απο τη ζωφόρο.
γερουσία: συμβούλιο των Γερόντων.
γόμφος: κάθετος σύνδεσμος, κυρίως μεταλλικός, δύο αρχιτεκτονικών μελών που ανήκουν σε υπερκείμενες στρώσεις.

δάκτυλος: μονάδα μήκους, ένα δέκατο έκτο του ποδός.
δημιουργοί: σώμα αρχόντων ή κλειστό σώμα πολιτών που συμμετείχε στην ολιγαρχική διακυβέρνηση μεταξύ του 411 και του 407 στη Θάσο.
διάζωμα: στο αρχαίο θέατρο, πλατύς επίπεδος διάδρομος που χωρίζει δύο τμήματα του κοίλου.
δίνος: αγγείο, είδος κρατήρα χωρίς πόδι.

εμπόριο: εγκατάσταση εμπορικού χαρακτήρα.
εν παραστάσι: υποδεικνύει τη διάταξη κιόνων ή πεσσών σε πρόσοψη ανάμεσα σε δύο παραστάδες που υπογραμμίζουν τις απολήξεις του τοίχου.
εξέδρα: μνημείο, ημικυκλικό ή τετράπλευρο, που περιβάλλει θρανίο.
επιστύλιο: τμήμα του θριγκού που πατάει επάνω στους κίονες.
επώνυμος: σχετικά με τους άρχοντες, υποδεικνύει εκείνον που δίνει το όνομά του στο έτος.
ερυθρόμορφος: στην κεραμική, τεχνική που εμφανίζει την κύρια διακόσμηση του αγγείου στο χρώμα της αργίλου μέσα σε σκούρο βάθος.
εστιατόριο: κτήριο με αίθουσες συμποσίων.
εσχάρα: βωμός με υπόγεια εστία ή σωρός από στάχτη θυσιών.

ηγεμών κέραμος: βλ. ακροκέραμο.
ηρώο: ταφικό μνήμειο αφιερωμένο στη λατρεία ενός ήρωα.

ιθυφαλλικός: υποδεικνύει φαλλό σε στύση.
ιμάτιο: πανωφόρι από ορθογώνιο κομμάτι μάλλινου υφάσματος.

θεωρός: στη Θάσο, από τους σημαντικότερους αξιωματούχους των οποίων οι αρμοδιότητες ήταν όπως φαίνεται συνδεδεμένες με τις λατρείες· κάθε χρόνο υπήρχε ένα σώμα τριών θεωρών.
θίασος: θρησκευτικός σύλλογος.
θριγκός: το ανώτερο τμήμα ενός οικοδομήματος επάνω από το επίπεδο των κιόνων.

καλυπτήρας: στοιχείο της στέγης (κεραμίδι ή μάρμαρο) που καλύπτει το κενό μεσοδιάστημα ανάμεσα σε δύο στρωτήρες.
κερκίδα: στο θέατρο, τμήμα του κοίλου που ορίζεται από δύο κλίμακες.
κοίλον: τμήμα του θεάτρου με βαθμιδωτά εδώλια (βλ. cavea).
κόρη: άγαλμα που εικονίζει νεαρή γυναικεία μορφή.
κούρος: άγαλμα που εικονίζει νεαρή ανδρική μορφή.
κρηπίδα: βάση κτηρίου αποτελούμενη από μία ή περισσότερες βαθμίδες.
κυμάτιο λέσβιο: προφίλ φλασκόφυλλου (cyma reversa) συνήθως διακοσμημένου με καρδιόσχημα φύλλα και λόγχες.
κυμάτιο σιγμόσχημο (cyma recta): κυμάτιο με προφίλ κυρτό επάνω και κοίλο κάτω.

λεκάνη: μεγάλο κοίλο αγγείο.
λέσχη: αίθουσα συγκεντρώσεων.
λογείο (βλ. **προσκήνιο**).

μελανόμορφος: στην κεραμική, τεχνική που εμφανίζει την κύρια διακόσμηση του αγγείου σε μαύρο χρώμα πάνω σε ανοιχτόχρωμο βάθος.
μετόπη: στο δωρικό ρυθμό, πλάκα της ζωφόρου μεταξύ δύο τριγλύφων· μερικές φορές διακοσμημένη με ανάγλυφα.

νεώρια: υπόστεγα πλοίων.

οίκος: χρησιμοποιείται για διάφορες έννοιες: σπίτι, κύριος χώρος κατοικίας, αίθουσα συμποσίων.

οινοχόη: κανάτα για το κρασί.
οπισθόδομος: ο πίσω χώρος ενός ναού.
ορθοστάτης: επιμελημένος λίθος τοποθετημένος κάθετα.
ορχήστρα: στο θέατρο, κυκλικός ή ημικυκλικός χώρος που περιβάλλεται από τις βαθμίδες του κοίλου.

παρασκήνια: προεξέχουσες πτέρυγες μιας στοάς.
παραστάδα: πλαισίωση πόρτας ή παραθύρου.
πάροδος: στο θέατρο, πλάγια περάσματα που οδηγούν στην ορχήστρα.
παστάς: στοά· κατ' επέκταση, στην ιδιωτική αρχιτεκτονική, επιμήκης αίθουσα που εξασφαλίζει τη μετάβαση από την αυλή στους βασικούς χώρους του σπιτιού, που συνήθως βρίσκονται στο βόρειο τμήμα.
πάτρη: σύνολο οικογενειών αρχαϊκής καταγωγής.
πέπλος: γυναικείο μάλλινο ένδυμα που κάλυπτε το σύνολο του σώματος, συχνά με αναδίπλωση (απόπτυγμα) που έφθανε ως τη μέση.
περαία: ηπειρωτική επικράτεια μιας νησιωτικής πόλης-κράτους.
περίβολος: περιμετρικός τοίχος ιερού.
πίθος: πιθάρι.
πόλος: κυλιδρικό ή ημικυλινδρικό κάλυμμα κεφαλής τελετουργικού χαρακτήρα ανατολικής προέλευσης.
πρόθυση: λέγεται για βωμό του οποίου προηγείται εξέδρα όπου στέκεται ο θυσιαστής.
πρόμοχθοι: στο δωρικό γείσο, πλάκες που κοσμούν την κάτω όψη της κρέμασης του γείσου.
πρόναος: σε ναό, χώρος που προηγείται του σηκού.
πρόπυλον - προπύλαια: μνημειακή είσοδος αγοράς ή ιερού.
προσκήνιο: πλατφόρμα μπροστά από τη σκηνή όπου εμφανίζονται οι ηθοποιοί (υποκριτές).
πρόστυλο: κτήριο του οποίου η πρόσοψη διαθέτει κιονοστοιχία.
προτείχισμα: οχυρωτικό τείχισμα μπροστά από το τείχος.
προτομή: απεικόνιση που περιορίζεται στο πρόσωπο και στο πάνω μέρος του σώματος.
προσκεφάλαιο: πλάγια όψη του ιωνικού κιονόκρανου.
προφυλακτικός: που έχει προστατευτικό υπερφυσικό χαρακτήρα.
πρυτανείο: δημόσιο κτήριο όπου εδρεύουν οι κύριοι άρχοντες της πόλης.
πυξίδα: πήλινο δοχείο με κάλυμμα.

σηκός: κεντρικός χώρος ενός ναού όπου βρίσκεται το λατρευτικό άγαλμα.
σίμα ή σίμη: υδρορρόη στέγης, ενδεχομένως διακοσμητική.
σκύφος: κύπελλο, συνήθως με δύο λαβές.
στοά: επιμήκης αίθουσα ανοιχτή τουλάχιστον στη μία μακρά πλευρά.
στρωτήρας: πλατύ στοιχείο στέγης, επίπεδο ή ελαφρώς κυρτό.
στυλοβάτης: η ανώτερη βαθμίδα της κρηπίδας, όπου πατούν οι κίονες.

τέμενος: χώρος αφιερωμένος σε μια θεότητα.
τοιχοβάτης: ανώτερο επίπεδο μιας κρηπίδας που φέρει τους τοίχους.
τρίγλυφο: στο δωρικό ρυθμό, τμήμα της ζωφόρου με ραβδώσεις στην όψη, τοποθετημένο ανάμεσα σε δύο μετόπες.
τριήρης: πολεμικό πλοίο με τρεις σειρές κουπιών.
τύμπανο: τοίχος που κλείνει το αέτωμα στο εσωτερικό.

υπόστυλος: για αίθουσα ή κτήριο που διαθέτει πολλαπλές σειρές κιόνων ή πεσσών στο εσωτερικό.

χιτών: λινό φόρεμα, μακρύ για τις γυναίκες και τους γέρους, κοντό για τους πολεμιστές και τους ταξιδιώτες.

ad sanctos: ταφές που βρίσκονται μέσα σε μια εκκλησία ή στον περιβάλλοντα χώρο.
cavea: βλ. κοίλον· ima και summa cavea: τμήματα του κοίλου κάτω και πάνω από το διάζωμα.
frons scaenae: στα ρωμαϊκά θέατρα, πρόσοψη της σκηνής στραμμένη προς το κοίλον.
opus caementicium: λιθόδεμα από κονίαμα και χαλίκια.

Γενικό ευρετήριο

Ευρετήριο αρχαίων συγγραφέων και κειμένων

Επιγραφικά κείμενα

Αριθμησή των μνημείων της αρχαίας πόλης
(με παραπομπή στις αντίστοιχες σελίδες)

1 Εμπορικός λιμένας: 72-73.
2 Κλειστός λιμένας: 73-77.
3 Νεώρια: 75-77.
4 Παραθαλάσσια πύλη: 78-80.
5 Μεσαιωνικό φρούριο του λιμανιού: 80-81.
6 Πλακόστρωτη αυλή με εξέδρα: 81-82.
7 Βάση δίπλα στον πίσω τοίχο της βορειοδυτικής στοάς (αγορά): 82.
8 Στοά και καταστήματα στα δυτικά της αγοράς: 82-83.
9 Προπύλαια της αγοράς: 83-84.
10 Βορειοδυτική στοά (αγορά): 86-88.
11 Πώρινο οικοδόμημα (αγορά): 88.
12 Κτήριο με παρασκήνια (αγορά): 89-90.
13 Βασιλική της αγοράς: 102-103.
14 Βορειοανατολικό κτήριο (αγορά): 90-91.
15 Βορειοανατολική στοά (αγορά): 91-92.
16 Μνήμα του Γλαύκου (αγορά): 92-93.
17α Στοά σε Γ (αγορά): 93-95.
17β Υπόστυλη στοά (αγορά): 93-94.
18 Καταστήματα και κατοικίες στα νοτιοανατολικά της αγοράς: 93-94.
19 Νοτιοδυτική στοά (αγορά): 95.
20 Αψιδωτή αίθουσα (αγορά): 94-95
21 Ιωνική δίοδος (αγορά): 95.
22 Μεγάλη αίθουσα (αγορά): 95.
23 Μεγάλος βωμός (αγορά): 96.
24 Εξέδρες (αγορά): 96.
25 Περίβολος και βάση (αγορά): 96.
26 Περίβολος και βάση (αγορά): 96.
27 Βάσεις μπροστά από τη βορειοδυτική στοά (αγορά): 88.
28 Βάση σε Γ (αγορά): 96.
29 Ορθογώνια βάση (αγορά): 96.
30 Βάση των Καισάρων (αγορά): 97.
31 Βωμός του Θεογένη (αγορά): 97-100.
32 Βάση του Θεογένη (αγορά): 100.
33 Επιμήκης βάση (αγορά): 100.
34 Ιερό Διός Αγοραίου (αγορά): 101.
35 Κυκλικό κτήριο (αγορά): 101.
36 Βάσεις μπροστά από το κτήριο με τα παρασκήνια (αγορά): 89, εικ. 37.
37 Βάση σε σχήμα πλώρης (αγορά): 101-102.
38 Κτήριο με τετράγωνη αυλή (*macellum*): 107.
39 Χώρος πίσω από τα 19;22 (δυτικά): 79.
40 Αυλή με τις εκατό πλάκες: 105-106.
41 Κλασικό κτήριο: 107.
42 Ωδείο: 107-108.
43 Μεγάλη πλακόστρωτη οδός: 103-105.
44 Εξέδρα του Λιμένδα: 105.
45 Βάση: 108.
46 Δίοδος των θεωρών: 106-114.
47 Βάση της Προπυλαίας Αθηνάς: 112.
48 Ορθογώνιο πηγάδι (πλατεία κάτω από το Αρτεμίσιο): 114.
49 Κυκλικό πηγάδι (πλατεία κάτω από το Αρτεμίσιο): 114-115.
50 Ιωνικός ναός (πλατεία κάτω από το Αρτεμίσιο): 115.
51 Παλαιοχριστιανική οικία: 115-116.
52-55 Αρτεμίσιον: 116-119.
52 Κατώτερο άνδηρο του Αρτεμισίου: 116-118.
53 Προπυλαία του Αρτεμισίου: 116-117.
54 Μεγάλος βωμός του Αρτεμισίου: 117-118.
55 Ανώτερο άνδηρο του Αρτεμισίου: 118-119.
56 Διονύσιον: 119-121.
57 Πύλη της θεάς με το άρμα: 122-123.
58 Ποσειδώνιον: 124-126.
59 Πύλη του Ερμή: 126-127.
60 Συνοικία της πύλης του Ερμή: 127-131.
61 Θεσμοφόριον (ιερό Δήμητρας και Κόρης): 131-134.
62 Θέατρο: 134-139.
63 Πύθιον (ιερό Απόλλωνα): 139-142.
64 Μεσαιωνικό φρούριο της ακρόπολης: 142-144.
65 Αθήναιον: 144-146.
66 Τείχος· τομέας του ιερού της Αθηνάς: 147.
67 Ιερό του Πάνα: 148-150.
68 Προπύργιο της ακρόπολης: 150.
69 Πύλη του Παρμένωνα: 150-151.
70 Πύλη του Σιληνού: 152-154.
71 Συνοικία της πύλης του Σιληνού: 154-160.
72 Αρκούδα: 160-161.
73 Πύλη του Ηρακλή και του Διονύσου: 161-164.
74 Πύλη του Δία και της Ήρας: 165-171.
75 Μνημείο του Θερσιλόχου: 173-174.
76-80 Ηράκλειον: 174-179.
76 Κεντρική πλατεία και βωμός του Ηρακλή: 176-177.
77 Ναός του Ηρακλείου: 177-178.
78 Ανατολική στοά του Ηρακλείου (λέσχη): 178.
79 Κτήριο με οίκους του Ηρακλείου: 178-179.
80 Τριγωνική αυλή και πηγάδι του Ηρακλείου: 179.
81 Αψίδα του Καρακάλλα: 180-182.
82 Παλαιοχριστιανική βασιλική της πλατείας: 182-183.

Ευρετήριο των μνημείων της αρχαίας πόλης

Πηγές εικόνων

Μακέτες, κατόψεις και σχέδια

– Μακέτες: εικ. 42 (Π. Γερασιμόφ, επεξεργασία Β. Αναγνωστόπουλος) · 116 (Τ. Kozelj).

– Σχέδια ή κατόψεις από δημοσιεύσεις:
1. ΓΑΣ: εικ. 38, 45-46 (H. Ducoux) · 59-60 (C. Perron) · 72 α και β (C. Tousloukof) · 122 ως 125 (Κ. Κωλοκώτσας) · 135 (Β. Αναγνωστόπουλος) · 167 (M.-Fr. Billot και T. Kozelj) · 235, 245, 246, 251 (Β. Αναγνωστόπουλος) · 268, 269 β (T. Kozelj).
2. Α.Κ. Ορλάνδος: εικ. 109.

– Σχέδια ή κατόψεις από δημοσιεύσεις αλλά με επεξεργασία ή απλοποίηση από τον Β. Αναγνωστόπουλο: εικ. 20 (Β. Αναγνωστόπουλος και M. Brunet) και από την M. Wurch-Kozelj: 41, 55, 86, 88, 89, 91, 92, 94, 95, 98, 120, 128, 130, 131, 136, 137.

– Σχέδια ή κατόψεις από δημοσιεύσεις, αλλά με μερικές τροποποιήσεις ή διορθώσεις από την M. Wurch-Kozelj: εικ. 31, 84, 118.

– Πρωτότυπα σχέδια ή κατόψεις:
- M. Borély (CNRS, Aix-en-Provence): εικ. 26.
- T. Kozelj: εικ. 33, 34, 50, 53, 57, 93, 107, 126.
- M. Wurch-Kozelj και T. Kozelj: εικ. 22, 27, 70, 115 α και β.
- M. Wurch-Kozelj: εικ. 1, 24, 29, 36, 37, 40, 43, 47, 51, 52, 56, 62, 64, 65, 66, 67, 68, 74, 78, 81, 104, 105, 111.

Φωτογραφίες

Η πλειοψηφία των φωτογραφιών (clichés) προέρχονται από το φωτογραφικό αρχείο της Γαλλικής Αρχαιολογικής Σχολής Αθηνών (ΓΑΣ, EFA).

Ανώνυμες (ΓΑΣ): εικ. 13, 19, 21, 75, 83, 85, 103, 106, 150, 169.

Β. Αναγνωστόπουλος (ΓΑΣ): εικ. 42.
Fr. Blondé (ΓΑΣ): εικ. 129, 263, 264, 266, 267.
A. Bon (ΓΑΣ): εικ. 138, 141.
Ph. Collet (ΓΑΣ): εικ. 14, 15, 25, 71, 73, 82, 93, 97, 126, 162, 163, 166, 168, 182, 196, 200, 202, 214, 231, 234, 252, 254, 270, 275 ως 277, 278 ως 293.
A. Coulié (ΓΑΣ): εικ. 257 ως 260.
H.-P. Coulon (ΓΑΣ): εικ. 145.
Fr. Croissant (ΓΑΣ): εικ. 100, 190, 238.
G. Daux (ΓΑΣ): εικ. 58.
M. Debidour (ΓΑΣ): εικ. 127, 139, 142, 144.
Y. Garlan (ΓΑΣ): εικ. 143.
Y. Grandjean (ΓΑΣ): εικ. 2, 18, 23, 79, 80, 87, 90, 112, 113, 119, 121, 146, 147, 148, 265.
B. Holtzmann (ΓΑΣ): εικ. 17, 28, 30, 61, 63, 97, 99, 100, 114, 117, 132, 184, 192 ως 194, 208, 210, 219β, 220, 225, 227, 228, 230.
A. Laumonier (ΓΑΣ): εικ. 134.
J.-J. Maffre (ΓΑΣ): εικ. 262.
J.-Y. Marc (ΓΑΣ): εικ. 32.
A. Muller (ΓΑΣ): εικ. 239, 241, 243, 244, 247 ως 250.
P. Nadalini (ΓΑΣ): εικ. 165.
J. Perreault (ΓΑΣ): εικ. 116, 129, 261.
G. Reveillac (ΓΑΣ): εικ. 213, 232.
Cl. Rolley (ΓΑΣ): εικ. 69, 172, 222, 240, 242.
Fr. Salviat (ΓΑΣ): εικ. 16, 221.
Ε. Σεράφης (ΓΑΣ): εικ. 35, 39, 44, 133, 140, 149, 151 ως 161, 164, 170, 173, 183, 185 ως 187, 189, 191, 195, 197 ως 199, 201, 203, 204, 206, 207, 209, 211, 212, 215 ως 219α, 223, 224, 226, 229, 233, 236, 237, 253, 255, 256, 269, 271 ως 274.

Αρχαιολογικό Μουσείο Κωνσταντινούπολης: εικ. 54, 73, 108, 171, 174, 179, 180.
Αρχείο P. Devambez: εικ. 181.
DAI Κωνσταντινούπολης: εικ. 96.
A. Held: εικ. 48.
Ι. Ιωαννίδη - Λ. Μπαρτζιώτη: εικ. 188, 205.
Χ. Κουκούλη-Χρυσανθάκη: εικ. 3-12.
Kunsthistorisches Museum της Βιέννης: εικ. 178.
Μουσείο P. Getty: εικ. 176.
Μουσείο του Λούβρου (Chuzeville): εικ. 49, 76, 110, 177.
W. Voigtländer: εικ. 77.
D. Widmer: εικ. 175.

Cet ouvrage a été imprimé et relié
en 1000 exemplaires
par l'imprimerie n.v. PEETERS s.a.
à Herent (Belgique)

ISBN 978-2-86958-251-4
Imprimé en Belgique